Mosaik
bei GOLDMANN

Buch

Zitate bereichern Reden und Briefe, regen Diskussionen an und sind hilfreich bei persönlichen Gesprächen – vorausgesetzt, sie werden richtig zitiert und zugeordnet. Gerhard Hellwig hat eine umfangreiche Sammlung deutsch- und fremdsprachiger Zitate und Volksweisheiten sowie Äußerungen bekannter Persönlichkeiten aus Geschichte, Kunst, Wissenschaft und Politik zusammengetragen – ein reicher Fundus, in dem jeder schnell das Passende findet. Das Werk ist übersichtlich nach Schlagworten geordnet und bietet zu jedem Zitat einen Vermerk auf dessen Herkunft.

Autor

Gerhard Hellwig (1918–1996) war Fachbuchhändler und Hobbyhistoriker. Er arbeitete für verschiedene Verlage und veröffentlichte mehrere Wörterbücher und Lexika (u. a. ein Berlin-Wörterbuch und ein Lexikon der Maße und Gewichte).

Gerhard Hellwig

Das Buch der Zitate

15 000 geflügelte Worte
von A bis Z

Mosaik
bei GOLDMANN

Umwelthinweis:
Alle bedruckten Materialien dieses Taschenbuches
sind chlorfrei und umweltschonend.

2. Auflage
Vollständige Taschenbuchausgabe Januar 2003
Wilhelm Goldmann Verlag, München,
ein Unternehmen der Verlagsgruppe Random House GmbH

Umschlaggestaltung: Design Team München
Satz: Uhl + Massopust, Aalen
Druck: GGP Media, Pößneck
Verlagsnummer: 16427
Kö · Herstellung: Max Widmaier
Printed in Germany
ISBN 3-442-16427-3
www.goldmann-verlag.de

Vorwort

Eine Zusammenstellung von Zitaten, Sprüchen und Redensarten hat keinen Autor im eigentlichen Sinn, wohl aber einen sammelnden, ordnenden, erklärenden Urheber, der zusammenträgt, was er der Aufnahme wert hält, der Aussprüche, Zitate, Wendungen deutet, sie auf ihre Quellen zurückführt. Das Schöpferische an einer solchen Sammlung, also die eigentliche Autorentätigkeit besteht darin, eine ausgewogene, repräsentative und für den Leser von heute interessante Auswahl zu treffen. Der Verlag fand mit Gerhard Hellwig einen Herausgeber, der diese Sammelarbeit mit Hingabe und Begeisterung übernahm.
Dem Urheber und dem Verlag dieses Bandes war klar, daß heute kaum noch jemand einem Bildungsideal anhängt, wie es Zitatensammlungen meist widerspiegeln. Uns ist das Gedankengut der Klassik und des 19. Jahrhunderts ziemlich fremd geworden. Hellwig war sicherlich auch nicht verborgen geblieben, daß es nur noch wenige gibt, die ihre Reden mit Goethe- und Schillerzitaten spicken, um so Belesenheit und Bildung zu demonstrieren. Diese Aspekte spielten also für den Verlag bei der Herausgabe, für den Autor bei der Sammlung nur eine untergeordnete Rolle.
Wenn man heute in all dem Geistreichen und Banalen, Ewiggültigen und Überflüssigen, das Philosophen, Schriftsteller, Wissenschaftler, Monarchen und Staatsmänner ausgesprochen oder niedergeschrieben haben, mit Interesse und Gewinn schmökert, so deshalb, weil man eine bestimmte Epoche, ihre Gefühls- und Geisteswelt, ihre Denkweise und Einstellung zu vielen Dingen des Lebens, also alles, was man den Zeitgeist nennt, besser erkennt und vielleicht unverfälschter wiedergegeben findet als in wortreichen Abhandlungen. Das gilt vor allem dann, wenn – wie in diesem Buch – auch die Sprüche, Volksweisheiten, Bauern- und Lebensregeln und Redensarten mit einbezogen werden. Außerdem wird man dabei erfahren, daß manche Ideen und Gedanken der Vergangenheit bis in unsere Zeit fortwirken, daß viele Sätze und Aussprüche auch für uns noch Gültigkeit haben.
Aber man liest und blättert nicht nur gern in Zitatensammlungen, man benutzt auch Zitate. Nur bezweckt man mit dem Zitieren von Redewendun-

gen, Slogans, Buch- und Filmtiteln heute etwas anderes als früher: Mit dem Zitat als einer kurzen sprachlichen Chiffre will man eine Person oder eine Situation treffend charakterisieren, eine Anspielung machen, eine Assoziation wecken etc. Dafür bieten sich häufig auch Aussprüche und Formulierungen aus der Gegenwart an – sie wurden deshalb hier in gebührendem Maße berücksichtigt. Eine Sammlung von Zitaten, geflügelten Worten, Sprichwörtern erscheint nicht von ungefähr in einem Lexikon-Verlag. Denn nach Zielsetzung und Inhalt ist das Buch auch eine sinnvolle Ergänzung des Konversationslexikons und anderer Nachschlagewerke. Dieses Zitatenlexikon gibt dem Leser zwei Möglichkeiten des Nachschlagens; denn er sucht und findet erstens, was wer, wann, wo, wie gesagt hat, oder kann zweitens von einem bestimmten Stichwort oder Anlaß ausgehen und sich dazu ein passendes Zitat suchen.
Beim Durchblättern, auf der Suche nach Aussprüchen, die ein bedeutender Mensch getan hat, oder Zitaten aus dem Werk einer großen Persönlichkeit wird man die erstaunlichsten Entdeckungen machen. Redensarten, die im Laufe der Zeit in die Alltagssprache eingegangen sind, lassen sich auf ihren ursprünglichen, längst verlorengegangenen Sinn zurückverfolgen. Und wie oft wundert man sich, daß dieses oder jenes viel gebrauchte Wort erstmals bei Schopenhauer, Bismarck oder in der Bibel stand. Dichter und Denker und historische Persönlichkeiten sind oft mit einem Aphorismus, einem gut gezielten Zitat aus ihrem Werk sicherer charakterisiert als mit der Aufzählung ihrer Werke.
Reizvoll an der Zusammenstellung von G. Hellwig ist auch, daß man darin nicht nur zitiert findet, was die mehr oder weniger großen Geister aller Zeiten an bedeutsamen Äußerungen getan haben, sondern daß auch dem »gemeinen Volk« aufs Maul geschaut wird und seine Weisheiten mit aufgenommen sind. So findet man in diesem Band u. a. köstliche Zeugnisse des Berliner Humors. Ebenso wurden auch Redensarten aus der heutigen Umgangssprache und Literatur, Buch-, Film- und Schlagertitel, Schlagworte und Werbeslogans aufgenommen.
Da das Buch, wie aus dem Vorangegangenen deutlich wird, vor allem auch eine historische Zitatensammlung sein will, wurde für diese Taschenbuchausgabe auf die neue Rechtschreibung verzichtet.

Der Verlag

Für den Benutzer

Von A bis Z, vom Aphorismus bis zum Zitat, enthält dieser Band Aphorismen, Aussprüche, Bauernregeln, Epigramme, Fragmente, geflügelte Worte, Gesundheits-, Lebensregeln, Lebensweisheiten, Redensarten, Redewendungen, Schlagworte, Sentenzen, Sinnsprüche, Sprichwörter, Sprüche, Werbeslogans und Zitate. Sie wurden alphabetisch nach Stichwörtern geordnet; lediglich die dem deutschsprachigen Teil folgenden fremdsprachigen Zitate (ab Seite 541) sind alphabetisch nach den Anfangsbuchstaben aufgeführt.
Unter »Zitat« wird hier die wörtliche Wiedergabe von Aussprüchen und schriftlichen Äußerungen von Persönlichkeiten des kulturellen und politischen Lebens sowie von Literaturstellen verstanden; Sprichwörter und Redensarten dagegen sind meist kurze, treffende Sprüche und Lebensregeln. Doch die Grenzen zwischen all diesen Begriffen sind fließend: So manches Zitat entwickelte sich zu einem Sprichwort, bei dessen Gebrauch man die Quelle, der es entstammt, gar nicht kennt, andererseits sind Sprichwörter und Redensarten in Werke der Literatur eingegangen und so zu Zitaten geworden. Sit venia verbo: Bei dem besonders volkstümlichen »Götz-Zitat« handelt es sich um eine dem jungen Johann Wolfgang Goethe bereits aus dem elterlichen Haus vertraute Redewendung, die übrigens in gleichem oder ähnlichem Wortlaut in fast allen Sprachen als uralter Zauberspruch zur Abwehr des Bösen nachzuweisen ist!
Soweit Zitate in diesem Band nicht wörtlich wiedergegeben werden, ist dies bei der Quellenangabe erwähnt (z. B. »Nach der Bibel«). Hier sei darauf hingewiesen, daß Bibel-Zitaten im allgemeinen die altvertraute, unrevidierte Fassung der Luther-Bibel zugrunde gelegt wurde, nur in einigen Ausnahmefällen wurde die 1964 genehmigte Fassung des revidierten Textes benutzt und entsprechend gekennzeichnet. Bei Zitaten aus musikalischen Werken werden im allgemeinen sowohl die Textbuchverfasser als auch die Komponisten genannt, z. B. »E. Schikaneder/W. A. Mozart, Zauberflöte«.
Die Ordnung nach dem sinntragenden Wort eines Zitats führte oft zu einer doppelten Aufnahme; dadurch wird das Auffinden sehr erleichtert; das Sprichwort »Die Axt erspart den Zimmermann« ist sowohl unter »Axt« als auch unter »Zimmermann« angeführt.

Die Aufnahme einiger Werbeslogans, die bereits als sprichwörtliche Redensarten Eingang in die heutige Umgangssprache gefunden haben, wird hoffentlich nicht als »Schleichwerbung« mißverstanden!
Für ihre Hilfe bei der Auswahl und Bearbeitung der fremdsprachigen und biblischen Zitate, Sprichwörter und Redensarten habe ich meinen Töchtern Elke und Birgit zu danken. Gerhard Hellwig

Anhang fremdsprachiger Zitate

Abkürzungen

(beziehen sich ausschließlich auf die Angaben von Bibelstellen bei den Quellenhinweisen)

Apostel.	Apostelgeschichte
Dan.	Buch Daniel
Eph.	Brief des Paulus an die Epheser
Hebr.	Brief des Paulus an die Hebräer
Hesek.	Buch Hesekiel
Jak.	Brief des Jakobus
Jerem.	Buch Jeremia
Jes.	Buch Jesaja
Jes. Sir.	Buch Jesus Sirach
Joh.	Johannesevangelium
Kol.	Brief des Paulus an die Kolosser
Kor.	Briefe des Paulus an die Korinther
Luk.	Lukasevangelium
Makk.	Bücher der Makkabäer
Mark.	Markusevangelium
Matth.	Matthäusevangelium
Mos.	Bücher Mose
Off. Joh.	Offenbarung des Johannes
Pred. Salom.	Prediger Salomo
Röm.	Brief des Paulus an die Römer
Sam.	Bücher Samuel
Spr. Salom.	Sprüche Salomos
Tim.	Briefe des Paulus an Timotheus
Tob.	Buch Tobias

A

Ich bin das **A** und das O, der Anfang und das Ende. *(Off. Joh. 1, 8)*
Alpha ist der erste, Omega der letzte Buchstabe des griechischen Alphabets.

Noch im großen **A** sein. *(Redensart)*
Sich noch in den Anfangsgründen befinden

Und seid von Herzen froh! Das ist das **A** und O. *(Goethe, Frech und froh)*

Wer **A** sagt, muß auch B sagen. *(Sprichwort)*

Wer den **Aal** hält beim Schwanz, hat ihn weder halb noch ganz. *(Sprichwort)*

Wo aber ein **Aas** ist, da sammeln sich die Adler. *(Matth. 24, 28 / Lukas 17, 37)*

Drücken wir das **Abbild** der Ewigkeit auf unser Leben. *(F. Nietzsche, Zarathustra)*

Abbitte ist die beste Buße. *(Sprichwort)*

Jemanden **abblitzen** lassen. *(Redensart)*
Jemandem die Erfüllung eines Wunsches versagen

Bedenkt in Wohl und Weh dies goldne **Abc**. *(Goethe, Frech und froh)*

Wo ist dein Bruder **Abel**? *(1. Mos. 4, 9)*

Am **Abend** wird man klug für den vergangenen Tag, doch niemals klug genug für den, der kommen mag. *(F. Rückert)*

Bleibe bei uns; denn es will **Abend** werden, und der Tag hat sich geneigt. *(Luk. 24, 29)*

Ein guter **Abend** kommt heran, wenn ich den ganzen Tag getan. *(Goethe, Lebensgenuß)*

Es ist noch nicht aller Tage **Abend**. *(Sprichwort / nach Livius)*

Je später der **Abend**, desto schöner die Gäste. *(Sprichwort)*

Freude wird jedesmal dein **Abendbrot** sein, wenn du den Tag nützlich zugebracht hat. *(Thomas von Kempen, Nachfolge Christi)*

Fröhlich sei mein **Abendessen**. *(L. Da Ponte / W. A. Mozart, Don Giovanni)*

Aus des Meeres tiefem, tiefem Grunde klingen **Abendglocken** dumpf und matt. *(W. Müller, Vineta)*

Der Untergang des **Abendlandes**. *(Titel eines Buches von O. Spengler)*

Ich habe es von dem Herrn empfangen, das ich euch gegeben habe. Denn der Herr Jesus in der Nacht, da er verraten ward, nahm das Brot, dankte und brach's und sprach: Nehmet, esset, das ist mein Leib, der für euch gebrochen wird; solches tut zu meinem Gedächtnis. Desselbigengleichen auch den Kelch nach dem **Abendmahl** und sprach: Dieser Kelch ist das neue Testament in meinem Blut; solches tut, so oft ihr's trinket, zu meinem Gedächtnis. *(1. Kor. 11, 23–25/ Ep. am Gründonnerstag)*

Abendrede und Morgenrede kommen selten überein. *(Sprichwort)*

Abends werden die Faulen fleißig. *(Sprichwort)*

Goldne **Abendsonne**, wie bist du so schön, nie kann ohne Wonne, deinen Glanz ich sehn. *(A. B. Urner)*

O du mein holder **Abendstern**. *(R. Wagner, Tannhäuser)*

Still mit dem **Aber**! Die Aber kosten Überlegung. *(G. E. Lessing, Emilia Galotti)*

Der **Aberglaub'**, in dem wir aufgewachsen, verliert, auch wenn wir ihn erkennen, darum doch seine Macht nicht über uns. *(G. E. Lessing, Nathan der Weise)*

Der **Aberglaube** ist die Poesie des Lebens. *(Goethe, Maximen und Reflexionen)*

Der **Aberglaube** ist ein Kind der Furcht, der Schwachheit und der Unwissenheit. *(Friedrich d. Gr.)*

Der **Aberglaube** macht die Gottheit zum Götzen, und der Götzendiener ist um so gefährlicher, weil er ein Schwärmer ist. *(J. G. Herder, Palmblätter)*

Der **Aberglaube** traut den Sinnen bald zuviel, bald zuwenig. *(G. E. Lessing, Das Testament Johannis)*

Der **Aberglauben** schlimmster ist, den seinen für den erträglicheren zu halten. *(G. E. Lessing, Nathan der Weise)*

Ein jeder **Aberglaube** versetzt uns in das Heidentum. *(J. v. Liebig, Chem. Briefe)*

Stets liegt, wo das Banner der Wahrheit wallt, der **Aberglaube** im Hinterhalt. *(A. v. Platen, Die neuen Propheten)*

Dreimal umziehen ist so schlimm wie einmal **abgebrannt**. *(Scherzhaftes Sprichwort/ nach B. Franklin)*

Völlig **abgebrannt** sein. *(Redensart)*
Mittellos dastehen

Abgeredet vor der Zeit, gibt nachher keinen Streit. *(Sprichwort)*

Die **Abgeschiednen** betracht' ich gern, stünd' ihr Verdienst auch noch so fern; doch mit den edlen lebendigen Neuen mag ich wetteifernd mich lieber freuen. *(Goethe, Den Besten)*

Nichts **Abgeschmackters** find' ich auf der Welt als einen Teufel, der verzweifelt. *(Goethe, Faust)*

Am farbigen **Abglanz** haben wir das Leben. *(Goethe, Faust)*

Im **Abgrund** wohnt die Wahrheit. *(Schiller, Sprüche des Konfuzius)*

Der Feind hat uns zum **Abgrund** hingetrieben; es ziemt sich mehr, von selbst hineinzuspringen, als zu erwarten seinen letzten Stoß. *(Shakespeare, Julius Caesar)*

Abhängigkeit ist heiser, wagt nicht, laut zu reden. *(Shakespeare, Romeo und Julia)*

Freiwillige **Abhängigkeit** ist der schönste Zustand, und wie wäre der möglich ohne Liebe? *(Goethe, Maximen und Reflexionen)*

Abhängigkeiten? Ja! Durch Liebe, aber nicht durch Furcht. *(G. Hauptmann)*

Jemanden **abkanzeln**. *(Redensart)*
Soviel wie: ihn tadeln

Man lehre die Christen, daß wer dem Armen gibt oder dem Bedürftigen leiht, besser handelt, als wer **Ablaß** löst.
(M. Luther, Aus den 95 Thesen, 1517)

Viele, die über **Ablaßkrämerei** in der katholischen Kirche lachen, üben sie doch täglich selbst. Wie mancher Mann von schlechtem Herzen glaubt sich mit dem Himmel ausgesöhnt, wenn er Almosen gibt. *(G. C. Lichtenberg)*

In **Abrahams** Schoß eingehen.
(Luk. 16, 22)

Wie in **Abrahams** Schoß sitzen.
(Nach Matth. 8, 11)
Sorglos u. glücklich leben

Das ist wider die **Abrede**!
(G. E. Lessing, Emilia Galotti)

Das ist wider die **Abrede**, Lady!
(Schiller, Kabale und Liebe)

Mein Sohn **Absalom**!
(Nach 2. Sam. 18, 33)

Verfahrt mir fein säuberlich mit dem Knaben **Absalom**! *(Nach 2. Sam. 18, 5)*

Abschaum der Menschheit.
(Nach 1. Kor. 4, 13)

Abscheulicher! Wo eilst du hin?
(L. van Beethoven, Fidelio)

Als ich **Abschied** nahm, als ich Abschied nahm, waren Kisten und Kasten schwer; als ich wiederkam, als ich wiederkam, war alles leer. *(F. Rückert, Aus der Jugendzeit)*

Man schreibt nicht so ausführlich, wenn man den **Abschied** gibt.
(H. Heine, Neuer Frühling)

Morgen muß ich fort von hier, und muß **Abschied** nehmen. *(Volkslied)*

Zum **Abschiednehmen** just das rechte Wetter. Grau wie der Himmel steht vor mir die Welt. *(V. V. Scheffel, Trompeter von Säckingen)*

Bitter und süß ist der **Abschiedskuß** an der Lippe des Freundes.
(J. G. Herder, Rosental)

Auf, auf ihr Brüder, und seid stark! Der **Abschiedstag** ist da!
(C. F. D. Schubart, Kaplied)

Freundlich **abschlagen** ist besser, als unwillig geben. *(Sprichwort)*

Jemanden **abservieren**. *(Redensart)*
Jemanden ausschalten

Absicht ist die Seele der Tat.
(Sprichwort)

In jedem Dinge muß die **Absicht** mit der Torheit auf die Waagschale gelegt werden. *(Shakespeare, Heinrich IV.)*

So fühlt man **Absicht**, und man ist verstimmt. *(Goethe, Tasso)*

Ich halte den **Absolutismus** für eine unmögliche Sache. *(Bismarck im Deutschen Reichstag, 1881)*

Sich nicht **abspeisen** lassen. *(Redensart)*
Sich nicht abweisen lassen

Man behält immer die Spuren seiner **Abstammung**. *(E. Renan, Leben Jesu)*

Das **Absurde**, mit Geschmack dargestellt, erregt Widerwillen und Bewunderung. *(Goethe, Maximen und Reflexionen)*

Greift der **Abt** zum Glas, greifen die Mönche zum Krug. *(Sprichwort)*

Eine **abtrünnige** und ungehorsame Art.
(Psalm 78, 8)

Er läßt die **Abtrünnigen** bleiben in der Dürre. *(Psalm 68, 7)*

Abwarten und Tee trinken. *(Redensart)*

Abwechslung ergötzt. *(Sprichwort/ nach Euripides u. a.)*

Abwechslung ohne Zerstreuung wäre für Lehre und Leben der schönste Wahlspruch. *(Goethe, Wahlverwandtschaften)*

Abwechslung stärkt den Appetit. *(Sprichwort)*

Ein guter Schütze ist die beste **Abwehr**. *(Sprichwort)*

Der **Abwesende** muß Haare lassen. *(Sprichwort)*

Durch **Abwesenheit** glänzen. *(Redensart, nach M. J. de Chénier)*

Mit **Ach** und Krach. *(Redensart)*
Mit Mühe und Not

Die **Achillesferse**. *(Redensart, nach der griechischen Sage)*
Soviel wie: verwundbare Stelle.

Auf der **Achse** sein. *(Redensart)*
Unterwegs sein

Etwas auf die leichte **Achsel** nehmen. *(Redensart, nach Horaz)*
Etwas als unwichtig ansehen.

Jemanden über die **Achsel** ansehen. *(Redensart)*
Jemanden hochmütig behandeln

In **Acht** und Bann tun. *(Redensart)*
Soviel wie: ächten, ausschließen

Einer **acht's**, der andre verlacht's. *(Sprichwort)*

Achten die Menschen sich selbst, so achten sie gewöhnlich auch die fremde Persönlichkeit. *(S. Smiles, Die Selbstbeherrschung)*

Wer sich nicht selber **achtet**, wird auch von andern nicht geachtet. *(Sprichwort)*

Achtung verdient, wer vollbringt, was er vermag. *(Sophokles)*

Da in der **Achtung** dieser Welt so mancher Wicht wird hochgestellt, gilt mir nur der als rechter Mann, der ehrlich selbst sich achten kann. *(F. v. Bodenstedt)*

Wer den **Acker** pflegt, den pflegt der Acker. *(Sprichwort)*

Adam, wo bist du? *(1. Mos. 3, 9)*

Als **Adam** hackt' und Eva spann, wo war damals der Edelmann? *(Seb. Franck)*

Den alten **Adam** ausziehen. *(Redensart, nach Kol. 3, 9)*
Soviel wie: sich grundlegend ändern

Wo warst du, **Adam**? *(Roman von H. Böll)*

Nach **Adam Riese**. *(Redensart; Adam Riese gab im 16. Jahrhundert ein bekanntes Rechenbuch heraus)*
Zitiert, wenn man die Richtigkeit eines Rechenergebnisses bekräftigen will

Im **Adamskostüm**. *(Redensart)*
Soviel wie: unbekleidet, nackt

Ade, ade, ade! Ja, scheiden und lassen tut weh. *(C. Brentano, Des Knaben Wunderhorn)*

Adel ist auch in der sittlichen Welt. Gemeine Naturen zahlen mit dem, was sie tun, edle mit dem, was sie sind. *(Schiller, Unterschied der Stände)*

Adel verpflichtet. *(Sprichwort/alter Wahlspruch)*

Der **Adel** beweist seine Tugend im Unglück. *(Sprichwort)*

Der **Adel** sitzt im Gemüt, nicht im Geblüt. *(Sprichwort)*

Man leugnete stets und man leugnete mit Recht, daß je sich der **Adel** erlerne.
(Goethe, Ballade vom vertriebenen und zurückkehrenden Grafen)

Tugend ist der beste **Adel**. *(Sprichwort)*

Jemanden tüchtig zur **Ader** lassen.
(Redensart)
Jemandem viel Geld abnehmen

Wer jemanden zur **Ader** lassen will, der muß ihn auch verbinden können.
(Sprichwort)

Adler brüten keine Tauben.
(Sprichwort)

Ein **Adler** fängt keine Mücken.
(Sprichwort)

Auch der **Adler** fliegt nicht höher als die Sonne. *(Russisches Sprichwort)*

Ein **Adler** hebet sich von selbst der Sonne zu; ein ungelernter Flug erhält sich ohne Ruh'.
(G. E. Lessing, An den Herrn Marpurg)

Nur wer ein **Adler**, sei von Adel!
(G. Herwegh, An den König von Preußen)

Alle Menschen, gleich geboren, sind ein **adliges** Geschlecht.
(H. Heine, Buch der Lieder)

Ein **Adonis**. *(Redensart/nach Theokrit)*
Ein schöner Mann

Der beste **Advokat**, der schlimmste Nachbar. *(Sprichwort)*

Advokaten und Wagenräder wollen gut geschmiert sein. *(Sprichwort)*

Ein Bauer zwischen zwei **Advokaten** gleicht einem Fisch zwischen zwei Katzen. *(Sprichwort)*

Der **Affe** gar possierlich ist, zumal wenn er vom Apfel frißt. *(Alter Fibelvers)*

Ich denk': mich laust der **Affe**!
(Redensart)
Ausdruck höchsten Erstaunens

Nackter **Affe**.
(Nach dem Buch des Zoologen und Verhaltensforschers D. Morris)
Bezeichnung für den Menschen

Willst du was sein, so sei es ganz; nichts ist ein **Affe** ohne Schwanz.
(Scherzhaftes Sprichwort)

Echte Natur ist niemals, **Affektation** hingegen überall lächerlich.
(F. H. Jacobi, Auserlesener Briefwechsel)

Das **Affektieren** irgendeiner Eigenschaft, das Sichbrüsten damit ist ein Selbstgeständnis, daß man sie nicht hat.
(A. Schopenhauer, Parerga und Paralipomena)

Mit **affenartiger** Geschwindigkeit.
(Redensart)
Äußerst schnell

Einen **Affen** haben. *(Redensart)*
Einen Rausch haben

Es war mein Türkis, ich bekam ihn von Lea, als ich noch Junggeselle war; ich hätte ihn nicht für einen Wald voll **Affen** weggegeben.
(Shakespeare, Kaufmann von Venedig)

Seinem **Affen** Zucker geben.
(Redensart)
Sich selbst schmeicheln; seine Eitelkeit befriedigen

Eine **Affenhitze**. *(Berliner Redensart)*
Tropisch heiß

Afrika fängt bei den Pyrenäen an.
(Spanische Redensart)

Es gibt auch **Afterkünstler**, Dilettanten und Spekulanten; jene beiden treiben die Kunst um des Vergnügens, diese um des Nutzens willen. *(Goethe, Maximen und Reflexionen)*

Sich nach den Fleischtöpfen **Ägyptens** zurücksehnen. *(Nach 2. Mos. 16, 3)*

Ägyptische Finsternis. *(Redensart/ nach 2. Mos. 10, 22)*

Ahnen sind für den nur Nullen, der als Null zu ihnen tritt; steh als Zahl an ihrer Spitze, und die Nullen zählen mit.
(W. Müller, Epigramme)

Überall geht ein frühes **Ahnen** dem spätern Wissen voraus. *(A. v. Humboldt, Kosmos)*

Mir **ahnet** ein unglücksvoller Augenblick. *(Schiller, Don Carlos)*

Öffne dich, du stille Klause, denn die **Ahnfrau** geht nach Hause.
(F. Grillparzer, Ahnfrau)

Die **Ahnung** ist des Herzens Licht.
(K. Immermann, Gedichte)

Du **ahnungsvoller** Engel du!
(Goethe, Faust)

Leere **Ähren** stehen hoch.
(Sprichwort)

Schwere **Ähren** und volle Köpfe neigen sich. *(Sprichwort)*

Da gab's ein Gerede, man weiß nicht wie, das nennt man eine **Akademie**.
(Goethe, Séance)

Die **Aktien** steigen.
(Redensart)
Die Erfolgsaussichten werden günstiger

Perfides **Albion**.
(Aus dem 13. Jahrhundert stammende Redewendung, während der Französischen Revolution zum Schlagwort geworden)

Wenn ich nicht **Alexander** wäre, möchte ich wohl Diogenes sein.
(Alexander d. Gr., nach Diogenes Laertius)

An **Alexis** send' ich dich, er wird, Rose, dich nun pflegen.
(C. A. Tiedge, Sendung der Rose)

Alle für einen, einer für alle.
(Sprichwort/Alter Wahlspruch)

Kommt, laßt uns **alle** für einen stehn!
(Schiller, Wallensteins Lager)

So machen's **alle**. *(Cosi fan tutte; Oper von L. da Ponte/W. A. Mozart)*
Zu ergänzen: ... Frauen.

Und so sind sie **alle**, einer wie der andere. *(Schiller, Wallensteins Tod)*

Was **alle** trifft, erträgt man leichter.
(K. W. Ramler)

Eener **alleene** is nich scheene. Aber Eener und Eene und denn alleene – det ist scheene!
(Scherzhaftes Berliner Sprichwort)

Allein sein ist besser als in schlechter Gesellschaft. *(Sprichwort)*

Besser **allein** als in böser Gemein'.
(Sprichwort)

Bleib nicht **allein**! Denn in der Wüste trat der Satansengel selbst zum Herrn des Himmels.
(Schiller, Jungfrau von Orleans)

Endlich **allein**!
(Schwank von R. Matthes)

Es ist nicht gut, daß der Mensch **allein** sei. Wähl dir eine, der du sagst: Du nur gefällst mir allein. *(Ovid, Liebeskunst)*

Ein Fürst erlangt am meisten Ruhm bei seinen Bürgern, wenn er die **Alleinherrschaft** in eine Volksherrschaft verwandelt. *(Solon, nach Plutarch, Gastmahl ...)*

Allemal derjenige, welcher. *(Redensart/ nach L. Angely, Fest der Handwerker)*

Da hört sich doch **allens** uff! *(Redensart/ nach L. Angely, Reise auf gemeinschaftliche Kosten)*

Allerchristlichster König. *(Benennung Chlodwigs nach seinem Übertritt zum Christentum, 496)*

Wenn's an **Allerheil'gen** schneit, lege deinen Pelz bereit! *(Bauernregel)*

Das **Allerheiligste**. *(Nach 2. Mos. 25, 33 u. a.)*

Jedoch das **Allerschlimmste**, das haben sie nicht gewußt; das Schlimmste und das Dümmste, das trug ich geheim in der Brust. *(H. Heine, Lyrisches Intermezzo)*

Alles in allem. *(Redensart/ nach Plautus, Truculentus)*

Alles schon dagewesen. *(Redensart/ nach Ben Akiba in: Gutzkow, Uriel Acosta)*

Wer **alles** haben will, bekommt am Ende nichts. *(Sprichwort)*

Nun muß sich **alles** wenden. *(L. Uhland)*

Wer **alles** werden will, wird nie vollkommen werden. *(K. W. Ramler)*

Zwar weiß ich viel, doch möcht' ich **alles** wissen. *(Goethe, Faust)*

Eine **Allianz** ist eine Ehe, bei der die Eifersucht größer ist als die Liebe. *(A. Fanfani)*

Die Knie gebeugt vor dem großen **Alliierten**! *(Kaiser Wilhelm II., 1903)*

Sein alter **Alliierter** hat Wort gehalten! *(Friedrich d. Gr., 1761)*

Allmacht der Liebe hat mich geführet. *(L. da Ponte/ W. A. Mozart, Don Giovanni)*

Es gibt eine menschliche **Allmacht**, mit der man sich selbst und die Welt überwindet, Glaube an Gott und sich selbst. *(K. J. Weber, Demokritos)*

Wer kann der **Allmacht** Grenzen setzen? *(Schiller, Demetrius)*

Wie groß ist des **Allmächt'gen** Güte! *(C. F. Gellert, Güte Gottes)*

Allwissend bin ich nicht, doch viel ist mir bewußt. *(Goethe, Faust)*

Oh, eines Pulses Dauer nur **Allwissenheit**! *(Schiller, Don Carlos)*

Allzu scharf macht schartig. *(Sprichwort)*

Allzustraff gespannt, zerspringt der Bogen. *(Sprichwort/Schiller, Wilhelm Tell)*

Allzuviel ist ungesund. *(Sprichwort)*

Auf der **Alm**, da gibt's koa Sünd'. *(Redensart/Bayerisches Volkslied)*

Almosengeben heißt sündigen, wollst du es laut verkündigen. *(Talmud)*

Wenn du aber **Almosen** gibst, so laß deine linke Hand nicht wissen, was die rechte tut. *(Matth. 6, 3)*

Das größte ist das **Alphabet**, denn alle Weisheit steckt darin. Aber nur der erkennt den Sinn, der's recht zusammenzusetzen versteht. *(E. Geibel, Juniuslieder)*

Also sprach Zarathustra. *(Titel eines Werkes von F. Nietzsche)*

Alt ist man, wenn man an der Vergangenheit mehr Freude hat als an der Zukunft. *(J. Knittel)*

Alt werden, steht in Gottes Gunst; jung bleiben, das ist Lebenskunst.
(Alter Spruch)

Alt wie Methusalem.
(Nach 1. Mos. 5, 27)

Alt wird man wohl, wer aber klug?
(Goethe, Faust)

Die Menschen werden **alt**, aber selten reif.
(A. Daudet)

Ich bin zu **alt**, um nur zu spielen, zu jung, um ohne Wunsch zu sein.
(Goethe, Faust)

Eben, wenn man **alt** ist, muß man zeigen, daß man noch Lust zu leben hat.
(Goethe, Was wir bringen)

Keiner ist so **alt**, der nicht noch ein Jahr leben will; keiner ist so jung, der nicht heute noch sterben kann.
(Sprichwort)

Man ist so **alt**, wie man sich fühlt.
(Sprichwort)

Alt und grau werden.
(1. Sam. 12)

Man wird **alt** wie eine Kuh und lernt immer noch dazu.
(Sprichwort)

Nichts macht schneller **alt** als der immer vorschwebende Gedanke, daß man älter wird.
(G. C. Lichtenberg)

Wenn man **alt** ist, muß man mehr tun, als da man jung war.
(Goethe, Maximen und Reflexionen)

Wenn wir **alt** werden, so beginnen wir zu disputieren, wollen klug sein, und sind doch die größten Narren.
(M. Luther, Tischreden)

Willst du **alt** werden, mußt du beizeiten anfangen.
(Spanisches Sprichwort)

Altar des Vaterlandes.
(Seit 1813 populär gewordenes Schlagwort)

Das **Alte** stürzt, es ändert sich die Zeit, und neues Leben blüht aus den Ruinen.
(Schiller, Wilhelm Tell)

Das **Alte** wied nie alt, es wird nur alt das Neue.
(F. Rückert, Weisheit des Brahmanen)

Mich dünkt, die **Alte** spricht im Fieber.
(Goethe, Faust)

Am guten **Alten** in Treuen halten, am kräftigen Neuen sich stärken und freuen, wird niemand gereuen.
(E. Geibel, Spätherbstblätter)

Die **Alten** zum Rat, die Jungen zur Tat.
(Sprichwort)

Unverständlich sind mir die **Alten**.
(Th. Fontane, Die Alten und die Jungen)

Es ist das Vorrecht der **Alten**, keine Sache weder zuviel noch zuwenig zu tun.
(G. E. Lessing, Laokoon)

Von Zeit zu Zeit seh' ich den **Alten** gern.
(Goethe, Faust)

Nehm'n Sie 'nen **Alten**!
(Couplet von O. Reutter)

Wenn **Alten** schlecht ansteht, was schön an Jungen gilt, wie noch viel schlechter, was man selbst an Jungen schilt!
(F. Rückert, Weisheit des Brahmanen)

Wie die **Alten** sungen, so zwitschern auch die Jungen.
(Sprichwort)

Ewig bleiben treu die **Alten**.
(J. v. Eichendorff, Der Jäger Abschied)

Zu den kraftvollsten, reinsten und schönsten Stimmen, die aus grauem Altertum zu uns herübergekommen sind, gehören die Bücher des **Alten Testaments**.
(W. v. Humboldt, Briefe an eine Freundin)

Alter gibt Erfahrung.
(Ovid, Metamorphosen)

Alter macht immer weiß, aber nicht immer weise. *(Sprichwort)*

Alter schützt vor Torheit nicht. *(Sprichwort/nach W. Shakespeare)*

Älter werde ich stets, niemals doch lerne ich aus. *(Solon)*

Das **Alter** der Weiber ist trüber und einsamer als das der Männer. *(Jean Paul)*

Das **Alter** hört sich gern, auch wenn es nicht viel zu sagen hat. *(Goethe)*

Das **Alter** ist eine Krankheit, an der man sterben muß. *(Amerikanisches Sprichwort)*

Das **Alter** ist nicht trübe, weil darin unsere Freuden, sondern weil unsere Hoffnungen aufhören. *(Jean Paul, Titan)*

Das **Alter** macht nicht kindisch, wie man spricht, es findet uns nur noch als wahre Kinder. *(Goethe, Faust)*

Das **Alter** nimmt dir nichts, was es dir nicht erstattet. *(F. Rückert, Weisheit des Brahmanen)*

Das **Alter** soll man ehren. *(Nach 3. Mos. 19, 32)*

Das **Alter** verklärt oder versteinert. *(M. v. Ebner-Eschenbach, Aphorismen)*

Feigherzig und geschwätzig ist das **Alter**. *(Schiller, Braut von Messina)*

Fleißige Jugend macht behagliches **Alter**. *(Sprichwort)*

Das gefährliche **Alter**. *(Redensart, nach dem Buch von Karin Michaelis)*

Dem **Alter** nicht, der Jugend sei's geklagt, wenn uns das Alter nicht behagt. *(G. E. Lessing, Sinngedichte)*

Die Jugend nährt sich von Träumen, das **Alter** von Erinnerungen. *(Jüdisches Sprichwort)*

War es immer wie jetzt? Ich kann das Geschlecht nicht begreifen. Nur das **Alter** ist jung, ach! und die Jugend ist alt. *(Schiller, Jetzige Generation)*

Eilig entschwindet die Zeit, unmerklich beschleicht uns das **Alter**. *(Ovid)*

Im **Alter** gibt es keinen schöneren Trost, als daß man die ganze Kraft seiner Jugend Werken einverleibt hat, die nicht mitaltern. *(A. Schopenhauer, Parerga und Paralipomena)*

Jugend und Zucht bringt im **Alter** reiche Frucht. *(Sprichwort)*

Wer sich im **Alter** will wärmen, muß sich in der Jugend den Ofen bauen. *(Sprichwort)*

Junges **Alter** ist gut, alte Jugend taugt nichts. *(Sprichwort)*

Der Jugend Fleiß, des **Alters** Preis. *(Sprichwort)*

Die Tragödie des **Alters** beruht nicht darin, daß man alt ist, sondern, daß man jung ist. *(O. Wilde, Dorian Gray)*

Altklug nie Frucht trug. *(Sprichwort)*

Mit Vierzig beginnt das **Altsein** der Jungen, mit Fünfzig das Jungsein der Alten. *(Französisches Sprichwort)*

Amazonen. *(Nach Homer, Ilias u.a.)* *Streitbare, kämpferische Frauen, auch: Sportlerinnen*

Amboß oder Hammer sein. *(Goethe, Kophtisches Lied)*

Diesen **Amboß** vergleich ich dem Land, den Hammer dem Herrscher, und dem Volke das Blech, das in der Mitte sich krümmt. *(Goethe, Epigramme)*

Ein guter **Amboß** fürchtet keinen Hammer. *(Sprichwort)*

Gehe hin zur **Ameise**, du fauler; siehe ihre Weise an und lerne! *(Spr. Salom. 6, 6)*

Das ist so sicher wie das **Amen** in der Kirche. *(Redensart)*

Ja und **Amen** zu etwas sagen. *(Redensart, nach 5. Mose 27)*

Amerika, du hast es besser! *(Goethe, Zahme Xenien)*

Manchmal kommt mir in den Sinn, nach **Amerika** zu segeln, nach dem großen Freiheitsstall, der bewohnt von Gleichheitsflegeln. *(H. Heine, Jetzt wohin?)*

Die beste **Amme** ersetzt keine Mutter. *(Sprichwort)*

Alles besiegt **Amor**. *(Vergil, Eclogae)*

Amor bleibt ein Schalk, und wer ihm vertraut, ist betrogen. *(Goethe, Elegien)*

Doch **Amor** kommt mit Blick und Feuer, der ganze Kursus war vollbracht. *(Goethe, Amor und Psyche)*

Es ist immer besser, daß ein **Amt** geringer ist als die Fähigkeiten. *(G. C. Lichtenberg)*

Ich hab' hier bloß ein **Amt** und keine Meinung. *(Schiller, Wallensteins Tod)*

Man muß die zwei weit unterscheiden: **Amt** und Person. *(M. Luther)*

Wem Gott gibt ein **Amt**, dem gibt er auch Verstand. *(Sprichwort)*

Ämter soll man scheiden von der Person. *(M. Luther, Tischreden)*

Man soll **Ämter** mit Menschen, nicht Menschen mit Ämtern versehen. *(Sprichwort)*

Was deines **Amtes** nicht ist, da laß deinen Vorwitz. *(Jes. Sirach, 3, 24)*

Tut, was Eures **Amts** ist! *(Schiller, Maria Stuart)*

Eine **Amtsmiene** aufsetzen. *(Redensart)*

Den **Amtsschimmel** reiten. *(Redensart)*
Vorschriften übertrieben genau befolgen

Trinken, sang **Anakreon**, trinken sang Horaz. *(Lied von J. C. F. Haug)*

Der Zweck des Staates ist **Anarchie**. *(P. J. Proudhon [?])*

Die beste **Anbetung**, Prinz, ist dankende Freude. *(G. E. Lessing, Philotas)*

Kein **Anblick** ist niederschlagender als ein Land, das sich ohne Schwertstreich unterwirft. *(L. v. Ranke)*

Wenn ihr eure **Andacht** verrichtet, so denkt euch die Gottheit als gegenwärtig. *(Sprüche des Konfuzius)*

Oft ist der Weiber **Andachtsglut** nichts weiter als verliebtes Blut. *(F. v. Sallet, Epigrammatisches und Lehrhaftes)*

Ändern und bessern ist zweierlei. *(Sprichwort)*

Ich danke dir, Gott, daß ich nicht bin wie die **andern** Leute. *(Luk. 18, 11)*

Was du nicht willst, daß man dir tu', das füg' auch keinem **andern** zu. *(Sprichwort, nach Tobias 4,16)*

Du mußt dein Leben **ändern**. *(R. M. Rilke)*

Erstens kommt es **anders**, zweitens als man denkt. *(Sprichwort)*

Es kommt oft **anders**, als man denkt. *(Sprichwort)*

Wie ganz **anders**, anders war es da! *(Schiller, Götter Griechenlands)*

Man verdirbt einen Jüngling am sichersten, wenn man ihn verleitet, den Gleichdenkenden höher zu achten als den **Andersdenkenden**. *(F. Nietzsche)*

Es lebt ein **andersdenkendes** Geschlecht. *(Schiller, Wilhelm Tell)*

Andre Städtchen – andre Mädchen. *(Sprichwort)*

Niemals tritt er einer Sache bei, wenn **andre** sie erdacht. *(Shakespeare, Julius Caesar)*

Wer sich an **andre** hält, dem wankt die Welt. Wer auf sich selber ruht, steht gut. *(P. Heyse, Stammbuchvers)*

Eine **Anekdote** darf nie zu Fuß gehen, sie muß sich zu Pferde setzen und im Galopp davoneilen. *(L. Börne)*

Eine Sammlung von **Anekdoten** und Maximen ist für den Weltmann der größte Schatz, wenn er die ersten an schicklichen Orten einzustreuen, der letzten sich im treffenden Falle zu erinnern weiß. *(Goethe, Maximen und Reflexionen)*

Fordre kein lautes **Anerkennen**! Könne was, und man wird dich kennen. *(P. Heyse, Spruchbüchlein)*

Des Guten **Anerkennung** ehrt dich selbst. *(L. Schefer, Laienbrevier)*

Aller **Anfang** ist schwer. *(Sprichwort)*

Am **Anfang** schuf Gott Himmel und Erde. *(1. Mos. 1, 1)*

Das ist der **Anfang** vom Ende! *(Nach Shakespeare, Sommernachtstraum; auch Talleyrand zugeschrieben)*

Guter **Anfang** ist halbe Arbeit. *(Sprichwort)*

Im **Anfang** war das Wort, und das Wort war bei Gott, und Gott war das Wort. *(Ev. Joh. 1, 1)*

Im **Anfang** war die Tat! *(Goethe, Faust)*

Wie der **Anfang**, so das Ende. *(Sprichwort)*

Anfangen ist leicht, doch Beharren eine Kunst. *(Sprichwort)*

Das ist die gefährlichste **Anfechtung**, wenn keine Anfechtung da ist. *(M. Luther)*

Wachet und betet, daß ihr nicht in **Anfechtung** fallet! *(Matth. 26, 41)*

Merkmal großer Menschen ist, daß sie an andere weit geringere **Anforderungen** stellen als an sich selbst. *(M. v. Ebner-Eschenbach, Aphorismen)*

Angeber und Zwischenträger sind das erbärmlichste Gesindel, das Gottes Erdboden trägt. *(R. Benedix, Dienstboten)*

Kurz **angebunden** sein. *(Redensart)*
Wortkarg sein

Wie sie kurz **angebunden** war, das ist nun zum Entzücken gar! *(Goethe, Faust)*

Wohl **angefangen** ist gut, wohl enden ist besser. *(Sprichwort)*

Was einem **angehört**, wird man nicht los, und wenn man es wegwürfe. *(Goethe, Maximen und Reflexionen)*

Die Welt aus den **Angeln** heben. *(Redensart, nach Archimedes)*

Das **Angenehme** mit dem Nützlichen verbinden. *(Redensart, nach Horaz, Ars poetica)*

Gut **angeschrieben** sein. *(Redensart, nach 2. Mos. 32, 32; Hebr. 12, 12)*
Angesehen sein

Der Herr lasse sein **Angesicht** leuchten über dir und sei dir gnädig.
(4. Mos. 6, 25)

Von **Angesicht** zu Angesicht reden.
(Nach 2. Mos. 33, 11)

Wer **angibt**, hat mehr vom Leben.
(Scherzhaftes Sprichwort)

Wer **angibt**, hat's nötig.
(Scherzhaftes Sprichwort)

Müßt Euer Glück nicht auf die Jüngste setzen, die **Angejahrten** wissen Euch zu schätzen. *(Goethe, Faust)*

Ein fröhlich Herz macht ein fröhlich **Angesicht**. *(Spr. Salom. 15, 13)*

Verliebtheit ist eine psychische **Angina**.
(J. Ortega y Gasset)

Angreifer ist immer der andere!
(G. Clemenceau, 1919)

Angriff ist die beste Verteidigung.
(Sprichwort)

Auf **Angst** und Schweiß folgt Ruh und Preis. *(A. a Santa Clara)*

Angst und bange werden.
(Redensart, nach Hesekiel 30, 16)

In **Ängsten** findet manches statt, was sonst nicht stattgefunden hat.
(W. Busch)

Es ist gefährlich, denen **Ängstlichkeit** vorzuwerfen, die man davon heilen will.
(F. de la Rochefoucauld)

Jemandem etwas **anhängen**.
(Redensart)
Ihm etwas Schlechtes nachsagen

Und ach! wie ist es hierzuland doch jetzt so schrecklich **anigant**! *(W. Busch, Fromme Helene)*

Anklagen ist mein Amt und meine Sendung. *(Schiller, Piccolomini)*

Die Menschen sind in ihren **Anlagen** alle gleich, nur die Verhältnisse machen den Unterschied. *(G. C. Lichtenberg)*

Wo **Anmaßung** mir wohlgefällt? An Kindern: denen gehört die Welt.
(Goethe, Sprichwörtlich)

Anmut machet schön das Weib.
(W. v. d. Vogelweide)

Leget **Anmut** in das Geben!
(Goethe, Faust)

Ohne Wahrheit gibt es keine **Anmut**.
(E. v. Feuchtersleben)

Wer sich keine **Annehmlichkeiten** versagen kann, wird sich nie ein Glück erobern. *(M. v. Ebner-Eschenbach)*

Werfen die Ameisen am **Annentag** auf, so folgt ein harter Winter drauf.
(Bauernregel)
Anna: 26. Juli

Anno dazumal. *(Redensart)*
Vor langer Zeit

Anno Tobak. *(Redensart)*
Vor sehr langer Zeit

Ihr sucht die Menschen zu benennen und glaubt, am Namen sie zu kennen. Wer tiefer sieht, gesteht sich frei, es ist was **Anonymes** dabei.
(Goethe, Sprichwörtlich)

Guter **Anrede** folgt guter Bescheid.
(Sprichwort)

Anschlag, der nicht Fortgang hat, ist ein Wagen ohne Rad. *(F. v. Logau, Sinngedichte)*

Jemanden **anschwärzen**. *(Redensart)*
Jemanden verleumden

Ansehen kostet nichts. *(Redensart)*

Vor Gott gilt kein **Ansehen** der Person. *(Nach 2. Chron. 19, 17 u. Kol. 3, 25)*

Die **Ansicht** eines Weisen und den Rat eines Greisen soll man nicht von sich weisen. *(Sprichwort)*

Wer sich **anspannen** läßt, muß ziehen. *(Sprichwort)*

Man hat nur an so viel Freude und Glück **Anspruch**, als man selbst gewährt. *(E. v. Feuchtersleben, Aphorismen)*

Nur wer **Ansprüche** macht, fühlt sich zurückgesetzt. *(F. Rückert, Weisheit des Brahmanen)*

Wer **Ansprüche** macht, beweist eben dadurch, daß er keine zu machen hat. *(J. G. Seume, Apokryphen)*

Schrecklich sind die **Anspruchslosen**: die nichts fordern, gewähren auch nichts. *(P. Hille, Aphorismen)*

Nicht, wer zuerst die Waffen ergreift, ist **Anstifter** des Unheils, sondern wer dazu nötigt. *(N. Machiavelli)*

Stein des **Anstoßes**. *(Redensart, nach Jes. 8, 14)*

Wo der **Anteil** sich verliert, verliert sich auch das Gedächtnis. *(Goethe, Maximen und Reflexionen)*

Der Mensch begreift niemals, wie **anthropomorphistisch** er ist. *(Goethe, Maximen und Reflexionen)*

Wir sind vielleicht zu **antik** gewesen, nun wollen wir es moderner lesen. *(Goethe, Zahme Xenien)*

Du hast nun die **Antipathie**! *(Goethe, Faust)*

Ich habe eine **Antipathie** gegen Lobhudeleien. Es macht mich den ganzen Tag verstimmt, so etwas zu hören. *(H. v. Moltke)*

Dem schönsten **Antlitz** fehlt zur höchsten Zierde oft nur ein Blattergrübchen, eine Narbe. *(C. D. Grabbe)*

Sein **Antlitz** verhüllen. *(Redensart, nach 1. Kön. 19, 13)*

Wenn **Antonius'** Luft ist klar, kommt bestimmt ein trocken Jahr. *(Bauernregel)*
Antonius: 17. Januar

Ein guter **Antreiber** ist mehr wert als zehn Arbeiter. *(Sprichwort)*

Eine lakonische **Antwort**. *(Redensart)*
Bezieht sich auf die zur Wortkargheit erzogenen Lakedaemonier

Eine linde **Antwort** stillt den Zorn; aber ein hartes Wort richtet Grimm an. *(Spr. Salom. 15, 1)*

Eine richtige **Antwort** ist wie ein lieblicher Kuß. *(Spr. Salom. 24, 26)*

Keine **Antwort** ist auch eine Antwort. *(Sprichwort)*

Um **Antwort** wird gebeten. *(Nach 1. Makk. 12, 18)*
Vermerk auf Einladungskarten, meist abgekürzt: »U.A.w.g.«

Wenn du eine weise **Antwort** verlangst, mußt du vernünftig fragen. *(Goethe)*

Wer viel fragt, erhält viel **Antwort**. *(Sprichwort)*

Wie die Frage, so die **Antwort**.
(Sprichwort)

Ein anderes ist: auf etwas **antworten**, ein anderes: etwas beantworten.
(G. E. Lessing, Duplik)

Viel lieber ist mir doch ein Tuer als ein Sager, ein **Antwortgeber** auch als ein vorlauter Frager.
(F. Rückert, Weisheit des Brahmanen)

Es ist nicht genug zu wissen, man muß auch **anwenden**: es ist nicht genug zu wollen, man muß auch tun.
(Goethe)

Jede **Anziehung** ist wechselseitig.
(Goethe, Wahlverwandtschaften)

Es kann die Spur von meinen Erdentagen nicht in **Äonen** untergehen.
(Goethe, Faust)

Apelles, der in Reiz den Pinsel taucht.
(A. W. v. Schlegel, Poetische Werke)

Der **Apfel** fällt nicht weit vom Stamm.
(Sprichwort)
Im Volksmund ergänzt: »... und wie das Schaf ist auch das Lamm.«

Ein fauler **Apfel** steckt hundert gesunde an.
(Sprichwort)

Goldene **Äpfel** auf silbernen Schalen.
(Spr. Salom. 25, 11)

Im schönsten **Apfel** steckt der Wurm.
(Sprichwort)

In den sauren **Apfel** beißen.
(Redensart)
Seinen Ärger hinunterschlucken; etwas widerwillig tun

Über Rosen läßt sich dichten, in die **Äpfel** muß man beißen.
(Goethe, Faust)

Wenn ich wüßte, daß morgen die Welt untergeht, würde ich heute noch ein **Apfelbäumchen** pflanzen.
(M. Luther zugeschrieben)

Jenes **Apfels** leichtsinnig augenblicklicher Genuß hat aller Welt unendlich Weh verschuldet.
(Goethe, Natürliche Tochter)

Die **Apokryphen**.
[Die verborgenen (Schriften)]
Nach M. Luther: »Bücher, so der Heiligen Schrift nicht gleich gehalten und doch nützlich und gut zu lesen sind.«

Apollo selbst gestand, es sei Entzücken, Mensch unter Menschen sein.
(Schiller, Semele)

Es ist nicht jeder ein **Apostel**, der hingeht in alle Welt.
(Sprichwort)

O wackrer **Apotheker**! Dein Trank wirkt schnell.
(Shakespeare, Romeo und Julia)

Der **Appetit** kommt beim Essen.
(Sprichwort, nach Rabelais, Gargantua)

Bläst **April** mit beiden Backen, ist genug zu jäten, hacken.
(Bauernregel)

Aprilsturm und Regenwucht bescheren Wein und gute Frucht!
(Bauernregel)

Gebt mir **Aquavit**!
(Shakespeare, Romeo und Julia)

Alle Wohlgerüche **Arabiens**.
(Shakespeare, Macbeth)

Die schönen Tage in **Aranjuez** sind nun zu Ende.
(Schiller, Don Carlos)

Arbeit adelt.
(Sprichwort)
Im Volksmund ergänzt: »... Ich bleibe bürgerlich.«

Arbeit gibt uns mehr als den Lebensunterhalt; sie gibt uns das Leben.
(H. Ford)

Arbeit ist des Blutes Balsam, Arbeit ist der Tugend Quell.
(J. G. Herder, Cid)

Arbeit ist des Bürgers Zierde, Segen ist der Mühe Preis. *(Schiller, Glocke)*

Arbeit ist des Lebens Würze. *(Sprichwort)*

Arbeit ist die Hälfte der Gesundheit. *(Sprichwort)*

Arbeit macht das Leben süß…
(Sprichwort, nach G. W. Burmann, Lob der Arbeitsamkeit)
Im Volksmund ergänzt: »… Faulheit stärkt die Glieder«

Arbeit, Mäßigkeit und Ruh' schließen dem Arzt die Türe zu. *(Sprichwort)*

Arbeit schändet nicht. *(Sprichwort, nach Hesiod, Werke und Tage)*

Arbeit und Genuß sind Zwillingsbrüder, eins im andern lebend. *(A. v. Wilbrandt)*

Bei der **Arbeit** recht beginnen, beim Genießen rechter Schluß. *(Sprichwort)*

Das beste an der **Arbeit** sind die Pausen. *(Scherzhaftes Sprichwort)*

Das ist der **Arbeit** heiliger Krieg! Mit uns das Volk! Mit uns der Sieg!
(M. Kegel, Sozialisten-Marsch)

Das Recht auf **Arbeit**. *(Ch. Fourier, Théorie des quatre mouvements et des destinées générales, 1808)*

Das Vergnügen ist so nötig als die **Arbeit**. *(G. E. Lessing)*

Den Armen kuriert die **Arbeit**, den Reichen der Arzt. *(Polnisches Sprichwort)*

Der Schweiß ist die Träne der **Arbeit**. *(P. Hille, Aphorismen)*

Die **Arbeit**, dieser Fluch, womit Gott das menschliche Geschlecht segnete, gibt uns wahres und dauerhaftes Vergnügen. *(J. Möser, Patriotische Phantasien)*

Erst die **Arbeit**, dann das Vergnügen. *(Sprichwort)*

Gesundheit ist die Tochter der **Arbeit**. *(Sprichwort)*

Guter Anfang ist halbe **Arbeit**. *(Sprichwort)*

Mann der **Arbeit**, aufgewacht! Und erkenne deine Macht! *(G. Herwegh, Bundeslied des Allgemeinen deutschen Arbeitervereins: »Arbeiter-Marseillaise«)*

Nach getaner **Arbeit** ist gut ruhn. *(Sprichwort)*

Nur in der **Arbeit** wohnt der Frieden, und in der Mühe wohnt die Ruh. *(Th. Fontane, Gedichte)*

Segen der **Arbeit**, wärst du Gottes Fluch, wie müßte dann sein Segen sein. *(S. Smiles, Charakter)*

Stöhnen ist die halbe **Arbeit**. *(Sprichwort)*

Tages **Arbeit**, abends Gäste! Saure Wochen, frohe Feste! *(Goethe, Schatzgräber)*

Von **Arbeit** stirbt kein Mensch; aber von Ledig- und Müßiggehen kommen die Leute um Leib und Leben; denn der Mensch ist zur Arbeit geboren wie der Vogel zum Fliegen. *(M. Luther)*

Wenn gute Reden sie begleiten, dann fließt die **Arbeit** munter fort. *(Schiller, Das Lied von der Glocke)*

Wer die **Arbeit** kennt, der rennt. *(Scherzhaftes Sprichwort)*

Wer die **Arbeit** kennt und sich nicht drückt – der ist verrückt. *(Scherzhaftes Sprichwort)*

Wer lässig ist in seiner **Arbeit**, der ist ein Bruder des, der das Seine umbringt. *(Spr. Salom. 18, 9)*

Wer zuschaut, dem ist keine **Arbeit** zu schwer. *(Sprichwort)*

Wie die **Arbeit**, so der Lohn. *(Sprichwort)*

Wie die Bezahlung, so die **Arbeit**. *(Sprichwort)*

Wo **Arbeit** das Haus bewacht, da kann die Armut nicht hinein. *(Sprichwort)*

Arbeite brav und leb genau! *(G. A. Bürger, Raubgraf)*

Arbeite wie ein Sklave und iß wie ein Lord. *(Albanisches Sprichwort)*

Arbeiten und nicht verzweifeln. *(Sprichwort, nach T. Carlyle)*

Gott sorgt, wir aber sollen **arbeiten**. *(M. Luther)*

Nicht zu **arbeiten** ist schlimmer, als sich zu überarbeiten. *(S. Smiles, Charakter)*

So jemand nicht will **arbeiten**, der soll auch nicht essen. *(2. Thess. 3, 10)*

Wer nicht richtig faulenzen kann, kann auch nicht richtig **arbeiten**. *(Sprichwort)*

Arbeiter im Weinberge des Herrn. *(Matth. 20 u. 21, 28) Soviel wie: Geistliche.*

Der **Arbeiter** soll seine Pflicht tun, der Arbeitgeber soll mehr tun als seine Pflicht! *(M. v. Ebner-Eschenbach)*

Ein guter Antreiber ist mehr wert als zehn **Arbeiter**. *(Sprichwort)*

Ein schlechter **Arbeiter** findet nie gutes Werkzeug. *(Französisches Sprichwort)*

Gute Belohnung macht willige **Arbeiter**. *(Sprichwort)*

Ein **Arbeiter** ist seines Lohnes wert. *(Sprichwort, nach Luk. 10, 7 u. 1. Tim. 5, 18)*

Wer dem **Arbeiter** seinen Lohn nicht gibt, der ist ein Bluthund. *(Jes. Sir. 34, 27)*

Wenn man **arbeitet**, hat man keine Zeit, Geld zu verdienen. *(Polnisch-jüdisches Sprichwort)*

Wer nicht **arbeitet**, soll nicht nur nicht essen, sondern braucht auch nicht zu lieben. *(G. Keller, Grüner Heinrich)*

Wo man **arbeitet**, da ist genug; wo man aber mit Worten umgeht, da ist Mangel. *(Spr. Salom. 14, 23)*

Der Arbeiter soll seine Pflicht tun, der **Arbeitgeber** soll mehr tun als seine Pflicht! *(M. v. Ebner-Eschenbach)*

Arbeitstage voll rüstiger Plage sind die besten von allen Festen. *(F. Schanz, Spruchstrophen)*

Architektur ist erstarrte Musik. *(F. W. Schelling)*

Bemüh dich nur und sei hübsch froh, der **Ärger** kommt schon sowieso. *(W. Busch)*

Der **Ärger** gleicht 'nem überhitzgen Pferd, das, gebt ihr Freiheit, am eignen Feuer ermüdet. *(Shakespeare, Heinrich VIII.)*

Leute, die sich **ärgern**, gibt's immer. *(W. Busch)*

Den Juden ein **Ärgernis** und den Griechen eine Torheit. *(1. Kor. 1, 23)*

Ein **Ärgernis** ist nur, wo man es nimmt, gegeben; dir Vorgeworfnes brauchst du ja nicht aufzuheben. *(F. Rückert, Weisheit des Brahmanen)*

Kommt doch das **Ärgernis** von oben.
(Schiller, Wallensteins Lager)

Weh dem Menschen, durch welchen **Ärgernis** kommt! *(Matth. 18, 7)*

Die Beleidigungen sind die **Argumente** jener, die über keine Argumente verfügen. *(J. J. Rousseau)*

Sei nicht ungeduldig, wenn man deine **Argumente** nicht gelten läßt.
(Goethe, Maximen und Reflexionen)

Mit **Argusaugen** hüten. *(Redensart, nach der griechischen Sage)*
Sehr sorgfältig bewachen

Verrat und **Argwohn** lauscht in allen Ecken. *(Schiller, Wilhelm Tell)*

War doch der **Argwohn** stets der zweiten Ehe Frucht. *(Schiller, Phädra)*

Wer durch des **Argwohns** Brille schaut, sieht Raupen selbst im Sauerkraut.
(W. Busch)

Wir sind **argwöhnisch**, wir Menschenkinder auf Erden. *(Homer, Odyssee)*

Ariadnefaden. *(Redensart, nach der griechischen Sage)*
Wegweiser, Leitfaden

Arion war der Töne Meister.
(A. W. Schlegel, Arion)

Auch ich war in **Arkadien** geboren.
(Schiller, Resignation)
Arkadien: Land der Unschuld u. des Friedens

Arm in Arm mit dir, so fordr' ich mein Jahrhundert in die Schranken.
(Schiller, Don Carlos)

Arm ist, wer den Tod wünscht, ärmer, wer ihn fürchtet. *(Sprichwort)*

Arm oder reich – vor Gott sind alle gleich. *(Sprichwort)*

Arm wie eine Kirchenmaus. *(Redensart)*

Arm wie Hiob. *(Redensart, nach Hiob 17, 6)*

Besser **arm** in Ehren als reich in Schanden. *(Sprichwort)*

Das sicherste Mittel **arm** zu bleiben, ist, ein ehrlicher Mann zu sein.
(Napoleon I.)

Jemanden auf den **Arm** nehmen.
(Redensart)
Jemanden verspotten

Mancher ist **arm** bei großem Gut, und mancher ist reich bei seiner Armut.
(Spr. Salom. 13, 7)

Nicht der ist **arm**, der wenig hat; nur der ist arm, der vieles hat.
(P. Ernst, Gedichte)

Gott der Allmächtige blies, und die **Armada** flog nach allen Winden.
(Schiller, Unüberwindliche Flotte)

Arme Leute kennt niemand.
(Sprichwort)

Arme Leute kochen dünne Suppen.
(Sprichwort)

Der **Arme** soll sparsam sein, der Reiche soll ausgeben. *(P. Ernst, Erdachte Gespräche)*

Der sogenannte **arme** Mann.
(Graf F. v. Ballestrem im Deutschen Reichstag, 1879)

Is ja allens da, is ja nich wie bei **arme** Leute. *(D. Kalisch, Aktienbudiker)*

Reiche haben die Medizin, **Arme** die Gesundheit. *(Sprichwort)*

Reiche Leute haben Vettern und Muhmen in jedem Winkel der Welt; der **Arme** ist nur mit dem Elend verwandt.
(A. v. Kotzebue)

Stirbt der Reiche, so geht man zur Leiche; stirbt der **Arme**, daß Gott erbarme. *(Sprichwort)*

Disziplin ist die ganze Seele der **Armee**. *(H. v. Moltke)*

Ich fühle eine **Armee** in meiner Faust. *(Schiller, Räuber)*

Zur großen **Armee** abberufen werden. *(Redensart)*
Soviel wie: sterben

Kann ich **Armeen** aus der Erde stampfen? Wächst mir ein Kornfeld in der flachen Hand? *(Schiller, Jungfrau von Orleans)*

Etwas aus dem **Ärmel** schütteln. *(Redensart)*
Etwas mühelos vollbringen

Dem **Armen** hilf, den Bettler verjag'! *(Sprichwort)*

Der Branntwein ist das Getränk des berühmten **armen** Mannes. *(Bismarck im Dtsch. Reichstag, 1881)*

Einem **Armen** mangelt viel, einem Geizigen alles. *(Sprichwort)*

Einen **Armen** hassen auch seine Nächsten; aber die Reichen haben viele Freunde. *(Spr. Salom. 14, 20)*

Ihr laßt den **Armen** schuldig werden, dann überlaßt ihr ihn der Pein. *(Goethe, Harfenspieler)*

In den **Armen** liegen sich beide und weinen vor Schmerzen und Freude. *(Schiller, Bürgschaft)*

Nur in den **Armen** ist Heil, und nicht in der Laune des Kampfes. *(Homer, Ilias)*

Wer dem **Armen** gibt, dem wird nichts mangeln. *(Spr. Salom. 28, 27)*

Wer sich des **Armen** erbarmt, der leihet dem Herrn; der wird ihm wieder Gutes vergelten. *(Spr. Salom. 19, 17)*

Armenvater. *(Redensart, nach Hiob 29, 16)*

Ein **Armer** kennt seine Verwandten besser als ein Reicher. *(Sprichwort)*

Ein gesunder **Armer** ist ein halber Reicher. *(Chinesisches Sprichwort)*

Findet ein **Armer** ein Geldstück, ist's sicher ein falsches. *(Russisches Sprichwort)*

Armselig sind nie die Zeiten, sondern nur wir. *(H. Claudius)*

Armut des Geistes Gott erfreut, Armut und nicht Armseligkeit. *(M. Claudius, Ein gülden Abc)*

Armut ist die einzige Last, die schwerer wird, je mehr Geliebte daran tragen. *(Jean Paul, Siebenkäs)*

Armut ist die größte Plage, Reichtum ist das höchste Gut. *(Goethe, Schatzgräber)*

Armut ist ein großer Glanz aus Innen. *(R. M. Rilke, Stundenbuch)*

Armut ist ein schlimmer Gast. *(Sprichwort)*

Armut ist kein Laster – aber auch keine Tugend. *(Israelisches Sprichwort)*

Armut ist keine Schande – Reichtum auch nicht. *(C. Götz)*

Armut macht frei. *(Sprichwort)*

Armut schändet nicht – aber drückt. *(Sprichwort)*

Armut tut weh. *(Sprichwort)*

Die **Armut**, die kommt von der Powerteh! *(Nach F. Reuter, Stromtid)*

Die **Armut** und die Hoffnung sind Mutter und Tochter. Indem man sich mit der Tochter unterhält, vergißt man die andere. *(Jean Paul, Aphorismen)*

In dieser **Armut**, welche Fülle! *(Goethe, Faust)*

Nur meine **Armut**, nicht mein Wille weicht. *(Shakespeare, Romeo und Julia)*

Reichtum schändet nicht, **Armut** macht nicht glücklich. *(Scherzhaftes Sprichwort)*

Wäre mein Herz so arm wie mein Geist, so wäre ich wohl glücklich, denn ich bin wunderbar überzeugt vom Geist der **Armut** und davon, daß die Übung dieser Tugend ein prächtiges Mittel ist, um unser Heil zu wirken. *(B. Pascal)*

Arroganz, die Karikatur des Stolzes. *(E. v. Feuchtersleben, Aphorismen)*

Dem geht der **Arsch** mit Grundeis. *(Vergröberte Redensart nach V. v. Scheffel, Der erratische Block)*

Vor Ihro Kaiserliche Majestät hab' ich, wie immer, schuldigen Respekt. Er aber, sag's ihm, er kann mich im **Arsch** lecken! *(Goethe, Götz von Berlichingen) So auf der Bühne gesprochen, während im gedruckten Text die letzten drei Wörter durch … ersetzt.*

O Fluch! o Schande solchen Tröpfen, Satane stehen auf den Köpfen, die Plumpen schlagen Rad auf Rad und stürzen **ärschlings** in die Hölle. *(Goethe, Faust)*

Freude und guter Mut in Ehren und Züchten ist die beste **Arzenei** eines jungen Menschen, ja aller Menschen. *(M. Luther)*

Die **Arznei** macht kranke, die Mathematik traurige und die Theologie sündhafte Leute. *(M. Luther)*

Die Wahrheit ist eine **Arznei**, die angreift. *(H. Pestalozzi)*

Ein verzweifeltes Übel will eine verwegene **Arznei**. *(Schiller, Fiesco)*

Es ist **Arznei**, nicht Gift, was ich dir reiche. *(G. E. Lessing, Nathan der Weise)*

Nicht die **Arznei** tötet, sondern der Arzt. *(Japanisches Sprichwort)*

Wahrheit ist eine widerliche **Arznei**. *(A. v. Kotzebue)*

Ich verschreibe anderen **Arzneien**, doch nehm ich sie selbst nicht ein. *(V. I. F. Catelli)*

Späte Strafen sind wie späte **Arzneien**. *(E. V. v. Kleist)*

Arzt, hilf dir selber! *(Luk. 4, 23)*

Arzt sein heißt: der Stärkere von zweien sein. *(E. Schweninger)*

Arbeit, Mäßigkeit und Ruh' schließen dem **Arzt** die Türe zu. *(Sprichwort)*

Der beste **Arzt** ist meist der schlechteste Patient. *(Sprichwort)*

Ein **Arzt** darf auch dem Feind sich nicht entziehen. *(K. Gutzkow, Uriel Acosta)*

Ein guter **Arzt** bedarf keiner Posaune. *(Sprichwort)*

Ein tüchtiger **Arzt** vermag sich selbst nicht zu heilen. *(Chinesisches Sprichwort)*

Für alles kann der **Arzt**, doch fehlt ihm eines nur: daß er für seinen Tod weiß selbstens keine Kur. *(P. Fleming)*

Ich hatte jung genug oft erfahren, daß in den hilfsbedürftigsten Momenten uns zugerufen wird: **Arzt**, hilf dir selber! *(Goethe)*

Man soll nicht den **Arzt** fragen, sondern den Kranken. *(Jüdisches Sprichwort)*

Nur ein guter Mensch kann ein großer **Arzt** sein. *(H. Nothnagel)*

Ärzte sind den Menschen gut, daß für deren Menge endlich nicht die ganze Welt werde gar zu enge. *(F. v. Logau)*

Ärzte sind die Wegweiser zum Himmelreich. *(Sprichwort)*

Ärzte sind unseres Herrgotts Menschenflicker. *(M. Luther)*

Ärzte und Lehrer kann man nie zu gut bezahlen. *(Sprichwort)*

Fröhlichkeit und Mäßigkeit sind die besten **Ärzte**. *(Sprichwort)*

Nur die **Ärzte** dürfen lügen. *(Französisches Sprichwort)*

Zwei **Ärzte** – drei Meinungen. *(Boshafte Redensart)*

Die meisten Menschen sterben an ihren **Ärzten**, nicht an ihren Krankheiten. *(Französisches Sprichwort)*

Die Gesunden bedürfen des **Arztes** nicht, sondern die Kranken. *(Matth. 9, 12)*

Die Irrtümer des **Arztes** deckt die Erde. *(Sprichwort)*

Aschenbrödel oder **Aschenputtel**. *(Redensart, nach dem deutschen Märchen)*
Zurückgesetztes, erniedrigtes Mädchen

Mach's wie Herr **Asmus** tat, der wußte, was er sollte; der fragte jedermann um Rat und tat doch, was er wollte. *(H. Seidel)*

Und mein Stamm sind jene **Asra**, welche sterben, wenn sie lieben. *(H. Heine, Vom Stamme Asra)*

Ich lach' ma'n **Ast**. *(Berliner Redensart)*
»Ast« = Buckel

Sich auf dem absteigenden **Ast** befinden. *(Redensart)*
Die Kräfte bzw. Erfolge lassen nach.

Überflüssige **Äste** hau'n wir hinweg, damit der Fruchtzweig lebe. *(Shakespeare, Richard III.)*

Deshalb verbrennt man **Atheisten**, weil solche Reden höchst gefährlich sind. *(Goethe, Faust)*

Eulen nach **Athen** tragen. *(Redensart, nach Aristophanes)*
Bezeichnung für eine überflüssige Handlung.

Endlos unter mir sah ich den **Äther**, über mir endlos. *(Schiller, Spaziergang)*

Frei **atmen** macht das Leben nicht allein. *(Goethe, Iphigenie)*

Auch eine schöne Gegend! *(Redensart, nach A. Glaßbrenner, Berlin ...)*

Jemandem etwas **aufbinden**. *(Redensart)*
Jemanden täuschen, belügen

Sich **aufdonnern**. *(Redensart)*
Sich auffällig kleiden

Ich bin die **Auferstehung** und das Leben. Wer an mich glaubet, der wird leben, ob er gleich stürbe. *(Joh. 11, 25)*

Wird man wo gut **aufgenommen**, muß man ja nicht zweimal kommen. *(P. A. Wolff/C. M. v. Weber, Preciosa)*
Meist zitiert: ... muß man nicht gleich wiederkommen.

Aufgeschoben ist nicht aufgehoben. *(Sprichwort)*

Wofür sie besonders schwärmt, wenn er wieder **aufgewärmt**.
(W. Busch, Max und Moritz)
Gemeint ist: Kohl

Was man nicht **aufgibt**, hat man nie verloren. *(Sprichwort, Schiller, Maria Stuart)*

Nicht viel **Aufhebens** machen.
(Redensart)
Soviel wie: nicht viel über etwas sprechen.

Die Brandfackel des Unglaubens nennt man gern das Licht der **Aufklärung**.
(E. J. Hähnel)

Aufmerksamkeit, mein Sohn, ist, was ich dir empfehle; bei dem, wobei du bist, zu sein mit ganzer Seele. *(F. Rückert, Weisheit des Brahmanen)*

Aufmunterung nach dem Tadel ist Sonne nach dem Regen, fruchtbares Gedeihen.
(Goethe)

Aufopferung eigener Interessen ist ein Talent, das den Priestern der Liebe ebensosehr abgeht wie den sündigen Laien. *(H. Heine, Reisebilder)*

Ohne **Aufopferung** läßt sich keine Freundschaft denken. *(Goethe)*

Aufrichtig sein und ehrlich bringt Gefahr. *(Shakespeare, Othello)*

Aufrichtig zu sein, kann ich versprechen, unparteiisch zu sein aber nicht.
(Goethe, Maximen und Reflexionen)

Aufrichtigkeit ist die Quelle aller Genialität. *(L. Börne)*

Moralische **Aufrüstung**.
(Name einer ideologischen Bewegung des Pfarrers F. Buchman)

Das **Aufschieben** hat der Teufel erfunden. *(Sprichwort)*

Aufschub bringt oft Gefahr.
(Sprichwort)

Aufschub einer guten Tat hat schon oft gereut. *(J. W. L. Gleim)*

Der **Aufstand** der Massen.
(Titel eines Buches von Ortega y Gasset)

Der **Aufstand** ist eine Kunst.
(Nach K. Marx)

Aufhaltsamer **Aufstieg**.
(Parabel von B. Brecht)

Ein großer **Aufwand**, schmählich! ist vertan. *(Goethe, Faust)*

Das ist ein **Aufwasch**(en)! *(Redensart)*
Das läßt sich zusammen erledigen

Etwas wie seinen **Augapfel** behüten.
(Redensart, nach 5. Mos. 32, 10)
Etwas sehr sorgfältig behüten

Auge um Auge, Zahn um Zahn.
(2. Mos. 21, 24; Matth. 5, 38)

Da bleibt kein **Auge** trocken!
(J. D. Falck)

Das **Auge** der Frau hält die Stube rein.
(Sprichwort)

Das **Auge** des Gesetzes wacht.
(Redensart, Schiller, Glocke)

Das **Auge** des Herrn macht die Kühe fett! *(Sprichwort)*

Das **Auge** sieht den Himmel offen, es schwelgt das Herz in Seligkeit.
(Schiller, Glocke)

Ein Dorn im **Auge** sein. *(Redensart, nach 4. Mos. 33, 55)*

Ein liebend **Auge** ist ein milder Richter.
(Th. Fontane)

Gegen Zung und Gaumen hält sich **Auge** schlecht als Richter.
(Goethe, Faust)

Man glaubt einem **Auge** mehr als zwei Ohren. *(Sprichwort)*

Mit einem blauen **Auge** davonkommen.
(Redensart)
Glimpflich davonkommen

Mit einem heiteren und einem nassen **Auge**. *(Redensart, nach Shakespeare, Hamlet)*
Teils erfreut, teils betrübt

Wär' nicht das **Auge** sonnenhaft, die Sonne könnt' es nie erblicken.
(Goethe, Zahme Xenien)

Was das **Auge** sieht, glaubt das Herz.
(Sprichwort)

Wo das **Auge** nicht sehen will, helfen weder Licht noch Brill'. *(Sprichwort)*

Wünsche dir nicht zu scharf das **Auge**, denn wenn du die Toten in der Erde erst siehst, siehst du die Blumen nicht mehr.
(F. Hebbel)

Aller **Augen** warten auf dich.
(Redensart, nach Psalm 145, 15)

Aus den **Augen**, aus dem Sinn.
(Sprichwort)

Beide **Augen** zudrücken. *(Redensart)*
Sehr nachsichtig sein

Da waren die **Augen** 'mal wieder größer als der Magen! *(Redensart)*
So wird gesagt, wenn jemand sich mehr aufgefüllt hatte, als er zu essen vermochte

Der Mensch siehet, was vor **Augen** ist! Der Herr aber siehet das Herz an.
(1. Sam. 16, 7)

Die **Augen** auf oder den Beutel!
(Sprichwort)
Wer nicht aufpaßt, muß zahlen.

Die **Augen** gingen ihm über, so oft er trank daraus. *(Goethe, der König in Thule)*

Die **Augen** halte zu, und deinen Beutel offen; ein solcher Kund ist es, auf den die Krämer hoffen. *(F. Rückert, Weisheit des Brahmanen)*

Die **Augen** sehen alles, nur sich selbst nicht. *(Jugoslawisches Sprichwort)*

Die **Augen** sind der Spiegel der Seele.
(Sprichwort)

Es ist eine seltsame Gabe am Menschen, schöne und liebliche **Augen** zu haben.
(M. Luther)

Große **Augen** machen. *(Redensart)*
Staunen

Ich hebe meine **Augen** auf zu den Bergen, von welchen mir Hilfe kommt.
(Psalm 121, 1)

Ihr glücklichen **Augen**, was je ihr geseh'n, es sei, wie es wolle, es war doch so schön. *(Goethe, Faust)*

Mit sehenden **Augen** nicht sehen.
(Nach Matth. 13, 13)

Schafft mir diesen aus den **Augen**!
(Schiller, Räuber)

Sich die **Augen** ausweinen.
(Klagelieder Jerem. 2, 11)

Trinkt, o **Augen**, was die Wimper hält, von dem goldnen Überfluß der Welt.
(G. Keller, Gedichte)

Um ihrer schönen **Augen** willen.
(Molière, Précieuses ridicules)

Vier **Augen** sehen mehr als zwei.
(Sprichwort)

Weil du die **Augen** offen hast, glaubst du, du siehst. *(Goethe, Egmont)*

Wer sich in alles will mischen, muß oft die **Augen** sich wischen.
(A. a Santa Clara)

Zwei **Augen** hat die Seel: eines schauet in die Zeit, das andere richtet sich hin in die Ewigkeit. *(Angelus Silesius, Cherubinischer Wandersmann)*

Bis auf den letzten **Augenblick** spielen wir Komödie mit uns selber.
(H. Heine, Das Buch Le Grand)

Dem **Augenblick** Dauer verleihen.
(Nach Goethe, Das Göttliche)

Doch der den **Augenblick** ergreift, das ist der rechte Mann. *(Goethe, Faust)*

Ein **Augenblick**, gelebt im Paradiese, wird nicht zu teuer mit dem Tod gebüßt.
(Schiller, Don Carlos)

Ein einz'ger **Augenblick** kann alles umgestalten. *(C. M. v. Weber, Oberon)*

Einen versäumten **Augenblick** bringt kein Wunsch zurück. *(Sprichwort)*

Entflohener **Augenblick** kommt nicht zurück. *(Sprichwort)*

Es gibt im Menschenleben **Augenblicke**, wo er dem Weltgeist näher ist als sonst.
(Schiller, Wallensteins Tod)

Mir ahnet ein unglücksvoller **Augenblick**. *(Schiller, Don Carlos)*

Was glänzt, ist für den **Augenblick** geboren. *(Goethe, Faust)*

Werd ich zum **Augenblicke** sagen: Verweile doch! du bist so schön! Dann magst du mich in Fesseln schlagen, dann will ich gern zugrunde gehn! *(Goethe, Faust)*

Und wie der Klang verhallet in dem Ohr, verrauscht des **Augenblicks** geschwinde Schöpfung. *(Schiller, Prolog zu Wallenstein)*

Augendienerei. *(Redensart, nach Eph. 6, 6)*

Zu des Verstandes und Witzes Umgehung ist nichts geschickter als **Augenverdrehung**. *(F. v. Bodenstedt, Mirza-Schaffy)*

Den **Augiasstall** säubern.
(Nach der griechischen Sage)

Aus! Sense! *(Berliner Redensart)*
Nun aber endgültig Schluß!

Etwas **ausbaden** müssen. *(Redensart)*
Für etwas büßen müssen, das andere verschuldet haben

Ausbildung verhindert Einbildung.
(Sprichwort)

Courage ist gut, aber **Ausdauer** ist besser. *(Th. Fontane, Stechlin)*

Dunkelheit und Undeutlichkeit des **Ausdrucks** ist allemal und überall ein sehr schlimmes Zeichen. *(A. Schopenhauer, Parerga und Paralipomena)*

Die **Auserlesensten** fallen immer als Opfer. *(Jüdisches Sprichwort)*

Denn viele sind berufen, aber wenige sind **auserwählt**. *(Matth. 22, 14)*

Das **auserwählte** Volk.
(Nach Psalm 105, 43 u. 2. Makk. 5, 19)

Hört von meiner **Auserwählten**, höret an mein schönstes Lied! *(G. A. Bürger, Das hohe Lied von der Einzigen)*

Ausflüchte in Menge findest du leicht: du bist ein Weib. *(Euripides, Andromache)*

Ausführungsbestimmungen sind Erklärungen zu den Erklärungen, mit denen man eine Erklärung erklärt.
(A. Lincoln)

Der **Ausgang** gibt den Taten ihre Titel.
(Goethe)

Hattest du darum recht, weil dir der **Ausgang** recht gibt? *(G. E. Lessing, Emilia Galotti)*

Wo so ein Köpfchen keinen **Ausgang** sieht, stellt es sich gleich das Ende vor.
(Goethe, Faust)

Du bist sehr lange **ausgeblieben**, Freund!
(Schiller, Piccolomini)

Das ist nur eures Hirnes **Ausgeburt**!
(Shakespeare, Hamlet)

Oh, du **Ausgeburt** der Hölle.
(Goethe, Zauberlehrling)

Etwas **ausgefressen** haben. *(Redensart)*
Einen dummen Streich begangen haben

Wer **ausgelernt** sein will, der muß im Grabe liegen. *(C. Lehmann, Politischer Blumengarten)*

Ausgelitten hast du – ausgerungen.
(v. Reitzenstein, Lotte bei Werthers Grabe)

Was jedermann für **ausgemacht** hält, verdient am meisten untersucht zu werden.
(G. C. Lichtenberg)

Ausgestritten, ausgerungen ist der lange, schwere Streit. *(Schiller, Siegesfest)*

Ist man noch im Werden, so halte man sich zu den **Ausgezeichneten**.
(B. Gracian, Handorakel)

Überfluß kommt eher zu grauen Haaren, aber **Auskommen** lebt länger.
(Shakespeare, Kaufmann von Venedig)

Das **Ausländische** hat immer einen gewissen vornehmen Anstrich für uns.
(Bismarck)

Es liegt in der deutschen Natur, alles **Ausländische** in seiner Art zu würdigen, und sich fremder Eigentümlichkeit zu bequemen. *(J. P. Eckermann, Gespräche mit Goethe)*

Im **Auslegen** seid frisch und munter!
Legt ihr's nicht aus, so legt was unter.
(Goethe, Zahme Xenien)

Was man sich eingebrockt hat, muß man auch **auslöffeln**. *(Sprichwort)*

Ausnahmen bestätigen die Regel.
(Sprichwort)

Etwas **ausposaunen**. *(Nach Matth. 6, 2)*

Eine gute **Ausrede** ist einen Taler wert.
(Sprichwort)

Der **Aussätzige** mag sich jucken, unsere Haut ist gesund.
(Shakespeare, Hamlet)

Außen hui, innen pfui. *(Redensart)*

Die **Außenseite** eines Menschen ist das Titelblatt seines Inneren.
(Persisches Sprichwort)

Das **Äußere** läßt aufs Innere schließen.
(W. v. d. Vogelweide)

Das **Außerordentliche** geschieht nicht auf glattem, gewöhnlichen Wege.
(Goethe)

Das **Äußerste** liegt der Leidenschaft zu allernächst. *(Goethe, Wahlverwandtschaften)*

Das ist die Sonne von **Austerlitz**!
(Napoleon I.)

Einem eins **auswischen** *(Redensart)*
Einem etwas Schlimmes antun.

Auswurf der Menschheit. *(Redensart, nach 1. Kor. 4, 13)*

Man soll sich nicht **ausziehen**, ehe man schlafen geht. *(Sprichwort)*

Nichts ist gefährlicher, als zwei Menschen **auszusöhnen**: sie zu entzweien ist viel sicherer und leichter. *(Jean Paul)*

Den **Autobus** verpaßt haben.
(Nach einer Unterhausrede des britischen Premierministers A. N. Chamberlain, 1940: »... Hitler hat den Autobus verpaßt...«)
Soviel wie: den geeigneten Moment verpaßt haben

Autodidakten übertreiben immer.
(Th. Fontane, Stechlin)

Autorität, nicht Majorität.
Nach F. J. Stahl, 1850)

Autorität wird nur dann nicht angezweifelt, wenn sie sich auf fachliche Leistung und untadelige menschliche Haltung gründet. *(Bundespräsident G. Heinemann vor der Führungsakademie der Bundeswehr)*

Die **Axt** an die Wurzel legen.
(Nach Matth. 3, 10)

Die **Axt** im Haus erspart den Zimmermann. *(Sprichwort, Schiller, Wilhelm Tell)*
Im Volksmund verballhornt: »... erspart den Scheidungsanwalt«.

Und mit der **Axt** hab ich ihm's Bad gesegnet. *(Schiller, Wilhelm Tell)*

B

Ein **Babel**. *(Nach Jerem. 51 u.a.)*
Eine sündige Stadt

Babylonische Verwirrung.
(Redensart, nach 1. Mos. 11, 9)

Der **Bacchus** ist ein braver Mann, das kann ich euch versichern; mehr als Apoll, der Leiermann, mit seinen Notenbüchern. *(G. A. Bürger, Herr Bacchus)*

Vivat **Bacchus**, Bacchus lebe!
(C. F. Lentzner/G. Stephani/W. A. Mozart, Entführung aus dem Serail)

Wundervoll ist **Bacchus'** Gabe, Balsam fürs zerrißne Herz. *(Schiller, Siegesfest)*

Viele **Bächlein** geben einen Bach.
(Sprichwort)

Backen und Brauen gerät nicht immer.
(Sprichwort)

Mit vierzehn Jahr' und sieben Wochen ist der **Backfisch** ausgekrochen.
(Sprichwort)

Die eine lacht bis zum letzten **Backzahn**, die andre bloß bis zur ersten Plombe.
(P. Lindau, Zug nach dem Westen)

Das Kind mit dem **Bade** ausschütten.
(Redensart)
Eine Angelegenheit überspitzen, übertreiben

Gesegn euch das verdiente heiße **Bad**!
(Goethe, Faust)

Was aber die Gesundheit betrifft, so gehören die **Badereisen** zum Teil auch zu den Moden der Ärzte.
(W. v. Humboldt, Briefe an eine Freundin)

Großer **Bahnhof**. *(Redensart)*
Bezeichnung für einen zeremoniellen Empfang.

Lache, **Bajazzo**!
(L. Leoncavallo, Bajazzo)

Auf **Bajonette** kann man sich stützen, jedoch nicht darauf sitzen.
(Geflügeltes Wort spanischer Herkunft)

Hinter Wien beginnt der **Balkan**.
(Redensart)

Du Heuchler, ziehe am ersten den **Balken** aus deinem Auge; darnach besiehe, wie du den Splitter aus deines Bruders Auge ziehst! *(Matth. 7, 5)*

Er lügt, daß sich die **Balken** biegen.
(Redensart)

Wasser hat keine **Balken**.
(Sprichwort)

Fehlt leider nur das geistige **Band**.
(Goethe, Faust)

Denn aufgelöst in diesem Augenblick sind aller Ordnung, aller Pflichten **Bande**. *(Schiller, Wilhelm Tell)*

Es lösen sich alle **Bande** frommer Scheu. *(Schiller, Glocke)*

Das spricht **Bände**! *(Redensart)*
Das sagt alles!

Bangemachen gilt nicht. *(Redensart)*

Ohne **Bangen** süß Verlangen. *(R. Wagner, Tristan und Isolde)*

Ach, nun wird mir immer **bänger**! *(Goethe, Zauberlehrling)*

Auf der **Bank** der Spötter sitzen. *(Redensart, nach Psalm 1, 1)*

Auf dieser **Bank** von Stein will ich mich setzen. *(Schiller, Wilhelm Tell)*

Durch die **Bank**. *(Redensart)*
Ohne Ausnahme

Denn **Bank** an Bank gedrängt sitzen, es brechen fast der Bühne Stützen, herbeigeströmt von fern und nah, der Griechen Völker wartend da. *(Schiller, Kraniche des Ibykus)*

Etwas auf die lange **Bank** schieben. *(Redensart)*
Eine Angelegenheit aufschieben

Gute **Bankettierer**, gute Bankerottierer. *(Sprichwort)*

Es wimmeln Kameraden, wo rechte **Banner** wehn. *(J. v. Eichendorff, Frühlingsmarsch)*

Hier gelt' ich als **Barbar**, denn hier versteht mich ja niemand. *(Ovid, Tristien)*

Der alte **Barbarossa**, der Kaiser Friederich. *(F. Rückert, Barbarossa)*

Jemandem einen **Bären** aufbinden. *(Redensart, Jägersprache)*
Jemanden belügen

Auf der **Bärenhaut** liegen. *(Redensart, nach einem Kommerslied von W. Ruer und A. Kumitz)*
Faul, untätig sein

Besser **barfuß** als in geborgten Schuhen. *(Sprichwort)*

Wer **barfuß** geht, den können die Schuhe nicht drücken. *(Sprichwort)*

Wer **barfuß** geht, soll keine Dornen säen. *(Sprichwort)*

Bargeld lacht. *(Redensart)*
Bare Bezahlung wird vorgezogen

Selig sind die **Barmherzigen**: denn sie werden Barmherzigkeit erlangen. *(Matth. 5, 7)*

Barmherziger Samariter. *(Nach Luk. 10, 33 u. 37)*

Der Sieg soll nie ohne Übung der **Barmherzigkeit** sein. *(Kaiser Karl V.)*

Ohne Gnade und **Barmherzigkeit**. *(Nach Jer. 16, 5)*

Der Mensch fängt erst beim **Baron** an. *(Fürst Windischgrätz, 1848)*

Mit Gunst! Ist dies nicht allzu **barsch**? *(G. A. Bürger, Der Vogel Urselbst)*

Das hat einen **Bart**! *(Redensart)*
Soviel wie: ist uralt, längst bekannt, überholt

Der Witz hat einen **Bart**. *(Redensart)*
Der Witz ist altbekannt

Gehe nach Jericho und lasse dir den **Bart** wachsen. *(2. Sam. 10,5)*

Jemandem um den **Bart** gehen.
(Redensart)
Jemandem schmeicheln

Nicht der **Bart** macht den Mann.
(Sprichwort)

Roter **Bart** – Teufelsart.
(A. a Santa Clara, Judas)

Um des Kaisers **Bart** streiten.
(Redensart, nach E. Geibel)
Nutz- und sinnlos streiten

Beim **Barte** des Propheten!
(Mohammedanische Schwurformel)

Wissen, wo **Barthel** den Most holt.
(Redensart)
Alle Schliche kennen

Basiliskenblick. *(Redensart, nach Fabelwesen des Altertums)*
Tödlicher Blick

Basiliskeneier ausbrüten.
(Nach Jes. 59, 5)
Böses ersinnen

Bassermannsche Gestalten.
(Nach einem 1848 im Frankfurter Parlament von dem Abgeordneten Bassermann erstatteten Bericht)
Soviel wie: finstere, verkommene Gestalten

Des **Basses** Grundgewalt.
(Goethe, Faust)

Unsere Tugenden sind meist die **Bastarde** unserer Sünden. *(F. Hebbel)*

Gott ist immer mit den stärksten **Bataillonen**. *(Nach Friedrich d. Gr.)*

Der ganze **Bau**/ vom Bau/ zum Bau gehören.
(L. Angely, Fest der Handwerker)

Der Unmäßigen Gott ist der **Bauch**.
(Nach Phil. 3, 19)

Ein fauler **Bauch**.
(Redensart, nach Tit. 1, 12)

Ein voller **Bauch** studiert nicht gern.
(Sprichwort)

Auf dem **Bauche** sollst du kriechen...
(Nach 1. Mos. 3, 14)
Eigentlich: ... gehen

Bauen ist ein süßes Armmachen.
(Englisches Sprichwort)

Beim **Bauen** muß man schauen, um sich nicht zu verhauen, sonst kommt man in des Elends Klauen. *(A. a Santa Clara)*

Wer will **bauen** an der Straßen, muß die Leute reden lassen. *(Sprichwort)*

Bauer bleibt Bauer – auch wenn er auf seidenen Kissen schläft.
(Dänisches Sprichwort)

Der **Bauer** ist auch ein Mensch.
(Schiller, Wallensteins Lager)

Der **Bauer** ist kein Spielzeug.
(A. v. Chamisso, Riesenspielzeug)

Hat der **Bauer** Geld, hat's die ganze Welt. *(Sprichwort)*

Ja, **Bauer**! Das ist ganz was anders.
(Nach K. W. Ramler, Junker und Bauer)

Was der **Bauer** nicht kennt, das (fr)ißt er nicht. *(Sprichwort)*

Wenn der **Bauer** wird ein Edelmann, so guckt er den Pflug mit Brillen an.
(W. Müller, Epigramme)

Besser **bäuerisch** gefahren als herrisch gelaufen. *(Sprichwort)*

Bauern und Schweine haben immer etwas zu grunzen. *(Sprichwort)*

Der **Bauern** Arbeit ist am fröhlichsten und voller Hoffnung.
(M. Luther, Tischreden)

Die **Bauern** sind wie das liebe Vieh. *(M. Luther)*

Die dümmsten **Bauern** haben die größten Kartoffeln. *(Sprichwort)*

Die reichsten **Bauern** haben die magersten Katzen. *(Schwedisches Sprichwort)*

Oh, wie selig wären die **Bauern**, wenn sie ihr Gutes erkennten! *(M. Luther, Tischreden)*

Wer einen **Bauern** betrügen will, muß einen Bauern mitbringen. *(Sprichwort)*

Auf **Bauernfang** ausgehen. *(Redensart)*
Seine Mitmenschen betrügen wollen

O **Bauernstand**, o Bauernstand, du liebster mir von allen! *(M. v. Schenkendorf, Bauernstand)*

Baufällig und alt kommt bald in Todes Gewalt. *(A. a Santa Clara)*

Da staunste **Bauklötzer**! *(Redensart)*

Aus einem kleinen Reis wird ein großer **Baum**. *(Sprichwort)*

Der **Baum** des Wissens ist nicht der des Lebens. *(Byron)*

Der **Baum** muß zuvor gut sein, ehe er gute Früchte trägt. *(M. Luther, Tischreden)*

Der eine pflanzt den **Baum**, der andre ißt die Pflaum'. *(Sprichwort)*

Der große **Baum** braucht überall viel Boden; und mehrere, zu nah gepflanzt, zerschlagen sich nur die Äste. *(G. E. Lessing, Nathan der Weise)*

Ein **Baum** fällt nicht von einem Streich. *(Sprichwort)*

Einen **Baum** soll man biegen, solange er jung ist. *(Sprichwort)*

In einer Stunde streckt man einen **Baum** zur Erden, der hundert Jahre hat gebraucht, um groß zu werden. *(F. Rückert)*

Je höher der **Baum**, desto näher der Blick. *(Sprichwort)*

Vom **Baum** der Erkenntnis essen. *(Nach 1. Mos. 2, 9)*

Vor dem **Baum**, der einem Schatten spendet, soll man sich neigen. *(Sprichwort)*

Zwischen **Baum** und Borke sitzen. *(Redensart)*
In eine Zwangslage geraten sein; unschlüssig sein

Alte **Bäume** behämmert der Specht am meisten. *(W. Busch)*

Alte **Bäume** biegt man nicht. *(Sprichwort)*

Alte **Bäume** soll man nicht verpflanzen. *(Sprichwort)*

Bäume sterben aufrecht. *(Titel einer Komödie von A. Casona)*

Das ist um auf die **Bäume** zu klettern! *(Redensart)*
Das ist doll! Das ist unerhört!

Der Sturm reißt die großen **Bäume** aus, die kleinen biegt er. *(Bulgarisches Sprichwort)*

Die ältesten **Bäume** tragen oft die süßesten Früchte. *(Sprichwort)*

Die **Bäume** fahren im Frühling aus der Haut. *(W. Busch)*

Ein Kerl, der **Bäume** ausreißen kann. *(Redensart)*
Ein sehr kräftiger Mensch

Es ist dafür gesorgt, daß die **Bäume** nicht in den Himmel wachsen. *(Sprichwort)*

Den Wald vor **Bäumen** nicht sehen. *(Redensart, nach C. M. Wieland, Musarion)*

Ich habe nie verlangt, daß allen **Bäumen** eine Rinde wachse. *(G. E. Lessing, Nathan der Weise)*

Vom **Bäumlein**, das andre Blätter hat gewollt. *(Gedicht von F. Rückert)*

In **Bausch** und Bogen. *(Redensart)*
Alles in allem

Ein guter deutscher ehrlicher **Beamter**, der lacht gar nicht, bevor er sich umsieht, ob es seine Behörde etwa merkt. *(M. G. Saphier, Nachtschatten)*

Ein Hungriger ist kein guter **Beamter**. *(Chinesisches Sprichwort)*

Bekränzt mit Laub den lieben, vollen **Becher**! *(M. Claudius, Rheinweinlied)*

Ich mag es gern leiden, wenn auch der **Becher** überschäumt. *(Schiller, Don Carlos)*

Im **Becher** ersaufen mehr als im Bache. *(Sprichwort)*

Im **Becher** ertrinken mehr als im Meer. *(Sprichwort)*

Becherrand und Lippen, zwei Korallenklippen, wo auch die gescheitern Schiffer gerne scheitern. *(F. Rückert, Zwei Mächte)*

Bedenkt es wohl. Man übereile nichts. *(Schiller, Demetrius)*

Wer gar zu viel **bedenkt**, wird wenig leisten. *(Schiller, Wilhelm Tell)*

Wer lange **bedenkt**, der wählt nicht immer das Beste. *(Goethe, Hermann und Dorothea)*

Ich weiß nicht, was soll es **bedeuten**... *(H. Heine, Heimkehr 2: »Loreley«)*

Da ergreift ihn der Worte **Bedeutung**. *(Schiller, Graf von Habsburg)*

Eine Frau ohne **Bedeutung**. *(O. Wilde)*

Wie machen wir's, daß alles frisch und neu und mit **Bedeutung** auch gefällig sei? *(Goethe, Faust)*

Vertrau auf Gott und rette den **Bedrängten**! *(Schiller, Wilhelm Tell)*

Verminderung der **Bedürfnisse** sollte wohl das sein, was man der Jugend durchaus einzuschärfen und wozu man sie zu stärken suchen müßte. *(G. C. Lichtenberg)*

Eines Mannes Rede ist keines Mannes Rede. Man soll sie hören alle **beede**. *(Alter Spruch aus dem Rechtsleben)*

Den Teufel durch **Beelzebub** austreiben. *(Redensart, nach Matt. 12, 24 u. 27)*
Ein Übel durch ein größeres beseitigen

Dein Wunsch ist mir **Befehl**! *(Redensart)*

Befehlen ist schwerer als gehorchen. *(F. Nietzsche, Zarathustra)*

Bitten ist lang, **Befehlen** kurz. *(Sprichwort)*

Wer **befehlen** will, muß zuerst gehorchen gelernt haben. *(Sprichwort)*

Wo jeder **befiehlt**, gehorcht niemand. *(Spanisches Sprichwort)*

Kein Mensch ist der gleiche, nachdem er **befördert** worden ist. *(W. Aubrey)*

Beförderung geht euch nach Empfehl und Gunst. *(Shakespeare, Othello)*

Nie sollst du mich **befragen**! *(R. Wagner, Lohengrin)*

Eine freie Nation kann einen **Befreier** haben, eine unterjochte bekommt nur einen andern Unterdrücker. *(E. M. Arndt)*

Denn ich war ein braver Soldat im **Befreiungskriege** der Menschheit.
(H. Heine, Reisebilder)

Mehr als **befreundet**, weniger als Freund.
(Shakespeare, Hamlet)

Sie ist sehr **begabt** – mit Geld.
(W. Busch)

Die großen **Begebenheiten** in der Welt werden nicht gemacht, sondern sie finden sich. *(G. C. Lichtenberg)*

Kurz **Begegnen**, lang gedenken macht die Seele reich und froh. *(E. Geibel, Sprüche)*

Begeisterung, die Himmelstochter.
(Schiller, Don Carlos)

Begeisterung ist alles! Gib einem Menschen alle Gaben der Erde, und nimm ihm die Fähigkeit der Begeisterung, und du verdammst ihn zum ewigen Tod.
(A. v. Wilbrandt, Fridolins heimliche Ehe)

Begeisterung ist keine Heringsware, die man einpökelt auf einige Jahre.
(Goethe, Epigramme)

Die **Begehrlichkeit** kennt keine Schranke, nur Steigerung. *(Seneca, Abhandlungen)*

Begier macht blind, und Wünsche trügen. *(K. W. Ramler, Der Mann und das Vögelein)*

Himmlisch war's, wenn ich bezwang meine sündige **Begier**: aber wenn mir's nicht gelang, hatt' ich doch ein groß' Pläsir. *(H. Heine, Heimkehr)*

Laß deine **Begierde**, so findest du Ruhe.
(Th. von Kempen)

So tauml' ich von **Begierde** zu Genuß, und im Genuß verschmacht' ich nach Begierde. *(Goethe, Faust)*

Was ist das für eine Zeit, wo man die **Begrabenen** beneiden muß! *(Goethe)*

Ehrliches **Begräbnis**.
(Nach 2. Makk. 4, 49)

Das **begreife** ein andrer als ich!
(A. Lortzing, Zar und Zimmermann)

Allgemeine **Begriffe** und großer Dünkel sind immer auf dem Wege, entsetzliches Unheil anzurichten. *(Goethe, Maximen und Reflexionen)*

Denn eben, wo **Begriffe** fehlen, da stellt ein Wort zur rechten Zeit sich ein.
(Goethe, Faust)

Ein Tag macht den **Begüterten** zum Bettler. *(Schiller, Phönizierinnen)*

Mich ergreift, ich weiß nicht wie, himmlisches **Behagen**. *(Goethe, Tischlied)*

Zwar nehmen ist recht gut, doch besser ist's **behalten**. *(Goethe, Faust)*

Beharre, wo du stehst!
(Goethe, Über Naturwissenschaft)

Anfangen ist leicht, **Beharren** ist Kunst.
(Sprichwort)

Beharrlichkeit führt zum Ziel.
(Sprichwort)

Nur **Beharrung** führt zum Ziel, nur die Fülle führt zur Klarheit, und im Abgrund wohnt die Wahrheit. *(Schiller, Sprüche des Konfuzius)*

Behauptung ist nicht Beweis.
(Shakespeare, Othello)

Behüt dich Gott! es wär' so schön gewesen. *(J. V. v. Scheffel, Trompeter von Säckingen)*

Der Herr **behüte** dich vor allem Übel, er behüte deine Seele; der Herr behüte deinen Ausgang und Eingang von nun an bis in Ewigkeit. *(Psalm 121, 8)*

Behutsamkeit gewinnt den Streit.
(A. a Santa Clara)

Doch wer so oft zu **beichten** hat, der muß auch oftmals fehlen. *(F. v. Logau, Sinngedichte)*

Beifall läßt sich, wie Gegenliebe, nicht erzwingen. *(Goethe)*

Ein Mächtiger, der mit dem Schwächern spricht, verlangt nur **Beifall**, Wahrheit nicht. *(K. W. Ramler, Der junge Hahn und der Storch)*

Klein **beigeben**. *(Redensart)*
Nachgeben

Einem ein **Bein** stellen. *(Redensart)*
Jemanden heimtückisch zu Fall bringen.

Mit dem linken **Bein** zuerst aufgestanden sein. *(Redensart)*
Schlecht gelaunt sein

Sich etwas ans **Bein** binden.
(Redensart)
Sich leisten können, etwas auszugeben, das man nicht wiederbekommen wird.

Sich kein **Bein** ausreißen. *(Redensart)*
Sich nicht besonders bemühen.

Beinah – bringt keine Mücke um.
(Sprichwort)

Beinahe ist noch lange nicht halb.
(Sprichwort)

Mit einem **Beinahe** gib dich nie zufrieden! *(Französisches Sprichwort)*

Das ist kein **Beinbruch**. *(Redensart)*
Das ist nicht allzu schlimm.

Die **Beine** unter den Arm nehmen.
(Redensart)
Sich beeilen

Jemandem auf die **Beine** helfen.
(Redensart)
Soviel wie: seine Lage verbessern.

Jemandem **Beine** machen. *(Redensart)*
Ihn antreiben oder vertreiben

Beispiel nützt zehnmal mehr als Vorschrift. *(J. Fox)*

Das **Beispiel** ist einer der erfolgreichsten Lehrer, obgleich es wortlos lehrt.
(S. Smiles, Selbsthilfe)

Ein edles **Beispiel** macht die schweren Taten leichter. *(Goethe, Paläophron und Neoterpe)*

Das gute **Beispiel** prägt allein der Lehre Sinn dem Herzen ein. *(F. v. Bodenstedt)*

Ein gutes **Beispiel** ist der beste Lehrmeister. *(Sprichwort)*

Sag etwas Gutes, und ich folge gern dem edlen **Beispiel**. *(Schiller, Braut von Messina)*

Schlechte **Beispiele** verderben gute Sitten. *(Sprichwort)*

Trost gibt der Himmel, von dem Menschen erwartet man **Beistand**.
(L. Börne)

Was tut man nicht, um die **Bekanntschaft** eines großen Mannes zu gewinnen!
(Goethe, Die Vögel)

Wohl mit jedem **Bekanntnis** verträgt ein frommes Gemüt sich; aber das fromme Gemüt hängt vom Bekenntnis nicht ab.
(E. Geibel, Kleinigkeiten)

Bekenntnisse einer schönen Seele.
(Goethe, Wilhelm Meister)

Ich kann mir nich **beklagen**.
(Redensart, A. Glaßbrenner, Berlin …)

Patriotische **Beklemmungen**.
(Rouher, 1867 im französischen Corps Législatif)

Mit dem **Belagerungszustand** kann jeder Esel regieren. *(C. Graf B. di Cavour)*

Nichts wird langsamer vergessen als eine **Beleidigung** und nichts eher als eine Wohltat. *(M. Luther)*

Die **Beleidigungen** sind die Argumente jener, die über keine Argumente verfügen. *(J. J. Rousseau)*

Um wahrhaft **beliebt** zu sein, darf man weder zu klug noch zu dumm sein. *(Sprichwort)*

Wo du **beliebt** bleiben willst, laß dich nicht zu oft sehen! *(Spanisches Sprichwort)*

Einen Blick geliebtes Leben! Und ich bin **belohnt** genug. *(Goethe, Mit einem bemalten Bande)*

Gute **Belohnung** macht willige Arbeiter. *(Sprichwort)*

Eine Sache **bemänteln**. *(Redensart)*
Etwas in Schutz nehmen; etwas entschuldigen bzw. vertuschen

Bemerke, höre, schweige. Urteile wenig, frage viel. *(A. v. Platen, Lebensregeln)*

Wer immer strebend sich **bemüht**, den können wir erlösen. *(Goethe, Faust)*

Beobachte, was früher geschah, dann wirst du wissen, was kommen wird! *(Chinesisches Sprichwort)*

Wer **beobachten** will, darf nicht mitspielen. *(W. Busch)*

Drum, werter Herr, **beratet** euch beizeiten! *(Goethe, Faust)*

Die wahre **Beredsamkeit** besteht darin, zu sagen, was zur Sache gehört, und eben nur das. *(F. de La Rochefoucauld, Maximen)*

Nur wer **bereut**, dem wird verziehn im Leben. *(Dante, Divina Commedia)*

Den schreckt der **Berg** nicht, wer darauf geboren. *(Schiller, Wilhelm Tell)*

Es geht gut, der **Berg** ist überschritten. *(Letztes Wort Friedrichs d. Gr., 17. 8. 1786)*

Je höher der **Berg**, desto tiefer das Tal. *(Sprichwort)*

Sei mir gegrüßt, mein **Berg**, mit dem rötlich strahlenden Gipfel! *(Schiller, Spaziergang)*

Über den **Berg** sein. *(Redensart)*
Eine Krise überstanden haben

Wenn der **Berg** nicht zum Propheten kommen will, muß der Prophet zum Berge gehn. *(Nach Mohammed)*

Wer steilen **Berg** erklimmt, hebt an mit ruhigem Schritt. *(Shakespeare, Heinrich VIII.)*

Berge kreißen, doch nur ein winziges Mäuslein wird geboren. *(Horaz, Ars poetica)*

Goldene **Berge** versprechen. *(Redensart nach Terenz, Phormio)*

Lobe die **Berge** und bleibe im Tal! *(Sprichwort)*

Mit etwas hinter dem **Berge** halten. *(Redensart)*
Etwas verbergen, um es zu einem günstigen Zeitpunkt einzusetzen.

Über alle **Berge** sein. *(Redensart)*
Auf und davon sein

Auf den **Bergen** ist Freiheit! *(Schiller, Braut von Messina)*

Auf grünen **Bergen** wird geboren der Gott, der uns den Himmel bringt. *(Novalis, Der Wein)*

Hinter den **Bergen** wohnen auch Leute. *(Sprichwort)*

Berlin wie es weint und lacht. *(Posse von D. Kalisch)*

Berlin bei Nacht. *(Posse von D. Kalisch)*

Berlin ist die künstlichste Stadt Europas. *(H. Loetscher, 1966)*

Berlin ist keine Stadt, Berlin ist, so aufreizend das klingen mag, eine Landschaft, die erst Stadt werden will. *(P. Fechter, 1941)*

Berlin ist mehr ein Weltteil als eine Stadt. *(Jean Paul, Briefe, 1800)*

Durch **Berlin** fließt immer noch die Spree. *(Lied von R. u. J. Gilbert)*

Ehrlich, ganz ehrlich gesprochen, wißt Ihr Herren in der Ferne doch alle nichts von **Berlin**, wo, wie allerorten, eine lebendige Gegenwart jede Vorstellung und Gedanken Lüge straft. *(K. F. Zelter an Goethe, 1810)*

Es zog aus **Berlin** ein tapferer Held. *(E. M. Arndt, Lied vom Schill)*

Für Gelehrte ist übrigens **Berlin** ein kleines Eldorado. *(L. Börne)*

Ich kann dich ohne Gram verlassen, unruhiges **Berlin**! Wer Lust hat, nicht sich selbst zu hassen, wird willig mit mir ziehn. *(J. W. L. Gleim, Gedicht an Lamprecht und Uz)*

Ihr Völker der Welt! Ihr Völker in Amerika, in England, Frankreich und Italien! Schaut auf diese Stadt und erkennt, daß Ihr diese Stadt und dieses Volk nicht preisgeben dürft, nicht preisgeben könnt… Völker der Welt – schaut auf **Berlin** und das Volk von Berlin! *(Ernst Reuter, Oberbürgermeister von Berlin, 9. 9. 48)*

In **Berlin** sagt er, mußt du fein, sagt er, und gescheit, sagt er, immer sein, sagt er. *(K. v. Holtei, Wiener in Berlin)*

Was heißt Carrière machen anders, als in **Berlin** leben, und was heißt in Berlin leben anders, als Carrière machen. *(Th. Fontane, 1884)*

Das macht die **Berliner** Luft, Luft, Luft. *(H. Bolten-Baeckers/P. Lincke, Frau Luna)*

Denkste denn, denkste denn, du **Berliner** Pflanze; denkste denn ick liebe dir, weil ick mit dir tanze. *(Vom Volksmund dem Petersburger Marsch unterlegter Text)*

Vor zweitausend Jahren war der stolzeste Satz, den ein Mensch sagen konnte, der: Ich bin ein Bürger Roms. Heute ist der stolzeste Satz, den jemand in der freien Welt sagen kann: Ich bin ein **Berliner**. Deshalb bin ich als freier Mensch stolz darauf, sagen zu dürfen: Auch ich bin ein Berliner! *(Präsident der USA J. F. Kennedy, Berlin 26. 6. 63)*

Du bist doch Mutterns Beste, du, die **Berlinerin**! *(K. Tucholsky, An die Berlinerin)*

Berserkerwut. *(Redensart, nach der Edda)*

Der wahre **Beruf** des Menschen ist, zu sich selbst zu kommen. *(H. Hesse, Demian)*

Denn viele sind **berufen**, aber wenige sind auserwählt. *(Matth. 22, 14)*

Berühmt zu werden ist nicht schwer, man darf nur viel für kleine Geister schreiben. *(C. F. Gellert, Der unsterbliche Autor)*

Der Mann war bloß **berühmt** gewesen, weil Stümper ihn gelobt, eh Kenner ihn gelesen. *(C. F. Gellert, Der unsterbliche Autor)*

Ich erwachte eines Morgens und fand mich **berühmt**. *(Lord Byron, Tagebuch)*

Beschäftigt, wie ich seh'? Ich will nicht stören. *(Schiller, Piccolomini)*

Beschäftigung, die nie ermattet. *(Schiller, Ideale)*

Zur Beruhigung der Gemüter trägt angemessene **Beschäftigung** viel bei. *(W. v. Humboldt, Briefe an eine Freundin)*

Nur die Lumpen sind **bescheiden**. *(Goethe, Rechenschaft)*

Wenn jemand **bescheiden** bleibt, nicht beim Lobe, sondern beim Tadel, dann ist er's. *(Jean Paul, Hesperus)*

Ein Unverschämter kann bescheiden aussehen, wenn er will, aber kein **Bescheidener** unverschämt. *(G. C. Lichtenberg)*

Bescheidenheit bei mittelmäßigen Fähigkeiten ist bloße Ehrlichkeit: bei großen Talenten ist sie Heuchelei. *(A. Schopenhauer, Parerga und Paralipomena)*

Bescheidenheit ist eine Zier – doch weiter kommt man ohne ihr. *(Scherzhaftes Sprichwort)*

Bescheidenheit ist sein beschieden Teil. *(Goethe, Faust)*

Bescheidenheit, verlaß mich nicht bei Tisch, und gib, daß ich das größte Stück erwisch'. *(Scherzhaftes Sprichwort)*

Es gibt eine **Bescheidenheit**, die nur der Mantel des Hochmuts ist. *(Carmen Sylva)*

Es ist in allen Dingen auf Erden **Bescheidenheit** nötig und Entsagung. *(G. Freytag)*

Wodurch wird Würd' und Glück erhalten lange Zeit? Ich meine, durch nichts mehr als **Bescheidenheit**. *(F. v. Logau)*

Ziert **Bescheidenheit** den Jüngling, nicht verkenn er seinen Wert. *(F. Grillparzer, Ahnfrau)*

Sich **beschränken** macht den Meister – und den Menschen. *(L. Schefer, Laienbrevier)*

Der **beschränkte** Untertanenverstand. *(Nach Brief des preußischen Ministers v. Rochow, 1838)*

Fremde **Beschränkung** fesselt den Geist, die eigene lähmt ihn. *(L. Börne, Kritiken)*

In der **Beschränkung** zeigt sich erst der Meister. *(Goethe, Natur und Kunst)*

Des Richters erste Pflicht, **Beschuldigte** zu hören. *(Goethe, Faust)*

Beseligend war ihre Nähe, und alle Herzen wurden weit; doch eine Würde, eine Höhe entfernte die Vertraulichkeit. *(Schiller, Das Mädchen aus der Fremde)*

Ich fresse einen **Besen** (quer), wenn … *(Redensart) Ich kann mir einfach nicht vorstellen, daß …*

In die Ecke, **Besen**! Besen! Seids gewesen! *(Goethe, Zauberlehrling)*

Neue **Besen** kehren gut. *(Sprichwort, nach Freidank, Bescheidenheit)*

Verlangst du nicht nach einem **Besenstiele**? *(Goethe, Faust)*

Sich selbst **besiegen** ist der schönste Sieg. *(F. v. Logau, Sinngedichte)*

Andere **Besiegender** hat Kraft, sich selbst Besiegender ist stark.
(Ostasiatische Weisheit)

Besiegt sind wir; ob wir nun zugleich auch verachtet sein wollen, ob wir zu allem anderen Verluste auch noch die Ehre verlieren wollen: das wird noch immer von uns abhängen. *(J. G. Fichte, Zweite Rede an die deutsche Nation)*

Biegsam **besiegt** Hart, schmiegsam besiegt Stark. *(Ostasiatische Weisheit)*

Wehe den **Besiegten**! (Vae Victis!)
Gallierkönig Brennus bei der Einnahme Roms; nach Livius)

Erst **besinn's**, dann beginn's!
(Sprichwort)

Besitz entscheidet alles in der Welt.
(A. v. Chamisso, Tu es lieber nicht)

Du bist der **Besitz** aller, und du selbst besitzt alles. *(M. Dauthendey)*

Frei fühlt sich vom **Besitz** nur der freigebige Mann. *(F. Rückert, Weisheit des Brahmanen)*

Nur halb ist der Verlust des schönsten Glücks, wenn wir auf den **Besitz** nicht sicher zählen. *(Goethe, Tasso)*

Schöner als der vollste **Besitz** ist die Erwartung des Glücks. *(E. Geibel)*

Sei im **Besitze**, und du wohnst im Recht.
(Schiller, Wallensteins Tod)

Viel besser, nie **besitzen** als verlieren.
(F. Hebbel, Nibelungen)

Täglich **besoffen** ist auch ein geregeltes Leben. *(Scherzhaftes Sprichwort)*

Wär' ich **besonnen**, hieß' ich nicht der Tell. *(Schiller, Wilhelm Tell)*

Die höchste Krone des Helden ist die **Besonnenheit** mitten in Stürmen der Gegenwart. *(Jean Paul, Dämmerungen)*

Was du heute kannst **besorgen**, das verschiebe nicht auf morgen. *(Sprichwort)*

Der ist **besorgt** und aufgehoben.
(Schiller, Gang nach dem Eisenhammer)

Das sieht schon **besser** aus! Man sieht doch wo und wie. *(Goethe, Faust)*

Das **Bessere** ist der Feind des Guten.
(Sprichwort)

Das **Bessere** seh' ich und lob' ich, Schlechterem folgt das Herz.
(Ovid, Metamorphosen)

Nichts **Besseres** weiß ich mir an Sonn- und Feiertagen, als ein Gespräch von Krieg und Kriegsgeschrei.
(Goethe, Faust)

Es ist kein leerer, schmeichelnder Wahn, erzeugt im Gehirne des Toren; im Herzen kündet es laut sich an: Zu was **Bessern** sind wir geboren.
(Schiller, Hoffnung)

Ändern und **bessern** ist zweierlei.
(Sprichwort)

Ich könnte besser einen **Bessern** missen.
(Shakespeare, Heinrich IV.)

Einsicht ist der erste Schritt zur **Besserung**. *(Sprichwort)*

Das **Beste** möcht ich euch vertrauen: Sollt erst in eignen Spiegel schauen.
(Goethe, Zahme Xenien)

Der **Beste** muß mitunter lügen, zuweilen tut er's mit Vergnügen. *(W. Busch)*

In der Kunst ist das **Beste** gut genug.
(Goethe, Italienische Reise)
Vielfach abgewandelt: Für… ist das Beste gerade gut genug.

Prüfet alles und das **Beste** behaltet! *(Nach 1. Thess. 5, 21)*
Eigentlich: ... das Gute ...

Bestechung führt dich weiter nicht als Treu. *(Shakespeare, Heinrich VIII.)*

Alles zum **besten** kehren. *(M. Luther, Katechismus, 1529)*

Denn, wer den **Besten** seiner Zeit genug getan, der hat gelebt für alle Zeiten. *(Schiller, Wallensteins Lager)*

Einen zum **besten** halten. *(Redensart)*
Jemanden aufziehen, ihn zur Zielscheibe seines Spottes machen.

Was die **Besten** und nur die Besten unter den Zeitgenossen wünschen, das geschieht zwar auch, aber spät. *(L. Börne, Fragmente und Aphorismen)*

Wer sich nicht selbst zum **besten** halten kann, der ist gewiß nicht von den Besten. *(Goethe, Meine Wahl)*

Ein jeder wird **besteuert** nach Vermögen. *(Schiller, Wilhelm Tell)*

Blonde **Bestie**. *(Nach F. Nietzsche, Genealogie der Moral)*

Nichts ist der Menschheit so wichtig als ihre **Bestimmung** zu kennen: Um zwölf Groschen Kurant wird sie bei mir jetzt verkauft. *(Schiller, Buchhändleranzeige)*

Wenn der **Bestohlne** nicht vermißt den Raub, sagt ihr's ihm nicht, so ist er nicht bestohlen. *(Shakespeare, Othello)*

Vor der Revolution war alles **Bestreben**, nachher verwandelte sich alles in Forderung. *(Goethe, Maximen und Reflexionen)*

Bestseller. *(Redensart)*
Buch, das sich besonders gut verkaufen läßt, sich sozusagen von selbst verkauft; Erfolgsbuch

Langweiliger **Besuch** macht Zeit und Zimmer enger: O Himmel, schütze mich vor jedem Müßiggänger! *(F. v. Hagedorn, Wunsch)*

Besuche machen immer Freude: wenn nicht beim Kommen, dann beim Gehen. *(Spanisches Sprichwort)*

Kurze **Besuche** verlängern die Freundschaft. *(Sprichwort)*

Bet und vertraue! Je größer die Not, je näher die Rettung. *(J. H. Voß, Der 70. Geburtstag)*

Ein fauler Schade leidet kein **Betasten**. *(Shakespeare, Heinrich IV.)*

Bete, als hülfe kein Arbeiten; arbeite, als hülfe kein Beten! *(Sprichwort)*

Bete an, was du verbrannt hast; verbrenne, was du angebetet hast! *(Bischof Remigius bei der Taufe Chlodwigs, 496, nach Gregor v. Tours)*

Bete und arbeite! *(Sprichwort)*

Dem Himmel ist **beten** wollen auch beten. *(Lessing, Emilia Galotti)*

Ein guter Tag fängt an mit Gottes Preis, 's ist kein Geschäft so eilig als das **Beten**. *(Schiller, Macbeth)*

Eines Christen Handwerk ist **beten**. *(M. Luther)*

Ja, da hilft nun kein **Beten** mehr. *(Shakespeare, Heinrich IV.)*

Not lehrt **beten**. *(Sprichwort)*

Ohne ein ganz persönliches Verhältnis zu Gott hat das **Beten** überhaupt eigentlich gar keinen Sinn. *(C. Hilty)*

Wenn du **beten** lernen willst, so geh' aufs Meer! *(Bretonisches Sprichwort)*

Wir treten zum **Beten** vor Gott den Gerechten; er waltet und haltet ein strenges Gericht. *(Aus dem »Niederländischen Dankgebet«)*

Wenn du aber **betest**, so gehe in dein Kämmerlein! *(Matth. 6, 6)*

Und du, **Bethlehem** Ephrata, die du klein bist unter den Tausenden in Juda! *(Micha 5, 1)*

Wird Christus tausendmal zu **Bethlehem** geborn und nicht in dir, du bleibst verlorn. *(Angelus Silesius, Cherubinischer Wandersmann)*

Das **Betragen** ist ein Spiegel, in welchem jeder sein Bild sieht. *(Goethe, Maximen und Reflexionen)*

Durch das, was wir **Betragen** und gute Sitten nennen, soll das erreicht werden, was außerdem nur durch Gewalt oder auch nicht einmal durch Gewalt zu erreichen ist. *(Goethe)*

Die Welt will **betrogen** sein. *(Sprichwort, nach S. Franck, Paradoxa, und S. Brant, Narrenschiff)*

Man wird nie **betrogen**, man betrügt sich selbst. *(Goethe, Sprüche)*

Wer andere **betrogen** hat, wird dich gewiß betrügen, wenn's ihm dient. *(L. Schefer, Laienbrevier)*

Wer leicht glaubt, wird leicht **betrogen**. *(Sprichwort)*

Beherrsche diese Lüge! **Betrogener**, betrüge! *(Goethe, Westöstlicher Divan)*

Stille, teilnehmende **Betrübnis** wirkt mehr auf das menschliche Herz als viele Worte. *(H. Pestalozzi)*

Betrug war alles, Lug und Schein. *(Goethe, Faust)*

Der **Betrug**, der hüllt sich täuschend ein in große Worte und in der Sprache rednerischen Schmuck. *(Schiller, Demetrius)*

Nur der **Betrug** entehrt, der Irrtum nie. *(G. C. Lichtenberg)*

Betrügen und betrogen werden, nichts ist ist gewöhnlicher auf Erden. *(J. G. Seume)*

Wer tauschen will, will **betrügen**. *(Sprichwort)*

Wir **betrügen** und schmeicheln niemanden durch so feine Kunstgriffe als uns selbst. *(A. Schopenhauer)*

Betrogene **Betrüger**. *(Redensart, nach Lessing, Nathan der Weise)*

Nichts gibt ein größeres Vergnügen, als den **Betrüger** zu betrügen. *(K. W. Ramler, Der Wolf und das Pferd)*

Wenn auch des **Betrügers** Witz den Betrug nicht adelt, so adelt doch der Preis den Betrüger. *(Schiller, Fiesko)*

Betrüglich sind die Güter dieser Erden. *(Schiller, Maria Stuart)*

Oh, ich bin klug und weise, und mich **betrügt** man nicht! *(A. Lortzing, Zar und Zimmermann)*

Wer **betrügt** hier wen? *(Nach P. A. C. de Beaumarchais, Barbier von Sevilla)*

Betrunkene und Kinder sagen die Wahrheit. *(Sprichwort)*

Der **Betrunkene** sagt, was der Nüchterne denkt. *(Flämisches Sprichwort)*

Was der Nüchterne denkt, redet der **Betrunkene**. *(Sprichwort)*

Wenn eine **Betschwester** einen Betbruder heiratet, so gibt das nicht immer ein betendes Ehepaar. *(G. C. Lichtenberg)*

Geh' in dein kaltes **Bett** und wärme dich!
(Shakespeare, König Lear)

Wer sein **Bett** verkauft hat, muß auf Stroh schlafen. *(Sprichwort)*

O Carl, wie arm bist du, wie **bettelarm** geworden, seitdem du niemand liebst als dich! *(Schiller, Don Carlos)*

Bettelei schmeckt wohl dem unverschämten Maul. *(Jes. Sir. 40, 32)*

Betteleut' hat keiner gern, mehr beliebt sind reiche Herrn. *(W. Busch)*

Betteln ist besser als stehlen.
(Sprichwort)

Laß sie **betteln** gehn, wenn sie hungrig sind. *(H. Heine, Die Grenadiere)*

Zu **betteln** schäme ich mich.
(Luk. 16, 3)

An den **Bettelstab** kommen.
(Redensart)
Verarmen

Wir kochen breite **Bettelsuppen**.
(Goethe, Faust)

Wie man sich **bettet**, so schläft man.
(Sprichwort)

Der wahre **Bettler** ist doch einzig und allein der wahre König.
(G. E. Lessing, Nathan der Weise)

Durch **Bettler** fallen große Männer oft.
(Shakespeare, Heinrich VI.)

Kometen sieht man nicht, wenn **Bettler** sterben. *(Shakespeare, Julius Caesar)*

Nur **Bettler** wissen ihres Guts Betrag.
(Shakespeare, Romeo und Julia)

Beunruhigungsbazillus.
(Reichskanzler v. Caprivi im Deutschen Reichstag, 1891)

Arm am **Beutel**, krank am Herzen.
(Goethe, Schatzgräber)

Die Augen auf oder den **Beutel**!
(Sprichwort)
Wer nicht aufpaßt, muß zahlen.

Ein schwerer **Beutel** macht leicht eitel.
(A. a Santa Clara)

Es ist drollig auf der Welt: der eine hat den **Beutel**, der andre hat das Geld.
(Sprichwort)

Und sie **bewegt** sich doch!
(Angeblich von Galilei nach Abschwörung seiner Lehre von der Bewegung der Erde geäußert)

Behauptung ist nicht **Beweis**.
(Shakespeare, Othello)

Was zu **beweisen** war.
(Redensart, nach Euklid)

Wie groß die Zahl der **Bewunderer**, so groß ist die der Neider.
(Seneca, Abhandlungen)

Bewundert viel und viel gescholten.
(Goethe, Faust)

Bewunderung, die man erfährt, macht klein, Geringschätzung groß.
(G. Hauptmann)

Allwissend bin ich nicht, doch viel ist mir **bewußt**. *(Goethe, Faust)*

Die alleinige Quelle des Rechts ist das gemeinsame **Bewußtsein** des ganzen Volkes, der allgemeine Geist.
(F. Lassalle)

Mit dem **Bezahlen** wird man das meiste Geld los. *(W. Busch)*

Wer soll das **bezahlen**...
(Karnevalslied von W. Stein/J. Schmitz)

Nimm es hin, es sei dein, die **Bezahlung** ist mein! *(Sprichwort)*

Wie die **Bezahlung**, so die Arbeit.
(Sprichwort)

Deshalb ist die **Bibel** ein ewig wirksames Buch, weil, solange die Welt steht, niemand auftreten und sagen wird: Ich begreife es im Ganzen und verstehe es im einzelnen. Wir aber sagen bescheiden: Im Ganzen ist es ehrwürdig und im einzelnen anwendbar. *(Goethe, Maximen und Reflexionen)*

Die **Bibel** ist älter als die Kirche.
(Schwedisches Sprichwort)

Wie einer lieset in der **Bibel**, so steht am Haus sein Giebel. *(M. Luther)*

Wer gar zu **bieder** ist, bleibt zwar ein redlich Mann, bleibt aber, wo er ist, kommt selten höher an. *(F. v. Logau, Sinngedichte)*

Herr **Biedermann**, das Telephon!
(M. Frisch, Herr Biedermann und die Brandstifter)

Herr **Biedermann** und die Brandstifter.
(Lehrstück von M. Frisch)

Auf **Biegen** und Brechen. *(Redensart)*
Soviel wie: mit aller Gewalt

Lieber **biegen** als brechen. *(Sprichwort)*

Der **Bien** muß! *(Nach W. Camphausen)*
Etwas muß auf jeden Fall geschafft werden.

Mein Herz, das ist ein **Bienenhaus**.
(Nach K. Simrock)

Bier nach Wein, das laß sein! Wein nach Bier, das rat' ich dir! *(Trinkregel)*

Durst wird durch **Bier** erst schön.
(Werbeslogan der Brauereiwirtschaft)

Ein **Bier**, das nicht getrunken wird, hat seinen Beruf verfehlt.
(Abgeordneter Meyer-Breslau im Preußischen Abgeordnetenhaus, 1880)

Ist das **Bier** im Manne, ist der Verstand in der Kanne. *(Sprichwort)*

Zwei Worte: Ein **Bier**!
(Werbeslogan der Brauereiwirtschaft)

Ich hab den ganzen Vormittag auf meiner Kneip' studiert, drum sei nun auch der Nachmittag dem **Bierstoff** dediziert.
(Studentenlied)

Es wird bei uns Deutschen mit wenig so viel Zeit totgeschlagen wie mit **Biertrinken**. *(Bismarck im Dtsch. Reichstag, 1881)*

Ein **Bild** ist alles nur, was denkt und lebt.
(H. Eulenberg, Cassandra)

Rrr! ein ander **Bild**. *(A. Glaßbrenner, Berlin...)*

Bilde, Künstler, rede nicht!
(Goethe, Motto zur Abteilung Kunst)

Gott schuf den Menschen ihm zum **Bilde**, zum Bilde Gottes schuf er ihn.
(1. Mos. 1, 27)

Im **Bilde** sein. *(Redensart)*
Eine klare Vorstellung besitzen.

Oft trifft man wen, der **Bilder** malt, viel seltner wen, der sie bezahlt. *(W. Busch)*

In bunten **Bildern** wenig Klarheit, viel Irrtum und ein Fünkchen Wahrheit.
(Goethe, Faust)

Dies **Bildnis** ist bezaubernd schön.
(E. Schikaneder/W. A. Mozart, Zauberflöte)

Bildung kann die Zucht verfeinern, aber nicht ersetzen. *(O. Spengler, Untergang des Abendlandes)*

Bildung macht frei! *(Wahlspruch des Buchhändlers J. Meyer und des von ihm gegründeten »Bibliographischen Instituts«)*

Das wichtigste Resultat aller **Bildung** ist die Selbsterkenntnis. *(E. v. Feuchtersleben)*

Der Weg der neueren **Bildung** geht von Humanität durch Nationalität zur Bestialität. *(F. Grillparzer, Einfälle und Inschriften)*

Die beste **Bildung** findet ein gescheiter Mensch auf Reisen. *(Goethe)*

Die **Bildung**, die wir den Kindern erteilen, bezweckt bei Licht besehen nur eben, die übliche Masse von Vorurteilen ihnen ins Leben mitzugeben. *(P. Heyse)*

Ein edler Mensch kann einem engen Kreise nicht seine **Bildung** danken. *(Goethe, Tasso)*

Ein Mensch ohne **Bildung** ist ein Spiegel ohne Glanz. *(Sprichwort)*

Natürlicher Verstand kann fast jeden Grad von Bildung ersetzen, aber keine **Bildung** den natürlichen Verstand. *(A. Schopenhauer)*

Wär nicht die rechte **Bildung** da, wo wären wir? Jaja, jaja!! *(W. Busch, Maler Klecksel)*

Wenn **Bildung** frei macht, so will der Deutsche seine Bildung dazu auch so billig als möglich haben. *(W. Raabe, Gutmanns Reisen)*

Die deutsche **Bildungskatastrophe**. *(G. Picht 1964)*

Bildungsnotstand. *(G. Picht, 1964)*

Bildungsphilister. *(Redensart) Selbstzufriedener Mensch, dessen »Bildung« lediglich auf angelesenem Wissen beruht.*

Billig und schlecht. *(Redensart)*

Nach Recht und **Billigkeit**. *(Nach Sallust, Jugurtha)*

Auf **Billigung** der Menschen muß man nicht rechnen. *(J. G. Seume, Spaziergang nach Syrakus)*

Ich **bin** nicht, was ich bin. *(Shakespeare, Othello)*

Einen hinter die **Binde** gießen (oder kippen). *(Redensart) Soviel wie: trinken*

Bindfäden regnen. *(Redensart) Sehr stark regnen*

Geht auch alles in die **Binsen**, immer muß man freundlich grinsen. *(Scherzhaftes Sprichwort)*

Binsenwahrheiten aussprechen. *(Redensart) Selbstverständlichkeiten aussprechen*

Bismarck gelang die Einigung nach außen; die Einigung nach innen gelang nicht. *(W. Brandt, 1965)*

Fürst **Bismarck** glaubt uns zu haben und wir haben ihn! *(W. Liebknecht)*

Kaum hat mal einer ein **Bissel** was, gleich gibt es welche, die ärgert das. *(W. Busch, Fips, der Affe)*

Das sind mir allzu böse **Bissen**, an denen die Gäste erwürgen müssen. *(Goethe, Sprichwörtlich)*

Harte **Bissen** gibt es zu kauen. *(Goethe, Sprichwörtlich)*

Braucht's Gelegenheit zu einer **Bitte**? *(G. E. Lessing, Nathan der Weise)*

Bitten ist lang, Befehlen kurz.
(Sprichwort)

Sehn wir uns nicht in dieser Welt, sehn wir uns doch in **Bitterfeld**. *(Sprichwort)*
Am Verkehrsknotenpunkt Bitterfeld begegneten sich die nach Leipzig reisenden Messebesucher

Bittet, so wird euch gegeben.
(Matth. 7, 7; Luk. 11, 9)

Jeder **blamiert** sich so gut, wie er kann.
(Redensart)

Was? der Blitz! Das ist ja die Gustel von **Blasewitz**! *(Schiller, Wallensteins Lager)*

Die **Blaßgesichter** sind die Herren der Erde, und die Zeit der Rothäute ist noch nicht wiedergekommen. *(F. J. Cooper, Der Letzte der Mohikaner)*

Kein **Blatt** vor den Mund nehmen.
(Redensart)
Frei und offen sprechen

Zwischen mich und mein Volk soll sich kein **Blatt** Papier drängen.
(Fälschlich nach: Friedrich Wilhelm IV. von Preußen, 1847)
Richtig: ... daß ich es nimmermehr zugeben werde, ... daß sich zwischen unseren Herr Gott im Himmel und dieses Land ein beschriebenes Blatt, gleichsam als eine zweite Vorsehung, eindränge.

Die **blaue** Blume der Romantik.
(Nach Novalis, H. v. Ofterdingen)

Er lügt das **Blaue** vom Himmel herunter.
(Redensart)

Blaustrumpf.
(Redensart englischer Herkunft)
Bezeichnung für ausschließlich geistig interessierte Frauen

Wer einmal aus dem **Blechnapf** frißt.
(Roman von H. Fallada)

Mehr als das Gold hat das **Blei** in der Welt verändert. Und mehr als das Blei in der Flinte das im Setzkasten.
(G. C. Lichtenberg)

Bleibe bei uns, denn es will Abend werden, und der Tag hat sich geneiget.
(Luk. 24, 29)

Bleibe im Lande und nähre dich redlich.
(Sprichwort, nach Psalm 37, 3)

Werde, was du noch nicht bist; **bleibe**, was du jetzt schon bist. *(F. Grillparzer)*

Es kann ja nicht immer so **bleiben**, hier unter dem wechselnden Mond.
(A. v. Kotzebue, Trost beim Scheiden)

Du **bleibst** doch immer, was du bist.
(Goethe, Faust)

Was aber **bleibt**, stiften die Dichter.
(F. Hölderlin)

Blendwerk der Hölle! *(Schiller, Braut von Messina)*

Blick' ich umher in diesem edlen Kreise ... *(R. Wagner, Tannhäuser)*

Einen **Blick**, geliebtes Leben, und ich bin belohnt genug.
(Goethe, Kleine Blumen ...)

Freudig ist der reine **Blick** in Leben und Natur. *(L. Schefer, Laienbrevier)*

Ich habe mir immer gewünscht, den Mann mit dem vernichtenden **Blick** zu sehen. *(Schiller, Räuber)*

Ich kann den **Blick** nicht von euch wenden, ich muß euch anschaun immerdar.
(F. Freiligrath, Auswanderer)

Je höher der Baum, desto näher der **Blick**. *(Sprichwort)*

Das läßt tief **blicken**! *(Redensart, Abgeordneter A. Sabor im Deutschen Reichstag, 1884)*

Ach, wenn es doch immer so **bliebe**! *(A. v. Kotzebue, Trost beim Scheiden)*

Besser schielen als **blind** sein. *(Sprichwort)*

Besser taub als **blind**. *(Redensart)*

Keiner ist so **blind**, als wer nicht sehen will. *(Sprichwort)*

Der **Blinde** verlacht den Lahmen. *(Rumänisches Sprichwort)*

Die **Blinden** in Genua kennen meinen Tritt! *(Schiller, Fiesko)*

Mit einem **Blinden** läßt sich nicht von der Farbe reden. *(Sprichwort)*

Unter **Blinden** ist der Einäugige König. *(Sprichwort)*

Blinder Eifer schadet nur. *(Sprichwort, M. G. Lichtwer, Die Katzen und der Hausherr)*

Das sieht ein **Blinder**! *(Redensart)*

Auch ein **blindes** Huhn findet mal ein Korn. *(Sprichwort)*

Mit **Blindheit** geschlagen. *(Redensart, nach 1. Mos. 19, 11)*

Wie ein **Blitz** aus heiterm Himmel. *(Redensart)*
Soviel wie: unvermutet

Der **Blocksberg**, wie der deutsche Parnaß, hat gar einen breiten Gipfel. *(Goethe, Faust)*

Nur greift mir zu und seid nicht **blöde**! *(Goethe, Faust)*

Von dem Ruhme der berühmtesten Menschen gehört immer etwas der **Blödsichtigkeit** der Bewunderer zu. *(G. C. Lichtenberg)*

Höherer **Blödsinn**. *(Redensart, wahrscheinlich aus der Mitte des 19. Jahrhunderts stammend)*

Er geht ran wie **Blücher**. *(Redensart)*
Gebhard Leberecht von Blücher (1742 bis 1819), preußischer Feldmarschall, als »Marschall Vorwärts« bekannt

Grünen und **blühen**. *(Nach Psalm 92, 8)*

Erschossen wie Robert **Blum**. *(Redensart)*
Von einem Ereignis überwältigt. Bezieht sich auf die Erschießung des sächsischen Politikers Robert Blum in Wien 1848.

Es blüht ein **Blümchen** irgendwo, in einem stillen Tal, das schmeichelt Aug' und Herz so froh wie Abendsonnenstrahl. *(G. A. Bürger, Blümchen Wunderhold)*

Die blaue **Blume** der Romantik. *(Nach Novalis, H. v. Ofterdingen)*

Die **Blume** verblüht, die Frucht muß treiben. *(Schiller)*

Du bist wie eine **Blume**, so schön, so hold, so rein. *(H. Heine, Heimkehr)*

Durch die **Blume** sprechen. *(Redensart)*
Etwas versteckt zum Ausdruck bringen. Gegensatz: »unverblümt« sprechen

Blumen, die der Lenz geboren. *(Schiller, Jüngling am Bache)*

Der **Blumen** Rache. *(Gedicht von F. Freiligrath)*

Die **Blumen** machen den Garten, nicht der Zaun. *(Sprichwort)*

Kleine **Blumen**, kleine Blätter. *(Gedicht von Goethe)*

Laßt hundert **Blumen** blühen!
(Nach Mao Tsetung, 1956)

Blaues **Blut** in den Adern haben.
(Redensart)
Adliger Herkunft sein

Blut, du behältst dein Recht!
(Shakespeare, Maß für Maß)

Blut ist dicker als Tinte. *(Sprichwort)*

Blut ist dicker als Wasser. *(Sprichwort)*

Blut ist ein ganz besonderer Saft.
(Goethe, Faust)

Blut, sagt man, fordert Blut. *(Schiller, Macbeth)*

Blut: Sinnbild des Lebendigen.
(O. Spengler, Untergang des Abendlandes)

Blut und Boden. *(O. Spengler, Untergang des Abendlandes, u.a.)*

Blut und Wasser schwitzen. *(Redensart, nach Luk. 22, 44 [?])*

Es gibt das Herz, das **Blut** sich zu erkennen. *(Schiller, Wilhelm Tell)*

Fleisch und **Blut**. *(Redensart, nach 1. Mos. 37, 27)*

Ich fürchte viel von Carlos' heißem **Blut**, doch nichts von seinem Herzen.
(Schiller, Don Carlos)

Ich habe nichts zu bieten als **Blut**, Schweiß und Tränen.
(W. L. Churchill, 1940)

In Buchstaben aus **Blut** wird der Ruhm geschrieben. *(A. de Lamartine)*

Junges **Blut** hat Mut. *(Sprichwort)*

Noch immer riecht es hier nach **Blut**.
(Shakespeare, Macbeth)

Schreibe mit **Blut**: und du wirst erfahren, daß Blut Geist ist. *(F. Nietzsche, Zarathustra)*

Nicht läßt von der Haut bis Blut ihn geschwellt, der **Blutegel**. *(Horaz, Ars poetica)*

Blütenlese. *(Nach J. Stobaeus)*
Sammlung, Zusammenstellung, Auswahl

Wähntest du etwa, ich sollte das Leben hassen, in Wüsten fliehen, weil nicht alle **Blütenträume** reiften? *(Goethe, Prometheus)*

Blutgeld. *(Redensart, nach Amos 5, 12; Matth. 27, 6)*

Dies **Blutgericht** soll ohne Beispiel sein.
(Schiller, Don Carlos)

Bluthund. *(Redensart, nach 2. Sam. 16, 7/8)*

Gewaltsam ist der Zwang des **Bluts**!
(Schiller, Iphigenie in Aulis)

Eine **Blutschuld**.
(Nach 5. Mos. 19, 10 u. Hos. 4, 2)

Solche wunderliche Zeiten sind jetzt, daß ein Fürst den Himmel mit **Blutvergießen** verdienen kann, besser denn andere mit Beten. *(M. Luther, Wider die räuberischen und mörderischen Rotten der Bauern, 1525)*

Den **Bock** zum Gärtner machen (oder setzen). *(Redensart)*

Einen **Bock** schießen. *(Redensart)*
Eine Dummheit, einen Fehler begehen.

Die **Böcke** zur Linken. *(Matth. 25, 33)*

Die **Böcke** von den Schafen sondern.
(Nach Matth. 25, 32 u. 33)

Jemanden ins **Bockshorn** jagen.
(Sprichwort)
Jemanden verblüffen

Auf guten **Boden** fallen. *(Nach Matth. 13, 8)*

Bleibe nicht am **Boden** haften, frisch gewagt und frisch hinaus! *(Goethe, Wanderlied)*

Je fetter der **Boden**, desto fetter das Unkraut. *(Sprichwort)*

Allzu straff gespannt, zerspringt der **Bogen**. *(Sprichwort, Schiller, Wilhelm Tell)*

Den **Bogen** überspannen. *(Redensart)*
Etwas übertreiben

Große **Bogen** spucken. *(Redensart)*
prahlen

Wer über **Böhmen** gebietet, ist Herr über Europa.
(Ein wahrscheinlich im 14. Jahrhundert entstandenes Wort)

Böhmische Dörfer. *(Redensart)*
Soviel wie: unverständliche Dinge

Dumm wie **Bohnenstroh**. *(Redensart)*
Besonders dumm

Aber dennoch hat sich **Bolle** ganz köstlich amüsiert.
(Aus einem Berliner Gassenhauer)

Seht, da ist die Witwe **Bolte**, die das auch nicht gerne wollte. *(W. Busch, Max und Moritz)*

Einer zuviel **an Bord**.
(Roman von F. Andreas)

Borgen ist viel besser nicht als betteln, so wie leihen, auf Wucher leihen, nicht viel besser ist als stehlen. *(G. E. Lessing, Nathan der Weise)*

Borgen macht Sorgen. *(Sprichwort)*

Borgen und Schmausen enden mit Grausen. *(Sprichwort)*

Rechten und **Borgen** macht Kummer und Sorgen. *(Sprichwort)*

Guter **Borger** – schlechter Zahler.
(Sprichwort)

Wir alle sind so **borniert**, daß wir immer glauben, recht zu haben.
(Goethe, Maximen und Reflexionen)

Ich glaube, daß die **Börse** hier als Giftbaum wirkt.
(Minister Maybach im Preuß. Abgeordnetenhaus, 1879)

Allein – gewiß, ich war recht **bös** auf mich, daß ich auf Euch nicht böser werden konnte. *(Goethe, Faust)*

O Gott, es war nicht **bös** gemeint!
(F. Freiligrath, O lieb …)

Das **Böse** ist des Menschen beste Kraft.
(F. Nietzsche)

Das **Böse** lernt sich leicht, das Gute schwer. *(Chinesisches Sprichwort)*

Ein Teil von jener Kraft, die stets das **Böse** will und stets das Gute schafft.
(Goethe, Faust)

Jedes **Böse** bringt sein Gutes.
(Sprichwort)

Überwinde das **Böse** mit Gutem!
(Röm. 12, 21)

Gutes mit **Bösem** vergelten.
(Redensart, nach Röm. 12, 21)

Bösen zu mißfallen ist so gut wie ein Lob. *(Sprichwort)*

Den **Bösen** sind sie los, die Bösen sind geblieben. *(Goethe, Faust)*

Oh, hüte dich vor allem **Bösen**! Es macht Pläsier, wenn man es ist, es macht Verdruß, wenn man's gewesen.
(W. Busch, Fromme Helene)

Böses schreibt man in Stein, Gutes in Sand. *(Sprichwort)*

Tue nichts **Böses**, so widerfährt dir nichts Böses. *(Sprichwort, nach Jes. Sirach 7, 1)*

Ein **Bösewicht** gelangt zu keiner Größe. *(Goethe, Westöstlicher Divan)*

Er war von je ein **Bösewicht**; ihn traf des Himmels Strafgericht. *(F. Kind/C. M. v. Weber, Freischütz)*

Die **Bosheit** sucht keine Gründe, nur Ursachen. *(Goethe, Götz von Berlichingen)*

Ohne ein bißchen **Bosheit** kann man unmöglich witzig sein. *(Th. B. Macauley)*

Tugend will ermuntert sein, **Bosheit** kann man schon allein. *(W. Busch, Plisch und Plum)*

Der kranke Mann am **Bosporus**. *(Bezeichnung für das frühere Türkische Reich)*

Durchforscht den Boden, sucht und grabt, bringt Wachstum auf Mechanik; wenn ihr dann keine Blumen habt, habt ihr doch eine **Botanik**. *(F. Grillparzer, Sprüche und Epigramme)*

Der hinkende **Bote** kommt nach. *(Sprichwort)*
Das Unangenehme kommt hinterher

Die **Botschaft** hör' ich wohl, allein mir fehlt der Glaube. *(Goethe, Faust)*

Schlimme **Botschaft** kommt immer zu früh. *(Sprichwort)*

Aus dem kleinsten Funken wird oft der größte **Brand**. *(Sprichwort)*

Jeder **Brand** hat seinen Rauch. *(Sprichwort)*

In Staub mit allen Feinden **Brandenburgs**! *(H. v. Kleist, Prinz von Homburg)*

Die Brühe ist oft teurer als der **Braten**. *(Sprichwort)*

Den **Braten** riechen. *(Redensart)*
Etwas Unangenehmes ahnen

Das ist des Landes nicht der **Brauch**. *(Goethe, Faust)*

Der alte **Brauch** wird nicht gebrochen; hier können Familien Kaffee kochen. *(Berliner Vers, früher in vielen Gartenlokalen anzutreffen)*

Es ist ein **Brauch** von alters her: Wer Sorgen hat, hat auch Likör. *(W. Busch, Fromme Helene)*

Alles in der Welt, das man in den Schrank stellt und nicht benutzt, das verliert an seiner **Brauchbarkeit**. *(Bismarck)*

So streng sind dort die **Bräuche**! *(Redensart, nach einem volkserotischen »Wirtinnenvers«)*

Brauchtum ist älter und gilt mehr als Gesetz. *(Russisches Sprichwort)*

Aussehen wie **Braunbier** und Spucke. *(Berliner Redensart)*
Krank, elend aussehen

Was fragen die **Brausewinde** nach dem Namen König? *(Shakespeare, Sturm)*

Denn an der **Braut,** die der Mann sich erwählt, läßt gleich sich erkennen, welches Geistes er ist, und ob er sich eignen Wert fühlt. *(Goethe, Hermann und Dorothea)*

Weinende **Braut**: lachende Frau; lachende Braut: weinende Frau. *(Russisches Sprichwort)*

Lieblich in der **Bräute** Locken spielt der jungfräuliche Kranz. *(Schiller, Glocke)*

Brautglocken sind der Freundschaft Sterbeglocken. *(P. Heyse)*

Der **brave** Mann denkt an sich selbst zuletzt. *(Schiller, Wilhelm Tell)*

Hoch klingt das Lied vom **braven Mann**!
(G. A. Bürger, Lied vom braven Mann)

Wer niemals einen Rausch gehabt, der ist kein **braver** Mann. *(J. Perinet, Sonntagskind)*

In die **Bredouille** geraten. *(Redensart)*
In Begrängnis geraten.
Im Berliner Dialekt: Bredullje

Ein faules Ei verdirbt den ganzen **Brei**.
(Sprichwort)

Wenn der Tor seinen **Brei** nur hat, was kümmert ihn dann Kirch' und Staat.
(Freidank, Bescheidenheit)

Was dich nicht **brennt**, das versuche nicht zu löschen. *(Sprichwort)*

Was mich nicht **brennt**, das blas' ich nicht. *(Sprichwort)*

Eine **Bresche** schlagen. *(Redensart)*
Den Weg frei machen.

In die **Bresche** treten. *(Redensart)*
Eine Lücke füllen.

Ein **Brett** vor dem Kopf haben.
(Redensart)
Soviel wie: dumm sein

Das **Brett** bohren, wo es am dünnsten ist.
(Redensart)
Sinn: es sich leicht machen

Auch die **Bretter**, die mancher vor dem Kopf trägt, können die Welt bedeuten.
(W. Finck)

Bretter, die die Welt bedeuten.
(Redensart, nach Schiller, An die Freunde)
Bezeichnung für die Bühne

Wer Gott vertraut und **Bretter** klaut, der hat 'ne bill'je Laube.
(Scherzhaftes Berliner Sprichwort)

Sehn wir doch das Große alle Zeiten auf den **Brettern**, die die Welt bedeuten, sinnvoll still an uns vorübergehen.
(Schiller, An die Freunde)

Das geht wie's **Brezelbacken**.
(Redensart)
Soviel wie: sehr schnell

Brief und Siegel darauf geben.
(Redensart)
Fest von etwas überzeugt sein.

Der **Brief** hat Händ' und Füß'.
(Schiller, Wallensteins Tod)

Ein ellenlanger **Brief**.
(Nach Sacharja, 5, 2)

Briefe, die ihn nicht erreichten.
(Titel eines Buches von C. v. Heyking)

Siehst du die **Brigg** dort auf den Wellen?
Sie steuert falsch, sie treibt herein.
(L. Giesebrecht, Der Lotse)

Wer nicht sehen will, dem hilft keine **Brille**. *(Sprichwort)*

Allerlei **Brimborium**. *(Goethe, Faust)*

Wer vieles **bringt**, wird manchem etwas bringen. *(Goethe, Faust)*

Brosamen, die von des Reichen Tische fallen. *(Nach Luk. 16, 21)*

Besser eigenes **Brot** als fremder Braten.
(Sprichwort)

Brot für die Welt.
(Jährlich zur Weihnachtszeit durchgeführte Spendensammlung der evangelischen Kirchen Deutschlands zugunsten der Linderung von Not und Elend in der Welt)

Brot und Käse ist die beste Medizin.
(Französisches Sprichwort)

Brot und Spiele!
(Nach Juvenal, Satiren)

Das tägliche **Brot**. *(Redensart, nach Matth. 6, 11)*

Der Mensch lebt nicht vom **Brot** allein. *(Sprichwort, nach 5. Mos. 8, 3; Matth. 4, 4; Luk. 4, 4)*

Des einen Tod, des andern **Brot**. *(Sprichwort)*

Flüssiges **Brot**. *(Bezeichnung für Bier, nach C. J. Weber, 1826)*

Fremdes **Brot** – herbes Brot. *(Sprichwort)*

Hartes **Brot** braucht scharfe Zähne. *(Französisches Sprichwort)*

Kämpf und erkämpf dir eignen Wert: Hausbacken **Brot** am besten nährt. *(M. Claudius, Ein gülden Abc)*

Saatkorn für die Nachwelt, **Brot** für die Zeitgenossen. *(L. Börne, Vermischte Aufsätze)*

Trocken **Brot** macht Wangen rot. *(Sprichwort)*
Im Volksmund ergänzt: … aber Butterbröter machen sie noch viel röter

Vom **Brot** allein kann man nicht leben, es muß auch Wurst und Schinken geben. *(Scherzhaftes Sprichwort)*

Wer nie sein **Brot** mit Tränen aß … *(Goethe, Harfenspieler)*

Wes **Brot** ich ess', des Lied ich sing'. *(Sprichwort)*

Jemandem den **Brotkorb** höher hängen. *(Redensart)*
Jemanden knapper halten

Wozu die **Brücke** breiter als der Fluß? *(Shakespeare, Viel Lärm um nichts)*

Dem fliehenden Feinde soll man goldene **Brücken** bauen. *(Sprichwort)*

Brüder bleiben selten einig. *(Sprichwort)*

Brüder, lagert euch im Kreise, trinkt nach alter Väter Weise. *(Altes Burschen- und Trinklied)*

Bruder, nimm die Brüder mit … *(Goethe, Mahomet)*

Brüder, reicht die Hand zum Bunde. *(Freimaurerlied, 1790)*

Der Große **Bruder**. *(Nach G. Orwell, 1984)*

Falsche **Brüder**. *(2. Kor. 11, 26)*

Feindliche **Brüder**. *(Redensart, nach Schiller, Braut von Messina)*

Gleiche **Brüder**, gleiche Kappen. *(Sprichwort)*

Hier innen **Brüder** alle, da draußen Herr und Knecht. *(L. Uhland, Wanderung)*

Und willst du nicht mein **Bruder** sein, so schlag' ich dir den Schädel ein. *(Aus dem Revolutionsjahr 1848 stammend, möglicherweise bereits auf ein Losungswort der Jakobiner zurückgehend)*

Wenn du's nicht warst, so war's dein **Bruder**. *(J. de La Fontaine, Der Wolf und das Lamm)*

Ein zuckersüßes **Brüderchen**! In der Tat – Franz heißt die Kanaille! *(Schiller, Räuber)*

Brüderlein fein, Brüderlein fein, mußt mir ja nicht böse sein! *(F. Raimund, Bauer als Millionär)*

Wir wollen sein ein einzig Volk von **Brüdern**, in keiner Not uns trennen und Gefahr ... Wir wollen frei sein, wie die Väter waren, eher den Tod, als in der Knechtschaft leben.
(Schiller, Wilhelm Tell: Rütlischwur)
Meist zitiert: ... einig Volk ...

Ein edles **Brüderpaar**. *(Redensart, nach Horaz, Satiren)*

Die Sonne tönt, nach alter Weise, in **Brudersphären** Wettgesang ...
(Goethe, Faust)

Bruderzwist gar heftig ist. *(Sprichwort)*

Die **Brühe** ist oft teurer als der Braten.
(Sprichwort)

Am **Brunnen** vor dem Tore ...
(W. Müller, Der Lindenbaum)

Die Mädchen werden immer getadelt, die lange am **Brunnen** verweilen.
(Goethe, Hermann und Dorothea)

Erst wenn der **Brunnen** trocken ist, schätzt man das Wasser. *(Sprichwort)*

Es ist ein schlimmes Ding, dann den **Brunnen** erst zu graben, wenn der Durst den Schlund ergriff. *(Plautus, Hausgespenst)*

O schöner **Brunnen**, der uns fließt!
(Goethe, Faust)

Politische **Brunnenvergiftung**.
(Nach Bismarck, 1880 u. 1882)

An einer schönen **Brust** zu ruhn, das ist ein Trost. *(A. v. Platen, Ghasele)*

An seine **Brust** schlagen.
(Redensart, nach Luk. 18, 13)
Eigene Schuld bekennen

In deiner **Brust** sind deines Schicksals Sterne. *(Schiller, Piccolomini)*

Sich in die **Brust** werfen. *(Redensart)*
Stolz tun

Schwach auf der **Brust** sein. *(Redensart)*
Zahlungsunfähig sein.

Und wer dir seine **Brust** erschließt, o tu ihm, was du kannst, zulieb.
(F. Freiligrath, O lieb, so lang du lieben kannst)

Unter Larven die einzige fühlende **Brust**. *(Schiller, Taucher)*

Brustton der tiefen Überzeugung.
(H. v. Treitschke, Fichte und die nationale Idee, 1870)

Auch du, mein Sohn **Brutus**?
(Shakespeare, Caesar)

Denn **Brutus** ist ein ehrenwerter Mann.
(Shakespeare, Caesar)

Wo ein **Brutus** lebt, muß Cäsar sterben.
(Schiller, Räuber)

Es soll mich kitzeln, **Bube**, mit dir verdammt zu sein. *(Schiller, Kabale und Liebe)*

Durch böser **Buben** Hand verderben.
(Schiller, Kraniche des Ibykus)

Mein Kind, wenn dich die bösen **Buben** locken, so folge nicht.
(Sprüche Salom. 1, 10)

Ein **Bubenstück**. *(Redensart, nach Psalm 41, 9)*

Sie haben ein **Bubenstück** über mich beschlossen: wenn er liegt, soll er nicht wieder aufstehen. *(Psalm 41, 9)*

Als **Büblein** klein an der Mutterbrust ...
(H. S. Mosenthal/ O. Nicolai, Die lustigen Weiber von Windsor)

Bequemster Freund ist doch ein **Buch**: Aufdrängen tut es sich dir nie, doch hast du Sehnsucht nach ihm – sieh: du winkst, schon macht es dir Besuch.
(Atz vom Rhyn)

Buch des Lebens. *(Phil. 4, 3)*

Ein böses **Buch** ist, das durchaus dir nicht gefällt, und gleichwohl etwas hat, womit es fest dich hält. *(F. Rückert)*

Ein **Buch**, das leben soll, muß seinen Schutzgeist haben. *(F. v. Hagedorn, Das Buch und der Leser)*

Ein **Buch**, das man liebt, darf man nicht leihen, sondern muß es besitzen.
(F. Nietzsche)

Ein **Buch**, das nicht wert ist, zweimal gelesen zu werden, ist auch nicht wert, daß man es einmal liest. *(K. J. Weber, Demokritos)*

Ein **Buch** in der Hand ist besser als eine Fernsehantenne auf dem Dach.
(In der Gegenwart entstandenes »Sprichwort«)

Ein **Buch** ist ein Freund, der deine Fähigkeiten aufdeckt; es ist ein Licht in der Finsternis und ein Vergnügen in der Einsamkeit; es gibt, und es nimmt nicht.
(Mosche Ibn Esra)

Ein **Buch** ist ein Garten, den man in der Tasche trägt. *(Arabisches Sprichwort)*

Ein **Buch** ist ein Spiegel: wenn ein Affe hineinguckt, so kann freilich kein Apostel heraussehen. *(G. C. Lichtenberg)*

Ein **Buch** mit sieben Siegeln.
(Redensart, nach Off. Joh. 5, 1)
Etwas Geheimnisvolles, Unbekanntes

Ein gutes **Buch** ist mir ein wahrer Schatz; in Nöten dient es als Versatz. *(F. Haug)*

Ein Jude wird ein **Buch** eher schreiben als kaufen. *(Jüdisches Sprichwort)*

Ein klassisches Werk ist ein **Buch**, das die Menschen loben, aber nie lesen.
(E. Hemingway)

Ein rechtes **Buch** wird stets und immer Ausdruck der Geistesfreiheit sein.
(G. Hauptmann)

Ein sicheres Zeichen von einem guten **Buch** ist, wenn es einem immer besser gefällt, je älter man wird.
(G. C. Lichtenberg)

Es ist selten ein **Buch** ohne Eselsohr.
(A. a Santa Clara)

Ich bin kein ausgeklügelt **Buch**, ich bin ein Mensch mit seinem Widerspruch.
(C. F. Meyer, Huttens letzte Tage)

Ich finde und habe immer gefunden, daß sich ein **Buch** gerade vorzugsweise zu einem freundschaftlichen Geschenk eignet. Man liest es oft, man kehrt oft dazu zurück, man naht sich ihm aber nur in ausgewählten Momenten, braucht es nicht wie eine Tasse, ein Glas einen Hausrat in jedem gleichgültigen Augenblick des Lebens und erinnert sich so immer des Freundes im Augenblick eines würdigen Genusses.
(W. v. Humboldt)

Kein **Buch** ist so schlecht, daß es nicht in irgendeiner Weise nützen könnte.
(Plinius d. J.)

Mit Andacht lies, und dich wird jedes **Buch** erbauen. *(F. Rückert, Weisheit des Brahmanen)*

Mit Worten mahnt man den Menschen für eine Stunde, mit einem **Buch** für immer. *(Russisches Sprichwort)*

Wenn ein **Buch** und ein Kopf zusammenstoßen und es klingt hohl, ist das allemal im Buch? *(G. C. Lichtenberg)*

Wie wird ein **Buch** populär? Zur Popularität gelangen deutsche Schriften durch einen großen Namen, oder durch Persönlichkeiten, oder durch gute Bekanntschaft, oder durch Anstrengung, oder durch mäßige Unsittlichkeit, oder durch vollendete Unverständlichkeit, oder durch harmonische Plattheit, oder durch vielseitige Langweiligkeit, oder durch beständiges Streben nach dem Unbedingten. *(F. Schlegel)*

Die Erfindung der **Buchdruckerkunst** ist das größte Ereignis der Weltgeschichte. *(V. Hugo)*

Vor den Eichen sollst du weichen, doch die **Buchen** sollst du suchen. *(Sprichwort)*
Alter Spruch, der sich auf das Verhalten bei Gewitter bezieht

Bücher fressen und nicht käuen macht ungesund. *(Sprichwort)*

Bücher haben ihre Schicksale. *(Terentius Maurus, Carmen heroicum)*

Bücher im schönen Gewande – ein festlich gekleideter Freundeskreis, der uns mehr geben kann als die auserlesenste Gesellschaft. *(Novalis)*

Bücher sind die Hüllen der Weisheit, bestickt mit den Perlen der Worte. *(Mosche Ibn Esra)*

Bücher sind die treuesten Tröster, Bücher sind bessere Freunde als Menschen, denn sie reden nur, wenn wir wollen, und schweigen, wenn wir anderes vorhaben. Sie geben immer und fordern nie. *(B. Frhr. v. Münchhausen)*

Bücher sind immer noch die wohlfeilsten Lehr- und Freudenmeister und der wahre Beistand hienieden für Millionen besserer Menschen. *(K. J. Weber, Demokritos)*

Bücher sind kein geringer Teil des Glücks. Die Literatur wird meine letzte Leidenschaft sein. *(Friedrich d. Gr.)*

Bücher sind nicht Denkmäler der Vergangenheit, sondern Waffen der Gegenwart. *(H. Laube)*

Bücher zu schreiben ist leicht, es verlangt nur Feder und Tinte, und das geduld'ge Papier. Bücher zu drucken ist schon schwerer, weil oft das Genie sich erfreut unleserlicher Handschrift. Bücher zu lesen ist noch schwerer von wegen des Schlaf's. Aber das schwierigste Werk, das ein sterblicher Mann bei den Deutschen auszuführen vermag, ist zu verkaufen ein Buch! *(F. Dahn)*

Dort, wo man **Bücher** verbrennt, verbrennt man am Ende auch Menschen. *(H. Heine)*

Ein Haus ohne **Bücher** ist arm, auch wenn schöne Teppiche seinen Boden und kostbare Tapeten und Bilder die Wände bedecken. *(H. Hesse)*

Ein Raum ohne **Bücher** ist ein Körper ohne Seele. *(Cicero)*

Eine seltsamere Ware als **Bücher** gibt es wohl schwerlich in der Welt. Von Leuten gedruckt, die sie nicht verstehen; gebunden, rezensiert und gelesen von Leuten, die sie nicht verstehen; und nun gar geschrieben von Leuten, die sie nicht verstehen. *(G. Ch. Lichtenberg)*

Einst war die Seltenheit der **Bücher** den Fortschritten der Wissenschaft nachteilig, jetzt ist es deren Überzahl, die verwirrt und eigenes Denken verhindert. *(K. J. Weber, Demokritos)*

Es gibt weder moralische noch unmoralische **Bücher**. Bücher sind gut oder schlecht geschrieben, nichts sonst. *(O. Wilde, Dorian Gray)*

Gesegnet seien Cadmus oder die Phönizier oder wer immer es gewesen ist, der die **Bücher** erfand. *(T. Carlyle)*

Gewisse **Bücher** scheinen geschrieben zu sein, nicht damit man daraus lerne, sondern damit man wisse, daß der Verfasser etwas gewußt hat. *(Goethe)*

Ich bin sehr für geliehene **Bücher**. Hat man selbst das Buch, glaubt man: ein andermal! *(Th. G. v. Hippel, Lebensläufe)*

Ich liebe **Bücher**. Sie sind ein Ersatz für Menschen, ein Weg zu Menschen, eine Schule, Menschen kennenzulernen. Nur Bücher können die Illusion von der Vollkommenheit des Menschen geben. Die guten Bücher sind so selten wie die guten Menschen. *(H. Kesten)*

Jahre lehren mehr als **Bücher**. *(Sprichwort)*

Man muß **Bücher** eigen haben, die man recht lesen will. *(K. Hilty)*

Mein Kurzweil aber ist gewesen, von Jugend auf **Bücher** zu lesen. *(Hans Sachs)*

Nicht diejenigen haben die **Bücher** recht lieb, welche dieselben unberührt in ihren Schränken aufheben, sondern welche sie Tag und Nacht in den Händen haben. *(Erasmus von Rotterdam)*

Von den vielen Welten, die der Mensch nicht von der Natur geschenkt bekam, sondern sich aus eigenem Geiste erschaffen hat, ist die Welt der **Bücher** die größte. *(H. Hesse)*

Von Kindheit an war ich ein Freund des Lesens, und das bißchen Geld, das mir in die Hände kam, wurde für gute **Bücher** ausgegeben. *(B. Franklin)*

Wenn auch **Bücher** nicht gut oder schlecht machen, besser oder schlechter machen sie doch. *(Jean Paul)*

Wer ohne **Bücher** will Doktor sein, gehört in die Narrenschul' hinein. *(Abraham a Santa Clara)*

Wer sieben gute **Bücher** hat, braucht keine Menschen mehr. *(B. Frhr. v. Münchhausen)*

Des vielen **Büchermachens** ist kein Ende. *(Pred. Salom. 12, 12)*

Bei den **Büchern** ist es umgekehrt wie bei den Frauen: Die guten empfiehlt man weiter. *(H. A. Frenzel)*

Eigentlich lernen wir nur von den **Büchern**, die wir nicht beurteilen können. Der Autor eines Buches, das wir beurteilen könnten, müßte von uns lernen. *(Goethe, Maximen und Reflexionen)*

Es geht den **Büchern** wie den Jungfrauen … Gerade die besten, die würdigsten bleiben oft am längsten sitzen. *(L. Feuerbach)*

Es geht uns mit den **Büchern** wie mit den Menschen. Wir machen zwar viele Bekanntschaften, aber wenige erwählen wir zu unseren Freunden, unseren vertrauten Lebensgefährten. *(L. Feuerbach)*

Sie glauben nicht, wie bedrückend es ist, immer unter **Büchern** zu sitzen. *(Schiller)*

Wer den **Büchern** dient, der dient dem Geiste; wer dem Geiste dient, der dient der Welt. *(E. v. Wildenbruch)*

Der **Bücherschatz** ist wie ein geistiger Baum, der Bestand hat und seine köstlichsten Früchte spendet von Jahr zu Jahr, von Geschlecht zu Geschlecht. *(Th. Carlyle)*

Ein **Bücherwurm** liest sogar die Bücher, die er rezensiert. *(G. Laub)*

Der Wert eines **Buches** richtet sich vor allem nach bestimmten Eigenschaften. In Leder gebundene Bände können beispielsweise beim Abziehen von Rasierklingen unbezahlbare Dienste leisten. Dünne Broschüren dagegen eignen sich vortrefflich dazu, wackelnden Tischchen das Gleichgewicht wiederzugeben. Ein Lexikon ist hervorragend geeignet, einen Einbrecher gefechtsunfähig zu machen, und ein Atlas kann als Ersatz für zerbrochene Fensterscheiben Verwendung finden! *(Mark Twain)*

Die Zerstreuung eines **Buches** durch die Welt ist fast ein ebenso schwieriges und wichtiges Werk als die Verfertigung desselben. *(Schiller)*

Ein Buch ist gar ein schönes Ding, ein Gelehrter ist noch viel werter; doch beide vereinigt wiegen gering, das Ganze heißt: **Buchgelehrter**. *(F. Grillparzer, Sprüche und Epigramme)*

Die **Buchhändler** sind alle des Teufels, für sie muß es eine eigene Hölle geben. *(Goethe)*

Sind aber Bücher die Geistesprodukte der vorzüglichsten Männer ihres Zeitalters, ... so ist der **Buchhändler** ein Kaufmann, der mit den edelsten Waren handelt; und wenn er seinen Beruf mit Würde treibt, so gebührt ihm unter Handelsleuten der erste Rang. *(G. J. Goeschen)*

Im Laden des **Buchhändlers** geben zwei Dämonen einander ein Stelldichein, der Dämon des Schreibens und der Dämon des Lesens. *(J. Nadler)*

Dazu hat **Buchholtz** kein Geld. *(Redensart, nach Friedrich d. Gr., 1766. B. war königlicher Schatzmeister)*

Da kennen sie **Buchholtzen** schlecht! *(Redensart, nach Friedrich d. Gr.)* *Buchholtz war königlicher Schatzmeister*

Willst du **Buchmacherei** mit rechtem Erfolge treiben, so fröne dem Genius saeculi. Schließ dich an die Menge an, lobpreise die Götzen des großen Haufens; du wirst von ihren Anbetern wieder gepriesen werden. *(F. Nicolai)*

Der **Buchstabe** tötet, aber der Geist macht lebendig. *(2. Kor. 3, 6)*

Tote **Buchstaben**. *(Nach 2. Kor. 3, 6)*

Einen breiten **Buckel** haben *(Redensart)* *Viel aushalten können*

Hier die **Buden**, dort die Schänke! *(W. Friedrich/F. v. Flotow, Martha)*

Die ganze Welt ist **Bühne**, und alle Fraun und Männer bloße Spieler. *(Shakespeare, Wie es euch gefällt)*

Ihr wißt, auf unsern deutschen **Bühnen** probiert ein jeder, was er mag. *(Goethe, Faust)*

Ich sei, gewährt mir die Bitte, in euerm **Bunde** der Dritte. *(Schiller, Bürgschaft)*

Sein **Bündel** schnuren. *(Redensart)* *Abreisen, fortgehen*

Kein **Bündnis** ist mit dem Gezücht der Schlangen. *(Schiller, Maria Stuart)*

Der **Bundschuh** zieht landaus, landein: Die Bauern wollen Menschen sein. *(H. Kurz, Ostern 1525)*

Würde bringt **Bürde**. *(Sprichwort)*

Ein' feste **Burg** ist unser Gott. *(M. Luther, Ein' feste Burg ...)*

Nein, er gefällt mir nicht, der neue **Burgemeister**. *(Goethe, Faust)*

Aber ein Unverschämter läßt seinen **Bürgen** stecken. *(Sir. 29, 19)*

Den **Bürgen** muß man würgen. *(Sprichwort)*

Ein jeder **Bürger** ist ein König unter einem Bürgerkönig. *(C. S. Favard, Die drei Sultaninnen)*

Wer ist das würdigste Glied des Staats? Ein wackerer **Bürger**: unter jeglicher Form bleibt er der edelste Stoff. *(Goethe, Herbst)*

Ruhe ist die erste **Bürgerpflicht**. *Sprichwort (nach einem Anschlagzettel des preußischen Ministers v. d. Schulenburg-Kehnert in Berlin nach der Schlacht von Jena 1806. Dort heißt es: »Der König hat eine Bataille verlohren. Jetzt ist Ruhe die erste Bürgerpflicht«)*

Im deutschen **Bürgertum** liegt die edelste Kraft, die Führerschaft auf dem Gebiete idealer und praktischer Interessen. *(G. Freytag, Bilder aus der deutschen Vergangenheit)*

Der **Bürokrat** tut seine Pflicht von neun bis eins. Mehr tut er nicht. *(M. West u. L. Held/K. Zeller, Der Obersteiger)*

Die **Bürokratie** ist es, an der wir überall kranken. *(Bismarck)*

Heiliger **Bürokrazius**! *(Nach O. Ernst, Flachsmann als Erzieher)*

Frei ist der **Bursch**! *(A. Binzer, Stoßt an!)*

Kommt ein schlanker **Bursch** gegangen. *(F. Kind/C. M. v. Weber, Freischütz)*

Bemooster **Bursche** zieh' ich aus, behüt' dich Gott, Philisterhaus! *(G. Schwab/A. Methfessel, Abschied)*

Burschen heraus! Lasset es schallen von Haus zu Haus. *(Studentenlied)*

Es zogen drei **Burschen** wohl über den Rhein. *(L. Uhland, Der Wirtin Töchterlein)*

O alte **Burschenherrlichkeit**! Wohin bist du entschwunden? *(Studentenlied)*

Wie soll ich dich nennen, du hohes, rohes, edles, barbarisches, liebliches, unharmonisches, gesangvolles, zurückstoßendes und doch so mild erquickendes Leben der **Burschenjahre**? *(W. Hauff, Phantasien im Bremer Ratskeller)*

Wie ein **Bürstenbinder** saufen. *(Redensart)* *Unmäßig trinken*

Rennen wie ein **Bürstenbinder**. *(Redensart)* *Sehr schnell laufen*

Auf den **Busch** klopfen. *(Redensart)* *Jemanden aushorchen*

Was kraucht dort in dem **Busch** herum? *(H. A. Pistorius, Kutschkelied)*

Sich seitwärts in die **Büsche** schlagen. *(Redensart, nach J. G. Seume, Der Wilde)*

Eine Schlange am **Busen** nähren. *(Redensart, nach Äsop)*

In Worten erleichtert sich der schwerbeladne **Busen**. *(Schiller, Don Carlos)*

Nächtlich am **Busento** lispeln bei Cosenza dumpfe Lieder. *(A. v. Platen, Grab am Busento)*

Abbitte ist die beste **Buße**. *(Sprichwort)*

Selbst eine gute Ehe ist eine Zeit der **Buße**. *(Russisches Sprichwort)*

Tut **Buße**, das Himmelreich ist nahe herbeigekommen! *(Matth. 3,2; 4,17)*

Sieh, da geht Helene hin, eine schlanke **Büßerin**. *(W. Busch, Fromme Helene)*

Und fromme **Büßung** kauft den Zorn des Himmels ab. *(Schiller, Braut von Messina)*

Das ist alles in **Butter**. *(Redensart)*
Das hat gut geklappt.

Gutes Futter – gute **Butter**. *(Bauernregel)*

Sich die **Butter** nicht vom Brot nehmen lassen. *(Redensart)*
Auf seinen Vorteil bedacht sein, sich nicht übertölpeln lassen.

Wer **Butter** am Kopf hat, soll nicht in die Sonne gehen. *(Sprichwort)*

Etwas für ein **Butterbrot** hingeben. *(Redensart)*
Etwas allzu billig hingeben

Minister fallen wie **Butterbrote**, gewöhnlich auf die gute Seite. *(L. Börne, Gesammelte Schriften)*

Butzenscheibenlyrik. *(Nach P. Heyse)*

C

Ritter vom hohen **C**. *(Redensart)*
Bezeichnung für einen Tenor

Caliban. *(Shakespeare, Sturm)*
Soviel wie: roher, plumper Mensch.

Nach **Canossa** gehen wir nicht, weder körperlich noch geistig.
(Bismarck im Deutschen Reichstag, 1872)

Du **Capua** der Geister! *(F. Grillparzer, Abschied von Wien)*

Was Ihre Alba leisten, das kann auch **Carl**, und Carl kann mehr. *(Schiller, Don Carlos)*

Jetzt endlich hör' ich meinen **Carlos** wieder, jetzt sind Sie wieder ganz Sie selbst.
(Schiller, Don Carlos)

Casanova.
(Bezeichnung für einen Schürzenjäger. Nach G. G. Casanova, Chevalier de Seingalt)

Das war ein **Caesar**! Wann kommt seinesgleichen? *(Shakespeare, Caesar)*

Du trägst **Caesar** und sein Glück!
(Nach Plutarch, Caesar)

Kränzte doch **Cäsar** selbst nur aus Bedürfnis das Haupt. *(Goethe, Hermann und Dorothea)*

Wenn **Cäsar** sagt: Tu das, so ist's vollbracht. *(Shakespeare, Julius Caesar)*

Cäsarenwahnsinn. *(Nach G. Freytag, Verlorene Handschrift)*

Catilinarische Existenzen.
(Bismarck im Preußischen Abgeordnetenhaus, 1862)
Verschwörerische Persönlichkeiten

Cato wollte lieber gut sein als scheinen.
(Sallust, Catilina)

Cerberus. *(Redensart, nach der griechischen Sage)*
Bezeichnung für einen knurrigen Wächter

Vorher klang es wie **Chamade**, jetzt wie eine Fanfare. *(H. v. Moltke, nach Bismarck, Gedanken und Erinnerungen)*
Betrifft die von Bismarck vorgenommene Straffung der »Emser Depesche«, 1870)

Ich will **Champagner** Wein, und recht moussierend soll er sein. *(Goethe, Faust)*

Treibt der **Champagner** das Blut erst im Kreise. *(L. da Ponte/W. A. Mozart, Don Giovanni)*

Alles was uns imponieren soll, muß **Charakter** haben. *(Goethe)*

Am besten erkennt man den **Charakter** eines Menschen bei Geldangelegenheiten, beim Trinken und im Zorn.
(Talmud)

Der Fuchs wechselt den Balg, nicht den **Charakter**. *(Sueton, Vespasian)*

Die Politik verdirbt den **Charakter**.
(Sprichwörtliche Redensart unbekannten Ursprungs, bekanntgeworden durch eine Werbedrucksache für das »Blatt für die Gebildeten aller Stände«, 1882)

Durch nichts bezeichnen die Menschen mehr ihren **Charakter** als durch das, was sie lächerlich finden. *(Goethe)*

Ein **Charakter** ist ein vollständig gebildeter Wille. *(Novalis, Fragmente)*

Im Spiel zeigt sich der **Charakter**.
(Sprichwort)

Kein Talent, doch ein **Charakter**!
(H. Heine, Atta Troll)

Recht hat jeder eigene **Charakter**, der übereinstimmt mit sich selbst; es gibt kein andres Unrecht als den Widerspruch. *(Schiller, Wallensteins Tod)*

Zwischen Gelingen und Mißlingen, in Streit, Anstrengung und Sieg bildet sich der **Charakter**. *(L. v. Ranke)*

Von der Parteien Gunst und Haß verwirrt, schwankt sein **Charakterbild** in der Geschichte. *(Schiller, Wallenstein)*

Seelenstärke ohne Seelengröße bildet die bösartigen **Charaktere**.
(K. J. Weber)

Das Unglück ist der Prüfstein des **Charakters**. *(S. Smiles)*

Dein Schicksal ist der Nachklang und das Resultat deines **Charakters**.
(J. G. Herder)

Aus der Scylla in die **Charybdis** geraten.
(Nach Homer, Odyssee)

Chauvinismus.
(Nach einem französischen Lustspiel)
Übersteigerter Nationalismus

O Mensch, das Geld ist nur **Chimäre**!
(C. Morgenstern, Galgenlieder)

Ein **Christ** soll wenig Wort und viel Tat machen. *(M. Luther)*

Es gehört kein Mut, kein Charakter, keine Anstrengung, kein Opfer dazu, **Christ** zu sein – Christentum und weltlicher Vorteil ist identisch –, wohl aber kein Christ zu sein. *(L. Feuerbach, Schriften)*

Es ist ein seltsamer Vogel ein **Christ**.
(M. Luther)

Ich tue als ein guter **Christ** nicht mehr, als mir befohlen ist. *(Sprichwort)*

Nimmermehr hält ein **Christ** so fest an seinem Christo, als ein Jude oder auch ein Schwärmer an seiner Lehre hält.
(M. Luther)

Wir sind gute **Christen** und hören Predigt, geben Almosen und sind ledig.
(H. v. Hofmannsthal, Jedermann)

Helle **Christnacht** finst're Scheuer. Finst're Christnacht – helle Scheuer.
(Bauernregel)

Unter den **Christen** geht es so zu, daß man findet Mäusdreck unter dem Pfeffer. *(M. Luther)*

Ein **Christenmensch** ist ein freier Herr über alle Dinge und Niemand untertan. – Ein Christenmensch ist ein dienstbarer Knecht aller Dinge und Jedermann untertan. *(M. Luther)*

Das **Christentum** ist eine Idee und als solche unzerstörbar und unsterblich wie jede Idee.
(H. Heine, Über Deutschland)

Du hast kein **Christentum**!
(Goethe, Faust)

Es gibt keine Religion, die nicht **Christentum** wäre. *(Novalis, Fragmente)*

Praktisches **Christentum**!
(Nach einer Reichstagsrede Bismarcks, 1881)

Taufe, Evangelium und Glaube die machen allein geistlich und **Christenvolk**.
(M. Luther)

Christus hat vergebens gelebt und ist vergebens gestorben, wenn er uns nicht gelehrt hätte, unser ganzes Leben nach dem ewigen Gesetz der Liebe einzurichten. *(M. K. Mahatma Gandhi)*

Den **Christus** in der Hand, die Hoffart und die Weltlust in den Herzen.
(Schiller, Maria Stuart)

Jesus **Christus** gestern und heute und derselbe auch in Ewigkeit.
(Hebr. 13,8)

Nicht jener ist gerecht, der viele Werke tut, sondern der ohne jedes Werk viel an **Christus** glaubt.
(M. Luther, Theologica paradoxa)

Was nennt ihr nicht von **Christus** euch? Warum mit Jesus brüsten? Weh, daß ihr Jesuiten seid, indes wir andern – Christen! *(F. Grillparzer, Namensunterschied)*

Wenn **Christus** redet, so soll man beide Ohren fegen. *(M. Luther)*

Wird **Christus** tausendmal zu Bethlehem geboren, und nicht in dir, du bleibst verloren. *(Angelus Silesius)*

Eine **Chronik** ist's von Tag zu Tag, nicht ein Bericht bei einem Frühstück.
(Shakespeare, Sturm)

Wie schnell, o **Chronos**, rollet dein Wagen... *(Ch. F. D. Schubart, An Chronos)*

Circe. *(Nach Homer)*
Soviel wie: verführerisches Weib

Sankt **Clemens** den Winter bringt.
(Bauernregel)
Sankt Clemens: 23. November

Ansichten eines **Clowns**.
(Roman von H. Böll)

Concordia soll ihr Name sein!
(Schiller, Glocke)

Conglomeration aller Weltexistenzen.
(F. G. Kühne über Berlin, 1843)

Finden Sie, daß **Constanze** sich richtig verhält?
(Deutscher Titel eines Bühnenwerkes von W. Somerset Maugham)

Conversationslexikon heißt's mit Recht, weil, wenn die Conversation ist schlecht, Jedermann zur Conversation es nutzen kann. *(Goethe, Zahme Xenien)*

Courage ist gut, aber Ausdauer ist besser. *(Th. Fontane, Stechlin)*

Ich lieb' und fürcht' ihn nicht, das ist mein **Credo**. *(Shakespeare, Heinrich VIII.)*

Creme der Gesellschaft. *(Redensart)*
Spitzen der Gesellschaft

D

Etwas unter **Dach** und Fach bringen.
(Redensart)
Mit einer Angelegenheit fertig werden.

Jemandem aufs **Dach** steigen.
(Redensart)
Jemandem gründlich Bescheid sagen

Auf den **Dächern** predigen.
(Nach Matth. 10, 27)

Hoch vom **Dachstein**.
(J. Dirnböck/L. K. Seydler, Der Steirer Land)

Dächten doch alle wie ich und Ihr.
(Schiller, Wallensteins Lager)

Nicht da ist man **daheim**, wo man seinen Wohnsitz hat, sondern wo man verstanden wird. *(Chr. Morgenstern)*

Dahin, dahin, möcht ich mit dir, o mein Geliebter, ziehn. *(Goethe, Mignon)*

Dahin ist es gekommen, Spanier!
(Schiller, Don Carlos)

Ach, daß es noch wie **damals** wär'! Doch kommt die schöne Zeit nicht wieder her.
(A. Kopisch, Heinzelmännchen von Köln)

Seinen Tag von **Damaskus** erleben.
(Nach Apostelgesch. 9)
Den Tag der Bekehrung erleben

Die **Dame**, die ich liebe, nenn' ich nicht, doch hab' ihre Farben mir erkoren.
(F. Löwe, Fahnenwacht)

Die Kunst, **Dame** zu sein, ist nicht klein.
(M. Gruber)

Bei **Damen** sollst du fein – gar niemals nicht ironisch sein. *(W. Busch, Galantes Abenteuer)*

Die **Damen**, die sich gerne schminken, die lassen sich wohl selbst bedünken, daß wo Natur an ihren Gaben muß etwas übersehen haben. *(F. v. Logau)*

Die **Damen** geben sich und ihren Putz zum besten und spielen ohne Gage mit.
(Goethe, Faust)

Die **Damen** in schönem Kranz.
(Schiller, Handschuh)

Mit zween Herren ist schlecht zu kramen; noch schlechter, fürcht ich, mit zwo **Damen**. *(W. Busch)*

Auf dem **Damm** sein. *(Redensart)*
Sich wohlauf befinden

Willkommen, süßer **Dämmerschein**!
(Goethe, Faust)

Damoklesschwert. *(Redensart, nach der griechischen Sage)*
Soviel wie: die einem Glück ständig drohende Gefahr

Unruhe ist der ärgste **Dämon** im Leben. *(B. Auerbach)*

Hans **Dampf** in allen Gassen. *(Redensart, Erzählung von H. Zschokke)* *Soviel wie: »Gschaftlhuber«*

Ein **Danaergeschenk**. *(Redensart)* *Unglückbringende Gabe*

Etwas ist faul im Staate **Dänemark**. *(Redensart, nach Shakespeare, Hamlet)*

Knapp', sattle mir mein **Dänenroß**, daß ich mir Ruh' erreite. *(G. A. Bürger, Entführung)*

Daniel in der Löwengrube. *(Nach Dan. 6)*

Ein **Daniel** kommt, ein wahrer Daniel! *(Shakespeare, Kaufmann von Venedig)*

Dank vom Hause Östreich! *(Schiller, Wallensteins Tod)* *Soviel wie: Undank*

Den **Dank**, Dame, begehr' ich nicht. *(Schiller, Handschuh)*

Ich hab' auf **Dank** ja nie gerechnet. *(Schiller, Wallensteins Tod)*

In **Dank** verschlingt sich alles Sein. *(C. Morgenstern, Fußwaschung)*

Ein Werdender wird immer **dankbar** sein. *(Goethe, Faust)*

Gewöhne dich, da stets der Tod dir dräut, **dankbar** zu nehmen, was das Leben beut. *(F. Bodenstedt, Mirza Schaffy)*

Dankbarkeit ist dünn gesät. *(Sprichwort)*

Dankbarkeit kostet nichts und tut Gott und Menschen wohl. *(Sprichwort)*

Was ist vergeßlicher als **Dankbarkeit**? *(Schiller, Don Carlos)*

Ich **danke** dir, Gott, daß ich nicht bin wie die andern Leute, Räuber, Ungerechte, Ehebrecher oder auch wie dieser Zöllner. *(Luk. 18, 11)*

Wer treulos sich des **Dankes** will entschlagen, dem fehlt des Lügners freche Stirne nicht. *(Schiller, Jungfrau von Orleans)*

Danket dem Herrn, denn er ist freundlich, und seine Güte währet ewiglich. *(1. Chron. 16, 34)*

Nun **danket** alle Gott. *(Geistliches Lied von M. Rinckart)*

Kein Borger sei und auch Verleiher nicht; sich und den Freund verliert das **Darlehn** oft. *(Shakespeare, Hamlet)*

Was **darüber** ist, das ist vom Übel. *(Matth. 5, 37)*

Dasein ist Pflicht, und wär's ein Augenblick. *(Goethe, Faust)*

Kampf ums **Dasein**. *(Zum Schlagwort geworden nach C. Darwin, Origin of Species)*

Die Religion ist die Wurzel des menschlichen **Daseins**. *(A. W. Schlegel)*

Wenn zwei **dasselbe** tun, so ist's doch nicht dasselbe. *(Sprichwort, nach Terenz)*

Was lange **dauern** soll, sei lang' erwogen. *(F. Grillparzer)*

Wat sall einer dorbi **dauhn**? *(F. Reuter, Ut mine Stromtid)*

Jemandem den **Daumen** drücken. *(Redensart)* *Jemandem Erfolg wünschen*

Wir sind noch einmal **davongekommen**. *(Sprichwörtliche Redensart, nach dem Titel eines Bühnenwerks von Th. Wilder)*

Niemand kann vor seiner Zeit **davonlaufen**. *(A. Schweitzer)*

Warum stehen sie **davor**? Ist nicht Türe da und Tor? Kämen sie getrost herein, würden wohl empfangen sein.
(Goethe, Wohnhaus)

Anno **dazumal**. *(Redensart)*

Nichts ist bedeutender in jedem Zustand als die **Dazwischenkunft** eines Dritten.
(Goethe, Wahlverwandtschaften)

Unter einer **Decke** stecken. *(Redensart)*
Mit jemandem im (geheimen) Einverständnis sein

Sich nach der **Decke** strecken.
(Redensart)
Sich den gegebenen Verhältnissen anpassen

Wer sich nicht nach der **Decke** streckt, dem bleiben die Füße unbedeckt.
(Goethe, Sprüche und Reime)

Jeder Topf findet seinen **Deckel**.
(Sprichwort)

Ohn' Ursach sollen wir nie zucken unsern **Degen**, ohn' Ehre sollen wir ihn dann nicht niederlegen. *(F. v. Logau, Das Schwert)*

In der Not frißt der **Deibel** Fliegen.
(Redensart)

Wenn einer dauhn **deiht**, wat hei deiht, denn kann hei nich mihr dauhn as hei deiht. *(F. Reuter, Läuschen un Rimels)*

Tu das **Deine**, Gott tut das Seine.
(Sprichwort)

Was tu' ich nicht um **deinetwillen**?
(Goethe, Faust)

Ferment der **Dekomposition**.
(Th. Mommsen, Römische Gedichte)

Ick **dementiere** mir!
(Preuß. Generalfeldmarschall v. Wrangel, 1877)

Demokrat vom reinsten Wasser.
(Schlagwort aus dem Jahre 1848)

Un denn wundern sick de Lüd noch, wo einer **Demokrat** warden kann. As wi inspunnt würden, wiren wit nich, als wi rute kemen, wiren wit all. *(F. Reuter, Festungstid)*

Gegen **Demokraten** helfen nur Soldaten. *(G. v. Merckel, Fünfte Zunft, 1848)*

Demokratie ist Diskussion.
(Th. G. Masaryk)

Demut, diese schöne Tugend, ehrt das Alter und die Jugend. *(Sprichwort)*

Demut ist die Fähigkeit, auch zu den kleinsten Dingen des Lebens emporzusehen. *(A. Schweitzer)*

Den Stolz hat Gott noch stets vernichtet und **Demut** immer aufgerichtet.
(K. Immermann, Tristan und Isolde)

Die **Demut** ehre du, und zu der Demut Ehren sei gegen Stolze stolz, um Demut sie zu lehren. *(F. Rückert, Weisheit des Brahmanen)*

Kein Gewand kleidet schöner als **Demut**. *(Sprichwort)*

Rechte **Demut** weiß nimmer, daß sie demütig ist… Falsche Demut weiß nimmer, daß sie Hochmut ist. *(M. Luther)*

Wenn du mich **demütigst**, machst du mich groß. *(Psalm, 18, 36)*

Demütigung beschleicht die Stolzen oft.
(Goethe, Natürliche Tochter)

Durch **Demütigung** habe ich mehr gelernt als durch alle Siege.
(Kaiser Wilhelm I.)

Was ich **denk'** und tu', trau' ich auch dem andern zu. *(Sprichwort)*

Die alte **Denkart** tauscht kein Ehrenmann auf einem höhern Posten.
(Schiller, Iphigenie in Aulis)

Die Milch der frommen **Denkart**.
(Nach Schiller, Wilhelm Tell)

Ich **denke**, also bin ich. *(R. Descartes)*

Ich **denke** dein, wenn mir der Sonne Schimmer vom Meere strahlt.
(Goethe, Nähe des Geliebten)

Ich sage wenig, **denke** desto mehr.
(Shakespeare, Heinrich IV.)

Bei allem schweren **Denken** in die Ferne fordern die Gegenwart und der Tag ihr Recht. *(B. Auerbach)*

Das **Denken** soll man den Pferden überlassen – sie haben größere Köpfe.
(Scherzhafte Redensart)

Es kommt wenig darauf an, wie wir schreiben, aber viel, wie wir **denken**.
(G. E. Lessing)

Frei will ich sein im **Denken** und im Dichten; im Handeln schränkt die Welt genug uns ein. *(Goethe, Tasso)*

Gewöhnlich glaubt der Mensch, wenn er nur Worte hört, er müsse sich dabei doch auch was **denken** lassen. *(Goethe, Faust)*

Glauben ist leichter als **Denken**.
(Sprichwort)

Man kann den Menschen nicht verwehren zu **denken**, was sie wollen.
(Schiller, Maria Stuart)

Man muß **denken** wie die wenigsten und reden wie die meisten.
(A. Schopenhauer)

Man soll **Denken** lehren, nicht Gedachtes. *(C. Gurlitt)*

Niemals davon sprechen, immer daran **denken**. *(Franz. Staatsmann L. Gambetta, 1871)*

Oft ist das **Denken** schwer, indes, das Schreiben geht auch ohne es. *(W. Busch)*

Viele, die beim **Denken** ausgerutscht sind, stehen ihr Leben lang nicht wieder auf. *(M. Otto)*

Was wir brauchen, ist die Synthese von praktischem **Denken** und idealistischem Streben. »Sagt nicht entweder-oder, sondern sowohl-als auch«, wie Strindberg empfiehlt. *(Willy Brandt, 1960)*

Wenige Menschen **denken**, und doch wollen alle entscheiden.
(Friedrich d. Gr., Briefe)

Wer kann was Dummes, wer was Kluges **denken**, das nicht die Vorwelt schon gedacht? *(Goethe, Faust)*

Wir alle, die wir **denken** und empfinden, wir müssen unbedingt untergehen.
(F. v. Schmid)

Nur der **Denkende** erlebt sein Leben, an Gedankenlosen zieht es vorbei.
(M. v. Ebner-Eschenbach)

Es scheint mir, daß der Versuch der Natur, auf dieser Erde ein **denkendes** Wesen vorzubringen, gescheitert ist, denn in diesem Wesen sind tierische Instinkte mit intellektuellen Kräften so unheilvoll vermischt, daß die Mischung nicht mehr unter Kontrolle gehalten werden kann.
(M. Born)

Der **Denker** denkt vom Hut zum Schuh, und ihm gerät in Blitzes Nu das Was, das Wie, das Beste. *(Goethe, Diogenes)*

Ein **Denkmal** habe ich mir gesetzt, dauernder als Erz. *(Horaz, Oden)*

Ein **Denkmal** wird die Nachwelt mir errichten. *(A. Schopenhauer, Unverschämte Verse)*

Allen gehört, was du **denkst**: dein eigen ist nur, was du fühlest. *(Schiller, Das eigene Ideal)*

Er **denkt** zuviel; solche Leute sind gefährlich. *(Shakespeare, Caesar)*

Es kommt oft anders, als man **denkt**. *(Sprichwort)*

Mancher **denkt** nicht weiter als ein fettes Schwein springt. *(Scherzhaftes Sprichwort)*

Einen **Denkzettel** erteilen. *(Redensart, nach Maleachi 3, 16 u. Matth. 23, 5)*

Sie machen ihre **Denkzettel** breit. *(Matth. 23, 5)*

Der größte Lump im ganzen Land, das ist und bleibt der **Denunziant**. *(Hoffmann von Fallersleben, Sprüche)*

Allemal **derjenige, welcher**. *(Redensart, nach Angely, Fest der Handwerker)*

Immer **derselbe**. *(Xanthippe, nach Cicero, Tusculanae disputationes)*

Die Phantasie ist der mächtigste **Despot**. *(B. Auerbach)*

Lächelnd scheidet der **Despot**, denn er weiß, nach seinem Tod wechselt Willkür nur die Hände, und die Knechtschaft hat kein Ende. *(H. Heine)*

Vernunft ist der einzige wahrhafte **Despot**. *(K. A. Varnhagen von Ense)*

Die Rebellen von gestern sind allzeit die **Despoten** von heute. *(J. Scherr, Germania)*

Ausgehend von schrankenloser Freiheit ende ich mit unumschränktem **Despotismus**. *(F. M. Dostojewski, Dämonen)*

Despotismus jeder Art reizt zur Widersetzlichkeit. *(M. Mendelssohn)*

Die Freiheit ist alt und der **Despotismus** ist neu. *(Mme. G. de Staël)*

Ein **Dessert** ohne Käse ist wie ein Mädchen ohne Augen. *(J. A. Brillat-Savarin, Physiologie du Goût)*

Menschen **deuten** oft nach ihrer Weise die Dinge, weit entfernt vom wahren Sinn. *(Shakespeare, Julius Caesar)*

Das ist um keinen **Deut** besser. *(Redensart)* *Um nichts besser*

Deutlichkeit ist eine gehörige Verteilung von Licht und Schatten. *(Goethe, Maximen und Reflexionen)*

Man soll nie der Kürze die **Deutlichkeit**, geschweige die Grammatik zum Opfer bringen. *(A. Schopenhauer, Parerga und Paralipomena)*

Deutsch sein heißt, eine Sache um ihrer selbst willen tun. *(R. Wagner nach C. M. v. Weber)*

Mein geliebtes **Deutsch**. *(Goethe, Faust)*

Oh, was ist die **deutsch** Sprak für ein arm Sprak! für ein plump Sprak! *(G. E. Lessing, Minna v. Barnhelm)*

Was **deutsch** und echt, wüßt keiner mehr, lebt's nicht in deutscher Meister Ehr. *(R. Wagner, Meistersinger)*

Das **deutsche** Schicksal: vor einem Schalter zu stehn. Das deutsche Ideal: hinter einem Schalter zu sitzen. *(K. Tucholsky)*

Der **Deutsche** erfindet's, der Engländer kauft's Patent, der Amerikaner macht's Geschäft, der Italiener versucht's nachzumachen – und der Franzose ernennt alle zu Rittern der Ehrenlegion. *(Scherzhafter Spruch)*

Der **Deutsche** ist gelehrt, wenn er sein Deutsch versteht. *(Goethe, Nativität)*

Deutsche Freiheit, deutscher Gott, deutscher Glaube ohne Spott, deutsches Herz und deutscher Stahl sind vier Helden allzumal. *(E. M. Arndt, Deutscher Trost)*

Deutsche Hiebe. *(Schiller, Fiesco)*

Deutsche Sprak, schwere Sprak. *(Redensart)*

Deutsche Treue, deutsches Hemde, die verschleißt man in der Fremde. *(H. Heine, Lazarus)*

Deutsche Zucht geht über alles. *(Walther von der Vogelweide, Deutschland)*

Die **deutsche** Sprache ist die allervollkommenste, hat viel Gemeinschaft mit der griechischen Sprache. *(M. Luther)*

Oder ist die **deutsche** Sprache vogelfrei, als eine Kleinigkeit, die nicht des Schutzes der Gesetze wert ist, den doch jeder Misthaufen genießt? *(A. Schopenhauer)*

So weit die **deutsche** Zunge klingt. *(E. M. Arndt, Des Deutschen Vaterland)*

So hoch organisiert das **Deutsche** Reich auch ist – in der obersten Etage herrscht Anarchie. *(Brit. Staatsmann R. B. Haldane)*

Unsre edle **deutsche** Sprache ist noch bei weitem nicht geworden, was sie sein könnte. *(J. G. Herder, Zur Philosophie)*

Welcher gebildete und wohlerzogene **Deutsche** würde versuchen, im gewöhnlichen Verkehr auch nur einen geringen Teil der Grobheiten und Bosheiten zur Verwendung zu bringen, die er nicht ansteht, von der Rednertribüne vor hundert Zeugen seinem bürgerlich gleich achtbaren Gegner in einer schreienden, in keiner anständigen Gesellschaft üblichen Tonart ins Gesicht zu werfen? *(Bismarck)*

Wir können durch Liebe und Wohlwollen leicht bestochen werden, vielleicht zu leicht, aber durch Drohungen ganz gewiß nicht. Wir **Deutsche** fürchten Gott, aber sonst nichts auf der Welt! *(Bismarck)*

Blond der Haare, Blau der Augen, macht den **Deutschen**, wie es heißt; besser zu Wahrzeichen taugen deutsches Herz und deutscher Geist. *(J. Scherr)*

Der **deutschen** Zwietracht mitten ins Herz. *(G. Hauptmann, Florian Geyer)*

Die **Deutschen** an die Front!
(The Germans to the front!)
(Britischer Admiral Seymour an die ihm im Boxerkrieg 1900 unterstellte deutsche Abteilung)

Die **Deutschen** haben zwar nicht das Pulver erfunden, wohl aber die Philosophie des Pulvers. *(K. Tucholsky)*

Die **Deutschen** sollten in einem Zeitraum von dreißig Jahren das Wort Gemüt nicht aussprechen; dann würde nach und nach Gemüt sich wieder erzeugen. *(Goethe, Maximen und Reflexionen)*

Es mag am **deutschen** Wesen einmal noch die Welt genesen. *(Nach E. Geibel, Heroldsrufe; bekanntgeworden durch Kaiser Wilhelm II.)*

Im **Deutschen** lügt man, wenn man höflich ist. *(Goethe, Faust)*

Nie geraten die **Deutschen** so außer sich, wie wenn sie zu sich kommen wollen. *(K. Tucholsky)*

Was dem Russen gesund ist, bringt dem **Deutschen** den Tod. *(Russisches Sprichwort)*

Was ist des **Deutschen** Vaterland?
(E. M. Arndt/J. F. Reichardt, Das ganze Deutschland soll es sein)

Ringe, **Deutscher**, nach römischer Kraft, nach griechischer Schönheit! Beides gelang dir, doch nie glückte der gallische Sprung. *(Schiller, Deutscher Genius)*

So geh, du **deutscher** Bär, so geh!
(G. E. Lessing, Nathan der Weise)

Ich bin ein **deutsches** Mädchen! Mein Aug' ist blau und sanft mein Blick.
(F. G. Klopstock)

Wüßte ich nicht, daß die Treue so alt ist wie die Welt, so würde ich glauben, ein **deutsches** Herz habe sie erfunden.
(H. Heine, Harzreise)

Alles in **Deutschland** hat sich in Prosa und Versen verschlimmert, ach, und hinter uns liegt weit schon die goldene Zeit.
(Schiller, Jeremiade)

Das ganze **Deutschland** soll es sein.
(Lied von E. M. Arndt/J. F. Reichardt)

Denk ich an **Deutschland** in der Nacht, dann bin ich um den Schlaf gebracht.
(H. Heine, Nachtgedanken)

Deutschland, Deutschland über alles, über alles in der Welt.
(Hoffmann von Fallersleben, Das Lied der Deutschen, nach der Melodie zu »Gott erhalte Franz den Kaiser« von J. Haydn)

Deutschland, Deutschland über alles, und im Unglück nun erst recht.
(V. A. Matthäi 1919 gedichtete »4. Strophe« zum »Deutschlandlied« von Hoffmann v. Fallersleben)

Deutschland ist ein Titelland. *(I. Kant)*

Deutschland ist eine Art Republik. Es war in Gefahr, seine republikanische Form zu verlieren; mich hat es erfreut, dieselbe wiederhergestellt zu haben.
(Friedrich d. Gr., 8. 7. 1786, nach Zimmermann)

Deutschland ist Hamlet. *(F. Freiligrath, Ein Glaubenbekenntnis)*

Deutschland ist wie ein schöner, weidlicher Hengst, der Futter und alles genug hat, was er bedarf. Es fehlt ihm aber an einem Reiter. *(M. Luther)*

Deutschland muß leben, und wenn wir sterben müssen. *(H. Lersch, Soldatenabschied)*

Deutschland war, als der Weltkrieg begann, das wirtschaftlich stärkste, das best verwaltete, und schlechtest regierte Land Europas! *(F. Stampfer, sozialdemokrat. Journalist)*

Du sollst an **Deutschlands** Zukunft glauben! *(A. Matthäi, Fichte an jeden Deutschen)*

Es kann sein, daß Gott für **Deutschland** noch eine zweite Zeit des Zerfalles und darauf eine neue Ruhmeszeit vorhat, auf einer neuen Basis der Republik, das aber berührt mich nicht mehr.
(Angebliche Äußerung Bismarcks aus seinen letzten Lebensjahren)

Es wird kein Haupt über **Deutschland** leuchten, das nicht mit einem vollen Tropfen demokratischen Öls gesalbt ist.
(L. Uhland)

Ich habe nur ein Vaterland, das heißt **Deutschland**. *(Frhr. vom Stein)*

Junges **Deutschland**.
(Um 1830 aufgekommene literarische Bewegung, L. Wienburg, Ästhetische Feldzüge)

Mit Mehrheitsbeschlüssen und Mehrheitsregierungen allein werdet ihr die aus den Fugen geratene Zeit nicht wieder einrenken. **Deutschland** bedarf der Führung durch eine starke Hand.
(F. Meinecke, 1919)

Setzen wir **Deutschland** sozusagen in den Sattel! Reiten wird es schon können! *(Bismarck)*

Auf **Deutschlands** hohen Schulen.
(W. Ruer/A. Kunitz, Tacitus und die alten Deutschen)

Der Rhein, **Deutschlands** Strom, nicht Deutschlands Grenze.
(Nach einer Schrift von E. M. Arndt)

Deutschlands heimliche Hauptstadt.
(Redensart)
Gemeint ist: München

Nur in der Menschen **Deutung** lebt die Tugend. *(Shakespeare, Coriolan)*

Dezember kalt mit Schnee, gibt Korn auf jeder Höh'. *(Bauernregel)*

Dezember lau und lind, der ganze Winter ein Kind. *(Bauernregel)*

Es ist eine alte Bemerkung, daß die **Dezenz** steigt, wie die Moralität fällt.
(F. Hebbel, Tagebücher)

Kann's einen schöneren **Diamant** im Leben als eine schöne Menschenseele geben? *(I. G. Seidl)*

Groß ist die **Diana** der Epheser.
(Apostelgesch. 19, 33)

Diät ist die beste Medizin.
(Italienisches Sprichwort)

Sieh erst auf **Dich** und die Deinen, dann schilt mich und die Meinen.
(Sprichwort)

Das **Dichten** des menschlichen Herzens ist böse von Jugend auf. *(1. Mos. 8, 21)*

Dichten ist ein Übermut. *(Goethe, Westöstlicher Divan)*

Dichten und Trachten. *(1. Mos. 6, 5; 8, 21)*

Frei will ich sein im Denken und im **Dichten**. *(Goethe, Tasso)*

Wer das **Dichten** will verstehen, muß ins Land der Dichtung gehen; wer den Dichter will verstehen, muß in Dichters Lande gehen. *(Goethe, Noten u. Abh. z. bess. Verständnis des Westöstlichen Diwan)*

Wie wohl ist dem, der dann und wann sich etwas Schönes **dichten** kann!
(W. Busch, Balduin Bählamm)

Das Volk der **Dichter** und Denker.
(Nach J. K. A. Musäus u. Jean Paul)
Gemeint ist das deutsche Volk

Der **Dichter** steht auf einer höhern Warte als auf den Zinnen der Partei.
(F. Freiligrath, Aus Spanien)

Der **Dichter** steht mit dem Zauberstab auf wolkigem Bergesthrone.
(E. Geibel, König Dichter)

Der Freiheit Priester, der Vasall des Schönen, so wird der **Dichter** in die Welt gesandt. *(G. Herwegh, Dichterberuf)*

Dichter gleichen Bären, die immer an eignen Pfoten zehren. *(Goethe, Sprichwörtlich)*

Die Welt durchaus ist lieblich anzuschaun, vorzüglich aber schön die Welt der **Dichter**. *(Goethe, Westöstlicher Divan)*

Ein guter Redner muß etwas vom **Dichter** haben, darf es also mit der Wahrheit nicht ganz mathematisch genau nehmen.
(Bismarck)

Ich bin ein deutscher **Dichter**, bekannt im deutschen Land; nennt man die besten Namen, so wird auch der meine genannt. *(H. Heine, Heimkehr)*

Und singend einst und jubelnd durchs alte Erdenhaus zieht, als der letzte **Dichter**, der letzte Mensch hinaus. *(A. Grün. Der letzte Dichter)*

Was aber bleibt, stiften die **Dichter**. *(F. Hölderlin)*

Weil ein Vers dir gelingt in einer gebildeten Sprache, die für dich dichtet und denkt, glaubst du schon **Dichter** zu sein? *(Schiller, Dilettant)*

In den **Dichtern** träumt die Menschheit. *(F. Hebbel)*

Des **Dichters** Aug', in schönem Wahnsinn rollend. *(Shakespeare, Sommernachtstraum)*

Ein wandernd Leben gefällt der freien **Dichterbrust**. *(A. W. Schlegel, Arion)*

Dichteritis. *(Nach J. Scherr)*

Nichts beschränkt die freie **Dichterkraft**; doch Schönres find' ich nichts, wie lang ich wähle, als in der schönen Form die schöne Seele. *(Schiller, Huldigung der Künste)*

Singe, wem Gesang gegeben, in dem deutschen **Dichterwald**. *(L. Uhland, Freie Kunst)*

Nicht **dichthalten** können. *(Redensart)* *Nicht schweigen können*

Dem Golde gleicht der **Dichtkunst** hohe Gabe; es findet nicht in Massen sich der Segen, nur eingesprengt, verstreut auf dunkeln Wegen, und ist oft eines Menschen beste Habe. *(F. v. Saar, Talent)*

In der **Dichtkunst** ist jeder Gedanke Nachbar eines Gefühls, und jede Gehirnkammer stößt an eine Herzkammer. *(Jean Paul)*

Unsterblich sein, das ist der **Dichtkunst** Los. *(E. v. Feuchtersleben, Dichtkunst)*

Wer der **Dichtkunst** Stimme nicht vernimmt, ist ein Barbar, er sei auch wer er sei. *(Goethe, Tasso)*

Das Mal der **Dichtung** ist ein Kainstempel. *(F. Freiligrath, Bei Grabbes Tod)*

Das Reich der **Dichtung** ist das Reich der Wahrheit, schließt auf das Heiligtum, es werde Licht. *(A. v. Chamisso, Nachhall)*

Der **Dichtung** Flamm' ist allezeit ein Fluch! *(F. Freiligrath, Bei Grabbes Tod)*

Der **Dichtung**, ja des Tonreichs schöne Träume entrücken uns in körperliche Räume. *(Goethe)*

Der **Dichtung** Schleier aus der Hand der Wahrheit. *(Goethe, Zueignung)*

Dichtung und Wahrheit. *(Untertitel von Goethes Selbstbiographie »Aus meinem Leben«)*

Kurz und **dick** hat kein Geschick. *(Sprichwort)*

Wer **dick** und faul, hat selten Glück. *(W. Busch, Strafe der Faulheit)*

Die ist es, oder keine sonst auf Erden! *(Schiller, Braut von Messina)*

Ein fauler **Dieb** schadet bei weitem nicht soviel als ein fahrlässiger Knecht. *(M. Luther)*

Es hat der **Dieb** ein freies Recht zum Raub, wenn erst der Richter stiehlt.
(Shakespeare, Maß für Maß)

Schneid' einen **Dieb** vom Galgen, und er bestiehlt dich. *(W. Busch)*

Wer einmal stiehlt, ist immer ein **Dieb**.
(Sprichwort)

Wie ein **Dieb** in der Nacht kommen.
(Nach 1. Thess. 5, 2)

Die großen **Diebe** hängen die kleinen.
(Sprichwort)

Die kleinen **Diebe** hängt, die großen ehrt man. *(Russisches Sprichwort)*

Die kleinen **Diebe** hängt man, die großen läßt man laufen. *(Sprichwort)*

Mit **Dieben** fängt man Diebe.
(Sprichwort)

Dieberei ist die gemeinste Nahrung von der Welt. *(M. Luther)*

Diebisch wie eine Elster. *(Redensart)*

Eigentum ist **Diebstahl**. *(P. J. Proudhon, Qu'est-ce que c'est que la properiété?)*

Trauernd tief saß Don **Diego**.
(J. G. Herder, Cid)

De nit will **dieken** mutt wieken.
(Wer nicht will deichen, muß weichen)
(Alter Friesenspruch)

Ich **dien'**! *(Wahlspruch Edwards, des »Schwarzen Prinzen«)*

Dienen lehrt herrschen. *(Sprichwort)*

Dienen lerne beizeiten das Weib …
(Goethe, Hermann und Dorothea)

Was gelten soll, muß wirken und muß **dienen**. *(Goethe, Tasso)*

Schlechte **Diener**, schlechte Herren.
(Sprichwort)

Dienet dem Herrn mit Furcht und freut euch mit Zittern! *(2. Psalm, 11)*

Dienstbare Geister. *(Redensart, nach Hebr. 1, 14)*
Bezeichnung für Dienstboten

Des **Dienstes** immer gleichgestellte Uhr.
(Redensart, nach Schiller, Piccolomini)

Wer jedem **dient**, bekommt von keinem Lohn. *(Dänisches Sprichwort)*

Wer redlich **dient** und schweigt, der fordert viel. *(L. Schefer, Laienbrevier)*

Nicht alles **dienet** uns auf gleiche Weise; wer vieles brauchen will, gebrauche jedes in seiner Art, so ist er wohl bedient.
(Goethe, Tasso)

Die **Dienstboten** sind die Herren.
(Sprichwort)

Teils **dieserhalb**, teils außerdem.
(W. Busch, Fromme Helene)

Diktatur des Proletariats.
(Nach K. Marx)

Viele Menschen fliehen in die **Diktatur**, weil es guter Nerven bedarf, die Demokratie zu ertragen. *(H. Habe)*

Der **Dilettant** verhält sich zur Kunst wie der Pfuscher zum Handwerk.
(Goethe, Dilettantismus)

Dilettant heißt der kuriose Mann, der findet sein Vergnügen dran, etwas zu machen, was er nicht kann. *(P. Heyse, Spruchbüchlein)*

Das ist aber eben das Wesen der **Dilettanten**, daß sie die Schwierigkeiten nicht kennen, die in einer Sache liegen, und daß sie immer etwas unternehmen wollen, wozu sie keine Kräfte haben.
(J. P. Eckermann, Gespräche mit Goethe)

Alles **Ding** währt seine Zeit, Gottes Lieb' in Ewigkeit. *(P. Gerhardt, Geistliche Andachten)*

Ein **Ding** drehen. *(Redensart)*
Eine Untat begehen

Ein **Ding** mag noch so närrisch sein, es sei nur neu, so nimmt's den Pöbel ein. *(C. F. Gellert, Der grüne Esel)*

Gut' **Ding** will Weile haben. *(Sprichwort)*

Jedes **Ding** hat zwei Seiten. *(Sprichwort)*

Oft sagt man ein **Ding** und meint es nicht. *(Shakespeare, Heinrich VI.)*

Aller guten **Dinge** sind drei. *(Sprichwort)*

Der **Dinge** warten (od. harren), die da kommen sollen. *(Nach Luk. 21, 26)*

Geschehene **Dinge** lassen sich nicht ungeschehen machen. *(Nach Theognis)*

An kleinen **Dingen** muß man sich nicht stoßen, wenn man zu großen auf dem Wege ist. *(F. Hebbel)*

Du fragst nach **Dingen**, Mädchen, die dir nicht geziemen. *(Schiller, Jungfrau von Orleans)*

Es geht nicht zu mit rechten **Dingen**. *(Schiller, Wallensteins Lager)*

Jemanden **dingfest** machen. *(Redensart)*
Jemanden festnehmen

So wälz ich ohne Unterlaß, wie Sankt **Diogenes** mein Faß. *(Goethe, Genialisch Treiben)*

Wenn ich nicht Alexander wäre, möchte ich wohl **Diogenes** sein. *(Alexander d. Gr., nach Diogenes Laertius)*

Als **Dionys** aufhörte, ein Tyrann zu sein, da ward er ein Schulmeisterlein. *(C. D. F. Schubart)*

Zu **Dionys**, dem Tyrannen, schlich Damon, den Dolch im Gewande. *(Schiller, Bürgschaft)*

Diplomaten sind Leute, die man auf Reisen schickt, um zum Besten ihres Landes zu lügen. *(H. Wotton, 1651)*

Frauen sind doch bessere **Diplomaten**. *(Titel eines Films aus dem Jahr 1941)*

Mögen die Federn der **Diplomaten** nicht wieder verderben, was das Volk mit so großen Anstrengungen errungen. *(G. L. v. Blücher)*

Das Glück ist eine leichte **Dirne**. *(H. Heine, Romanzero)*

Einer **Dirne** schön Gesicht muß allgemein sein wie's Sonnenlicht. *(Schiller, Wallensteins Lager)*

Disteln sind dem Esel lieber als Rosen. *(Sprichwort)*

Die eine Hälfte des Lebens istGlück, die andere ist **Disziplin** – und die ist entscheidend, denn ohne Disziplin könnte man mit seinem Glück nichts anfangen. *(C. Zuckmayer)*

Disziplin ist die ganze Seele der Armee. *(H. v. Moltke)*

Nichts, ihr Herren, gegen die **Disziplin**! *(Schiller, Wallensteins Lager)*

Wat is **dit**? Wat sall dit? Un was bedüdt dit? *(F. Reuter, Franzosentid)*

Der **Doge** kann des Rechtes Lauf nicht hemmen. *(Shakespeare, Kaufmann von Venedig)*

Rom wollte herrschen; als seine Legionen gefallen, schickte er **Dogmen** in die Provinzen. *(H. Heine)*

Dir steckt der **Doktor** noch im Leibe.
(Goethe, Faust)

Doktor, sind Sie des Teufels?
(H. Heine, Nordsee)

Einem feigen Patient' kann auch kein **Doktor** helfen am End'!
(Spanisches Sprichwort)

Ein junger **Doktor** muß haben einen neuen Kirchhof zum Begraben.
(G. Rollenhagen, Froschmeuseler)

Einen **Doktor** meinesgleichen!
(G. Rossini, Barbier von Sevilla)

Frage nicht den **Doktor**! Frage den, der krank gewesen ist!
(Griechisches Sprichwort)

Kopf kalt und Füße warm, das macht jeden **Doktor** arm. *(Gesundheitsregel)*

Sterben die Kranken, dann ist schuld daran der himmlische Vater; machet Gott sie gesund, holt sich der **Doktor** das Geld. *(H. Hoffmann von Fallersleben)*

Das **Doktorwerden** ist eine Konfirmation des Geistes. *(G. Ch. Lichtenberg)*

Zu Dionys, dem Tyrannen, schlich Damon, den **Dolch** im Gewande.
(Schiller, Bürgschaft)

Nur reden will ich **Dolche**, keine brauchen. *(Shakespeare, Hamlet)*

Was wolltest du mit dem **Dolche**, sprich!
(Schiller, Bürgschaft)

Der allmächtige **Dollar**.
(W. Irving, The Creole Village)

Hitz' an Sankt **Dominikus**, ein strenger Winter folgen muß. *(Bauernregel)*
Dominikus: 4. August

An der schönen, blauen **Donau**.
(K. Beck, An der Donau, Titel eines Walzers von J. Strauß)

Donner und Doria.
(Redensart, nach Schiller, Fiesco)

Es braust ein Ruf wie **Donnerhall**.
(M. Schneckenburger/ K. Wilhelm, Wacht am Rhein)

Mit **Donnerstimme**. *(Redensart, nach Off. Joh. 6, 1)*

Donnerwetter, tadellos!
(Revue von J. Freund/P. Lincke)

Zum Knecht zu groß und zum Gesellen des großen **Donnrers** nur ein Mensch.
(Goethe, Iphigenie auf Tauris)

Doof bleibt doof, da helfen keine Pillen.
(Scherzhaftes Berliner Sprichwort)

Du hast's jut: du bist **doof**!
(Berliner Redensart)
Ergänzt: ... und merkst et nich

Hoch ist der **Doppelgewinn** zu schätzen; barmherzig sein und sich zugleich ergetzen. *(Goethe, Faust)*

Und sparet **doppelsinnige** Worte, wir passen nun ganz anders auf.
(Goethe, Faust)

Doppelt (genäht) hält besser.
(Sprichwort)

Doppelt gibt, wer gleich gibt.
(Sprichwort, nach Publilius Syrus)

Auf dem **Dorf** ist gut predigen.
(Sprichwort)

Ich lobe mir mein **Dörfchen** hier.
(Nach G. A. Bürger, Dörfchen)

Auf die **Dörfer** gehen.
(Nach Hohelied Salom. 7, 11)

Potemkinsche **Dörfer**. *(Redensart)*
Soviel wie: Blendwerk, Vorspiegelung falscher Tatsachen

Ich höre schon des **Dorfs** Getümmel, hier ist des Volkes wahrer Himmel.
(Goethe, Faust)

Fahr' wohl, **Doria**, schöner Stern!
(Schiller, Fiesko)

Ein **Dorn** im Auge sein. *(Redensart, nach 4. Mos. 33, 55)*

Die schönsten Rosen selbst sind dornig, doch schlimm sind **Dornen** ohne Rosen.
(F. v. Bodenstedt)

Man schafft so gern sich Sorg' und Müh', sucht **Dornen** auf und findet sie, und läßt das Veilchen unbemerkt, das uns am Wege blüht. *(J. M. Usteri)*

Eine **Dornenkrone** flechten.
(Nach Matth. 27, 29)

Je länger du **dort** bist, um so mehr bist du hier, je weiter du fort bist, um so näher bei mir. *(B. v. Münchhausen, Über ein Grab hin)*

Der Kampf mit dem **Drachen**.
(Ballade von Schiller)

Nicht hoffe, wer des **Drachen** Zähne sä't, Erfreuliches zu ernten. *(Schiller, Wallensteins Tod)*

Drakonische Strenge. *(Redensart, nach dem athen. Gesetzgeber Drakon)*

Denn es ist **Drang**, und so ist's Pflicht.
(Goethe, Der ewige Jude)

Ein guter Mensch, in seinem **Drange**, ist sich des rechten Weges wohl bewußt.
(Goethe, Faust)

Drangsal ist der Keckheit Mutter.
(Shakespeare, Cymbeline)

Drauf, wackres Volk! Drauf! ruft die Freiheit, drauf! *(Th. Körner, Aufruf)*

Dreck am Stecken haben. *(Redensart)*
Unsaubere Handlungen begangen haben

In den **Dreck** treten.
(Redensart, nach Hiob 30, 19)

Aller guten Dinge sind **drei**.
(Sprichwort)

Nicht bis **drei** zählen können.
(Redensart)
Besonders dumm sein

Was **drei** wissen, das erfahren hundert.
(J. Agricola)

Das soziale **Dreieck** wird gebildet durch Kunst, Wissenschaft und Geld.
(H. de Balzac)

Dreieckiges Verhältnis. *(Redensart, nach Ibsen, Hedda Gabler)*

Dreikönigsabend hell und klar verspricht ein gutes Weinerntjahr.
(Bauernregel)
Dreikönige: 6. Januar

Schier **dreißig** Jahre bist du alt…
(K. v. Holtei, Mantellied)

Dreiundzwanzig Jahre! Und nichts für die Unsterblichkeit getan.
(Schiller, Don Carlos)

Zwei Herzen im **Dreivierteltakt**, die hat der Mai zusammengebracht.
(P. Knepler-J. M. Welleminsky/R. Stolz, Zwei Herzen im Dreivierteltakt)

Leeres Stroh **dreschen**. *(Redensart)*
Unsinn und Belanglosigkeiten aussprechen

Nun aber wollen wir sie **dreschen**!
(Kaiser Wilhelm II. im Dtsch. Reichstag, 4. 8. 1914)

Alles ist **Dressur**. *(Goethe, Faust)*

Ich sei, gewährt mir die Bitte, in euerm Bunde der **Dritte**. *(Schiller, Bürgschaft)*

Wer lange **droht**, macht dich nicht tot.
(Sprichwort)

Druck erzeugt Gegendruck.
(Sprichwort)

Meinetwegen dürft ihr's **drucken** lassen!
(Goethe, Götz von Berlichingen)

Kein Fleiß kann genugsam sein solcher Arbeit, als die **Druckerei** ist.
(M. Luther)

Ein Ozean von **Druckerschwärze** und Papier. *(Kaiser Wilhelm II., 1891)*

Drusus ließ in Deutschlands Forsten goldne Römeradler horsten.
(K. Simrock, Drusus' Tod)

Eine **Dryas** lebt in jenem Baum.
(Schiller, Götter Griechenlands)

Du, du liegst mir im Herzen; du, du liegst mir im Sinn. *(Volkslied)*

Duckt er da, folgt er uns eben auch.
(Goethe, Faust)

Wir gehn nun, wo der **Dudelsack** in unsrer Schenke brummt.
(Kantate von J. S. Bach)

Der **Duft** der großen weiten Welt.
(Werbeslogan einer Zigarettenmarke, seit 1959)

Dulde, gedulde dich fein! Über ein Stündlein ist dein Kammer voll Sonne.
(P. Heyse, Jugendgedichte)

Wer am besten **dulden** kann, der kann am besten handeln. *(S. Smiles, Charakter)*

Duldet mutig, Millionen! Duldet für die beß're Welt! *(Schiller, An die Freude)*

Besser stumm als **dumm**. *(Sprichwort)*

Dumm aus der Wäsche gucken.
(Redensart)
Ein dummes Gesicht machen

Dumm wie Bohnenstroh. *(Redensart)*
Besonders dumm

Man kann so **dumm** sein, wie man will; man muß sich nur zu helfen wissen.
(Scherzhafte Redensart)

Mit dem **Dummbeutel** geschlagen sein.
(Redensart)
Besonders dumm sein

Die **Dummen** werden nicht alle.
(Sprichwort)

Wie vernünftige Leute oft sehr dumm sind, so sind die **Dummen** manchmal sehr gescheit. *(H. Heine, Vermischte Einfälle)*

Ein Kluger bemerkt alles, ein **Dummer** macht über alles eine Bemerkung.
(H. Heine)

Dumm ist nicht, wer etwas **Dummes** begeht, sondern wer seine Dummheit nachher nicht zu bedecken versteht.
(B. Gracian, Handorakel)

Ein Mann von Geist wird nicht allein nie etwas **Dummes** sagen, er wird auch nie etwas Dummes hören. *(L. Börne, Fragmente und Aphorismen)*

Alles geht vorüber – sagt mancher –, aber er hat dabei nicht an die **Dummheit** gedacht. *(S. Lowitz)*

Dummheit, die man bei den anderen sieht, wirkt meist erhebend aufs Gemüt.
(W. Busch)

Dummheit, erhabene Göttin, unsere Patronin. *(P. Hille, Hymnus an die Dummheit)*

Dummheit ist auch eine natürliche Begabung. *(W. Busch)*

Dummheit ist Gottesgabe. *(P. Heyse, Feenkind)*

Dummheit und Stolz wachsen auf dem gleichen Holz. *(Sprichwort)*

Es gibt nur eine Sünde, und das ist **Dummheit**. *(O. Wilde)*

Für Görgen ist mir gar nicht bange; der kommt gewiß durch seine **Dummheit** fort. *(C. F. Gellert, Der sterbende Vater)*

Faulheit ist Dummheit des Körpers, und **Dummheit** – Faulheit des Geistes. *(J. G. Seume, Apokryphen)*

Für jede **Dummheit** findet sich immer einer, der sie macht. *(Sprichwort)*

Gegen **Dummheit** ist kein Kraut gewachsen. *(Sprichwort)*

Mit der **Dummheit** kämpfen Götter selbst vergebens. *(Sprichwort, Schiller, Jungfrau von Orleans)*

Täte **Dummheit** weh, hörte man sie aus jedem Haus schreien. *(Spanisches Sprichwort)*

Unergründlich ist nur die **Dummheit**. *(P. Ernst)*

Alberne Leute sagen **Dummheiten**, Gescheite machen sie. *(M. v. Ebner-Eschenbach)*

Jeder, sieht man ihn einzeln, ist leidlich klug und verständig; sind sie in corpore, gleich wird euch ein **Dummkopf** daraus. *(Schiller, Gelehrte Gesellschaften)*

Die lästigen **Dummköpfe** sind die, welche Witz haben. *(F. de La Rochefoucauld)*

Nicht aus **Dummsdorf** sein. *(Redensart)*
Sich nicht übervorteilen lassen

Die **dümmsten** Bauern haben die größten Kartoffeln. *(Sprichwort)*

Die **Dümmsten** sind die Schlimmsten. *(Sprichwort)*

Wer tief pflügt, muß tief **düngen**. *(Bauernregel)*

Dunkel war der Rede Sinn. *(Schiller, Eisenhammer)*

Herrlich! Etwas **dunkel** zwar, aber's klingt recht wunderbar. *(P. A. Wolff/C. M. v. Weber, Preciosa)*

Wahrlich, keiner ist weise, der nicht das **Dunkel** kennt. *(H. Hesse, Diesseits)*

Dunkelmänner. *(Nach J. Reuchlin, 1514)*

Denn die einen stehn im **Dunkeln** und die andern stehn im Licht. Und man sieht nur die im Lichte, die im Dunkeln sieht man nicht. *(B. Brecht/K. Weill, Dreigroschenoper)*

Es klagt im **Dunkeln** irgendwo, ich möchte wissen, was es ist. *(R. Dehmel, Stimme im Dunkeln)*

Im **Dunkeln** ist gut munkeln. *(Sprichwort)*

Im **Dunkeln** sind alle Frauen gleich. *(Isländisches Sprichwort)*

Im **Dunkeln** tappen. *(Redensart, nach 5. Mos. 28, 29)*
Nicht Bescheid wissen

Dunkler Ehrenmann. *(Redensart, nach Goethe, Faust)*

Er **dünkt** sich mehr denn seine Brüder. *(Nach 1. Mos. 37)*

Jemandem blauen **Dunst** vormachen. *(Redensart)*
Jemanden beschwindeln

Nehmen Sie einem **Durchschnittsmenschen** die Lebenslüge, und Sie nehmen ihm zu gleicher Zeit das Glück. *(H. Ibsen)*

Durst ist der beste Kellner. *(Sprichwort)*

Durst macht aus Wasser Wein.
(Sprichwort)

Einen über den **Durst** getrunken haben.
(Redensart)
Betrunken sein

Mein **Durst** ist groß, mein Glas ist klein.
(Trinklied)

Was ist das für ein **durstig** Jahr!
(L. Uhland, Trinklied)

Eine **durstige** Seele. *(Redensart, nach Psalm 107, 9)*

Im **Dustern** ist gut schmustern.
(Sprichwort)

E

Selbst schöne Vorzüge werden verdunkelt, aufgehoben und vernichtet, wenn jenes unerläßlich geforderte **Ebenmaß** abgeht. *(Goethe, Maximen und Reflexionen)*

Das **Echte** bleibt der Nachwelt unverloren. *(Goethe, Faust)*

Nur **echter** Stein kann echtes Gold bewähren. *(A. Schopenhauer, Der lydische Stein)*

Echtes ehren, Schlechtem wehren, Schweres üben, Schönes lieben. *(P. Heyse, Wahlspruch)*

Ein getreuer **Eckart**. *(Redensart, nach der Wilkinasage)*

Willst du der getreue **Eckart** sein und jedermann vor Schaden warnen, 's ist auch eine Rolle, sie trägt nichts ein, sie laufen dennoch nach den Garnen. *(Goethe, Vergebliche Mühe)*

Der Stein, den die Bauleute verwerfen, ist zum **Eckstein** geworden. *(Matth. 21, 42, u.a.)*

Edel sei der Mensch, hilfreich und gut. *(Sprichwort; Goethe, Das Göttliche)*

Das nenn' ich einen **Edelmann**! Sein Ur-, Ur-, Ur-, Ur-Älterahn war älter einen Tag als unser aller Ahn. *(G. E. Lessing, Sinngedichte)*

Was **Edelmut** scheint, ist oft nur verkleidete Ehrsucht, die kleine Vorteile verachtet, um großen nachzugehen. *(F. de La Rochefoucauld)*

Die Fassung der **Edelsteine** erhöht ihren Preis, nicht ihren Wert. *(L. Börne)*

Das sind die **Edelsten** auf Erden, die nie durch Schaden klüger werden. *(P. Heyse, Die Edelsten)*

Darum ziemt es sich, daß **Edle** sich zu Edeln immer halten. *(Shakespeare, Julius Caesar)*

Der **Edle** hat Angst um andere, der Gemeine um sich selber. *(P. Ernst, Weltbild in Sprüchen)*

Ein **edler** Sinn liebt edlere Gestalten. *(Schiller, Mädchen von Orleans)*

Erhalten muß ein **Edler** sein Geschlecht. *(J. G. Herder, Cid)*

Je **edler** ist ein Ding, je mehr ist es gemein: Das spüret man an Gott und seiner Sonne Schein. *(Angelus Silesius, Cherubinischer Wandersmann)*

Egoisten sind wir alle, der eine mehr, der andere weniger. *(A. v. Kotzebue)*

In einer guten **Eh'** ist wohl das Haupt der Mann, jedoch das Herz das Weib, das er nicht missen kann. *(F. Rückert, Weisheit des Brahmanen)*

Keine **Eh'** ohne Weh. *(Sprichwort)*

Übereilte **Eh'** tut selten gut. *(Shakespeare, Heinrich IV.)*

Die **Ehe** ist ein Buch, dessen Vorwort in Reimen abgefaßt ist, während der Rest des Buches aus Prosa besteht. *(B. Nichols)*

Die **Ehe** ist ein Hühnerhaus: der eine will hinein, der andre will hinaus. *(Sprichwort)*

Die **Ehe** kommt nach der Liebe wie der Rauch nach der Flamme. *(Chamfort)*

Die Frische der Jugend ist die wahre Grundlage der **Ehe**. *(W. v. Humboldt, Briefe an eine Freundin)*

Eine gute **Ehe** ist ein ewiger Brautstand. *(T. Körner, Sühne)*

Gehst du in den Krieg, so bete einmal; gehst du zur See, zweimal; gehst du aber in die **Ehe** – dreimal. *(Russisches Sprichwort)*

In der **Ehe** kämpft der Mann zuerst um seine Vorherrschaft, dann um seine Gleichberechtigung und schließlich um seine Duldung. *(Scherzhaftes Sprichwort)*

In der **Ehe** suchen die Frauen ihr Glück, die Männer ihre Ruhe. *(Sprichwort)*

Manche **Ehe** ist ein Zellengefängnis der Sorge. *(P. Hille, Aphorismen)*

Selbst eine gute **Ehe** ist Bußzeit! *(Russisches Sprichwort)*

Wer mit einem Weibe die **Ehe** bricht, der ist ein Narr; der bringt sein Leben in das Verderben. *(Spr. Salom. 6, 32)*

Du sollst nicht **ehebrechen**. *(M. Luther, Kl. Katechismus: Das sechste Gebot, 2. Mos. 20, 14)*

Wer eine **Ehefrau** findet, der findet etwas Gutes und kann guter Dinge sein im Herrn. *(Spr. Salom. 18, 22)*

Einen Mann, der zum **Ehemann** paßt, den wollen die wenigsten Mädchen gern heiraten. *(M. Goldschmidt)*

Narren verhalten sich zu **Ehemännern** wie Sardellen zu Heringen: der Ehemann ist der größte von beiden. *(Shakespeare, Was ihr wollt)*

Ehen werden im Himmel geschlossen. *(Sprichwort)*

Ehen werden im Himmel geschlossen – aber daß sie gut geraten, darauf wird dort nicht gesehen. *(M. v. Ebner-Eschenbach)*

Mit den **Ehen** ist es wie mit den Vogelbauern: Die Vögel, die nicht darin sind, wollen mit aller Gewalt hinein, und die, welche darin sind, wieder hinaus. *(Montaigne)*

Nicht mangelnde Liebe, sondern mangelnde Freundschaft führt zu unglücklichen **Ehen**. *(F. Nietzsche)*

Ein heiteres **Ehepaar** ist das Beste, was sich in der Liebe erreichen läßt. *(T. Niederreuther)*

Eine **eherne** Stirn haben. *(Redensart, nach Jes. 48, 4)*

Der **Ehestand** ist eine Prozession, wo immer das Kreuz vorangeht. *(Österreichisches Sprichwort)*

Ehestand – Wehestand. *(Sprichwort)*

Im **Ehestand** muß man sich manchmal streiten, denn so erfährt man was voneinander. *(Goethe)*

Wer in den **Ehestand** geht, der geht in ein Kloster, das voller Anfechtung ist. *(M. Luther)*

Die **Ehr'** ist nur ein unsichtbares Wesen, und oft besitzt sie der, der sie nicht hat. *(Shakespeare, Othello)*

Wo sich Männer finden, die für **Ehr'** und Recht mutig sich verbinden, weilt ein frei Geschlecht. *(M. v. Schenkendorf)*

Alles ist verloren, nur die **Ehre** nicht. *(Franz I., König von Frankreich)*

Die **Ehre** wohnt beim Reichtum. *(Schiller)*

Ehre, dem Ehre gebühret! *(Redensart, nach Röm. 13, 7)*

Ehre den älteren Menschen verliehen die unsterblichen Götter. *(Homer, Ilias)*

Ehre einlegen. *(Redensart, nach 2. Mos. 14, 17–18)*

Ehre geht vor Geld und Gut. *(Sprichwort)*

Ehre im Leibe haben. *(Redensart, nach Schiller, Fiesco)*

Ehre ist die Mystik der Rechtlichkeit. *(F. v. Schlegel, Ideen)*

Ehre ist ein Rechenspiel, bald gilt man nichts, bald gilt man viel. *(A. a Santa Clara)*

Ehre kannst du dir nirgends borgen, mußt schon selber dafür sorgen. *(Sprichwort)*

Ehre sei Gott in der Höhe und Friede auf Erden und den Menschen ein Wohlgefallen! *(Luk. 2, 14)*

Es kann die **Ehre** dieser Welt dir keine Ehre geben. Was dich in Wahrheit hebt und hält, muß in dir selber leben. *(Th. Fontane, Gedichte)*

Gut ohne **Ehre** ist für kein Gut zu achten, und Leib ohne Ehre pflegt man mit Recht für tot zu halten. *(Nach dem Sachsenspiegel)*

Nichtswürdig ist die Nation, die nicht ihr alles freudig setzt an ihre **Ehre**. *(Schiller, Jungfrau von Orleans)*

Ohne Geld ist die **Ehre** nur eine Krankheit. *(J. B. Racine)*

Von Ruhm und **Ehre** wird das Herz durchaus nicht satt. *(F. Rückert)*

Besser arm in **Ehren** als reich in Schanden. *(Sprichwort)*

Lieber mit **Ehren** sterben, als in Schanden leben. *(Sprichwort)*

Was bringt zu **Ehren**? Sich wehren. *(Goethe, Westöstlicher Diwan.)*

Die alte Denkart tauscht kein **Ehrenmann** auf einem höhern Posten. *(Euripides, Iphigenie in Aulis)*

Gott segne jeden **Ehrenmann** und straf die Schmeichler! Amen! *(M. Claudius, Lied nach dem Frieden)*

Mein Vater war ein dunkler **Ehrenmann**. *(Goethe, Faust)*

Wer nur ein falsches Hellerchen besitzt, der reibt und putzt daran, bis daß es blitzt: So machen es mit ihrem Titel die **Ehrenmänner** ohne Mittel. *(W. Müller, Epigramme)*

Ehrenmitglied der menschlichen Gesellschaft. *(Nach F. Huch, Pitt u. Fox)*

Ehrenschulden, ein Wort, wo die Ehre furchtbar mißbraucht wird. *(K. J. Weber, Demokritos)*

Denn Brutus ist ein **ehrenwerter** Mann. *(Shakespeare, Caesar)*

Ehrenworte kosten wenig.
(J. G. Herder, Cid)

Die wahre **Ehrfurcht** geht niemals aus der Furcht hervor.
(M. v. Ebner-Eschenbach)

Wir haben heute **Ehrfurcht** vor den Bewohnern eines Wassertropfens, aber vor dem Menschen haben wir immer noch keine Ehrfurcht. *(C. Morgenstern)*

Zutraulichkeit an der Stelle der **Ehrfurcht** ist immer lächerlich. *(Goethe, Maximen und Reflexionen)*

Mein Sohn, das **Ehrgefühl** ist eine Umgestaltung vom allgemeinen Trieb des Lebens, Selbsterhaltung.
(F. Rückert, Weisheit des Brahmanen)

Das eigentliche Wesen des **Ehrgeizes** ist nur der Schatten eines Traumes.
(Shakespeare, Hamlet)

Besser **ehrlich** gestorben als schändlich verdorben. *(Sprichwort)*

Ehrlich währt am längsten.
(Sprichwort)
Wird auch mit Betonung des letzten Wortes zitiert

Ganz **ehrlich** meint ein jeder es am Ende doch nur mit sich selbst und höchstens noch mit seinem Kinde.
(A. Schopenhauer)

Keine Zeit ist so schlimm, daß man nicht **ehrlich** sein könnte.
(Shakespeare, Timon)

Wer spät im Leben sich verstellen lernt, der hat den Schein der **Ehrlichkeit** voraus. *(Goethe, Tasso)*

Die **Ehrsucht** ist ein frevelnd Götterweib. *(Euripides, Phönizierinnen)*

Das **Ei** des Kolumbus. *(Redensart)*
Soviel wie: verblüffend einfache Lösung eines Problems

Das **Ei** will oft klüger sein als die Henne.
(Sprichwort)

Das weiß ein jeder, wer's auch sei, gesund und stärkend ist das **Ei**. *(W. Busch, Geburtstag)*

Ein einzig faules **Ei** verdirbt den ganzen Brei. *(Sprichwort)*

Etwas für ein **Ei** und einen Apfel hingeben. *(Redensart)*

Jedem ein **Ei**, dem frommen Schweppermann zwei. *(Ludwig der Bayer, 1322)*

Jedes legt noch schnell ein **Ei**, und dann kommt der Tod herbei. *(W. Busch, Max und Moritz)*

Jemanden wie ein rohes **Ei** behandeln.
(Redensart)
Jemanden besonders vorsichtig behandeln

Lieber ein **Ei** im Frieden als eine Henne im Krieg. *(Schweizer Sprichwort)*

Sich gleichen wie ein **Ei** dem anderen.
(Redensart)

Will das **Ei** die Henne meistern?
(Shakespeare, Sturm)

Das **Eiapopeia** ist lange schon aus.
(H. Heine, Heimkehr)

Es fällt keine **Eiche** vom ersten Streich!
(Sprichwort)

Man sieht noch am zerhaunen Stumpf, wie mächtig war die **Eiche**.
(L. Uhland, Roland Schildträger)

Ob Fels und **Eiche** splittern, wir werden nicht erzittern. *(K. Hinkel, Bundeslied)*

Was kümmert es die **Eiche**, wenn sich eine Sau an ihr schubbert!
(Altes Sprichwort)

Viel **Eicheln** – viel Schnee. *(Bauernregel)*

Man macht aus deutschen **Eichen** keine Galgen für die Reichen. *(H. Heine)*

Vor den **Eichen** sollst du weichen, doch die Buchen sollst du suchen.
(Sprichwort)
Alter Spruch, der sich auf das Verhalten bei Gewitter bezieht

Der **Eichwald** brauset, die Wolken ziehen. *(Schiller, Mädchens Klage)*

Flink wie eine **Eidechse**. *(Redensart)*

Das ist eine verlorne **Eidgenossenschaft**, wo das Vertrauen nicht weiter als der Buchstabe geht. *(J. v. Müller)*

Einesteils der **Eier** wegen. *(W. Busch, Max und Moritz)*

Sich um ungelegte **Eier** kümmern.
(Redensart)
Sich um Dinge kümmern, die einen nichts angehen

So viel Lärm um einen **Eierkuchen**!
(Desbarreaux)

Aus faulen **Eiern** werden keine Küken.
(W. Busch)

Wie auf **Eiern** gehen. *(Redensart)*
Sehr vorsichtig gehen

Blinder **Eifer** schadet nur. *(Sprichwort, nach M. G. Lichtwer, Die Katzen und der Hausherr)*

Der **Eifer**, auch der gute, kann verraten.
(Schiller, Wilhelm Tell)

Die begründete wie die unbegründete **Eifersucht** vernichtet diejenige Würde, deren die gute Liebe bedarf.
(G. Keller)

Die **Eifersucht** wächst, solange man zweifelt; sie wird Raserei oder hört auf, sobald man vom Zweifel zur Gewißheit kommt. *(F. de La Rochefoucauld)*

Eifersucht ist eine Leidenschaft, die mit Eifer sucht, was Leiden schafft.
(F. E. D. Schleiermacher)

Eifersucht ist Liebesneid. *(W. Busch)*

Eifersüchtig sind des Schicksals Mächte.
(Schiller, Wallensteins Tod)

Eigendünkel verdirbt alle Dinge.
(M. Luther, Tischreden)

Eigenlob stinkt! *(Sprichwort)*

Eigenlob stinkt, Freundeslob hinkt, Feindeslob klingt. *(Sprichwort)*

Gemeinnutz geht vor **Eigennutz**.
(Altes Sprichwort)

Das untrüglichste Zeichen angeborener großer **Eigenschaften** ist angeborene Neidlosigkeit. *(F. de La Rochefoucauld)*

Es gibt schlechte **Eigenschaften**, welche große Talente machen.
(F. de La Rochefoucauld)

Mögen wir noch so viele **Eigenschaften** haben, die Welt achtet vor allem auf unsere schlechten. *(Molière)*

Man muß sich nicht aus **Eigensinn** auf die schlechtere Seite stellen, wenn sich der Gegner bereits auf die bessere gestellt hat. *(B. Gracian, Handorakel)*

Der Schmerz ist ein **Eigentum**, wie das Glück und die Freude.
(F. Hebbel, Tagebücher)

Eigentum ist Diebstahl.
(P. J. Proudhon, Qu'est-ce que c'est que la propriété?)

Sei gewiß, daß nichts dein **Eigentum** sei, was du nicht inwendig in dir hast.
(M. Claudius, Sprüche des Pythagoreers)

Eigentümlichkeit des Ausdrucks ist Anfang und Ende aller Kunst. *(Goethe, Deutsches Theater)*

Eigentümlichkeit ruft Eigentümlichkeit hervor. *(Goethe, Maximen und Reflexionen)*

Berechtigte **Eigentümlichkeiten**. *(Kaiser Wilhelm I.)*

Eigenwille brennt in der Hölle. *(Sprichwort)*

Wenn man verheiratet ist, ist's aus und vorbei mit dem **Eigenwillen**. *(B. Auerbach)*

Wir überrennen durch jähe **Eil'** das Ziel, nach dem wir rennen, und gehn's verlustig. *(Shakespeare, Heinrich VIII.)*

Eile mit Weile! *(Sprichwort, nach Sueton, Leben des Augustus)*

Wenn du's **eilig** hast, mach' einen Umweg! *Japanisches Sprichwort)*

Wer's **eilig** hat, der gehe langsam. *(Alter Spruch)*

Wie **ein** Mann. *(Richter 20, 1 u.a.)*

Besser **einäugig** als blind. *(Sprichwort)*

Unter Blinden ist der **Einäugige** König. *(Sprichwort)*

Ausbildung verhindert **Einbildung**. *(Sprichwort)*

Einbildung ist auch 'ne Bildung. *(Redensart)*

Im Schwachen wirkt die **Einbildung** am stärksten. *(Shakespeare, Hamlet)*

Nichts hat der Mensch in sich so sehr zu bezähmen als seine **Einbildungskraft**. *(J. G. Herder)*

Einbläsereien sind des Teufels Redekunst. *(Goethe, Faust)*

Ein redlich Wort macht **Eindruck**, schlicht gesagt. *(Shakespeare, Richard III.)*

Das **eine** tun und das andere nicht lassen. *(Redensart, nach Matth. 23, 23)*

Du bist auch so **einer**! *(Nach Matth. 26, 73)*

Einer für alle, alle für einen. *(Schweizerischer Wahlspruch)*

Einer für viele. *(Nach Vergil, Aeneis)*

Einer wie der andere. *(1. Kor. 3, 8)*

Es weiß und rät es doch keiner, wie mir so wohl ist, so wohl! Ach, wüßt es nur **einer**, nur einer, kein Mensch es sonst wissen soll. *(J. v. Eichendorff, Stille)*

Eines schickt sich nicht für alle. *(Goethe, Beherzigung)*

Einfach, billig und geschmacklos. *(Redensart)*

Durch das **Einfache** geht der Eingang zur Wahrheit. *(G. C. Lichtenberg)*

Es ist alles im Kriege sehr einfach, aber das **Einfachste** ist schwierig. *(K. v. Clausewitz, Vom Kriege)*

Ein saubrer **Einfall**. *(Schiller, Turandot)*

Einfälle sind besser als Ausfälle. *(Sprichwort)*

Einfälle sind keine Gedanken. Der Gedanke kennt die Schranken, der Einfall setzt sich drüber weg und kommt in der Ausführung nicht vom Fleck. *(F. Grillparzer, Gedichte)*

Einfälle wie ein altes Haus haben.
(Redensart)

Wie oft verwechselt man **Einfälle** mit Ideen. *(F. Hebbel)*

Daß doch die **Einfalt** immer recht behält! *(G. E. Lessing, Nathan der Weise)*

Edle **Einfalt**, stille Größe.
(Nach J. Winckelmann, Gedanken über die Nachahmung der griechischen Werke…)

O heilige **Einfalt**!
(Johannes Hus zugeschrieben, wahrscheinlich älteren Ursprungs)

Einfältig, lieber Sohn! Nicht Silber fein gestochen! Wer Rätsel beichtet, wird in Rätseln losgesprochen.
(Shakespeare, Romeo und Julia)

Die Klugen haben wahrhaftig lange nicht so viel Beweglichkeit in die Welt gebracht und so viel Glückliche drin gemacht wie die **Einfältigen**.
(W. Raabe, Stopfkuchen)

Einfluß auf Menschen ist mehr wert als Reichtum. *(Luc de Clapiers, Marquis de Vauvenargues)*

Einförmigkeit wird in allem bald zuwider und erregt Ekel, Mannigfaltigkeit aber ergötzt. *(Plutarch, Über die Erziehung der Kinder)*

Unsern **Eingang** segne Gott, unsern Ausgang gleichermaßen. *(H. Schenk)*

Was man sich **eingebrockt** hat, muß man auch auslöffeln. *(Sprichwort)*

Es schwindelt mir, es brennt mein **Eingeweide**. *(Goethe, Wilhelm Meister)*

In deinem Lande sei **einheimisch** klug, im fremden bist du nicht gewandt genug.
(Goethe, Faust)

Das Bewußtsein seiner **Einheit** war in dem deutschen Volke, wenn auch verhüllt, doch stets lebendig. *(Bismarck)*

Einheit nur kann das Verderben hemmen, und die Einheit fliehn wir wie die Pest. *(J. G. Seume, An das deutsche Volk im Jahre 1810)*

Seid **einig**, einig, einig! *(Schiller, Wilhelm Tell)*

Einigkeit und Recht und Freiheit für das deutsche Vaterland!
(Beginn der 3. Strophe des Deutschlandliedes von Hoffmann von Fallersleben)

Einigkeit vortrefflicher Männer ist wohlgesinnter Frauen sehnlichster Wunsch.
(Goethe, Götz von Berlichingen)

Im Frieden und im Krieg behält **Einigkeit** den Sieg. *(G. Rollenhagen, Froschmeuseler)*

Die **Einkünfte** geben die Ehren und Freundschaft; nur der Arme liegt überall am Boden. *(Ovid, Festkalender)*

Nichts nehmen die Menschen so übel, als wenn sie keine **Einladungen** bekommen.
(O. Wilde)

Alles auf **einmal** tun zu wollen, zerstört alles auf einmal. *(G. C. Lichtenberg)*

Das gibts nur **einmal**, das kommt nicht wieder.
(Lied von R. Gilbert/W. R. Heymann aus dem Film »Der Kongreß tanzt«)

Einmal ist keinmal. *(Sprichwort)*

Man lebt nur **einmal** in der Welt.
(Goethe, Clavigo)

Man wird ja nur **einmal** geboren…
(A. Lortzing, Waffenschmied)

Eins ist not! *(Lukas 10, 42)*

Einsam bin ich, nicht alleine.
(P. A. Wolff, Preziosa)

Einsam, in trüben Tagen. *(R. Wagner, Lohengrin)*

Und kann ich nur einmal recht **einsam** sein, dann bin ich nicht allein.
(Goethe, Wilhelm Meister)

Wer **einsam** ist, der hat es gut, weil keiner da, der ihm was tut. *(W. Busch, Der Einsame)*

Nur um den **Einsamen** schleichen Gespenster. *(Jean Paul)*

Niemals fühlt man sich **einsamer** als in großer Gesellschaft. *(H. Eulenberg, Katinka)*

Die **Einsamkeit** ist not; doch sei nur nicht gemein, so kannst du überall in einer Wüsten sein. *(Angelus Silesius, Cherubinischer Wandersmann)*

Die **Einsamkeit** ist wie der Duft einer Giftpflanze, süß, aber betäubend und mit der Zeit geradezu verderblich, selbst für die stärksten Konstitutionen.
(F. Spielhagen, Problemat. Naturen)

Einsamkeit ist bitter. *(R. Hamerling, Weltleben u. Einsamkeit)*

Einsamkeit ist das Los aller hervorragenden Geister. *(A. Schopenhauer)*

Gesellschaft braucht der Tor und **Einsamkeit** der Weise. *(F. Rückert)*

Kein Klang der aufgeregten Zeit drang noch in diese **Einsamkeit**. *(Th. Storm, Abseits)*

Nur **Einsamkeit** ist Vollgenuß des Lebens, wo sind zwei Herzen, die sich ganz verstehn? *(A. v. Platen, In Rousseaus Stube)*

Wer sich der **Einsamkeit** ergibt, ach! der ist bald allein. *(Goethe, Harfenspieler)*

Die einzige Ausbeute, die wir aus dem Kampf des Lebens wegtragen, ist die **Einsicht** in das Nichts und herzliche Verachtung alles dessen, was uns erhaben schien und wünschenswert.
(Schiller, Jungfrau von Orleans)

Zur **Eintracht**, zu herzinnigem Vereine versammle sie die liebende Gemeinde.
(Schiller, Glocke)

Einsicht ist der erste Schritt zur Besserung. *(Sprichwort)*

Je mehr **Einsicht**, desto mehr Nachsicht.
(Sprichwort)

Eintracht baut das Haus, Zwietracht reißt es nieder. *(Sprichwort)*

Eintracht (er)nährt, Zwietracht (ver)zehrt. *(Sprichwort)*

Eintracht macht stark. *(Sprichwort)*

Wir wollen sein ein **einzig** Volk von Brüdern, in keiner Not uns trennen und Gefahr.
(Schiller, Wilhelm Tell: Rütlischwur)
Oft falsch zitiert: ... einig Volk ...

Der **Einzige** und sein Eigentum.
(Titel eines Werkes von M. Stirner [= Kaspar Schmidt])

Vom **Eise** befreit sind Ströme und Bäche durch des Frühlings holden, belebenden Blick. *(Goethe, Faust)*

Bleib, **Eisen**, Männern hold; laß Knechte Gold begehren. *(E. M. Arndt, Lob des Eisens)*

Der Gott, der **Eisen** wachsen ließ, der wollte keine Knechte.
(E. M. Arndt/F. v. Roda, Vaterlandslied)

Ein heißes **Eisen**. *(Redensart)*
Eine heikle Angelegenheit

Schmiede das **Eisen**, solange es warm ist.
(Sprichwort)

Selbst das **Eisen** ziehet den Mann an.
(Homer, Odyssee)

Zum alten **Eisen** gehören. *(Redensart)*
Ausgedient haben

Zwei **Eisen** im Feuer haben.
(Redensart)
Einen zweiten Plan vorrätig haben

Es ist die höchste **Eisenbahn**!
(Nach A. Glaßbrenner, Heiratsantrag in der Niederwallstraße)
Soviel wie: ... höchste Zeit

Ich bin der Doktor **Eisenbart**.
(Studentenlied)

Einen **eisernen** Willen haben.
(Redensart)

Mit **eiserner** Faust. *(Redensart)*
Rücksichtslos

Es ist alles **eitel**.
(Nach Pred. Salomo 1, 2)

Große Menschen sind stolz, kleine **eitel**.
(Byron)

Siehe, kein Wesen ist so **eitel** und unbeständig wie der Mensch.
(Homer, Odyssee)

Die **Eitelkeit** anderer geht uns nur dann wider den Geschmack, wenn sie wider unsre Eitelkeit geht. *(F. Nietzsche, Jenseits von Gut und Böse)*

Die **Eitelkeit** ist eine Hypothek, die auf den Fähigkeiten eines Menschen ruht; man muß sie erst wegnehmen, um zu sehen, wie viel wirkliches, inneres Kapital vorhanden ist. *(Bismarck, 1893)*

Jahrmarkt der **Eitelkeit**.
(Titel eines Werkes von W. M. Thackeray)

Wie verfährt die Natur, um Hohes und Niedres im Menschen zu verbinden? Sie stellt **Eitelkeit** zwischenhinein.
(Goethe, Vier Jahreszeiten)

Elb-Florenz. *Bezeichnung für Dresden*

Sich wie ein **Elefant** im Porzellanladen benehmen. *(Redensart)*
Sich tolpatschig verhalten

Die vier **Elemente**. *(Redensart, nach Empedokles)*
Feuer, Wasser, Luft und Erde

Denn die **Elemente** hassen das Gebild aus Menschenhand. *(Schiller, Glocke)*

Körper, Seele und Geist sind die **Elemente** der Welt. *(Novalis)*

Vier **Elemente**, innig gesellt, bilden das Leben, bauen die Welt. *(Schiller)*

Das größte **Elend** ist, kein Elend tragen zu können. *(Sprichwort)*

Dem **Elend** dünkt ein Stückchen Butter erhabener als der ganze Faust.
(A. Holz, Phantasus)

Glänzendes **Elend**. *(Goethe, Leiden des jungen Werther)*

In der kleinen Brust eines Menschen kann sich viel **Elend** verstecken.
(H. Heine)

Wer auf sein **Elend** tritt, steht höher.
(F. Hölderlin)

Elenden ist es ein Trost, Genossen zu haben im Unglück. *(B. de Spinoza, Ethik)*

Im **Elfenbeinturm** sitzen. *(Redensart)*
Von der Umwelt abgeschlossen; weltfremd

Sankt **Elisabeth** sagt an, was der Winter für ein Mann. *(Bauernregel)*
Elisabeth: 19. November

In **elfter** Stunde.
(Nach Matth. 20, 6 u. 9)
Meist zitiert: in zwölfter Stunde

Mit gleicher **Elle** messen.
(Nach 3. Mos. 19, 35)

Der **Elster** wird wohl auch ein Ei gestohlen. *(Sprichwort)*

Diebisch wie eine **Elster**. *(Redensart)*

Der ist auch nicht von schlechten **Eltern**!
(Eine anerkennende Redensart)

Es können **Eltern** eher zehn Kinder ernähren als zehn Kinder ihre Eltern.
(Sprichwort)

Was gibt es Süßres, als der **Eltern** Auge schaun? *(Sophokles, König Ödipus)*

Wie die **Eltern**, so die Kinder.
(Operette von G. Okonkowski/ J. Gilbert »Die keusche Susanne«)

Elternliebe übertrifft Kindesliebe.
(Sprichwort)

Uns gaben die Götter auf Erden **Elysium**. *(Goethe, Elysium)*

Wie soll ich dich **empfangen**, und wie begegn' ich dir? *(P. Gerhardt)*

Schönheit ist ein offener **Empfehlungsbrief**, der die Herzen im voraus für uns gewinnt. *(A. Schopenhauer, Parerga und Paralipomena)*

So geht es den **Empfindsamen**! Die Liebe spielt ihnen immer die schlimmsten Streiche. *(G. E. Lessing, Emilia Galotti)*

Ein gewisses Übermaß von Glück und Unglück übersteigt unser **Empfindungsvermögen**. *(F. de La Rochefoucauld)*

Die **Emsigkeit** allzeit bestehet, da die Geschwindigkeit vergehet. *(J. Fischart, Das philosophisch Ehzuchtbüchlin)*

Enakskinder. *(Nach 4. Mos. 13, 23)*
Große, starke Menschen

Mach **End'**, o Herr, mach Ende!
(P. Gerhardt, Befiehl du deine Wege)

Darum sollst du niemanden rühmen vor seinem **Ende**. *(Sir. 11, 29)*

Das dicke **Ende** kommt nach!
(Redensart)
Das Schlimmste kommt noch!

Das **Ende** krönt das Werk.
(Shakespeare, Troilus und Cressida)

Das **Ende** vom Liede. *(Redensart)*
Das (enttäuschende) Ergebnis

Ein **Ende** mit Schrecken nehmen.
(Redensart, nach Psalm 73, 19)

Ende gut, alles gut. *(Sprichwort)*

Jedes Ding hat ein **Ende** – nur die Wurst hat zwei. *(Sprichwort)*

Lieber ein **Ende** mit Schrecken als ein Schrecken ohne Ende. *(Redensart, nach Psalm 73, 19)*

So knüpfen ans fröhliche **Ende** den fröhlichen Anfang wir an. *(A. v. Kotzebue, Trost beim Scheiden)*

Was du tust, bedenke das **Ende**!
(Jes. Sir. 7, 40)

Wer weiß, wie nahe mir mein **Ende**!
(Beginn eines Kirchenliedes)

Wie der Anfang, so das **Ende**.
(Sprichwort)

Noch keinen sah ich fröhlich **enden**…
(Schiller, Ring des Polykrates)

Endstation Sehnsucht. *(Redensart, nach dem Drama und Film von T. Williams)*

Meiner Idee nach ist **Energie** die erste und einzige Tugend des Menschen.
(W. v. Humboldt, Sittenverbesserung)

Besser **eng** und wohl als weit und weh. *(Sprichwort)*

Eng ist, was ist; was sein kann, unermeßlich. *(A. de Lamartine)*

Mir wird so **eng**! Die Mauernpfeiler befangen mich! Das Gewölbe drängt mich! Luft! *(Goethe, Faust)*

Gekeilt in drangvoll fürchterliche **Enge**. *(Schiller, Wallensteins Tod)*

Jemanden in die **Enge** treiben. *(Redensart)*
Jemanden zwingen, die Wahrheit zu bekennen; jemanden zur Entscheidung zwingen

Besser ein freier Teufel als ein gebundener **Engel**. *(P. Hille, Aphorismen)*

Dem Menschen ist ein Mensch noch immer lieber als ein **Engel**. *(G. E. Lessing, Nathan der Weise)*

Der blaue **Engel**. *(Titel eines Films nach dem Roman »Professor Unrat« von H. Mann)*

Des Menschen **Engel** ist die Zeit. *(Schiller, Wallensteins Tod)*

Dies Kind, kein **Engel** ist so rein; laßt's Eurer Huld empfohlen sein. *(Schiller, Eisenhammer)*

Du ahnungsvoller **Engel** du! *(Goethe, Faust)*

Ein (guter) **Engel**. *(Nach Tob. 5, 29)*

Gefallener **Engel**. *(Nach Off. Joh. 12, 9)*

Laß dich den guten **Engel** warnen und nicht vom bösen dich umgarnen. *(G. A. Bürger, Der wilde Jäger)*

Wenn wir alle **Engel** wären. *(Roman von H. Spoerl)*

Mit Menschen- und **Engelszungen** reden. *(Redensart, nach 1. Kor. 13, 1)*

Man kann nicht allen helfen! sagt der **Engherzige** und – hilft keinem. *(M. v. Ebner-Eschenbach, Aphorismen)*

England erwartet, daß jeder seine Pflicht tut. *(Britischer Admiral H. Nelson vor der Schlacht bei Trafalgar 1805)*

Sie lispeln **englisch**, wenn sie lügen. *(Nach Goethe, Faust)*

Weh' dir, daß du ein **Enkel** bist. *(Goethe, Faust)*

Entbehren sollst du! sollst entbehren! *(Goethe, Faust)*

Fortwährendem **Entbehren** folgt Stumpfheit ebenso gewiß wie übermäßigem Genuß. *(M. v. Ebner-Eschenbach)*

Enten können nur schnattern. *(Sprichwort)*

Hurra, die **Enten**! *(Redensart)*
Endlich ist's soweit!

Entflieh mit mir und sei mein Weib. *(H. Heine, Tragödie I)*

Enthaltsamkeit ist das Vergnügen an Dingen, welche wir nicht kriegen. *(W. Busch, Haarbeutel)*

Enthaltsamkeit ist die beste Medizin. *(Sprichwort)*

Das Beste, was wir von der Geschichte haben, ist der **Enthusiasmus**, den sie erregt. *(Goethe, Maximen und Reflexionen)*

Ein **Enthusiast** sein ist das Liebenswürdigste, Edelste und Beste sein, was ein Sterblicher tun kann. *(C. M. Wieland, Vermischte Schriften)*

Da freut sich das **entmenschte** Paar. *(Schiller, Eisenkammer)*

Entmythologisierung. *(Schlagwort, nach einem Buch des Theologen R. Bultmann, 1941)*

Jeder muß **entsagen** lernen, bis er dem Leben selbst entsagt. *(A. v. Platen, Sich von den Menschen fernzuhalten)*

Entsagung, aller Größe Keim. *(Nach Th. Fontane, Gedichte)*

Sie sang das alte **Entsagungslied**, das Eiapopeia vom Himmel, womit man einlullt, wenn es greint, das Volk, den großen Lümmel. *(H. Heine, Deutschland, ein Wintermärchen)*

Wenige Menschen denken, und doch wollen alle **entscheiden**. *(Friedr. d. Gr.)*

Besitz **entscheidet** alles in der Welt. *(A. v. Chamisso)*

Entschlossenheit im Unglück ist immer der halbe Weg zur Rettung. *(H. Pestalozzi)*

Es gibt Leute, die zu keinem **Entschluß** kommen können, sie müssen sich denn erst über die Sache beschlafen haben. *(G. C. Lichtenberg)*

Schneller **Entschluß** bringt oft Verdruß. *(Sprichwort)*

Ehe man tadelt, sollte man immer erst versuchen, ob man nicht **entschuldigen** kann. *(G. C. Lichtenberg)*

Wer sich **entschuldigt**, eh man klaget, der gibt sich selbst zum Täter an. *(M. G. Lichtwer, Der Löwe und der Wolf)*

Also, daß sie keine **Entschuldigung** haben. *(Röm. 1, 20)*

Öfters, wenn man einen Fehl entschuldigt, macht ihn noch schlimmer die **Entschuldigung**. *(Shakespeare, König Johann)*

Wer die Menschen kennenlernen will, der studiere ihre **Entschuldigungsgründe**. *(F. Hebbel)*

Kalt wehten **Entsetzen** und Grausen sie an. *(G. A. Bürger, Lenore)*

Stellt euch mein **Entsetzen** für! *(G. E. Lessing, Tod)*

Denn alles, was **entsteht**, ist wert, daß es zugrunde geht. *(Goethe, Faust)*

In der Welt ist es sehr selten mit dem **Entweder-Oder** getan. *(Goethe, Werther)*

Zwischen **Entweder** und Oder führt noch manches Sträßlein. *(V. v. Scheffel)*

Entwicklungshilfe ist, wenn die armen Leute eines reichen Landes für die reichen Leute eines armen Landes Geld spenden. *(D. Healy)*

Der **Entwurf** ist teuflisch, aber wahrlich – göttlich. *(Schiller, Don Carlos)*

Was sind Hoffnungen, was sind **Entwürfe**, die der Mensch, der vergängliche baut? *(Schiller, Braut von Messina)*

Daß ich mit **Epigrammen** wieder spiele, ich armer Willibald, das macht, wie ich an mehrerm fühle, das macht, ich werde alt. *(G. E. Lessing, Sinngedichte)*

Von hier und heute geht eine neue **Epoche** der Weltgeschichte aus, und ihr könnt sagen, ihr seid dabeigewesen. *(Goethe, Campagne in Frankreich)*

Eine große **Epoche** hat das Jahrhundert geboren; aber der große Moment findet ein kleines Geschlecht. *(Schiller, Der Zeitpunkt)*

Was die **Epoche** besitzt, das verkündigen hundert Talente; aber der Genius bringt ahnend hervor, was ihr fehlt.
(E. Geibel, Ethisches und Ästhetisches)

Epochen werden oft durch Fanatiker bestimmt. *(Jüdisches Sprichwort)*

Mann des **Erbarmens**, stehst du noch immer da? *Schiller, Kabale und Liebe)*

Nur für die **Erbärmlichen** ist die Welt erbärmlich, nur für die Leeren leer.
(L. Feuerbach)

Wer sich der Armen **erbarmt**, der leihet dem Herrn. *(Spr. Salom. 19, 17)*

Sich **erbauen**. *(Nach Apostel. 20, 32)*
Sich geistig aufrichten

Nun, topp! Ihr seid sein wahrer **Erbe**!
(G. K. Pfeffel, Tabakspfeife)

Der **Erben** Tränen sind oft ein verstecktes Lachen. *(Sprichwort)*

Lachende **Erben**. *(Redensart, nach Publilius Syrus)*

Wer an die Liebe der **Erben** glaubt, dem hat man den Verstand geklaut.
(Sprichwort)

Fette Küche, magere **Erbschaft**.
(Sprichwort)

Die Menschen vergessen eher den Tod des Vaters als den Verlust des väterlichen **Erbteils**. *(N. Machiavelli)*

Ach! es ist der **Erde** Los: Blühen, tragen und zerfallen. *(J. Kerner, Gedichte)*

Denn du bist **Erde** und sollst zu Erde werden. *(1. Mos. 3, 19)*

Erde gleißt auf Erden in Gold und Pracht; Erde wird Erde, bevor es gedacht. Erde türmt auf Erde Schloß, Burg, Stein; Erde spricht zur Erde: Alles wird mein! *(Th. Fontane, Gedichte)*

O wunderschön ist Gottes **Erde** und wert, darauf vergnügt zu sein.
(L. H. C. Hölty, Aufmunterung zur Freude)

Wirklich ist es allerliebst auf der lieben **Erde**. *(Goethe, Tischlied)*

Fest gemauert in der **Erden**.
(Schiller, Glocke)

Erdenkloß. *(Nach 1. Mos. 2, 7)*

Der **Erdenkreis** ist mir genug bekannt. Nach drüben ist die Aussicht uns verrannt. *(Goethe, Faust)*

Dieser **Erdenkreis** gewährt noch Raum zu großen Taten. *(Goethe, Faust)*

Unser **Erdenleben** ist nur eine kleine Strecke auf der ganzen Bahn unsrer Existenz. *(M. Claudius, Ernst und Kurzweil)*

In jedem Kleide werd ich wohl die Pein des engen **Erdenlebens** fühlen.
(Goethe, Faust)

Erwirbt ein **Erdensohn** sich Lob und Preis, gleich bildet sich um ihn ein Sagenkreis. *(C. F. Meyer)*

Es kann die Spur von meinen **Erdentagen** nicht in Äonen untergehen.
(Goethe, Faust)

Künstlers **Erdenwallen**.
(Titel eines Dramas von Goethe)

Das **Erdetreiben**, wie's auch sei, ist immer doch nur Plackerei.
(Goethe, Faust)

Der Weise ist auf alle **Ereignisse** vorbereitet. *(Molière)*

Die größten **Ereignisse** – das sind nicht unsere lautesten, sondern unsere stillsten Stunden. *(F. Nietzsche)*

Große **Ereignisse** werfen ihre Schatten voraus. *(Th. Campbell, Lochiels Warnung)*

Man kann nur abwarten, bis man den Schritt Gottes durch die **Ereignisse** hallen hört, dann vorspringen, um den Zipfel seines Mantels zu fassen. *(Bismarck)*

Was du **ererbt** von deinen Vätern hast, erwirb es, um es zu besitzen. *(Goethe, Faust)*

Erfahrenheit macht Narren gescheit. *(Sprichwort)*

Die **Erfahrung** ist zweifellos die beste Lehrmeisterin, aber das Lehrgeld ist sehr hoch. *(F. Sagan)*

Die **Erfahrung** kostet ein hohes Schulgeld, aber ihr Unterricht ist unbezahlbar. *(Th. Carlyle)*

Erfahren muß man stets, **Erfahrung** wird nie enden, und endlich fehlt die Zeit, Erfahrnes anzuwenden. *(F. Rückert, Weisheit des Brahmanen)*

Erfahrung bleibt des Lebens Meisterin. *(Goethe, Natürliche Tochter)*

Erfahrung heißt reich werden durch Verlieren. *(E. v. Wildenbruch)*

Erfahrung ist der Name, den wir unseren Irrtümern geben. *(O. Wilde)*

Erfahrung ist die beste Lehrmeisterin. *(Sprichwort)*

Erfahrung ist fast immer eine Parodie auf die Idee. *(Goethe, Schweizerreise)*

Erfahrung wird durch Fleiß und Müh erlangt. *(Shakespeare, Die beiden Herren von Verona)*

Jede **Erfahrung**, sie mag sonst sein, was sie will, ist auch ein schöpferischer Akt. *(O. Spengler, Untergang des Abendlandes)*

Ohne Übung und **Erfahrung** lernet man's nicht. *(M. Luther)*

Wenn man genug **Erfahrung** gesammelt hat, ist man zu alt, um sie auszunutzen. *(W. Somerset Maugham)*

Vergeben und vergessen heißt gemachte kostbare **Erfahrungen** zum Fenster hinauswerfen. *(A. Schopenhauer)*

Begraben ist in ewige Nacht der **Erfinder** großer Name zu oft. *(F. G. Klopstock, Eislauf)*

Erfindung macht die Künstler groß und bei der Nachwelt unvergessen. *(C. F. Gellert, Geschichte von dem Hute)*

Am Mute hängt der **Erfolg**. *(Th. Fontane, Stine)*

Das Glück ist falsch, unsicher der **Erfolg**. *(Schiller, Demetrius)*

Erfolg bindet, Mißerfolg trennt. *(Sprichwort)*

Der **Erfolg** gibt recht. *(Sprichwort)*

Der **Erfolg** ruht in des Himmels Hand. *(Schiller, Braut von Messina)*

Es ist der **Erfolg**, der die großen Männer macht. *(Napoleon I.)*

Nichts ist überzeugender als **Erfolg**. *(L. v. Ranke)*

Wer ausharrt, hat **Erfolg**. *(Sprichwort)*

Siege werden bald erfochten; ihre **Erfolge** befestigen, das ist schwer. *(L. v. Ranke)*

Zuversicht und **Ergebung** sind die echten Grundlagen jeder bessern Religion. *(Goethe)*

Ergeht's euch wohl, so denkt an mich. *(Goethe, Sänger)*

Wer will denn alles gleich **ergründen**! Sobald der Schnee schmilzt, wird sich's finden. *(Goethe, Kommt Zeit…)*

Vom **Erhabenen** zum Lächerlichen ist nur ein Schritt. *(Napoleon I.)*

Erhalten ist schwerer als erwerben. *(Sprichwort)*

Wer nichts **erheiratet** und nichts ererbt, der bleibt ein armes Luder, bis er sterbt. *(Scherzhaftes Sprichwort)*

Wir wollen weniger **erhoben** und fleißiger gelesen sein. *(G. E. Lessing, Sinngedichte)*

Wer sich selbst **erhöhet**, der wird erniedriget; und wer sich selbst erniedriget, der wird erhöhet. *(Matth. 23, 12)*

Es gibt Verdienst ohne Erhöhung, aber keine **Erhöhung** ohne irgendein Verdienst. *(F. de La Rochefoucauld)*

Erholung ist Würze der Arbeit. *(Plutarch, Erziehung)*

Erholung reichet Müden jede Nacht genug. Des echten Mannes wahre Feier ist die Tat. *(Goethe, Pandora)*

Die **Erinnerungen** verschönen das Leben, aber das Vergessen allein macht es erträglich. *(H. de Balzac)*

Die Probe eines Genusses ist seine **Erinnerung**. *(Jean Paul, Kampanertal)*

Gedächtnis haben kalte Seelen; die fühlenden – **Erinnerung**. *(F. Haug, Sinngedichte)*

Erkenne dich! Was soll das heißen? Es heißt: Sei nur und sei auch nicht! Es ist eben ein Spruch der lieben Weisen, der sich in der Kürze widerspricht. *(Goethe, Sprichwörtlich)*

Erkenne dich selbst! *(Inschrift am Apollotempel zu Delphi; nach Cicero, Tusculanen)*

Ja, was man so **erkennen** heißt! *(Goethe, Faust)*

Wer recht **erkennen** will, muß zuvor in richtiger Weise gezweifelt haben. *(Aristoteles, Metaphysik)*

Willst du dich selber **erkennen**, so sieh wie die andern es treiben, willst du die andern verstehn, blick in dein eigenes Herz. *(Schiller, Der Schlüssel)*

Auf der **Erkenntnis** beruht die Freiheit. *(E. v. Feuchtersleben, Aphorismen)*

Des Herrn Furcht ist Anfang der **Erkenntnis**. *(Spr. Salom. 1, 7)*

Vom Baum der **Erkenntnis** essen. *(1. Mos. 2, 17)*

Es ist meine fürchterliche **Erkenntlichkeit**. *(Schiller, Kabale und Liebe)*

Erlaubt ist, was gefällt. *(Goethe, Tasso)*

Erlaubt ist, was sich ziemt. *(Goethe, Tasso)*

Wem viel **erlaubt** ist, soll sich am wenigsten erlauben. *(Sprichwort)*

Nicht alles **Erlaubte** ist auch ehrenhaft. *(Sprichwort)*

Nicht was wir **erleben**, sondern wie wir empfinden, was wir erleben, macht unser Schicksal aus. *(M. v. Ebner-Eschenbach)*

Wer immer strebend sich bemüht, den können wir **erlösen**. *(Goethe, Faust)*

Gibt es doch für Sterbliche niemals **Erlösung** aus der vorbestimmten Not. *(Sophokles, Antigone)*

Wer zu der Tat **Ermunterung** gibt, hat selber sie mit ausgeübt. *(K. W. Ramler)*

Das Schicksal der Völker wird von der Art ihrer **Ernährung** bestimmt.
(J. A. Brillat-Savarin, Physiologie du Goût)

Aus Spaß wird (leicht) **Ernst**.
(Sprichwort)

Ein Scherz hat oft gefruchtet, wo der **Ernst** nur Widerstand hervorzurufen pflegte. *(A. v. Platen, Berengar)*

Ernst liegt das Leben vor der ernsten Seele. *(Schiller, Piccolomini)*

Erst der **Ernst** macht den Mann, erst der Fleiß das Genie. *(Th. Fontane, Balladen und Gedichte)*

So **ernst**, mein Freund? Ich kenne dich nicht mehr. *(Schiller, Wilhelm Tell)*

Eine **ernste** Sache ist eine wahre Freude.
(Seneca, Epistulae)

Kann man denn auch nicht lachend sehr **ernsthaft** sein? *(G. E. Lessing, Minna von Barnhelm)*

Ohne Saat keine **Ernte**. *(Sprichwort)*

Wo man am meisten drauf **erpicht**, gerade das bekommt man nicht.
(W. Busch)

Kommt her zu mir alle, die ihr mühselig und beladen seid; ich will euch **erquikken**. *(Matth. 11, 28)*

Erquickung hast du nicht gewonnen, wenn sie dir nicht aus eigner Seele quillt.
(Goethe, Faust)

Es ist **erreicht**!
(Bezeichnung für die vom Hoffriseur Haby für Kaiser Wilhelm II. geschaffene Barttracht)

Was man **erringt**, behauptet man hartnäckiger, als was man ererbt hat.
(Goethe)

Erröten macht die Häßlichen so schön.
(G. E. Lessing, Nathan der Weise)

Errötend folgt er ihren Spuren.
(Schiller, Glocke)

Ach! Die **Erscheinung** war so riesengroß, daß ich mich recht als Zwerg empfinden sollte. *(Goethe, Faust)*

Nur nichtig ist der Schein, doch wichtig die **Erscheinung**. *(F. Rückert)*

Heil sei dem Tag, an welchem du bei uns **erschienen**! *(A. Lortzing, Zar und Zimmermann)*

Über des **Erschlagenen** Stätte schweben rächende Geister und lauern auf den wiederkehrenden Mörder.
(Goethe, Faust)

Ersparen ist leichter als erhalten.
(Sprichwort)

Erspart ist gewonnen. *(Sprichwort)*

Was man **erspart**, ist auch gewonnen.
(C. Lehmann, Politischer Blumengarten)

Kannst du das Höchste nicht erreichen, sei nur der **Erste** von deinesgleichen.
(J. G. Keil, Lyra und Harfe)

Der **erste** Schritt ist der schwerste.
(Sprichwort)

Lieber der **Erste** hier als der Zweite in Rom. *(Caesar, nach Plutarch)*

Die **Ersten** werden die Letzten, und die Letzten werden die Ersten sein.
(Matth. 19, 30)

Erstens kommt es anders, zweitens als man denkt. *(Redensart)*

Das **ertrage**, wem's gefällt!
(L. da Ponte/W. A. Mozart, Don Giovanni)

Ertrage und entbehre! *(Sprichwort)*

Der **Ertrinkende** klammert sich an einen Strohhalm. *(Sprichwort)*

Erwägen! Erwägen! Ich erwäge, daß hier nichts zu erwägen ist. *(G. E. Lessing, Emilia Galotti)*

Der Rest verdient nicht die Ehre der **Erwähnung**. *(P. Corneille, Cinna)*

Das geht ja über mein **Erwarten** schön.
(Shakespeare, Sommernachtstraum)

Beide schaden sich selbst: der zuviel verspricht, und der zuviel **erwartet**.
(G. E. Lessing)

Die **Erwartung** ist eine Kette, die alle unsere Freuden verbindet.
(Luc de Clapiers, Marquis de Vauvenargues)

Erwerben ist leichter als erhalten.
(Sprichwort)

Ein tönendes **Erz** oder eine klingende Schelle. *(1. Kor. 13, 1)*

Was doch soll ich zuerst und was zuletzt dir **erzählen**? *(Homer, Odyssee)*

Wir sind **erzbereit**! *(Franz. Kriegsminister Lebœuf, 1870)*

Erzbösewicht. *(Spr. Salom. 24, 8)*

Der **Erzieher** verdient den Namen Vater mehr als der Erzeuger. *(Talmud)*

Die Zukunft habt ihr, ihr habt das Vaterland, ihr habt der Jugend Herz, **Erzieher**, in der Hand. *(F. Rückert, Weisheit des Brahmanen)*

Wer sich an seine eigene Kindheit nicht deutlich erinnert, ist ein schlechter **Erzieher**. *(M. v. Ebner-Eschenbach)*

Die **Erziehung** ist das größte Problem und das Schwierigste, was dem Menschen aufgegeben werden kann.
(I. Kant)

Durch **Erziehung** werden wir, was wir sind; dem Unterricht verdanken wir, was wir wissen. *(T. G. v. Hippel, Über die Ehe)*

Durch **Erziehung** wird der Mensch erst wahrhaftig Mensch. *(Plato)*

Ohne **Erziehung** zum Gehorsam ist keine Bildung zu einem charakterfesten Menschen, zu einem Manne denkbar.
(A. Diesterweg)

Ohne Züchtigung keine **Erziehung**.
(Goethe)

Gute **Erziehung** besteht darin, daß man verbirgt, wieviel man von sich selber hält und wie wenig von den anderen.
(J. Cocteau)

Schon mancher Knabe guter Art durch **Erziehung** verdorben ward.
(Sprichwort)

Die **Erziehungsfrage** ist für die jetzige Gesellschaft eine Frage des Lebens oder des Todes. *(E. Renan)*

Wer nicht geschunden wird, wird nicht **erzogen**. *(Sprichwort aus dem Griechischen)*

Ihr seid **Erzschäkers**, die das Brot nicht wert sind, das man Euch gibt, und verdient alle weggejagt zu werden.
(Friedrich d. Gr.)

Den Sack schlägt man, und den **Esel** meint man. *(Sprichwort, nach Petronius Arbiter, Satyricon Liber)*

Der **Esel** geht voran. *(Sprichwort)*

Der **Esel** wird nicht gefragt, wenn er beladen wird. *(Griechisches Sprichwort)*

Ein **Esel** nennt den andern Langohr. *(Sprichwort)*

Ein schäbiges Kamel trägt immer noch die Lasten vieler **Esel**. *(Goethe, Maximen und Reflexionen)*

Esel dulden stumm –, allzu gut ist dumm. *(Sprichwort)*

Geputzt wie ein **Esel** am Palmsonntag. *(A. a Santa Clara)*

Was der **Esel** sagt, glaubt er. *(Persisches Sprichwort)*

Was von mir ein **Esel** spricht, das acht' ich nicht. *(Sprichwort)*

Wenn man den **Esel** nennt, kommt er (an)gerennt. *(Sprichwort)*

Wenn's dem **Esel** zu wohl wird, geht er aufs Eis tanzen. *(Sprichwort)*

Eine **Eselsbrücke**. *(Redensart)*
Lern- bzw. Gedächtnishilfe

Wär' **Eselstrab** auch nur von Dauer. *(G. E. Lessing, Sinngedichte)*

Wie **Espenlaub** zittern. *(Redensart)*

Beim **Essen** zuschauen macht nicht satt. *(Schwedisches Sprichwort)*

Da geht's, mein Herr, nicht immer mutig zu; doch schmeckt dafür das **Essen**, schmeckt die Ruh. *(Goethe, Faust)*

Der Appetit kommt beim **Essen**. *(Sprichwort, nach F. Rabelais, Gargantua)*

Lasset uns **essen** und fröhlich sein. *(Luk. 15, 23)*

Der Schöpfer hat dem Menschen die Verpflichtung auferlegt, zu **essen**, um zu leben. *(J. A. Brillat-Savarin, Physiologie du Goût)*

Essen und Trinken hält Leib und Seele zusammen. *(Sprichwort)*

Fresser und Säufer verstehen nichts vom **Essen** und vom Trinken. *(J. A. Brillat-Savarin, Physiologie du Goût)*

Man lebt nicht, um zu **essen**, sondern man ißt, um zu leben. *(Sprichwort, nach Sokrates)*

Nach dem **Essen** sollst du ruhn oder tausend Schritte tun. *(Sprichwort)*

Nach dem **Essen** sollst du stehn oder tausend Schritte gehn. *(Sprichwort)*

Selber **essen** macht fett. *(Sprichwort)*

So jemand nicht will arbeiten, der soll auch nicht **essen**. *(2. Thess. 3, 10)*

Was werden wir **essen**? Was werden wir trinken? *(Matth. 6, 31)*

Wer gut **essen** will, darf den Koch nicht beleidigen. *(Chinesisches Sprichwort)*

Wer mit will **essen**, soll auch mit dreschen. *(Sprichwort)*

Wir leben nicht, um zu **essen**; wir essen, um zu arbeiten. *(Nach Sokrates)*

Aus finstrer Dornenhecken die **Eule** rauscht hervor, tät rings mit Kreischen wecken der Raben heisren Chor. *(R. Wagner, Meistersinger)*

Die **Eule** lobt den Tag nicht. *(Sprichwort)*

Eulen nach Athen tragen. *(Redensart, nach Aristophanes)*
Bezeichnung für eine überflüssige Tätigkeit

In fünfzig Jahren wird ganz **Europa** republikanisch oder kosakisch sein.
(Napoleon I.)

Jetzt erlöschen die Lichter über **Europa**, und niemand, der noch lebt, wird sie wieder leuchten sehen! *(Sir E. Grey, 1914)*

Wer über **Böhmen** gebietet, ist Herr über **Europa**. *(Ein wahrscheinlich im 14. Jahrhundert entstandenes Wort)*

Wir stehen in **Europa** und vorzüglich in Deutschland, unserem Vaterlande, auf einem scharfen, schneidenden Punkte des Augenblicks. *(E. M. Arndt)*

Wir möchten gerne wissen, ob sie vielleicht **europamüd'**, von Weltschmerz so zerrissen? *(J. v. Eichendorff, Auswanderer)*

Europens übertünchte Höflichkeit.
(J. G. Seume, Der Wilde)

Verführerische **Eva**. *(Nach 1. Mos. 3)*

Das **Evangelium** ist so klar, daß es nicht viel Auslegens bedarf, sondern es will nur wohl betrachtet, angesehen und tief zu Herzen genommen sein.
(M. Luther, Kirchenpostille)

Das **Evangelium** kann nicht ohne Humor gepredigt werden. *(Luther, Tischreden)*

Die das **Evangelium** verkündigen, sollen sich vom Evangelium nähren.
(1. Kor. 9, 14)

Das **Ew'ge** regt sich fort in allen.
(Goethe, Eins und alles)

Die Unendlichkeit und das **Ewige** ist das einzig Gewisse. *(S. Kierkegaard)*

Dem **Ewigen**, der durch das einzige Wort: »Werde« Himmel und Erde erschaffen hat, ist nichts unmöglich.
(J. G. Herder)

Auch die **Ewigkeit** besteht aus Augenblicken. *(Sprichwort)*

Die **Ewigkeit** fragt nicht nach lang und kurzer Zeit. *(R. A. Schröder, Es tönt mir wie der Glocke Klang)*

Die Zeit ist die Larve der **Ewigkeit**.
(Jean Paul)

Drücken wir das Abbild der **Ewigkeit** auf unser Leben! *(F. Nietzsche)*

Von **Ewigkeit** zu Ewigkeit.
(Psalm 90, 2)

Wem Zeit wie Ewigkeit, und **Ewigkeit** wie Zeit, der ist befreit von allem Leid.
(J. Böhme)

Willst du recht verstehn die Zeit: Schau sie im Lichte der **Ewigkeit**!
(G. C. Dieffenbach)

Wir eilen mit dem Strom der Zeit stets näher hin zur **Ewigkeit**. *(C. F. Neander)*

Die **Ewigmorgigen** sind so langweilig wie die Ewiggestrigen. *(H. Habe)*

Alles Vergängliche ist nur ein Gleichnis;
das Unzulängliche, hier wird's Ereignis;
das Unbeschreibliche, hier ist's getan;
das **Ewig-Weibliche** zieht uns hinan.
(Goethe, Faust)

Das **Ewig-Weibliche** zieht uns hinab.
(F. Nietzsche, Jenseits von Gut u. Böse)

Ein **Exempel** statuieren. *(Redensart)*

Es seyen allein die großen **Exempel** und die großen Muster, welche die Menschen erziehen und formen.
(Friedrich d. Gr.)

Unser Erdenleben ist nur eine kleine Strecke auf der ganzen Bahn unsrer **Existenz**.
(M. Claudius, Ernst und Kurzweil)

Exodus. [Auszug] *2. Buch Mos., danach Titel eines Romans von L. Uris, 1958*

Die **Expropriateurs** werden expropriiert. *(K. Marx, Kapital)*
Die Enteigner werden enteignet

Extratour. *(Nach Reichskanzler Fürst B. von Bülow, 1902)*

Mancher will stets eine **Extrawurst** gebraten haben. *(Redensart)*
Soviel wie: ... will bevorzugt behandelt werden

Von einem **Extrem** ins andere fallen. *(Redensart)*

Die **Extreme** berühren sich. *(Redensart, L. S. Mercier, Tableau de Paris)*

Wir gelangen nur selten anders als durch **Extreme** zur Wahrheit. *(Schiller)*

Zwei Menschen sind immer zwei **Extreme**. *(F. Hebbel, Tagebücher)*

F

Fabrikware der Natur.
(A. Schopenhauer)
Soviel wie: durchschnittlich befähigter Professor

Fabian im Nebelhut tut den Bäumen gar nicht gut. *(Bauernregel)*
Fabian: 20. Januar

Das Wahre ist eine **Fackel**. *(Goethe)*

Daß ein roter **Faden** durch das Ganze durchgeht. *(Goethe, Wahlverwandtschaften; nach der in der britischen Marine üblichen Kennzeichnung des Tauwerks)*

Nicht jede Zeit findet ihren großen Mann, und nicht jede **Fähigkeit** findet ihre Zeit. *(J. Burckhardt)*

Es hebt die Freiheit siegend ihre **Fahne**.
(Schiller, Wilhelm Tell)

Laß **fahren** dahin! *(Luther, Ein' feste Burg)*

Falken und Tauben. *(Redensart)*
Soviel wie: Scharfmacher und Beschwichtiger (in der Politik)

Ein tiefer **Fall** führt oft zu höherm Glück. *(Shakespeare, Cymbeline)*

Hinter den großen Höhen folgt auch der tiefe, der donnernde Fall. *(Schiller, Braut von Messina)*

Hochmut kommt vor dem **Fall**.
(Nach Spr. Salom. 16, 18)

Oh, das bedeutet einen tiefen **Fall**!
(Schiller, Jungfrau von Orleans)

Politik von **Fall** zu Fall. *(J. Andrassy)*

Wer hoch zu stehen wähnt, ist seinem **Falle** nah. *(C. M. Wieland, Wasserkufe)*

Fallen ist keine Schande, aber liegen bleiben. *(Sprichwort)*

Grausam ist's, den **Fallenden** zu drängen.
(Shakespeare, Heinrich VIII.)

Fallstricke. *(Nach Luk. 21, 35)*

Wie ein **Fallstrick** wird er kommen über alle, die auf Erden wohnen.
(Luk. 21, 35)

Wer von selbst **fällt**, weint nicht.
(Türkisches Sprichwort)

Falsch ist das Geschlecht der Menschen.
(Schiller, Hero und Leander)

Falsch wie eine Katze. *(Redensart)*

Wie man's macht, is's **falsch**; und macht man's falsch, ist's ooch nich richtig.
(Scherzhafte Berliner Redensart)

Es ist so schwer, den **falschen** Weg zu meiden. *(Goethe, Faust)*

Die **Falschheit** herrschet, die Hinterlist bei dem feigen Menschengeschlechte.
(Schiller, Wallensteins Lager)

Falschheit regiert die ganze Welt.
(G. Rollenhagen, Froschmeuseler)

Die **Familie** ist die Quelle des Segens und Unsegens der Völker. *(M. Luther, Tischreden)*

Eine feine **Familie**. *(Redensart)*

Das kommt in den besten **Familien** vor.
(Redensart)

Ach, was für ein Kreuz ist doch diese öde **Familiensimpelei**. *(O. Wilde, Bildnis des Dorian Gray)*

Oh, das war mal eine schöne, rührende **Familienszene**. *(W. Busch, Julchen)*

So kommt es dann zuletzt heraus, daß ich ein ganz **famoses** Haus. *(W. Busch, Selbstkritik)*

Des **Fanatismus** rauher Henkerknecht.
(Schiller, Don Carlos)

Man müßte es dahin bringen, daß sich alle Menschen des **Fanatismus** und der Intoleranz schämen. *(Friedrich d. Gr.)*

Beisammen sind wir, **fanget** an!
(Goethe, Faust)

Fanget an! *(R. Wagner, Meistersinger)*

Farbe bekennen. *(Redensart)*
Die wahre Meinung äußern

Mit einem Blinden läßt sich nicht von der **Farbe** reden. *(Sprichwort)*

Solang der **Fasching** währt, verehren wir die Lüge, der Rolle treu, mit lächerlichem Ernst, den süßen Rausch des Haufens nicht zu stören. *(Schiller, Don Carlos)*

Das **Faß** riecht nach dem ersten Wein.
(Sprichwort)

Das schlägt dem **Faß** den Boden aus.
(Sprichwort)
Das ist ja unerhört!

Ein leeres **Faß** dröhnt lauter als ein volles. *(Russisches Sprichwort)*

Volles **Faß** hat keinen Klang.
(Sprichwort)

Wenn nicht viel im **Faß** ist, kann man auch nicht viel daraus zapfen.
(Sprichwort)

Wer es **fassen** mag, der fasse es.
(Matth. 19, 12)

Ich kann's nicht **fassen**, nicht glauben.
(A. v. Chamisso, Frauen-Liebe und -Leben)

Alte **Fässer** rinnen gern. *(Sprichwort)*

Von leeren **Fässern** ist der Lärm am größten. *(Jüdisches Sprichwort)*

Die Religionen Müsen alle tollerieret werden, und Mus der Fiscal nuhr das auge drauf haben, das keine der anderen abruch Tuhe, den hier mus ein jeder nach Seiner **Fasson** Selich werden.
(Randbemerkung Friedrichs II., 1740)

In meinem Staate kann jeder nach seiner **Fasson** selig werden.
(Nach einer Randbemerkung Friedrichs d. Gr.)

Weisere **Fassung** ziemet dem Alter.
(Schiller, Braut von Messina)

Ein wenig **Fasten** ist gesund.
(L. H. v. Nicolay, Der Esel und die drei Herren)

Wer satt ist, lobt das **Fasten**.
(Sprichwort)

Etwas ist **faul** im Staate Dänemark.
(Redensart, nach Shakespeare, Hamlet)

Faul wie die Sünde. *(Redensart)*

Voll macht **faul**. *(Sprichwort)*

Was bald reif wird, wird bald **faul**.
(Sprichwort)

Der **Faule** begehrt, und kriegt's doch nicht; aber die Fleißigen kriegen genug.
(Spr. Salom. 13, 4)

Der **Faule** stirbt über seinen Wünschen; denn seine Hände wollen nichts tun.
(Spr. Salom. 21, 25)

Abends werden die **Faulen** fleißig.
(Sprichwort)

Besser laufen als **faulen**. *(Goethe, Reineke Fuchs)*

Die **Faulen** und die Dreisten schrei'n am lautesten. *(Sprichwort)*

Faulenzen erweitert des Teufels Grenzen. *(A. a Santa Clara)*

Wer nicht richtig **faulenzen** kann, kann auch nicht richtig arbeiten.
(Sprichwort)

Faulheit ist Dummheit des Körpers, und Dummheit – Faulheit des Geistes.
(J. G. Seume, Apokryphen)

Fleiß bringt Brot, **Faulheit** Not.
(Sprichwort)

Ohne **Faulheit** kein Fortschritt!
Weil der Mensch zu faul war, zu rudern, erfand er das Dampfschiff; weil er zu faul war, zu Fuß zu gehen, erfand er das Auto; weil er zu faul war, abends die Augen zuzumachen, erfand er das Fernsehen.
(M. Hausmann)

Ein **Faulpelz** ist des Teufels Kopfkissen.
(Sprichwort)

Dem **Faun**, wenn er die Patsche reicht, versagt die Schönste den Tanz nicht leicht. *(Goethe, Faust)*

Die **Faust** in der Tasche ballen.
(Redensart)
Seine Wut nicht offen zeigen

Ich fühle eine Armee in meiner **Faust**.
(Schiller, Räuber)

Mit eiserner **Faust**. *(Redensart)*
Rücksichtslos

Mit gepanzerter **Faust**.
(Nach Kaiser Wilhelm II.)

Sich ins **Fäustchen** lachen. *(Redensart, nach Jes. Sir. 12, 19)*

Es **faustdick** hinter den Ohren haben.
(Redensart)
Durchtrieben sein

Sonnt sich die Katze im **Feber**, friert sie sicher im März. *(Bauernregel)*

Ist eine **Feder** wohl so leicht hin und her geblasen wie dieser Haufe?
(Shakespeare, Heinrich VI.)

Nicht so vieles **Federlesen**!
(Goethe, Westöstlicher Diwan)

Nicht viel **Federlesens** machen.
(Redensart)
Soviel wie: ohne große Umstände

An den **Federn** erkennt man den Vogel.
(Sprichwort)

Sich mit fremden **Federn** schmücken.
(Redensart, nach Aesop, Dohle und Eule)

Viele **Federn** machen ein Bett.
(Sprichwort)

Jeder **fege** vor seiner eigenen Tür.
(Sprichwort)

Sobald das Geld im Kasten klingt, die Seele aus dem **Fegefeuer** springt.
(Nach Ablaßkrämer Tetzel)

Eine **Fehlbitte** tun. *(Nach Mark. 6, 26)*

Verzeihe mir die verborgenen **Fehle**! *(Psalm, 19, 13)*

Das ist mehr als ein Verbrechen, das ist ein **Fehler**. *(Angeblich von Fouché; auch Talleyrand zugeschrieben)*

Der Mensch liebt seine eignen **Fehler**. *(Sprichwort)*
Durch **Fehler** wird man klug. *(Sprichwort)*

Ein **Fehler**, den man erkennt, ist schon halb gebessert. *(Polnisches Sprichwort)*

Ein großer **Fehler**: daß man sich mehr dünkt, als man ist, und sich weniger schätzt, als man wert ist. *(Goethe, Maximen und Reflexionen)*

Es ist ein großer Vorteil im Leben, die **Fehler**, aus denen man lernen kann, möglichst frühzeitig zu machen. *(W. L. Churchill)*

Fremde **Fehler** haben wir vor Augen, unsere haben wir im Rücken. *(Marokkanisches Sprichwort)*

Große Tugenden, große **Fehler**. *(Sprichwort)*

Jeder **Fehler** erscheint unglaublich dumm, wenn andre ihn begehen. *(G. C. Lichtenberg)*

Jedes Weibes **Fehler** ist des Mannes Schuld. *(J. G.Herder)*

Man darf nur alt werden, um milder zu sein; ich sehe keinen **Fehler** begehen, den ich nicht auch begangen hätte. *(Goethe, Maximen und Reflexionen)*

Mancher ist einem trotz seines Verdienstes zuwider, und mancher trotz seiner **Fehler** angenehm. *(F. de La Rochefoucauld)*

Niemand wird ohne **Fehler** geboren. *(Horaz, Satiren)*

Wenn man **Fehler** gemacht hat, bezeichnet man das selbst gern als »Erfahrungen sammeln«. *(O. Wilde)*

Ach, des Lebens schönste **Feier**, endigt auch den Lebensmai. *(Schiller, Glocke)*

Mit dem Tode ist's für immer **Feierabend**. *(Sprichwort)*

Du sollst den **Feiertag** heiligen. *(M. Luther, Kl. Katechismus: Das dritte Gebot, nach 2. Mos. 20, 8)*

Ich mag nicht **feig** sein; mag nicht überreden. *(G.E. Lessing, Nathan der Weise)*

Der **Feige** droht nur, wo er sicher ist. *(Sprichwort)*

Es stirbt der **Feige** oftmals, eh' er stirbt. *(Shakespeare, Julius Caesar)*

Lieber fünf Minuten **feige**, als ein Leben lang tot. *(Scherzhaftes Sprichwort)*

Dem **Feigen** kehrt das Glück den Rükken. *(Sprichwort)*

Nur dem **Feigen** ist es Nacht. *(Goethe, An die Erwählte)*

Nur **Feigen**, die sich selbst verlassen, legt die Verzweiflung Fesseln an. *(A. Langbein)*

Feigenblatt *(Nach 1. Mos. 3, 7)*
Soviel wie: schamhafte Verhüllung

Der alt' böse **Feind**, mit Ernst er's jetzt meint. *(M. Luther, Ein' feste Burg)*

Der ärgste **Feind** ist in uns selber. *(Sprichwort)*

Ein Arzt darf auch dem **Feind** sich nicht entziehen. *(K. Gutzkow, Uriel Acosta)*

Im Fall der Gegenwehr ist es am besten, den **Feind** für mächt'ger zu halten, als er scheint. *(Shakespeare, Heinrich V.)*

Kein kluger Streiter hält den **Feind** gering. *(Goethe, Iphigenie)*

Oft ist der Mensch sich selbst sein größer **Feind**. *(Sprichwort, nach Cicero, Ad Atticum)*

Säumt man lang, so wird der **Feind** gewarnt. *(Schiller, Wilhelm Tell)*

Viel **Feind'**, viel Ehr'! *(Sprichwort)*

Ach Herr, wie sind meiner **Feinde** so viel und setzen sich so viele wider mich! *(3. Psalm 2)*

Dem fliehenden **Feinde** soll man goldene Brücken bauen. *(Sprichwort)*

Feinde ringsum! *(K.-G. Cramer, Kriegslied)*

Liebe deine **Feinde**, denn sie sagen dir deine Fehler. *(B. Franklin)*

Recht ist's, auch vom **Feinde** zu lernen. *(Ovid, Metamorphosen)*

Wer drei **Feinde** hat, muß sich mit zweien vertragen. *(Sprichwort)*

Feindliche Brüder. *(Redensart, nach Schiller, Braut von Messina)*

Dadrum keene **Feindschaft** nich! *(Redensart, nach Angely, Fest der Handwerker)*

Feine Leute haben **feine** Sachen. *(Sprichwort)*

Wir denken **feiner**, reden feiner und faseln – feiner. *(G. C. Lichtenberg, Physiognomik)*

Das **Feinste** fällt durchs Sieb. *(W. Busch)*

Das **Feld** muß er behalten. *(M. Luther, Ein' feste Burg)*

Das ist ein zu weites **Feld!** *(Nach Th. Fontane, Effi Briest)*

Nicht jedes **Feld** trägt jede Frucht. *(Sprichwort)*

Dich juckt wohl das **Fell?** *(Redensart)*
Du willst wohl Prügel haben?

Jemandem das **Fell** über die Ohren ziehen. *(Redensart)*
Jemanden übervorteilen

Man soll das **Fell** des Bären nicht verkaufen, ehe man ihn nicht erlegt hat. *(Sprichwort)*

Der **Feldherr** wie der Fürst bedarf ein Herz von Erz. *(A. Grün, Bei Radetzkys Bestattung)*

Ein guter **Feldherr** ist so gut wie eine halbe Armee. *(Sprichwort)*

Felix und Petrus zeigen an, was wir vierzig Tage Wetter ha'n. *(Bauernregel)*
Felix: 21. Februar

Ob **Fels** und Eichen splittern, wir werden nicht erzittern. *(E. Hinkel, Bundeslied)*

Die **Fenster** auf! Die Herzen auf! Geschwinde! *(W. Müller, Frühlingseinzug)*

In den öden **Fensterhöhlen** wohnt das Grauen. *(Schiller, Glocke)*

Ferien vom Ich. *(Redensart, nach dem Buch von P. Keller)*

Ferment der Dekomposition. *(Th. Mommsen, Römische Geschichte)*

Das sei **ferne** von mir. *(Redensart, nach Mos. 44, 17)*

Warum in die **Ferne** schweifen? Sieh, das Gute liegt so nah. *(Nach Goethe, Erinnerungen)*

Ehrlich, ganz ehrlich gesprochen, wißt Ihr Herren in der **Ferne** doch alle nichts von Berlin... *(K.F. Zelter an Goethe, 1818)*

Fernsehen ist das einzige Schlafmittel, das mit den Augen eingenommen wird. *(V. de Sica)*

Was willst du, **Fernando**, so trüb und so bleich? *(L. Brachmann, Columbus)*

Gehe nie zu deinem **Ferscht**, wenn du nicht gerufen werscht! *(Scherzhaftes Sprichwort)*

Fersengeld zahlen. *(Redensart)*
Soviel wie: ausrücken

Man muß die **Feste** feiern, wie sie fallen. *(Sprichwort, nach Salingré, Graupenmüller)*

Saure Wochen, frohe **Feste**. *(Goethe, Schatzgräber)*

Satt essen kann sich jeglicher zu Hause; geselliges Vergnügen, munteres Gespräch muß einem **Festmahl** Würze geben. *(Schiller, Macbeth)*

Festtage sind Freßtage. *(Redensart)*

Fett schwimmt oben. *(Redensart)*

Selber essen macht **fett**. *(Sprichwort)*

Von seinem eigenen **Fett** zehren. *(Redensart)*
Von seinen Ersparnissen leben.

Wär' er nur **fetter**! *(Shakespeare, Caesar)*

Ein **Fetzen** Papier. *(Nach Reichskanzler Th. v. Bethmann Hollweg, 1914)*

Anbete du das **Feuer** hundert Jahr'; dann fall hinein, dich frißt's mit Haut und Haar. *(Goethe, Zahme Xenien)*

Aus **Feuer** wird der Geist geschaffen, drum schenkt mir süßes Feuer ein! *(E. M. Arndt, Feuerlied)*

Denn seit das **Feuer** mir so nahe kam, dünkt mich im Wasser sterben Erquickung, Labsal, Rettung. *(G.E. Lessing, Nathan der Weise)*

Feuer und Wasser sind gute Diener, aber schlechte Herren. *(Sprichwort)*

Kein **Feuer**, keine Kohle kann brennen so heiß, als heimliche Liebe, von der niemand nichts weiß. *(Altes Volkslied)*

Leicht wird ein kleines **Feuer** ausgetreten, das, erst geduldet, Flüsse nicht mehr löschen. *(Shakespeare, Heinrich VI.)*

Wenn nimmer Holz da ist, so verlischt das **Feuer**. *(Spr. Salom. 26, 20)*

Wer ins **Feuer** bläst, dem fliegen die Funken in die Augen. *(Sprichwort)*

Feuereifer. *(Nach Hebr. 10, 26 u. 27)*

Die roten Haare deuten auf ein **Feuerherz**. *(A. v. Platen)*

Die **Feuerprobe** bestehen. *(Redensart)*
Mit der schwierigsten Sache fertig werden

Wohltätig ist des **Feuers** Macht, wenn sie der Mensch bezähmt, bewacht. *(Schiller, Glocke)*

Feuertaufe. *(Nach Matth. 3, 11)*
Bezeichnung für die erste harte Bewährung.

Fern ein **Feuerwerk** leuchtet auf, verlischt, und dann – Dunkel wie zuvor. *(Terada Torahiko, geb. 1878)*

Während ein **Feuerwerk** abgebrannt wird, sieht niemand nach dem gestirnten Himmel. *(M. v. Ebner-Eschenbach)*

Feuerzauber. *(Nach R. Wagner, Walküre)*

Ein **Fichtenbaum** steht einsam im Norden auf kahler Höh'. *(H. Heine, Lyrisches Intermezzo)*

Nehmet Holz vom **Fichtenstamme**. *(Schiller, Glocke)*

Und von ihrer Äxte Schlägen krachend stürzt der **Fichtenwald**. *(Schiller, Eleusisches Fest)*

Das **Fiedeln**, Schreien, Kegelschieben ist mir ein gar verhaßter Klang; sie toben, wie vom bösen Geist getrieben und nennen's Freude, nennen's Gesang. *(Goethe, Faust)*

Trau' keinem **Filou**, und hätt' er auch beide Augen zu. *(W. Busch, Der Verdächtige)*

Suchet, so werdet ihr **finden!** *(Matth. 7, 7; Luk. 11, 9)*

Das ist der **Finger** Gottes. *(2. Mos. 8, 19)*

Durch die **Finger** sehen. *(3. Mos. 20, 4)*

Jemandem auf die **Finger** sehen. *(Redensart)*
Jemanden genau beobachten.

Jemanden um den **Finger** wickeln können. *(Redensart)*
Man kann mit ihm machen, was man will.

Keinen **Finger** rühren (oder krumm machen). *(Redensart)*
Sich nicht ein bißchen anstrengen.

Lange **Finger** machen. *(Redensart)*
Stehlen

Sich die **Finger** nach etwas lecken. *(Redensart)*
Etwas heftig begehren

Sich die **Finger** verbrennen. *(Redensart)*
Schaden erleiden

Und wie er winkt mit dem **Finger**. *(Schiller, Handschuh)*

Wer lange **Finger** hat, muß auch lange Beine haben. *(Schwedisches Sprichwort)*

Etwas an den fünf **Fingern** abzählen können. *(Redensart)*

Mit **Fingern** auf jemanden zeigen. *(Redensart)*

Sich etwas aus den **Fingern** saugen. *(Redensart)*
Soviel wie: etwas erdichten

Ägyptische **Finsternis**. *(Redensart, nach 2. Mos. 10, 22)*

Die **Finsternis** ist die größte Feindschaft des Lichts und ist doch die Ursache, daß das Licht offenbar werde. *(J. Böhme)*

Macht der **Finsternis**. *(Luk. 22, 53)*

Ich bin ein Teil des Teils, der anfangs alles war, ein Teil der **Finsternis**, die sich das Licht gebar. *(Goethe, Faust)*

In heil'gen **Fisternissen** hoch über uns geht das Schicksal verborgener Gang. *(C.M. Wieland)*

Und seiner Hände Werk zeigt uns das **Firmament**. *(J. Haydn, Schöpfung)*

Äß' lieber selbst 'nen guten **Fisch**, statt daß mich Fische fressen. *(L. Uhland, König Karls Meerfahrt)*

Ein fauler **Fisch** verdirbt die ganze Küche. *(Afrikanisches Sprichwort)*

Fisch will schwimmen.
(Redensart, nach Petronius)
Soviel wie: zu einem Fischgericht soll man trinken

Iß den **Fisch**, solange er frisch ist; verheirate die Tochter, solange sie jung ist!
(Dänisches Sprichwort)

Kalt wie ein **Fisch**. *(Redensart)*
Soviel wie: gefühllos

Kein **Fisch** ohne Gräte, kein Mensch ohne Fehler. *(Norwegisches Sprichwort)*

Weder **Fisch** noch Fleisch *(Redensart)*
Soviel wie: nichts Ordentliches

Die großen **Fische** fressen die kleinen.
(Sprichwort)

Frische **Fische**, gute Fische.
(Sprichwort)

In großen Wassern fängt man große **Fische**. *(Sprichwort)*

Kleine **Fische**! *(Redensart)*
Nichtigkeiten

Im Trüben **fischen**. *(Redensart)*
Gewinne aus unsauberen Geschäften ziehen

Im Trüben ist gut **fischen**. *(Sprichwort)*

Wer **fischen** will, scheue kein Wasser!
(J.H. Voß, Luise)

Fischerin, du kleine, schiffe nicht alleine in das große Meer. *(W. Müller, Das flotte Herz)*

Du schönes **Fischermädchen**, treibe den Kahn ans Land. *(H. Heine, Heimkehr)*

Ach, wüßtest du, wie's **Fischlein** ist, so wohlig auf dem Grund.
(Goethe, Fischer)

Fisimatenten machen. *(Redensart)*
Ausflüchte oder Dummheiten machen

Was mir läßt Christus, das nimmt mir der **Fiskus**. *(Redensart)*

Jemanden unter seine **Fittiche** nehmen.
(Redensart, nach Psalm 52, 6 u. 91, 4)

Lust und Liebe sind die **Fittiche** zu großen Taten. *(Goethe, Iphigenie)*

Fixigkeit ist keine Hexerei.
(Sprichwort)

Wie der **Flachs**, so das Garn.
(Sprichwort)

Flamme empor! *(C. Nonne, Beim Feuer)*

Keine **Flamme** ohne Rauch.
(Sprichwort)

Lodernde **Flammen** schlagen zum Himmel. *(G. Verdi, Troubadour)*

Frisch auf, mein Volk, die **Flammenzeichen** rauchen! *(Th. Körner, Aufruf)*

Lebe wohl, mein **flandrisch** Mädchen.
(A. Lortzing, Zar und Zimmermann)

Ich und mein **Fläschchen** sind immer beisammen. *(Langbein, Der Zecher)*

Nachbarin! Euer **Fläschchen!**
(Goethe, Faust)

Besser eine Laus im Kohl als gar kein **Fleisch**. *(Scherzhaftes Sprichwort)*

Das **Fleisch** hat seinen eignen Geist.
(F. Wedekind, Über Erotik)

Der Geist ist willig, aber das **Fleisch** ist schwach. *(Matth. 26, 41)*

Fettes **Fleisch** gibt auch fette Brühe.
(Sprichwort)

Fleisch und Blut. *(Redensart, nach 1. Mos. 37, 27)*

Fleisch von meinem Fleisch und Bein von meinem Bein. *(Nach 1. Mos. 2, 23)*

Mann und Frau sind ein **Fleisch.**
(Nach 1. Mos. 2, 23; Matth. 19, 5)

O **Fleisch**, Fleisch, wie bist du verfischt worden.
(Shakespeare, Romeo und Julia)

O schmölze doch dies allzu feste **Fleisch!**
(Shakespeare, Hamlet)

Sich ins eigene **Fleisch** schneiden.
(Redensart)
Sich selbst schaden

Wo das **Fleisch** verliert, wird der Geist geziert. *(A. a Santa Clara)*

Den Weg alles **Fleisches** gehen.
(Redensart, nach 1. Mos. 6, 12/13)

Sich nach den **Fleischtöpfen** Ägyptens zurücksehnen. *(Nach 2. Mos, 16, 3)*

Der **Fleiß** verjagt, was Faule plagt.
(Sprichwort)

Erst der Ernst macht den Mann, erst der **Fleiß** das Genie.
(Th. Fontane, Balladen und Gedichte)

Fleiß bringt Brot, Faulheit, Not.
(Sprichwort)

Fleiß geht über Kunst. *(Sprichwort)*

Ohne **Fleiß** kein Preis. *(Sprichwort)*

Wir leben in einer Zeit, die zuviel arbeitet und zuwenig erzogen ist, in einer Zeit, wo die Leute vor **Fleiß** verrückt werden. *(O. Wilde)*

Seines **Fleißes** darf sich jedermann rühmen. *(G.E. Lessing, Hamburgische Dramaturgie)*

Dem **Fleißigen** hilft Gott. *(Sprichwort)*

Was da **fleucht** und kreucht. *(Schiller, Wilhelm Tell, nach 1. Mos. 1, 26)*

Wie duftet doch der **Flieder**, so mild, so stark und voll.
(R. Wagner, Meistersinger)

Die **Fliege**, die nicht geklappt sein will, setzt sich am sichersten auf die Klappe selbst. *(G.C. Lichtenberg)*

Sich über die **Fliege** an der Wand ärgern.
(Redensart)
Sich über jede Kleinigkeit ärgern.

Tausend **Fliegen** hatt' ich am Abend erschlagen, doch weckte mich eine beim frühsten Tagen.
(Goethe, Sprichwörtlich)

Willst **fliegen** und bist vorm Schwindel nicht sicher? *(Goethe, Faust)*

Zwei **Fliegen** mit einer Klappe schlagen.
(Redensart)

Es **fliehen** nicht alle, die den Rücken wenden! *(C. Lehmann, Politischer Blumengarten)*

Alles **fließt!** *(Nach Heraklit)*

Flink wie eine Eidechse. *(Redensart)*

Die **Flinte** ins Korn werfen. *(Redensart)*
Den Mut verlieren

Nach den **Flitterwochen** kommen die Zitterwochen. *(Sprichwort)*

Jemandem einen **Floh** ins Ohr setzen.
(Redensart)
Jemandem etwas einreden, das ihm keine Ruhe läßt

Wem ein **Floh** ins Ohr gesetzt wird, der muß stochern. *(W. Busch)*

Ein Sack voll **Flöhe** ist leichter zu hüten als junge Weiber (bzw. Mädchen).
(Sprichwort)

Flötengehen. *(Redensart)*
Verlorengehen

Unglückseliges **Flötenspiel!** *(Schiller, Kabale und Liebe)*

Jemandem die **Flötentöne** beibringen. *(Redensart)* *Ihm gutes Benehmen beibringen.*

Sie kömmt, sie kömmt, des Mittags stolze **Flotte**. *(Schiller, Die unüberwindliche Flotte)*

Das eben ist der **Fluch** der bösen Tat, daß sie fortzeugend Böses muß gebären. *(Schiller, Piccolomini)*

Der **Fluch** fällt zurück auf den Flucher. *(Sprichwort)*

Fluchen ist des Teufels Meßgeläute. *(Sprichwort)*

Besser **Flucht** als Leid. *(Sprichwort)*

Flucht in die Öffentlichkeit. *(Redensart, nach Staatsekr. Marschall v. Bieberstein)*

Unstet und **flüchtig** sollst du sein auf Erden. *(1. Mos. 4, 12)*

Das schrecklichste ist das: der **Flüchtling** darf nicht offen reden, wie er gerne möchte. *(Schiller, Szenen aus den Phönizierinnen)*

Ich wollt', mir wüchsen **Flügel**! *(V. v. Scheffel, Wanderlied)*

Ihr eilet ja, als wenn ihr **Flügel** hättet, so kann ich euch nicht folgen, wartet doch! *(Nach A. Graf v. Schlieffen)*

Als ich noch im **Flügelkleide** in die Mädchenschule ging. *(Lied aus dem 18. Jahrhundert)*

Auf **Flügeln** des Gesanges. *(H. Heine)*

In lächerlichem Zuge erblickt man Ochs und **Flügelpferd** am Pfluge. *(Schiller, Pegasus im Joche)*

Ich bin allein auf weiter **Flur**. *(L. Uhland, Schäfers Sonntagslied)*

Es läuft kein **Fluß** den Berg hinan. *(Sprichwort)*

Alle **Flüsse** laufen ins Meer. *(Sprichwort)*

Wo man **flüstert,** wird gelogen. *(Sprichwort)*

Die hohe **Flut** ist's, die das schwere Schiff vom Strande hebt. *(Schiller, Piccolomini)*

Jede **Flut** hat ihre Ebbe. *(Sprichwort)*

Die wildesten **Fohlen** werden die besten Pferde. *(Sprichwort)*

Der ungeheuerste **Foliant** hat wie der dickste Kerl zuweilen noch Verstand. *(F. v. Hagedorn, Gedichte)*

Jemanden auf die **Folter** spannen. *(Redensart)* *Jemandes Neugier nicht befriedigen*

Wer **Förderliches** nicht vermag zu sagen, tut klüger, schweigt er völlig. *(F. Grillparzer)*

Wer viel **fordert**, bekommt viel. *(Sprichwort)*

Wer zu viel **fordert**, bekommt nichts. *(Sprichwort)*

Vor der Revolution war alles Bestreben, nachher verwandelte sich alles in **Forderung**. *(Goethe, Maximen und Reflexionen)*

Was aber ist deine Pflicht? Die **Forderung** des Tages. *(Goethe, Maximen und Reflexionen)*

Die meisten Leute machen sich selbst bloß durch übertriebene **Forderungen** an das Schicksal unzufrieden. *(W. v. Humboldt, Briefe an eine Freundin)*

Und keine Zeit und keine Kraft zerstückelt geprägte **Form**, die lebend sich entwickelt. *(Goethe, Orphische Urworte)*

Die alten **Formen** stürzen ein. *(Schiller, Antritt des neuen Jahrhunderts)*

Nicht von dieser Welt sind diese **Formen**. *(Schiller, Maria Stuart)*

Von der Wiege bis zur Bahre: **Formulare**, Formulare. *(Scherzhafte Redensart)*

Der Blick des **Forschers** fand nicht selten mehr, als er zu finden wünschte. *(L. Uhland, Schwäbische Kunde)*

Wer **fortgeht**, ist bald vergessen. *(Sprichwort)*

Den **Fortschritt** verdanken die Menschen den Unzufriedenen. *(A. Huxley)*

Der **Fortschritt** ist, um landwirtschaftlich zu sprechen, eine sehr gute Vorfrucht des Sozialismus, als Bodenbereiter; er gedeiht dann vorzüglich! *(Bismarck, 1878)*

Ich glaube an den **Fortschritt**, ich glaube, die Menschheit ist zur Glückseligkeit bestimmt. *(H. Heine, Deutschland)*

Ich glaube, es ist eine weltbekannte Sache, daß in Berlin der **Fortschritt** regiert. *(Bismarck im Dtsch. Reichstag, 1881)*

Deine langen **Fortschrittbeine**, heb sie auf zu neuem Lauf. Kutten grobe, Kutten feine, sind es Kutten, schlage drauf. *(H. Heine, Exnachtwächter)*

Dem Greifenden ist meist **Fortuna** hold. *(Goethe, Faust)*

Fortuna lächelt, doch sie mag nur ungern voll beglücken: Schenkt sie uns einen Sommertag, schenkt sie uns auch Mücken. *(W. Busch, Dank)*

Wir sind nicht der Knopf auf **Fortunas** Mütze. *(Shakespeare, Hamlet)*

Es saust der **Frack**. Schon eilt er fort. *(W. Busch, Fromme Helene)*

O **frage** nicht! *(R. Prutz, Frage nicht)*

Wie die **Frage**, so die Antwort. *(Sprichwort)*

An vielen **Fragen** erkennt man den Narren. *(Sprichwort)*

Auf schnelle **Fragen** gib langsame Antwort. *(Sprichwort)*

Besser zweimal **fragen** als einmal irregehen. *(Sprichwort)*

Fragen macht klug. *(Sprichwort)*

Fragen stellt man weder dem lieben Gott noch dem Gendarmen. *(Jüdisches Sprichwort)*

Man muß aufhören zu **fragen**, im Täglichen wie im Ewigen. *(C. Morgenstern)*

Sie frug wohl dies, sie frug wohl das, verfängliche **Fragen** mitunter. *(H. Heine, Deutschland)*

Wer **fragt**, der lernt. *(Sprichwort)*

Wer gerne gibt, **fragt** nicht lange. *(Sprichwort)*

Wer viel **fragt**, erhält viel Antwort. *(Sprichwort)*

Fraktur reden. *(Redensart)*
Deutlich und energisch reden

Ich will zur schönen Sommerszeit ins Land der **Franken** fahren. *(V. v. Scheffel, Wanderlied)*

Auf, **Frankreichs** Volk! Auf, Volk der Braven! Die Freiheit öffnet ihren Arm! *(»La Parisienne«, 1830)*

Der Lord läßt sich entschuldigen, er ist zu Schiff nach **Frankreich**. *(Schiller, Maria Stuart)*

Frankreich marschiert an der Spitze der Zivilisation. *(Louis XVIII. 1820, nach Guizot, Vorlesungen über die Geschichte der Zivilisation in Europa, 1928)*

Frankreich und England, deren Küsten selbst vor Neid erblassen bei des andern Glück. *(Shakespeare, Heinrich V.)*

In meinem **Frankreich** war's doch anders. *(Schiller, Don Carlos)*

Wie Gott in **Frankreich** leben. *(Redensart)*
Sehr gut leben

Zieh deiner Augen **Fransenvorhang** auf! *(Shakespeare, Sturm)*

Franz heißt die Kanaille. *(Schiller, Räuber)*

Ein echter deutscher Mann mag keinen **Franzen** leiden, doch ihre Weine trinkt er gern. *(Goethe, Faust)*

Sich **französisch** empfehlen. *(Redensart)*
Ohne Abschied fortgehen.

So'n bißchen **Französisch**, das ist doch ganz wunderschön. *(D. Kalisch, Der gebildete Hausknecht)*

Das Auge der **Frau** hält die Stube rein. *(Sprichwort)*

Der Mann ist ein Fluß, die **Frau** ist ein See. *(Sprichwort)*

Die beste **Frau** ist die, von der man am wenigsten spricht. *(Nach Thukydides)*

Die **Frau**, die dir schmeichelt, hat Übles im Sinn. *(Russisches Sprichwort)*

Die **Frau**, die ihren Mann nicht beeinflussen kann, ist ein Gänschen; die Frau, die ihn nicht beeinflussen will – eine Heilige. *(M. v. Ebner-Eschenbach)*

Die **Frau** gleicht der Kastanie: außen schön, innen schlecht. *(Französisches Sprichwort)*

Die **Frau** ist der wahre Gral. *(A. Rodin, Kathedralen Frankreichs)*

Eine **Frau** ohne Bedeutung. *(Titel eines Bühnenwerks von O. Wilde)*

Die **Frau** ist ein menschliches Wesen, das sich anzieht, schwatzt und sich auszieht. *(Voltaire)*

Die **Frau** verläßt sich auf's Weinen, der Dieb auf's Lügen. *(Jugoslawisches Sprichwort)*

Die **Frau** von dreißig Jahren. *(Titel eines Romans von H. de Balzac)*

Die **Frau** weint vor der Hochzeit, der Mann nachher. *(Polnisches Sprichwort)*

Doch kommt der Tag der Freiheit und der Rache, dann ruft dein Volk, dann deutsche **Frau**, erwache, ein guter Engel für die gute Sache! *(Th. Körner)*

Eine dumme, einfältige **Frau** ist ein Segen des Himmels. *(Voltaire)*

Eine **Frau** kann mit der Schürze mehr aus dem Haus tragen, als der Mann mit dem Erntewagen einfährt. *(Sprichwort)*

Eine **Frau** lacht, wenn sie kann, und weint, wenn sie will. *(Französisches Sprichwort)*

Eine **Frau** sagt nein und nickt ja. *(Japanisches Sprichwort)*

Eine **Frau** sucht man sich am Samstag, nicht am Sonntag aus. *(Griechisches Sprichwort)*

Eine gute **Frau** ist eine Krone wert.
(Französisches Sprichwort)

Eine häßliche **Frau** ist der beste Zaun um den Garten. *(Sprichwort)*

Es steht einer **Frau** nicht gut an, den Mund zu öffnen, außer beim Essen.
(Albanisches Sprichwort)

Frau meiner Träume. *(Titel eines Films aus dem Jahr 1944)*

Frau und Katze gehören ins Haus, Mann und Hund auf den Hof.
(Russisches Sprichwort)

Gott schuf die Erde und ruhte einen Tag; danach hat er die **Frau** erschaffen, und seitdem hat er keine Ruhe mehr.
(Belgisches Sprichwort)

Ha, **Frau**, das ist wider die Abrede!
(G.E. Lessing, Emilia Galotti)

Hat die **Frau** die Hosen an, ist der Mann ein Dummerjan. *(Sprichwort)*

Hauptsache, man ist gesund, und die **Frau** hat Arbeit.
(Scherzhafte Redensart)

Ich bin eine anständige **Frau**...
(V. Leon u. L. Stein, F. Lehár, Lustige Witwe)

Ich glaube, daß durch das Gefühl dem Geist einer **Frau** alles offenbar wird; nur bleibt es oft nicht darin haften.
(F. de La Rochefoucauld)

Mit Bitten herrscht die **Frau** und mit Befehl der Mann: Die eine, wenn sie will, der andere, wenn er kann.
(J.C. Rost, Vorspiel)

Schau dir die **Frau** an – und du kennst ihren Mann. *(Spanisches Sprichwort)*

Such dir deine **Frau** nicht beim Tanzen, sondern bei der Arbeit! *(Sprichwort)*

Wähl dir die **Frau** nicht mit den Augen, sondern mit den Ohren aus!
(Russisches Sprichwort)

Wenn die **Frau** die Kühe füttert, dann geben selbst die Hörner Milch.
(Sprichwort)

Wenn eine **Frau** schweigend leidet, dröhnen die Wände. *(Sprichwort)*

Wo die **Frau** im Haus regiert, ist der Teufel Hausknecht. *(Sprichwort)*

Behandelt die **Frauen** mit Nachsicht! Aus krummer Rippe ward sie erschaffen; Gott konnte sie nicht grade machen.
(Goethe)

Denn das Naturell der **Frauen** ist so nah mit Kunst verwandt. *(Goethe, Faust)*

Der Umgang mit **Frauen** ist das Element guter Sitten. *(Goethe, Maximen und Reflexionen)*

Deutsche **Frauen**, deutsche Treue, deutscher Wein und deutscher Sang.
(Hoffmann v. Fallersleben, Deutschlandlied)

Die **Frauen** sind silberne Schalen, in die wir goldene Äpfel legen.
(J.P. Eckermann, Gespräche mit Goethe)

Die liebenswürdigste der **Frauen** wird immer auch die schönste sein.
(A. v. Kotzebue)

Du gehst zu **Frauen?** Vergiß die Peitsche nicht! *(F. Nietzsche, Zarathustra)*
Auch zitiert:
»So du zum Weibe gehst...«

Durchsüßet und geblümet sind die reinen **Frauen**. *(W. v. d. Vogelweide, Frauenpreis)*

Ehret die **Frauen!** Sie flechten und weben himmlische Rosen ins irdische Leben. *(Schiller, Würde der Frauen)*

Ein edler Mann wird durch ein gutes Wort der **Frauen** weit geführt. *(Goethe, Iphigenie)*

Es gibt wenig **Frauen**, deren Wert ihre Schönheit überdauert. *(F. de La Rochefoucauld)*

Es ist ausgemacht, daß die schlechte Erziehung der **Frauen** viel mehr Unheil anrichtet als die der Männer. *(F. Fénelon, Töchtererziehung)*

Frauen kommen, um zu sehen und um gesehen zu werden. *(Ovid, Ars amandi)*

Frauen, richtet nur nie des Mannes einzelne Taten; aber über den Mann sprechet das richtige Wort. *(Schiller, Forum des Weibes)*

Frauen sind doch bessere Diplomaten. *(Teil eines Films aus dem Jahr 1941)*

Frauen sind ein Paradies für die Augen, ein Fegefeuer für den Beutel und eine Hölle für die Seele. *(Sprichwort)*

Frauen sind schwer zu regieren. *(M. Luther)*

Frauen sind zu Tränen gar geneigt. *(Sophokles, Aias)*

Frauen sparen im kleinen und verschwenden im großen. *(Englisches Sprichwort)*

Frauen und Pelze wollen oft geklopft sein. *(Russisches Sprichwort)*

Frauen und Suppen soll man nie warten lassen, sonst werden sie kalt. *(Schwedisches Sprichwort)*

Liebende **Frauen** verzeihen eher große Zudringlichkeiten als kleine Treulosigkeiten. *(F. de La Rochefoucauld)*

Ihr **Frauen** seid untertan euren Männern wie sichs gebührt in dem Herrn. *(Kol. 3, 18; rev. Fassung)*

Man kann nicht hoch genug von den **Frauen** denken, aber deshalb braucht man noch nicht falsch von ihnen zu denken. *(F. Nietzsche)*

Manche **Frauen** haben einen schrecklich schlechten Ruf – weil man ihnen nichts nachsagen kann. *(F. Kinz)*

Männer wollen immer die erste Liebe einer Frau sein, **Frauen** sind gern der letzte Roman eines Mannes. *(O. Wilde)*

Mit **Frauen** soll man sich nie unterstehen zu scherzen. *(Goethe, Faust)*

Nichtssagende **Frauen** reden am meisten. *(Sprichwort)*

Nur der verdient die Gunst der **Frauen**, der kräftig sie zu schätzen weiß. *(Goethe, Fraust)*

Oh, welch ein Wunder hat unser Herrgott in der **Frauen** Herz gelegt, wenn sie bloß von der richtigen Art sind! *(W. Raabe)*

Schöne Tage lobt man abends, schöne **Frauen** morgens. *(Sprichwort)*

Tausend **Frauen** wiegt das Leben eines einzigen Mannes auf. *(Euripides, Iphigenie in Aulis)*

Viel Kluges kam doch schon von **Frauen**. *(Euripides, Die Schutzflehenden)*

Weich und tränensüchtig ist der **Frauen** Herz. *(Euripides, Medea)*

Wer bei **Frauen** will Gunst behalten, der leg' nie das Gesicht in Falten. *(Sprichwort)*

Willst du genau erfahren, was sich ziemt, so frage nur bei edlen **Frauen** an. *(Goethe, Tasso)*

Ein **Frauenhaar** zieht mehr als ein Glockenstrang. *(Sprichwort)*

Es ist kein lieber Ding auf Erden, denn **Frauenliebe**, wem sie kann zu Theil werden. *(M. Luther, Tischreden)*

Es ist keine List über **Frauenlist**. *(Jes. Sirach 25, 18)*

Der wahren **Frauenschönheit** holder Macht kann widerstehen keine Macht auf Erden. *(N. Lenau, Faust)*

Veränderlich ist **Frauensinn**, und nimmer gleicht er sich. *(Schiller, Dido)*

Es gibt gewisse Dinge, wo ein **Frauenzimmer** immer schärfer sieht als hundert Augen der Mannspersonen. *(G.E. Lessing, Freigeist)*

Häßlichkeit entstellet immer selbst das schönste **Frauenzimmer**. *(D. Kalisch, Der gebildete Hausknecht)*

Denk, Kind, um alles in der Welt! Der Herr dich für ein **Fräulein** hält. *(Goethe, Faust)*

Mein **Fräulein**, sein Sie munter! *(H. Heine, Neue Gedichte)*

Mein schönes **Fräulein**, darf ich wagen, meinen Arm und Geleit ihr anzutragen? *(P. Knepler/B. Jenbach, F. Lehár, Paganini)*

Frech wie Oskar! *(Redensart)*

Bildung macht **frei**! *Wahlspruch des Buchhändlers J. Meyer und des von ihm gegründeten »Bibliographischen Instituts«)*

Es sind nicht alle **frei**, die ihrer Ketten spotten. *(G.E. Lessing, Nathan der Weise)*

Frei will ich leben und also sterben, niemand berauben und niemand beerben. *(Schiller, Wallensteins Lager)*

Herr, mach's uns **frei**! *(Aus dem »Niederländischen Dankgebet«)*

Mancher wähnt sich **frei**, und siehet nicht die Bande, die ihn schnüren. *(F. Rückert, Ghasele)*

Niemand ist **frei**, der über sich nicht Herr ist. *(M. Claudius, Sprüche des Pythagoreers ...)*

Der eine fragt: Was kommt danach? Der andere fragt nur: Ist es recht? Und also unterscheidet sich der **Freie** von dem Knecht. *(Storm, Gedichte)*

Freie Bahn dem Tüchtigen! *(Sprichwort nach Th. v. Bethmann Hollweg)*

Und **Freie** seid ihr nicht geworden, wenn ihr das Recht nicht festgestellt. *(L. Uhland)*

Auf **freiem** Grund mit freiem Volke stehen. *(Goethe, Faust)*

Freien ist kein Pferdekauf! *(Sprichwort)*

Freien ist wie Pferdekauf; Freier tu die Augen auf! *(Sprichwort)*

Du übersinnlicher, sinnlicher **Freier**! *(Goethe, Faust)*

Freigebig ist nicht, wer nur gibt, wo ihm kein Mangel droht; freigebig ist, wer Hunger hat und teilt mit dir sein Brot. *(F. Rückert, Erbauliches und Beschauliches)*

Die **Freigebigkeit** erwirbt einem jeden Gunst, vorzüglich wenn sie von Demut begleitet wird. *(Goethe, Maximen und Reflexionen)*

Wo will der angebliche **Freigeist** seine Beweise hernehmen, daß es kein höchstes Wesen gebe? *(I. Kant)*

Allzuviel **Freiheit** verdirbt auch die beste Frau. *(Russisches Sprichwort)*

Auf seine **Freiheit** verzichten heißt, auf seine Menschenwürde, Menschenrechte, selbst auf seine Pflichten verzichten. *(J.J. Rousseau)*

Freiheit ist immer nur die Freiheit des anders Denkenden. *(R. Luxemburg)*

Ausgehend von schrankenloser **Freiheit** ende ich mit unumschränktem Despotismus. *(F.M. Dostojewski, Dämonen)*

Das Gesetz nur kann uns **Freiheit** geben. *(Goethe, Natur und Kunst)*

Der **Freiheit** eine Gasse! *(Th. Körner, Aufruf)*

Der **Freiheit** Hauch weht mächtig durch die Welt, ein freies, frohes Leben uns wohlgefällt. *(A.G. Methfessel, Gesang ausziehender Krieger)*

Der Unterschied zwischen **Freiheit** und Freiheiten ist so groß als zwischen Gott und Göttern. *(L. Börne, Fragmente und Aphorismen)*

Die **Freiheit** ist alt und der Despotismus ist neu. *(Mme. G. de Staël)*

Die **Freiheit** ist ein Luxus, den sich nicht jedermann gestatten kann. *(Bismarck)*

Die **Freiheit** ist eine Frucht, die in der Religion lebt. *(B. L. Garcia, Gedicht)*

Die **Freiheit** hab' ich stets im Sinn getragen, doch hass' ich eins noch schlimmer als Despoten: Das ist der Pöbel, wenn er sich den roten zerfetzten Königsmantel umgeschlagen. *(E. Geibel, Gegen den Strom)*

Die **Freiheit** kann nicht untergehn, so lange Schmiede Eisen hämmern. *(E. M. Arndt, Neujahrswunsch)*

Die glücklichen Sklaven sind die erbittertsten Feinde der **Freiheit**. *(M. v. Ebner-Eschenbach)*

Die schönsten Träume von **Freiheit** werden im Kerker geträumt. *(Schiller)*

Ein Land verliert seine **Freiheit**, wenn es sie nicht über alles schätzt. Aber es verliert Wohlstand und Reichtum zugleich, wenn Wohlstand und Reichtum mehr gelten als die Freiheit. *(W. Somerset Maugham)*

Es hebt die **Freiheit** siegend ihre Fahne. *(Schiller, Wilhelm Tell)*

Es lebe die **Freiheit**! Und wenn die uns überlebt, können wir ruhig sterben. *(Goethe, Götz von Berlichingen)*

Freiheit besteht vor allem darin, das zu tun, was man nach seinem Gewissen tun soll. *(A. Schweitzer)*

Freiheit, die ich meine, die mein Herz erfüllt. *(M. v. Schenkendorf, Freiheit)*

Freiheit! Gleichheit! Brüderlichkeit! *(Während der Französischen Revolution 1789 entstandenes Schlagwort)*

Freiheit und Gleichheit! hört man schallen. *(Schiller, Glocke)*

Freiheit ist eine Summe mikroskopischer Unfreiheiten. *(P. Hille, Aphorismen)*

Freiheit ist nur in dem Reich der Träume. *(Schiller, Antritt des neuen Jahrhunderts)*

Je enger der Käfig, um so schöner die **Freiheit**. *(Sprichwort)*

Man kann in wahrer **Freiheit** leben und doch nicht ungebunden sein. *(Goethe, Gedichte)*

Man muß, will man ein Glück genießen, die **Freiheit** zu behaupten wissen. *(C. F. Gellert, Die Wachtel und der Hänfling)*

Nach **Freiheit** strebt der Mann, das Weib nach Sitte. *(Goethe, Tasso)*

Nur der verdient sich **Freiheit** wie das Leben, der täglich sie erobern muß. *(Goethe, Faust)*

Wer anderen die **Freiheit** verleugnet, verdient sie nicht für sich selbst. *(A. Lincoln)*

Wer für die **Freiheit** ficht, scheut Tod und Wunden nicht. *(E. M. Arndt, Gedichte)*

Wie wird verlorene **Freiheit** wiedergewonnen? Durch einen aus der Tiefe des Volkes kommenden Stoß und Sturm der sittlichen Kräfte. *(C. F. Meyer)*

Wo viel **Freiheit** ist, ist viel Irrtum. *(Sprichwort)*

Wo Wünsche und Kräfte der Mehrzahl eines Volkes für die **Freiheit** reif sind, da bedarf es keiner Verschwörung: wo dieses nicht ist, nützt sie nicht. *(L. Börne, Kritiken)*

Der Knecht singt gern ein **Freiheitslied** des Abends in der Schenke. *(H. Heine)*

Tyrannen sind in unseren Tagen die gefährlichsten **Freiheitsprediger**. *(L. Börne)*

Brause, du **Freiheitssang**, brause wie Wogendrang aus Felsenbrust. *(F. Follen, Deutsches Burschenlied)*

Für andere **frein** ist bedenklich. *(Goethe, Hermann und Dorothea)*

Das Mädchen aus der **Fremde**. *(Gedicht von Schiller)*

Kann uns das Vaterland die **Fremde** werden? *(Goethe, Iphigenie)*

Oh, schwer ist's, in der **Fremde** sterben unbeweint. *(Schiller, Jungfrau von Orleans)*

Wer in die **Fremde** will wandern, der muß mit der Liebsten gehn. *(J. v. Eichendorff, Heimweh)*

Wo willst du, kühner **Fremdling**, hin? *(E. Schikaneder/W.A. Mozart, Zauberflöte)*

Ei, das muß immer saufen und **fressen**. *(Schiller, Wallensteins Lager)*

Erst kommt das **Fressen**, dann kommt die Moral. *(B. Brecht/K. Weill, Dreigroschenoper)*

Fressen und Saufen macht die Ärzte reich. *(Sprichwort)*

Ein **Fresser** wird nicht geboren, sondern erzogen. *(Sprichwort)*

Wie **freu'** ich mich, wie freu' ich mich, wie treibt mich das Verlangen. *(S.H. Mosenthal/O. Nicolai, Die lustigen Weiber von Windsor)*

Auf **Freud'** folgt Leid. *(Sprichwort)*

An der **Freude** leichtem Gängelband. *(Schiller, Götter Griechenlands)*

Das hat die **Freude** mit dem Schmerz gemein, daß sie die Menschen der Vernunft beraubt. *(A. v. Platen, Der gläserne Pantoffel)*

Dem Mitmenschen **Freude** zu machen, ist doch das beste, was man auf der Welt tun kann. *(P. Rosegger)*

Des Lebens ungemischte **Freude** ward keinem Irdischen zuteil. *(Schiller, Ring des Polykrates) Meist zitiert: … keinen Irdischen*

Es ist eine ernste Sache um die echte **Freude**. *(Seneca, Epistulae)*

Freude hat mir Gott gegeben! *(Schiller, Glocke)*

Freude, schöner Götterfunken, Tochter aus Elysium!
(Schiller/L. van Beethoven, An die Freude)

Freude war in Trojas Hallen.
(Schiller, Kassandra)

Geteilte **Freud(e)** ist doppelt(e) Freud(e), geteilter Schmerz ist halber Schmerz. *(Sprichwort, nach C.A. Tiedge, Urania)*

Ist die **Freude** in der Stube, lauert die Sorge im Flur. *(Dänisches Sprichwort)*

Kurz ist der Schmerz, und ewig ist die **Freude**. *(Schiller, Jungfrau von Orleans)*

Mach andern **Freude!** Du wirst erfahren, daß Freude freut. *(F. Th. Vischer, Lyrische Gesänge)*

Mit der **Freude** zieht der Schmerz traulich durch die Zeiten. *(J. P. Hebel, Neujahrslied)*

Schadenfreude ist die reinste **Freude**.
(Sprichwort)

Schmerz und **Freude** liegt in einer Schale; ihre Mischung ist der Menschen Los. *(J. G. Seume)*

So wilde **Freude** nimmt ein wildes Ende.
(Shakespeare, Romeo und Julia)

Und war die **Freude** noch so süß, ein Wölkchen kommt gezogen, und vom geträumten Paradies ist jede Spur verflogen. *(E. Geibel, Lieder als Intermezzo)*

Was hoffest du irdische **Freude**, wo nirgends das Schöne besteht? *(E.M. Arndt)*

Wenn du an dir nicht **Freude** hast, die Welt wird dir nicht Freude machen.
(P. Heyse, Lebensweisheit)

Denn eine Störung seiner **Freuden** sucht jeder möglichst zu vermeiden.
(W. Busch)

Die **Freuden**, die man übertreibt, die Freuden werden Schmerzen.
(F. J. Bertuch, Wiegenlied)

Drum hasch die **Freuden**, eh' sie der Sturm verweht. *(L. C. H. Hölty)*

Mit **Freuden** den Willen der Götter erfüllen. *(C. W. Gluck, Orpheus und Eurydike)*

Übertriebene **Freuden** werden Schmerzen. *(F. J. Bertuch, Das Lämmchen)*

Unsres Lebens schönste **Freuden** schaffen weder Ruhm noch Gold.
(J. G. Jacobi)

Wer recht in **Freuden** wandern will, der geh' der Sonn' entgegen. *(E. Geibel, Morgenwanderung)*

Freudig trete herein und froh entferne dich wieder! Ziehst du als Wandrer vorbei, segne die Pfade dir Gott.
(Goethe, Dornburger Inschrift)

Die **Freudigkeit** ist die Mutter aller Tugenden. *(Goethe, Götz von Berlichingen)*

Freudvoll und leidvoll, gedankenvoll sein. *(Goethe, Egmont)*

Freue dich an dem, was du besitzest!
(Platon)

Freue dich nur mit mir! Es ist so traurig, sich allein zu freuen. *(G. E. Lessing, Minna von Barnhelm)*

Sich **freuen** wie ein Schneekönig.
(Redensart)

Freuet euch mit den Fröhlichen und weinet mit den Weinenden.
(Röm. 12, 15)

Alten **Freund** für neuen wandeln –, Blüten heißt's für Frucht erhandeln.
(F. v. Logau, Freundschaft)

Behandle deinen **Freund** so, als wenn er eines Tages dein Feind werden könnte.
(Decimus Laberius)

Daran erkennt man, daß es einem **Freund** gut geht: Er hat kein Gedächtnis mehr. *(H. de Balzac)*

Den sicheren **Freund** erkennt man in unsicherer Sache. *(Cicero)*

Der ist mein **Freund** nicht, der die Sonne nicht mag. *(C. Flaischlen)*

Ein **Freund** ist ein Mensch, vor dem man laut denken kann. *(R.W. Emerson)*

Ein **Freund** ist eine Seele in zwei Körpern. *(Aristoteles)*

Ein treuer **Freund** ist ein großer Schatz.
(Nach Jes. Sir. 6, 4)

Ein treuer **Freund** ist mit keinem Geld noch Gut zu bezahlen. *(Jes. Sir. 6, 15)*

Ein treuer **Freund** liebt mehr und steht fester bei denn ein Bruder.
(Spr. Salom. 18, 24)

Ein wahrer **Freund** trägt mehr zu unserm Glück bei als tausend Feinde zu unserm Unglück. *(M. v. Ebner-Eschenbach)*

Es soll keiner einen für seinen vertrauten **Freund** halten, er habe denn zuvor einen Scheffel Salz mit ihm gegessen.
(M. Luther)

Iß mit deinem **Freund**, aber mach mit ihm keine Geschäfte!
(Armenisches Sprichwort)

Jedermann will einen **Freund** haben, aber niemand gibt sich die Mühe, auch einer zu sein. *(A. Kerr)*

Jedermanns **Freund** ist jedermanns Narr.
(Sprichwort)

Jedermanns **Freund** ist niemands Freund.
(Sprichwort)

Man wird in der Regel keinen **Freund** dadurch verlieren, daß man ihm ein Darlehen abschlägt, aber sehr leicht dadurch, daß man es ihm gibt.
(A. Schopenhauer)

Mehr als befreundet, weniger als **Freund**.
(Shakespeare, Hamlet)

Mein **Freund** kannst du nicht weiter sein.
(Redensart, nach F. Rückert)

Mein lieber **Freund** und Kupferstecher!
(Redensart nach F. Rückert)

Sein ganz' Verbrechen ist, mein **Freund** zu sein. *(Schiller, Turandot)*

Wenn **Freund** zu Freund kommt, stirbt des Verleumders Macht. *(F. Rückert)*

Wer dir als **Freund** nichts nützen kann, kann allemal als Feind dir schaden.
(C. F. Gellert)

Wer einen guten **Freund** hat, braucht keinen Spiegel. *(Sprichwort)*

Wer einen guten **Freund** will finden, der muß bei hellem Sonnenschein ein Licht anzünden. *(Sprichwort)*

Wer ohne **Freund** lebt, lebt nur halb.
(Sprichwort)

Will man einen **Freund** haben, so muß man auch für ihn Krieg führen wollen! Und um Krieg zu führen, muß man Feind sein können. *(F. Nietzsche)*

Zurück, du rettest den **Freund** nicht mehr! *(Schiller, Bürgschaft)*

An der Tafel des Gastmahls gibt's mehr **Freunde** als an der Tür des Kerkers.
(Sprichwort)

Die **Freunde**, die ein Haus besuchen, sind seine Zierde. *(R.W. Emerson)*

Die **Freunde** nennen sich aufrichtig; die Feinde sind es. *(A. Schopenhauer)*

Ein gewisses Maß an Unkenntnis vom anderen ist die Voraussetzung dafür, daß zwei Menschen **Freunde** bleiben.
(H. Bahr)

Es gehen viele **Freunde** in ein kleines Haus. *(Sprichwort)*

Es gibt wenig aufrichtige **Freunde**; die Nachfrage ist auch gering.
(M. v. Ebner-Eschenbach)

Freunde finden, ist leicht; sie behalten, schwer. *(Russisches Sprichwort)*

Freunde in der Not gehen hundert auf ein Lot. *(Sprichwort)*

Gute **Freunde** findet man nicht am Wege. *(Sprichwort)*

Gute **Freunde** hab' ich viel, bis ich sie gebrauchen will. *(Sprichwort)*

Ich behaupte, daß, wenn alle Menschen wüßten, was sie voneinander sagen, es nicht vier **Freunde** auf der Welt gäbe.
(B. Pascal)

Im Unglück erkennt man die **Freunde**.
(Sprichwort, nach J. G. Herder, Palmblätter)

In böser Zeit sind **Freunde** weit.
(Polnisches Sprichwort)

Trau keinem **Freunde** sonder Mängel und lieb' ein Mädchen, keinen Engel.
(G. E. Lessing)

Wer **Freunde** ohne Fehler sucht, bleibt ohne Freund.
(Orientalisches Sprichwort)

Verheiratete **Freunde**, halbe Freunde.
(Schwedisches Sprichwort)

Wohl dem, der **Freunde** hat. Weh dem, der ihrer bedarf. *(Sprichwort)*

Diene deinen **Freunden**, ohne zu rechnen! *(G. Keller)*

Gott beschütze mich vor meinen **Freunden**; mit meinen Feinden will ich schon selbst fertig werden. *(J. Manlius)*

Ja, mein Guter, man hat von seinen **Freunden** zu leiden gehabt.
(J. P. Eckermann, Gespräche mit Goethe)

Voll von **Freunden** war mir die Welt, als noch mein Leben licht war; nun, da der Nebel fällt, ist keiner mehr sichtbar.
(H. Hesse, Im Nebel)

Wer zwischen zwei **Freunden** Richter sein muß, verliert einen davon.
(Schwedisches Sprichwort)

Wohl ihm, dem's nicht an **Freunden** fehlt; weh' ihm, der zu sehr auf sie zählt.
(Freidank, Bescheidenheit)

Man kann die Menschen entbehren, aber man bedarf eines **Freundes**.
(Chinesisches Sprichwort)

Freundestreue prüft man im Sturm.
(Sprichwort)

Sei **freundlich** gegen jedermann, dann sehen dich alle freundlcih an.
(Sprichwort)

Der Haß, den man auf erloschne **Freundschaft** pfropfet, muß unter allen die tödlichsten Früchte bringen.
(G.E. Lessing, Philotas)

Der höchste Beweis der **Freundschaft** ist nicht, einem Freund unsere Fehler, sondern ihm seine bemerkbar zu machen.
(F. de La Rochefoucauld)

Die **Freundschaft**, die der Wein gemacht, wirkt wie der Wein nur eine Nacht.
(F. v. Logau)

Die wahre **Freundschaft** zeigt sich im Versagen zur rechten Zeit.
(Goethe, Tasso)

Eine alte **Freundschaft** geht manchmal aus wie eine Kerze. Kein Wachs mehr da. *(J. v. Hollander)*

Es blüht die Wurst nur kurze Zeit, die **Freundschaft** blüht in Ewigkeit. *(W. Busch)*

Freundschaft besteht darin, daß man einander nie im Stich läßt. *(Mongolisches Sprichwort)*

Freundschaft denkt an alles, Liebe läßt uns alles vergessen. *(Sprichwort)*

Freundschaft hält stand in allen Dingen, nur in der Liebe Dienst und Werbung nicht. *(Shakespeare, Viel Lärm um nichts)*

Freundschaft ist das Geschenk der Götter und die kostbarste Gabe für den Menschen. *(B. Disraeli)*

Freundschaft ist Liebe mit Verstand. *(Sprichwort)*

Freundschaft ist Liebe ohne Flügel. *(Französisches Sprichwort)*

Geflickte **Freundschaft** wird selten wieder ganz. *(Sprichwort)*

Gleichheit ist die Seele der **Freundschaft**. *(Aristoteles)*

Kleine Geschenke erhalten die **Freundschaft**. *(Sprichwort)*

Kurze Besuche verlängern die **Freundschaft**. *(Sprichwort)*

Mach' **Freundschaft** mit eines Menschen Güte, nicht mit seinem Gut. *(Chinesisches Sprichwort)*

Rosen, Tulpen, Nelken, alle Blumen welken; Marmor, Stein und Eisen bricht, aber unsre **Freundschaft** nicht. *(Albumvers)*

Unsere **Freundschaft**, die soll brennen wie ein dickes Dreierlicht; Freunde wollen wir uns nennen, bis der Kater Junge kricht. *(Berliner Stammbuchvers, nach Philippi, Alt-Berlin)*

Viel besser hilft uns **Freundschaft** ohne Sippe. *(W. v. d. Vogelweide)*

Von allen Geschenken, die uns eine weise Voraussicht gewährt, um das Leben völlig beglückend zu gestalten, ist **Freundschaft** das schönste. *(Epikur)*

Es ist schon lange her, das **freut** uns um so mehr. *(A. Lortzing, Zar und Zimmermann)*

Freut euch des Lebens, weil noch das Lämpchen glüht. *(Lied von J. M. Usteri)*

Frevel ist's, den edlen Mann zu schmähn im Tode, ward er auch von uns gehaßt. *(Sophokles)*

Ein frommer Knecht war **Fridolin**. *(Schiller, Gang nach dem Eisenhammer)*

Am Baume des Schweigens hängt seine Frucht, der **Friede**. *(Nach F. v. Logau, Sinngedichte)*

Der ewige **Friede** ist ein Traum, und nicht einmal ein schöner, solange die Nationen ein gesondertes Dasein führen. *(H. v. Moltke)*

Der **Friede** wohnt in diesem Kleide, in euren Zügen wohnt der Friede nicht! *(Schiller, Wilhelm Tell)*

Der Gerechtigkeit Frucht wird **Friede** sein. *(Jes. 32, 17)*

Der Überfluß und **Friede** zeugen Memmen. *(Shakespeare, Cymbeline)*

Ein **Friede** ist besser als zehn Siege. *(Sprichwort)*

Ein schlechter **Friede** ist besser als ein guter Krieg. *(Russisches Sprichwort)*

Ein unbilliger **Friede** ist besser als ein gerechter Krieg. *(Sprichwort)*

Friede düngt die Äcker. *(Sprichwort)*

Friede im Lande. *(1. Makk. 7, 50)*

Friede kann nur in Freiheit bestehen. *(E. Reuter, Reg. Bürgermeister von Berlin)*

Friede nährt, Unfriede zehrt. *(Sprichwort)*

Friede sei mit euch! *(Luk. 24, 36)*

Schön ist der **Friede**! Ein lieblicher Knabe liegt er gelagert am ruhigen Bach. *(Schiller, Braut von Messina)*

Süßer **Friede**, komm, ach komm in meine Brust! *(Goethe, Wanderers Nachtlied)*

Kein **Friede**, kein Vergleich! Das, worüber gestritten wird, leidet keine Teilung: Die Freiheit ist oder ist es nicht. *(J. G. Fichte, 1813)*

Den **Frieden** zu gewinnen, ist Sache des Staatsmannes; der Feldherr hat Ruhmes genug, wenn er den Krieg gewann. *(H. v. Seeckt, Staatsmann und Feldherr)*

Er ruhe in **Frieden!** *(Nach der Vulgata)*

Es kann der Frömmste nicht in **Frieden** leben, wenn es dem bösen Nachbarn nicht gefällt. *(Schiller, Wilhelm Tell)*

Gehe hin in **Frieden!** *(Nach Mark. 5, 34 u. Luk. 7, 50) In der Bibel heißt es: ... mit Frieden*

Gesegnet, die auf Erden **Frieden** stiften! *(Shakespeare, Heinrich VI.)*

Ich will **Frieden** haben mit meinem Volk. *(König Max II. von Bayern, 1859)*

Im längsten **Frieden** spricht der Mensch nicht soviel Unsinn und Unwahrheit als im kürzesten Kriege. *(Jean Paul, Friedenspredigt in Deutschland)*

Krieg im **Frieden.** *(Lustspiel von G. v. Moser u. F. v. Schönthan)*

Man muß **Frieden** schließen, solange man noch kämpfen kann. *(Sprichwort)*

Nur in der Arbeit wohnt der **Frieden**, und in der Mühe wohnt die Ruh! *(Th. Fontane, Gedichte)*

Wir tragen eben den **Frieden** wie ein Gewand, an dem wir vorn flicken, während es hinten reißt. *(W. Raabe)*

Und trotzt getrost der ganzen Welt, bewaffnet doch als **Friedensheld**. *(W. Busch, Fuchs und Igel)*

Die **Friedenspfeife** rauchen. *(Redensart, nach dem Brauch der nordamerikanischen Indianer)*

Die **Friedensschalmei** blasen. *(Redensart)*

Ein **Friedensschluß** erfüllt niemals all Wünsche, wird niemals allen Berechtigungen gerecht. *(Bismarck)*

Es soll kein **Friedensschluß** für einen solchen gelten, der mit dem geheimen Vorbehalt des Stoffs zu einem künftigen Kriege gemacht worden. *(I. Kant, Zum ewigen Frieden)*

Friedenstaube. *(Nach 1. Mos. 8, 11)*

Der **Friederich**, der Friederich, das war ein arger Wüterich. *(H. Hoffmann, Struwwelpeter)*

Selig sind die **Friedfertigen**; denn sie werden Gottes Kinder heißen. *(Matth. 5, 9)*

Dem **Friedlichen** gewährt man gern den Frieden. *(Schiller, Wilhelm Tell)*

Frisch, fromm, fröhlich, frei! *(Turnerwahlspruch)*

Frisch und gesund. *(Redensart, Hiob 21, 23)*

Frisch gewagt ist halb gewonnen. *(Sprichwort)*

Das **Frischgewagte** gerät nur. *(Goethe, Hermann und Dorothea)*

Friß, Vogel, oder stirb! *(Redensart; wahrscheinlich aus der Lutherzeit stammend)*

Die **Frist** ist um. *(R. Wagner, Der fliegende Holländer)*

Zwischen heut und morgen liegt eine lange **Frist**, lerne schnell besorgen, da du noch munter bist. *(Goethe, Sprichwörtlich)*

Der alte **Fritz**, der kategorische Imperativ, und unser Exerzierreglement, das macht uns keiner nach! Das und die Klassiker, damit hammer's geschafft in der Welt! *(C. Zuckmayer, Hauptmann von Köpenick)*

Der große **Fritz** war auch mal klein. *(K. v. Holtei)*

Und so war ich denn auch preußisch oder, um richtiger zu reden, **fritzisch** gesinnt. *(Goethe)*

Seid **fröhlich** in Hoffnung, geduldig in Trübsal, haltet an im Gebet! *(Römer 12, 12)*

Wir sitzen so **fröhlich** beisammen und haben einander so lieb. *(A. v. Kotzebue, Trost beim Scheiden)*

Fröhliche Wissenschaft. *(Titel einer Schrift von F. Nietzsche)*

Fröhlichkeit und Mäßigkeit sind die besten Ärzte. *(Sprichwort)*

Es ist schwer, alte Hunde bändig und alte Schälke **fromm** zu machen. *(M. Luther)*

Wenn du fein **fromm** bist, will ich dir helfen. *(L. Da Ponte/W. A. Mozart, Don Giovanni)*

Fromme Wünsche! *(Titel einer Schrift des Jesuiten H. Hugo)*

Wirst du die frommen Wahrheitswege gehen, dich selbst und andre trügst du nie. Die **Frömmelei** läßt Falsches auch bestehen, deswegen hass' ich sie. *(Goethe, Zahme Xenien)*

Ich glaube nicht, daß die sogenannten **frommen** Leute gut sind, weil sie fromm sind, sondern fromm, weil sie gut sind. *(G. C. Lichtenberg, Aphorismen)*

Ich kenne doch so manchen **Frommen**, so was ist mir nicht vorgekommen. *(W. Busch, Der heilige Antonius von Padua)*

Wahre Religion und **Frömmigkeit** hängt einzig und allein an Gott. *(U. Zwingli)*

Wie fromm er war, ein **Frömmler** war er nicht. *(A. v. Chamisso, Ein Kölner Meister)*

Es kann der **Frömmste** nicht in Frieden leben, wenn es dem bösen Nachbarn nicht gefällt. *(Schiller, Wilhelm Tell)*

Einen **Frosch** im Hals haben. *(Redensart)*
Heiser sprechen

Setz einen **Frosch** auf einen weißen Stuhl: Er hüpft doch wieder in seinen Pfuhl. *(W. Müller, Epigramme)*

Sich wie ein **Frosch** aufblasen. *(Redensart, nach der Fabel des Phaedrus)*

Wo **Frösche** sind, da sind auch Störche. *(Sprichwort)*

In **Froschpfuhl** all das Volk verbannt, das seinen Meister je verkannt. *(Goethe, Hans Sachsens poetische Sendung)*

Myne **Fru**, de Ilsebill, will nicht so, as ik wol will. *(J. u. W. Grimm, Kinder- und Hausmärchen: De Fischer un sine Fru)*

Altklug nie **Frucht** trug. *(Sprichwort)*

Die Blume verblüht, die **Frucht** muß treiben. *(Schiller)*

Die verbotene **Frucht** zu brechen, fühlen wir der Sehnsucht Schmerz. *(Novalis)*

Hundertfältige **Frucht** tragen. *(Nach Matth. 13, 8)*

Verbotene **Frucht**. *(Nach 1. Mos. 2, 17)*

Seid **fruchtbar** und mehret euch! *(1. Mos. 1, 28)*

Die ältesten Bäume tragen oft die süßesten **Früchte**. *(Sprichwort)*

Der Baum muß zuvor gut sein, ehe er gute **Früchte** trägt. *(M. Luther, Tischreden)*

Die schlechtesten **Früchte** sind es nicht, woran die Wespen nagen. *(Sprichwort, nach G. A. Bürger, Trost)*

Verbot'ne **Früchte** schmecken süß. *(Sprichwort)*
Auch: … sind die süßesten, oder: … schmecken am besten

An den **Früchten** erkennt man den Baum. *(Sprichwort)*

An ihren **Früchten** sollt ihr sie erkennen. *(Matth. 7, 16)*

Überflüssige Äste haun wir hinweg, damit der **Fruchtzweig** lebe. *(Shakespeare, Richard III.)*

Besser zu **früh** als zu spät. *(Sprichwort)*

Wer zu **früh** kommt, kommt auch unrecht. *(Sprichwort)*

Frühe aufstehen und jung freien, soll Niemands gereuen. *(M. Luther)*

Ach, der Blätterfall! Fast, als ob es nimmermehr **Frühling** werden sollte. *(Oshima Ryota, 1707–1793)*

Alles freuet sich und hoffet, wenn der **Frühling** sich erneut. *(Schiller, Jüngling am Bache)*

Als ich aus dem Haus schritt, da hing der **Frühling** schon auf dem Weidenbaum. *(Kurita Chodo, 1748–1814)*

Der **Frühling** ist zwar schön; doch wenn der Herbst nicht wär, wär zwar das Auge satt, der Magen aber leer. *(F. v. Logau)*

Es muß doch **Frühling** werden. *(E. Geibel, Hoffnung)*

Frühling läßt sein blaues Band wieder flattern durch die Lüfte. *(E. Mörike, Er ist's)*

Genießt die Minute, solange sie glüht! Der **Frühling** verwelkt und die Liebe verblüht. *(E. Geibel, Beim Feste)*

Greis, im **Frühling** brech ich Rosen. *(L. Uhland, Der schwarze Ritter)*

Im **Frühling** hofft auch der alte Pfahl, daß er grünen werde. *(Finnisches Sprichwort)*

Jetzt ist **Frühling** geworden in Deutschland. *(J. Völk im Zollparlament, 1868)*

Ohne Liebe kehrt kein **Frühling** wieder, ohne Liebe preist kein Wesen Gott. *(Schiller, Phantasie an Laura)*

Wer im **Frühling** nicht sät, wird im Herbst nicht ernten. *(Sprichwort)*

Was der **Frühling** nicht säete, kann der Sommer nicht reifen, der Herbst nicht ernten und der Winter nicht genießen.
(J. G. Herder)

Frühlings Erwachen. *(Drama von F. Wedekind)*

Es fiel ein Reif in der **Frühlingsnacht.**
(Volkslied)

Frühstücke allein, teile dein Mittagessen mit einem Freund und schenke dein Abendessen deinem Feind.
(Russisches Sprichwort)

Dem **Fuchs** sind die Trauben zu sauer.
(Nach der Fabel von Aesop)

Der **Fuchs** geht nur einmal in die Falle.
(Bulgarisches Sprichwort)

Der **Fuchs** wechselt den Balg, nicht den Charakter. *(Sueton, Vespasian)*

Fuchs, du hast die Gans gestohlen.
(Volkslied)

Stirbt der **Fuchs**, so gilt der Balg.
(Sprichwort)

Wen der Wolf nicht zerriß, den prellte der **Fuchs**. *(Schiller, Fiesko)*

Wenn der **Fuchs** predigt, bewahr' man die Gänse. *(Sprichwort)*

Wer den **Fuchs** fangen will, muß mit den Hühnern aufstehen. *(Sprichwort)*

Aus jungen **Füchsen** werden alte.
(Sprichwort)

Es ist des Himmels sichtbarliche **Fügung**. *(Schiller, Piccolomini)*

Ich untersuche nicht, ich **fühle** nur.
(Goethe, Iphigenie auf Tauris)

Wer nicht hören will, muß **fühlen**.
(Sprichwort)

Was man zu heftig **fühlt**, fühlt man nicht allzulang. *(Goethe, Laune des Verliebten)*

Wenn ihr's nicht **fühlt**, ihr werdet's nicht erjagen. *(Goethe, Faust)*

Unser großer **Führer**.
(Bezeichnung für K. Marx auf dem Parteitag der Sozialistischen Arbeiterpartei 1890)

Welch' eine Wendung durch Gottes **Führung!** *(Wilhelm I. nach der Schlacht von Sedan, 1870)*
Meist zitiert: ... Fügung

Fünf gerade sein lassen. *(Redensart)*
Etwas nicht so genau nehmen

Das **fünfte** Rad am Wagen sein.
(Redensart)
Überflüssig sein

Fünfte Kolonne.
(Spanischer General Mola im spanischen Bürgerkrieg)
Soviel wie: Untergrundorganisation, die im Kriege mit Kräften außerhalb des eigenen Landes zusammenwirkt

In **fünfzig** Jahren ist alles vorbei.
(Redensart, nach einem Couplet von Otto Reutter)

Aus einem **Funken** wird leicht ein großes Feuer. *(Sprichwort)*

Die **Furchen** seiner Stirn erzählen seine Taten. *(P. Corneille, Cid)*

Betrüglich schloß die **Furcht** mit der Gefahr ein enges Bündnis; beide sind Gesellen. *(Goethe, Iphigenie auf Tauris)*

Denn billige **Furcht** erwecket sich ein Volk, das mit dem Schwerte in der Faust sich mäßigt. *(Schiller, Wilhelm Tell)*

Die **Furcht** des Herrn ist der Weisheit Anfang. *(Psalm 111, 10)*

Die **Furcht** hat ihren besondern Sinn. *(G. E. Lessing, Emilia Galotti)*

Ein Appell an die **Furcht** findet im deutschen Herzen niemals ein Echo. *(Bismarck, 1868)*

Eine der Wirkungen der **Furcht** ist es, die Sinne zu verwirren und zu machen, daß uns die Dinge anders erscheinen als sie sind. *(M. de Cervantes, Don Quijote)*

Furcht soll das Haupt des Glücklichen umschweben, denn ewig wanket des Geschickes Waage. *(Schiller, Wallensteins Tod)*

Ich bin der Mann der bleichen **Furcht** nicht. *(Schiller, Räuber)*

Immer treibt die **Furcht** den Sklaven mit eisernem Stabe; Freude, führe du mich immer an rosigem Band! *(Schiller, Triebfedern)*

Mit der **Furcht** fängt die Sklaverei an, aber auch mit Zutrauen und Sorglosigkeit. *(J.G. Seume)*

Ich **fürchte** nichts, weil ich nichts habe. *(M. Luther)*

Etwas **fürchten** und hoffen und sorgen muß der Mensch für den kommenden Morgen. *(Schiller, Braut von Messina)*

Von einem, der auszog, das **Fürchten** zu lernen. *(Titel eines Märchens aus: J. u. W. Grimm, Kinder u. Hausmärchen)*

Was soll der **fürchten**, der den Tod nicht fürchtet? *(Schiller, Räuber)*

Wenn ich zu **fürchten** angefangen, hab' ich zu fürchten aufgehört. *(Schiller, Don Carlos)*

Wir Deutsche **fürchten** Gott, aber sonst nichts auf der Welt! *(Bismarck)*

Da unten aber ist's **fürchterlich**. *(Schiller, Taucher)*

Fürchterlich ist einer, der nichts zu verlieren hat. *(Goethe, Natürliche Tochter)*

Der **Fürst** dieser Welt. *(M. Luther, Ein' feste Burg)*

Der **Fürst** ist der erste Diener seines Staates. *(Friedrich d. Gr.)*

Ein **Fürst** ist am glücklichsten, wenn er es dahin bringt, daß die Untertanen nicht ihn, sondern für ihn fürchten. *(Plutarch, Gastmahl der sieben Weisen)*

Noch ist kein **Fürst** so hoch gefürstet. *(L. Uhland, Nachruf)*

Wenn ein **Fürst** ohne Verstand ist, so geschieht viel Unrecht. *(Spr. Salom. 28, 16)*

Wer weiß das nicht, daß ein **Fürst** Wildpret im Himmel ist? *(M. Luther)*

Es taugt nun freilich nicht, wenn **Fürsten** Geier unter Äsern sind; sind sie Äser unter Geiern, taugt's noch zehnmal weniger. *(G. E. Lessing, Nathan der Weise)*

Fürsten belohnen ihre Schmeichler und verachten sie; Völker beten die ihrigen an. *(F. v. Gentz)*

Fürsten kommen in den Himmel, wenn sie in der Wiege sterben. *(Sprichwort)*

Viele schmeicheln der Person des **Fürsten**; und alle sind Freunde des, der Geschenke gibt. *(Spr. Salom. 19, 6)*

Wohl gibt es **Fürsten**, die nach Wahrheit dürsten; doch wenigen ward ein so gesunder Magen, sie zu vertragen. *(F. v. Bodenstedt)*

Ich kann nicht **Fürstendiener** sein. *(Schiller, Don Carlos)*

Fürstliche Personen sind gewohnt, ihren Willen zu haben. *(J. P. Eckermann, Gespräche mit Goethe)*

Soviel vom **Fußball**, und nun zum Sport. *(Ein Rundfunksprecher)*

Auf großem **Fuße** leben. *(Redensart)*
Verschwenderisch leben

Etwas hat **Füße** bekommen. *(Redensart)*
Soviel wie: ist gestohlen worden

Kalte **Füße** bekommen. *(Redensart)*
Aus Angst vor einem Fehlschlag von einem Unternehmen zurücktreten.

Kalte **Füße** sind lästig, besonders die eigenen. *(W. Busch)*

So weit die **Füße** tragen. *(Roman von J. M. Bauer)*

Wer auf großem **Fuße** lebt, dem bezahlt man auch die größeren Stiefel. *(Bert Brecht)*

Besser mit den **Füßen** straucheln als mit der Zunge. *(Sprichwort)*

Einen mit **Füßen** treten. *(Redensart, nach Jos. 10, 24; Psalm 74, 3; Joh. 13, 18)*

Mit beiden **Füßen** auf der Erde stehen. *(Redensart)*

Mit den **Füßen** abstimmen. *(Redensart)*
Aus politischen Gründen fliehen

Zu jemandes **Füßen** sitzen. *(Redensart, nach Apostelg. 22, 3)*

Futsch ist futsch, und hin ist hin. *(Nach R. Baumbach, Fahrender Gesell)*

Gutes **Futter**, gute Butter. *(Sprichwort)*

G

Die **Gabe** aller Gaben stirbt nicht und muß auferstehn. *(M. Claudius, Der Vater)*

Eine allzu reichliche **Gabe** lockt Bettler herbei, anstatt sie abzufertigen. *(Goethe)*

Eine **Gabe** Gottes. *(Pred. Salom. 3, 13)*
Meist zitiert: Eine gute Gabe Gottes

Und teilte jedem eine **Gabe**, dem Früchte, jenem Blumen aus; der Jüngling und der Greis am Stabe, ein jeder ging beschenkt nach Haus. *(Schiller, Mädchen aus der Fremde)*

Viel hilft eine kleine **Gabe**. *(G. Rollenhagen, Froschmeuseler)*

Von dem berühmten **Gabeltier**, der Mensch genannt. *(A. v. Kotzebue, Dramatische Spiele)*

Das ist die köstlichste der **Gaben**, die Gott dem Menschenherzen gibt, die eitle Selbstsucht zu begraben, indem die Seele glüht und liebt. *(E. Geibel)*

So sind die Menschen fürwahr! Und einer ist wie der andere, der zu **gaffen** sich freut, wenn den Nächsten ein Unglück befällt. *(Goethe, Hermann und Dorothea)*

Zum **Gaffen** hat das Volk die Augen, laßt sie! *(Shakespeare, Romeo und Julia)*

Nur die **Galeerensklaven** kennen sich. *(Goethe, Tasso)*

Eine **Galgenfrist**. *(Redensart)*
Letzter Aufschub

Galgenhumor haben. *(Redensart)*
Soviel wie: bittere Heiterkeit

Auf Sankt **Galles** soll daheim sein alles. *(Bauernregel)*
St. Gallus: 16. Oktober

Und hurre, hurre, hopp, hopp, hopp, ging's fort in sausendem **Galopp**. *(G. A. Bürger, Lenore)*

Gang und gäbe. *(Redensart)*
Soviel wie: üblich

Ich gehe, mit Don Philipp jetzt einen öffentlichen **Gang** zu tun. *(Schiller, Don Carlos)*

An der Freude leichtem **Gängelband**. *(Schuller, Götter Griechenlands)*

Jemanden am **Gängelband** führen. *(Redensart)*
Jemanden ständig bevormunden

Leite mich an deiner Hand wie ein Kind am **Gängelband**. *(F. L. Graf zu Stolberg, An die Natur)*

Eine **Gänsehaut** kriegen. *(Redensart)*
Frieren, oder auch: Angst haben

Im **Gänsemarsch** gehen. *(Redensart)*
Einzeln hintereinander gehen

Mit den **Gänsen** kann man trinken, aber nicht essen. *(Sprichwort)*

Mein Name sei **Gantenbein**.
(Roman von M. Frisch)

Ein **Ganymed**. *(Nach Homer, Ilias)*
Soviel wie: Getränke ausschenkender junger Mann

Wer den Sinn aufs **Ganze** hält gerichtet, dem ist der Streit in seiner Brust geschlichtet. *(Schiller, Huldigung der Künste)*

Garantien, die das Papier nicht wert sind, auf dem sie geschrieben stehen.
(Minister v. Rechberg, 1861)

Jemandem den **Garaus** machen.
(Redensart)
Jemanden umbringen

Die **Garde** stirbt und ergibt sich nicht.
(Angeblicher Ausspruch des franz. Generals Cambronne bei Waterloo 1815; in Wahrheit soll er jedoch nur gesagt haben: »Merde!«)

Hinter schwedische **Gardinen** bringen.
(Redensart)
Jemanden ins Gefängnis bringen

Gardinenpredigt.
(Aus dem 18. Jahrhundert stammendes Scherzwort für eine eheliche Strafpredigt)

Garn spinnen. *(Redensart)*
Unwahre Geschichten erzählen

Jemandem ins **Garn** gehen. *(Redensart)*
Sich verleiten lassen

Die Blumen machen den **Garten**, nicht der Zaun. *(Sprichwort)*

Im **Garten** des Pfarrers von Taubenheim geht's irre bei Nacht in der Laube.
(G. A. Bürger, Des Pfarrers Tochter von Taubenheim)

Den Bock zum **Gärtner** machen (oder setzen). *(Redensart)*

Durch diese hohle **Gasse** muß er kommen, es führt kein andrer Weg nach Küßnacht. *(Schiller, Wilhelm Tell)*

Nun leb wohl, du kleine **Gasse!**
(Studentenlied von A. Graf Schlippenbach)

Armut ist ein schlimmer **Gast**.
(Sprichwort)

Auf einen verspäteten **Gast** lange warten, ist eine Rücksichtslosigkeit gegenüber anderen Gästen.
(J. A. Brillat-Savarin, Physiologie du Goût)

Du kamst, du gingst mit leiser Spur, ein flücht'ger **Gast** im Erdenland.
(L. Uhland, Auf den Tod eines Kindes)

Ein froher **Gast** ist niemands Last.
(Sprichwort)

Gast auf Erden. *(Nach Psalm 119, 19)*

Herein, herein, du lieber **Gast!**
(S. A. Mahlmann, Heiterer Lebenslauf)

Hier wendet sich der *Gast* mit Grausen.
(Schiller, Ring des Polykrates)

Nach dre Dag stinkt de Fisch un de **Gast**.
(Niederdeutsches Sprichwort)

Und so lang du das nicht hast, dieses; Stirb und werde! Bist du nur ein trüber **Gast** auf der dunklen Erde.
(Goethe, Westöstlicher Divan)

Wenn der **Gast** am liebsten ist, dann soll er gehen. *(Sprichwort)*

Ein gütiger Herr tut seine Pforten auf für alle **Gäste**, keinen schließt er aus.
(Schiller, Jungfrau von Orleans)

Je später der Abend, desto schöner die **Gäste**. *(Sprichwort)*

Tages Arbeit, abends **Gäste!** Saure Wochen, frohe Feste! *(Goethe, Schatzgräber)*

Ungebetene **Gäste** gehören unter'n Tisch. *(Redensart)*

Ungeladene **Gäste** sind nicht willkommener meist, als wenn sie gehn.
(Shakespeare, Heinrich IV.)

Das reichste Mahl ist freudenleer, wenn nicht des Wirtes Zuspruch und Geschäftigkeit den **Gästen** zeigt, daß sie willkommen sind. *(Schiller, Macbeth)*

Jemanden einladen bedeutet, für das Glück des **Gastes** zu sorgen, solange dieser unter unserem Dache weilt.
(J.A. Brillat-Savarin, Physiologie du Goût)

Gastfrei zu sein vergesset nicht!
(Hebr. 13, 2)

Genug, genug gegessen und getrunken: Es ist nun Zeit, vom **Gastmahl** aufzustehn. *(Horaz, Epistulae)*

Als **Gatte** kann ich mit dem König rechten. *(Goethe, Natürliche Tochter)*

Der **Gatte** zieht sein Weib unwiderstehlich in seines Kreises abgeschlossene Bahn. *(Goethe, Natürliche Tochter)*

Ach! die **Gattin** ist's, die teure!
(Schiller, Glocke)

Glücklich, wenn der **Gattin** Treue rein und keusch das Haus bewahrt!
(Schiller, Siegesfest)

Keine **Gaukelkunst** berückt das Flammenauge, das ins Innre blickt.
(Schiller, Maria Stuart)

Zu kühn wird mir dies **Gaukelspiel**.
(Schiller, Don Carlos)

Einem geschenkten **Gaul** schaut man nicht ins Maul. *(Sprichwort)*
Auch: Einem geschenkten Barsch schaut man nicht in… die Kiemen

Man zäumt einen **Gaul** nicht beim Schwanze auf. *(Sprichwort)*

Gazetten, wenn sie interessant sein sollen, dürfen nicht geniret werden.
(Bemerkung Friedrichs II., 1740)

Du sollst mit Schmerzen Kinder **gebären!** *(1. Mos. 3, 16)*
In der rev. Fassung: Unter Mühen…

Hier liegen meine **Gebeine**. Ich wollt', es wären Deine. *(Grabsteininschrift)*

Frei, einfältig soll man **geben**, aus lauter Liebe, willig. *(M. Luther, Tischreden)*

Geben ist Sache der Reichen.
(Goethe, Hermann und Dorothea)

Geben ist seliger denn Nehmen.
(Sprichwort, nach Apostel. 20, 35)

Der Wille, und nicht die Gabe, macht den **Geber**. *(G. E. Lessing, Nathan der Weise)*

Einen fröhlichen **Geber** hat Gott lieb.
(2. Kor. 9, 7)

Ein Asyl für jeden Kummer ist das **Gebet.** *(Chrysostomus, Contra Anon)*

Ein einziger dankbarer Gedanke gen Himmel ist das vollkommenste **Gebet!**
(G.E. Lessing, Minna v. Barnhelm)

Je weniger Wort, je besser **Gebet**; je mehr Wort, je ärger Gebet. *(M. Luther)*

Jemanden ins **Gebet** nehmen. *(Redensart)*
Jemandem ins Gewissen reden

Nicht der Ort, das Herz macht das **Gebet**. *(Sprichwort)*

Seid fröhlich in Hoffnung, geduldig in Trübsal, haltet an am **Gebet!** *(Röm. 12, 12)*

Wer aus ganzer Seele fleht, des **Gebet** wird Gott erhören. *(F. G. Klopstock)*

Wundertätig ist die Liebe, die sich im **Gebet** enthüllt. *(Goethe, Novelle)*

Gebiete mir, was menschlich ist! Ich bleibe. *(Schiller, Wallensteins Tod)*

Ergeben der **Gebieterin**. *(Schiller, Gang nach dem Eisenhammer)*

Denn die Elemente hassen das **Gebild** von Menschenhand. *(Schiller, Glocke)*

Er ward **geboren**, er lebte, nahm ein Weib und starb. *(C. F. Gellert, Greis)*

Man wird ja nur einmal **geboren**… *(A. Lortzing, Waffenschmied)*

Nicht **geboren** zu werden, ist weit das beste. *(Sophokles, Ödipus auf Kolonos)*

Oh, wär' ich nie **geboren!** *(Goethe, Faust/ G.A. Bürger, Leonore)*

Lang' **geborgt** ist nicht geschenkt. *(Sprichwort)*

Das elfte **Gebot**: Laß dich nicht verblüffen! *(Redensart)*

Deine **Gebote** sind eitel Wahrheit. *(Psalm 119, 86)*

Übertretungen kommen nur von **Geboten**, wie Hühneraugen von engen Schuhen. *(P. Hille, Aphorismen)*

Gewohnheit und **Gebrauch** zwingt oft und sehr das Recht. *(F. v. Logau)*

Gebrechlichkeit, dein Nam' ist Weib. *(Shakespeare, Hamlet)*

Der Schmerz ist die **Geburt** der höheren Naturen. *(C. A. Tiedge)*

Die Journalisten sind die **Geburtshelfer** und die Totengräber der Zeit. *(K. Gutzkow, Blasedow und seine Söhne)*

Kaum **gedacht**, kaum gedacht, war der Lust ein End' gemacht. *(W. Hauff, Reiters Morgengesang)*

Das **Gedächtnis** nimmt ab, wenn man es nicht übt. *(Cicero, Cato Maior)*

Ein **Gedächtnis** wie ein Sieb haben. *(Redensart)*
Vergeßlich sein

Ein gutes **Gedächtnis** ist eine gute Gabe Gottes, Vergessenkönnen ist oft eine noch bessere Gabe Gottes. *(G. C. Lichtenberg)*

Gedächtnis haben kalte Seelen; die fühlenden – Erinnerung. *(F. Haug, Sinngedichte)*

Nichts vergoldet die Vergangenheit so sehr wie ein schlechtes **Gedächtnis**. *(J. Steinbeck)*

Wer ein schlechtes **Gedächtnis** hat, erspart sich viele Gewissensbisse. *(J. Osborne)*

Das Universum ist ein **Gedanke** Gottes! *(Schiller)*

Der erste **Gedanke** ist nicht immer der beste. *(Sprichwort)*

Der **Gedanke** legt den Grund für die Tat. *(H. v. Moltke)*

Ein einziger dankbarer **Gedanke** gen Himmel ist das vollkommenste Gebet.
(G. E. Lessing, Minna von Barnhelm)

Ein guter **Gedanke** kommt nie zu spät.
(Sprichwort)

Unter allen Rechten, deren Erfüllung uns geworden, und die wir noch erwarten, ist der befreite **Gedanke** das edelste, denn in ihm liegt das Unterpfand für alles Künftige. Es ist die Sonne für die Früchte, die uns reifen sollen.
(L. Rellstab, 1848)

Zwei Seelen und ein **Gedanke**.
(Redensart, nach F. Hahn, Sohn der Wildnis)

Böse **Gedanken** zeugen böse Taten.
(Sprichwort)

Die besten **Gedanken** kommen hinterher. *(Sprichwort)*

Die großen **Gedanken** kommen aus dem Herzen. *(Vauvenargues, Réflexions)*

Dumme **Gedanken** hat jeder, nur der Weise verschweigt sie. *(W. Busch)*

Feiger **Gedanken** bängliches Schwanken, weibisches Zagen, ängstliches Klagen wendet kein Elend, macht dich nicht frei. *(Goethe, Beherzigung: Ein Gleiches)*

Gedanken gehn und Lieder fort bis ins Himmelreich. *(J. v. Eichendorff, Wanderlieder)*

Gedanken sind frei. *(Shakespeare, Sturm)*

Gedanken sind nicht stets parat, man schreibt auch, wenn man keine hat.
(W. Busch)

Gedanken sind zollfrei. *(M. Luther; auch nach Cicero, Pro Milone)*

Man muß einen geheimen **Gedanken** im Hintergrund haben und von ihm aus alles beurteilen, während man wie alle Welt spricht. *(B. Pascal)*

Neue **Gedanken** sind nicht häufig; sag uns die alten nur geläufig. *(W. Busch)*

Nur die absoluten **Gedanken** setzen sich in der Weltgeschichte durch.
(L. v. Ranke)

Taucht unter, ihr **Gedanken!**
(Shakespeare, Richard III.)

Trend ist die Windrichtung der **Gedanken**. *(R. Boller)*

Um einen falschen **Gedanken** mit Erfolg zu widerlegen, muß man bekanntlich ein ganzes Buch schreiben, und den, der den Ausspruch getan hat, überzeugt man doch nicht. *(Bismarck)*

Unsere besten **Gedanken** denken sich selbst, wir haben kein Verdienst dabei.
(A. Pichler)

Unsere männlichsten **Gedanken**, oft zerstörte sie ein Weib. *(J. G. Herder)*

Wir spielen unsere **Gedanken** gegeneinander aus, in Wirklichkeit unsere Temperamente. *(C. Morgenstern)*

Gedankenarm – ein traurig Los! Viel lieber doch gedankenlos. *(P. Heyse, Spruchbüchlein)*

Mein **Gedankenbild** von den terribles simplificateurs, welche über unser altes Europa kommen werden, ist kein angenehmes; und hier und da in Phantasien sehe ich solche Kerle schon leibhaftig vor mir. *(J. Burckhardt, 1889)*

Geben Sie **Gedankenfreiheit!**
(Schiller, Don Carlos)

Eile nicht, bleib, **Gedankenfreund!**
(F.G. Klopstock, Die frühen Gräber)

Wäre der Geist nicht frei, dann wär' es ein großer Gedanke, daß ein **Gedankenmonarch** über die Seelen regiert. *(A. v. Platen, Papsttum)*

Der angebornen Farbe der Entschließung wird des **Gedankens** Blässe angekränkelt. *(Shakespeare, Hamlet)*

Wer nie **gedarbt**, ist ohne Freude reich. *(A. v. Haller, Sehnsucht nach dem Vaterlande)*

Ach, was haben die Herren doch für ein kurzes **Gedärm**. *(Schiller, Sonntagskinder)*

Gedenke meiner, wenn dir's wohl geht. *(1. Mos. 40, 14)*

Ein **Gedicht** soll entweder vortrefflich sein oder gar nicht existieren. *(Goethe, Wilhelm Meister)*

Willst du lesen ein **Gedicht**, sammle dich wie zum Gebete, daß vor deine Seele licht, das Gebild des Dichters trete. *(A. Stöber, An Dichter und Leser)*

Gedichte sind gemalte Fensterscheiben. *(Goethe, Parabolisch)*

Die **Geduld** ist aller Schmerzen Arznei. *(Sprichwort)*

Die Staude der **Geduld** ist bitter Art; doch endlich bringt sie Früchte süß und zart. *(K. Simrock, Sprüche)*

Ein kleiner Feind, dies lerne fein, will durch **Geduld** ermüdet sein. *(C. F. Gellert, Der Knabe und die Mücken)*

Geduld frißt den Teufel. *(Sprichwort)*

Geduld! Geduld! wenn's Herz auch bricht. *(G.A. Bürger, Leonore)*

Geduld ist der Schlüssel zur Freude. *(Arabisches Sprichwort)*

Geduld ist eine Kunst und eine von den schweren; die Weiber können sie nicht lernen, aber lehren. *(F.C. Weißer)*

Geduld und Fleiß erringt den Preis. *(Sprichwort)*

Geduld, Vernunft und Zeit macht möglich die Unmöglichkeit. *(S. Dach)*

Glaube nur, du hast viel getan, wenn dir **Geduld** gewöhnest an! *(Goethe)*

Man muß **Geduld** mit unsrer Schwachheit haben. *(Schuller, Turandot)*

Mit **Geduld** und Spucke fängt man eine Mucke. *(Scherzhaftes Sprichwort)*

Mit **Geduld** und Zeit kommt man mählich weit. *(A. a. Santa Clara)*

Nicht Kunst und Wissenschaft allein, **Geduld** will bei dem Werke sein. *(Goethe, Faust)*

Wer's Recht hat und **Geduld**, für den kommt auch die Zeit. *(Goethe)*

Gut **gedüngt** ist halb gewachsen. *(Bauernsprichwort)*

Der Furchtsame erschrickt vor der **Gefahr**, der Feige in ihr, der Mutige nach ihr. *(Jean Paul, Kampanertal)*

Eines Mannes Tugend erprobt allein die Stunde der **Gefahr**. *(Schiller, Maria Stuart)*

Gefahr im Verzuge. *(Redensart, nach Livius)*

Glück gibt Gefährten; **Gefahr** bewährt den Freund. *(F. Halm)*

Ist die **Gefahr** vorüber, lacht man den Heiligen aus. *(Sprichwort)*

Wer sich in **Gefahr** begibt, kommt darin um. *(Sprichwort, nach Jes. Sirach 3, 27)*

Besser schlecht **gefahren** als gut gelaufen. *(Sprichwort)*

Es gibt **Gefahren**, denen zu entfliehen nicht Feigheit ist, sondern höchster Mut, die Kraft, sich selbst zu besiegen. *(B. Auerbach)*

Große Dinge sind immer mit großen **Gefahren** verknüpft. *(Herodot)*

Wer mit **Gefahren** will scherzen, sucht Lob und findet Schmerzen. *(A. a. Santa Clara)*

Es ist **gefährlich**, wenn man allzulang sich klug und mäßig zeigen muß. *(Goethe, Tasso)*

Ich bin **gefährlich**, weil ich über mich gedacht. *(Schiller, Don Carlos)*

Ein lustiger **Gefährte** ist ein Rollwagen auf der Wanderschaft. *(Goethe, Maximen und Reflexionen)*

Wer einen **Gefährten** hat, hat einen Meister. *(Sprichwort)*

Allen **gefallen** – wollen nur Knechte; keinem gefallen – werden nur Schlechte; den Besten gefallen – das ist der Rechte. *(Niederdeutscher Spruch)*

Das größte Wunder der Liebe ist, daß sie die **Gefallsucht** heilt. *(F. de La Rochefoucauld)*

Ein fideles **Gefängnis**. *(K. Hoffner u. R. Genée / J. Strauß, Fledermaus)*

Wessen das **Gefäß** ist gefüllt, davon es sprudelt und überquillt. *(Schiller, Wallensteins Lager)*

Gefilde der Seligen. *(Nach Hesiod, Werke und Tage)*

Geflügelte Worte. *(Nach Homer: bekannt geworden durch G. Büchmann)*

Da versetzte sogleich der Sohn mit **geflügelten** Worten. *(Goethe, Hermann und Dorothea)*

Besser zweimal **gefragt** als einmal irregegangen. *(Sprichwort)*

Jung **gefreit** hat niemand gereut. *(Sprichwort)*

Das **Gefühl** findet, der Scharfsinn weiß die Gründe. *(Jean Paul)*

Einerlei **Gefühl**, einerlei Wunsch, einerlei Hoffnung einigt. *(M. Claudius, Von der Freundschaft)*

Gefühl ist alles; Name ist Schall und Rauch, umnebelnd Himmelsglut. *(Goethe, Faust)*

Mein erst **Gefühl** sei Preis und Dank! Erheb ihn, meine Seele, der Herr hört deinen Lobgesang, lobsing ihm, meine Seele! *(C. F. Gellert, Morgengesang)*

Was auch behaupte die Philosophie, trau dem **Gefühl**! Es täuscht dich nie. *(F. v. Sallet, Epigrammatisches und Lehrhaftes)*

Auf schwanker Leiter der **Gefühle**. *(Schiller, Macht des Gesanges)*

Das höchste der **Gefühle**. *(E. Schikaneder / W. A. Mozart, Zauberflöte)*

In seines Nichts durchbohrendem **Gefühle**. *(Schiller, Don Carlos)*

Sei **gefühllos!** Ein leicht bewegtes Herz ist ein elend Gut auf der wankenden Erde. *(Goethe)*

Das Verhängte muß geschehen, das **Gefürchtete** muß nahn. *(Schuller, Kassandra)*

Wem viel **gegeben** wird, von dem wird viel verlangt. *(J. G. Herder, Palmblätter)*

Auch eine schöne **Gegend!**
(Redensart, nach A. Glaßbrenner, Berlin …)

Zu Hamburg sah ich Altona, ist auch eine schöne **Gegend**. *(H. Heine, Tannhäuser)*

Gegensätze ziehen sich an.
(Sprichwort)

Man soll den **Gegenteil** hören, bevor man ihn richtet. *(Goethe)*

Die **Gegenwart** ist falsch, das Leben lügt.
(A. v. Chamisso, Traum)

Die **Gegenwart** ist nie unser Zweck; die Vergangenheit und die Gegenwart sind unsere Mittel; die Zukunft allein ist unser Zweck. *(B. Pascal)*

Die **Gegenwart** ist unser. *(Sprichwort)*

Die **Gegenwart** verführt ins Übertriebene, ich halte mich vor allem ans Geschriebene. *(Goethe, Faust)*

Im Leben ist nichts **Gegenwart**.
(Goethe, Monolog aus Byron)

Man rettet gern aus trüber **Gegenwart** sich in das heitere Gebiet der Kunst.
(L. Uhland, Ernst von Schwaben)

Wenn deine **Gegenwart** makellos ist, so untersucht man deine Vergangenheit.
(G. C. Lichtenberg)

Es wird nichts so heiß **gegessen**, wie es gekocht wird. *(Sprichwort)*

Wie **gegrüßt**, so gedankt. *(Sprichwort)*

Der **Gehalt** macht's! *(Sprichwort)*
Der innere Wert macht's
Im Volksmund verballhornt:
Das Gehalt (die Entlohnung) macht's!

Im Hause des **Gehängten** spricht man nicht vom Strick. *(Sprichwort)*

Gehe hin und tue desgleichen!
(Luk. 11, 37)

Komm mir nicht ins **Gehege!**
(Redensart
Misch dich nicht in
meine Angelegenheiten!

Das **Geheimnis** ist für die Glücklichen; das Unglück braucht, das hoffnunglose, keinen Schleier mehr. *(Schiller, Wallensteins Tod)*

Das **Geheimnis** jeder Macht besteht darin, zu wissen, daß andere noch feiger sind als wir. *(L. Börne)*

Geheimnis nur verbürget unsre Taten.
(Goethe, Natürliche Tochter)

Heiß mich nicht reden, heiß mich schweigen, denn mein **Geheimnis** ist mir Pflicht. *(Goethe, Mignon)*

Öffentliches **Geheimnis**.
(Nach Calderon, El secreto a voces)

So schwer drückt nichts, wie ein **Geheimnis** drückt. *(J. de La Fontaine, Die Frauen und das Geheimnis)*

Ungern entdeck' ich höheres **Geheimnis**. *(Goethe, Faust)*

Wer verrät, er verwahre ein **Geheimnis**, hat schon dessen Hälfte ausgeliefert; und die zweite wird er nicht lange behalten.
(Jean Paul)

Wie fällt doch ein **Geheimnis** Weibern schwer! *(Shakespeare, Julius Caesar)*

Am Throne gibt es fast für niemand **Geheimnisse** als für den, der darauf sitzt.
(Jean Paul)

Die **Geheimnisse** des Kabinettes stecken sich gerne in die Falten des Weiberrockes. *(Schiller, Fiesko)*

Geheimnisse sind noch keine Wunder.
(Goethe, Maximen und Reflexionen)

Wer den kleinsten Teil eines **Geheimnisses** hingibt, hat den Rest nicht mehr in der Gewalt. *(Jean Paul)*

Was man in der Natur **Geheimnisvolles** pries, das wagen wir verständig zu probieren. *(Goethe, Faust)*

Denn ich habe dich **geheiratet**, um dich in Gott und nach dem Bedürfnis meines Herzens zu lieben, und um in der fremden Welt eine Stelle für mein Herz zu haben. *(Bismarck, 1851)*

Das **Gehirn** kann Gesetze für das Blut aussinnen, aber eine hitzige Natur springt über eine kalte Vorschrift hinaus. *(Shakespeare, Kaufmann von Venedig)*

Mein **Gehirn** treibt öfters wunderbare Blasen auf. *(Schiller, Don Carlos)*

Wer nicht bei Tage **gehn** darf, schleicht bei Nacht. *(Shakespeare, König Johann)*

Gehorchen mag, wer nicht zu herrschen weiß. *(Shakespeare, Heinrich VI.)*

Wer befehlen will, muß zuerst **gehorchen** gelernt haben. *(Sprichwort)*

Lieblos Gebot lähmt des **Gehorchens** Pflicht. *(J. Hammer, Schau um dich und schau in dich)*

Gar leicht **gehorcht** man einem edlen Herrn, der überzeugt, indem er uns gebietet. *(Goethe, Tasso)*

Gehorsam heißt die Tugend, um die der Niedre sich bewerben darf. *(Schiller, Wallensteins Tod)*

Gehorsam ist des Christen Schmuck. *(Schiller, Kampf mit dem Drachen)*

Gehorsam ist des Weibes Pflicht auf Erden. *(Schiller, Jungfrau von Orleans)*

Ist **Gehorsam** im Gemüte, wird nicht fern die Liebe sein. *(Goethe, Der Gott und die Bajadere)*

Wer langsam **geht**, geht sicher. *(Italienisches Sprichwort)*

Das ist **gehupft** wie gesprungen. *(Sprichwort) Das ist einerlei*

Die erste **Geige** spielen. *(Redensart) Die Führerrolle spielen*

Der Himmel hängt voller **Geigen**. *(Redensart) Hoffnungsfrohe Stimmung*

Eine alte **Geiß** leckt auch gern Salz. *(Sprichwort)*

Aller **Geist** geht aus der Selbstbeherrschung hervor. *(B. v. Arnim)*

Auf immer wird das erworben, was der **Geist** erwirbt. *(L. Schefer, Laienbrevier)*

Den **Geist** aufgeben. *(Klagelieder Jerem. 2, 12) Sterben*

Der Buchstabe ist nicht der **Geist**, und die Bibel ist nicht die Religion. *(G. E. Lessing)*

Der Buchstabe tötet, aber der **Geist** macht lebendig. *(2. Kor. 3, 6)*

Der **Geist** als Widersacher der Seele. *(Hauptwerk von L. Klages)*

Der **Geist** bewegt die Materie. *(Vergil, Aeneis)*

Der **Geist** ist willig, aber das Fleisch ist schwach. *(Matth. 26, 41)*

Der **Geist** denkt, das Geld lenkt. *(O. Spengler, Untergang des Abendlandes)*

Dieses Glas dem guten **Geist!** *(Schiller, An die Freude)*

Du gleichst dem **Geist**, den du begreifst, nicht mir! *(Goethe, Faust)*

Ein gesunder **Geist** in einem gesunden Körper. *(Sprichwort, nach Juvenal, Satirae)*

Ermuntre dich, mein schwacher **Geist!** *(Redensart, nach einem Weihnachtslied von J. Rist) Im Volksmund verändert und ergänzt: Erhebe dich, du schwacher Geist, und stell dich auf die Hinterbeine!*

Es geht ein finstrer **Geist** durch unser Haus, und schleunig will das Schicksal mit uns enden. *(Schiller, Piccolomini)*

Ein stiller **Geist** ist Jahre lang geschäftig, die Zeit nur macht die feine Gärung kräftig. *(Goethe, Faust)*

Es ist der **Geist**, der sich den Körper baut. *(Schiller, Wallensteins Tod)*

Frisch auf', eh der **Geist** noch verdüftet. *(Schiller, Wallensteins Lager)*

Ich bin der **Geist**, der stets verneint. *(Goethe, Faust)*

Ihr habt einen andern **Geist** denn wir! *(M. Luther, 1529)*

In müß'ger Weile schafft der böse **Geist**. *(Schiller, Maria Stuart)*

Jetzt muß der **Geist** von Weimar… wieder unser Leben erfüllen. *(F. Ebert, Weimar 1919)*

Mensch, wie du deinen **Geist** schwingst über Ort und Zeit, so kannst du jeden Blick sein in der Ewigkeit. *(A. Silesius, Cherubinischer Wandersmann)*

Nicht ein jeder **Geist** ist von dem Stoffe, aus dem ein Philosoph sich schnitzen läßt. *(Molière)*

Nun bitten wir den heiligen **Geist** um den rechten Glauben allermeist. *(M. Luther, Lobgesang)*

Nur der **Geist** beschwört die Geister. *(F. Freiligrath, Geisterschau)*

Oft ist's der eigne **Geist**, der Rettung schafft, die wir beim Himmel suchen. *(Shakespeare, Ende gut, alles gut)*

Stark am **Geist**, am Leibe schwach. *(J. Kerner, Kaiser Rudolfs Ritt zum Grabe)*

Überragender **Geist** ist längst nicht so selten wie eine große Seele. *(C. de Montesquieu)*

Unsauberer **Geist**. *(Nach Mark. 3, 30)*

Vater, ich befehle meinen **Geist** in deine Hände! *(Luk. 23, 46)*

Verzeiht! Es ist ein groß Ergötzen, sich in den **Geist** der Zeiten zu versetzen, zu schauen, wie vor uns ein weiser Mann gedacht, und wie wir's dann zuletzt so herrlich weit gebracht. *(Goethe, Faust)*

Was ihr den **Geist** der Zeiten heißt, das ist im Grund der Herren eigner Geist, in dem die Zeiten sich spiegeln. *(Goethe, Faust)*

Was stets und aller Orten sich ewig jung erweist, ist in gebundnen Worten ein ungebundner **Geist**. *(A. v. Platen, Sonette)*

Wenn heut' ein **Geist** herniederstiege! *(L. Uhland, Am 18. Oktober 1816)*

Werde nie so reich an **Geist**, daß arm du würdest am Herzen. *(O. Ludwig, Makkabäer)*

Zu Gott emporzustreben, ward eingepflanzt der **Geist** dem Leib. *(J.H. Voß, Herbstgelag)*

Die Ritter vom **Geiste**. *(Roman von P. Gutzkow)*

Capua der **Geister**. *(F. Grillparzer, Abschied von Wien)*

Die ich rief, die **Geister**, werd' ich nun nicht los. *(Goethe, Zauberlehrling)*

Dienstbare **Geister**. *(Redensart, nach Hebr. 1, 14)* *Dienstboten*

Es gibt böse **Geister**, die in das Menschen unverwahrter Brust sich augenblicklich ihren Wohnplatz nehmen. *(Schiller, Maria Stuart)*

Führende **Geister**. *(Biographiensammlung von A. Bettelheim)*

Nichts halb zu tun ist edler **Geister** Art. *(C. M. Wieland)*

Flüchtig leb' ich durchs Gedicht, durch des Arztes Kunst nur flüchtig; nur wenn man von **Geistern** spricht, denkt man mein noch und schimpft tüchtig! *(J. Kerner, Prognostikon)*

Hat man es mit den **Geistern**, die oben in den Lüften sind, zu thun, da gehört etwas mehr dazu als Jura und Juristen. *(M. Luther)*

Nur wenn man von **Geistern** spricht, denkt man mein noch und schimpft tüchtig. *(J. Kerner)*

Von allen **Geistern**, die verneinen, ist mir der Schalk am wenigsten zur Last. *(Goethe, Faust)*

Wisset ihr nicht, welches **Geistes** Kinder ihr seid? *(Luk. 9, 55)*

Ich bin nicht Friedrichs Kammerherr, sondern Friedrichs **Geistesherr**. *(Voltaire)*

Ihr aber hört nicht, was ich sage, ihr glaubt an **Geisterstimmen** nicht. *(L. Uhland)*

Die **Geisterwelt** ist nicht verschlossen, dein Sinn ist zu, dein Herz ist tot. *(Goethe, Faust)*

Deines **Geistes** hab' ich einen Hauch verspürt. *(L. Uhland, Bertran de Born)*

Nur des **Geistes** Kraft allein schneidet in die Seele ein. *(W. Busch, Abenteuer eines Junggesellen)*

Aber **Geistesgröße** mit des Herzens Güte ganz in eins verflößt, bildet einen Mann für Erd' und Himmel. *(C. F. D. Schubert, Gedichte)*

Geisteshelden. *(Nach A. Bettelheim)*

Selig sind, die da **geistlich** arm sind; denn das Himmelreich ist ihr. *(Matth. 5, 3)* *Meist fälschlich: … geistig arm … zitiert*

Ach, man will auch hier schon wieder nicht so wie die **Geistlichkeit.** *(W. Busch, Pater Filucius)*

Geistreich soll niemand sein als wir und unsere Freunde. *(Molière, Die gelehrten Frauen)*

Ist sie auch **geistreich?** fragt ihr zumeist. Was wollt ihr denn? Herz heißt des Weibes Geist. Wird sie unendlich lieben können, dürft ihr getrost sie geistreich nennen. *(F. Th. Vischer)*

Geiz ist die größte Armut. *(Sprichwort)*

Geiz ist die Wurzel allen Übels. *(Redensart, nach 1. Thim. 6, 10)*

Oft verbirgt sich der **Geiz** unter dem Namen der Sparsamkeit, die Verschwendung unter dem Namen der Freizügigkeit. *(Papst Gregor I., d. Gr.)*

Der **Geizhals** besitzt nicht sein Vermögen, sondern sein Vermögen besitzt ihn. *(Jüdisches Sprichwort)*

Der **Geizhals** bleibt im Tode karg; Zween Blicke wirft er auf den Sarg und tausend wirft er mit Entsetzen nach den mit Angst verwahrten Schätzen.
(C. F. Gellert, Der Hund)

Viel versprechen und wenig geben läßt den **Geizhals** in Freuden leben.
(Belgisches Sprichwort)

Wenn ein **Geizhals** Geld ausgibt, verliert er Blut. *(Polnisches Sprichwort)*

Früher Tod ist des **Geizhalses** einzige Wohltat. *(Bulgarisches Sprichwort)*

Einem Armen mangelt viel, einem **Geizigen** alles. *(Sprichwort)*

Ein **Geiziger** kann nichts nützlichers und besseres thun, als wenn er stirbt.
(M. Luther)

Gut **gekaut** ist halb verdaut.
(Sprichwort)

Ach ich hab' sie ja nur auf die Schulter **geküßt.** *(F. Zell u. R. Genée/ K. Millöcker, Bettelstudent)*

Homerisches **Gelächter.** *(Nach Homer, Odyssee)*

Unauslöschliches **Gelächter.**
(Nach Homer, Odyssee)

Fahr' hin, lammherzige **Gelassenheit!**
(Schiller, Maria Stuart)

Besser gut **gelaufen** als schlecht gefahren. *(Sprichwort)*

Leise zieht durch mein Gemüt liebliches **Geläute.** *(H. Heine, Neuer Frühling)*

Schwermutsvoll und dumpfig hallt **Geläute**. *(L. Hölty, Tod eines Landmädchens)*

Alles für mein **Geld!**
(F. Zell u. R. Genée/K. Millöcker Bettelstudent)

Als ich jung war, glaubte ich, **Geld** sei das Wichtigste im Leben, jetzt wo ich alt bin, weiß ich, daß es das Wichtigste ist.
(O. Wilde)

Das böse **Geld!** die böse Welt! Traut keiner Außenseite! Die Leute machen falsches Geld, das Geld macht falsche Leute. *(J. C. F. Haug)*

Das **Geld** erkauft den Sieg, unzweifelhaft sowohl in Lieb' als Krieg.
(F. v. Hagedorn)

Das **Geld** vergnügt und quält alle.
(Jüdisches Sprichwort)

Das **Geld** liegt auf der Straße; man muß es nur aufzuheben wissen. *(Sprichwort)*

Dazu hat Buchholtz kein **Geld.**
(Redensart, nach Friedrich d. Gr. – B. war königlicher Schatzmeister)

Der Geist denkt, das **Geld** lenkt.
(O. Spengler, Untergang des Abendlandes)

Die ganze Welt, sie dreht sich drum, das **Geld**, das ist die Achse; und klingl' ich darin, sie stehen stumm, die Lumpen niedrer Taxe. *(W. Müller, Bankier)*

Ein gesunder Mensch ohne **Geld** ist halb krank. *(Goethe)*

Ein Mensch ohne **Geld,** ist wie ein Wolf ohne Zähne.
(Französisches Sprichwort)

Es ist drollig auf der Welt; der eine hat den Beutel, der andre hat das **Geld.**
(Sprichwort)

Es ist nicht so gut mit **Geld,** wie es schlecht ist ohne.
(Jüdisches Sprichwort)

Für **Geld** kann man den Teufel tanzen lassen. *(Sprichwort)*

Geld allein macht nicht glücklich.
(Sprichwort)
Auch ergänzt:
... aber es beruhigt; auch verballhornt:
Geld allein macht nicht unglücklich

Geld braucht man, wenn man es nicht hat; Kredit hat man, wenn man ihn nicht braucht. *(Redensart)*

Geld bringt mehr Leute um als eine Keule. *(Russisches Sprichwort)*

Geld erwerben, erfordert Klugheit; Geld bewahren erfordert eine gewisse Weisheit, und Geld schön auszugeben, ist eine Kunst. *(B. Auerbach)*

Geld, Gewalt und Herrengunst zerbricht Ehr', Recht und alle Kunst.
(G. Rollenhagen, Froschmeuseler)

Geld ist das Maß aller Dinge.
(Sprichwort)

Geld ist weder bös' noch gut, es liegt an dem, der's brauchen tut. *(Sprichwort)*

Geld kann vieles in der Welt, Jugend kauft man nicht um Geld. *(F. Raimund, Mädchen aus der Feenwelt)*

Geld regiert die Welt. *(Sprichwort)*

Geld stinkt nicht. *(Vespasian, nach Sueton u. Cassius Dio)*

Geld wie Heu haben. *(Redensart)*
Steinreich sein

Hast du **Geld**, so bist du weise, hast du keins, so bist du ein Tor.
(Türkisches Sprichwort)

Hat der Bauer **Geld**, hat's die ganze Welt. *(Sprichwort)*

Im Deutschen reimt sich **Geld** auf Welt: es ist kaum möglich, daß es einen vernünftigern Reim gebe: Ich biete allen Sprachen Trotz! *(G. C. Lichtenberg)*

Ist das nötige **Geld** vorhanden, ist das Ende meistens gut. *(B. Brecht/K. Weill, Dreigroschenoper)*

Je mehr **Geld**, desto mehr Sorgen.
(Sprichwort)

Je mehr **Geld**, je größer die Rechnung.
(A. a Santa Clara)

Klopft man mit **Geld** an, springt die Tür von allein auf. *(Sprichwort)*

Mein bares **Geld** ging alles drauf im Lamm zu Ninive. *(V. v. Scheffel, Altassyrisch)*

O Mensch, das **Geld** ist nur Chimäre.
(C. Morgenstern, Galgenlieder)

Pracht, **Geld** und Ehr' ist morgen oft nicht mehr. *(F. Richter)*

Sobald das **Geld** im Kasten klingt, die Seele aus dem Fegefeuer springt.
(Nach Ablaßkrämer Tetzel)

Sowie einer kein **Geld** mehr hat, wird er Rothschilds Feind. *(H. Heine)*

Tu **Geld** in Deinen Beutel!
(Shakespeare, Othello)

Und es herrscht der Erde Gott, das **Geld.**
(Schiller, An die Freunde)

Vergnügt sein ohne **Geld**, das ist der Stein der Weisen. *(M.G. Lichtwer)*

Viele Leute kaufen mit dem **Geld**, das sie nicht haben, Dinge, die sie nicht brauchen, um Leuten zu imponieren, die sie nicht ausstehen können. *(Sprichwort)*

Was frag' ich viel nach **Geld** und Gut, wenn ich zufrieden bin.
(J. M. Miller/W. A. Mozart, Zufriedenheit)

Was man mit **Geld** nicht bezahlen kann, das soll man wenigstens mit Dank bezahlen. *(Sprichwort)*

Was soll das **Geld**, das nicht wandert durch die Welt? *(Sprichwort)*

Wenn einer **Geld** hat, darf er so dumm sein, wie er will. *(Sprichwort, nach Ovid)*

Wenn man kein **Geld** hat, dann denkt man immer an Geld. Wenn man Geld hat, denkt man nur noch an Geld. *(J.P. Getty)*

Wer **Geld** hat, hat auch Freunde. *(Sprichwort)*

Wer **Geld** und keine Kinder hat, der ist nicht wirklich reich; wer Kinder und kein Geld hat, der ist nicht wirklich arm. *(Chinesisches Sprichwort)*

Wo **Geld** ist, da ist der Teufel; wo keins ist, da ist er zweimal. *(Sprichwort)*

Wo **Geld** vorangeht, sind alle Wege offen. *(Shakespeare, Die lustigen Weiber von Windsor)*

Zeit ist **Geld.** *(Englisches Sprichwort)*

Behandle **Geldangelegenheiten** nicht leichthin. Geld ist Charakter. *(E. G. Bulwer-Lytton)*

Mit wachsendem **Gelde** folgt die Sorge. *(Horaz)*

Bei **Geldfragen** hört die Gemütlichkeit auf. *(D. Hansemann im preußischen Landtag 1847)*
Meist zitiert: In Geldsachen…

Ich habe genossen das irdische Glück, ich habe **gelebt** und geliebet. *(Schiller, Mädchens Klage)*

O hätt' ich nie **gelebt**, um das zu schauen. *(Schiller, Wilhelm Tell)*

Die **Gelegenheit** ist nur an der Stirne Haar, hinten ist sie kahl. *(F. M. Klinger, Faust)*

Die **Gelegenheit** ist günstig. *(Schiller, Wilhelm Tell)*

Eine **Gelegenheit** beim Schopfe ergreifen. *(Redensart)*
Eine Gelegenheit ausnutzen

Es mangelt nie **Gelegenheit**, was Gutes zu verrichten; es mangelt nie Gelegenheit, was Gutes zu vernichten. *(F. v. Logau, Gelegenheit)*

Es steigt der Mut mit der **Gelegenheit**. *(Shakespeare, König Johann)*

Gelegenheit macht Diebe. *(Sprichwort)*

Wart auf die **Gelegenheit**, aber nimmer auf die Zeit! *(W. Müller, Zeit und Mensch)*

Der **Gelehrte** unterscheidet sich von dem Praktiker hauptsächlich durch die erworbene Fähigkeit, sich an weitschweifigen und komplizierten Irrtümern zu ergötzen. *(A. France)*

Für **Gelehrte** ist übrigens Berlin ein kleines Eldorado. *(L. Börne)*

Was ihr euch, **Gelehrte**, für Geld nicht erwerbt, das hab' ich von meiner Frau Mutter geerbt. *(G. A. Bürger, Kaiser und Abt)*

Daran erkenn' ich den **gelehrten** Herrn. *(Goethe, Faust)*

Darüber sind sich die **Gelehrten** noch nicht einig. *(Redensart)*

Mancher unserer sehr mittelmäßigen **Gelehrten** hätte ein größerer Mann werden können, wenn er nicht so viel gelesen hätte. *(G. C. Lichtenberg)*

Mit bloßer **Gelehrsamkeit** ist der Welt sehr schlecht gedient. *(F.C. Schlosser)*

Nur der Geschmack genießt, was die **Gelehrsamkeit** pflanzt. *(Schiller, Der gelehrte Arbeiter)*

Je **gelehrter**, desto verkehrter. *(Sprichwort)*

Bleib im **Geleise**, so fährst du sicher. *(Sprichwort)*

Sie haben nichts **gelernt** und nichts vergessen. *(Chev. de Panat, 1796; auch Talleyrand zugeschrieben)*

Wir wollen weniger erhoben und fleißiger **gelesen** sein. *(G. E. Lessing, Sinngedichte)*

Zwar sind sie an das Beste nicht gewöhnt, allein sie haben schrecklich viel **gelesen**. *(Goethe, Faust)*

Denn dem Glück, **geliebt** zu werden, gleicht kein ander Glück auf Erden. *(J. G. Herder, Cid)*

Denn sie hat viel **geliebt**. *(Luk. 7, 47)*

Es ist doch süß, **geliebt** zu sein. *(J. G. Seume)*

Nur wer **geliebt** hat, kennt den Haß, den Zorn. *(C. D. Grabbe)*

Sie hat vielleicht mich einst **geliebt**, als wir beide noch jung gewesen. *(H. Heine, Deutschland)*

An die ferne **Geliebte**. *(Lieder von A. Jeitteles/ L. van Beethoven)*

Für das **Geliebte** leiden ist so süß. *(F. Grillparzer, Sappho)*

Wie süß ist's das **Geliebte** zu beglücken mit ungehoffter Größe Glanz und Schein. *(Schiller, Braut von Messina)*

Dahin, dahin, möcht ich mit dir, o mein **Geliebter** ziehn. *(Goethe, Wilhelm Meister)*

An nichts **Geliebtes** mußt du dein Gemüt also verpfänden, daß dich sein Verlust untröstbar macht. *(J. G. Herder, Literatur und Kunst)*

Gelobt sei, der da kommt im Namen des Herrn! *(118. Psalm 26)*

Das **gelobte** Land. *(Nach 1. Mos. 12, 7 u.a.)*

Wer dir sagt, er hätte noch nie **gelogen**, dem traue nicht, mein Sohn! *(W. Busch)*

Wo man flüstert, wird **gelogen.** *(Sprichwort)*

Was **gelten** soll, muß wirken und muß dienen. *(Goethe, Tasso)*

Wenn ich die Leute **gelten** lasse, läßt man mich gelten. *(Goethe, Zahme Xenien)*

Wer will was **gelten**, der komme selten. *(Sprichwort)*

Gemächlich kommt auch weit. *(Sprichwort)*

Was **gemacht** werden kann, wird gemacht. *(Graf Wallis [1767–1818])*

Mag mich der Himmel bewahren vor hochgelehrter **Gemahlin!** *(Martial, Epigramme)*

Fest **gemauert** in der Erden … *(Schiller, Glocke)*

Allzu **gemein** macht dich klein. *(Sprichwort)*

Allzu **gemein** macht verachtet. *(Sprichwort)*

Mache niemals dich **gemein**, willst du wert gehalten sein. *(Sprichwort)*

Der Edle hat Angst um andere, der **Gemeine** um sich selber. *(P. Ernst)*

Denn aus **Gemeinem** ist der Mensch gemacht, und die Gewohnheit nennt er seine Amme. *(Schiller, Wallensteins Tod)*

Wer den **Gemeinen** aus dem Staub erhebt und Dank für seine Müh'n von ihm erstrebt, der zieht sich eine Schlange groß mit Liebe, das Wasser fängt er auf in einem Siebe. *(Firdusi)*

Das **Gemeingefühl** ist die höchste Gewalt auf Erden. *(H. J. König, Waldenser)*

Gemeinnutz geht vor Eigennutz. *(Altes Sprichwort)*

Respekt vor dem **Gemeinplatz!** Er ist seit Jahrhunderten aufgespeicherte Weisheit. *(W. v. Ebner-Eschenbach)*

Unser Leben führt uns mit raschen Schritten von der Geburt bis zum Tode. In dieser kurzen Zeitspanne ist es die Bestimmung des Menschen, für das Wohl der **Gemeinschaft**, deren Mitglied er ist, zu arbeiten. *(Aus dem Testament Friedrichs d. Gr. v. 8. 1. 1769)*

An nichts Geliebtes mußt du dein **Gemüt** also verpfänden, daß dich sein Verlust untröstlich machte. *(J. G. Herder)*

Das **Gemüt** macht reich; es ist besser ein Mann ohne Geld als Geld ohne einen Mann. *(Adolf von Nassau)*

Des Menschen **Gemüt** ist sein Geschick. *(F. Lassalle, Philosophie des Herakleitos)*

Ein selbstisches **Gemüt** kann nicht der Qual des engen Neids entfliehen. *(Goethe)*

Edel macht das **Gemüt**, nicht das Geblüt. *(Sprichwort)*

Leise zieht durch mein **Gemüt** liebliches Geläute. *(H. Heine, Neuer Frühling)*

Und was kein Verstand der Verständigen sieht, das übet in Einfalt ein kindlich **Gemüt**. *(Schiller, Taucher)*

Rein wie das feinste Gold, fest wie ein Felsenstein, ganz lauter wie Kristall soll dein **Gemüte** sein. *(Angelus Silesius, Cherubinischer Wandersmann)*

Das nenn' ich doch originale **Gemüter**. *(Goethe, Neologen)*

Die wahre Ruhe der **Gemüter** ist Tugend und Genügsamkeit. *(C. F. Gellert)*

Deutsche **Gemütlichkeit.** *(Nach J. Görres, 1814)*

Ritter von der **Gemütlichkeit.** *(Nach A. Krummacher, Gemütlichkeitsritter)*

Aus der Tiefe des **Gemüts.** *(Nach H. Heine)*

Nicht die Gewalt der Armee, noch die Tüchtigkeit der Waffen, sondern die Kraft des **Gemüts** ist es, welche Siege erkämpft. *(J. G. Fichte, Reden an die deutsche Nation)*

Doppelt **genäht** hält besser *(Sprichwort)*

Laß du den **Generalstab** sorgen, und der Feldmarschall ist geborgen. *(Goethe, Faust)*

Viel leisten, wenig hervortreten, mehr sein als scheinen muß sich somit jeder **Generalstabsoffizier** zum Wahlspruch nehmen… *(A. v. Schlieffen in einer Rede über H. v. Moltke, 1903)*

Mächtige Regierungen haben einen Widerwillen gegen das **Geniale.** *(J. Burckhardt)*

Ohne Leidenschaft gibt es keine **Genialität.** *(Th. Mommsen)*

Das **Genie** bleibt immer selbst das größte Geheimnis. *(Schiller)*

Das **Genie** macht die Fußstapfen, und das nachfolgende Talent tritt in dieselben hinein, tritt sie aber schief.
(W. Raabe, Frau Salome)

Das Talent arbeitet, das **Genie** schafft.
(R. Schumann)

Das Talent hat darin immer einen Vorsprung vor dem **Genie**, daß jenes ausdauert, dieses oft verpufft.
(K. Gutzkow)

Der Mensch ist verloren, der sich früh für ein **Genie** hält. *(G. C. Lichtenberg)*

Es gibt kein **Genie** ohne produktiv fortwirkende Kraft. *(J. P. Eckermann, Gespräche mit Goethe)*

Genie ist eine Verbindung von 3 % Inspiration und 97 % Transpiration.
(Redensart)

Genie ist Fleiß. *(Nach Th. Fontane, Balladen und Gedichte)*

Genie ist nichts als eine bedeutende Anlage zur Geduld. *(G. L. L. de Buffon)*

Jedes Kind ist gewissermaßen ein Genie und jedes **Genie** gewissermaßen ein Kind. *(A. Schopenhauer)*

Und das **Genie**, will es gleich obenaus.
(Goethe, Faust)

Zwischen Wissen und Tun liegen tiefe Klüfte, welche nur das **Genie** rücksichtslos überfliegt. *(H. Laube)*

Es gibt keine verkannten **Genies**. Jeder findet im Leben seinen Platz.
(E. Jünger)

Große **Genies** erreichen das Ziel mit einem Schritt, wohin sich gemeine Geister durch eine lange Reihe von Schlüssen müssen leiten lassen.
(M. Mendelssohn, An die Freunde Lessings)

Wahre Prinzen aus **Genie-Land** zahlen bar, was sie verzehrt, Schiller, Goethe, Lessing, Wieland haben nie Kredit begehrt. *(H. Heine, Plateniden)*

Genieße, was dir Gott beschieden; entbehre gern, was du nicht hast…
(C. F. Gellert, Zufriedenheit)

Ich **genieße** dankbar, was von außen kommt, aber ich hänge an nichts.
(W. v. Humboldt)

Bei der Arbeit recht beginnen, beim **Genießen** rechter Schluß. *(Sprichwort)*

Lasset uns des flücht'gen Tags **genießen**, gilt's vielleicht doch, morgen schon zu sterben. *(A. v. Chamisso)*

Unser Wort ist: Froh **genießen!** Und nicht faul, wo Freuden sprießen.
(J. H. Voß, Am Pfingstfest)

Geweckt wird der **Genius** durch Not, aber nur das Behagen erhält ihn.
(K. Gutzkow)

Unsterblich ist der **Genius**.
(C. A. Tiedge)

Was die Epoche besitzt, das verkündigen hundert Talente; aber der **Genius** bringt ahnend hervor, was ihr fehlt.
(E. Geibel, Ethisches und Ästhetisches)

Zum **Gentleman** gehört auch die Fähigkeit, sich mit Würde betrügen zu lassen.
(Sir A. Guiness)

Besser nicht **genug** als zuviel.
(Sprichwort)

Genug ist besser als zu viel.
(Freidank, Bescheidenheit)

Wer des Genügens **Genüge** kennt, hat immer genug. *(Ostasiatische Weisheit)*

Dem **Genügsamen** raucht sein Herd.
(F. Hölderlin, Gedichte)

Das wahre Glück ist die **Genügsamkeit.**
(Goethe, Adler und Taube)

Arbeit und **Genuß** sind Zwillingsbrüder, eins im andern lebend. *(A. Wilbrandt)*

Ein sogenannter **Genuß.**
(Nach A. L'Arronge, Doktor Klaus)

Hoffnung und **Genuß** ist fast soviel als schon genoßne Hoffnung.
(Shakespeare, Richard III.)

Statt heißem Wünschen, wildem Wollen, statt läst'gem Fordern, strengem Sollen sich aufzugeben ist **Genuß.** *(Goethe)*

So taum'l ich von Begierde zu **Genuß**, und im Genuß verschmacht' ich vor Begierde. *(Goethe, Faust)*

Italien, ein **geographischer** Begriff.
(Metternich, 1847)

Sind an **Georgi** die Reben noch blind, freu'n sich Frauen, Männer, Kind.
(Bauernregel)
Georgi: 23. April

Errätst du auch dieser Raben **Geraun?**
(R. Wagner, Götterdämmerung)

Allzu **gerecht** tut unrecht. *(Sprichwort)*

Wolle nicht immer großmütig sein, aber **gerecht** sei immer! *(M. Claudius)*

Der **Gerechte** erbarmt sich seines Viehes. *(Spr. Salom. 12, 10)*

Der **Gerechte** muß viel leiden.
(Psalm, 34, 20)

Der **Gerechte** soll herrschen, und der Freie wird gehorchen. *(E. M. Arndt, Geist der Zeit)*

Schlaf des **Gerechten.** *(Redensart, nach 3. Mos. 26, 6)*

Auch die **Gerechtigkeit** trägt eine Binde und schließt die Augen jedem Blendwerk zu. *(Goethe, Tasso)*

Das gegründetste Vorurteil wiegt auf der Waage der **Gerechtigkeit** soviel als nichts. *(C.E. Lessing, Emilia Galotti)*

Die **Gerechtigkeit** bricht, wenn man sie biegt. *(Sprichwort)*

Die **Gerechtigkeit** ist nichts anderes als die Nächstenliebe des Weisen.
(G. W. v. Leibnitz)

Die **Gerechtigkeit** ist nur auf der Bühne.
(Schiller, Parasit)

Die Tugend großer Seelen ist **Gerechtigkeit.** *(A. v. Platen, Die verhängnisvolle Gabel)*

Es lebe die **Gerechtigkeit** und sterbe die Welt. *(A. a Santa Clara)*

Gerechtigkeit führt zur Herrschaft.
(Ostasiatische Weisheit)

Gerechtigkeit heißt der kunstreiche Bau des Weltgewölbes. *(Schiller, Demetrius)*

Gerechtigkeit ist Macht. *(Sprichwort)*

Gerechtigkeit schafft Frieden.
(Wahlspruch von Papst Pius XII.)

Ich brauche keine Gnade, ich will **Gerechtigkeit.** *(G. E. Lessing, Minna von Barnhelm)*

Jedenfalls stünde es besser um die Menschheit, wenn man sich weniger auf Gnade und dergleichen Tugenden und Schwächen verließe, sich desto entschiedener aber auf **Gerechtigkeit** stützte. *(I. Kant)*

Selig sind, die um **Gerechtigkeit** willen verfolgt werden; denn das Himmelreich ist ihr. *(Matth. 5, 10)*

Wenn die **Gerechtigkeit** untergeht, so hat es keinen Wert mehr, daß Menschen leben auf Erden. *(I. Kant)*

Wer der **Gerechtigkeit** und Güte nachjagt, der findet Leben, Gerechtigkeit und Ehre. *(Spr. Salom. 21, 21)*

Wer die **Gerechtigkeit** biegt, bricht sie. *(Sprichwort)*

Die Person ansehen im **Gericht** ist nicht gut. *(Spr. Salom. 24, 23)*

Mit jemandem ins **Gericht** gehen. *(Redensart, nach Psalm 143, 2)*

Und überläßt dem Höchsten das **Gericht.** *(A. v. Chamisso, Im Jahre 1832)*

Das sind des Himmels furchtbare **Gerichte.** *(Schiller, Wilhelm Tell)*

Die Entdeckung eines neuen **Gerichtes** ist für das Glück der Menschheit wichtiger als die Entdeckung eines neuen Sternes. *(J. A. Brillat-Savarin, Physiologie du Goût)*

Man muß sich für nichts zu **gering** halten. *(G. C. Lichtenberg)*

Wer das **Geringe** nicht ehrt, ist das Große nicht wert. *(Sprichwort)*

Auch der **Geringste**, wenn er ganz ist, kann glücklich und in seiner Art vollkommen sein. *(Goethe)*

Wie lang zerfleischt mit eigner Hand **Germanien** seine Eingeweide! *(J.P. Uz, Das bedrängte Deutschland)*

Der kleinste Mann – wie geht's nur an – tut gerne groß! Und doch bleibt stets ein solch kleiner Mann ein **Gernegroß!** *(R. Hugo, Narrenchronik)*

Wer **Gerste** sät, kann keinen Weizen ernten. *(Persisches Sprichwort)*

Genießt im edlen **Gerstensaft** des Weines Geist, des Brotes Kraft. *(Brauereiinschrift)*

Im **Geruch** der Heiligkeit stehen. *(Redensart)*

Im guten **Geruch** stehen. *(Redensart, nach Jes. Sir. 39, 18)*

Doch wir horchen allein dem **Gerücht** und wissen durchaus nichts. *(Homer, Ilias)*

Denn mancher hat sich schon beklagt: Ach, hätt' ich das doch nicht **gesagt.** *(W. Busch)*

Wir sind etwas freigiebiger, wenn es auf Kosten der **Gesamtheit** geht, als wir aus unserer eigenen Kasse zu sein pflegen. *(Bismarck im Dtsch. Reichstag, 1871)*

Mancher **Gesandter** ist kein Geschickter. *(Wortspiel)*

Gesang und Liebe im schönen Verein, sie erhalten dem Leben den Jugendschein. *(Schiller, Vier Weltalter)*

Singe, wem **Gesang** gegeben. *(L. Uhland, Freie Kunst)*

Was unsterblich im *Gesang* soll leben, muß im Leben untergehn. *(Schiller, Götter Griechenlands)*

Es ist die Länge der **Gesänge** zu lang für meines Ohres Länge. *(W. Busch)*

Auf Flügeln des **Gesanges.**
(Aus H. Heine, Lyrisches Intermezzo)

Wer gut **gesattelt**, reitet gut.
(Sprichwort)

Das glänzendste **Geschäft** in dieser Welt ist die Moral. *(F. Wedekind, Marquis von Keith)*

Das wär' so ein **Geschäft** für mein' Vater sein' Sohn. *(D. Kalisch, Der gebildete Hausknecht)*

Erst das **Geschäft**, dann das Vergnügen.
(Redensart)

's **Geschäft** bringt's mal so mit sich.
(D. Kalisch, Berlin bei Nacht)

Nötige **Geschäfte** greifen mich wenig an, aber die unnötigen verbittern.
(Bismarck)

Sammle dich zu jeglichem **Geschäfte,** nie zersplittere deine Kräfte!
(F. v. Bodenstedt)

Was muß **geschehen**, mag's gleich geschehn! *(Goethe, Faust)*

Alles **Gescheite** ist schon gedacht worden; man muß nur versuchen, es noch einmal zu denken. *(Goethe, Maximen und Reflexionen)*

Gescheite Leute sind immer das beste Konversationslexikon. *(Goethe, Maximen und Reflexionen)*

Der **Gescheitere** gibt nach! Eine traurige Wahrheit. Sie begründet die Vielherrschaft der Dummen.
(M. v. Ebner-Eschenbach, Aphorismen)

Wenn ein Gott sich erst sechs Tage plagt und selbst am Ende bravo sagt, da muß es was **Gescheites** werden.
(Goethe, Faust)

Leibesfrucht ist ein **Geschenk.**
(Psalm 127, 3)

Geschenke besänftigen Götter und Menschen. *(Ovid, Ars amandi)*

Kleine **Geschenke** erhalten die Freundschaft. *(Sprichwort)*

Geschenkt ist geschenkt. *(Sprichwort)*

Wie der Herr, so's **Gescherr.**
(Sprichwort)

Aber die **Geschichte** wird schon zu ihrer Zeit aufstehen und reden…
(F. G. Klopstock)

Auch zu den großen Toten der **Geschichte** steht man in einem rein subjektiven Verhältnis. *(F. Hebbel)*

Aus der **Geschichte** der Völker können wir lernen, daß die Völker aus der Geschichte nichts gelernt haben.
(G.W.F. Hegel)

Daran hängt eine **Geschichte**.
(Shakespeare, Wie es euch gefällt)

Das Beste, was wir von der **Geschichte** haben, ist der Enthusiasmus, den sie erregt. *(Goethe, Maximen und Reflexionen)*

Der Inhalt der **Geschichte** sind die europäischen Katzbalgereien.
(A. Schopenhauer)

Der Patriotismus verdirbt die **Geschichte**. *(Goethe)*

Die **Geschichte** können wir nicht machen, sondern nur abwarten, daß sie sich vollzieht. *(Bismarck, 1869)*

Ein gutes Blatt **Geschichte** ist mehr als tausend Gedichte. *(V. v. Scheffel)*

Es ist eine alte **Geschichte**, doch bleibt sie immer neu. *(H. Heine, Ein Jüngling liebt ein Mädchen)*

Geschichte schreiben ist eine Art, sich das Vergangene vom Halse zu schaffen. *(Goethe)*

Geschichte und Erfahrung lehren, daß die Kräfte der Menschen und ganzer Geschlechter schwinden, wenn sie dahin gebracht werden, zu glauben, es sorge jemand ohne ihr Zutun an Leib und Seele für sie. *(J. H. Pestalozzi)*

Ihm schwollen der **Geschichte** Flut auf Fluten. *(Goethe, Epilog zu Schillers Glocke)*

Man kann die **Geschichte** überhaupt nicht machen, aber man kann immer aus ihr lernen, wie man das polititsche Leben eines großen Volkes seiner Entwicklung und seiner historischen Bedeutung entsprechend zu leiten hat. *(Bismarck, 1890)*

Männer machen die **Geschichte.** *(H. v. Treitschke, Deutsche Geschichte im 19. Jahrhundert)*

Wer das Naturgesetz auch in der **Geschichte** kennt und anerkennt, der kann prophezeien; wer nicht, weiß nicht, was morgen geschieht, und wäre er Minister. *(L. Börne)*

Frage nicht, was das **Geschick** morgen will beschließen; unser ist der Augenblick, laß uns genießen. *(F. Rückert, Der Augenblick)*

Prüft das **Geschick** dich, weiß es wohl warum: Es wünschte dich enthaltsam! Folge stumm. *(Goethe, Sprüche)*

Durch so verschiedene **Geschicke** so viele gefährliche Lagen. *(Vergil, Äneis)*

Wie sich der Sonne Scheinbild in dem Dunstkreis malt, eh' sie kommt, so schreiten auch den großen **Geschicken** ihre Geister schon voran, und in dem Heute wandelt schon das Morgen. *(Schiller, Wallensteins Tod)*

Doch mit des **Geschickes** Mächten ist kein ew'ger Bund zu flechten. *(Schiller, Glocke)*

Furcht soll das Haupt des Glücklichen umschweben, denn ewig wanket des **Geschickes** Waage. *(Schiller, Wallensteins Tod)*

Was heute nicht **geschieht,** ist morgen nicht getan, und keinen Tag soll man verpassen. *(Goethe, Faust)*

Das zarte **Geschlecht.** *(Redensart)*
Das weibliche Geschlecht

Der große Moment findet ein kleines **Geschlecht.** *(Goethe u. Schiller, Xenien)*

Es lebt ein anders denkendes **Geschlecht.** *(Schiller, Wilhelm Tell)*

Wir heften uns an seine Sohlen, das furchtbare **Geschlecht** der Nacht. *(Schiller, Kraniche des Ibykus)*

Der **Geschmack** ist das literarische Gewissen der Seele. *(J. Joubert, Gedanken und Maximen)*

Ein starkes Bier, ein beizender Tobak und eine Magd in Putz, das ist nun mein **Geschmack.** *(Goethe, Faust)*

Jeder nach seinem **Geschmack.** *(Sprichwort)*

Man gibt leichter sein Vorurteil auf als seinen **Geschmack.** *(F. de La Rochefoucauld)*

Über den **Geschmack** läßt sich nicht streiten. *(Sprichwort)*

Die **Geschmäcker** sind verschieden. *(Sprichwort)*

Er ist nun einmal nicht gemacht, nach anderen **geschmeidig** sich zu fügen und zu wenden. *(Schiller, Piccolomini)*

Bewundert viel und viel **gescholten.**
(Goethe, Faust)

Geschöpf und Schöpfer verlassen mich.
(Schiller, Kabale und Liebe)

Politisches **Geschöpf.** *(Aristoteles)*
Bezeichnung für den Menschen

Was kann der Schöpfer lieber sehen als ein fröhliches **Geschöpf?** *(G. E. Lessing, Minna v. Barnhelm)*

Viel **Geschrei** und wenig Wolle.
(Sprichwort)
Soviel wie: viel Lärm um nichts.

Einmal **geschrieben** ist so gut wie zehnmal gelesen. *(Sprichwort)*

Was ich **geschrieben** habe, das habe ich geschrieben. *(Joh. 19, 22)*

Wo stehet das **geschrieben?**
(M. Luther, Kl. Katechismus)

Wo steht denn das **geschrieben,** du sollst nur eine lieben?
(R. Bernauer/L. Welisch/L. Fall, Der liebe Augustin)

Auch was **Geschriebenes** forderst du, Pedant? *(Goethe, Faust)*

Wer nicht **geschunden** wird, wird nicht erzogen. *(Sprichwort aus dem Griechischen)*

Böse **Geschwätze** verderben gute Sitten.
(1. Kor. 15, 33)

Geschwindigkeit ist keine Hexerei.
(Sprichwort)

Mit affenartiger **Geschwindigkeit.**
(Redensart)
Blitzschnell

Und ward nicht mehr **gesehen.**
(Nach 1. Mos. 5, 24)

Ein guter **Gesell.** *(Tob. 5, 6)*

Frisch, **Gesellen,** seid zur Hand!
(Schiller, Glocke)

Wir dünken uns **Gesellen** und sind Knechte. *(Goethe, Elpenor)*

Je verbreiteter die **Geselligkeit,** desto frostiger die Herzen. *(K. J. Weber)*

Das Bestehen und die Wohlfahrt der **Gesellschaft** ist der Zweck aller sittlichen Normen. *(R. v. Ihering)*

Creme der **Gesellschaft,** *(Redensart)*
Spitzen der Gesellschaft

Die **Gesellschaft** braucht eine strenge Justiz; darin liegt die Humanität des Staates, alles andere ist Humanität der Opernbühne. *(Napoleon I.)*

Die schlechteste **Gesellschaft** läßt dich fühlen, daß du ein Mensch mit Menschen bist. *(Goethe)*

Die Stützen der **Gesellschaft.**
(Schauspiel von H. Ibsen)

Es tut mir lang schon weh, daß ich dich in der **Gesellschaft** seh.
(Goethe, Faust)

Gesellschaft braucht der Tor und Einsamkeit der Weise. *(F. Rückert, Weisheit des Brahmanen)*

Ich kann nicht finden, daß **Gesellschaft** fördert; was einem obliegt, muß man selber tun. *(F. Grillparzer)*

In der **Gesellschaft** berührt man nur die Werte der Oberfläche, die der Tiefe in der wahren Freundschaft. *(J. Joubert)*

Man soll nie vergessen, daß die **Gesellschaft** lieber unterhalten als unterrichtet sein will. *(A. v. Knigge)*

Mit sich selbst ist man nicht immer in der vornehmsten **Gesellschaft.** *(W. Busch)*

Niemand würde viel in **Gesellschaft** sprechen, wenn er sich bewußt wäre, wie oft er die anderen mißversteht. *(Goethe)*

Niemals fühlt man sich einsamer als in großer **Gesellschaft.** *(H. Eulenberg, Katinka)*

Schlechte **Gesellschaft** verdirbt gute Sitten. *(Sprichwort)*

Von der besten **Gesellschaft** sagt man: Ihr Gespräch ist unterrichtend, ihr Schweigen bildend. *(Goethe, Maximen und Reflexionen)*

Was wir in **Gesellschaft** singen, wird von Herz zu Herzen dringen. *(Goethe, Motto zu den Geselligen Liedern)*

Unser ganzer **Gesellschaftszustand,** der sich wunder wie hoch dünkt, ist mehr oder weniger Barbarei. *(Th. Fontane, Stechlin)*

Alles entsteht und vergeht nach **Gesetz.** *(Goethe)*

Das **Gesetz** ist der König über alles. *(Pindar)*

Das **Gesetz** ist lückenhaft, das Recht ist lückenlos. *(J. Unger, Mosaik)*

Das **Gesetz** ist nichts anderes als ein Spiegel. *(M. Luther, Tischreden)*

Der König ist das lebendige **Gesetz.** *(Marc Aurel)*

Ehernes **Gesetz.** *(Nach Goethe, Das Göttliche)*

Ein **Gesetz** ohne Strafe ist eine Glocke ohne Klöppel. *(Sprichwort)*

Es erben sich **Gesetz** und Rechte wie eine ew'ge Krankheit fort. *(Goethe, Faust)*

Gehorcht der Zeit und dem **Gesetz** der Stunde. *(Schiller, Maria Stuart)*

Gesetz ist mächtig, mächtiger ist die Not. *(Goethe, Faust)*

Nicht das **Gesetz,** den Richter fürchte! *(Russisches Sprichwort)*

So gilt dies **Gesetz** auf Erden: Wer mal so ist, muß auch so werden. *(W. Busch, Heiliger Antonius von Padua)*

Ungeschriebenes **Gesetz.** *(Redensart, nach Solon)*

Was hilft **Gesetz,** was helfen Strafen, wenn Obrigkeit und Fürsten schlafen. *(M. G. Lichtwer, Die Flinte und der Hase)*

Welch ein künstlich Netz ist doch das **Gesetz;** Kleines ist gefangen, Großes durchgegangen. *(F. v. Logau)*

Je strenger die **Gesetze,** desto schlechter die Menschen. *(Sprichwort)*

Viele **Gesetze** – viele Übertretungen. *(Sprichwort)*

Nach ewigen, eh'rnen großen **Gesetzen** müssen wir alle unseres Daseins Kreise vollenden. *(Goethe, Das Göttliche)*

Das Auge des **Gesetzes** wacht. *(Redensart, nach Schiller, Glocke)*

Die Klinke zur **Gesetzgebung.** *(Bismarck im Dtsch. Reichstag, 1881)*

Alles auf der Welt hat sein zweites **Gesicht,** die Natur, die Kultur, die Religion, die Kunst, die Politik, die Liebe, alles, alles. Wer das nicht weiß, ist glücklich, ich weiß es. *(H. Löns, Das Zweite Gesicht)*

Das **Gesicht** des Menschen erkennst du bei Licht, seinen Charakter im Dunkeln. *(Sprichwort)*

Ein langes **Gesicht** machen. *(Redensart)* *Enttäuscht sein*

Ein sauberes **Gesicht** braucht kein Wasser. *(Tschechisches Sprichwort)*

Gott hat euch ein **Gesicht** gegeben, und ihr macht euch ein anderes.
(Shakespeare, Hamlet)

Hell **Gesicht** bei bösen Dingen und bei frohen still und ernst, und gar viel wirst du vollbringen, wenn du dies beizeiten lernst. *(E. M. Arndt, Gedichte)*

's ist ungefähr das garstge **Gesicht;** Aber meine Liebe siehst du nicht. *(Goethe, Das garstige Gesicht)*

Wie aus dem **Gesicht** geschnitten!
(Redensart)
Sehr ähnlich

In jedes Menschen **Gesichte** steht seine Geschichte. *(F. v. Bodenstedt, Lieder des Mirza-Schaffy)*

Schöne **Gesichter** haben viele Richter.
(Sprichwort)

Man straft gern am **Gesind',** was verbrochen hat das Kind. *(Sprichwort)*

Angeber und Zwischenträger sind das erbärmlichste **Gesindel,** das Gottes Erdboden trägt. *(R. Benedix)*

Mit solchem **Gesindel** muß ich mich herumschlagen! *(Friedrich d. Gr., 1758)*

Ab morgen wird **gespart!** *(Redensart)*

Ein **Gespenst** geht um in Europa – das Gespenst des Kommunismus.
(K. Marx/F. Engels, Das kommunistische Manifest)

Es ist nichts so fein **gesponnen,** es kommt doch ans Licht der Sonnen.
(Sprichwort)

Gut' **Gespräch** kürzt den Weg.
(Sprichwort)

Widerspruch und Schmeichelei machen beide ein schlechtes **Gespräch.**
(Goethe, Sprüche)

Du kommst in so fragwürdiger **Gestalt.**
(Shakespeare, Hamlet)

Ich liebe dich, mich reizt deine schöne **Gestalt.** *(Goethe, Erlkönig)*

Ihr naht euch wieder, schwankende **Gestalten?** *(Goethe, Faust)*

Wo das **gesteckt** hat, liegt noch mehr.
(Schiller, Maria Stuart)

Liegt dir **Gestern** klar und offen, wirkst du heute kräftig frei, kannst auch auf ein Morgen hoffen, das nicht minder glücklich sei. *(Goethe, Zahme Xenien)*

Nicht von **gestern** sein. *(Redensart, nach Hiob 8, 9)*
Gerissen, schlau sein

Wir sind von **gestern** her und wissen nichts. *(Hiob 8, 9)*

Lieber schnell **gestorben** als langsam verdorben. *(Sprichwort)*

Und ist er dahin und **gestorben,** meinem Herzen stirbt er nicht! *(J. G. Seidel, Der tote Soldat)*

Wie kann man einen Menschen beweinen, der **gestorben** ist? Diejenigen sind zu beklagen, die ihn geliebt und verloren haben. *(H. v. Moltke)*

Das ewig **Gestrige.** *(Schiller, Wallensteins Tod)*

Gott macht **gesund** – aber der Doktor bekommt's Geld dafür.
(Französisches Sprichwort)

Hauptsache, man ist **gesund,** und die Frau hat Arbeit.
(Scherzhafte Redensart)

Wer **gesund** ist und arbeiten will, hat in der Welt nichts zu fürchten. *(G. E. Lessing)*

Der **Gesunde** hat viele Wünsche, der Kranke nur einen. *(Indisches Sprichwort)*

Klassisch ist das **Gesunde,** romantisch das Kranke. *(Goethe, Maximen und Reflexionen)*

Die **Gesunden** bedürfen des Arztes nicht, sondern die Kranken. *(Nach Mark. 2, 17)*

Die **Gesunden** und die Kranken haben ungleiche Gedanken. *(Sprichwort)*

Auch **Gesundheit** kann anstecken. *(Jüdisches Sprichwort)*

Gesundheit ist der größte Reichtum. *(Sprichwort)*

Gesundheit ist die Tochter der Arbeit. *(Sprichwort)*

Gesundheit ist leichter verloren als wieder gewonnen. *(Sprichwort)*

Gesundheit kommt vom Herzen, Krankheit geht zum Herzen. *(Tschechisches Sprichwort)*

Gesundheit macht Mut. *(Sprichwort)*

Kultur erwirbt man nicht, indem man viel liest, sondern indem man klug liest. Ebenso wird die **Gesundheit** nicht dadurch bewahrt, daß man viel ißt, sondern daß man klug ißt. *(A. Malraux)*

Neun Zehntel unseres Glücks allein beruhen auf der **Gesundheit.** *(A. Schopenhauer)*

Sorgt für Eure **Gesundheit,** ohne diese kann man nie gut sein. *(Schiller)*

Was aber die **Gesundheit** betrifft, so gehören die Badereisen zum Teil auch zu den Moden der Ärzte. *(W. v. Humboldt, Briefe an eine Freundin)*

Wem die **Gesundheit** fehlt, dem fehlt alles. *(Französisches Sprichwort)*

Vater, ich habe **gesündigt.** *(Luk. 15, 18)*

Stark' **Getränk** macht wild. *(Spr. Salom. 20, 1)*

Getreu bis in den Tod. *(Redensart, nach Off. Joh. 2, 10)*

Sei **getreu** bis in den Tod, so will ich dir die Krone des Lebens geben. *(Off. Joh. 2, 10)*

Alles zu retten, muß alles **gewagt** werden. *(Schiller, Fiesko)*

Frisch **gewagt** ist halb gewonnen. *(Sprichwort)*

Für alles werde alles frisch **gewagt.** *(Schiller, Maria Stuart)*

Ich hab's **gewagt!** *(Wahlspruch U. v. Huttens)*

Die **Gewalt,** zu binden und zu lösen. *(Nach Matth. 16, 19)*

Es geht **Gewalt** über Recht. *(Habakuk 1, 3)*

Gewalt geht vor Recht. *(Redensart, nach Habakuk 1, 3)*

Gewalt ist für den Schwachen jederzeit ein Riese. *(Schiller, Don Carlos)*

Keine größere, edlere **Gewalt** auf Erden ist, denn der Eltern über ihre Kinder. *(M. Luther)*

Mir ziemt besser **Gewalt;** mit Gewalt das Gewölbe vertreib' ich. *(Ovid, Metamorphosen)*

Schrecklich immer, auch in gerechter Sache, ist **Gewalt.** *(Schiller, Wilhelm Tell)*

Und bist du nicht willig, so brauch ich **Gewalt.** *(Goethe, Erlkönig)*

Von der **Gewalt,** die alle Wesen bindet, befreit der Mensch sich, der sich überwindet. *(Goethe, Geheimnisse)*

Wenn die **Gewalt** kommt, muß das Recht auf Krücken gehn. *(Sprichwort)*

Wenn sich der Unverstand mit der **Gewalt** verfreit, entsteht aus dieser Eh' die tollste Grausamkeit. *(F. v. Logau)*

Wir lassen uns abtrotzen durch **Gewalt,** was wir der Güte weigerten. *(Schiller, Wilhelm Tell)*

Wo es Klugheit gilt, da schaffet die **Gewalt** nichts. *(Herodot)*

Allen **Gewalten** zum Trotz sich erhalten, nimmer sich beugen, kräftig sich zeigen, rufet die Arme der Götter herbei. *(Goethe, Beherzigung: Ein Gleiches)*

Es gibt zwei friedliche **Gewalten:** das Recht und die Schicklichkeit. *(Goethe, Maximen und Reflexionen)*

Laß von brutalen **Gewalten** nie deine Seele knechten; kannst du nicht Recht behalten, halte doch fest am Rechten. *(P. Heyse)*

Viel **Gewaltiges** lebt, doch gewaltiger nichts als der Mensch. *(Sophokles, Antigone)*

Seine alten **Gewänder** soll man lieber ausbessern, als neue zu borgen. *(Persisches Sprichwort)*

Das ist ein bös' **Gewerbe,** das seinen Meister an den Galgen bringt. *(Sprichwort)*

Für das, was **gewesen** ist, gibt der Jude nichts. *(Redensart)*

Was ich **gewesen,** bin ich noch. Die Lage der Dinge nur hat sich seitdem verwandelt. *(Schiller, Don Carlos)*

So haben wir nicht **gewettet.** *(Redensart)*
Das haben wir weder vereinbart noch gewollt.

Des einen Schaden ist des andern **Gewinn.** *(Sprichwort)*

Doch vielen ja hat schon die Hoffnung auf **Gewinn** den Tod gebracht. *(Sophokles, Antigone)*

Eine schöne Menschenseele finden ist **Gewinn.** *(J. G. Herder, Der gerettete Jüngling)*

Gewinn anderer wird fast wie Verlust empfunden. *(W. Busch)*

Gewinn ist Segen, wenn man ihn nicht stiehlt. *(Shakespeare, Kaufmann von Venedig)*

Jeden, ohne Unterschied, reizt der nahe **Gewinn,** aber nur große Seelen wird das entfernte Gute bewegen. *(Schiller)*

Was doch der Mesch nicht wagt für den **Gewinn!** *(Schiller, Demetrius)*

Wo kein **Gewinn** zu hoffen ist, da droht Verlust. *(Sprichwort)*

Wo viel verloren wird, ist manches zu **gewinnen.** *(Goethe)*

Das **Gewissen** – das ist manchmal eine eklige Geschichte. *(H. Ibsen, Gespenster)*

Ein gutes **Gewissen** ist ein sanftes Ruhekissen. *(Sprichwort)*

Man hat auch ein **Gewissen.** *(Schiller, Wallensteins Tod)*

Mein **Gewissen** beißt mich nicht meines ganzen Lebens halber. *(Hiob 27, 6)*

So macht **Gewissen** Feige aus uns allen. *(Shakespeare, Hamlet)*

Gewissensbisse. *(Redensart, nach Hiob 27, 6)*

Gewissensfreiheit ermöglicht auch Gewissenlosigkeit. *(Jüdisches Sprichwort)*

Sprich mir von allen Schrecken des **Gewissens,** von meinem Vater sprich mir nicht. *(Schiller, Don Carlos)*

Nur der **Gewissenswurm** schwärmt mit der Eule. Sünder und böse Geister scheuen das Licht. *(Schiller)*

Gewitter reinigen die Luft. *(Redensart)*

Schnappt das Weidevieh nach Luft, riecht es schon **Gewitterduft.** *(Bauernregel)*

Gewogen und zu leicht befunden. *(Nach Dan. 5, 27)*

Ach, die **Gewohnheit** ist ein lästig Ding, selbst an Verhaßtes fesselt sie. *(F. Grillparzer, Sappho)*

Alte **Gewohnheit** ist stärker als Brief und Siegel. *(Sprichwort)*

Den wilden Gram macht die **Gewohnheit** zahm. *(Shakespeare, Richard III.)*

Die **Gewohnheit** ist eine leichte Last. *(Sprichwort)*

Die **Gewohnheit** ist eine zweite Natur. *(Cicero, De finibus)*

Gewohnheit macht den Fehler schön, den wir von Jugend auf gesehn. *(C. F. Gellert, Land der Hinkenden)*

Gewohnheit und Gebrauch zwingt oft und sehr das Recht. *(F. v. Logau)*

Süßes Leben! Schöne, freundliche **Gewohnheit** des Daseins und Wirkens! *(Goethe, Egmont)*

Der Mensch ist ein **Gewohnheitstier.** *(Redensart, nach Pestalozzi u. a.)*

Damals haben wir es so **gewollt,** und heute wollen wir anders. *(Schiller, Demetrius)*

Was man erspart, ist auch **gewonnen.** *(C. Lehmann, Politischer Blumengarten)*

Wie **gewonnen,** so zerronnen. *(Sprichwort)*

Das unrecht **Gewonnene** holt der Teufel. *(Portugiesisches Sprichwort)*

Hunger, Arbeit und Schweiß sind die besten **Gewürze.** *(Isländisches Sprichwort)*

Die Weise, wie man **gibt,** gilt mehr, als was man gibt. *(P. Corneille, Der Lügner)*

Doppelt **gibt,** wer gleich gibt, hundertfach, wer gleich gibt, was man wünscht und liebt. *(Goethe, Sprichwörtlich)*

Wer gerne **gibt,** fragt nicht lange. *(Sprichwort)*

Darauf kannst du **Gift** nehmen! *(Redensart)*
Das verhält sich ganz bestimmt so.

Der liebt das **Gift** nicht, der es nötig hat. *(Shakespeare, Richard II.)*

Es ist Arznei, nicht **Gift,** was ich dir reiche. *(G. E. Lessing, Nathan der Weise)*

Gift ist nur für uns Weiber, nicht für Männer. *(G. E. Lessing, Emilia Galotti)*

Gift und Galle verspritzen. *(Redensart, nach 5. Mos. 32, 33)*

Jeder Zwang ist **Gift** für die Seele.
(L. Börne)

Kennst du das herrliche **Gift** der unbefriedigten Liebe? Es versengt und erquickt, zehret am Mark und erneut's.
(Goethe, Sommer)

Jung ein **Gimpel,** alt ein Simpel.
(W. Busch)

So **ging** es und geht es noch heute.
(Goethe, Hochzeitslied)

Wer den höchsten **Gipfel** erstieg, ist zu stolz, auf dem zweiten sich zu zeigen.
(F. G. Klopstock)

Nur muß ein **Gipfelchen** sich nicht vermessen, daß es allein der Erde nicht entschossen. *(G. E. Lessing, Nathan der Weise)*

Über allen **Gipfeln** ist Ruh', in allen Wipfeln spürest du kaum einen Hauch.
(Goethe, Wanderers Nachtlied: Ein Gleiches)

Wer sich seinen **Glanz** von außen holt, bei dem ist's gewöhnlich inwendig dunkel. *(A. v. Kotzebue)*

Wie kommt mir solcher **Glanz** in meine Hütte? *(Schiller, Jungfrau von Orleans)*

Glänzendes Elend. *(Redensart, nach Goethe, Werther)*

Was **glänzt,** ist für den Augenblick geboren. *(Goethe, Faust)*

Dieses **Glas** dem guten Geist überm Sternenzelt dort oben! *(Schiller, An die Freude)*

Wir sind nicht mehr am ersten **Glas.**
(L. Uhland, Trinklied)

Wer im **Glashaus** sitzt, soll nicht mit Steinen werfen. *(Sprichwort)*

Jemanden aufs **Glatteis** führen.
(Redensart)
Jemanden anführen.

Besser eine **Glatze** als gar keine Haare.
(Redensart)

Glaub nicht gleich alles, was du hörst!
(C. M. Wieland, Vogelsang)

Wer darf ihn nennen? Und wer bekennen: Ich **glaub'** ihn? Wer empfinden und sich unterwinden, zu sagen: Ich glaub' ihn nicht? *(Goethe, Faust)*

Alles wanket, wo der **Glaube** fehlt.
(Schiller, Wallensteins Tod)

Das Wort ist tot, der **Glaube** macht lebendig. *(Schiller, Maria Stuart)*

Der beste **Glaube** ist bares Geld.
(Sprichwort)

Der **Glaube** ist der Heiligen Schrift Schlüssel. *(M. Luther)*

Der **Glaube** ist nicht der Anfang, sondern das Ende alles Wissens. *(Goethe)*

Der **Glaube** ist nicht jedermanns Ding.
(2. Thess. 3, 2)

Der **Glaube** ist zum Ruhen gut, doch bringt er nicht von der Stelle.
(Th. Storm, Gedichte)

Der **Glaube** kann Berge versetzen.
(Nach 1. Kor. 13, 2)

Der **Glaube** macht selig.
(Nach Mark. 16, 16)

Der **Glaube** sieht auf's Wort, nicht auf die Prediger. *(M. Luther, Tischreden)*

Ein **Glaube** ohne Tat ist ein Feld ohne Saat. *(Sprichwort)*

Ein schöner **Glaube** beglückt und bessert und stellt wieder her, und ein schlimmer Argwohn verderbt alles.
(Th. Fontane, Unwiederbringlich)

Es gibt nur eine menschliche Allmacht, mit der man sich selbst und die Welt überwindet, **Glaube** an Gott und sich selbst. *(K. J. Weber, Demokritos)*

Glaube beruht auf Ursachen, nicht auf Gründen. *(W. Busch)*

Glaube, Liebe, Hoffnung.
(Nach 1. Kor. 13, 13)

Glaube nicht alles, was du hörst; sage nicht alles, was du weißt; tue nicht alles, was du magst. *(Alter Spruch)*

Glaube ohne Liebe ist nichts wert.
(M. Luther)

Glaube und Heimat. *(Drama von K. Schönherr)*

Ich **glaube** es, weil es widersinnig ist.
(Tertullian, Über das Fleisch Christi)

In religiösen Dingen ist das Wort **Glaube** gleichbedeutend mit Überzeugung.
(M. v. Egidy, Ernste Gedanken)

Nun aber bleibt **Glaube,** Hoffnung, Liebe, diese drei; aber die Liebe ist die größte unter ihnen. *(1. Kor. 13, 13)*

Was ist nun Religion? Sprecht die Antwort betend aus: der **Glaube** an Gott.
(Jean Paul)

Werke gehören dem Nächsten, der **Glaube** Gott. *(M. Luther, Tischreden)*

Wenn Gesetz und Vernunft zusammen kommen, so hat der **Glaube** seine Jungfrauschaft verloren. *(M. Luther)*

Das Herz verlangt vom Verstand, der Verstand vom Herzen **Glauben,** und doch glauben beide nur – an sich.
(G. C. Lichtenberg)

Der Glückliche bedarf den **Glauben,** um nicht übermütig zu werden; der Nichtglückliche aber als Halt und der Unglückliche, um nicht zu erliegen.
(W. v. Humboldt)

Gesegnet, wer im **Glauben** treu: Er wird erlöst durch Buß und Reu'.
(R. Wagner, Tannhäuser)

Glauben heißt: nicht wissen.
(Redensart)

Glauben ist leichter als Denken.
(Sprichwort)

Liebe und **Glauben** sind das Fundament jeder Religion. *(J. F. Herbart)*

Man muß von dem Grundsatz ausgehen, daß Wissen und **Glauben** nicht dazu da sind, einander aufzuheben, sondern einander zu ergänzen. *(Goethe)*

Man sollte nur die Hälfte **glauben** von dem, was einem erzählt wird.
(Sprichwort)

Man sollte den **Glauben** achten, wie man die Liebe achtet. *(W. Bonsels, Menschenwege)*

Nur was wir **glauben,** wissen wir gewiß.
(W. Busch)

Daran **glauben** müssen. *(Redensart)*
Eine bittere Erfahrung machen, sterben.

Selig sind, die nicht sehen und doch **glauben.** *(Joh. 20, 29)*

Unser **Glauben** ist der einzig wahre – sagt jeder Ideologe.
(Jüdisches Sprichwort)

Vor dem **Glauben** gilt keine Stimme der Natur. *(Schiller, Don Carlos)*

Was ist selbst der glücklichste Mensch ohne **Glauben?** Eine schöne Blume in einem Glase Wasser, ohne Wurzel und ohne Dauer. *(L. Börne)*

Wissenschaft ist nur eine Hälfte, **Glauben** ist die andere. *(Novalis)*

Zum **Glauben** geht der Weg über den Unglauben. *(L. Börne)*

Der dürre Stab kann Zweige treiben in des **Glaubens** Hand. *(Schiller, Maria Stuart)*

Es ist nur eine Religion, aber es kann vielerlei Arten des **Glaubens** geben. *(I. Kant)*

Glaubenskämpfe. *(Nach 1. Tim. 6, 12)*

Wer in **Glaubenssachen** den Verstand befragt, kriegt unchristliche Antworten. *(W. Busch)*

Die kleinen **Gläubiger** drängen am ärgsten. *(W. Busch)*

Gläubiger haben ein besseres Gedächtnis als Schuldner. *(B. Franklin)*

Man mag noch so eingezogen leben, so wird man, ehe man sich's versieht, ein Schuldner oder **Gläubiger.** *(Goethe)*

Was man hofft, **glaubt** man gern. *(Sprichwort)*

Wer es **glaubt,** dem ist das Heilge nah. *(Schiller, Thekla)*

Wer **glaubt,** ist wahr, und nur wer verzweifelt, lügt. *(P. Ernst)*

Wer leichtlich **glaubt,** wird leicht betrogen. *(G. Rollenhagen, Froschmeuseler)*

Wer's **glaubt,** wird selig. *(Redensart)*
Soviel wie: das glaube ich nicht.

Gleich und gleich gesellt sich gern. *(Cicero, Cato maior)*

Alter gesellt sich gern der Jugend, Jugend zum Alter; aber am liebsten bewegt **Gleiches** dem Gleichen sich zu. *(Goethe, Aus dem Nachlaß)*

Mit wahrhaft **Gleichgesinnten** kann man sich auf die Länge nicht entzweien, man findet sich immer wieder einmal zusammen. *(Goethe, Maximen und Reflexionen)*

Die Schwester der **Gleichgültigkeit** ist die entsetzliche Langeweile, ihr Bruder der Müßiggang; eine furchtbare Sippschaft. *(E. v. Feuchtersleben)*

Wo Mäßigung ein Fehler ist, ist **Gleichgültigkeit** ein Verbrechen. *(G. C. Lichtenberg)*

Eine völlige **Gleichheit** der Menschen läßt sich gar nicht denken. *(G. C. Lichtenberg)*

Gleichheit ist die Seele der Freundschaft. *(Aristoteles, Ethik)*

Gleichheit ist immer das festeste Band der Liebe. *(G. E. Lessing, Minna von Barnhelm)*

Die **Gleichheit,** die wir erlangen, ist der erträglichste Grad der Ungleichheit. *(G. C. Lichtenberg)*

Wenn man der Natur freien Lauf läßt, arbeitet sie gegen die **Gleichheit.** *(P. Getty)*

Das ermüdende **Gleichmaß** der Tage. *(Schiller, Braut von Messina)*

Der **Gleichmut** der Weisen ist nichts als die Kunst, seine Erregung im Herzen zu verschließen. *(F. de La Rochefoucauld)*

Erhalte sorgsam, waltet die böse Zeit dein Herz im **Gleichmut.** *(Horaz, Oden)*

Alles Vergängliche ist nur ein **Gleichnis.** *(Goethe, Faust)*

Herr Graf! Dies **Gleichnis** machen Sie – nicht ich. *(Schiller, Piccolomini)*

Gleichnisse dürft ihr mir nicht verwehren, ich wüßte mich sonst nicht zu erklären. *(Goethe, Voß contra Stolberg)*

Bleibe im **Gleise,** dann fährst du sicher! *(Sprichwort)*

Glimpf wird oft gelohnt mit Schimpf. *(Sprichwort)*

Etwas an die große **Glocke** hängen. *(Redensart)*
Öffentlich viel Aufhebens von einer Angelegenheit machen.

Glocke, du klingst fröhlich! *(A. Schreiber, An die Glocke)*

Heute muß die **Glocke** werden. *(Schiller, Glocke)*

Jede **Glocke** hat ihren Klöppel. *(Sprichwort)*

Je höher die **Glocke,** je heller ihr Klang. *(Sprichwort)*

Die **Glocken** sind die Artillerie der Geistlichkeit. *(Kaiser Josef II.)*

Kleine **Glocken** klingen auch. *(Sprichwort)*

Wenn auch eine **Glorie** sich zieht um die Wunden des Siegers, so bluten sie dennoch und schmerzen dennoch. *(H. Heine)*

Und was als **Glorienschein** ein Haupt verklärt, Abglanz der Glut ist's, die das Herz verzehrt. *(R. Hamerling, Auf hohen Bergen)*

Ach! reines **Glück** genießt doch nie, wer zahlen soll und weiß nicht wie. *(W. Busch, Maler Klecksel)*

Ach! So ist der Menschen Geschlecht: wir sehnen und hoffen, und das ersehnte **Glück** wird uns errungen zur Last. *(Th. Körner, Erinnerung an Karlsbad)*

Ach, warum, ihr Götter, ist unendlich alles, alles! – endlich unser **Glück** nur. *(Goethe, Pandora)*

Auf leisen Sohlen wandeln die Schönheit, das wahre **Glück** und das echte Heldentum. *(W. Raabe)*

Das **Glück,** das gestern mich geküßt, ist heute schon zerronnen. *(H. Heine, Gedichte)*

Das **Glück** hat Flügel. *(Sprichwort)*

Das **Glück** hilft keinem, der sich nicht selbst hilft. *(Sprichwort)*

Das **Glück** im Winkel. *(Schauspiel von H. Sudermann)*

Das **Glück** ist blind. *(Sprichwort, nach Cicero)*

Das **Glück** ist eine leichte Dirne, sie weilt nicht gern am selben Ort. *(H. Heine, Buch des Romanzero)*

Das **Glück** ist falsch, unsicher der Erfolg. *(Schiller, Demetrius)*

Das **Glück** ist nur die Liebe, die Liebe ist das Glück. *(A. v. Chamisso. Frauenliebe und -leben)*

Das **Glück** schenkt nichts, es leiht nur. *(Sprichwort)*

Das Überraschende macht **Glück.** *(Schiller, Don Carlos)*

Das vollkommene **Glück** ist unbekannt; für den Menschen ist es nicht geschaffen. *(Voltaire)*

Das wahre **Glück,** das Eigentum der Weisen, steht fest, indes Fortunens Kugel rollt. *(C. M. Wieland, Erdenglück)*

Das wahre **Glück** ist die Genügsamkeit. *(Goethe, Adler und Taube)*

Dauerndes **Glück** ist nur in der Aufrichtgkeit zu finden.
(G. C. Lichtenberg)

Dem armen Herzen bringt das kleinste **Glück** Beklemmung, wie dem Ameisenhaus ein Tautropf Überschwemmung.
(F. Rückert, Weisheit des Brahmanen)

Denn vom **Glück** geliebt zu werden, gleicht kein ander Glück auf Erden.
(J. G. Herder)

Der hat nie das **Glück** gekostet, der die Frucht des Himmels nicht raubend an des Höllenflusses schauervollem Rande bricht. *(Schiller, Hero und Leander)*

Der hat nie das **Glück** gekostet, der's in Ruh genießen will.
(Th. Körner, Leichter Sinn)

Des Menschen ganzes **Glück** besteht in zweierlei: daß ihm gewiß und ungewiß die Zukunft sei.
(F. Rückert, Weisheit des Brahmanen)

Des Weibes Herz kennt nur ein **Glück** auf Erden! Das Glück heißt: lieben und geliebt zu sein. *(M. Beer, Paria)*

Doch warn' ich dich, dem **Glück** zu trauen! *(Schiller, Gedichte)*

Ein altes Wort bewährt sich leider auch an mir, daß **Glück** und Schönheit dauerhaft sich nicht vereint. *(Goethe)*

Ein **Glück** ist's, daß jedem nur sein eigner Zustand zu behagen braucht.
(Goethe)

Er hat im Leben viel **Glück** gehabt, und ist doch niemals glücklich gewesen.
(F. Dingelstedt)

Er hat mehr **Glück** als Verstand.
(Redensart)

Es gibt ein **Glück,** das ohne Reu'.
(R. Wagner, Lohengrin)

Es ist das wahre **Glück** an keinen Stand gebunden. *(F. v. Hagedorn)*

Glück besteht aus einem hübschen Bankkonto, einer guten Köchin und einer tadellosen Verdauung.
(J.-J. Rousseau)

Glück betört mehr Leute als Unglück.
(M. Luther)

Glück, Freiheit sind Negationen der Wirklichkeit. *(W. Busch, Spricker)*

Glück gibt Gefährten; Gefahr bewährt den Freund. *(F. Halm)*

Glück, Glück! Wer will sagen, was du bist und wo du bist! *(Th. Fontane, Stine)*

Glück hat auf die Dauer nur der Tüchtige. *(Sprichwort)*

Glück im Spiel, Pech in der Liebe.
(Sprichwort)

Glück ist gute Gesundheit und ein schlechtes Gedächtnis. *(A. Schweitzer)*

Glück und Glas, wie leicht bricht das.
(Sprichwort)

Großes **Glück** ist häufiger als großes Talent. *(Luc de Clapiers, Marquis de Vauvenargues)*

Halte das **Glück** wie den Vogel: so leise und lose wie möglich! Dünkt er sich selber nur frei, bleibt er dir gern in der Hand. *(F. Hebbel, Gedichte)*

Im **Glück** ist Tugend leicht.
(Sprichwort)

Je saurer es uns geworden, desto süßer wird uns am Ende das **Glück** schmecken.
(R. Benedix, Dienstboten)

Kein Unglück ist so groß, es hat ein **Glück** im Schoß. *(Sprichwort)*

Mäßiges **Glück** währt am längsten.
(Sprichwort)

Mehr **Glück** als Edle haben manchmal Niedere. *(Euripides, Helena)*

Nicht draußen im Strudel verrauschender Lust erwarte, das **Glück** dir zu finden: Die Seligkeit wohnt in der eignen Brust, hier mußt du sie ewig begründen.
(E. Heynel, Denksprüche)

Ohne Wahl verteilt die Gaben, ohne Billigkeit das **Glück.** *(Schiller, Siegesfest)*

Reichtum allein macht nicht das **Glück** auf Erden, das ist weltbekannt, ja weltbekannt. *(A. Lortzing, Waffenschmied)*

Schwer ist zu tragen das Unglück aber schwerer das **Glück.** *(F. Hölderlin, Musen-Almanach)*

Unglück macht alle traurig und feige, nur **Glück** macht froh und mutig.
(K. J. Weber, Demokritos)

Viele Menschen versäumen das kleine **Glück,** weil sie auf das große vergeblich warten. *(Pearl Buck)*

Von außen kommt dem Menschen nie sein **Glück.** *(L. Schefer, Laienbrevier)*

Von Gott kommt **Glück** und Sieg.
(E. M. Arndt/A. Methfessel, Wer ist ein Mann?)

Was ist der Erde **Glück?** – Ein Schatten! Was ist der Erde Ruhm? – Ein Traum!
(F. Grillparzer, Medea)

Welch **Glück,** geliebt zu werden! Und lieben, Götter, welch ein Glück!
(Goethe, Willkommen und Abschied)

Wer im **Glück** ist, der lerne den Schmerz.
(Schiller, Braut von Messina)

Wer's **Glück** hat, führt die Braut heim.
(Sprichwort)

Ein Augenblick des **Glückes** wiegt Jahrtausende des Nachruhms auf.
(Friedrich d. Gr.)

Jeder ist seines **Glückes** Schmied.
(Sprichwort)

Sohn des **Glückes.** *(Sophokles, König Ödipus)*

Glücklich allein ist die Seele, die liebt.
(Goethe, Egmont)

Glücklich ist, wer vergißt, was nicht mehr zu ändern ist. *(K. Hoffner und R. Genée/J. Strauß, Fledermaus)*

Man will nicht nur **glücklich** sein, sondern glücklicher als die anderen.
(C. de Montesquieu)

Mehr braucht man nicht, um **glücklich** zu sein. *(L. Angely, Fest der Handwerker)*

Niemand ist vor seinem Tode **glücklich** zu preisen. *(Solon)*

Wenn man **glücklich** ist, soll man nicht noch glücklicher sein wollen.
(Th. Fontane, Unwiederbringlich)

Wer **glücklich** ist, kann glücklich machen. *(J. L. Gleim)*

Dem **Glücklichen** schlägt keine Stunde.
(Nach Schiller, Piccolomini)
Eigentlich: Die Uhr schlägt keinem Glücklichen

Dem **Glücklichen** schlägt kein Gewissen. *(W. Busch)*

Es stirbt der **Glücklichste** wünschend.
(E. C. v. Kleist, Frühling)

Der ist am **glücklichsten,** er sei ein König oder ein Geringer, dem in seinem Hause Wohl bereitet ist. *(Goethe, Iphigenie)*

Da streiten sich die Leut herum oft um den Wert des **Glücks.**
(F. Raimund, Verschwender)

Narr des **Glücks.** *(Shakespeare, König Lear)*

Die Art der **Gnade** weiß von keinem Zwang. *(Shakespeare, Kaufmann von Venedig)*

Frei, wie das Firmament die Welt umspannt, so muß die **Gnade** Freund und Feind umschließen. *(Schiller, Jungfrau von Orleans)*

Gnade geht vor Recht. *(Sprichwort)*

Gnade ist die Stütze der Gerechtigkeit.
(Russisches Sprichwort)

Ich brauche keine **Gnade,** ich will Gerechtigkeit. *(G. E. Lessing, Minna von Barnhelm)*

Ohne **Gnade** und Barmherzigkeit.
(Nach Jer. 16, 5)

Von Gottes **Gnaden.**
(Nach 1. Kor. 3, 10)

Warten auf **Godot.**
(Deutscher Titel eines Schauspiels von S. Beckett)

Alles, was **Gold** ist, glänzt nicht. Die sanfte Strahlung ist dem edelsten Metalle eigen. *(F. Nietzsche, Der Wanderer und sein Schatten)*

Das **Gold** ist der Souverän aller Souveräne. *(K. J. Weber, Demokritos)*

Echtes **Gold** wird klar im Feuer.
(Bühnenstück von E. Geibel)

Ein Tröpflein Liebe ist mehr wert als ein ganzer Sack voll **Gold.**
(F. v. Bodelschwingh)

Es ist nicht alles **Gold,** was glänzt. Aber es glänzt auch nicht alles, was Gold ist, sollte man billig hinzusetzen.
(F. Hebbel, Tagebücher)

Gold öffnet alle Türen, nur nicht die Himmelstür. *(Sprichwort)*

Gold und Silber lieb' ich sehr …
(Studentenlied)

Kein **Gold** ist so rot, es springt für Brot.
(Friesisches Sprichwort)

Reden ist Silber, Schweigen ist **Gold.**
(Sprichwort)

Rein wie **Gold.** *(Redensart)*

Wenn **Gold** redet, schweigt alle Welt.
(Sprichwort)

Nach **Golde** drängt, am Golde hängt doch alles. *(Goethe, Faust)*

Goldmachen wär' die beste Kunst, wär' nicht alle Müh' umsunst.
(A. a Santa Clara)

Goldene Berge versprechen.
(Nach Terenz, Phormio)

Jetzt fürwahr ist die **goldene** Zeit; denn die größte Ehre zollt man dem Golde, um Gold steht auch die Liebe zum Kauf.
(Ovid, Ars amandi)

Goldne Abendsonne, o wie bist du schön!
(A. B. Urner, An die Abendsonne)

Mein Freund, die **goldne** Zeit ist wohl vorbei; allein die Guten bringen sie zurück. *(Goethe, Tasso)*

Goldonkel. *(Nach einer Posse von E. Pohl)*

Etwas auf die **Goldwaage** legen.
(Nach Jes. Sir. 28, 29)

Ein Riese **Goliath.** *(Nach 1. Sam. 17)*

Komm in die **Gondel,** mein Liebchen!
(F. Zell u. R. Genée/J. Strauß, Eine Nacht in Venedig)

Allen, die mich kennen, gebe Gott, was sie mir **gönnen.** *(Albumvers)*

Wir mögen keinem gerne **gönnen,** daß er was kann, was wir nicht können.
(W. Busch)

Beseht die **Gönner** in der Nähe! Halb sind sie kalt, halb sind sie roh.
(Goethe, Faust)

Den **gordischen** Knoten durchhauen.
(Nach der bekannten Tat Alexanders d. Gr.)

Gegen **Goethe** bin ich und bleib' ich ein poetischer Lump. *(Schiller, 1796)*

Goethe und kein Ende.
(E. Dubois-Reymond, 1882)

Als der liebe **Gott** die Welt erschaffen, schuf er Fische, Vögel, Löwen, Affen.
(Aus dem Lied: Als der liebe Gott …)

Als wie der Mensch, so ist sein **Gott,** so ist sein Glaube, aus geistgem Äther bald, und bald aus Erdenstaube. *(F. Rückert, Weisheit des Brahmanen)*

Bei **Gott** ist kein Ding unmöglich.
(Luk. 1, 37)

Danke **Gott,** wenn er dich preßt, und dank ihm, wenn er dich wieder entläßt.
(Goethe, Westöstlicher Divan)

Das heißt nicht: **Gott** vertrauen; das heißt: Gott versuchen. *(Schiller, Wilhelm Tell)*

Dein Volk ist mein Volk, und dein **Gott** ist mein Gott. *(Ruth 1, 16)*

Dem unbekannten **Gott.**
(Apostelg. 17, 23)

Den lieben **Gott** einen guten Mann sein lassen. *(Redensart)*
Ohne Sorgen dahinleben.

Der alte **Gott,** der lebet noch!
(E. M. Arndt, Trost und Ermunterungslieder)

Der Gedanke **Gott** weckt einen fürchterlichen Nachbar auf: sein Name heißt Richter. *(Schiller, Räuber)*

Der **Gott,** der Eisen wachsen ließ, der wollte keine Knechte.
(E. M. Arndt/F. v. Roda, Vaterlandslied)

Der **Gott,** der in den Himmel entfloh, aus der Erde wird er uns wiederkommen. *(R. M. Rilke, Märchen vom Tod)*

Der kleine **Gott** der Welt bleibt stets von gleichem Schlag. *(Goethe, Faust)*

Ein' feste Burg ist unser **Gott.**
(M. Luther, Ein' feste Burg …)

Ein **Gott** ist's, der die Sonne lenket, und unaufhaltsam ist ihr Lauf.
(L. Uhland, Den Landständen …)

Ein Mensch, der **Gott** gehorcht, erwählt das beste Teil; ein Mensch, der Gott verläßt, verläßt sein eignes Heil.
(C. F. Gellert)

Es ist höchste Weisheit, an einen **Gott** zu glauben, der straft und belohnt.
(Voltaire)

Es lebt ein **Gott,** zu strafen und zu rächen. *(Schiller, Wilhelm Tell)*

Es sind in Deutschland die Theologen, die dem lieben **Gott** ein Ende machen.
(H. Heine)

Euer **Gott** ist ein Gott über alle Götter.
(Daniel 2, 47)

Gäbe es keinen **Gott,** so müßte man einen erfinden. *(Voltaire, Epître â l'auteur des trois imposteurs)*

Gott beschütze mich vor meinen Freunden; mit meinen Feinden will ich schon selbst fertig werden. *(Nach J. Manlius, Loci communes)*

Gott der Allmächt'ge blies, und die Armada flog nach allen Winden. *(Schiller, Unüberwindliche Flotte)*

Gott geht zu dem, der zu ihm kommt. *(Russisches Sprichwort)*

Gott grüßt manchen, der ihm nicht dankt. *(Sprichwort)*

Gott hat uns in eine Situation gesetzt, in welcher wir durch unsere Nachbarn daran verhindert werden, irgendwie in Trägheit oder Versumpfung zu geraten. *(Bismarck im Deutschen Reichstag, 1888)*

Gott hilft nur dann, wenn Menschen nicht mehr helfen. *(Schiller, Wilhelm Tell)*

Gott ist der Armen Vormund. *(Sprichwort)*

Gott ist groß und unbekannt. *(Hiob 36, 26)*

Gott ist hoch, aber er schaut tief. *(Griechisches Sprichwort)*

Gott ist immer mit den stärksten Bataillonen. *(Nach Friedrich d. Gr., 1760)*

Gott ist mächtig in den Schwachen. *(A. v. Chamisso, Vergeltung)*

Gott ist nicht wählerisch in seinen Boten und Werkzeugen, und die irren sich, die da meinen, daß er die Welt mit spitzen Fingern anfasse und das nämliche von ihnen verlange. *(W. Raabe, Im alten Eisen)*

Gott ist soviel an mir, als mir an ihm gelegen: Sein Wesen helf' ich ihm, wie er das meine hegen. *(Angelus Silesius, Cherubinischer Wandersmann)*

Gott ist tot. *(Nach F. Nietzsche, Fröhliche Wissenschaft)*

Gott ist überall im Weltall sichtbar, und jene Augen, die ihn nicht wahrnehmen, sind wahrlich blind oder schwach. *(Napoleon I.)*

Gott lebt nicht ohne mich. *(Angelus Silesius, Cherubinischer Wandersmann)*

Gott macht gesund – und der Doktor kriegt's Geld. *(Sprichwort)*

Gott mit uns! *(Nach Matth. 1, 23)*
Wahlspruch der preußischen Könige / Inschrift des von den deutschen Soldaten getragenen Koppelschlosses

Gott sei's gelobt, getrommelt und gepfiffen! *(Scherzhafte Redensart)*

Gott selbst im Himmel hat gerichtet. *(Schiller, Gang nach dem Eisenhammer)*

Gott sorgt, aber wir sollen arbeiten. *(M. Luther)*

Gott und Natur sind zwei Größen, die sich vollkommen gleich sind. *(Schiller)*

Gott verläßt den Mutigen nimmer. *(Th. Körner, Harras)*

Gott weiß es! *(2. Kor. 11, 11 u.a.)*

Gott zieht an einer Hand, der Teufel an beiden Beinen. *(W. Busch)*

Großer **Gott,** wir loben dich. *(Ambrosianischer Lobgesang)*

Grüß **Gott,** tritt ein, bring Glück herein! *(Hausspruch)*

Hilf dir selbst, so hilft dir **Gott!** *(Sprichwort)*

Höre, Israel, der Herr, unser **Gott,** ist ein einiger Herr. *(5. Mos. 6, 4 u.a.)*

Ich liebe den, welcher seinen **Gott** züchtigt, weil er seinen Gott liebt.
(F. Nietzsche, Zarathustra)

Ich suche mir den **Gott,** den ich außer mir überall finde. *(J. Kepler)*

In der Welt ist ein **Gott** begraben, der auferstehen will und allenthalben durchzubrechen sucht in der Liebe, in jeder edlen Tat. *(F. Hebbel)*

In uns wohnet ein **Gott,** wir erglühn durch seine Bewegung. *(Ovid, Fasti)*

Irret euch nicht! **Gott** läßt sich nicht spotten. *(Galat. 6,7)*

Ist **Gott** für uns, wer mag wider uns sein?
(Röm. 8, 31)

Jede Religion ist falsch, die in ihrem Glauben nicht einen **Gott** als Grund aller Dinge verehrt. *(B. Pascal)*

Jeder für sich, **Gott** für uns alle.
(Sprichwort)

Jeder stellt sich **Gott** nach seinem eigenen Verstand vor.
(Jüdisches Sprichwort)

Können sie schon den Menschen entlaufen, so haben sie doch keine Flügel, um **Gott** zu entfliehen. *(Shakespeare, Heinrich V.)*

Lieber **Gott,** steh mir heute gnädig bei, oder willst du nicht, so hilf wenigstens den Schurken, den Feinden nicht, sondern siehe zu, wie es kommt.
(Leopold von Dessau, der »Alte Dessauer« vor der Schlacht von Kesselsdorf, 1745)

Man muß **Gott** mehr gehorchen denn den Menschen. *(Apostelg. 5, 29)*

Mir träumt': Ich bin der liebe **Gott** und sitz' im Himmel droben.
(Gedicht von H. Heine)

Mit **Gott** fang an, mit Gott hör auf! Das ist der beste Lebenslauf. *(Sprichwort)*

Mit **Gott** für König und Vaterland!
(Devise des von König Friedrich Wilhelm III. von Preußen 1813 gestifteten Landwehrkreuzes)

Noch hat keiner **Gott** erflogen, der vor Gottes Teufeln flüchtet. *(R. Dehmel, Selbstzucht)*

Noch lebt ein **Gott,** der meines Elends denkt. *(A. v. Chamisso, Gedichte)*

O denket, daß ein **Gott** im Himmel ist, dem ihr müßt Rede stehn für eure Taten.
(Schiller, Wilhelm Tell)

Schön wie ein **Gott** und männlich wie ein Held. *(Schiller, Braut von Messina)*

Sie eifern um **Gott,** aber mit Unverstand. *(Röm. 10, 2)*

So **Gott** will. *(Nach 1. Kor. 4, 19 u.a.) Abgekürzt: S. G. w.*

So wahr **Gott** lebt! *(Hiob 27, 2)*

Sogar dies Wort hat nicht gelogen:Wen **Gott** betrügt, der ist wohl betrogen.
(Goethe, Gott, Gemüt und Welt)

Tu das Deine, **Gott** tut das Seine.
(Sprichwort)

Über viele Dinge kann ich nur mit **Gott** reden. *(Goethe)*

Um **Gott** zu erkennen, muß man ihn lieben; um die Menschen zu lieben, muß man sie kennen. *(Augustinus)*

Und es herrscht der Erde **Gott,** das Geld. *(Schiller, An die Freunde)*

Und **Gott** sah, daß es gut war.
(1. Mos. 1, 10, 12, 18, 21, 25)

Und **Gott** schuf den Menschen ihm zum Bilde, zum Bilde Gottes schuf er ihn.
(1. Mos. 1, 27)

Unser Herr **Gott** muß große Ohren und ein scharfes, leises Gehör haben.
(M. Luther)

Von **Gott** geschlagen. *(Jes. 53, 4)*

Von **Gott** verlassen. *(Nach Psalm 8, 6)*

Vor **Gott** gilt der Bauer so viel wie der Junker. *(Sprichwort)*

Vor **Gott** ist keine Flucht als nur zu ihm hin. *(F. Rückert, Erbauliches und Beschauliches)*

Was **Gott** ist, wird in Ewigkeit kein Mensch ergründen! Doch will er treu sich allezeit mit uns verbünden.
(C. F. Meyer, In Haremsnächten)

Was ist Schicksal, als **Gott** selbst, Gott mit Weisheit und Liebe? *(J. K. Lavater)*

Was **Gott** tut, das ist wohlgetan.
(Geistliches Lied von S. Rodigast)

Was nun **Gott** zusammengefügt hat, das soll der Mensch nicht scheiden.
(Matth. 19, 6)

Wem **Gott** gibt ein Amt, dem gibt er auch Verstand. *(Sprichwort)*

Wem **Gott** will rechte Gunst erweisen, den schickt er in die weite Welt.
(J. v. Eichendorff, Wandersmann)

Wen **Gott** verderben will, dem raubt er zuvor den Verstand.
(Nach Sophokles, Antigone)

Wenn auch alle Lichter der Welt erlöschen, der Lichtgedanke lebt doch: es gibt einen **Gott.** *(H. Ibsen)*

Wenn **Gott** es will, grünt sogar ein Besenstiel. *(Sprichwort)*

Wenn ich nicht auf meinen **Gott** rechnete, so gäbe ich gewiß nichts auf irdische Herren. *(Bismarck, 1870)*

Wer auf **Gott** vertraut, hat nicht auf Sand gebaut. *(Sprichwort)*

Wer darf sagen, ich glaub' an **Gott?** Magst Priester oder Weise fragen, und ihre Antwort scheint nur Spott über den Frager zu sein. *(Goethe, Faust)*

Wer **Gott,** dem Allerhöchsten traut, der hat auf keinen Sand gebaut.
(Kirchenlied v. G. Neumark)

Wer **Gott** kennt, verehrt ihn.
(Seneca, Epistulae)

Wer **Gott** nicht kann den Bauch vertrauen, der kann ihm nimmermehr die Seele vertrauen. *(M. Luther)*

Wer **Gott** recht liebt, darf nicht verlangen, daß Gott ihn wieder liebe.
(B. de Spinoza, Ethik)

Wer **Gott** vertraut, hat wohlgebaut.
(Sprichwort)

Wer **Gott** vertraut und Bretter klaut, der hat 'ne bill'je Laube.
(Scherzhaftes Berliner Sprichwort)

Wer in göttlichen Dingen nichts glaubt, als was er mit seinem Verstande ausmessen kann, verkleinert die Idee von **Gott.**
(G. W. v. Leibniz)

Wie einer ist, so ist sein **Gott,** darum ward Gott so oft zu Spott.
(Goethe, Zahme Xenien)

Wie **Gott** in Frankreich leben.
(Redensart)
Sehr gut leben.

Wie kommt's, daß **Gott** die Welt mit Eisen peitscht und preßt? Weil sich ihr Eigensinn nicht anders ziehen läßt.
(A. a Santa Clara, Der Krieg)

Will's **Gott.** *(Apostel 18, 21)*

Wir Deutsche fürchten **Gott,** aber sonst nichts in der Welt! *(Bismarck im Deutschen Reichstag, 1888)*
Zitiert:... auf der Welt.

Wir glauben alle an einen **Gott.** *(M. Luther, Patrem)*

Wo **Gott** eine Kirche baut, baut der Teufel eine Kapelle daneben. *(Sprichwort)*

Wo ist denn der alte Mann, der sich **Gott** nennt? Gibt denn keiner, keiner Antwort? *(W. Borchert, Draußen vor der Tür)*

Folg' nur dem alten Spruch und meiner Muhme, der Schlange, dir wird gewiß einmal bei deiner **Gottähnlichkeit** bange! *(Goethe, Faust)*

Das wissen die **Götter!** *(Redensart)*
Soviel wie: das weiß kein Mensch

Die **Götter** sind gut, die Priester grausam. *(Voltaire)*

Die **Götter** wollen dein Verderben. *(Schiller, Ring des Polykrates)*

Du sollst keine anderen **Götter** haben neben mir! *(2. Mos. 20, 3)*

Ein Schauspiel für **Götter!** *(Redensart, nach Goethe, Erwin und Elmire)*

Hold sind die **Götter** den Frommen und ehren die Ehrenden wieder. *(Ovid, Metamorphosen)*

Kann ich die **Götter** nicht beugen, so will ich die Hölle besiegen. *(Vergil, Aeneis)*

Laß uns sehn, wie froh die **Götter** sind! *(Goethe, Braut von Korinth)*

Stark ist des Menschen Arm, wenn ihn die **Götter** stützen. *(Schiller)*

Wen die **Götter** lieben, den lassen sie jung sterben. *(Nach Plautus, Bacchides)*

Götterdämmerung. *(Oper von R. Wagner)*

Was du dankst der milden **Göttergunst,** drückt dein Haupt zu Boden nieder; was du dankst der eignen Müh' und Kunst, hebt es zu den Göttern wieder. *(A. Grün, Sprüche)*

Und mit einem Kranz von Myrten naht die **Götterkönigin.** *(Schiller, Das eleusische Fest)*

Man steigt nicht ungestraft vom **Göttermahle** herunter in den Kreis der Sterblichen. *(F. Grillparzer, Sappho)*

Den **Göttern** gleich' ich nicht! *(Goethe, Faust)*

Götterruhm ist das Gelingen, Menschenwert das treue Ringen. *(A. Grün, Sprüche)*

Alles Ding währt seine Zeit, **Gottes** Lieb' in Ewigkeit. *(P. Gerhardt, Geistliche Andachten)*

An **Gottes** Segen ist alles gelegen. *(Sprichwort)*

Auf **Gottes** Wegen ist Gottes Segen. *(Sprichwort)*

Das Universum ist ein Gedanke **Gottes!** *(Schiller)*

Dein Wort in **Gottes** Ohr! *(Redensart)*
Mögest du recht behalten!

Es ist mit **Gottes** Wort nicht zu scherzen. Kannst du es nicht verstehen, so ziehe den Hut vor ihm ab. *(M. Luther)*

Gottes Auge schläft nicht! *(Sprichwort)*

Gottes Mühlen mahlen langsam, mahlen aber trefflich klein. *(F. v. Logau, Göttliche Rache)*

Gottes Wort und Gnade ist ein fahrender Platzregen, der nicht wiederkommt, wo er einmal gewesen ist. *(M. Luther)*

Ist's **Gottes** Werk, so wird's bestehn; Ist's Menschenwerk, wird's untergehn. *(Inschrift des Wittenberger Lutherdenkmals, nach Apostel. 5, 38 u. 39)*

Volkes Stimme – **Gottes** Stimme. *(Sprichwort, nach Hesiod und Seneca)*

Von **Gottes** Gnaden! *(1. Kor. 3, 10)*

Wie weit ist es von der Erkenntnis **Gottes** bis dahin, daß man ihn liebe! *(B. Pascal)*

Gottesfurcht ist Gotteslästerung. *(P. Hille, Aphorismen)*

Gottesfurcht nur macht von Menschenfurcht dich frei. *(F. Rückert, Weisheit des Brahmanen)*

Mit dem Aufhören der **Gottesfurcht** beginnt die Entfesselung aller Leidenschaften. *(G. W. v. Leibniz)*

Gottesgabe. *(Pred. Salom. 5, 18)*

Die Welt richtet nach dem Erfolge und nennt ihn **Gottesgericht.** *(H. Laube, Karlsschüler)*

Gottesfurcht ist **Gotteslästerung.** *(P. Hille, Aphorismen)*

Einem ist sie die hohe, die himmlische **Göttin,** dem andern eine tüchtige Kuh, die ihn mit Butter versorgt. *(Schiller, Wissenschaft)*

An das **Göttliche** glauben die allein, die es selber sind. *(F. Hölderlin, Menschenbeifall)*

Göttliche Grobheit. *(F. v. Schlegel, Lucinde)*

Den Rest für die **Gottlosen!** *(Redensart, nach Psalm 75, 9)*

Die **Gottlosen** sind ein Greuel mit ihrem Wesen; da ist keiner, der Gutes tue. *(Psalm 14, 1)*

Im Hause des **Gottlosen** ist der Fluch des Herrn; aber das Haus der Gerechten wird gesegnet. *(Spr. Salom. 3, 33)*

Was kann der Mensch im Leben mehr gewinnen, als daß sich **Gott-Natur** ihm offenbart? *(Goethe, Gedichte)*

Züchtig, gerecht und **gottselig** leben in dieser Welt heißt: Mitten im Schenkhause nüchtern, mitten im Hurenhause züchtig, mitten im Tanzhause göttlich, mitten in der Mördergrube rechtfertig leben. *(M. Luther)*

Stirb, **Götz** – du hast dich sehr überlebt! *(Goethe, Götz von Berlichingen)*

Hau deinen **Götzen** mutig um. Es sei Geld, Wollust oder Ruhm. *(M. Claudius, Ein gülden Abc)*

Nicht der Priester, die Anbetung schafft den **Götzen.** *(L. Börne, Der ewige Jude)*

Herr **Gouverneur** zu Pferde, ich beuge mich zur Erde. *(L. Da Ponte/W. A. Mozart Don Giovanni)*

Das **Grab** ist doch immer die beste Befestigung wider die Stürme des Schicksals. *(G. C. Lichtenberg)*

Im **Grab** ist Ruh'. *(C. E. Langhansen, Ruhe im Grabe)*

Wo ich ihn nicht hab', ist mir das **Grab;** die ganze Welt ist mir vergällt. *(Goethe, Faust)*

Es braucht kein Geist vom **Grabe** herzukommen, um das zu sagen.
(Shakespeare, Hamlet)

Über **Gräber** vorwärts!
(Wahlspruch Goethes)

Übertünchte **Gräber!** *(Matth. 23, 27)*

Unter **Gräbern** laß mich leben und unter Leichenmalen selbst versteinen.
(Schiller, Demetrius)

Auf deinem **Grabstein** wird man lesen: Das ist fürwahr ein Mensch gewesen.
(Goethe, Grabschrift)

Will der Herr **Graf** ein Tänzchen wagen, so mag er's sagen, ich spiel' ihm auf.
(L. Da Ponte/W. A. Mozart, Hochzeit des Figaro)

Die Frau ist der wahre **Gral.**
(A. Rodin, Kathedralen Frankreichs)

Den wilden **Gram** macht die Gewohnheit zahm. *(Shakespeare, Richard III.)*

Hör' auf mit deinem **Gram** zu spielen, der wie ein Geier dir am Leben frißt.
(Goethe, Faust)

Warum soll' ich mich denn **grämen?**
(P. Gerhardt, Christliches Freudenlied)

Wer weint, vermindert seines **Grames** Tiefe. *(Shakespeare, Heinrich VI.)*

Das **Gras** wachsen hören.
(Nach der Edda)
Alles besser wissen

Über eine Sache **Gras** wachsen lassen.
(Redensart)
Etwas in Vergessenheit geraten lassen.

Wenn über eine dumme Sache endlich **Gras** gewachsen ist, kommt sicher ein Kamel gelaufen, das alles wieder runterfrißt. *(Scherzhaftes Sprichwort)*

Mir kommt ein eigen **Grauen** an bei diesem Segen. *(Schiller, Jungfrau von Orleans)*

Zur **Grausamkeit** zwingt bloße Liebe mich. *(Shakespeare, Hamlet)*

Der Schlaf hat eine **Grazie** zur Frau.
(Jean Paul)

Die **Grazie** ist meine schöne Gabe.
(Schiller, Huldigung der Künste)

Mit **Grazie** in infinitum! *(Goethe, Frühlingsorakel)*

Die drei **Grazien.**
(Nach der griechischen Sage)
Nach Hesiod: Töchter des Zeus: Aglaia, Euphrosyne, Thalia

Die **Grazien** sind leider ausgeblieben, und wem die Gabe dieser Holden fehlen, der kann zwar viel besitzen, vieles geben, doch läßt sich nie an seinem Busen ruhn.
(Goethe, Tasso)

Drei der **Grazien** gibt's, nur eine Venus! Die Veilchen will ich zum Strauße gereiht, aber die Rose allein. *(F. Hebbel, Schön und lieblich)*

Und es gehen die lieblichen **Grazien** Hand in Hand mit den Nymphen.
(Horaz, Oden)

Auf dem Dache sitzt ein **Greis,** der sich nicht zu helfen weiß. *(J. F. Hansen, Wassernot in Leipzig)*

Das müssen Reize sondergleichen sein, die einen **Greis** in solches Feuer setzen.
(Schiller, Maria Stuart)

Das **Greisenalter** ist ein Tyrann, der bei Todesstrafe alle Freuden der Jugend verbietet. *(F. de La Rochefoucauld)*

Manch einer **greiset,** ehe er weiset.
(Sprichwort)

Greuel der Verwüstung.
(Nach Dan. 9, 27 u. a.)

Das Land der **Griechen** mit der Seele suchend. *(Goethe, Iphigenie)*

Der feine **Griff** und der rechte Ton.
(Schiller, Wallensteins Lager)

Mit einem eisernen **Griffel** schreiben.
(Nach Hiob 19, 23 / 24)

Weg mit den **Grillen** und Sorgen!
(S. A. Mahlmann, Lebenslust)

Wer wollte sich mit **Grillen** plagen, solang uns Lenz und Jugend blühn.
(L. H. C. Hölty, Aufmunterung zur Freude)

Großer **Grimm** bringt Schaden.
(Spr. Salom. 19, 9)

Du weißt wohl nicht, mein Freund, wie **grob** du bist? *(Goethe, Faust)*

Denn wirkten **Grobe** nicht auch im Lande, wie kämen Feine für sich zustande? *(Goethe, Faust)*

Selten hat ein **Grobian** Galle.
(G. E. Lessing, Minna von Barnhelm)

Göttliche **Grobheit.** *(F. v. Schlegel, Lucinde)*

Wahrhaft **groß** sein heißt, nicht ohne großen Gegenstand sich regen.
(Shakespeare, Hamlet)

Alles **Große** kommt uns wieder, alles Schöne kehrt zurück. *(Th. Körner, Bundeslied vor der Schlacht)*

Was **Große** tun, beschwatzen gern die Kleinen. *(Shakespeare, Was ihr wollt)*

Wisset, ein erhabener Sinn legt das **Große** in das Leben, und er sucht es nicht darin. *(Schiller, Huldigung der Künste)*

Die **Größe** ist gefährlich, und der Ruhm ein leeres Spiel; was er gibt, sind nicht'ge Schatten, was er nimmt, es ist so viel!
(F. Grillparzer, Der Traum ein Leben)

Irdische **Größe** erlischt wie ein Traum.
(A. Lortzing, Zar und Zimmermann)

Die **Großen** der Erde.
(Nach 2. Sam. 7, 9)

O was sind wir **Großen** auf der Woge der Menschheit? Wir glauben, sie zu beherrschen, und sie treibt uns auf und nieder, hin und her. *(Goethe, Egmont)*

Alles hat hier einen Anstrich von **Großartigkeit,** Geistigkeit und Liberalität. *(F. Grillparzer, über Berlin 1826)*

Siebente **Großmacht.** *(Redensart)*
Bezeichnung für die Presse

Kein **Großmaul** weiß sein Eselsohr zu hehlen. *(Shakespeare, Ende gut, alles gut)*

Leute, die es von Natur sind, merken selten, daß es etwas ist, **großmütig** zu sein.
(G. C. Lichtenberg)

Großmutter heißen ist kaum minder lieb als einer Mutter innigsüßer Name.
(Shakespeare, Richard III.)

Die **Großstadt** ist ein Warenlager von Geräuschen. *(M. Picard)*

Großstadtluft. *(Schwank von O. Blumenthal u. G. Kadelburg)*

Großtun über seinen Stand führet Wehtun an der Hand. *(M. Claudius)*

Als der **Großvater** die Großmutter nahm.
(A. F. E. Langbein, Großvaterlied)

In die **Grube** fahren.
(Nach 1. Mos. 37, 35)
Soviel wie: sterben

Wer andern eine **Grube** gräbt, fällt selbst hinein. *(Nach Spr. Salom. 26, 27)*

Wer eine **Grube** macht, der wird hineinfallen; und wer einen Stein wälzt, auf den wird er zurückkommen.
(Spr.Salom. 26, 27)

Das **Grübeln** ist der Tod der frischen Tat.
(I. Madach, Tragödie des Menschen)

Auch das schönste **Grün** wird einmal Heu. *(Sprichwort)*

Jemandem nicht **grün** sein. *(Redensart)*
Jemanden nicht leiden können

Auf freiem **Grund** mit freiem Volke stehen. *(Goethe, Faust)*

In einem kühlen **Grunde,** da geht ein Mühlenrad. *(J. v. Eichendorff, Zerbrochenes Ringlein)*

Die **Gründe** der Regierung kenne ich nicht, aber ich muß sie mißbilligen.
(Abgeordneter J. Kell in der sächsischen Zweiten Kammer, 1849)

Den bessern **Gründen** müssen gute weichen. *(Shakespeare, Julius Caesar)*

Es ist besser, hohe **Grundsätze** zu haben, die man befolgt, als noch höhere, die man außer acht läßt. *(A. Schweitzer)*

Einen **Grundstein** legen.
(Nach Jes. 28, 16)

Grünen und blühen. *(Nach Psalm 92, 8)*

Willkommen im **Grünen!** Der Himmel ist blau. *(Gedicht von J. H. Voß)*

Den **Gruß** des Unbekannten ehre ja!
(Goethe, Westöstlicher Divan)

Grüß' euch Gott, alle miteinander.
(M. West, L. Held / C. Zeller, Vogelhändler)
Eigentlich: Grüaß enk Gott, alle miteinander

Wenig **Grütze** im Kopf haben.
(Redensart)
Dumm sein

Du hast der Götter **Gunst** erfahren!
(Schiller, Ring des Polykrates)

Ein Tag der **Gunst** ist wie ein Tag der Ernte: Man muß geschäftig sein, sobald sie reift. *(Goethe, Tasso)*

Die Menschen und die **Gurken** taugen nichts, sobald sie reif sind.
(Jean Paul, Flegeljahre)

Mit dem **Gürtel,** mit dem Schleier reißt der schöne Wahn entzwei. *(Schiller, Glocke)*

Seinen **Gürtel** ein Loch enger schnallen.
(Redensart)
Soviel wie: Hunger und Entbehrungen leiden

Aus einem **Guß.** *(Redensart)*
Soviel wie: einheitlich

Wohl! Nun kann der **Guß** beginnen.
(Schiller, Glocke)

Gut macht Mut. *(Sprichwort)*

Gut macht viel Freunde; aber der Arme wird von seinen Freunden verlassen.
(Spr. Salom. 19, 4)

Gut will zu Gut. *(Sprichwort)*

In den Händen soll das **Gut** sein, nicht im Herzen. *(M. Luther)*

Man bleibt nur **gut,** wenn man vergißt.
(F. Nietzsche)

Nichts wird **gut** und vollkommen sein, bevor die Menschen selbst gut und vollkommen geworden sind. *(Th. Morus)*

Und alles war wieder **gut!**
(A. v. Chamisso, Frisch gesungen / J. v. Eichendorff, Taugenichts)

Unrecht **Gut** folgt dem Erbe nicht.
(Sprichwort)

Unrecht **Gut** gedeihet nicht.
(Sprichwort, nach Spr. Salom. 10, 2)

Unrecht **Gut** tut selten gut.
(Sprichwort)

Jenseits von **Gut** und Böse.
(Titel eines Werkes von F. Nietzsche)

Alles **Gute,** das nicht auf moralisch gute Gesinnung gepfropft ist, ist nichts als Schein und schimmerndes Elend.
(I. Kant, Kritik der Urteilskraft)

Danket dem Herrn; denn er ist freundlich, und seine **Güte** währet ewiglich.
(Psalm 106, 1)

Das **Gute** bricht sich Bahn.
(Sprichwort)

Das **Gute** dankt sich selbst.
(Sprichwort)

Das **Gute** – dieser Satz steht fest – ist stets das Böse, was man läßt.
(W. Busch, Fromme Helene)

Das **Gute** soll man nicht übergüten.
(Sprichwort)

Das Neue daran ist nicht gut, und das **Gute** daran ist nicht neu.
(Nach J. H. Voß)

Denn das **Gute** liebt sich, das Gerade. Böse Früchte trägt die böse Saat.
(Schiller, Braut von Messina)

Ein Teil von jener Kraft, die stets das Böse will und stets das **Gute** schafft.
(Goethe, Faust)

Güte in den Worten erzeugt Vertrauen; Güte beim Denken erzeugt Tiefe; Güte beim Verschenken erzeugt Liebe.
(Lao-Tse)

Menschlich und edel ist das **Gute** – göttlich und unsterblich aber das Schöne.
(R. Hamerling, Aspasia)

Nicht immer ist das Schöne gut, aber immer ist das **Gute** schön.
(Jüdisches Sprichwort)

Oft büßt das **Gute** ein, wer Beßres sucht.
(Shakespeare, König Lear)

Wen der Himmel retten will, den bewahrt er durch **Güte.**
(Ostasiatische Weisheit)

Wie groß ist des Allmächt'gen **Güte!**
(C. F. Gellert, Liebe Gottes)

Überwinde das Böse mit **Gutem.**
(Röm. 12, 21)

Das Bessere ist der Feind des **Guten.**
(Sprichwort)

Des Schönen sind die Menschen selten fähig, öfter des **Guten.** *(Goethe)*

Nichts führt zum **Guten,** was nicht natürlich ist. *(Schiller)*

Wenn wir zum **Guten** dieser Welt gelangen, dann heißt das Bessere Trug und Wahn. *(Goethe, Faust)*

Betrüglich sind die **Güter** dieser Erden.
(Schiller, Maria Stuart)

Der **Güter** höchstes dürfen wir verteid'gen gegen Gewalt – wir stehn für unser Land, wir stehn für unsre Weiber, unsre Kinder. *(Schiller, Wilhelm Tell)*

Die **Güter** haben und geben nicht denen, so es bedürfen, gehören auch in das Register, darin die Diebe stehen.
(M. Luther)

Güter brauchen Hüter. *(Sprichwort)*

Güter zu suchen geht er, doch an sein Schiff knüpft das Gute sich an.
(Schiller, Der Kaufmann)

Ungleich verteilt sind des Lebens **Güter.**
(Schiller, Braut von Messina)

Wer früh erwirbt, lernt früh den hohen Wert der holden **Güter** dieses Lebens schätzen. *(Goethe, Tasso)*

Böses schreibt man in Stein, **Gutes** in Sand. *(Sprichwort)*

Der Zweifel ist's, der **Gutes** böse macht.
(Goethe, Iphigenie auf Tauris)

Gott lohnt **Gutes,** hier getan, auch hier noch. *(G. E. Lessing, Nathan der Weise)*

Gutes mit Bösem vergelten.
(Nach 1. Mos. 44, 4)

Haben wir **Gutes** empfangen von Gott und sollten das Böse nicht auch annehmen? *(Hiob 2, 10)*

Nichts **Gutes** im Sinne haben.
(Jes. Sir. 11, 34)

Sag etwas **Gutes,** und ich folge gern dem edlen Beispiel. *(Schiller, Braut von Messina)*

Sowie man etwas **Gutes** tun will, kann man sicher sein, Feinde zu finden.
(Voltaire)

Wer da **Gutes** sucht, dem widerfährt Gutes; wer aber nach Unglück ringt, dem wird's begegnen. *(Spr. Salom. 11, 27)*

Wer nichts **Gutes** tut, tut schon Böses genug. *(Sprichwort)*

Wirke **Gutes,** du nährst der Menschheit göttliche Pflanze; bilde Schönes, du streust Keime der göttlichen aus.
(Schiller, Zweierlei Wirkungskreis)

Der Guten Tun ist lauter **Gutestun.**
(K. Schefer, Laienbrevier)

Sich **gütlich** tun. *(Redensart, Pred. Salom. 3, 12)*

H

Das **Haar** in der Suppe mißfällt uns sehr, selbst wenn es vom Haupt der Geliebten wär. *(W. Busch)*

Ein **Haar** in der Suppe (oder in etwas) finden. *(Redensart)*
Sich eine Sache verleiden lassen

Ein graues **Haar** steckt all die andern an. *(R. Hamerling, Ahasver in Rom)*

Graues **Haar** ist der Alten Schmuck. *(Spr. Salom. 20, 29)*

Haar und Unglück wächst über Nacht. *(Sprichwort)*

Kein gutes **Haar** an jemandem lassen. *(Redensart)*
Jemanden schlechtmachen

Der Abwesende muß **Haare** lassen. *(Sprichwort)*

Die **Haare** stehen zu Berge. *(Nach Hiob 4, 15)*
Entsetzt sein

Die roten **Haare** deuten auf ein Feuerherz. *(A. v. Platen)*

Graue **Haare** sind eine Krone der Ehren. *(Spr. Salom. 16, 31)*

Hare auf den Zähnen haben. *(Redensart)*
Sich nichts bieten lassen

Haare lassen bei etwas. *(Redensart)*
Nicht ungeschoren davonkommen

Krause **Haare,** krauser Sinn, steckt der Deibel neunmal drin. *(Scherzhaftes Sprichwort)*

Lange **Haare** – kurzer Verstand (oder Sinn). *(Redensart)*
Soll heißen: Frauen haben wenig Verstand.

Mache niemand graue **Haare,** doch wenn du recht tust, hast du um die Haare nicht zu sorgen. *(M. Claudius)*

Sich die **Haare** raufen. *(Redensart)*
Verzweifelt sein

Sich keine grauen **Haare** wachsen lassen. *(Redensart)*
Sich nicht sorgen

Etwas an den **Haaren** herbeiziehen. *(Redensart)*
Sich bemühen, etwas mit krampfhaft gesuchten Gründen zu beweisen.

Mit Haut und **Haaren.** *(Redensart)*
Ganz und gar

Sich in den **Haaren** liegen. *(Redensart)*
Sich streiten

Alle meine **Habe** trage ich bei mir. *(Cicero, Paradoxa, nach dem griechischen Philosophen Bias)*

Ich **habe** dich – das ist die Fülle! Ich habe dich – mein Wünschen ruht!
(F. Freiligrath, Ruhe in der Geliebten)

Wenn ich ihn nur **habe,** wenn er mein nur ist. *(Aus einem Gedicht von Novalis)*

Wer will **haben,** der muß graben.
(A. a Santa Clara)

Das **Habich** ist besser als das Hättich.
(Sprichwort)

Sich die **Hacken** um etwas ablaufen.
(Redensart)
Sich besonders bemühen

Des langen **Haders** müde.
(G. A. Bürger, Lenore)

Ihn sticht der **Hafer.** *(Redensart)*
Er wird übermütig

Die armen Weiber sind doch übel dran; ein **Hagestolz** ist schwerlich zu bekehren. *(Goethe, Faust)*

Danach kräht kein **Hahn.** *(Redensart)*
Danach fragt niemand

Ein guter **Hahn** wird selten fett.
(Sprichwort)

Hahn im Korbe sein. *(Redensart)*
Der einzige Mann unter Frauen sein

Jeder **Hahn** ist König auf seinem Misthaufen. *(Sprichwort)*

Wenn der **Hahn** kräht auf dem Mist, ändert sich's Wetter oder bleibt wie's ist.
(Sprichwort)

Manche **Hähne** glauben, daß die Sonne ihretwegen aufgeht. *(Th. Fontane)*

Zwei **Hähne** auf einem Mist vertragen sich nicht. *(Sprichwort)*

Und der **Haifisch,** der hat Zähne.
(B. Brecht / K. Weill, Dreigroschenoper)

Was ein **Häkchen** werden will, krümmt sich beizeiten. *(Sprichwort)*

Halb zog sie ihn, halb sank er hin.
(Goethe, Fischer)

Nichts **halb** zu tun, ist edler Geister Art.
(C. M. v. Weber, Oberon)

Man muß nie seine Sachen sehen lassen, wenn sie erst **halbfertig** sind.
(B. Gracian, Handorakel)

Toren und gescheite Leute sind gleich unschädlich. Nur die **Halbnarren** und Halbweisen, das sind die gefährlichsten.
(Goethe, Maximen und Reflexionen)

Die **Hälfte** ist mehr als das Ganze.
(Hesiod)

Meine bessere **Hälfte.**
(Nach Phil. Sidney)
Soviel wie: Ehefrau

Dich, teure **Halle,** grüß' ich wieder.
(R. Wagner, Tannhäuser)

In diesen heil'gen **Hallen** kennt man die Rache nicht. *(E. Schikaneder / W. A. Mozart, Zauberflöte)*

Bis an den **Hals** in Schulden stecken.
(Redensart)
Stark verschuldet sein.

Das wird den **Hals** ja nicht kosten!
(Redensart, nach L. Angely, Fest der Handwerker)

Er hat den **Hals** zu voll, um danke zu sagen. *(W. Busch)*

Er kann den **Hals** nicht voll genug kriegen. *(Redensart)*
Er ist unersättlich

Etwas in den falschen **Hals** bekommen.
(Redensart)
Etwas mißverstehen

Etwas kostet den **Hals.** *(Redensart, nach 1. Chron. 12, 20)*

Hals- und Beinbruch! *(Redensart)*
Viel Erfolg!

Hals über Kopf. *(Redensart)*
Soviel wie: überstürzt

Ihm steht das Wasser bis zum **Halse.** *(Redensart)*
Er steckt in großen Nöten

Man verstehe, wo man **Halt** machen muß. *(Ostasiatische Weisheit)*

Die **Haltung** sucht die Welt, such Haltung zu erhalten! *(F. Rückert, Weisheit des Brahmanen)*

Amboß oder **Hammer** sein. *(Goethe, Koptisches Lied)*

Ein guter Amboß fürchtet keinen **Hammer.** *(Sprichwort)*

Goldener **Hammer** bricht eisernes Tor. *(Sprichwort)*

Lieber **Hammer** als Amboß. *(Sprichwort)*

Unter den **Hammer** kommen. *(Redensart)*
Versteigert werden

Wie man mit dem **Hammer** philosophiert. *(F. Nietzsche, Götzendämmerung)*

Deutschland ist **Hamlet.** *(F. Freiligrath, Glaubensbekenntnis)*

Prinz **Hamlet** ist ein Fürst! Zu hoch für dich. *(Shakespeare, Hamlet)*

Dem fleißigen **Hamster** schadet der Winter nicht. *(Sprichwort)*

Die eigene **Hand** ist noch immer die treueste. *(Dänisches Sprichwort)*

Die **Hand,** die gibt, ist immer schön. *(Polnisches Sprichwort)*

Eine **Hand** wäscht die andere. *(Nach Epicharmus)*

Es liegt auf der (flachen) **Hand.** *(Redensart)*
Soviel wie: ist klar

Hand und Fuß haben. *(Redensart)*
Wohlbegründet sein

Ich küsse Ihre **Hand,** Madame! *(Schlager aus den 20er Jahren)*

Jemandem die **Hand** fürs Leben reichen. *(Redensart)*
Jemanden heiraten

Laß deine linke **Hand** nicht wissen, was deine rechte tut. *(Matth. 6, 3)*

O liebe **Hand!** So göttergleich! Die Hütte wird durch dich ein Himmelreich. *(Goethe, Faust)*

Reich mir die **Hand,** mein Leben! *(L. da Ponte / Mozart, Don Giovanni)*

Seine **Hand** für etwas ins Feuer legen. *(Redensart)*
Sich fur etwas verbürgen

Von der **Hand** in den Mund leben. *(Redensart)*
Verdientes Geld sofort ausgeben (müssen)

Welche **Hand** müßte nicht verdorren, die sich und uns in solche Fesseln legt? *(Philipp Scheidemann, 1919)*

Man soll die gar nicht hören, die da vorgeben, daß allein **Handarbeit** eine Arbeit zu nennen sei. *(M. Luther)*

Wie eiskalt ist dies **Händchen!** *(G. Giacosa u. L. Illica / G. Puccini, Bohème)*

Die **Hände** im Schoße liegenlassen.
(Redensart)
Untätig sein

Heut' ballt man nur die **Hände,** man faltet sie nicht mehr. *(F. Freiligrath)*

Kalte **Hände,** warme Liebe.
(Sprichwort)

Seine **Hände** in Unschuld waschen.
(Nach Matth. 27, 24 u. a.)

Sie erhoben die **Hände** zum lecker bereiteten Mahle. *(Nach Homer, Ilias)*

So nimm denn meine **Hände** und führe mich. *(J. v. Hausmann, Hingabe an Gott)*

Was **Hände** bauten, können Hände stürzen. *(Schiller, Wilhelm Tell)*

Laß diesen **Händedruck** dir sagen, was unaussprechlich ist. *(Goethe, Faust)*

Handel ist die Mutter des Reichtums.
(Sprichwort)

Hüte dich, in **Händel** zu geraten; bist du drin, führ sie, daß sich dein Feind vor dir hüten mag. *(Shakespeare, Hamlet)*

Der Mensch ist selbst sein Gott und sein Beruf ist: **Handeln.** *(C. A. Tiedge, Urania)*

Handeln, das ist es, wozu wir da sind.
(J. G. Fichte)

Ich will mit euch **handeln** und wandeln, mit euch stehen und gehen, und was dergleichen mehr ist; aber ich will nicht mit euch essen, mit euch trinken, noch mit euch beten. *(Shakespeare, Kaufmann von Venedig)*

Ruh' ist Göttern nur gegeben, ihnen ziemt der Überfluß; doch für uns ist **Handeln** Leben. *(Novalis)*

Und **handeln** sollst du so, als hinge, von dir und deinem Tun allein, das Schicksal ab der deutschen Dinge und die Verantwortung wär dein. *(A. Matthäi, Fichte an jeden Deutschen)*

Der **Handelnde** ist immer gewissenlos.
(Goethe, Maximen und Reflexionen)

Alles ist gut, wie es aus den **Händen** des Schöpfers hervorgeht; alles entartet unter den Händen des Menschen.
(J. J. Rousseau)

An schmierigen **Händen** bleibt viel kleben. *(Sprichwort)*

Auf **Händen** tragen. *(Redensart, nach Psalm 91, 12)*
Liebevoll behandeln, verwöhnen

Ich glaubte, irgendein **Handlanger** der Natur hätte Menschen gemacht, und sie wären ihm nicht geraten. *(Shakespeare, Hamlet)*

Jeder Mensch hat zwei Gründe für seine **Handlungen;** einen moralischen – und den wirklichen. *(J. P. Morgan)*

Urteile von einem Menschen lieber von seinen **Handlungen** als nach seinen Worten; denn viele handeln schlecht und sprechen vortrefflich. *(M. Claudius)*

Des Bauern **Handschlag,** edler Herr, ist auch ein Manneswort. *(Schiller, Wilhelm Tell)*

Etwas mit **Handschuhen** anfassen.
(Redensart)
Vorsichtig behandeln

Einem das **Handwerk** legen.
(Redensart)
Jemanden am schlechten Tun hindern

Es ist der Krieg ein roh, gewaltsam **Handwerk.** *(Schiller, Piccolomini)*

Handwerk hat goldenen Boden.
(Sprichwort)

Rat zu geben, das ist das dümmste **Handwerk,** das einer treiben kann. Rate sich jeder selbst und tue, was er nicht lassen kann. *(Goethe)*

Der **Handwerker,** der's allzu gut will machen, verdirbt aus Ehrgeiz die Geschicklichkeit. *(Shakespeare, König Johann)*

Was Verstand und Vernunft nicht immer vermögen, vermag oft solch ein glücklicher **Hang,** der unwiderstehlich uns leitet. *(Goethe, Hermann und Dorothea)*

Wozu der menschliche Geist **Hang** fühlt, da soll man ihn ja gewähren lassen. *(D. C. Lichtenberg)*

Mit **Hangen** und Bangen. *(Redensart)*
Mit Ach und Krach; mit Müh' und Not

Etwas bleibt immer **hängen.** *(Medius, nach Plutarch)*

Versöhnt man sich, so bleibt doch etwas **hängen.** *(Goethe, Faust)*

Zum **Hängen** und zum Freien muß niemand Rat verleihen. *(G. E. Lessing, Sinngedichte)*

Seid erst nicht **hängenswert,** wenn ihr uns hängen wollt. *(Goethe, Die Mitschuldigen)*

Hier **hängt** er. *(F. Reuter, Ut mine Stromtid)*

Hannemann, geh du voran! Du hast die größten Stiebeln an. *(Geschichte von den 7 Schwaben)*

Hans im Glück. *(Titel eines Märchens aus: J. u. W. Grimm, Kinder- u. Hausmärchen)*

Jeder **Hans** findet seine Grete. *(Sprichwort)*

Hänschen, Hänschen, denke dran, was aus dir noch werden kann! *(R. Löwenstein, Geschichte vom dummen Hänschen)*

Was **Hänschen** nicht lernt, lernt Hans nimmermehr. *(Sprichwort)*

Hanswurst. *(Nach S. Brant, Narrenschiff)*

Niemandem ein **Härchen** krümmen. *(Redensart)*
Nicht den geringsten Schaden zufügen

Jemandem zeigen, was eine **Harke** ist. *(Redensart)*
Jetzt kann er was erleben!

Aber aus den goldnen Saiten lockt Apoll die **Harmonie.** *(Schiller, Das eleusische Fest)*

Es ist doch wirklich wahr, daß, wo die heitere Ruhe gestört ist, die **Harmonie** des Lebens nicht mehr rein und voll erklingt. *(W. v. Humboldt)*

Einen in **Harnisch** bringen. *(Redensart)*
Jemanden wütend machen

Gelobt sei, was **hart** macht! *(F. Nietzsche, Zarathustra)*

Gott würde dich so **hart** nicht fassen, hättest du sanft dich führen lassen. *(E. Geibel, Sprüche)*

Rüm **Hart,** kloar Kimming. *(Weites Herz, klarer Blick) Alter Friesenspruch)*

Denn so ein **Harung,** der hat Erfahrung. *(Aus einem Berliner Lied)*

Es ist wunderbar, daß ein **Haruspex** nicht lacht, wenn er einen Haruspex sieht. *(Cicero, De divinatione)*

Da liegt der **Hase** im Pfeffer! *(Redensart)*
Das ist die Schwierigkeit!

Mein Name ist **Hase,** ich weiß von nichts. *(Redensart, nach dem Studenten V. Hase)*

Wissen, wie der **Hase** läuft. *(Redensart)*
Bescheid wissen

Das **Hasenpanier** ergreifen. *(Redensart)*
Feige davonlaufen

Ein **Hasenfuß** sein. *(Redensart)*
Ein Feigling sein

Etwas ist nicht **hasenrein.** *(Redensart)*
Etwas ist verdächtig

Bezwingt des Herzens Bitterkeit! Es bringt nicht gute Frucht, wenn **Haß** dem Haß begegnet. *(Schiller, Maria Stuart)*

Der **Haß,** den man auf erloschne Freundschaft pfropfet, muß unter allen die tödlichsten Früchte bringen. *(G. E. Lessing, Philotas)*

Der **Haß** ist parteiisch, aber die Liebe ist es noch mehr. *(Goethe, Wahlverwandtschaften)*

Der **Haß** schadet niemand, aber die Verachtung ist es, was den Menschen stürzt. *(J. P. Eckermann)*

Die Liebe ist einäugig, der **Haß** aber blind. *(Dänisches Sprichwort)*

Haß, als minus und vergebens, wird vom Leben abgeschrieben. Positiv im Buch des Lebens steht verzeichnet nur die Liebe. Ob ein Minus oder Plus uns verblieben, zeigt der Schluß. *(W. Busch)*

Haß erregt Hader; aber Liebe deckt zu alle Übertretungen. *(Spr. Salom. 10, 12)*

Selig, wer sich vor der Welt ohne **Haß** verschließt. *(Goethe, An den Mond)*

Ungöttlich ist **Haß,** und göttlich nur die Liebe. *(F. v. Bodenstedt, Mirza Schaffy)*

Wer **Haß** sät, kann nicht Liebe ernten. *(Sprichwort)*

Wisset, die euch **Haß** predigen, erlösen euch nicht. *(M. v. Ebner-Eschenbach)*

Hassen heißt unablässig morden. *(J. Ortega y Gasset)*

Man kann nur **hassen,** was man einmal sehr geliebt hat. *(F. Mauriac)*

Mögen sie **hassen,** wenn sie nur fürchten. *(Accius, Altreus: auch Caligula, nach Sueton)*

Wir **hassen** bald, was oft uns Furcht erregt. *(Shakespeare, Antonius und Kleopatra)*

Zum **Hassen** oder Lieben ist alle Welt getrieben. Es bleibt keine Wahl, der Teufel ist neutral. *(C. Brentano, Viktoria und ihre Geschwister)*

Häßlich wie die Nacht. *(Redensart)*

Erröten macht die **Häßlichen** so schön. *(G. E. Lessing, Nathan der Weise)*

Häßlichkeit entstellt immer, selbst das schönste Frauenzimmer. *(D. Kalisch, Der gebildete Hausknecht)*

Wer **haßt,** ist zu bedauern, und mehr fast noch, wer liebt. *(W. Waiblinger, Kirchhof)*

Hast du was, bist du was! *(Sprichwort)*

Zu **hastig** und zu träge kommt gleich zu spät. *(Shakespeare, Romeo und Julia)*

Hat ihm schon! *(W. Busch, Die Maus)*

Wer da **hat,** dem wird gegeben …; wer aber nicht hat, von dem wird auch genommen, was er hat. *(Matth. 13, 12)*

Unter die **Haube** kommen. *(Redensart)*
Heiraten

Kommet zu **Hauf!** *(J. Neander, Lobe den Herrn!)*

Der Redner regiert den **Haufen.**
(G. Rollenhagen, Froschmeuseler)

In hellen **Haufen.** *(Redensart)*
In Massen

Verzage nicht, du **Häuflein** klein.
(Kirchenlied von M. Altenburg)

Ein greises **Haupt** soll man ehren.
(Nach 3. Mos. 19, 32)

Haupt- und Staatsaktion.
(Bezeichnung des ernsten Schauspiels auf Wanderbühnen)

Ich träum' als Kind mich zurücke und schütt'le mein greises **Haupt.**
(A. v. Chamisso, Schloß Boncourt)

Schwer ruht das **Haupt,** das eine Krone drückt. *(Shakespeare, Heinrich IV.)*

Wie das **Haupt,** so die Glieder.
(Sprichwort)

Er zählt die **Häupter** seiner Lieben …
(Schiller, Glocke)
Im Volksmund ergänzt:
… und sieh, es sind statt sechse sieben

Der **Hauptfehler** des Menschen bleibt, daß er so viele kleine hat.
(Jean Paul, Siebenkäs)

Deutschlands heimliche **Hauptstadt.**
(Redensart)
Gemeint ist: München

Auf daß mein **Haus** voll werde.
(Luk. 14, 23)

Das **Haus** ist klein, aber das Herz ist groß. *(Sardisches Sprichwort)*

Das **Haus** mag zerfallen, was hat's dann für Not? Der Geist lebt in uns allen und unsre Burg ist Gott! *(A. Binzer, Wir hatten gebauet…)*

Du sollst nicht begehren deines Nächsten **Haus.**
(M. Luther, Kl. Katechismus: Das neunte Gebot, nach 2. Mos. 20, 17)

Durch Weisheit wird ein **Haus** gebaut und durch Verstand erhalten.
(Spr. Salom. 24, 3)

Ein **Haus** ohne Frau ist wie eine Wiese ohne Tau. *(Amerikanisches Sprichwort)*

Einfälle wie ein altes **Haus** haben.
(Redensart)

Ihr nehmt mein **Haus,** wenn ihr die Stütze nehmt, worauf mein Haus beruht; ihr nehmt mein Leben, wenn ihr die Mittel nehmt, wodurch ich lebe.
(Shakespeare, Kaufmann von Venedig)

Kein **Haus** ohne Maus. *(Sprichwort)*

Mein **Haus** ist meine Welt. *(Sprichwort)*

Mit vielem hält man **haus,** mit wenig kommt man aus. *(Sprichwort)*

Nord, Ost, Süd und West, zu **Haus** ist's am best'. *(Sprichwort)*

Sein **Haus** bestellen. *(Redensart, nach Jes. 38, 1)*

Sie scheinen mir aus einem edlen **Haus,** sie stehen stolz und unzufrieden aus.
(Goethe, Faust)

So leb denn wohl, du stilles **Haus.**
(F. Raimund, Alpenkönig)

Wem Fortuna ein **Haus** geschenkt, dem schenkt sie auch Möbel. *(W. Busch)*

Wir hatten gebauet ein stattliches **Haus.**
(Lied von A. Binzer)

Ganz aus dem **Häuschen** sein.
(Redensart)
Aufgeregt sein

Blamier mich nicht, mein schönes Kind, und grüß mich nicht unter den Linden. Wenn wir nachher zu **Hause** sind, wird sich schon alles finden. *(H. Heine, Heimkehr)*

Wer sich überall zu **Hause** fühlt, der ist nirgends daheim.
(Russisches Sprichwort)

Im **Hause** muß beginnen, was leuchten soll im Vaterland. *(J. Gotthelf)*

Überall bin ich zu **Hause,** überall bin ich bekannt. *(Nach einem Lied von F. Hückstädt)*

Des **Hauses** redlicher Hüter.
(Schiller, Bürgschaft)

Eine gute **Hausfrau** ist der beste Hausrat. *(Dänisches Sprichwort)*

Des Menschen Feinde sind sein eigen **Hausgesinde.** *(Micha 7, 6)*

Rechnen hilft **haushalten.** *(Sprichwort)*

Der gebildete **Hausknecht.**
(Posse von D. Kalisch)

Hausknecht aus Nubierland.
(V. v. Scheffel, Altassyrisch)

Ein **Hauskreuz.** *(Redensart)*
Ein böses Weib

Urväter **Hausrat.** *(Goethe, Faust)*

Mein gutes **Hausrecht** hab' ich ausgeübt.
(Schiller, Wilhelm Tell)

Der **Haussegen** hängt schief.
(Redensart)
Es herrscht Streit zwischen den Eheleuten

Aus andrer Leute **Haut** ist gut Riemen schneiden. *(Sprichwort)*

Das ist zum aus der **Haut** fahren!
(Redensart)
Sehr ärgerlich

Mit **Haut** und Haaren. *(Redensart)*
Ganz und gar

Niemand kann aus seiner **Haut** heraus.
(Sprichwort)

Nun teilt euch in die **Haut,** ihr Brüder!
(L. H. v. Nicolay, Der Esel und die drei Herren)

Seine **Haut** zu Markte tragen.
(Redensart)
Sich aufreiben im Dienste anderer

Genialer **Hasardeur.**
(Nach Th. Fontane, Vor dem Sturm)

Eine **Hebe.** *(Nach Homer, Ilias)*
Soviel wie: Getränke servierendes Mädchen

Alle **Hebel** in Bewegung setzen.
(Redensart)
Alles aufbieten

Der **Hecht,** der war doch blau!
(D. F. Gellert, Die Widersprecherin)

Hecht im Karpfenteich.
(Nach dem Historiker H. Leo, 1859)
Rühriger Mensch, der die Faulen antreibt

Ein Land ist heillos preisgestellt, das einen **Heereszug** erdulden muß.
(H. v. Kleist, Hermannsschlacht)

Himmlische **Heerscharen.** *(Luk. 2, 13)*

Keines Menschen Gedanken auf der Welt halten sich mehr auf der **Heerstraße** als deine. *(Shakespeare, Heinrich IV.)*

Das **Heft** in der Hand haben.
Zu bestimmen haben (Redensart)

Durch **Heftigkeit** ersetzt der Irrende, was ihm an Wahrheit und an Kräften fehlt. *(Goethe, Tasso)*

Milde erreicht mehr als **Heftigkeit.**
(J. de La Fontaine)

Der **Hehler** ist schlimmer als der Stehler.
(Sprichwort)

Der große **Heide.**
(Bezeichnung für Goethe, nach Z. Werner)

Grün ist die **Heide,** die Heide ist grün.
(H. Löns, Geheimnis)

Ihr machet es mir zu toll mit eurem christlichem Leide; mein Herz ist noch freudevoll, darum bin ich ein **Heide.**
(F. Rückert, Zahme Xenien)

Der Genius loci **Heidelbergs** ist feucht.
(V. v. Scheffel, Widmungsgedicht)

Alt-**Heidelberg,** du feine!
(V. v. Scheffel)

Warum toben die **Heiden?** *(Psalm 2, 1)*

Eine **Heidenangst** haben. *(Redensart)*
Große Angst haben

Heil dir im Siegerkranz!
(Hymne von B. G. Schumacher und H. Carey)
Deutsche Hymne bis 1918
Es gab Berliner, die diese Hymne respektlos das »Lied von der Wonnegans« nannten, da es im Text heißt: »Fühl' in des Thrones Glanz die hohe Wonne ganz ...«

Heil sei dem Tag, an welchem du bei uns erschienen! *(A. Lortzing, Zar und Zimmermann)*

Heil sei dem Tag, Heil sei der Stunde.
(L. van Beethoven, Fidelio)

Denke nur niemand, daß man auf ihn als den **Heiland** gewartet habe.
(Goethe, Maximen und Reflexionen)

Zu Ostern entstieg der **Heiland** dem Grabe, zu Pfingsten schlägt man ihn wieder ans Kreuz. *(G. Hauptmann, Florian Geyer)*

Verletzen ist leicht, **heilen** schwer.
(Sprichwort)

Wer es glaubt, dem ist das **Heil'ge** nah.
(Schiller, Thekla)

Der Religion ist nur das **Heilige** wahr, der Philosophie nur das Wahre heilig.
(L. Feuerbach)

Es sind nicht alles **Heilige,** die in die Kirche geh'n. *(Sprichwort)*

Wunderliche **Heilige.** *(Nach der Bibel)*

Die geschnitzten **Heiligen** haben in der Welt mehr ausgerichtet als die lebendigen. *(G. C. Lichtenberg)*

Gehörst du zu den **Heiligen** und Reinen? *(Schiller, Jungfrau von Orleans)*

Nichts **Heiliges** ist mehr – es lösen sich alle Bande frommer Scheu.
(Schiller, Glocke)

Im Geruch der **Heiligkeit** stehen.
(Redensart)

Was ist das **Heiligste?** Das, was heut und ewig die Geister tief und tiefer gefühlt, immer nur einiger macht. *(Goethe, Vier Jahreszeiten)*

Es gibt für Unzählige nur ein **Heilmittel** – die Katastrophe. *(Ch. Morgenstern)*

Dein **Heim** kann dir die Welt ersetzen, doch nie die Welt dein Heim!
(Alter Spruch)

In der Welt ein Heim, im **Heim** eine Welt.
(Sprichwort)

Der ist in tiefster Seele treu, der die **Heimat** liebt wie du. *(Th. Fontane, Archibald Douglas)*

In der **Heimat,** in der Heimat, da gibt's ein Wiedersehn.
(Aus einem Soldatenlied)

In die **Heimat** möcht ich wieder, aber bald, du Lieber, bald! *(J. R. Wyß, Schweizerheimweh)*

In die **Heimat** möcht ich ziehen, in das Land voll Sonnenschein. *(E. Geibel, Zigeunerbube im Norden)*

Weh dem, der keine **Heimat** hat!
(F. Nietzsche, Vereinsamt)

Wenn du noch eine **Heimat** hast, so nimm den Ranzen und den Stecken, und wandre, wandre ohne Rast, bis du erreichst den teuren Flecken.
(A. Traeger)

Erst im Auslande lernt man den Reiz des **Heimatdialekts** genießen. *(G. Freytag, Siebleben)*

Nun ade, du mein lieb **Heimatland.**
(A. Disselhoff, Soldatenweise)

Du hast mich **heimgesucht** bei Nacht.
(Titel einer Sammlung von Briefen und Aufzeichnungen aus Widerstandskreisen während des 3. Reiches, hrsg. v. H. Gollwitzer u. a., 1954, nach Psalm 17, 3)

Freilich ringt wohl jeder, der Trübsal duldet, nach **Heimkehr.** *(Homer, Ilias)*

Heinerle, Heinerle, hab' kein Geld.
(V. Leon / L. Fall, Der fidele Bauer)

Heinrich! Mir graut's vor dir.
(Goethe, Faust)

Wie war zu Köln es doch vordem mit **Heinzelmännchen** so bequem!
(A. Kopisch, Die Heinzelmännchen)

Die **Heirat** ist die erste Dummheit, die man begeht, wenn man gerade vernünftig geworden ist. *(Sprichwort)*

Heirat ins Blut tut selten gut.
(Sprichwort)

Heirat macht mündig.
(Alter Rechtsspruch)

Heirate ein schönes Weib, und du heiratest Verdruß. *(Sprichwort)*

Heirate in Eile – bereue in Muße!
(Griechisches Sprichwort)

Heirate – und du lachst dich tot!
(Scherzhafte Redensart)

Willst du gescholten werden: **heirate!** – Willst du gelobt werden: stirb!
(Irisches Sprichwort)

Heiraten, Engel, ist wunderlich Wort: Ich meint', da müßt' ich gleich wieder fort.
(Goethe, Vorschlag zur Güte)

Heiraten in Eile bereut man mit Weile.
(Sprichwort)

Heiraten ist gut, aber nicht heiraten ist besser. *(Nach 1. Kor. 7, 38)*

Heiraten ist kein Pferdekauf.
(Sprichwort)

Heiraten ist kein Wettlauf – man kommt immer noch früh genug an.
(Russisches Sprichwort)

Liebe ist etwas Ideelles, **Heiraten** etwas Reelles; und nie verwechselt man ungestraft das Ideelle mit dem Reellen.
(Goethe)

Wer ehrlich ist, **heiratet** früh, wer klug ist, aber nie. *(Sprichwort)*

Heisa, juchheia! Dudeldumdei! Das geht ja hoch her. Bin auch dabei!
(Schiller, Wallensteins Lager)

Ungeheure **Heiterkeit** ist meines Lebens Regel. *(L. Schneider, Der reisende Student)*

Dem **Heitern** erscheint die Welt auch heiter. *(Goethe, Episteln)*

Rangehen wie **Hektor** an die Buletten. *(Berliner Redensart)*
Mutig und forsch eine Sache anpacken

Will sich **Hektor** ewig von mir wenden? *(Schiller, Hektors Abschied)*

Hektors Liebe stirbt im Lethe nicht. *(Schiller, Hektors Abschied)*

Und alles das um nichts! Um **Hekuba!** *(Shakespeare, Hamlet)*

Was ist ihm **Hekuba,** was ist er ihr, daß er um sie soll weinen. *(Shakespeare, Hamlet)*

Der **Held** dringt kühn voran, der Schwächling bleibt zurück. *(Schiller, Spiel des Lebens)*

Nicht immer ist, wer erlag, der kleinere **Held.** *(A. Grün, Pfaff v. Kahlenberg)*

Schön wie ein Gott und männlich wie ein **Held.** *(Schiller, Braut von Messina)*

So stirbt ein **Held!** *(Schiller, Räuber)*

Streitbarer **Held.** *(Richter 6, 12)*

An einem **Helden** ist alles verzeihlich, nur nicht die Schwäche. *(J. Boßhart)*

Die **Helden** sind müde. *(Deutscher Titel eines Films nach Erzählung von Ch. Garnier)*

Ein jeglicher muß seinen **Helden** wählen, dem er die Wege zum Olymp hinauf sich nacharbeitet. *(Goethe, Iphigenie)*

Für einen Kammerdiener gibt es keinen **Helden.** *(Nach dem mazedonischen König Antigonus I. Gonatas bzw. Goethe, Maximen und Reflexionen)*

Der wahre **Heldenmut** besteht darin, über das Elend des Lebens erhaben zu sein. *(Napoleon I.)*

Das war kein **Heldenstück,** Octavio! *(Schiller, Wallensteins Tod)*

Auf leisen Sohlen wandeln die Schönheit, das wahre Glück und das echte **Heldentum.** *(W. Raabe)*

Doch schön ist nach dem großen das schlichte **Heldentum.** *(L. Uhland, Tells Tod)*

Wen **Helena** paralysiert, der kommt so leicht nicht zu Verstande. *(Goethe, Faust)*

Helene! sprach der Onkel Nolte, was ich schon immer sagen wollte. *(W. Busch, Fromme Helene)*

Du siehst mit diesem Trank im Leibe bald **Helena** in jedem Weibe. *(Goethe, Faust)*

Man kann nicht allen **helfen,** sagt der Engherzige und – hilft keinem. *(M. v. Ebner-Eschenbach)*

Dem **Helfer** half der Helfer droben. *(Goethe, Faust)*

Grün ist das Land, Rot ist die Kant', Weiß ist der Sand: Das sind die Farben von **Helgoland!** *(Alter Helgolandspruch)*
In Helgoländer Mundart:
Green es deät Lunn, Road es de Kant,
Witt es deät Sunn, Deat es deät Woapen
von't hillihe Lunn!

Nur **Helios** vermag's zu sagen, der alles Irdische bescheint. *(Schiller, Kraniche des Ibykus)*

Keinen roten **Heller** wert sein.
(Redensart)
Nichts taugen

Seinen letzten **Heller** hergeben.
(Nach Matth. 5, 26)

Mein ist der **Helm** und mir gehört er zu.
(Schiller, Jungfrau von Orleans)

Das **Hemd** ist mir näher als der Rock.
(Nach Plautus, Trinummus)

Henker, kannst du keine Lilie knicken? Bleicher Henker, zittre nicht!
(Schiller, Kindesmörderin)

Zum **Henkerdienst** drängt sich kein edler Mann. *(Schiller, Wallensteins Tod)*

Des Nachbarn **Henne** legt immer die größeren Eier.
(Bulgarisches Sprichwort)

Kräht die **Henne,** piept der Hahn, steht's dem Hause übel an. *(Sprichwort)*

Sich etwas **herausnehmen.** *(Redensart)*
Sich frech benehmen

Jemanden **herausstreichen.** *(Redensart)*
Ihn loben

Der Frühling ist zwar schön; doch wenn der **Herbst** nicht wär, wär zwar das Auge satt, der Magen aber leer. *(F. v. Logau)*

Dies ist ein **Herbsttag,** wie ich keinen sah! *(F. Hebbel, Herbstlied)*

Am stillen **Herd** in Winterszeit, wann Burg und Hof mir eingeschneit.
(R. Wagner, Meistersinger)

Eigner **Herd** ist Goldes wert.
(Sprichwort)

Herdentier-Moral. *(F. Nietzsche, Jenseits von Gut und Böse)*

Herein! – wenn's kein Schneider ist.
(Redensart)

Herein, herein, du lieber Gast!
(A. Mahlmann, Reich der Freude)

Ein **Hering** liebt eine Auster.
(J. V. v. Scheffel)

Begeisterung ist keine **Heringsware,** die man einpökelt auf einige Jahre.
(Goethe, Frisches Ei...)

Doch weicht selbst **Herkules** der Übermacht. *(Shakespeare, Heinrich VI.)*

Herkules am Scheidewege.
(Nach Xenophon, Denkwürdigkeiten)

Bist du's, **Hermann,** mein Rabe?
(Schiller, Räuber)

Hermann heeßt er.
(Couplet von Cläre Waldoff)

Der **Herr** hat's gegeben, der Herr hat's genommen, der Name des Herrn sei gelobt. *(Hiob 1, 21)*

Der **Herr** ist mein Hirte, mir wird nichts mangeln. *(Psalm 23, 1)*

Der **Herr** lasse sein Angesicht leuchten über dir und sei dir gnädig.
(4. Mos. 6, 25)

Der **Herr** tue mir dies und das, der Tod muß mich und dich scheiden.
(Ruth 1, 17)

Der ist der **Herr** der Erde, wer ihre Tiefen mißt. *(Novalis)*

Der Mensch siehet, was vor Augen ist, der **Herr** aber siehet das Herz an.
(1. Sam. 16, 7)

Er soll dein **Herr** sein! *(1. Mos. 3, 16)*

Herr, erhalte mein Gedächtnis frisch!
(C. Dickens)

Herr ist, der uns Ruhe schafft.
(Goethe, Faust)

Herr, mach uns frei!
(Aus dem »Niederländischen Dankgebet«)

Ich bin der **Herr,** dein Gott. Du sollst nicht andere Götter haben neben mir.
(M. Luther, Kl. Katechismus: Das erste Gebot, nach 2. Mos. 20, 2/3)

Lieber ein kleiner **Herr** als ein großer Knecht. *(Sprichwort)*

Mein hoher **Herr!** *(H. v. Kleist, Käthchen von Heilbronn)*

Niemand ist frei, der nicht über sich selbst **Herr** ist. *(M. Claudius, Sprüche des Pythagoreers…)*

Wie der **Herr,** so's Gescherr.
(Sprichwort)

Wie der **Herr,** so der Knecht.
(Sprichwort)

Das wollen alle **Herren** sein, und keiner ist der Herr von sich. *(Goethe, Zahme Xenien)*

Großen **Herren** und schönen Frauen soll man dienen, doch nicht trauen.
(Sprichwort)

Ihr **Herren** wißt an allem was zu mäkeln.
(Goethe, Faust)

Mit zween **Herren** ist schlecht zu kramen; noch schlechter, fürcht ich, mit zwo Damen. *(W. Busch)*

Niemand kan zwei (zween) **Herren** dienen. *(Redensart, nach Matth. 6, 24)*

Schlechte Diener, schlechte **Herren.**
(Sprichwort)

Strenge **Herren** regieren nicht lange.
(Sprichwort)

Wenn die **Herren** sich streiten, müssen die Bauern Haare lassen.
(Tschechisches Sprichwort)

Wenn ich nicht auf meinen Gott rechnete, so gäbe ich gewiß nichts auf irdische **Herren.** *(Bismarck)*

Wer vielen **Herren** dient, bekommt viele Orden und viele Fußtritte.
(Sudanesisches Sprichwort)

Wer vor dem **Herrn** davonläuft, den erwischt der Hund.
(Russisches Sprichwort)

Gute Nacht, **Herrendienst!** *(Schiller, Kabale und Liebe)*

Herrenlos ist auch der Freiste nicht.
(Schiller, Wilhelm Tell)

Herrenmoral und Sklavenmoral.
(F. Nietzsche, Jenseits von Gut und Böse)

Laß unsern **Herrgott** aus dem Spaß!
(Goethe, Faust)

Herrlich! sprach der Fürst von Sachsen.
(J. Kerner, Der reichste Fürst)

Herrlich und in Freuden leben.
(Nach Luk. 16, 19)

Sind wir nicht zur **Herrlichkeit** geboren?
(Lied von A. Wollheim)

Er, der **herrlichste** von allen.
(A. v. Chamisso, Frauen-Liebe u. -Leben)

Das Auge des **Herrn** macht die Kühe fett. *(Sprichwort)*

Danket dem **Herrn,** denn er ist freundlich, und seine Güte währet ewiglich!
(1. Chron. 16, 34)

Das kommt vom **Herrn!**
(1. Mos. 24, 50)

Habe deine Lust an dem **Herrn!**
(Psalm 37, 4)

Ich aber und mein Haus wollen dem **Herrn** dienen. *(Josua 22, 8)*

Über vieles kann der Mensch zum **Herrn** sich machen, seinen Sinn bezwinget kaum die Not und lange Zeit. *(Goethe, Tasso)*

Verlaß dich auf den **Herrn** von ganzem Herzen, und verlaß dich nicht auf deinen Verstand. *(Spr. Salom. 3, 5)*

Herrschaft gewinn' ich, Eigentum! Die Tat ist alles, nichts der Ruhm. *(Goethe, Faust)*

Es ist mit der **Herrschbegierde** wie mit der Eßlust. Bei schwachen Gemütern ist jene oft am stärksten, wie diese oft am größten ist bei Menschen von schwacher Verdauung. *(L. Börne, Fragmente und Aphorismen)*

Dienen lehrt **herrschen.** *(Sprichwort)*

Es ist so schön, zu **herrschen!** *(Goethe, Egmont)*

Herrscher und Wächter dürfen wenig schlafen. *(Sprichwort)*

Kein **Herrscher** dieser Welt ist Herrscher der Gedanken. *(Sprichwort)*

Noch keinem Volk, das sich zu ehren wußte, drang man den **Herrscher** wider Willen auf. *(Schiller, Demetrius)*

Ich bin **heruntergekommen** und weiß doch selber nicht, wie. *(Goethe, Schäfers Klagelied)*

Herwegh, du eiserne Lerche, mit klirrendem Jubel steigst du empor. *(H. Heine, An Georg Herwegh)*

Ach, ich kann es nicht erreichen, und das **Herz** bleibt ungestillt. *(Schiller, Jüngling am Bache)*

Altes **Herz** wird wieder jung. *(Titel eines Spielfilms aus dem Jahr 1943)*

Auf **Herz** und Nieren prüfen. *(Redensart)*
Sehr gründlich prüfen

Da lacht einem das **Herz** im Leibe. *(Redensart)*

Das arme **Herz,** hienieden von manchem Sturm bewegt, erlangt den wahren Frieden nur, wo es nicht mehr schlägt. *(J. G. v. Salis-Seewis, Das Grab)*

Das Auge sieht den Himmel offen, es schwelgt das **Herz** in Seligkeit. *(Schiller, Glocke)*

Das **Herz,** auch es bedarf des Überflusses, genug kann nie und nimmermehr genügen. *(C. F. Meyer, Fülle)*

Das **Herz** auf dem rechten Fleck tragen. *(Redensart)*
Einen offenen und ehrlichen Charakter haben

Das **Herz** bedarf ein zweites Herz, geteilte Freud' ist doppelt Freude, geteilter Schmerz ist halber Schmerz. *(C. A. Tiedge)*

Das **Herz** einer Frau, der Magen einer Sau, der Inhalt einer Worscht bleiben ewig unerforscht. *(Scherzhaftes Sprichwort)*

Das **Herz** auf der Zunge haben. *(Redensart)*
Seine Gedanken leicht verraten

Das **Herz** ist ein trotzig und verzagt Ding. *(Nach Jerem. 17, 9)*

Das Haus ist klein, aber das **Herz** ist groß. *(Sardisches Sprichwort)*

Das **Herz** redet uns gewaltig gern nach dem Maule. *(G. E. Lessing, Minna von Barnhelm)*

Das **Herz** und nicht die Meinung ehrt den Mann. *(Schiller, Wallensteins Tod)*

Das schwere **Herz** wird nicht durch Worte leicht. *(Schiller, Wilhelm Tell)*

Des Menschen **Herz** erdenkt sich seinen Weg; aber der Herr allein gibt, daß er fortgehe. *(Spr. Salom. 16, 9)*

Deutsches **Herz,** verzage nicht! *(E. M. Arndt, Deutscher Trost)*

Die Ideale sind zerronnen, die einst das trunk'ne **Herz** geschwellt. *(Schiller, Gedichte)*

Doch werdet ihr nie **Herz** zu Herzen schaffen, wenn es euch nicht von Herzen geht. *(Goethe, Faust)*

Ein edles **Herz** bekennt sich gern von der Vernunft besiegt. *(Schiller, Jungfrau von Orleans)*

Ein fröhlich **Herz!** *(Goethe, Götz von Berlichingen)*

Ein fröhlich **Herz** macht ein fröhlich Angesicht. *(Spr. Salom. 15, 13)*

Ein gütiges **Herz** ist des Leibes Leben. *(Spr. Salom. 14, 30)*

Ein **Herz,** das sucht, fühlt wohl, daß ihm etwas mangle; ein Herz, das verloren hat, fühlt, daß es entbehre. *(Goethe, Wahlverwandtschaften)*

Ein **Herz** und eine Seele sein. *(Redensart, nach Apostelg. 4, 32)*
Stets gleicher Meinung sein

Ein offenes **Herz** zeigt eine offene Stirn. *(Schiller, Fiesco)*

Ein volles **Herz** kann die Worte nicht wägen. *(G. E. Lessing, Minna von Barnhelm)*

Etwas über's **Herz** bringen. *(Redensart)*
Sich überwinden; etwas wagen

Etwas wünschen und verlangen, etwas hoffen muß das **Herz,** etwas zu verlieren bangen, und für etwas fühlen Schmerz. *(F. Rückert, Neue Lieder)*

Geh aus mein **Herz,** und suche Freud in dieser schönen Sommerszeit. *(P. Gerhardt, Sommer-Gesang)*

Herz, mein Herz, warum so traurig? Und was soll das Ach und Weh? *(Lied von J. R. Wyss)*

Herz, mein Herz, was soll das geben? *(Goethe, Neue Liebe…)*

Herz zum Herzen ist nicht weit unter lichten Sternen. *(A. v. Arnim, Ritt im Mondschein)*

Ich grolle nicht, und wenn das **Herz** auch bricht. *(Aus H. Heine, Lyrisches Intermezzo)*

Im selben Maß du willst empfangen, mußt du geben; willst du ein ganzes **Herz,** so gib ein ganzes Leben. *(F. Rückert)*

Jemandem das **Herz** stehlen. *(Redensart, nach 2. Sam. 16, 5)*

Kühl bis ans **Herz** hinan. *(Goethe, Der Fischer)*

Laßt dies **Herz** alleine haben seine Wonne, seine Pein. *(E. Mörike, Verborgenheit)*

Mein **Herz** ist wie 'ne Lerche. *(E. Geibel, Wanderschaft)*

Mein **Herz** gleicht ganz dem Meere, hat Sturm und Ebb' und Flut, und manche schöne Perle in seiner Tiefe ruht. *(H. Heine, Heimkehr)*

Mein **Herz,** versprech' ich Ihnen, soll allein und ewig der Richter meiner Liebe sein. *(Schiller, Don Carlos)*

Mensch, denkst du Gott zu schaun, dort oder hier auf Erden, so muß dein **Herz** zuvor ein reiner Spiegel werden.
(Angelus Silesius)

Nicht der Ort, das **Herz** macht das Gebet. *(Sprichwort)*

Nur das fröhliche **Herz** allein ist fähig, Wohlgefallen an dem Guten zu empfinden. *(I. Kant)*

Offenbare dein **Herz** nicht jedermann!
(Jes. Sir. 8, 22)

O Gott, aus diesen Zügen spricht kein **Herz!** *(Schiller, Maria Stuart)*

Schweig stille, mein **Herze!** *(E. Mörike, Schön-Rohtraut)*

Sein **Herz** ausschütten. *(Redensart, nach 1. Sam. 1, 15)*
Alle Sorgen offen darlegen

Und eh das **Herz** mir dreimal schlug, da saßen sie zu Pferde. *(N. v. Lenau, Heideschenke)*

Verflucht das **Herz,** das sich nicht mäß'gen kann. *(H. v. Kleist, Penthesilea)*

Wach auf, mein **Herz,** und singe!
(P. Gerhardt, Morgenlied)

Was das Auge sieht, glaubt das **Herz.**
(Sprichwort)

Wenn sich **Herz** und Mund erlaben, will die Nase auch was haben. *(Sprichwort)*

Wes das **Herz** voll ist, des geht der Mund über. *(Redensart, nach Matth. 12, 34)*

Wirf dein **Herz** über das Hindernis und spring ihm nach! *(Sprichwort)*

Wo das **Herz** reden darf, braucht es keiner Vorbereitung. *(G. E. Lessing, Minna von Barnhelm)*

Wo euer Schatz ist, da ist auch euer **Herz.**
(Nach Matth. 6, 21)

Ach, wenn in uns'rer engen Zelle die Lampe wieder freundlich brennt, dann wird's in unserm Busen helle, im **Herzen,** das sich selber kennt. *(Goethe, Faust)*

Arm am Beutel, krank am **Herzen.**
(Goethe, Schatzgräber)

Aus seinem **Herzen** keine Mördergrube machen. *(Redensart, nach Matth. 21, 13)*
Offen sagen, was man denkt

Du, du liegst mir im **Herzen;** du, du liegst mir im Sinn. *(Volkslied)*

Etwas auf dem **Herzen** haben.
(Redensart)
Einen Wunsch haben

Ich fürchte viel von Carlos' heißem Blut, doch nichts von seinem **Herzen.**
(Schiller, Don Carlos)

Kein Kaiser hat dem **Herzen** vorzuschreiben. *(Schiller, Wallensteins Tod)*

Seinem **Herzen** einen Stoß geben.
(Redensart)
Sich überwinden, etwas zu tun

Sich etwas zu **Herzen** nehmen.
(Redensart, nach 2. Sam. 13, 20)

Von ganzem **Herzen** und von ganzer Seele. *(5. Mos. 4, 29 u. a.)*

Was dem **Herzen** widerstrebt, läßt der Kopf nicht ein. *(A. Schopenhauer)*

Was man im **Herzen** gebaut, reißt keine Ewigkeit um. *(Th. Körner, Erinnerung an Karlsbad)*

Was nicht von **Herzen** kommt, geht nicht zu Herzen. *(Sprichwort)*

Was von **Herzen** kommt, geht zu Herzen. *(Sprichwort)*

Wenn sich zwei **Herzen** scheiden, die sich dereinst geliebt, das ist ein großes Leiden, wie's größ'res nimmer gibt.
(E. Geibel, Gedichte)

Werde nie so reich an Geist, daß arm du würdest am **Herzen.** *(O. Ludwig)*

Wo **Herzen,** stolze, starke, noch für das Rechte stehn, da darf der Hoffnung Barke nicht völlig untergehn.
(M. v. Strachwitz)

Zwei **Herzen,** die einig sind, reißen Berge nieder. *(Persisches Sprichwort)*

Zwei **Herzen** im Dreivierteltakt...
(Walter Reisch, R. Stolz, Zwei Herzen im Dreivierteltakt)

Zwei **Herzen** und ein Schlag.
(F. Halm, Sohn der Wildnis)

Das Dichten des menschlichen **Herzens** ist böse von Jugend auf. *(1. Mos. 8, 21)*

Der Zug des **Herzens** ist des Schicksals Stimme. *(Schiller, Piccolomini)*

Selig sind, die reinen **Herzens** sind; denn sie werden Gott schauen. *(Matth. 5, 8)*

Herzensdieb. *(Nach 2. Sam. 15, 6)*

Vornehmheit und **Herzensgüte** sind nicht alles, aber sie sind viel.
(Th. Fontane, Cécile)

Schlaf **Herzenssöhnchen!** Mein Liebling bist du. *(F. K. Hiemer / C. M. v. Weber, Wiegenlied)*

Herzzerreißende Klage.
(Nach Joel 2, 13)

Geld wie **Heu** haben. *(Redensart)*
Sehr reich sein

Heuchelei gibt Geld's genug, Wahrheit geht betteln. *(M. Luther)*

Nimm dich vor **Heuchelei** der stillen Leut' in acht; am tiefsten ist ein Fluß, der keine Geräusche macht. *(M. Opitz)*

Heucheln, das Wort klingt schlecht, drum nennt man's Takt. *(C. Spitteler, Balladen)*

Der **Heuchler** Demut ist die allerstolzeste, größte Hoffart. *(M. Luther)*

Du **Heuchler,** ziehe am ersten den Balken aus deinem Auge; darnach besiehe, wie du den Splitter aus deines Bruders Auge ziehst! *(Matth. 7, 5)*

Fliehe des **Heuchlers** glattes Wort.
(L. Da Ponte / W. A. Mozart, Don Giovanni)

Heulen und Zähneklappern.
(Redensart, nach Matth. 8, 12)
Eigentlich: ... klappen

Und hohler und hohler hört man's **heulen.** *(Schiller, Taucher)*

Heute ist die beste Zeit. *(Sprichwort)*

Heute mir, morgen dir.
(Nach Jes. Sir. 38, 23)

Heute rot, morgen tot. *(Sprichwort)*

Im **Hexameter** steigt des Springquells flüssige Säule, im Pentameter drauf fällt sie melodisch herab. *(Schiller, Distichon)*

In Weimar und in Jena macht man **Hexameter** wieder; aber die Pentameter sind doch noch excellenter. *(F. C. Fulda, Die neumodischen Distichen)*

Da seh ich junge **Hexchen** nackt und bloß und alte, die sich klug verhüllen.
(Goethe, Faust)

Juchhei, nun ist die **Hexe** tot!
(A. Wette / E. Humperdinck, Hänsel und Gretel)

Denn wenn es keine **Hexen** gäbe, wer, Teufel, möchte Teufel sein?
(Goethe, Faust)

Kater **Hidigeigei.** *(V. v. Scheffel, Trompeter von Säckingen)*

Auf einen **Hieb** fällt kein Baum.
(Sprichwort)

Deutsche **Hiebe!** *(Schiller, Fiesko)*

Bis **hierher** sollst du kommen und nicht weiter; hier sollen sich legen deine stolzen Wellen. *(Hiob 38, 11)*

Bis **hierher** und nicht weiter! *(Schiller, Räuber, nach Hiob 38, 11)*

Hilf dir selbst, dann wird dir der Himmel helfen. *(L. Börne)*

Hilf dir selbst, so hilft dir Gott!
(Sprichwort)

Mancher ertrinkt lieber, als daß er um **Hilfe** ruft. *(W. Busch)*

Ach, ich sah den **Himmel** offen und der Sel'gen Angesicht! Doch auf Erden ist mein Hoffen, und im Himmel ist es nicht.
(Schiller, Jungfrau von Orleans)

Dem **Himmel** ist beten wollen auch beten. *(G. E. Lessing, Emilia Galotti)*

Den **Himmel** überlassen wir den Engeln und den Spatzen. *(H. Heine, Wintermärchen)*

Der geteilte **Himmel.**
(Roman von Ch. Wolf)

Der **Himmel** ist blau, das Wetter ist schön, Madame, wir wollen spazieren gehn! *(O. J. Bierbaum, Josefine)*

Der **Himmel** hängt voller Geigen.
(Redensart)
Hoffnungsfrohe Stimmung

Der **Himmel** hat den Menschen als Gegengewicht gegen die Mühseligkeiten des Lebens drei Dinge gegeben: die Hoffnung, den Schlaf und das Lachen.
(I. Kant)

Der **Himmel** ist hoch, und der Zar ist weit. *(Russische Redensart)*

Der **Himmel** ist zu den Füßen der Mutter. *(Persisches Sprichwort)*

Der veruntreute **Himmel.**
(Roman von F. Werfel)

Die **Himmel** erzählen die Ehre Gottes, und die Feste verkündigt seiner Hände Werk. *(Psalm 19, 2)*

Die **Himmel** rühmen des Ewigen Ehre.
(Ch. F. Gellert / L. van Beethoven, Ehre Gottes a. d. Natur)

Ehen werden im **Himmel** geschlossen.
(Sprichwort)

Er hoffe auf den **Himmel,** wenn er darf, auf seines Volkes Liebe, wenn er kann.
(Schiller, Demetrius)

Er lügt das Blaue vom **Himmel** herunter.
(Redensart)

Es ist dafür gesorgt, daß die Bäume nicht in den **Himmel** wachsen. *(Sprichwort)*

Himmel, Arsch und Zwirn!
(Derbe Redensart)
Auch in »verfeinerter« Form üblich: Firmament, Gesäß und Nähgarn

Himmel und Erde in Bewegung setzen.
(Nach Haggai 2, 7)
Auch zitiert: Himmel und Hölle …

Himmel und Erde werden vergehen; aber meine Worte vergehen nicht.
(Luk. 21, 33)

Himmel und Erde zu Zeugen anrufen.
(Redensart, nach 5. Mos. 4, 26)

Ich bin ein Gast auf Erden und hab' hier keinen Stand; der **Himmel** soll mir werden, da ist mein Vaterland.
(Lied von P. Gerhardt)

Ich tanze mit dir in den **Himmel** hinein.
(Schlager von H. F. Beckmann / F. Schröder aus dem Film »Sieben Ohrfeigen«)

Im siebenten **Himmel** sein.
(Nach Mohammed)

Mach deine Rechnung mit dem **Himmel,** Vogt! *(Schiller, Wilhelm Tell)*

Mag der **Himmel** euch vergeben.
(W. Friedrich / F. v. Flotow, Martha)

Oh! der ist aus dem **Himmel** schon gefallen, der an der Stunden Wechsel denken muß. *(Schiller, Piccolomini)*

Sammelt euch Schätze im **Himmel.**
(Matth. 6, 20)

Schließt Eure Rechnung mit dem **Himmel** ab! *(Schiller, Maria Stuart)*

Selbst in den **Himmel** kommt keiner umsonst. *(Russisches Sprichwort)*

Vom **Himmel** hoch, da komm' ich her.
(Lied v. M. Luther)

Wer ehrlich hat gelebt und selig ist gestorben, hat einen **Himmel** hier und einen dort erworben. *(F. v. Logau, Zuversicht)*

Wie ein Blitz aus heiterm **Himmel**.
(Redensart)
Soviel wie: unvermutet

Willst du in meinem **Himmel** mit mir leben – so oft du kommst, er soll dir offen sein. *(Schiller, Teilung der Erde)*

Zwischen **Himmel** und Erde.
(Novelle von O. Ludwig)

Zwischen **Himmel** und Erde schweben.
(Nach 2. Sam. 18, 9)

Himmelhoch jauchzend, zum Tode betrübt. *(Goethe, Egmont)*

Aus allen **Himmeln** fallen. *(Redensart, nach Jes. 14, 12 u. a.)*

Herabgestürzt von allen meinen **Himmeln.** *(Schiller, Don Carlos)*

Des Menschen Wille ist sein **Himmelreich.** *(Sprichwort)*

O liebe Hand! so göttergleich! Die Hütte wird durch dich ein **Himmelreich.**
(Goethe, Faust)

Die Engel, die nennen es **Himmelsfreud,** die Teufel, die nennen es Höllenleid, die Menschen, die nennen es Liebe.
(H. Heine)

Es ist eine der größten **Himmelsgaben,** so ein lieb Ding im Arm zu haben.
(Goethe, Faust)

Ist es nicht ein wahres **Himmelsgebäude,** unsere Liebe – aber auch so fest wie die Feste des Himmels!
(L. van Beethoven)

Da ergreift's ihm die Seele mit **Himmelsgewalt.** *(Schiller)*

Wo Lampen brennen, gibt's Ölflocken; wo Kerzen brennen, gibt's Schnuppen; die **Himmelslichter** allein erleuchten rein und ohne Makel. *(Goethe, Maximen und Reflexionen)*

Heilige Ordnung, segensreiche **Himmelstochter!** *(Schiller, Glocke)*

Der mißversteht die **Himmlischen,** der sie blutgierig wähnt; er dichtet ihnen nur die eignen grausamen Begierden an.
(Goethe, Iphigenie)

Guten Menschen, fürwahr, spricht oft ein **himmlischer** Geist zu, daß sie fühlen die Not, die dem armen Bruder bevorsteht. *(Goethe, Hermann und Dorothea)*

Hin ist hin! Verloren ist verloren! *(G. A. Bürger, Lenore)*

Hin und her ist gleich weit. *(Sprichwort)*

Man kann auch **hinauffallen.** Und solche Fälle sind die tiefsten. *(P. Hille, Aphorismen)*

Reizendes **Hindernis** will die rasche Jugend; ich liebe, mich des versicherten Guts lange bequem zu erfreun. *(Goethe, Elegien)*

Verbringe nicht die Zeit mit der Suche nach einem **Hindernis,** vielleicht ist keines da. *(F. Kafka)*

Der Vater bist du aller **Hindernisse.** *(Goethe, Faust)*

Die **Hindus** der Wüste geloben, keine Fische zu essen. *(Goethe, Maximen und Reflexionen)*

Wie man in den Wald **hineinruft,** so schallt es heraus. *(Sprichwort)*

Wo du **hingehst,** da will auch ich hingehen. *(Ruth 1, 16)*
So sprach Ruth zu ihrer Schwiegermutter(!)

Ja, da muß man sich doch einfach **hinlegen,** ja, da kann man doch nicht kalt und herzlos sein. *(B. Brecht / K. Weill, Dreigroschenoper)*

Sich auf die **Hinterbeine** stellen. *(Redensart)*
Widerstand leisten

Verächtlich ist, wer als Verleumder spricht, doch noch verächtlicher der **Hinterbringer.** *(F. v. Bodenstedt, Aus dem Nachlasse des Mirza-Schaffy)*

Die Vorsicht ist einfach, die **Hinterdreinsicht** vielfach. *(Goethe)*

Krach im **Hinterhaus.** *(Roman und Bühnenwerk von M. Böttcher)*

Ein guter **Hintern** findet selbst 'ne Bank für sich. *(Estnisches Sprichwort)*

Öffne dir ein **Hinterpförtchen** durch »Vielleicht«, das nette Wörtchen. *(W. Busch, Schein und Sein)*

Die **Hintertür** verdirbt das Haus. *(Sprichwort)*

Oh, es ist klar! Auf meinen **Hintritt** wird gewartet. *(Schiller, Don Carlos)*

Hinz und Kunz. *(Redensart)*
Soviel wie: gemischte Gesellschaft; alles Volk

Arm wie **Hiob.** *(Redensart, nach Hiob 17, 6)*

Mut allein kann hier den Dank erringen, der am Ziel des **Hippodromes** winkt. *(Schiller, Das Ideal und das Leben)*

Ich schieß' den **Hirsch** im wilden Forst … *(F. Schober / F. Schubert, Jägers Liebeslied)*

Wie der **Hirsch** schreiet nach frischem Wasser, so schreiet meine Seele, Gott, zu dir. *(Psalm 42, 2)*

Der **Hirt** ist not wegen der Schafe, aber nicht die Schafe wegen des Hirten. *(Alter Spruch)*

Der Herr ist mein **Hirte,** mir wird nichts mangeln. *(Psalm 23, 1)*

Ohne den **Hirten** wird aus Schafen nie eine Herde. *(Russisches Sprichwort)*

Und sie führt den schönsten **Hirten** zu der schönsten Hirtin hin. *(Schiller, Das eleusische Fest)*

Während die **Hirten** schlafen, stiehlt man die Wolle den Schafen. *(A. a Santa Clara)*

Wenn die **Hirten** sich zanken, haben die Schafe freies Spiel. *(Sprichwort)*

Wenn sich die **Hirten** streiten, hat der Wolf gewonnenes Spiel. *(Sprichwort)*

Der **Historiker** ist ein rückwärts gekehrter Prophet. *(F. v. Schlegel)*

Hitler in uns selbst. *(Titel eines Werkes von M. Picard, 1945)*

Das Schicksal setzt den **Hobel** an und hobelt alles gleich. *(F. Raimund, Verschwender)*

Wo man **hobelt,** fallen Späne. *(Sprichwort)*

Das ist mir zu **hoch!** *(Nach Hiob 42, 3 u. a.)*

Hochmut kommt vor dem Fall. *(Nach Spr. Salom. 16, 18)*

Wenn **Hochmut** aufgeht, geht das Glück unter. *(Sprichwort)*

Das **höchste** der Gefühle. *(E. Schikaneder, / W. A. Mozart, Zauberflöte)*

Unerbeten von den Göttern kommt das **Höchste** wie im Traum. *(E. Geibel, Stammbuchblätter)*

Man kann nicht auf zwei **Hochzeiten** zugleich tanzen. *(Sprichwort)*

Ma ko mit oam Hintern net auf zwoa **Hochzeiten** zugleich sein. *(Sprichwort aus Bayern)*

Freund, wie bist du hereingekommen und hast doch kein **hochzeitlich** Kleid an? *(Math. 22, 12)*

Hochzeitmachen, das ist wunderschön. *(Berliner Schlager)*

Alles **Höchste,** es kommt frei von den Göttern herab. *(Schiller, Gunst des Augenblicks)*

In allen meinen Taten laß ich den **Höchsten** raten. *(P. Fleming)*

Wer **Höchstes** sucht, geht immer eigne Bahn; das Beste haben Menschen nie gemeinsam. Wer glücklich werden will, erst sei er einsam. *(R. Hamerling, Sinnen und Minnen)*

Erreicht den **Hof** mit Müh' und Not. *(Goethe, Erlkönig)*

Hof-Demagoge. *(L. Robert, An L. Tieck)*

Die **Hoffart** geht in Hahnenweise einher, daß man sie seh' und preise; sie sieht sich selten auf den Fuß, darum sie oftmals fallen muß. *(Freidank, Bescheidenheit)*

Hoffen und Harren macht manchen zum Narren. *(Nach Ovid, Heroiden)*

Wer nichts waget, der darf nichts **hoffen.** *(Schiller, Wallensteins Lager)*

Wir **hoffen** immer, und in allen Dingen ist besser hoffen als verzweifeln. *(Goethe, Tasso)*

Denn noch ist **Hoffnung** zur Heimkehr. *(Homer, Odyssee)*

Die gepriesensten Stätten der Erde sind langweilig und entzaubert, wenn man ohne **Hoffnung** zu ihnen kommt.
(Sainte-Beuve)

Die **Hoffnung** nenn ich meine Göttin noch. *(Schiller, Wallensteins Tod)*

Die **Hoffnung,** so trügerisch sie ist, dient wenigstens dazu, uns auf angenehmem Weg an das Ende des Lebens zu führen.
(F. de La Rochefoucauld)

Die **Hoffnung** trübt das Urteil, aber sie stärkt die Ausdauer. *(E. Bulwer-Lytton)*

Hoffnung aber läßt nicht zuschanden werden. *(Röm. 5, 5)*

Laßt, die ihr eingeht, alle **Hoffnung** schwinden! *(Dante, Göttliche Komödie)*

Prinzip **Hoffnung.** *(Schlagwort, nach einem Werk des Philosophen E. Bloch)*

Schlägt dir die **Hoffnung** fehl, nie fehle dir das Hoffen! Ein Tor ist zugetan, doch tausend sind noch offen. *(F. Rückert)*

Vernunft fängt wieder an zu sprechen und **Hoffnung** wieder an zu blühn.
(Goethe, Faust)

Das Alter ist nicht trübe, weil darin unsere Freuden, sondern weil unsere **Hoffnungen** aufhören. *(Jean Paul)*

Was sind **Hoffnungen,** was sind Entwürfe, die der Mensch, der vergängliche baut? *(Schiller, Braut von Messina)*

Das **Hoffnungslose** kündigt schnell sich an. *(Goethe, Natürliche Tochter)*

Was man **hofft**, glaubt man gern.
(Sprichwort)

Das **Hofleben** gleicht einer Musik, wo jeder seine Takte und Pausen halten muß.
(J. P. Eckermann, Gespräche mit Goethe)

Höflich mit dem Mund und hurtig mit dem Hut, kostet nicht viel und ist doch sehr gut. *(Sprichwort)*

Das verschweigt des Sängers **Höflichkeit.** *(Aus dem Lied: Als der liebe Gott die Welt erschaffen)*
Meist falsch zitiert: Da schweigt des Sängers Höflichkeit

Die **Höflichkeit** ist Gold; man hält sie wert und teuer; doch hält sie nicht den Strich, taugt wenig in das Feuer.
(F. v. Logau, Höflichkeit)

Eure **Höflichkeit** erfreut mich sehr!
(Goethe, Faust)

Europens übertünchte **Höflichkeit.**
(J. G. Seume, Der Wilde)

Höflichkeit beleidigt niemanden.
(Chinesisches Sprichwort)

Höflichkeit: Der Affe der Herzensgüte.
(W. Busch)

Höflichkeit ist Staatspapier des Herzens, das oft um so größere Zinsen trägt, je unsicherer das Kapital ist. *(L. Börne, Fragmente und Aphorismen)*

Höflichkeit kostet nichts. *(Sprichwort)*

Pünktlichkeit ist die **Höflichkeit** der Könige. *(Louis XVIII. von Frankreich)*

Welchen **Hofmann** ich ehre? Den klärsten und feinsten! Das andre, was er noch sonst besitzt, kommt ihm als Menschen zugut. *(Goethe, Vier Jahreszeiten)*

Was kommt dort von der **Höh'?**
(Studentenlied)

Das wäre mir die rechte **Höhe,** da zu befehlen, wo ich nichts verstehe.
(Goethe, Faust)

Es ist der Fluch der **Hohen,** daß die Niedern sich ihres offnen Ohrs bemächtigen. *(Schiller, Braut von Messina)*

Hinter den großen **Höhen** folgt auch der tiefe, der donnernde Fall. *(Schiller, Braut von Messina)*

Sich in die **Höhle** des Löwen wagen. *(Nach der Fabel von Aesop)*

Hohngelächter der Hölle. *(G. E. Lessing, Emilia Galotti)*

Der Holdseligen sonder Wank sing ich fröhlichen Minnesang. *(J. H. Voß/C. M. v. Weber, Minnelied)*

Holdseligkeit bedarf keines äußeren Schmucks, sie ist in ihrer Schmucklosigkeit am meisten geschmückt. *(J. G. Herder, Palmblätter)*

Holland in Not!
Dieser Ausruf bezieht sich auf das durch Deichbrüche oftmals gefährdete Holland

Aus der **Hölle** gibt's keinen Rückweg. *(Sprichwort)*

Blendwerk der **Hölle!** *(Schiller, Braut von Messina)*

Der Teufel hat die Welt verlassen, weil er weiß, die Menschen machen selbst die **Hölle** einander heiß. *(F. Rückert)*

Der Weg zur **Hölle** ist mit guten Vorsätzen gepflastert. *(Sprichwort, nach S. Johnson)*

Die **Hölle** auf Erden. *(Titel eines Buches von J. G. Gruber)*

Die **Hölle** ist nicht so heiß, wie man sie macht. *(Sprichwort)*

Die **Hölle** selbst hat ihre Rechte. *(Goethe, Faust)*

Einem die **Hölle** heiß machen. *(Redensart)*
Jemanden unter Druck setzen

In die **Hölle** des Lebens kommt nur der hohe Adel der Menschheit, die andern stehen davor und wärmen sich. *(F. Hebbel)*

Tod, wo ist dein Stachel? **Hölle,** wo ist dein Sieg? *(1. Kor. 15, 55)*

Für solche halbe **Höllenbrut** ist Salomonis Schlüssel gut. *(Goethe, Faust)*

Die Engel, die nennen es Himmelsfreud, die Teufel, die nennen es **Höllenleid,** die Menschen, die nennen es Liebe. *(H. Heine)*

Der eine trägt **Holz,** der andre wärmt sich dran. *(W. Busch)*

Dürres **Holz** brennt besser als grünes Holz. *(A. a Santa Clara, Judas)*

Auf dem **Holzwege** sein. *(Redensart)*
Sich irren

Wer wagte mit Göttern den Kampf und wer mit dem einen? Doch **Homeride** zu sein, auch nur als letzter, ist schön. *(Goethe, Hermann und Dorothea)*

Homerisches Gelächter. *(Nach Homer, Odyssee)*

Und die Sonne **Homers,** siehe, sie lächelt auch uns. *(Schiller, Spaziergang)*

Homo ist ein Name, der allen Menschen gemein ist. *(Shakespeare, Heinrich IV.)*

Der süßeste **Honig** verdirbt im unreinen Gefäß. *(Persisches Sprichwort)*

Honig im Mund – Galle im Herzen. *(Sprichwort)*

Honig ist der Mücke Tod. *(Sprichwort)*

Jemandem **Honig** ums Maul schmieren. *(Redensart)*
Jemandem Schmeicheleien sagen

Sie sind voll **Honig,** die Blumen; aber die Biene nur findet die Süßigkeit aus.
(Goethe, Der neue Pausias)

Wer **Honig** mag, muß Bienen züchten.
(Russisches Sprichwort)

Genieß den schweren **Honigtau** des Schlummers! *(Shakespeare)*

Hopfen und Malz, Gott erhalt's.
(Wirtshausausspruch)

Da ist **Hopfen** und Malz verloren!
(Redensart)
Hoffnungsloser Fall

Wenn der **Hoppevogel** schreit, ist der Tag nicht mehr so weit.
(J. v. Eichendorff, Taugenichts)

Der **Horcher** an der Wand hört seine eig'ne Schand'. *(Sprichwort)*

Die **Horcher** sind den Herren lieb und sind doch ihrer Ehre Dieb. *(Freidank, Bescheidenheit)*

Auf allen Pfaden des Lebens führen die **Horen** dich streng, wie es das Schicksal gebeut. *(Goethe)*

Mit hörenden Ohren nicht **hören.**
(Nach Psalm 115, 6)

Tut nichts, könnt's noch öfter **hören.**
(P. A. Wolff, Preciosa)

Wer nicht **hören** will, muß fühlen.
(Sprichwort)

Wer Ohren hat, zu **hören,** der höre.
(Matth. 11, 15)

Hörensagen ist halb gelogen.
(Sprichwort)

Seid Täter des Worts und nicht **Hörer** allein. *(Jak. 1, 22/23)*

Ins gleiche **Horn** blasen. *(Redensart)*
Die gleiche Ansicht vertreten

Wie das **Hornberger** Schießen ausgehen.
(Redensart)
Ohne Ergebnis

Da Eure kaiserliche Majestät und Eure Herrlichkeiten eine schlichte Antwort begehren, so will ich eine solche ohne alle **Hörner** und Zähne geben.
(M. Luther, Worms 1521)

Dem Ehemann **Hörner** aufsetzen.
(Redensart)
Ihm ehelich untreu sein; »fremdgehen«

Sich die **Hörner** ablaufen (oder: abstoßen). *(Redensart)*
Sich austoben; Erfahrungen sammeln

Wenn man's so **hört,** möcht's leidlich scheinen. *(Goethe, Faust)*

Die **Hosen** des Herrn von Bredow.
(Roman von W. Alexis)

Ich hab' es auf die **Hostie** geschworen.
(Schiller, Maria Stuart)

Auch ein blindes **Huhn** findet 'mal ein Korn. *(Sprichwort)*

Ich wünsche, daß sonntags jeder Bauer sein **Huhn** im Topfe habe.
(Nach dem franz. König Henri IV.)

Wird dem **Huhn** man nichts tun?
(C. Morgenstern, Das Huhn)

Leberecht **Hühnchen.**
(Titel einer Novellenfolge von H. Seidel)
Typ des dankbaren, schlichten und genügsamen Menschen

Mit jemandem ein **Hühnchen** rupfen.
(Redensart)
Mit jemandem einen Streit ausfechten

Geh mit den **Hühnern** schlafen, aber steh mit den Hähnen auf! *(Sprichwort)*

Mit den **Hühnern** zu Bett gehen.
(Redensart)
Sich früh schlafen legen

Etwas in **Hülle** und Fülle haben.
(Redensart)

Aus der **Hülse,** blank und eben, schält sich der metallne Kern. *(Schiller, Glocke)*

Gleichzeitig mit der Entwicklung der **humanitären** Ideen wird der Mensch seines Lebens immer weniger sicher.
(Jüdisches Sprichwort)

Nicht das Predigen der **Humanität,** sondern das Tun hat Wert. Desto schlimmer, wenn man viel spricht und wenig tut.
(J. G. Seume, Spaziergang nach Syrakus)

Hummeln im Hintern haben.
(Scherzhafte Redensart)
Unruhig sein

Das ist der **Humor** davon.
(Shakespeare, Heinrich V.)

Humor ist die äußerste Freiheit des Geistes, Humor ist immer souverän.
(L. Börne)

Humor ist keine Gabe des Geistes, er ist eine Gabe des Herzens. *(L. Börne)*

Humor ist, wenn man trotzdem lacht.
(O. J. Bierbaum)

Auf den **Hund** kommen. *(Redensart)*
Soviel wie: herunterkommen

Da liegt der **Hund** begraben.
(Redensart)
Hier liegt die Schwierigkeit; das ist der wahre Grund

Da wird der **Hund** in der Pfanne verrückt! *(Scherzhafte Redensart)*
Das ist ja unglaublich!

Der **Hund** ist oft schlauer als sein Herr.
(Sprichwort)

Der Knüppel liegt beim **Hund.**
(Redensart)
Man kennt zwar das Mittel zur Abhilfe, es ist jedoch unerreichbar

Ein dankbarer **Hund** ist mehr wert als ein undankbarer Mensch.
(Persisches Sprichwort)

Ein **Hund** an der Leine fängt nie einen Hasen. *(Bulgarisches Sprichwort)*

Ein treuer **Hund,** ein treues Pferd, sind mehr als tausend Weiber wert.
(Sprichwort)

Es möchte kein **Hund** so länger leben!
(Goethe, Faust)

Für den **Hund** einen Knochen, für das Weib einen Stock.
(Ungarisches Sprichwort)

Kein **Hund** nimmt einen Bissen Brot von ihm. *(Redensart)*
Von allen verachtet

Kommt man über den **Hund,** so kommt man auch über den Schwanz.
(Sprichwort)

Ohne **Hund** fängt man keinen Hasen.
(Russisches Sprichwort)

Schätze den **Hund** nicht nach den Haaren, sondern nach den Zähnen.
(J. G. Herder)

Versteh ich gleich nichts von lateinischen Brocken, so weiß ich den **Hund** doch vom Ofen zu locken.
(G. A. Bürger, Kaiser und Abt)

Wenn man den **Hund** schlagen will, findet man immer einen Stock.
(Sprichwort)

Wer mich liebt, liebt auch meinen **Hund.**
(Sprichwort)

Wer mit dem **Hund** zu Bett geht, darf sich nicht wundern, wenn er mit Flöhen aufsteht. *(Sprichwort)*

Wer seinen Hund liebt, muß auch seine Flöhe lieben. *(Afrikanisches Sprichwort)*

Wie **Hund** und Katze. *(Redensart)*
Soviel wie: unverträglich

Aber es gibt Menschen, die hündischer sind als **Hunde** und nicht heulen, wenn sie geschlagen werden. *(L. Börne, Fragmente und Aphorismen)*

Dem **Hunde,** wenn er gut gezogen, wird selbst ein weiser Mann gewogen. *(Goethe, Faust)*

Den letzten beißen die **Hunde.** *(Redensart)*

Einem Menschen, den Kinder und **Hunde** nicht leiden können, ist nicht zu trauen. *(C. Hilty)*

Feige **Hunde** sind mit dem Maul am freiesten. *(Shakespeare, Heinrich IV.)*

Hunde, die (viel) bellen, beißen nicht. *(Sprichwort)*

Hunde, die jedermanns Freund sind, hat man nicht gern. *(Sprichwort)*

Hunde haben alle guten Eigenschaften des Menschen, ohne gleichzeitig ihre Fehler zu besitzen. *(Friedrich d. Gr.)*

Man achtet kleiner **Hunde** Murren nicht, doch große zittern, wenn der Löwe brüllt. *(Shakespeare, Heinrich IV.)*

Schlafende **Hunde** soll man nicht wekken. *(Sprichwort)*

Tote **Hunde** beißen nicht. *(Sprichwort)*

Viele **Hunde** sind des Hasen Tod. *(Sprichwort)*

Vor die **Hunde** gehen. *(Redensart)*
Zugrunde gehen

Woran sollte man sich von der endlosen Verstellung, Falschheit und Heimtücke der Menschen erholen, wenn die **Hunde** nicht wären, in deren ehrliches Gesicht man ohne Mißtrauen schauen kann? *(A. Schopenhauer, Parerga und Paralipomena)*

Wundern darf es mich nicht, daß manche die **Hunde** verleumden: Denn es beschämet zu oft leider den Menschen der Hund. *(A. Schopenhauer, Antistrophe)*

Wundern kann es mich nicht, daß Menschen die **Hunde** so lieben; denn ein erbärmlicher Schuft ist, wie der Mensch, so der Hund. *(Goethe, Venezianische Epigramme)*

Wundern muß ich mich sehr, daß **Hunde** die Menschen so lieben. Denn ein erbärmlicher Schuft gegen den Hund ist der Mensch. *(F. Hebbel, Tagebücher)*

Es ist keiner unter uns, der nicht vom Kriegführen bis zum **Hundeflöhen** alles besser verstände als sämtliche gelernten Fachmänner. *(Bismarck)*

Mit allen **Hunden** gehetzt. *(Redensart)*
Allen Lagen gewachsen; gerissen

Wer mit den **Hunden** zu Bett geht, steht mit Flöhen auf. *(Sprichwort)*

Vom **Hundertsten** ins Tausendste kommen. *(Redensart)*
Sich umständlich und langatmig ausdrücken

Kalt wie eine **Hundeschnauze.** *(Redensart)*
Gefühllos

Aber es gibt Menschen, die **hündischer** sind als Hunde und nicht heulen, wenn sie geschlagen werden. *(L. Börne, Fragmente und Aphorismen)*

Das **Hündlein** wedelt, dir sein Futter abzuschmeicheln; den edlen Hengst, damit er's annimmt, mußt du streicheln.
(F. Rückert, Weisheit des Brahmanen)

Hunger ist der beste Koch.
(Nach Freidank, Bescheidenheit)

Ist **Hunger** groß, ist klein die Liebe.
(A. Grün, Pfaff vom Kahlenberg)

Selig sind, die da **hungert** und dürstet nach der Gerechtigkeit; denn sie sollen satt werden. *(Matth. 5, 6)*

So gar verliebt sind wir nicht, daß uns nicht **hungerte.** *(G. E. Lessing, Minna von Barnhelm)*

Am **Hungertuche** nagen. *(Redensart)*

Gefällt's euch nicht, so könnt ihr gehn, am **Hungertuche** nagen.
(G. Hauptmann, Die Weber)

Eine **hungrige** Seele.
(Nach Psalm 107, 9)

Dem **Hungrigen** ist nicht gut predigen.
(Sprichwort)

Mein **Hüon**, mein Gatte!
(J. R. Planches/C. M. v. Weber, Oberon)

Die Lippen der **Hure** sind süß wie Honigseim, und ihre Kehle ist glätter als Öl. *(Spr. Salom. 5, 3)*

Eine **Hure** bringt einen ums Brot; aber eines andern Weib fängt das edle Leben.
(Spr. Salom. 6, 26)

Der **Huren** Mund ist eine tiefe Grube; wem der Herr ungnädig ist, der fällt hinein. *(Spr. Salom. 22, 14)*

Was sagst du, Frau **Hurtig?**
(Shakespeare, Heinrich IV.)

Schönes Leben des **Husaren!** Das ist Leben, das allein.
(N. v. Lenau, Werbung)

Alles unter einen **Hut** bringen.
(Redensart)
Soviel wie: zu einer Ansicht bekehren; »gleichschalten«

Da geht einem ja der **Hut** hoch!
(Redensart)
Das ist ja unglaublich!

Des Menschen Zierat ist der **Hut.**
(Schiller, Piccolomini)

Mit dem **Hute** in der Hand kommt man durch das ganze Land. *(Sprichwort)*

Dich **hüten** mußt du selbst, und Gott muß dich bewahren. *(F. Rückert)*

Schwer ist zu **hüten**, was jedermann gefällt. *(Sprichwort)*

Des Hauses redlicher **Hüter.**
(Schiller, Bürgschaft)

Soll ich meines Bruders **Hüter** sein?
(1. Mos. 4, 9)

Baue dein **Hüttchen** im Tal und nicht auf dem Gipfel. *(H. Heine, Hebräische Melodien)*

Hier ist gut sein, hier laßt uns **Hütten** bauen! *(Nach Matth. 17, 4)*

Wie schön sind deine **Hütten**, Jakob, und deine Wohnstätten, Israel!
(4. Mos. 24, 5)

Da werden Weiber zu **Hyänen.**
(Schiller, Glocke)

Hymens erste Fessel bindet, wo Amor leicht und flatternd hüpft. *(Schiller, An Demoiselle Slevoigt)*

Der **Hypochonder** ist bald kuriert, wenn euch das Leben recht kujoniert.
(Goethe, Sprichwörtlich)

Hier ruht mein treuester Genoß im Land, Herr **Hypochonder** zubenannt; er starb an frischer Bergesluft, an Lerchenschlag und Rosenduft. *(A. Grün, Der treue Gefährte)*

Es gibt **Hypothesen,** wo Verstand und Einbildungskraft sich an die Stelle der Idee setzen. *(Goethe, Sprüche in Prosa)*

Hypothesen sind Wiegenlieder, womit der Lehrer seine Schüler einlullt.
(Goethe, Sprüche in Prosa)

I

Sieh da, sieh da, Timotheus, die Kraniche des **Ibykus.** *(Schiller, Kraniche des Ibykus)*

Wo **ich** sitze, ist immer oben! *(Nach Bismarck)*

Zweites **Ich.** *(Nach Zeno u. a.)*

Den **Ida** will ich auf den Ossa wälzen, und auf die Spitze ruhig bloß mich stellen. *(H. v. Kleist, Penthesilea)*

Ideal, du große Realität! *(G. Mazzani)*

Kein Volk schlägt sein **Ideal** an das Kreuz. *(P. de Lagarde)*

Je weiter ein **Ideal** entfernt ist, desto schöner ist es. *(J. Galsworthy)*

Auch unsere **Ideale** bekommen im Laufe der Zeit Runzeln, Krähenfüße und sehr viele Narben. *(A. Maurois)*

Aus dem Leben heraus sind der Wege zwei dir geöffnet. Zum **Ideale** führt einer, der andre zum Tod. *(Schiller, Idealische Freiheit)*

Die **Ideale** sind zerronnen, die einst das trunkne Herz geschwellt. *(Schiller, Ideale)*

Ideale sind wie Sterne: Man kann sie nicht erreichen, aber man kann sich nach ihnen orientieren. *(C. Schurz)*

Die Religion ist der **Idealismus** des Volkes. *(J. Scherr)*

Der **Idealist** geht glatt durch Mauern und stößt sich wund an der Luft. *(A. Polgar)*

Es gibt nichts Gefährlicheres auf der Welt als fanatische **Idealisten.** *(Talleyrand)*

Das Christentum ist eine **Idee** und als solche unzerstörbar und unsterblich wie jede Idee. *(H. Heine, Über Deutschland)*

Eine **Idee** muß Wirklichkeit werden können oder sie ist eine eitle Seifenblase. *(B. Auerbach)*

Erfahrung ist fast immer eine Parodie auf die **Idee.** *(Goethe, Schweizerreise)*

Fixe **Idee.** *(Nach M. Stirner, Der Einzige und sein Eigentum)*

Man kann die Nützlichkeit einer **Idee** anerkennen und doch nicht recht verstehen, sie vollkommen zu nutzen. *(Goethe, Maximen und Reflexionen)*

Mir bleibt genug! Es bleibt **Idee** und Liebe. *(Goethe, Westöstlicher Diwan)*

Willkommen, herrliche **Idee!** *(W. Busch, Balduin Bählamm)*

Auch mit edlen **Ideen** kann man die Welt verwüsten. *(Jüdisches Sprichwort)*

Die großen **Ideen** kommen auf Taubenfüßen daher. *(F. Nietzsche)*

Die **Ideen** sind verantwortlich für das, was die Menschen aus ihnen machen. *(W. Heisenberg)*

Die moderne Welt wird nicht von Menschen beherrscht, sondern von **Ideen.** *(G. Santayana)*

Ideen sind ja nur das einzig wahrhaft Bleibende im Leben. *(W. v. Humboldt, Briefe an eine Freundin)*

Ideen sind mächtiger als Körperkraft. *(Sophokles)*

Nimm vor des Märzen **Idus** dich in acht! *(Shakespeare, Cäsar)*
Oft zitiert:
Hüte dich vor den Iden des März

Ich fürchte mich zu kennen und kann mich doch nicht **ignorieren.** *(Voltaire)*

Seit ich **ihn** gesehen, glaub' ich blind zu sein; wo ich hin nur blicke, seh' ich ihn allein. *(A. v. Chamisso, Frauenliebe und -leben)*

Inner- und außerhalb der Mauern **Ilions** wird gesündigt. *(Horaz, Epistulae)*

Immerzu! Immerzu! Ohne Rast und Ruh! *(Goethe, Rastlose Liebe)*

Kategorischer **Imperativ.** *(Nach I. Kant, Metaphysik der Sitten)*

Imperialismus ist gut, Imperialismus plus Dividende ist besser. *(C. Rhodes)*

Ein **Individuum** ist eine Folge von Individuen. *(S. Beckett)*

Mehr **Inhalt,** weniger Kunst! *(Shakespeare, Hamlet)*

Große Menschen sind **Inhaltsverzeichnisse** der Menschheit. *(F. Hebbel)*

Das Äußere läßt aufs **Innere** schließen. *(W. v. d. Vogelweide)*

Wie jeder in seinem **Innern** ist, so ist sein Urteil über äußere Dinge. *(Thomas von Kempen, Nachfolge Christi)*

Daß ich erkenne, was die Welt im **Innersten** zusammenhält. *(Goethe, Faust)*

Nennt mich was für ein **Instrument** ihr wollt, ihr könnt mich zwar verstimmen, aber nicht auf mir spielen. *(Shakespeare, Hamlet)*

Der **Intellektuelle** ist die einzige positive Persönlichkeit, die das Bürgertum hervorgebracht hat. *(A. Moravia)*

Es ist ein törichtes Vorurteil der **Intellektuellen,** wenn sie glauben, ihr Wissen sei das einzige, das zählt. *(W. S. Maugham)*

Ich nenne die Verantwortungslosigkeit der **Intellektuellen** eine Pest – weit gefährlicher noch als die Verpestung der Luft, die wir atmen. *(Marc Aurel)*

Die **Interessen** des Vaterlandes dem eigenen Gefühl von Liebe oder Haß gegen Fremde unterzuordnen, dazu hat meiner Ansicht nach selbst der König nicht das Recht. *(Bismarck, Gedanken und Erinnerungen)*

Die Jugend ist vergessen aus geteilten **Interessen;** das Alter ist vergessen aus Mangel an Interessen. *(Goethe, Zahme Xenien)*

Das **Interim** hat den Schalk hinter ihm. Wieviel Schälke muß es geben, da wir alle ad interim leben? *(Goethe, Sprichwörtlich)*

Goldene **Internationale.**
(Bezeichnung für den internationalen Großkapitalismus, nach K. Wilmanns, 1876)

Grüne **Internationale.**
(Bezeichnung für die internationale Agrarwirtschaft, nach einer Äußerung des Abg. P. Singer im Reichstag, 1901)

Rote **Internationale.**
(In den 60er Jahren des 19. Jahrhunderts aufgekommene Bezeichnung für die Sozialdemokratie)

Schwarze **Internationale.**
(Bezeichnung für den Jesuitenorden)

Die schreckenvollste Seite, die der Fanatismus jeder Art darbietet, ist die **Intoleranz.** *(F. v. Gentz)*

Man müßte es dahin bringen, daß sich alle Menschen des Fanatismus und der **Intoleranz** schämen. *(Friedrich d. Gr.)*

Intrigieren lerne bei Staatsbeamten und Frommen! *(Jüdisches Sprichwort)*

Alles **Irdische** ist vergänglich.
(V. v. Scheffel, Letzte Hose)

Alles **Ird'sche** ist vollendet, und das Himmlische geht auf. *(Th. Körner, Bundeslied vor der Schlacht)*

Die **Irreligiösen** sind religiöser, als sie selbst wissen, und die Religiösen sind's weniger, als sie meinen. *(F. Grillparzer)*

Irren ist menschlich.
(Nach Seneca d. Ä.)

Irren ist menschlich, vergeben ist göttlich. *(Sprichwort)*

Sobald man spricht, beginnt man schon zu **irren.** *(Goethe, Spruch, Widerspruch)*

Verständige Leute kannst du **irren** sehen, in Sachen nämlich, die sie nicht verstehen. *(Goethe, Sprüche)*

Durch Heftigkeit ersetzt der **Irrende,** was an Wahrheit und an Kräften fehlt.
(Goethe, Tasso)

Irret euch nicht! Gott läßt sich nicht spotten. *(Gal. 6, 7)*

An diesem Herzen endet meine **Irrfahrt.**
(Schiller, Jungfrau von Orleans)

Irrgarten der Liebe. *(Gedichtsammlung von O. J. Bierbaum)*

Und nicht etwa, die Kreuz und Quer, **irrlichteliere** hin und her. *(Goethe, Faust)*

Ach, daß der Mensch so häufig **irrt** und nie recht weiß, was kommen wird.
(W. Busch)

Es **irrt** der Mensch, so lang' er strebt.
(Goethe, Faust)

Wer nicht mehr liebt und nicht mehr **irrt,** der lasse sich begraben. *(Goethe)*

Wer tiefer **irrt,** der wird auch tiefer weise. *(G. Hauptmann)*

Wir **irrten** uns aneinander; es war eine schöne Zeit. *(Goethe, Erinnerungen)*

Das sind die Weisen, die durch **Irrtum** zur Wahrheit reisen. Die bei dem Irrtum verharren, das sind die Narren.
(F. Rückert)

Es gibt keine reine Wahrheit, aber ebensowenig einen reinen **Irrtum.**
(F. Hebbel)

Es war die Art zu allen Zeiten, durch drei und eins und eins und drei **Irrtum** statt Wahrheit zu verbreiten.
(Goethe, Faust)

Es war kein **Irrtum,** eine Schickung war's. *(Schiller, Jungfrau von Orleans)*

Irrtum, laß los der Augen Band! Und merkt euch, wie der Teufel spaße!
(Goethe, Faust)

Menschen irren, aber nur große Menschen erkennen ihren **Irrtum.**
(A. v. Kotzebue)

Nur der **Irrtum** ist das Leben, und das Wissen ist der Tod. *(Schiller, Kassandra)*

Ohne Musik wäre das Leben ein **Irrtum.**
(F. Nietzsche)

Weit besser für das Heil der Welt ist frommer **Irrtum,** der erhält, als kalte Weisheit, die zerstöret. *(K. W. Ramler, Der Weise und der Tor)*

Die **Irrtümer** des Menschen machen ihn eigentlich liebenswürdig. *(Goethe, Maximen und Reflexionen)*

O denket nicht des **Irrtums** meiner Jugend! *(Schiller, Wilhelm Tell)*

Irrungen – Wirrungen.
(Titel eines Romans v. Th. Fontane)

Komödie der **Irrungen.**
(Bühnenwerk von Shakespeare)

Viel zuviel Wert auf die Meinung anderer zu legen ist ein allgemein herrschender **Irrwahn.** *(A. Schopenhauer)*

Das Licht, das sogenannte offizielle Mitteilungen verbreitet, ist oft nichts als ein **Irrwisch,** der uns in Sümpfe führt.
(L. Börne)

So lenkt ein **Irrwisch** unsere Schritte, und erst in unsres Lebens Mitte steckt die Vernunft ihr Lämpchen an.
(K. Pfeffel, Ideal und Irrtum)

Isar-Athen.
Bezeichnung für München

Sag' mir, was du **ißt,** und ich sage dir, wer du bist! *(J. A. Brillat-Savarin, Physiologie du Goût)*

Was man einmal **ist,** das muß man ganz sein. *(F. v. Bodenstedt, Mirza Schaffy)*

Was man scheint, hat jedermann zum Richter; was man **ist,** hat keinen.
(Schiller, Maria Stuart)

Was nicht **ist,** kann noch werden.
(L. Uhland, Frühlingsglaube)

Der Mensch ist, was er **ißt.** *(Sprichwort nach L. Feuerbach)*

Tiere fressen; der Mensch **ißt.** Allein der gebildete Mensch ißt mit Bewußtsein.
(J. A. Brillat-Savarin, Physiologie du Goût)

Italien, ein geographischer Begriff.
(Metternich, 1847)

J

Ein schönes **Ja,** ein schönes Nein! Nur geschwind! soll mir willkommen sein.
(Goethe, Sprichwörtlich)

Eure Rede aber sei: **Ja,** ja; nein, nein. Was darüber ist, das ist vom Übel.
(Matth. 5, 37)

Ich will einst bei **Ja** und Nein vor dem Zapfen sterben. *(G. A. Bürger, Zechlied)*

Ja und amen zu etwas sagen.
(Nach Off. Joh. 22, 20)

Das ist **Jacke** wie Hose. *(Redensart)*
Das ist einerlei

Die **Jacke** voll kriegen. *(Redensart)*
Prügel bekommen

Das ist Lützows wilde verwegene **Jagd!**
(Lied von Th. Körner/C. M. v. Weber)

Die **Jagd** ist doch immer was und eine Art von Krieg. *(Goethe, Götz von Berlichingen)*

Die wilde **Jagd** und die deutsche Jagd, auf Henkersblut und Tyrannen.
(Th. Körner, Lützows wilde Jagd)

Es lebe, was auf Erden, stolziert in grüner Tracht, die Wälder und die Felder, die Jäger und die **Jagd!**
(W. Müller, Jägers Lust)

Nun kommt der Herbst, nun kommt die **Jagd,** nun kommt des Weidwerks Freude. *(F. Freiligrath, Nach Burns)*

Frisch auf zum fröhlichen **Jagen!**
(Lied v. F. de la Motte Fouqué)

Wer andere **jagen** will, muß selbst gut laufen können
(Schwedisches Sprichwort)

Ein gewaltiger **Jäger** vor dem Herrn.
(Nach 1. Mos. 10, 9)

Ein **Jäger** aus Kurpfalz, der reitet durch den grünen Wald. *(Volkslied)*

Jeder **Jäger** wird mal ein Hase.
(W. Busch)

Was gleicht wohl auf Erden dem **Jägervergnügen?** *(F. Kind/C. M. v. Weber, Freischütz)*

Schmeichler, **Jaherrn** nähren die Ehrsucht und sind die Verderber der Großen und Mächtigen. *(I. Kant)*

Das tolle **Jahr.**
(Ursprünglich das von Unruhen erfüllte Jahr 1509; heute jedoch Bezeichnung für das Revolutionsjahr 1848)

Eine sel'ge Stunde wiegt ein **Jahr** von Schmerzen auf. *(E. Geibel, Gedichte)*

Eins nach dem andern nehmen die **Jahr'** uns, wie sie davongehen.
(Horaz, Epistulae)

Nach **Jahr** und Tag. *(Redensart)*
Nach geraumer Zeit

Wer im zwanzigsten **Jahr** nicht schön, im dreißigsten nicht stark, im vierzigsten nicht klug, im fünfzigsten nicht reich ist, der darf danach nicht hoffen.
(M. Luther)

Die **Jahre** fließen, pfeilgeschwind.
(Schiller, Glocke)

Die **Jahre** lehren viele Dinge, die man von den Tagen nicht lernen kann.
(R. W. Emerson)

Fette (Jahre) und magere **Jahre.**
(Nach 1. Mos. 41)

Jahre lehren mehr als Bücher.
(Sprichwort)

Mich überfluten die **Jahre,** doch ich erkenne sie nicht.
(W. Bergengruen, In den Bach gebettet)

Nichts Schnelleres gibt's als die **Jahre.**
(Ovid, Metamorphosen)

Schier dreißig **Jahre** bist du alt.
(K. v. Holtei, Mantellied)

Viel Gutes bringen uns die **Jahre,** wenn sie kommen, mit; viel nehmen sie uns wieder, sowie sie allgemach zurückgehn.
(Horaz, Epistulae)

In fünfzig **Jahren** ist alles vorbei.
(Aus einem Couplet von O. Reutter)

In raschen **Jahren** geht's wohl an.
(Goethe, Faust)

Des **Jahres** letzte Stunde ertönt mit ernstem Schlag. *(Voss/Schulz, Neujahrslied)*

Arm in Arm mit dir, so fordr' ich mein **Jahrhundert** in die Schranken.
(Schiller, Don Carlos)

Das ganze **Jahrhundert** ist ein Wettrennen nach großen Zielen mit kleinen Menschen. *(Jean Paul, Clavis Fichtiana)*

Das **Jahrhundert** ist meinem Ideal nicht reif. Ich lebe ein Bürger derer, welche kommen werden. *(Schiller, Don Carlos)*

Jahrhundert des Kindes.
(Buch der schwedischen Schriftstellerin E. Key)

Jedes **Jahrhundert** hat die Tendenz, sich als das fortgeschrittene zu betrachten und alle anderen nur nach seiner Idee abzumessen. *(L. v. Ranke)*

Lebe mit deinem **Jahrhundert,** aber sei nicht sein Geschöpf. Leiste deinen Zeitgenossen, aber, was sie bedürfen, nicht was sie loben. *(Schiller, Ästhet. Erziehung des Menschen)*

Sein **Jahrhundert** kann man nicht ändern, aber man kann sich dagegen stellen und glückliche Wirkungen vorbereiten.
(Goethe)

Jahrmarkt der Eitelkeit.
(Titel eines Werkes von W. M. Thackeray)

Jahrmarkt des Lebens.
(Nach Weisheit Salom. 15, 12)

Der wahre **Jakob.** *(Nach 1. Mos. 27, 36)*

Wenn **Jakobi** kommt heran, man den Roggen schneiden kann. *(Bauernregel)*
Jakobi: 26. Juli

Der Menschheit ganzer **Jammer** faßt mich an. *(Goethe, Faust)*

Jammern füllt keine Kammern.
(Sprichwort)

Niemand heilt durch **Jammern** seinen Harm. *(Shakespeare, Richard III.)*

Hier im ird'schen **Jammertal** wär' doch nichts als Plack und Qual, trüg der Stock nicht Trauben. *(F. Kind/C. M. v. Weber, Freischütz)*

Irdisches **Jammertal.**
(Nach Psalm 84, 7)

Eene jut jebrat'ne **Jans** is eene jute Jabe Jottes. *(Scherzhaftes Berliner Sprichwort)*

Januar weiß, der Sommer heiß – Januar warm, daß Gott erbarm! *(Bauernregel)*

Reichlich Schnee im **Januar,** Dung genug fürs ganze Jahr. *(Bauernregel)*

Tanzen **Januar** die Mucken – Bauer, mußt nach Futter gucken!
(Bauernregel)

Gar vieles zu dulden verbindet ein einziges **Jawort.** *(Goethe, Hermann und Dorothea)*

Herr **Jedermann** regiert die Welt.
(Sprichwort)

Jenseits von Gut und Böse.
(Werk von F. Nietzsche)

Jeremiade. *(Nach dem Buch Jeremia)*
Klagelied.

Blase jeder, was er kann, Lichter aus und Feuer an; lobt die **Jesuiten!**
(A. v. Chamisso, Nachtwächterlied)

Jesus, meine Zuversicht.
(Luise Henriette, Kurfürstin von Brandenburg)

Entfamter **Jesuwiter!** *(Nach F. Reuter, Ut mine Stromtid)*

Jetzt oder nie! Ich muß den teuren Augenblick ergreifen.
(Schiller, Wilhelm Tell)

Besser eene **Jlatze** als jar keene Haare.
(Berliner Redensart)

Über diese Antwort des Kandidaten **Jobses** geschah allgemeines Schütteln des Kopfes. *(K. A. Kortum, Jobsiade)*

Das **Joch** auf sich nehmen.
(Nach der Bibel)

Kaudinisches **Joch.** *(Nach Livius)*
Demütigende Knechtschaft

Sanftes **Joch.** *(Nach Matth. 11, 30)*

Während des Rennens darf man den **Jockey** nicht wechseln.
(Englisches Sprichwort)

Johanna geht und nimmer kehrt sie wieder. *(Schiller, Jungfrau v. Orleans)*

Johannistrieb.
(Schauspiel v. P. Lindau)
Bezeichnung für das Wiedererwachen von Liebesgefühlen bei alternden Menschen

Ihr späten Triebe, die ihr jetzt die früh verdorbnen schön ersetzt, euch, ihr **Johannistriebe,** vergleich' ich meine Liebe.
(F. Rückert, Johannistriebe)

Wenn die **Johanniswürmer** glänzen, sollst du bereiten deine Sensen.
(Bauernregel)
Johannis: 24. Juni

Glaube nicht, weil dem **Jokus** ich diene, fehle mir Ernst in der männlichen Brust.
(F. Raimund, Gruß und Abschied)

Krach um **Jolanthe.**
(Volksstück von A. Hinrich, in Platt u. d. T. »Swienskomödie«)

Bruder **Jonathan.** *(2. Sam. 1, 26)*

Am **Jordan** Sankt Johannes stand, all Volk der Welt zu taufen.
(R. Wagner, Meistersinger)

Josef klar – gesegnet' Jahr.
(Bauernregel)
St. Joseph: 19. März

Keusch wie **Joseph.**
(Nach 1. Mos. 39, 7–9)

Von einem Wort läßt sich kein **Jota** rauben. *(Goethe, Faust)*

Die **Journalisten** sind die Geburtshelfer und die Totengräber der Zeit.
(K. Gutzkow, Blasedow u. seine Söhne)

So **jrob** als ick et verdrajen kann, können Se doch nich wern!
(Scherzhafte Berliner Redensart)

Jubel, Trubel, Heiterkeit. *(Redensart)*
Frohe Ausgelassenheit

Alle **Jubeljahre** einmal. *(Redensart)*
Sehr selten

Dich **juckt** wohl das Fell? *(Redensart)*
Du willst wohl Prügel haben?

Wen's **juckt,** der kratze sich.
(Sprichwort)

Jud' ist Jude. *(G. E. Lessing, Nathan der Weise)*

Wir haben um **Judas** Lohn, um klingend Gold und Silber den König auf der Walstatt nicht gelassen. *(Schiller, Wallensteins Tod)*

Das glaube der **Jude** Apella!
(Horaz, Satirae)

Der reichere **Jude** ward mir nie der beßre Jude. *(G. E. Lessing, Nathan der Weise)*

Für das, was gewesen ist, gibt der **Jude** nichts. *(Redensart)*

Ich sehe, daß man nicht umsonst 4000 Jahre **Jude** gewesen ist, nichts als Jude … Man gehört einem Volk an, das seit 2000 Jahren keinen einzigen Analphabeten gehabt hat, einem Volk mit mehr Zeitschriften als Zeitungen, einem Volk, wahrscheinlich dem einzigen der Welt, dessen Zeitschriften eine weit höhere Auflage hatten als seine Zeitungen.
(J. Roth)

Tut nichts, der **Jude** wird verbrannt.
(G. E. Lessing, Drei Ringe)

Den **Juden** ein Ärgernis und den Griechen eine Torheit. *(1. Kor. 2, 13)*

Die **Juden,** wenn sie gut, sind sie besser, wenn sie schlecht, sind sie schlimmer als die Christen. *(H. Heine)*

Haust du meinen **Juden,** hau ich deinen Juden. *(Redensart)*

Juden und Judengenossen.
(Apostel. 2, 11)

Jüdische Weisheit hat die Welt erlöst – aber die **Juden** selber umgebracht.
(Jüdisches Sprichwort)

So ist schon unser Jahrhundert: Wenn sich drei **Juden** versammeln, haben sie vier Ideen für die Erlösung der Menschheit. *(Jüdisches Sprichwort)*

Denn wenn ich **judizieren** soll, verlang' ich auch das Maul recht voll.
(Goethe, Faust)

Beschränkt und unerfahren, hält die **Jugend** sich für ein einzig auserwähltes Wesen, und alles über alle sich erlaubt.
(Goethe, Tasso)

Besser ist's, man hat in der **Jugend** zu kämpfen als im Alter. *(G. Keller)*

Denn bei dem Volk wie bei den Frauen steht immerfort die **Jugend** obenan.
(Goethe, Faust)

Der **Jugend** Fleiß, des Alters Preis.
(Sprichwort)

Der **Jugend** Tugend gibt dem Alter Jugend. *(Sprichwort)*

Die **Jugend** brauset, das Leben schäumt. *(Schiller, Wallensteins Lager)*

Die **Jugend** des Geistes ist ewig, und die Ewigkeit ist die Jugend. *(Jean Paul, Über das Immergrün unserer Gefühle)*

Die **Jugend** ist etwas Wundervolles. Es ist eine wahre Schande, daß man sie an Kinder vergeudet. *(G. B. Shaw)*

Die **Jugend** nährt sich von Träumen, das Alter von Erinnerungen. *(Jüdisches Sprichwort)*

Die **Jugend** soll erwerben, was das Alter verzehrt. *(Sprichwort)*

Die **Jugend** und die schöne Liebe, alles hat sein Ende. *(Goethe, Egmont)*

Die **Jugend** will, daß man ihr befiehlt, damit sie die Möglichkeit hat, nicht zu gehorchen. *(J.-P. Sartre)*

Die Menschen halten sich mit ihren Neigungen ans Lebendige. Die **Jugend** bildet sich wieder an der Jugend. *(Goethe, Maximen und Reflexionen)*

Fleißige **Jugend** macht behagliches Alter. *(Sprichwort)*

Für die **Jugend** ist das Beste gut genug. *(Motto zu »Magers Lesebuch«)*

Gib meine **Jugend** mir zurück! *(Goethe, Faust)*

In der **Jugend** wild, im Alter mild. *(Sprichwort)*

Jugend hat keine Tugend. *(Sprichwort)*

Jugend ist Trunkenheit ohne Wein. *(Goethe, Westöstlicher Diwan)*

Jugend und verlor'ne Zeit kommt nicht wieder in Ewigkeit. *(Sprichwort)*

Jugend und Zucht bringt im Alter reiche Frucht. *(Sprichwort)*

Jugend von heute. *(Lustspiel von O. Ernst)*

Jugend will sich austoben. *(Sprichwort)*

Komme nur wieder, **Jugend,** komme wieder! *(Jean Paul, Neujahrsnacht eines Unglücklichen)*

O **Jugend,** Jugend, wirst du nie der Freude reines Maß bezirken? O Hoheit, Hoheit, wirst du nie vernünftig wie allmächtig wirken? *(Goethe, Faust)*

Schnell fertig ist die **Jugend** mit dem Wort. *(Schiller, Wallensteins Tod)*

Verscherzte **Jugend** ist ein Schmerz und einer ew'gen Sehnsucht Hort. *(C. F. Meyer, Gedichte)*

Was man in der **Jugend** wünscht, hat man im Alter die Fülle. *(Goethe, Motto zu Dichtung und Wahrheit)*

Wer in der **Jugend** nicht töricht war, wird im Alter nicht weise sein. *(Sprichwort)*

Wie schön ist es und herrlich, Hand in Hand mit einem teuren vielgeliebten Sohn der **Jugend** Rosenbahn zurückzueilen, des Lebens Traum noch einmal durchzuträumen. *(Schiller, Don Carlos)*

Blöde **Jugendeselei.** *(H. Heine, Yolante und Marie)*

Man muß keine **Jugendfehler** ins Alter hineinnehmen, denn das Alter führt seine eigenen Mängel mit sich. *(J. P. Eckermann, Gespräche mit Goethe)*

Oh! Welch ein Glanz aufblühender **Jugendkraft!** *(Goethe, Faust)*

Gesang und Liebe im schönen Verein, sie erhalten dem Leben den **Jugendschein.** *(Schiller, Vier Weltalter)*

Jugendsünden. *(Nach Psalm 25, 7)*

Jugendsünden werden Altersschwächen. *(Sprichwort)*

Aus der **Jugendzeit.** *(Gedicht von F. Rückert)*

Juli trocken und heiß, klebt dem Bauern die Hose am Steiß. *(W. Busch)*

Juliregen nimmt Erntesegen. *(Bauernregel)*

Die **Juliska,** die Juliska aus Buda-Budapest, die hat ein Herz voll Paprika, das keinem Ruhe läßt. *(H. Hentschke/F. Raymond, Maske in Blau)*

Juliusturm. *(Turm der Spandauer Zitadelle und Aufbewahrungsort des preußischen Kriegsschatzes) Mit diesem Ausdruck wurde in den 50er Jahren die Hortung der Staatseinnahmen in der deutschen Bundesrepublik bezeichnet.*

Als ich noch **jung** und hübsch war und rote Haare hatte. *(Redensart)*

Alt werden, steht in Gottes Gunst; **jung** bleiben, das ist Lebenskunst. *(Alter Spruch)*

Einen Baum soll man biegen, solange er **jung** ist. *(Sprichwort)*

Ich bin zu alt, um nur zu spielen, zu **jung,** um ohne Wunsch zu sein. *(Goethe, Faust)*

Jung gelehrt, alt geehrt. *(Sprichwort)*

Jung gewohnt, alt getan. *(Sprichwort)*

Keiner ist so alt, der nicht noch ein Jahr leben will; keiner ist so **jung,** der nicht heute noch sterben kann. *(Sprichwort)*

Wir kommen doch morgen so **jung** nicht zusammen. *(C. A. Vulpius, Dem Gott der Raben)*

Mein Rezept für das **Jungbleiben:** Kein Salz! Wenig Spiegel! Nie Langeweile! *(L. Palmer)*

Die Alten zum Rat, die **Jungen** zur Tat. *(Sprichwort)*

Die **Jungen** sollen bei den Alten die Ohren brauchen, nicht das Maul. *(Sprichwort)*

Unverständlich sind uns die **Jungen.** *(Th. Fontane, Die Alten und die Jungen)*

Wenn die **Jungen** flügge geworden sind, verlassen sie das Nest. *(Sprichwort)*

Wie die Alten sungen, so zwitschern auch die **Jungen.** *(Sprichwort)*

Der **Jünger** ist nicht über seinem Meister. *(Matth. 10, 24 u. a.)*

Wenn sich der **Jüngere** zum bösen Wege neigt, trifft Schuld den Ältern, der es sieht und dazu schweigt. *(F. Rückert, Weisheit des Brahmanen)*

Selten ist ein **jüngeres** Alter verständig. *(Homer, Odyssee)*

Selbst unter den **Jüngern** gab es einen Judas. *(Ungarisches Sprichwort)*

Wir winden dir den **Jungfernkranz** mit veilchenblauer Seide. *(F. Kind/C. M. v. Weber, Freischütz)*

Mit züchtigen, verschämten Wangen sieht er die **Jungfrau** vor sich stehn. *(Schiller, Glocke)*

Es sind nicht alle **Jungfrauen,** die einen Kranz tragen. *(Sprichwort)*

Jungfrauen und Gläser schweben stets in Gefahr. *(Sprichwort)*

Jungfräuliche Seelen gibt es, die nach grüner Seife riechen, und das Laster hat zuweilen sich mit Rosenöl gewaschen.
(H. Heine, Atta Troll)

Ein **Junggeselle** ist ein Pfau, ein Verlobter ein Löwe, ein Verheirateter ein Esel.
(Spanisches Sprichwort)

Auch ich war ein **Jüngling** mit lockigem Haar. *(A. Lortzing, Waffenschmied)*

Der **Jüngling** kämpft, damit der Greis genieße. *(Goethe, Elpenor)*

Doch jeder **Jüngling** hat wohl mal 'nen Hang fürs Küchenpersonal.
(W. Busch, Fromme Helene)

Genießt ein **Jüngling** ein Vergnügen, so sei er dankbar und verschwiegen.
(W. Busch)

In den Ozean schifft mit tausend Masten der **Jüngling.** Still auf gerettetem Boot treibt in den Hafen der Greis.
(Schiller, Erwartung und Erfüllung)

Über die Berge mit Ungestüm, vor der Liebe ein **Jüngling** lief. *(A. v. Kotzbue, Der arme Minnesänger)*

Es ist der Fehler des **Jünglings,** sich immer für glücklicher oder unglücklicher zu halten, als er ist. *(G. E. Lessing)*

Früh fängt der Morgen an, so wie der Geist des **Jünglings,** der sich zeigen will der Welt. *(Shakespeare, Antonius und Kleopatra)*

Nichts verächtlicher als ein brausender **Jünglingskopf** mit grauen Haaren.
(G. E. Lessing, Emilia Galotti)

Zum **jüngsten** Tag fühl' ich das Volk gereift, da ich zum letzten Mal den Hexenberg ersteige, und weil mein Fäßchen trübe läuft, so ist die Welt auch auf der Neige. *(Goethe, Faust)*

Juniregen – reicher Segen.
(Bauernregel)

Viermal **Juniregen** bringt zwölffachen Segen. *(Bauernregel)*

Ein **Jurist** – böser Christ.
(Nach M. Luther)

Goldene und silberne **Juristen** dienen dem Recht nicht.
(M. Luther)

Juristen – schlechte Christen! Macht ihr einen zum Minister, wird ein guter Christ er. *(F. Grillparzer, Sprüche und Epigramme)*

Mich dünkt zuweilen, daß die Regimente und **Juristen** wohl auch eines Luther bedürfen. *(M. Luther)*

Gefesselte **Justiz.** *(Schlagwort, nach Buch von G. Zarnow, 1930)*

Ein **Justizkollegium,** das Ungerechtigkeiten ausübt, ist gefährlicher und schlimmer wie eine Diebesbande.
(Friedrich d. Gr., 1779)

Juwelen sprechen oft mit stummer Kunst, gewinnen mehr als Wort des Weibes Gunst. *(Shakespeare, Die beiden Herren aus Verona)*

Einen **Jux** will er sich machen.
(Posse von J. N. Nestroy)

K

Die Geheimnisse des **Kabinettes** stekken sich gerne in die Falten des Weiberrocks. *(Schiller, Fiesko)*

Kadavergehorsam. *(Nach der Vorschrift des Ignatius de Loyola für den von ihm gegründeten Jesuitenorden)*

Der alte Brauch wird nicht gebrochen; hier können Familien **Kaffee** kochen. *(Berliner Vers, früher in vielen Gartenlokalen anzutreffen)*

Der **Kaffee** muß sein: heiß wie die Hölle, schwarz wie der Teufel, rein wie ein Engel, süß wie die Liebe. *(Alter Spruch, auch Talleyrand zugeschrieben)*

Es sagt mancher **Kaffee,** der sich mit Zichorie begnügen muß. *(W. Raabe)*

Je enger der **Käfig,** je schöner die Freiheit. *(Sprichwort)*

Kahlkopf, komm herauf! *(2. Kön. 2, 23)*

Und bis zum Sinken überladen, entfernt sich dieser letzte **Kahn.** *(Goethe, Faust)*

Das Mal der Dichtung ist ein **Kainstempel.** *(F. Freiligrath, Bei Grabbes Tod)*

Kainszeichen. *(Nach 1. Mos. 4, 15)*

Besiegt und zerschlagen das große Heer – und der **Kaiser,** der Kaiser gefangen. *(H. Heine, Die Grenadiere)*

Kein **Kaiser** hat dem Herzen vorzuschreiben. *(Schiller, Wallensteins Tod)*

So gebet dem **Kaiser,** was des Kaisers ist, und Gott, was Gottes ist! *(Matth. 22, 21)*

Wenn es den **Kaiser** juckt, so müssen die Völker sich kratzen. *(H. Heine, Letzte Gedichte)*

Wo nichts ist, hat der **Kaiser** das Recht verloren. *(Sprichwort)*

Die **kaiserlose,** die schreckliche Zeit. *(Schiller, Graf von Habsburg)*
So bezeichnet man das »Interregnum«, die »Zwischenherrschaft«, in Deutschland vom Tode Konrads IV. bis zur Wahl Rudolfs I. (1254–1273)

Um des **Kaisers** Bart streiten. *(Nach E. Geibel)*
Um Belanglosigkeiten streiten

Und bei dem edlen Gerstensaft träum' ich von Kron' und **Kaiserschaft.** *(J. Perinet, Schwestern aus Prag)*

Ja nur ein' **Kaiserstadt,** ja nur ein Wien. *(A. Bäuerle/W. Müller, Aline)*

Kaiserwahnsinn. *(Nach J. Scherr, auf Napoleon I. bezüglich)*

Ein **Kaiserwort** soll man nicht drehn noch deuteln.
(Bürger, Weiber von Weinsberg; nach einem Wort Kaiser Konrads III.)

Das Legen, das ist leicht getan! Das **Kakeln** aber, das greift an. *(H. Seidel, Der Eiersegen)*

Das **Kalb** will oft klüger sein als die Kuh.
(Sprichwort)

Tanz ums goldene **Kalb.**
(Nach 2. Mos. 32, 19)

Wenn das **Kalb** gesogen hat, stößt es die Mutterkuh. *(A. a Santa Clara)*

Mit fremdem **Kalbe** pflügen.
(Nach Richter 14, 18)

Dem **Kalbfell** folgen. *(Redensart)*
Der Trommel folgen: sich als Soldat anwerben lassen

Im **Kalender** rot anstreichen.
(Redensart)
Etwas besonders gut im Gedächtnis bewahren

Das läßt mich **kalt.** *(Redensart)*
Das ist mir gleichgültig

Weder **kalt** noch warm.
(Nach Off. Joh. 3, 15 u. 16)

Kalter Krieg. *(Nach W. Lippmann The Cold War 1947)*
Auf Propagandamaßnahmen und gegenseitige Schikanen beschränkte Auseinandersetzung zwischen Staaten

Jemanden **kaltstellen.** *(Redensart)*
Einen seiner Wirkungsmöglichkeit berauben

Ich **kam,** ich sah, ich siegte.
(Caesar, nach Plutarch)

Das widerspenstige **Kamel** wird doch beladen und hat mit seinem Trotz verscherzt des Treibers Gnaden.
(F. Rückert, Weisheit des Brahmanen)

Ein schäbiges **Kamel** trägt immer noch die Lasten vieler Esel. *(Goethe, Maximen und Reflexionen)*

Es ist leichter, daß ein **Kamel** durch ein Nadelöhr gehe, denn daß ein Reicher ins Reich Gottes komme. *(Matth. 19, 24)*

Es ging ein Mann im Syrerland, führt' ein **Kamel** am Halfterband.
(F. Rückert, Parabel)

Wenn über eine dumme Sache endlich Gras gewachsen ist, kommt sicher ein **Kamel** gelaufen, das alles wieder 'runterfrißt. *(Sprichwort)*

Olle **Kamellen.** *(Nach F. Reuter)*

Es wimmeln **Kameraden,** wo rechte Banner wehn. *(J. v. Eichendorff, Frühlingsmarsch)*

Ich hatt' einen **Kameraden,** einen bessern find'st du nit. *(L. Uhland, Der gute Kamerad)*

Unter **Kameraden** ist das ja ganz egal.
(G. v. Moser u. F. v. Schönthan, Krieg im Frieden)

Wohlauf, **Kameraden,** aufs Pferd, aufs Pferd! *(Schiller, Wallensteins Lager)*

Kameradschaftsehe. *(Schlagwort, nach Buch von B. B. Lindsey, 1927)*

Alles über einen **Kamm** scheren.
(Redensart)
Alles gleich behandeln

Ihm schwillt der **Kamm.** *(Redensart)*
Er wird übermütig

Eine **Kammer** ist leichter mobil zu machen als eine Armee.

(Bismarck im Preuß. Abgeordnetenhaus, 1850)

Für einen **Kammerdiener** gibt es keinen Helden.

(Nach dem mazedonischen König Antigonus I. Gonatas, dann u. a. G. F. Hegel, System der Wissenschaft I)

Ja, wenn das Berliner **Kammergericht** nicht wäre! *(Nach der Anekdote vom Müller von Sanssouci)*

Ich bin nicht Friedrichs **Kammerherr,** sondern Friedrichs Geistesherr.

(Voltaire)

Er schmeichelt wie ein **Kammerhündlein.** *(A. a Santa Clara)*

Jammern füllt keine **Kammern.**

(Sprichwort)

Auf in den **Kampf,** Torero!

(H. Meilhac u. L. Halévy/ G. Bizet, Carmen)

Der **Kampf** mit den Waffen ist beschlossen; es erhebt sich, so wir es wollen, der neue Kampf der Grundsätze, der Sitten, des Charakters. *(J. G. Fichte, Zweite Rede an die deutsche Nation)*

Der **Kampf** ums Recht. *(R. v. Ihering)*

Einen guten **Kampf** kämpfen.

(Nach 1. Tim. 6, 12)

Kampf ums Dasein.

(Zum Schlagwort geworden nach Ch. Darwin, Origin of Species, 1859)

So seid denn, wenn es sein muß, zum **Kampf** bereit, aber nicht zum Kampf des Tötens, sondern des Sichtötenlassens!

(Mahatma Gandhi)

Zum **Kampf** der Wagen und Gesänge.

(Schiller, Kraniche des Ibykus)

In den **Kämpfen** zwischen den menschenfreundlichen Ideen fallen Menschen. *(Jüdisches Sprichwort)*

Denn ich bin ein Mensch gewesen, und das heißt ein **Kämpfer** sein.

(Goethe, Westöstlicher Diwan)
Meist zitiert: Dieser ist ein Mensch gewesen…

Ein **Kampfplatz** ist die Welt: das Kränzlein und die Kron' trägt keiner, der nicht kämpft, mit Ruhm und Ehr' davor.

(Angelus Silesius, Cherubinischer Wandersmann)

Franz heißt die **Kanaille.**

(Schiller, Räuber)

Sachte, **Kanaille!** *(Schiller, Fiesko)*

Wir ham den **Kanal,** wir ham den Kanal, wir ham den Kanal noch lange nicht voll…

(Vom Volksmund dem Königgrätzer Marsch unterlegter Text)

Kannegießer. *(L. v. Holberg, Der politische Kannegießer)*
Soviel wie: Stammtischpolitiker

Uns ist ganz **kannibalisch** wohl, als wie fünfhundert Säuen. *(Goethe, Faust)*

Unter aller **Kanone.** *(Redensart)*
Sehr schlecht

Kanonen statt Butter.

(Nach Reichsminister H. Göring, 1936)

Mit **Kanonen** auf Spatzen schießen.

(Redensart)
Etwas mit unangemessen starken Mitteln bekämpfen

Etwas auf die hohe **Kante** legen.

(Redensart)
Sparen

Jemanden am **Kanthaken** nehmen.

(Redensart)
Jemanden beim Kragen packen

Unsicherer **Kantonist.** *(Redensart)*
Unzuverlässiger Mensch

Verstand ist das größte **Kapital.** *(Sprichwort)*

Der **Kapitalismus** ist ungesund – sogar für Kapitalisten. *(E. Bloch, Prinzip der Hoffnung)*

Die **Kapitalisten** werden uns noch den Strick verkaufen, an dem wir sie aufhängen werden. *(Lenin)*

Der oberste Zweck des **Kapitals** ist nicht, mehr Geld zu schaffen, sondern zu bewirken, daß das Geld sich in den Dienst der Verbesserung des Lebens stellt. *(Henry Ford)*

Es ist nur ein kleines Stück Weg vom tarpejischen Felsen bis zum **Kapitol.** *(Mirabeau, 1790)*

Die **Kappe** macht den Mönch nicht aus. *(Shakespeare, Heinrich VIII.)*

Etwas auf seine **Kappe** nehmen. *(Redensart)*
Die Verantwortung für etwas übernehmen

Kapuzinerpredigt. *(Nach Schiller, Wallensteins Lager)*

Die Hand, die Samstags ihren Besen führt, wird Sonntags dich am besten **karessieren.** *(Goethe, Faust)*

Je **kärger,** je ärger. *(Sprichwort)*

Der Knabe Don **Karl** fängt an, mir fürchterlich zu werden. *(Schiller, Don Carlos)*
Meist zitiert: Der Knabe Karl…

Wo alles liebt, kann **Karl** allein nicht hassen. *(Schiller, Don Carlos)*

Das **Karnickel** sein. *(Redensart)*
Sündenbock sein

Der **Karnickel** hat angefangen! *(H. Lami, Eigennützige Dienstfertigkeit)*

Hecht im **Karpfenteich.** *(Redensart, nach dem Historiker H. Leo, 1859)*
Rühriger Mensch, der die Trägen antreibt

Die **Karre** aus dem Dreck ziehen. *(Redensart)*
Eine verfahrene Angelegenheit wieder in Ordnung bringen

Wie man den **Karren** schmiert, so läuft er. *(Sprichwort)*

Hüte deine Seele vor dem **Karriere-Machen!** *(Th. Storm, Für meine Söhne)*

Wenn die Könige bauen, haben die **Kärrner** zu tun. *(Schiller, Kant…)*

Alles auf eine **Karte** setzen. *(Redensart)*
Sein Schicksal von einer einzigen Tat abhängig machen

Das Schicksal mischt die **Karten,** und wir spielen. *(A. Schopenhauer, Aphorismen zur Lebensweisheit)*

Mit offenen **Karten** spielen. *(Redensart)*
Nichts verbergen

Mit verdeckten **Karten** spielen. *(Redensart)*
Seine wahren Absichten geheimhalten

Seine **Karten** aufdecken. *(Redensart)*
Seine wahren Absichten verraten

Sich nicht in die **Karten** sehen lassen. *(Redensart)*
Keinen Einblick in seine Pläne gewähren

Kartenspiel und Würfellust, und ein Kind mit runder Brust hilft zum ew'gen Leben. *(F. Kind/C. M. v. Weber, Freischütz)*

Übrigens bin ich der Ansicht, daß **Karthago** zerstört werden muß. *(Cato d. Ä.)*

Die dümmsten Bauern haben die größten **Kartoffeln.** *(Sprichwort)*

Rin in die **Kartoffeln,** raus aus die Kartoffeln. *(Nach F. Wülfing)*
Soviel wie: immer wieder geänderte Anweisungen

Vor der **Kaserne,** vor dem großen Tor, stand eine Laterne…
(H. Leip, Lili Marleen)

Kassandrarufe. *(Nach Vergil, Aeneis)*
Warnungen vor Unheil

Ab nach **Kassel!** *(Redensart)*
Während des nordamerikanischen Freiheitskampfes wurden vom Sammelplatz Kassel aus Soldaten von ihren Landesfürsten nach England verkauft. – Auch zitiert, als dem französischen Kaiser Napoleon III. nach seiner Gefangennahme das Schloß Wilhelmshöhe bei Kassel als Gewahrsam zugewiesen wurde.

Behandelt mich, daß ich wie jene Katze, dir die **Kastanien** aus den Gluten kratze.
(Goethe, Faust)

Hast deine **Kastanien** zu lange gebraten, sie sind dir alle zu Kohlen geraten.
(Goethe, Sprichwörtlich)

Jemandem die **Kastanien** aus dem Feuer holen. *(Nach F. J. de la Fontaine, Affe und Katze)*

Wollt ihr in meinen **Kasten** sehn? Des Lebens Spiel, die Welt im Kleinen, gleich soll sie eurem Aug' erscheinen.
(Schiller, Spiel des Lebens)

Der **Kasus** macht mich lachen.
(Goethe, Faust)

Es gibt für Unzählige nur ein Heilmittel – die **Katastrophe.** *(Chr. Morgenstern)*

Kategorischer Imperativ.
(Nach I. Kant, Metaphysik der Sitten)

Verliebt wie ein **Kater.** *(Redensart)*

Katharinas Wetter matt, folgt erst spät ein grünes Blatt. *(Bauernregel)*
Katharinen: 15. November

Kathedersozialismus.
(Spottname für die sozialreformerische Richtung in der deutschen Volkswirtschaftslehre gegen Ende des 19. Jahrhunderts)

Katholisch ist Trumpf!
(Dekan Ph. Hammer, 1881)

Katholischer als der Papst.
(Redensart, nach Bismarck)

Das ist für die **Katz'!**
(Nach B. Waldis, Esopus)
Das taugt nichts; das ist zwecklos

Wenn die **Katz'** nicht ist zu Haus, so hat frei Umlaufen die Maus.
(G. Rollenhagen, Froschmeuseler)

Der Inhalt der Geschichte sind die europäischen **Katzbalgereien.**
(A. Schopenhauer)

Das trägt die **Katze** auf dem Schwanze fort. *(Redensart)*
Das ist unbedeutend

Die **Katze,** die der Jäger schoß, macht nie der Koch zum Hasen.
(Goethe, Katzenpastete)

Die **Katze** ist dort am liebsten, wo man sie streichelt. *(Sprichwort)*

Die **Katze** läßt das Mausen nicht.
(Sprichwort)

Die **Katze** läßt das Mausen nicht, auch wenn sie eine schöne Prinzessin geworden. *(L. Börne, Fragmente und Aphorismen)*

Die **Katze** im Sack kaufen. *(Redensart)*
Etwas unbesehen kaufen

Eine **Katze** hat neun Leben. *(Redensart)*

Er spielt mit ihm wie die **Katze** mit der Maus. *(Redensart)*

Erst schmeicheln, dann kratzen, das schickt sich für **Katzen.** *(Sprichwort)*

Falsch wie eine **Katze.** *(Redensart)*

Für die Maus ist die **Katze** ein Löwe. *(Albanisches Sprichwort)*

Naß wie eine **Katze.** *(Redensart)*

Wenn die **Katze** nicht zu Haus ist, tanzen die Mäuse. *(Sprichwort)*

Wie die **Katze** um den heißen Brei herumlaufen. *(Redensart)*
Sich nicht trauen

Bei Nacht sind alle **Katzen** grau. *(Sprichwort)*

Hüte dich vor den **Katzen,** die vorn lecken und hinten kratzen. *(Sprichwort)*

Und Minz und Maunz die **Katzen** erhoben ihre Tatzen. *(H. Hoffmann, Struwwelpeter)*

Raum ist in der kleinsten Kammer für den größten **Katzenjammer.** *(Scherzhaftes Sprichwort)*

Das geht wie's **Katzenmachen.** *(Redensart)*
Soviel wie: sehr schnell

Und mir ist's wie dem **Kätzlein** schmächtig. *(Goethe, Faust)*

Kaudinisches Joch. *(Nach Livius)*
Demütigende Knechtschaft

Etwas in **Kauf** nehmen. *(Redensart)*
Etwas (als unvermeidlich) hinnehmen

Kaufe in der Zeit, so hast du in der Not. *(Sprichwort)*

Den werde ich mir **kaufen!** *(Redensart)*
Den werde ich zur Rede stellen

Nicht vom **Kaufen** lernst du, sondern vom Verkaufen. *(Russisches Sprichwort)*

Auf den Stapel schüttet die Ernten der Erde der **Kaufmann.** *(Schiller, Spaziergang)*

Der **Kaufmann** hat in der ganzen Welt dieselbe Religion. *(H. Heine, Briefe aus Berlin)*

Ein **Kaufmann** kann sich schwer hüten vor Unrecht und ein Händler frei bleiben von Sünden. *(Jes. Sir. 26, 28)*

Ein königlicher **Kaufmann.** *(Shakespeare, Kaufmann von Venedig)*

Jeder **Kaufmann** lobt seine Ware. *(Sprichwort)*

Leichten **Kaufs** davonkommen. *(Redensart)*
Ohne größeren Schaden zu erleiden…

Natur bringt wunderliche **Käuz'** ans Licht. *(Shakespeare, Kaufmann von Venedig)*

Es muß auch solche **Käuze** geben. *(Goethe, Faust)*

Der **Kavalier** genießt – und schweigt. *(Sprichwort)*

Kaviar fürs Volk! *(Shakespeare, Hamlet)*

Allzu **keck** liegt bald im Dreck. *(Sprichwort)*

Uns kann **keener** (, ooch nich eener). *(»Wahlspruch« der Berliner)*

Sein Geld durch die **Kehle** jagen.
(Redensart)
Seinen Besitz versaufen

Ein jeder **kehre** vor seiner Tür, und rein ist jedes Stadtquartier. *(Goethe, Bürgerpflicht)*

Denn nicht alle **kehren** wieder.
(Schiller, Siegesfest)

Ein **Keil** treibt den andern.
(Sprichwort)

Jeder muß sich selbst austrinken wie einen **Kelch.** *(Ch. Morgenstern)*

Möge dieser **Kelch** an mir vorübergehen.
(Nach Matth. 26, 39)

Im kühlen **Keller** sitz ich hier, bei einem Faß voll Reben. *(K. Müchler, Kritikaster und Trinker)*

Allen, die mich **kennen,** gebe Gott, was sie mir gönnen. *(Albumvers)*

Ich glaube, daß die meisten Menschen besser von andern gekannt werden, als sie sich selbst **kennen.**
(G. C. Lichtenberg)

Andere **Kennender** ist gut, sich selbst Kennender ist erleuchtet.
(Ostasiatische Weisheit)

Einander **kennenlernen** heißt lernen, wie fremd man einander ist.
(Ch. Morgenstern)

Wer sich selbst recht **kennt,** kann sehr bald alle andern Menschen kennenlernen. *(G. C. Lichtenberg)*

Kenntnisse kann jedermann haben, aber die Kunst zu denken ist das seltenste Geschenk der Natur. *(Friedrich d. Gr.)*

In die gleiche **Kerbe** hauen.
(Redensart)
Das gleiche Ziel verfolgen; die gleiche Ansicht vertreten

Etwas auf dem **Kerbholz** haben.
(Redensart)
Etwas schuldig sein; eine – noch ungesühnte – schlechte Tat begangen haben

Das wird nie ein ganzer **Kerl,** der nie ein Rüpel war. *(O. J. Bierbaum)*

Ein **Kerl,** der Bäume ausreißen kann.
(Redensart)

Ein konfiszierter, widriger **Kerl.**
(Schiller, Kabale und Liebe)

Einst haben die **Kerls** auf den Bäumen gehockt, behaart und mit böser Visage. Dann hat man sie aus dem Urwald gelockt… *(E. Kästner, Entwicklung der Menschheit)*

Herb ist des Lebens innerster **Kern.**
(Schiller, Punschlied)

In einer rauhen Schale steckt oft ein süßer **Kern.** *(Sprichwort)*
Auch: In einer harten Schale steckt oft ein weicher Kern

Wer den **Kern** essen will, muß die Nuß knacken. *(Sprichwort)*

Die Nacht hat ihre **Kerzen** ausgebrannt.
(Shakespeare, Romeo und Julia)

Der **Kessel** schilt den Ofentopf; schwarz sind sie alle beide. *(Goethe, Gedichte)*

Ein **Kettchen** erst, die Perle dann ins Ohr. *(Goethe, Faust)*

Es sind nicht alle frei, die ihrer **Ketten** spotten! *(G. E. Lessing, Nathan der Weise)*

Die **Ketzerei** straft sich am schwersten selbst. *(Schiller, Jungfrau von Orleans)*

Keusch wie Joseph.
(Nach 1. Mos. 39, 7–9)

Keuschheitslegende.
(Novelle von R. G. Binding)

O Verstellung, dein Name ist **Kieckebusch!** *(E. Raupach, Schleichhändler)*

Jemanden auf dem **Kieker** haben.
(Redensart)
Seine Aufmerksamkeit auf jemanden gerichtet haben

Kies haben. *(Redensart)*
Reich sein

Das **Kind** im Manne.
(Nach F. Nietzsche, Zarathustra)

Das **Kind** mit dem Bade ausschütten.
(Redensart)
Eine Angelegenheit überspitzen, übertreiben

Der Frauen Liebe nährt das **Kind,** den Knaben ziehn am besten Männer.
(Goethe, Elpenor)

Der Greis wird wieder **Kind,** aber ein Kind für jene Welt. *(F. Hebbel, Tagebücher)*

Dies **Kind,** kein Engel ist so rein; laßt's Eurer Huld empfohlen sein.
(Schiller, Eisenhammer)

Du liebes **Kind,** komm, geh mit mir!
(Goethe, Erlkönig)

Ein **Kind** ist ein Buch, aus dem wir lesen und in das wir schreiben sollen.
(P. Rosegger, Dorfschulmeister)

Ein **Kind** ist kein Kind. *(Sprichwort)*

Ein **Kind** seiner Zeit sein. *(Redensart)*
Die Geistesrichtung seiner Zeit aufweisen

Gebranntes **Kind** scheut das Feuer.
(Sprichwort)

Geliebtes **Kind** trägt viele Namen.
(Russisches Sprichwort)

Jedes **Kind** ist gewissermaßen ein Genie und jedes Genie gewissermaßen ein Kind. *(A. Schopenhauer)*

Kind des Todes. *(Nach 2. Sam. 12, 5)*

Kind meines Herzens, komme in meine Arme. *(Schiller, Braut von Messina)*

Komm her, mein **Kind,** setz' dir bei mir,

(J. F. Rüthling, Mir und mich)

Laß mich ein **Kind** sein, sei es mit.
(Schiller, Maria Stuart)

Liebe dein **Kind** mit dem Herzen, aber erziehe es mit der Hand. *(Sprichwort)*

Mein **Kind,** gehorche der Zucht deines Vaters, und verlaß nicht das Gebot deiner Mutter. *(Spr. Salom. 1, 8)*

Mit **Kind** und Kegel. *(Redensart)*
Mit der ganzen Familie. Eigentlich: mit allen ehelichen und unehelichen Kindern

O selig, o selig, ein **Kind** noch zu sein!
(A. Lortzing, Zar und Zimmerman)

Von **Kind** zu Kindeskindern.
(Psalm 72, 5)

Was hat man dir, du armes **Kind** getan?
(Goethe, Mignon)

Was is mich das, mein **Kind,** mit dich? Du ißt mich nich, du trinkst mich nich, du bist mich doch nich krank?
(Nach J. F. Rüthling, Mir und mich)

Wenn das **Kind** in den Brunnen gefallen ist, deckt man ihn zu. *(Sprichwort)*

Wer darf das **Kind** beim rechten Namen nennen? *(Goethe, Faust)*

Wer dem **Kind** die Nase wischt, küßt der Mutter die Wangen. *(Sprichwort)*

Wer sein **Kind** lieb hat, der züchtigt es.
(Nach Spr. Salom. 13, 24)

Wir wer'n det **Kind** schon schaukeln.
(Berliner Redensart)
Das werden wir schon schaffen

Auch **Kinder** haben Ohren.
(Sprichwort)

Das sicherste Mittel, **Kinder** zu verlieren, ist, sie immer behalten zu wollen.
(Fernseh-Pfarrer Sommerauer)

Denn wir können die **Kinder** nach unserem Sinne nicht formen; so wie Gott sie uns gab, so muß man sie haben und lieben. *(Goethe, Hermann und Dorothea)*

Die **Kinder** sind mein liebster Zeitvertreib. *(A. v. Chamisso, Sage von Alexandern)*

Einem Menschen, den **Kinder** und Hunde nicht leiden können, ist nicht zu trauen. *(C. Hilty)*

Es können Eltern eher zehn **Kinder** ernähren als zehn Kinder ihre Eltern.
(Sprichwort)

Je mehr **Kinder,** desto mehr Glück.
(Sprichwort)

Kein Wunder, daß uneheliche **Kinder** gemeiniglich die besten Köpfe sind; sie sind die Folge einer geistreichen Stunde, die ehelichen oft der Langeweile
(Th. G. v. Hippel)

Kinder dieser Welt. *(Luk. 16, 8)*

Kinder jammern, Mütter irren.
(Schiller, Glocke)

Kinder sind armer Leute Reichtum.
(Sprichwort)

Kinder sind das lieblichste Pfand in der Ehe, sie binden und erhalten das Band der Liebe. *(Martin Luther)*

Kinder sind ein Geschenk Gottes.
(Sprichwort)

Kinder sind eine Gabe des Herrn, und Leibesfrucht ist ein Geschenk.
(Psalm 127, 3)

Kinder sind Rätsel von Gott und schwerer als alle zu lösen, aber der Liebe gelingt's, wenn sie sich selber bezwingt.
(F. Hebbel, Epigramme)

Kinder und Narren sagen die Wahrheit.
(Sprichwort)

Kinder zeugen und Städte gründen machen einen bleibenden Namen.
(Jes. Str. 40, 19)

Kleine **Kinder** – kleine Sorgen; große Kinder – große Sorgen. *(Sprichwort)*

Kleine **Kinder:** Kopfweh; große Kinder: Herzweh.
(Niederländisches Sprichwort)

Kleine **Kinder** treten der Mutter auf die Kleider, große aufs Herz. *(Sprichwort)*

Man gibt seine **Kinder** auf die Schule, daß sie still werden, auf die Hochschule, daß sie laut werden. *(Jean Paul)*

Man könnt' erzogene **Kinder** gebären, wenn die Eltern erzogen wären.
(Goethe, Zahme Xenien)

Mit gleicher Liebe lieb ich meine **Kinder.**
(Schiller, Resignation)

Nicht die **Kinder** bloß speist man mit Märchen ab. *(G. E. Lessing, Nathan der Weise)*

Sollen wir **Kinder** ziehen, so müssen wir auch Kinder mit ihnen werden.
(M. Luther)

Viel **Kinder,** viel Segen. *(Sprichwort)*

Wer keine **Kinder** hat, der weiß nicht, warum er lebt. *(Sprichwort)*

Kindermund – tut Wahrheit kund.
(Sprichwort)

Ach, was muß man oft von bösen **Kindern** hören oder lesen! *(W. Busch, Max und Moritz)*

An **Kindern** hängt voll Liebe jedes Elternherz. *(Euripides)*

Aus **Kindern** werden Leute.
(Sprichwort)

Kommt, laßt uns unsern **Kindern** leben!
(F. Fröbel)

Man kann sein Geld nicht schlechter anlegen als in ungezogenen **Kindern.**
(W. Busch)

Willst du mit den **Kinderhänden** in des Schicksals Speichen greifen?
(F. Grillparzer, Ahnfrau)

O du **Kindermund,** o du Kindermund, unbewußter Weisheit froh, vogelsprachekund, vogelsprachekund, wie Salomo! *(F. Rückert, Aus der Jugendzeit)*

Es ist nicht immer möglich, im Leben sich so **kinderrein** zu halten, wie's uns die Stimme lehrt im Innersten. *(Schiller, Piccolomini)*

Die **Kinderschuhe** ausziehen.
(Redensart)
Erwachsen, mündig werden

Aller Vatersinn ist ohne Macht, wo der **Kindersinn** mangelt. *(J. H. Pestalozzi)*

O ja, dem Herrn ist alles **Kinderspiel!**
(Goethe, Faust)

Eine gute **Kinderstube** haben.
(Redensart)
Eine gute Erziehung besitzen

Wenn unser Vater spazierengeht, ziehn wir den Hut mit Pietät; Deutschland, die fromme **Kinderstube,** ist keine römische Mördergrube. *(H. Heine, Zur Beruhigung)*

Eine gute **Kinderzucht** ist besser als die beste Manneszucht. *(Sprichwort)*

Die Seele eines **Kindes** ist heilig.
(J. G. Herder, Vorrede zu den »Psalmblättern«)

Kindeshand ist schnell gefüllt.
(Sprichwort)

Der Alten Krone sind **Kindeskinder,** und der Kinder Ehre sind ihre Väter.
(Spr. Salom. 17, 6)

O meiner **Kindheit** stilles Glück, wie wünsch' ich dich jetzt fromm zurück!
(A. v. Chamisso, Es ist nur so der Lauf der Welt)

Wer sich an seine eigne **Kindheit** nicht deutlich erinnert, ist ein schlechter Erzieher. *(M. v. Ebner-Eschenbach)*

Kindisch, aber göttlich schön.
(Schiller, Don Carlos)

Lasset die **Kindlein** und wehret ihnen nicht, zu mir zu kommen; denn solcher ist das Himmelreich. *(Matth. 19, 14)*

Lasset die **Kindlein** zu mir kommen und wehret ihnen nicht, denn solcher ist das Reich Gottes.
(Mark. 10, 14; Luk. 18, 16)

Was will aus dem **Kindlein** werden?
(Luk. 1, 66)

Die **Kirche** hat einen guten Magen, hat ganze Länder aufgefressen und doch nie sich übergessen. *(Goethe, Faust)*

Die **Kirche** ist's, die heilige, die hohe, die zu dem Himmel uns die Leiter baut.
(Schiller, Maria Stuart)

Die **Kirche** segnet den, der ihr zu Diensten fährt. *(Goethe, Faust)*

Die **Kirche** ums Dorf tragen.
(Redensart)
Viel Umstände machen; viele Worte machen

Freie **Kirche** im freien Staat.
(C. Cavour, 1861)

Ich bin wohl mehr dazu berufen, für die **Kirche** zu leiden, als sie zu leiten.
(Papst Paul VI.)

Man soll die **Kirche** im Dorf lassen.
(Sprichwort)
Man soll bei der Sache bleiben und nicht übertreiben

Auch sind die sogenannten Religionsstreitigkeiten, welche die Welt so oft erschüttert und mit Blut bespritzt haben, nie etwas anderes als Zänkereien um den **Kirchenglauben** gewesen.
(I. Kant)

Er ist kein großes **Kirchenlicht.**
(Redensart)
Geistig schwachbegabt.

Arm wie eine **Kirchenmaus.**
(Redensart)
Sehr arm

Die Ruhe eines **Kirchhofs.** *(Schiller, Don Carlos)*

Sollen dich die Dohlen nicht umschrein, mußt nicht Knopf auf dem **Kirchturm** sein. *(Goethe, Zahme Xenien)*

Es ist nicht alle Tage **Kirchweih.**
(Sprichwort)

Nu segg mi mal, wat wull de **Kirl!**
(F. Reuter, Läuschen un Rimels)

Mit dem ist nicht gut **Kirschen** essen!
(Sprichwort)
Mit dem läßt sich nicht reden.

Mit hohen Herren ist nicht gut **Kirschen** essen. *(Sprichwort)*

Je mehr er hat, je mehr er will, nie schweigen seine **Klagen** still.
(J. M. Miller, Zufriedenheit)

Klagen, nichts als Klagen. Bittschriften, nichts als Bittschriften.
(G. E. Lessing, Emilia Galotti)

Mache nicht unerträglich den Schmerz durch ewige **Klagen!**
(Sophokles, Elektra)

Wo kein **Kläger** ist, da ist auch kein Richter. *(Sprichwort)*

Auch ein **Klaglied** zu sein im Mund der Geliebten ist herrlich, denn das Gemeine geht klaglos zum Orkus hinab.
(Schiller, Nänie)

Wer am meisten **klagt,** fühlt sich oft am wohlsten. *(Sprichwort)*

Wer sich verteidigt, **klagt** sich an.
(Sprichwort)

Mit dem **Klammerbeutel** gepudert sein.
(Scherzhafte Redensart)
Besonders dumm sein

Etwas hat einen guten **Klang.**
(Redensart)
Soviel wie: ist angesehen

Wo Starkes sich und Milde paarten, da gibt es einen guten **Klang.**
(Schiller, Glocke)

Die **Klappe** halten. *(Redensart)*
Den Mund halten

Klappern gehört zum Handwerk.
(Sprichwort)

Eines ist, was nützt: die **Klarheit.** Eins ist, was besteht: das Recht. Eins ist, was besänftigt: die Liebe. *(L. Börne)*

Wenn er mir jetzt auch nur verworren dient, so werd' ich ihn bald in die **Klarheit** führen. *(Goethe, Faust)*

Klassenkampf. *(Nach K. Marx)*
Lehre des Historischen Materialismus, ständige, kämpferische Auseinandersetzung zwischen einer herrschenden und einer ausgebeuteten Klasse

Die Geschichte aller bisherigen Gesellschaft ist die Geschichte von **Klassenkämpfen.** *(K. Marx und F. Engels, Kommunistisches Manifest)*

Das **Klassische,** was sie jetzt verspotten, das ist das, was die Seele frei macht, das Kleinliche nicht kennt und das Christliche vorahnt. *(Th. Fontane, Jenny Treibel)*

Klassischer Schriftsteller.
(Nach Gellius)

Ein **klassisches** Werk ist ein Buch, das die Leute loben, aber nie lesen.
(E. Hemingway)

Klatsch und Lügen sind Geschwister.
(Afrikanisches Sprichwort)

Klatschen heißt anderer Leute Sünden beichten. *(W. Busch)*

Wer mit dir **klatscht,** wird auch über dich klatschen. *(Spanisches Sprichwort)*

Öffne dich, du stille **Klause,** denn die Ahnfrau geht nach Hause.
(F. Grillparzer, Ahnfrau)

Das wohltemperierte **Klavier** ist das Alte, die Beethoven'schen Symphonien das Neue Testament. *(H. v. Bülow)*

Mit Recht erscheint uns das **Klavier,** wenn's schön poliert, als Zimmerzier. Ob's außerdem Genuß verschafft, bleibt hin und wieder zweifelhaft.
(W. Busch, Fipps der Affe)

Ein gutes Tier ist das **Klavier,** still friedlich und bescheiden …
(W. Busch, Das Klavier)

Jemanden über den grünen **Klee** loben.
(Redensart)
Überschwenglich loben

Das liederliche **Kleeblatt.**
(J. N. Nestroy, Lumpazivagabundus oder Das liederliche Kleeblatt)

Zur Hülle diene dir das **Kleid,** wohl auch zum Schmucke, nie zur Behinderung der Glieder, noch zum Drucke.
(F. Rückert, Weisheit des Brahmanen)

In jedem **Kleide** werd' ich wohl die Pein des engen Erdenlebens fühlen.
(Goethe, Faust)

Kleider machen Leute. *(Sprichwort)*

Wer sich unter die **Kleie** mengt, den fressen die Schweine. *(Sprichwort)*

Du mußt **klein** sein, willst du kleinen Menschen gefallen. *(L. Börne, Umgang mit Menschen)*

Klein, aber mein. *(Alter Spruch)*

Vor andern fühl' ich mich so **klein;** ich werde stets verlegen sein.
(Goethe, Faust)

Wer die andern neben sich **klein** macht, ist nie groß. *(G. Seume, Obolen)*

Komm doch näher, liebe **Kleine!**
(F. Kind, Christabend)

Wer das **Kleine** nicht ehrt, ist des Großen nicht wehrt. *(Sprichwort)*

Im **Kleinen** treu sein.
(Nach Luk. 16, 10)
Dort heißt es: Wer im Geringsten treu ist, der ist auch im Großen treu.

Mit **Kleinen** tut man kleine Taten, mit Großen wird der Kleine groß.
(Goethe, Faust)

Was Große tun, beschwatzen gern die **Kleinen.** *(Shakespeare, Was Ihr wollt)*

Zu allen Zeiten haben die **Kleinen** für die Dummheiten der Großen büßen müssen. *(J. de La Fontaine, Fabeln)*

Über ein **kleines.** *(Joh. 16, 16–19)*
Soviel wie: sehr bald

Ich denke an jede **Kleinigkeit** zwischen mir und ihr und fühle, daß Kleinigkeiten die Summe des Lebens ausmachen.
(Ch. Dickens, David Copperfield)

Vor allen Dingen eine **Kleinigkeit** als eine Kleinigkeit ansehen.
(G. E. Lessing, Emilia Galotti)

Hab' mich nie mit **Kleinigkeiten** abgegeben. *(Schiller, Räuber)*

Zu einem großen Mann gehört beides: **Kleinigkeiten** als Kleinigkeiten und wichtige Dinge als wichtige Dinge zu behandeln. *(G. E. Lessing)*

Ein hohes **Kleinod** ist der gute Name.
(Schiller)

Nimm dich voll Menschenhuld der **Kleinsten** willig an. Auch wisse, daß dir oft der Kleinste nützen kann.
(K. W. Ramler, Die Biene und die Taube)

Kleinvieh macht auch Mist.
(Sprichwort)

In der **Klemme** sitzen. *(Redensart)*
In arger Verlegenheit sein

Die **Klette** und der Hagedorn bringt hitzige Leute leicht in Zorn.
(Freidank, Bescheidenheit)

Wie die **Kletten** zusammenhängen.
(Redensart)
Unzertrennlich sein

So lag ich und so führt' ich meine **Klinge.**
(Shakespeare, Heinrich IV.)

Über die **Klinge** springen lassen.
(Redensart)
Ursprüngliche Bedeutung: jemanden hinrichten; jetzt: jemanden fallen lassen

Die **Klinke** zur Gesetzgebung.
(Bismarck im Dtsch. Reichstag, 1881)

Klipp und klar. *(Redensart)*

Klopfet an, so wird euch aufgetan.
(Matth. 7, 7; Luk. 11, 9)

Wer wird nicht einen **Klopstock** loben? Doch wird ihn jeder lesen? – Nein.
(G. E. Lessing, Sinngedichte)

Klar wie **Kloßbrühe!** *(Redensart)*

Auf einen groben **Klotz** gehört auch ein grober Keil. *(Sprichwort)*

Durch Fehler wird man **klug.**
(Sprichwort)

Es ist gefährlich, wenn man allzulang' sich **klug** und mäßig zeigen muß.
(Goethe, Tasso)

Fragen macht **klug.** *(Sprichwort)*

Klug ist, wer stets zur rechten Stunde kommt, doch klüger, wer zu gehn weiß, wann es frommt. *(E. Geibel)*

Klug zu reden ist schwer; klug zu schweigen noch mehr. *(Alter Spruch)*

Oh, ich bin **klug** und weise, und mich betrügt man nicht! *(A. Lortzing, Zar und Zimmermann)*

Seid **klug** wie die Schlangen und ohne Falsch wie die Tauben. *(Matth. 10, 16)*

Denn welcher **Kluge** fänd' im Vatikan nicht seinen Meister. *(Goethe, Tasso)*

Der **kluge** Mann baut vor.
(Schiller, Wilhelm Tell)

Der Tor schmeichelt sich selbst und der **Kluge** den Toren. *(J. G. Herder)*

Es gibt eine Menge Dinge, die der Narr sehr gut zu wissen glaubt und der **Kluge** jemals zu wissen verzweifelt. *(A. v. Kotzebue)*

Je minder sich der **Kluge** selbst gefällt, um desto mehr schätzt ihn die Welt. *(C. F. Gellert)*

Besser mit **Klugen** in die Hölle als mit Dummen in das Paradies. *(Bulgarisches Sprichwort)*

Narren sagen, was die **Klugen** denken. *(Sprichwort)*

Ein **Kluger** bemerkt alles, ein Dummer macht über alles eine Bemerkung. *(H. Heine)*

Ein **Kluger** sieht das Unglück und verbirgt sich. *(Spr. Salom. 27, 12)*

Der **Klügere** gibt nach. *(Sprichwort)*

Die **Klugheit** gibt nur Rat, die Tat entscheidet. *(F. Grillparzer, Bruderzwist im Hause Habsburg)*

Die **Klugheit** sich zur Führerin zu wählen, das ist es, was den Weisen macht. *(Schiller, Iphigenie in Aulis)*

Klugheit ist ein Brunnen des Lebens dem, der sie hat. *(Spr. Salom. 16, 22)*

Klugheit selbst wird schwankend irre, zeigt die Liebe nicht den Pfad. *(Goethe, Johann von Paris)*

Schweigen ist das Heiligtum der **Klugheit.** *(K. S. Z. v. Lingenthal)*

Wo es **Klugheit** gilt, da schaffet die Gewalt nichts. *(Herodot)*

Wo die Liebe kommt ins Haus, da zieht die **Klugheit** aus. *(F. v. Logau)*

Weisheit soll **Klugheit** zur Dienerin haben. *(K. Gutzkow)*

Ob du der **Klügste** seist: daran ist wenig gelegen. Aber der Biederste sei, so wie bei Rate, zu Haus. *(Goethe, Vier Jahreszeiten)*

Ich bin der **Knab** vom Berge! *(L. Uhland, Des Knaben Berglied)*

Sah ein **Knab'** ein Röslein stehn. *(Goethe, Heideröslein)*

Alter **Knabe!** *(Redensart, nach Jes. 65, 20)*

An der Quelle saß der **Knabe.** *(Schiller, Jüngling am Bach)*

Und der wilde **Knabe** brach … *(Goethe, Heideröslein)*

Da sieh mir nur die schönen **Knaben,** es ist wahrhaftig eine Schmach; Gesellschaft können sie die allerbeste haben, und laufen diesen Mägden nach. *(Goethe, Faust)*

Der Frauen Liebe nährt das Kind, den **Knaben** ziehn am besten Männer. *(Goethe, Elpenor)*

Für einen **Knaben** stirbt ein Posa nicht. *(Schiller, Don Carlos)*

Schon im **Knaben** zeigt sich's an, was er einst leisten wird als Mann. *(Sprichwort)*

Wer da sieht einen geschickten **Knaben,** der helfe, daß er studiere. *(M. Luther)*

Wie man einen **Knaben** gewöhnt, so läßt er nicht davon, wenn er alt wird. *(Spr. Salom. 22, 6)*

Zu beneiden sind die **Knaben,** welche einen Onkel haben. *(G. Bötticher, Der kalte und der warme Onkel)*

Zwei **Knaben,** jung und heiter, die trugen eine Leiter. *(W. Busch, Rabennest)*

Knabenwille ist Windeswille, Jünglingsgedanken lange Gedanken. *(J. G. Herder, Stimmen der Völker)*

Auf **Knall** und Fall. *(Redensart)*
Unerwartet, plötzlich

Doch schmerzlich denkt manch alter **Knaster,** der von vergangenen Zeiten träumt, an die Gelegenheit zum Laster, die er versäumt. *(W. Busch)*

Der Herr muß selber sein der **Knecht,** will er's im Hause finden recht. *(M. Luther)*

Lieber ein kleiner Herr als ein großer **Knecht.** *(Sprichwort)*

Rede, Herr, denn dein **Knecht** höret. *(1. Sam. 3, 9)*

Wer nie **Knecht** war, kann kein guter Herr sein. *(Sprichwort)*

Wie der Herr, so der **Knecht.** *(Sprichwort)*

Das erste steht uns frei, beim zweiten sind wir **Knechte.** *(Goethe, Faust)*

Der **Knechtschaft** Stand ist hart, doch besser jederzeit als Freiheit ohne Sicherheit. *(G. M. Lichtwer, Das Pferd)*

Etwas übers **Knie** brechen. *(Redensart)*
Etwas übereilt tun

Bis auf die **Knochen.** *(Redensart)*
Durch und durch

Nicht die gesunden **Knochen** eines einzigen pommerschen Musketiers wert. *(Aus einer Äußerung Bismarcks im Reichstag, 1876)*

Vorüber! Ach, vorüber! Geh, wilder **Knochenmann!** Ich bin noch jung, geh, Lieber! Und rühre mich nicht an. *(M. Claudius/F. Schubert, Der Tod und das Mädchen)*

Sollen dich die Dohlen nicht umschrein, mußt nicht **Knopf** auf dem Kirchturm sein. *(Goethe, Zahme Xenien)*

Nur muß der **Knorr** den Knubben hübsch vertragen. *(G. E. Lessing, Nathan der Weise)*

Den gordischen **Knoten** durchhauen. *(Nach der Tat Alexanders d. Gr.)*

Solang ich mich noch frisch auf meinen Beinen fühle, genügt mir dieser **Knotenstock.** *(Goethe, Faust)*

Der **Knüppel** liegt beim Hund. *(Redensart)*
Man kennt zwar das Mittel zur Abhilfe, es ist jedoch unerreichbar

Einen **Knüppel** am Bein haben. *(Redensart)*
Behindert sein

Jemandem einen **Knüppel** zwischen die Beine werfen. *(Redensart)*
Jemanden behindern

Knurre nicht, Pudel. *(Goethe, Faust)*

Hunger ist der beste **Koch.** *(Nach Freidank, Bescheidenheit)*

Viele **Köche** verderben den Brei. *(Sprichwort)*

Durch schlechte **Köchinnen,** durch vollkommenen Mangel an Vernunft in der Küche, ist die Entwicklung der Menschheit am längsten aufgehalten, am schlimmsten beeinträchtigt worden. *(F. Nietzsche)*

Aufgewärmter **Kohl.** *(Redensart)*
Längst erledigte Angelegenheit

Das macht den **Kohl** nicht fett!
(Redensart)
Das ist belanglos

Kohldampf schieben. *(Redensart)*
Hungern

Feurige **Kohlen** auf sein Haupt sammeln. *Nach Röm. 12, 20)*

Wie auf glühenden **Kohlen** sitzen.
(Redensart)
In peinlicher Lage ausharren müssen

He, Mutter **Köhmen!** Up düt will wi noch einen nöhmen! *(W. Busch, Geburtstag)*

Der große **Kollege** da oben muß beiden helfen, Arzt und Kranken, sonst gelingt keine Kur. *(C. L. Schleich)*

Drei machen ein **Kollegium** aus.
(Nach den Digesten)

Der **Koller** gibt sich mit den Jahren.
(Schiller, Pegasus im Joche)

Im Rhein, im schönen Strome, da spiegelt sich in den Well'n mit seinem großen Dome das große heilige **Köln.**
(H. Heine, Lyrisches Intermezzo)

Fünfte **Kolonne.**
(Spanischer General Mola im spanischen Bürgerkrieg, 1936)
Soviel wie: Untergrundorganisation, die im Kriege mit Kräften außerhalb des eigenen Landes zusammenwirkt

Koloß mit tönernen Füßen.
(Nach Daniel 2, 31–34)
Oft zitiert: Koloß auf…

Das Ei des **Kolumbus.** *(Redensart)*
Soviel wie: verblüffend einfache Lösung eines Problems

Darin bin ich **komisch.** *(D. Kalisch, Der gebildete Hausknecht)*

Komme, was kommen mag.
(Schiller, Macbeth)

Kommentar überflüssig.
(Justizrat H. Staub)

Kommet her zu mir alle, die ihr mühselig und beladen seid; ich will euch erquicken. *(Matth. 11, 28)*

Aber hier, wie überhaupt, **kommt** es anders, als man glaubt.
(W. Busch, Plisch und Plum)

Erstens **kommt** es anders, zweitens als man denkt. *(Sprichwort)*

Ja, ja, das **kommt** von das!
(W. Busch, Diogenes…)

Die Grundlagen kommunistischer Sittlichkeit sind die Erhaltung und Stärkung des **Kommunismus.** *(Lenin)*

Ein Gespenst geht um in Europa – das Gespenst des **Kommunismus.**
(K. Marx u. F. Engels, Kommunistisches Manifest)

Ich hab es öfters rühmen hören, ein **Komödiant** könnt' einen Pfarrer lehren.
(Goethe, Faust)

Bis auf den letzten Augenblick spielen wir **Komödie** mit uns selber.
(H. Heine, Reisebilder)

Es ist nicht alles **Komödie** in der Welt.
(W. Raabe, Altershausen)

Komödie der Irrungen.
(Bühnenwerk von Shakespeare)

Man kann unmöglich in der Welt leben, ohne von Zeit zu Zeit **Komödie** zu spielen. *(N. S. de Chamfort, Maximen und Gedanken)*

Indes ihr **Komplimente** wechselt, kann etwas Nützliches geschehen.
(Goethe, Faust)

Ein **Kompromiß,** das ist die Kunst, einen Kuchen so zu teilen, daß jeder meint, er habe das größte Stück bekommen.
(Bundeswirtschaftsminister L. Erhard)

Ein politisches **Kompromiß** ist ein Abkommen, wobei man sich leicht kompromittiert. *(J. Unger, Mosaik)*

Das Doktorwerden ist eine **Konfirmation** des Geistes. *(G. Ch. Lichtenberg)*

Ein **konfiszierter** Kerl. *(Schiller, Kabale und Liebe)*

Konfusionsrat. *(Posse von W. Friedrich)*

Es ist der **Kön'ge** Fluch, bedient vom Sklaven zu sein, die Vollmacht sehn in ihren Launen. *(Shakespeare, Johann IV.)*

Der **Kongreß** tanzt wohl, aber geht nicht.
(Nach einer Äußerung des Fürsten von Ligne anläßlich des Wiener Kongresses)

Daheim bin ich **König.** *(Sprichwort)*

Das Schicksal macht nie einen **König** matt, ehe es ihm Schach geboten hat.
(L. Börne)

Der **König** herrscht, aber er regiert nicht.
(A. Thiers, 1830; nach einem Ausspruch von J. Zamoiski im Polnischen Reichstag)

Der **König** ist das lebendige Gesetz.
(Marc Aurel)

Der **König** rief, und alle, alle kamen.
(H. Clauren/C. Heun)

Der **König** sprach's, der Page lief.
(Goethe, Der Sänger)

Der **König** von Preußen und der deutsche Kaiser muß jeden Moment imstande sein, zu einem Leutnant zu sagen. »Nehmen Sie zehn Mann und schließen Sie den Reichstag!«
(E. v. Oldenburg-Januschau, Führer der preußischen Konservativen im Reichstag)

Du bleibst der **König** – auch in Unterhosen. *(L. Fulda, Talisman)*

Ehrt den **König** seine Würde, ehret uns der Hände Fleiß. *(Schiller, Glocke)*

Ein **König** muß schlafen können.
(Bismarck)

Es war ein **König** in Thule, gar treu bis an sein Grab. *(Goethe, Faust)*

Freilich, ein Fieber des Volks, das revolutionäre; aber, wie seltsam, es stirbt immer der **König** daran. *(H. Hebbel)*

Für den **König** von Preußen arbeiten.
(Redensart)
Ohne Bezahlung arbeiten

Für seinen **König** muß das Volk sich opfern, das ist das Schicksal und Gesetz der Welt. *(Schiller, Jungfrau von Orleans)*

Heute **König,** morgen tot.
(Jes. Sir. 10, 12)

Jeder Zoll ein **König.** *(Shakespeare, König Lear)*

Und der **König** absolut, wenn er unsern Willen tut. *(A. v. Chamisso, Nachtwächterlied)*

Weh dir, Land, dessen **König** ein Kind ist! *(Pred. Salom. 10, 16)*

Wie selten kommt ein **König** zu Verstand! *(Goethe, Egmont)*

Das eben ist das Unglück der **Könige,** daß sie die Wahrheit nicht hören wollen.
(J. Jacoby, 1848)

Das ist das Fluchgeschick der **Könige,** daß sie, entzweit, die Welt in Haß zerreißen und jeder Zwietracht Furien entfesseln. *(Schiller, Maria Stuart)*

Die **Könige** sind nur Sklaven ihres Standes, dem eignen Herzen dürfen sie nicht folgen. *(Schiller, Maria Stuart)*

Ich hab' Geschmack gefunden an der Republik, seit ich so viele **Könige** gesehen. *(P. J. de Béranger)*

Könige wollen das Gute, die Demagogen desgleichen. *(Goethe, Venezianische Epigramme)*

O Fluch der **Könige,** der ihren Worten das fürchterliche Leben gibt, dem schnell vergänglichen Gedanken gleich die Tat, die fest unwiderrufliche, ankettet. *(Schiller, Wallensteins Tod)*

Tyrannen herrschen, **Könige** regieren; für eigenes jene, die für Völkerglück. *(A. v. Kotzebue)*

Wenn die **Könige** bauen, haben die Kärrner zu tun. *(Schiller, Kant ...)*

Verzeih! Man kann die Namen all der **Könige,** die sich vor dir demütigen, unmöglich behalten. *(F. Hebbel, Judith)*

Wo das Volk keine Stimme hat, steht's auch um die Könige schlecht, und wo die **Könige** kein Ansehen haben, steht's schlecht um das Volk. *(J. G. Seume)*

Wahre **Königin** ist nur des Weibes weibliche Schönheit, wo sie sich zeigt, sie herrscht, herrschet bloß, weil sie sich zeigt. *(Schiller, Macht des Weibes)*

Die span'schen **Königinnen** haben Müh' zu sündigen. *(Schiller, Don Carlos)*

Ein **königliches** Herz fühlt königlich. *(Schiller, Turandot)*

Um ein **Königreich** bricht man jeden Eid. *(Shakespeare, Heinrich IV.)*

Es waren zwei **Königskinder,** die hatten einander so lieb. *(Alte westf. Ballade: Die Königskinder)*

Der Mensch hat den **Königsvorzug,** mit hohem Haupte aufgerichtet weit umherzuschauen. *(J. G. Herder, Ideen zur Geschichte der Menschheit)*

Das wärmste Jäckchen ist ein **Konjäckchen.** *(Scherzhafte Redensart)*

Ford're kein lautes Anerkennen! **Könne** was, und man wird dich kennen. *(P. Heyse, Spruchbüchlein)*

Können ist eine große Sache, damit das Wollen etwas mache. *(Goethe, Zahme Xenien)*

Wir **können's** ja nicht... *(Apostel, 4, 20)*

Konrad, sprach die Frau Mama, ich geh aus und du bleibst da. *(H. Hoffmann, Struwwelpeter)*

Gescheite Leute sind immer das beste **Konversationslexikon.** *(Goethe)*

Halten die Krähen **Konvivium,** sieh nach Feuerholz dich um! *(Bauernregel)*

Jemanden aus dem **Konzept** bringen. *(Redensart)*
Soviel wie: jemanden verwirren

Für dies **Konzert** bin ich in eurer Schuld. *(Goethe, Faust)*

Konzertierte Aktion. *(Bundeswirtschaftsminister K. Schiller, 1966)*
Im politischen und wirtschaftspolitischen Sinn: die Partner (»Solisten«) verhalten sich so, daß ein Zusammenwirken (Konzert-) zum angestrebten Erfolg führt!

Wat ich mir dafor **koofe!** *(D. Kalisch, Berlin, wie es weint und lacht)*

Köpenickiade. *(Nach dem Gaunerstück des »Hauptmann von Köpenick«, des Schusters W. Voigt, 1906)*

Auf den **Kopf** gefallen sein. *(Redensart)*
Dumm, beschränkt sein.

Den **Kopf** hängen lassen. *(Redensart)*
Mutlos sein

Den **Kopf** oben behalten. *(Redensart)*
Den Mut nicht verlieren

Ein Brett vorm **Kopf** haben. *(Redensart)*
Soviel wie: dumm sein

Ein **Kopf** ohne Gedächtniskraft ist eine Festung ohne Besatzung. *(Napoleon I.)*

Einem den **Kopf** heiß machen. *(Redensart)*
Jemanden beunruhigen, ihm unruhige Gedanken verursachen

Einen vor den **Kopf** stoßen. *(Redensart)*
Jemanden beleidigen

Er ist ihm über den **Kopf** gewachsen. *(Redensart)*
Er ist ihm nun überlegen, gehorcht ihm nicht mehr

Ich bin von **Kopf** bis Fuß auf Liebe eingestellt. *(Lied aus dem Film »Der blaue Engel«)*

Jemandem den **Kopf** verdrehen. *(Redensart)*
Jemanden verliebt machen

Jemandem den **Kopf** waschen. *(Redensart)*
Jemanden ausschimpfen, ihm kräftig die Meinung sagen

Jemandem etwas auf den **Kopf** zusagen. *(Redensart)*
Jemandem keine Gelegenheit mehr zum Leugnen geben

Kopf kalt und Füße warm, das macht jeden Doktor arm. *(Gesundheitsregel)*

Kopf und Arm mit heitern Kräften, überall sind sie zu Haus. *(Goethe, Wanderlied)*

Kopf und Kragen riskieren. *(Redensart)*

Kopf und Kragen verspielen. *(Redensart)*

Laßt den **Kopf** nicht hängen, Kinder, seid nicht dumm. *(H. Bolten-Baeckers/ P. Lincke, Frau Luna)*

Sich etwas durch den **Kopf** gehen lassen. *(Redensart)*
Etwas überdenken

Sich etwas in den **Kopf** setzen. *(Redensart)*
Einen Gedanken fest fassen

Sich etwas über den **Kopf** wachsen lassen. *(Nach Esra 9, 6)*

Was man nicht im **Kopf** hat, muß man in den Beinen haben. *(Sprichwort)*

Wer keinen **Kopf** hat, braucht keinen Hut. *(Sprichwort)*

Wo so ein **Köpfchen** keinen Ausgang sieht, stellt es sich gleich das Ende vor. *(Goethe, Faust)*

So viel **Köpfe,** so viel Sinne. *(Sprichwort)*

Wenn solche **Köpfe** feiern, wieviel Verlust für meinen Staat. *(Schiller, Don Carlos)*

Kopfhänger geh' mir weg! wie kann den Weg mir sagen zum Licht, wer frei zum Licht nicht darf den Blick aufschlagen? *(F. Rückert, Weisheit des Brahmanen)*

Kopfhängerei. *(Nach Jes. 58, 5)*

Oft **kopiert,** nie erreicht. *(Redensart)*

Ene Rotte **Korah.** *(Nach 4. Mos. 16)*
Zügellose Bande

Der **Koran** sagt, im Paradies sei Wein,
Der Frommen Lohn und holde Mägdelein.
Drum sei schon hier mir Lieb und Wein erlaubt,
Wenn's droben doch dasselbe nur soll sein. *(Omar Chaijam Rubaijat)*

Einen **Korb** bekommen. *(Redensart)*
Eine Absage erhalten

Etwas aufs **Korn** nehmen. *(Redensart)*
Darauf hinzielen

Kein **Korn** ohne Spreu. *(Sprichwort)*

Wer gutes **Korn** säet, erhält auch gutes Brot. *(Sprichwort)*

Ein gesunder Geist in einem gesunden **Körper.** *(Sprichwort, nach Juvenal, Satirae)*

Was ist der **Körper,** wenn das Haupt ihm fehlt? *(Shakespeare, Heinrich IV.)*

Und wer's zum **Korporal** gebracht, der steht auf der Leiter zur höchsten Macht. *(Schiller, Wallensteins Lager)*

Der große **Korse.** *Bezeichnung für Napoleon I.*

Mache dich den Menschen **kostbar!** Das ist: Lasse dich nicht vor jedermann sehen und lasse nicht jedermann vor dich kommen! *(Persischer Spruch)*

Allmählich reift das **Köstliche.** *(Schiller, Braut von Messina)*

Das war eine **köstliche** Zeit. *(A. Lortzing, Waffenschmied)*

Ich besaß es doch einmal, was so **köstlich** ist! *(Goethe, An den Mond)*

Selten habt ihr mich verstanden, selten auch verstand ich euch; nur wenn wir im **Kot** uns fanden, so verstanden wir uns gleich. *(H. Heine, Heimkehr)*

Kotau machen. *(Redensart)*
Sich demütig entschuldigen

Krach im Hinterhaus. *(Roman und Bühnenwerk von M. Böttcher)*

Mit Ach und **Krach.** *(Redensart)*
Mit Mühe und Not

Dasjenige, was sich nicht durch eigene **Kraft** erhalten kann, hat auch kein Recht zu existieren. *(H. Heine)*

Dem Trägen und Feigen aber leiht Gott nicht seine **Kraft,** sondern er verläßt ihn. *(L. Börne)*

Die große **Kraft** wohnt nur in großen Wesen. *(L. Schefer, Laienbrevier)*

Die **Kraft** verleiht Gewalt, die Liebe leiht Macht. *(M. v. Ebner-Eschenbach)*

Ein Starker weiß mit seiner **Kraft** hauszuhalten, nur der Schwache will über seine Kraft hinaus wirken. *(G. C. Lichtenberg)*

Es gibt keine **Kraft** ohne Wahrheit. *(E. v. Feuchtersleben)*

Nur ungewöhnliche **Kraft** darf nach Ungewöhnlichem streben. *(Th. Körner, Dresden 1813)*

Oh, herrlich ist's, zu haben eines Riesen **Kraft;** doch grausam, sie wie ein Riese zu gebrauchen. *(Shakespeare, Maß für Maß)*

Von der Gefahr, der ungeheuren, errettet nur gesamte **Kraft.** *(Goethe, Epimenides)*

Wege zu **Kraft** und Schönheit.
(Titel einer Zeitschrift für Körperkultur, 1919ff.)

Wirkt doch vereinte **Kraft** auch selbst von schwächeren Männern.
(Homer, Ilias)

Denn aus der **Kräfte** schön vereintem Streben erhebt sich, wirkend, erst das wahre Leben. *(Schiller, Huldigung der Künste)*

Freies Spiel der **Kräfte.**
(Nach F. W. Schelling)

Reichen die **Kräfte** nicht aus, so ist doch der Wille zu loben. *(Ovid, Briefe aus Pontus)*

Sammle dich zu jeglichem Geschäfte, nie zersplittere deine **Kräfte!**
(F. v. Bodenstedt)

Wo rohe **Kräfte** sinnlos walten, da kann sich kein Gebild gestalten.
(Schiller, Glocke)

Kraftmeier. *(Nach einer Romanfigur E. v. Wolzogens)*

Beim **Kragen** nehmen. *(Redensart)*
Jemanden am Hals packen

Die **Krähe** singt so lieblich wie die Lerche, wenn man auf keine lauscht.
(Shakespeare, Kaufmann von Venedig)

Eine **Krähe** hackt der andern die Augen nicht aus. *(Sprichwort)*

Kräht die Henne, piept der Hahn, steht's dem Hause übel an. *(Sprichwort)*

Krähwinkelei. *(Nach Jean Paul)*

Immer langsam voran, daß der **Krähwinkler** Landsturm nachkommen kann.
(Volkslied)

Das paßt mir in den **Kram!** *(Redensart)*
Das kommt mir gelegen

Trinkt Wasser wie das liebe Vieh und denkt, es sei **Krambambuli!**
(Scherzhaftes Sprichwort)

Jeder **Krämer** lobt seine Ware.
(Sprichwort)

Eine **Krämerseele.** *(Redensart)*
Nur an seinen Verdienst denkender Mensch

Ein **Krämervolk.** *(Nach Zephanja 1, 11)*

Sieh da, sieh da, Timotheus, die **Kraniche** des Ibykus! *(Schiller, Kraniche des Ibykus)*

Der eingebildete **Kranke.**
(Titel eines Lustspiels von Molière)

Der **kranke** Mann am Bosporus.
(Bezeichnung für das frühere Türkische Reich)

Manches muß man heilen, ohne daß der **Kranke** davon weiß. *(Seneca, Abhandlungen)*

Die Gesunden und die **Kranken** haben ungleiche Gedanken. *(Sprichwort)*

Man soll nicht den Arzt fragen, sondern den **Kranken.** *(Jüdisches Sprichwort)*

Sterben die **Kranken,** dann ist schuld daran der himmlische Vater; machet Gott sie gesund, holt sich der Doktor das Geld. *(H. Hoffmann von Fallersleben)*

Ihr seid glücklich und froh, wie sollt' ein Scherz euch verwunden? Doch der **Krankende** fühlt auch schmerzlich die leise Berührung. *(Goethe, Hermann und Dorothea)*

Die beste **Krankheit** taugt nichts.
(Sprichwort)

Die **Krankheit** des einen heilt nicht die des anderen. *(Sprichwort)*

Eine lange **Krankheit** ist ein sicherer Tod. *(Jüdisches Sprichwort)*

Es erben sich Gesetz und Rechte wie eine ew'ge **Krankheit** fort. *(Goethe, Faust)*

Ich glaube, daß es keine andere **Krankheit** der Zeit gibt als Unwissenheit und Unredlichkeit. *(A. Stifter)*

Nimmer begreift der Gesunde die **Krankheit,** nimmer die Jugend, daß ihr reiches Gemüt je zu verarmen vermag. *(E. Geibel, Distichen)*

Krankheit der Jugend. *(Schauspiel von F. Bruckner)*

Krankheit läßt den Wert der Gesundheit erkennen… *(Heraklit)*

Die **Krankheiten,** die das Wachstum der Menschheit bezeichnen, nennt man Revolutionen. *(F. Hebbel, Tagebücher)*

Es gibt tausend **Krankheiten,** aber nur eine Gesundheit. *(L. Börne)*

Willst du die Zahl der **Krankheiten** wissen, so zähle die Häupter der Köche. *(Seneca)*

Wenn der Freund dich **kränkt,** verzeih's ihm und versteh, es ist ihm selbst nicht wohl, sonst tät er dir nicht weh. *(F. Rückert)*

Gottes **Kränkung** ist die ärgste. *(Shakespeare, Richard III.)*

Ein **Kranz** ist gar viel leichter binden, als ihm ein würdig Haupt zu finden. *(Goethe, Sprüche in Reimen)*

Auch die **Kränze** des Ruhmes sind Gunst und Gnade der Götter, die sie dem Glücklichen nur unter den Würdigen leihn. *(E. Geibel)*

Eine **Kratzbürste** sein. *(Redensart)*
Sich widerborstig benehmen

Erst schmeicheln, dann **kratzen,** das schickt sich für Katzen. *(Sprichwort)*

Es ist besser ein Gericht **Kraut** mit Liebe denn ein gemästeter Ochse mit Haß. *(Spr. Salom. 15, 17)*

Muß ist ein bitt'res **Kraut**. *(Sprichwort)*

Wider den Tod ist kein **Kraut** gewachsen. *(Sprichwort)*

Wie **Kraut** und Rüben. *(Redensart)*
Sehr unordentlich

Am Ende hängen wir doch ab von **Kreaturen,** die wir machten. *(Goethe, Faust)*

Sitze nicht, wo die Spötter sitzen, denn sie sind die elendsten unter allen **Kreaturen.** *(M. Claudius)*

Krebse man nicht gerne ißt, wenn einer im Monat ist. *(Speiseregel)*

Sie kamen zu tief in die **Kreide.** *(V. v. Scheffel, Ichtyosaurus)*

Aus seinem **Kreis** kann niemand treten. *(Sprichwort)*

Blick' ich umher in diesem edlen **Kreise…** *(R. Wagner, Tannhäuser)*

Berge **kreißen,** doch nur ein winziges Mäuslein wird geboren. *(Horaz, Ars poetica)*

Auf nach **Kreta!** *(J. Offenbach, Schöne Helena)*

Die **Kreter** sind immer Lügner, böse Tiere und faule Bäuche. *(Epimenides)*

Krethi und Plethi. *(Nach 2. Sam. 8, 18)*
Sehr gemischte Gesellschaft

Nach **Kreuz** und ausgestandenen Leiden. *(Gedicht von N. Sturm)*

Nimm dieses **Kreuz:** Es ist der Lohn der Demut, die sich selbst bezwungen.
(Schiller, Kampf mit dem Drachen)

Sein **Kreuz** auf sich nehmen.
(Nach Matth. 10, 38; 16, 24; Mark. 8, 34; 10, 21; Luk. 9, 23; 14, 27)
Ein Leid tapfer ertragen

Sein **Kreuz** soll jeder auf sich nehmen? Wie wenig Frauen da zu Fuße kämen!
(J. C. F. Haug, Sinngedicht)

Das sollst du am **Kreuze** bereuen.
(Schiller, Bürgschaft)

Drei **Kreuze** hinter jemandem machen.
(Redensart)
Froh sein, jemanden los geworden zu sein

Er war nunmehr der Länder satt, wo man so viele **Kreuze** hat, und man für lauter Kreuz und Christ ihn eben und sein Kreuz vergißt. *(Goethe, Der ewige Jude)*

Reißt die **Kreuze** aus der Erden! Alle sollen Schwerter werden.
(G. Herwegh, Aufruf)

Zu **Kreuze** kriechen. *(Redensart)*
Sich demütigen

Kreuzige ihn! *(Mark. 15, 13; Joh. 19, 15)*

Aber der **Krieg** hat auch seine Ehre, der Beweger des Menschengeschicks.
(Schiller, Braut von Messina)

Der **Krieg** ernährt den Krieg.
(Schiller, Piccolomini)

Der **Krieg** ist der Vater aller Dinge.
(Heraklit)

Der **Krieg** ist nichts als eine Fortsetzung des politischen Verkehrs mit Einmischung anderer Mittel.
(C. v. Clausewitz, Vom Kriege)
Meist zitiert: ... Fortsetzung der Politik mit anderen Mitteln

Der **Krieg** ist schrecklich wie des Himmels Plagen. *(Schiller, Wallensteins Tod)*

Der **Krieg** verschlingt die Besten.
(Schiller, Siegesfest)

Der **Krieg** zwischen zwei gebildeten Völkern ist ein Hochverrat an der Zivilisation. *(Carmen Sylva [= Königin Elisabeth von Rumänien], Vom Amboß)*

Ein **Krieg,** selbst der siegreichste, ist ein nationales Unglück. *(H. v. Moltke)*

Es ist der **Krieg** ein rohgewaltsam Handwerk. *(Schiller, Piccolomini)*

Es ist kein **Krieg,** von dem die Kronen wissen; es ist ein Kreuzzug, s' ist ein heilger Krieg. *(Th. Körner, Aufruf)*

Frischer, fröhlicher **Krieg.**
(H. Leo im Volksblatt für Stadt und Land)
Meist zitiert: Frischfröhlicher Krieg

Ich betrachte auch einen siegreichen **Krieg** an sich immer als ein Übel, das die Staatskunst den Völkern zu ersparen bemüht sein muß. *(Bismarck, 1870)*

Im **Krieg** ist's Sitte, jeden Vorteil zu nutzen. *(Shakespeare, Heinrich VI.)*

Im **Krieg** und in der Lotterie, wer gewinnt, das weiß man nie. *(Sprichwort)*

Kalter **Krieg.**
(Nach W. Lippmann, The Cold War, 1947)
Soviel wie: auf Propagandamaßnahmen und gegenseitige Schikanen beschränkte Auseinandersetzung zwischen Staaten

Kein Heil ist in dem **Krieg;** um Frieden dich flehen wir alle! *(Vergil, Äneis)*

Krieg aller gegen alle.
(Th. Hobbes, Elementa philosophica de cive)

Krieg bis aufs Messer!
(J. de Palafox y Melzi, 1808)

Krieg den Palästen! Friede den Hütten!
(Nach Chamfort)

Krieg im Frieden.
(Lustspiel von G. v. Moser und F. v. Schönthan)

Krieg ist ewig zwischen List und Argwohn, nur zwischen Glauben und Vertrauen ist Friede. *(Schiller, Wallensteins Tod)*

Laß du den **Krieg** ausrasen, wie er angefangen, du hast ihn nicht leichtsinnig selbst entflammt. *(Schiller, Jungfrau von Orleans)*

Mit Toten führe ich keinen **Krieg.**
(Kaiser Karl V. am Grabe Luthers)

Nichts Besseres weiß ich mir an Sonn- und Feiertagen, als ein Gespräch von **Krieg** und Kriegsgeschrei.
(Goethe, Faust)

’s ist leider **Krieg** – und ich begehre nicht schuld daran zu sein! *(M. Claudius, Kriegslied)*

Sich selbst bekämpfen ist der allerschwerste **Krieg;** sich selbst besiegen ist der allerschönste Sieg. *(F. v. Logau, Epigramme)*

Totaler **Krieg.** *(Schlagwort)*
Vernichtungskrieg unter Einsatz aller militärischen, wirtschaftlichen, psychologischen und geistigen Mittel

Um Himmels willen, zerren Sie mich nicht in einen neuen **Krieg!** Ich bin von der Kreuzfahrerei, der Verteidigung Europas und dem Schutz der Menschheit zermürbt und verbraucht: ich muß ein wenig an mich selbst denken.
(S. Smith an Lady Grey, Gattin des britischen Premierministers, in den 30er Jahren des 19. Jahrhunderts)

Wenn unsere Feinde ... uns den **Krieg** aufdrängen, so muß man fragen: Wo stehen sie? und nicht: Wieviel sind ihrer?
(Friedrich d. Gr. 1756)

Wer **Krieg** predigt, ist des Teufels Feldprediger. *(Sprichwort)*

Der **Krieg** ist nix als die Geschäfte nur statt mit Käse ist’s mit Blei.
(B. Brecht)

Die Bemerkung ist nichts weniger als neu, daß keine **Kriege** zugleich so ehrlos und so unmenschlich geführt werden als die, welche Religionsfanatismus und Parteihaß im Innern eines Staates entzünden. *(Schiller)*

Es ist alles im **Kriege** sehr einfach, aber das Einfachste ist schwierig.
(C. v. Clausewitz, Vom Kriege)

Im **Kriege** selber ist das Letzte nicht der Krieg. *(Schiller, Piccolomini)*

Im längsten Frieden spricht der Mensch nicht so viel Unsinn und Unwahrheit als im kürzesten **Kriege.** *(Jean Paul, Friedenspredigt)*

Wehe dem Staatsmann, der sich in dieser Zeit nicht nach einem Grund zum **Kriege** umsieht, der auch nach dem Kriege noch stichhaltig ist.
(Bismarck, 1850)

Entweder gestorben oder Heil euch erkämpft! Denn das ist der Wandel des **Krieges!** *(Homer, Ilias)*

Es ist keiner unter uns, der nicht vom **Kriegführen** bis zum Hundeflöhen alles besser verstände als sämtliche gelernte Fachmänner. *(Bismarck)*

Zum **Kriegführen** sind drei Dinge nötig: Geld, Geld und nochmals Geld.
(J. Trivulzio, 1448 bis 1518)

Das **Kriegsbeil** ausgraben (bzw. begraben). *(Redensart, nach J. F. Cooper, Lederstrumpf)*

Den **Kriegspfad** beschreiten. *(Redensart, nach J. F. Cooper, Lederstrumpf)*

Das ist die klarste **Kritik** der Welt, wenn neben das, was ihm mißfällt, einer was Eigenes, Besseres stellt. *(E. Geibel)*

Die **Kritik** ist es ganz allein, die unseren Geschmack läutern und ihm die Freiheit und Sicherheit geben kann, durch die er sogleich die Schönheiten und Fehler eines Werkes einsieht, und ein feiner Geschmack ist nichts anderes als eine Fertigkeit, die Kritik jederzeit auf die beste Art anzuwenden. *(F. Nicolai)*

Kritiken sind wie Testamente, das letzte gilt allein. *(J. C. F. Haug, Widerruf)*

Unter aller **Kritik.** *(Redensart)*
Sehr schlecht

Mir wird bei meinem **kritischen** Bestreben doch oft um Kopf und Busen bang. *(Goethe, Faust)*

Krokodilstränen. *(Redensart)*
Erheuchelte Tränen

Es ist schimpflich, eine Börse zu leeren, es ist frech, eine Million zu veruntreuen, aber es ist namenlos groß, eine **Krone** zu stehlen. *(Schiller, Fiesko)*

Saul, der Sohn Kis, ging aus, seines Vaters Eselinnen zu suchen, und fand eine **Krone.** *(Goethe, Wilhelm Meister, nach 1. Sam. 9 u. 10)*

Schwer ruht das Haupt, das eine **Krone** drückt. *(Shakespeare, Heinrich IV.)*

Die schlechten ins **Kröpfchen,** die guten ins Töpfchen. *(Grimm, Aschenbrödel)*

Wer **Krücken** braucht, soll nicht tanzen gehen. *(Sprichwort)*

Im **Krug** kommen mehr um als im Krieg. *(Sprichwort)*

Im **Krug** zum grünen Kranze, da kehr' ich durstig ein. *(W. Müller, Brüderschaft)*

Etwas **krumm** nehmen. *(Redensart)*
Übelnehmen

Krumm liegen. *(Redensart)*
Kein Geld haben

Fette **Küche,** magere Erbschaft. *(Sprichwort)*

Das ist ein gemarterter Mann, deß Weib und Magd nichts weiß in der **Küchen.** *(M. Luther)*

Da ist Schmalhans **Küchenmeister.** *(Redensart)*
Dort wird man nicht satt

Eine jede **Kugel,** die trifft ja nicht. *(W. Alexis, Fridericus Rex)*

'ne ruhige **Kugel** schieben. *(Redensart)*
Sich nicht überanstrengen

Dastehen wie die **Kuh** vorm neuen Tor. *(Redensart)*
Ratlos, verdutzt

Eine gute **Kuh** sucht man im Stall. *(Sprichwort)*

Einem ist sie die hohe, die himmlische Göttin, dem andern eine tüchtige **Kuh,** die ihn mit Butter versorgt. *(Schiller, Wissenschaft)*

Man wird so alt wie eine **Kuh** und lernt immer noch dazu. *(Sprichwort)*

Schenkt man jemand eine **Kuh,** will er auch noch das Futter dazu. *(Sprichwort)*

Wenn die **Kuh** den Schwanz verloren hat, merkt sie erst, wozu er gut war. *(Sprichwort)*

Das Auge des Herrn macht die **Kühe** fett. *(Sprichwort)*

Im **Kuhhandel** braucht man drei Augen. *(Bauernregel)*

Das geht auf keine **Kuhhaut.** *(Redensart)*
Das ist unerhört!

Kühl bis ans Herz hinan. *(Goethe, Der Fischer)*

Und bist du **kühn,** und hältst du Stich, so wage Haus und Hof und – dich! *(Goethe, Faust)*

Dem **Kühnen** hilft das Glück. *(Sprichwort)*

Ein Gran **Kühnheit** bei allem ist eine wichtige Klugheit. *(B. Gracian, Handorakel)*

Hier ist die **Kühnheit** Klugheit. *(E. Geibel, Sophonisbe)*

Nicht ist sicher die **Kühnheit** gegen die Kühnen! *(Ovid, Metamorphosen)*

Auch die **Kultur,** die alle Welt beleckt, hat auf den Teufel sich erstreckt. *(Goethe, Faust)*

Kultur erwirbt man nicht, indem man viel liest, sondern indem man klug liest. Ebenso wird die Gesundheit nicht dadurch bewahrt, daß man viel ißt, sondern daß man klug ißt. *(A. Malraux)*

Ohne ethische **Kultur** gibt es keine Rettung für die Menschheit. *(A. Einstein)*

Politik kann nie Kultur, **Kultur** wohl aber Politik bestimmen. *(Bundespräsident Th. Heuss)*

Kulturkampf. *(Nach R. Virchow)*
Kampf des Staates gegen die (katholische) Kirche

Der **Kummer,** der nicht spricht, raunt leise zu dem Herzen, bis es bricht. *(Shakespeare, Macbeth)*

Hast du **Kummer** mit die Deinen: trink dich einen! *(Scherzhafte Redensart)*

Kummer macht alt vor den Jahren. *(Sprichwort)*

Kummer und Sorgen schwellen den Leib auf. *(Shakespeare, Heinrich IV.)*

Kümmernisse sind die härtesten Nüsse. *(Sprichwort)*

Stets zu spät kommt gute **Kunde,** schlechte Kunde stets zu frühe. *(F. v. Bodenstedt, Ada)*

Das Schild ist's, das die **Kunden** lockt. *(J. de La Fontaine)*

In das **Künftige** dringt kein sterblicher Blick. *(Sophokles, Trachinerinnen)*

Wer hebt das Aug zu **Kunigonden?** *(Schiller, Gang nach dem Eisenhammer)*

Donnert es um **Kunigund',** treibt's der Winter lange bunt. *(Bauernregel)*
Kunigunde: 3. März

Ach Gott! die **Kunst** ist lang, und kurz ist unser Leben. *(Goethe, Faust)*

An dem ist eure **Kunst** verloren. *(Schiller, Maria Stuart)*

Auch die **Kunst** ist Himmelsgabe, borgt sie gleich von ird'scher Glut. *(Schiller, Punschlied)*

Das ist keine **Kunst!** *(Redensart)*
Das ist nicht schwer!

Das Schöne in der **Kunst** ist immer wahr, das Wahre aber nicht immer schön. *(E. Rietschel)*

Die große **Kunst** macht dich rasend. *(Apostelg. 26, 24)*

Die **Kunst** bleibt Kunst! Wer sie nicht durchdacht, der darf sich keinen Künstler nennen. *(Goethe, Künstlers Apotheose)*

Die **Kunst** geht nach Brot. *(G. E. Lessing, Emilia Galotti)*

Die **Kunst** ist keine Dienerin der Menge. *(A. v. Platen)*

Die **Kunst** überflügelt die Wirklichkeit. *(Stendhal)*

Die Zeit ist kurz, die **Kunst** ist lang. *(Goethe, Faust)*

Entartete **Kunst.** *(M. Nordau, Entartung, 1892/93)*

Ernst ist das Leben, heiter ist die **Kunst.** *(Schiller, Wallenstein)*

Es gibt auch Afterkünstler, Dilettanten und Spekulanten; jene beiden treiben die **Kunst** um des Vergnügens, diese um des Nutzens willen. *(Goethe, Maximen und Reflexionen)*

Es gibt noch keine **Kunst,** die innerste Gestalt des Herzens im Gesicht zu lesen. *(Shakespeare, Macbeth)*

Es ist gut, mehr als eine **Kunst** zu wissen. *(M. G. Lichtwer, Die Kröte und die Wassermaus)*

In der **Kunst** ist das Beste gut genug. *(Goethe, Italienische Reise)*

Keine **Kunst** ist's, alt zu werden; es ist Kunst, es zu ertragen. *(Goethe, Sprüche)*

Kunst geht betteln. *(Sprichwort)*

Kunst ist die rechte Hand der Natur. *(Schiller, Fiesko)*

Kunst üben kann nur der Erkorene, Kunst lieben jeder Erdgeborene. *(A. Grün, Sprüche)*

Kunst und Lehre gibt Gunst und Ehre. *(Sprichwort)*

Kunst will Gunst. *(Sprichwort)*

Mehr Inhalt, weniger **Kunst!** *(Shakespeare, Hamlet)*

Nach allen Regeln der **Kunst.** *(Redensart)* *Sach- und fachgerecht*

Natur und **Kunst,** sie scheinen sich zu fliehen, und haben sich, eh man es denkt, gefunden. *(Goethe)*

Regieren ist eine **Kunst,** keine Wissenschaft. *(L. Börne)*

Wenn Sie eine **Kunst** haben wollen, so haben Sie eine. *(Nach R. Wagner)*

Wenn unsre **Kunst** am meisten kann, so stößt sie aller Enden an. *(P. Gerhardt)*

Zerging in Dunst das heil'ge Römische Reich, uns bliebe gleich die heil'ge deutsche **Kunst!** *(R. Wagner, Meistersinger)*

Aber sie suchen viele **Künste.** *(Pred. Salom. 7, 29)*

Lerne die schönen **Künste,** ich mahne dich, römische Jugend! *(Ovid, Ars amandi)*

Infant, dein Herz weiß nichts von diesen **Künsten.** Erspare sie, ich mag sie nicht. *(Schiller, Don Carlos)*

Bilde, **Künstler,** rede nicht! *(Goethe, Motto zur Abteilung Kunst)*

Der denkende **Künstler** ist noch eins soviel wert. *(G. E. Lessing, Emilia Galotti)*

Der **Künstler** fühlt sich stets gekränkt, wenn's anders kommt, als wie er denkt. *(W. Busch, Fipps, der Affe)*

Der **Künstler** ist zwar der Sohn seiner Zeit, aber schlimm für ihn, wenn er zugleich ihr Zögling oder gar ihr Günstling ist. *(Schiller, Briefe über ästhetische Erziehung)*

Die Menge macht den **Künstler** irr und scheu. *(Goethe, Tasso)*

Ich aber soll zum Meißel mich erniedern, wo ich der **Künstler** könnte sein? *(Schiller, Don Carlos)*

Künstler haben gewöhnlich die Meinung von uns, die wir von ihren Werken haben. *(G. C. Lichtenberg)*

Zu erfinden, zu beschließen, bleibe, **Künstler,** oft allein! *(Goethe, Künstlerlied)*

Andere Leute sind hungrig, aber ein **Künstlergemüt** ist ewig durstig. *(E. Geibel, Meister Andrea)*

Künstlers Erdenwallen. *(Titel eines Dramas von Goethe)*

Vollkommenheit muß das Ziel jeden wahren **Künstlers** sein. *(L. van Beethoven)*

Kunstliebe ohne Kunstsinn bringt bei Fürsten wenig Gewinn, sie öffnet Kunstschwätzern ihr Ohr. *(F. Grillparzer, Sprüche und Epigramme)*

Zu der wahren **Kunstnatur** steht der Pfad schon offen. *(Goethe, Abwege)*

Wie schön, wenn das, was er erdacht, empfunden und zurechtgemacht, wenn seines Geistes **Kunstprodukt,** im Morgenblättchen abgedruckt, vom treuen Kolporteur geleitet sich durch die ganze Stadt verbreitet. *(W. Busch)*

Auch ist der Mann von Geschmack noch lange kein **Kunstrichter.** *(G. E. Lessing)*

Die Wirkung ist die Probe eines **Kunstwerkes,** aber nie dessen Zweck. *(E. v. Feuchtersleben, Aphorismen)*

Kunstwörter müssen dann der Dummheit Blöße decken, und ein gelehrt Zitat macht Zierden selbst zu Flecken. *(G. E. Lessing, An den Herrn Marpurg)*

Mein lieber Freund und **Kupferstecher!** *(Nach F. Rückert)*

Sich einen **Kuppelpelz** verdienen. *(Redensart)* *Eine Heirat vermitteln*

Könnt ich dir nur an den dürren Leib, du schändlich **kupplerisches** Weib! *(Goethe, Faust)*

Ich hab' so Heimweh nach dem **Kurfürstendamm.** *(Nach dem 2. Weltkrieg populär gewordenes Lied von Kamp)*

Der alte **Kurs.** *(Bezeichnung für die Politik Bismarcks)*

Der **Kurs** bleibt der alte, und nun Volldampf voraus! *(Kaiser Wilhelm II., 1890)*

Der neue **Kurs.** *(Bezeichnung für die Politik Kaiser Wilhelms II.)*

Kurz und dick hat kein Geschick. *(Sprichwort)*

Kurz und gut! *(Redensart)*

In der **Kürze** liegt die Würze. *(Sprichwort)*

Kürze ist des Lebens Würze. *(Sprichwort)*

Kürze ist des Witzes Seele. *(Shakespeare, Hamlet)*

Den **kürzeren** ziehen. *(Redensart)* *Verlieren*

Die einz'ge Speise, deren man nicht satt werden kann, ist der **Kuß.**
(C. D. Grabbe)

Diesen **Kuß** der ganzen Welt!
(Schiller, An die Freude)

Kuß, Freudenmahl und Becherklang entweihen keinen frommen Sang.
(G. A. Bürger, Danklied)

Und zum Schluß schuf der liebe Gott den **Kuß.**
(H. Hirsch, Fürst von Pappenheim)

Ein **Küßchen** in Ehren darf niemand verwehren. *(Sprichwort)*

Küsse sind der Liebe Sprache.
(G. Keil)

Küssen ist keine Sünd' mit einem schönen Kind. *(I. Schnitzer/E. Eysler, Bruder Straubinger)*

Mein Freund, so kurz von mir entfernt, und hast's **Küssen** verlernt?
(Goethe, Faust)

Schade, daß ich ihn nicht **küssen** kann! Denn ich bin selbst dieser brave Mann.
(H. Heine, Heimkehr)

Warum **küssen** sich die Menschen?
(V. v. Scheffel, Trompeter von Säckingen)

Ihr **küßt** recht nach der Kunst!
(Shakespeare, Romeo und Julia)

Wenn nur der **Kutscher** klar sieht, dann wird auch mit blindem Pferd das Ziel erreicht. *(J. N. Nestroy)*

Die **Kutte** ist ein Schelmenfutteral.
(A. a Santa Clara)

Die **Kutte** macht nicht den Mönch.
(Sprichwort)

O **Kyritz,** mein Vaterland!
(K. Blum, Ein Stündchen vor dem Potsdamer Tor)

L

Langer **Laban.** *(Nach 1. Mos. 29)*

Ick' **lach'** ma'n Ast.
(Berliner Redensart)
»Ast« = Buckel

Du mußt **lächeln,** immer lächeln.
(Couplet von O. Reutter)

Immer nur **lächeln.**
(L. Herzer, F. Löhner/F. Lehar, Land des Lächelns)

Ohne **Lächeln** kommt der Mensch, ohne Lächeln geht er; drei fliegende Minuten lang war er froh. *(Jean Paul)*

Und manches **Lächeln** lächelt da zumeist, wo des Gewissens Qual die Brust zerreißt. *(Lord Byron)*

Du siehst mich **lächelnd** an, Eleonore, und siehst dich selber an, und lächelst wieder. *(Goethe, Tasso)*

Oh, sieh mich nicht so **lächelnd** an!
(E. Geibel, Jugendgedichte)

Unter Tränen **lächelnd.**
(Redensart, nach Homer, Ilias)

Am vielen **Lachen** erkennt man den Narren. *(Sprichwort)*

Auch beim **Lachen** kann das Herz trauern, und nach der Freude kommt Leid.
(Spr. Salom. 14, 13)

Das **Lachen** erhält vernünftiger als der Verdruß. *(Lessing)*

Der Erben Tränen sind oft ein verstecktes **Lachen.** *(Sprichwort)*

Ein Tag ohne **Lachen** ist ein verlorener Tag. *(Sprichwort)*

Euer **Lachen** verkehre sich in Weinen.
(Jak. 4, 9)

Lachen, Weinen, Lust und Schmerz sind Geschwisterkinder. *(Goethe Neugriechische Liebe-Skolien)*

Nach **Lachen** kommt Weinen.
(Sprichwort)

Nicht durch Zorn, sondern durch **Lachen** tötet man. *(F. Nietzsche, Zarathustra)*

O Welt, bei deinen Sachen ist Weinen mehr als **Lachen.** *(F. v. Logau)*

Wer über alles **lachen** könnte, würde die Welt beherrschen. *(Schiller)*

Kann man denn auch nicht **lachend** sehr ernsthaft sein? *(G. E. Lessing, Minna v. Barnhelm)*

Lachende Erben. *(Publilius Syrus)*

Wir können zuweilen **lächerlich** werden, ohne im geringsten selbst daran schuld zu sein. *(H. Heine, Der Tee)*

Vom Erhabenen zum **Lächerlichen** ist nur ein Schritt. *(Napoleon I.)*

Lächerlichkeit tötet. *(Sprichwort)*

Da **lacht** einem das Herz im Leibe. *(Redensart)*

Wer **lacht** da? Ich glaub, ich war es selbst. *(G. E. Lessing, Emilia Galotti)*

Wer zuletzt **lacht,** lacht am besten. *(Sprichwort)*

Wir wer'n den **Laden** schon schmeißen! *(Berliner Redensart)*
Das werden wir schon schaffen

Die **Lage** war noch nie so ernst. *(Bundeskanzler Konrad Adenauer)*

Denkst du daran, mein tapferer **Lagienka?** *(K. v. Holtei, Der alte Feldherr)*

Bei **Lahmen** lernt man hinken, bei Säufern trinken. *(Sprichwort)*

Eine **lakonische** Antwort. *(Redensart)*
Bezieht sich auf die zur Wortkargheit erzogenen Lakedaemonier

Wenn ich ein **Lamm** schenken will, laß ich's durch keinen Wolf überreichen. *(Schiller, Fiesko)*

Ein junges **Lämmchen,** weiß wie Schnee. *(F. J. Bertuch, Wiegenlied)*

Fahr hin, **lammherzige** Gelassenheit! *(Schiller, Maria Stuart)*

Ein **Lämmlein** geht und trägt die Schuld. *(Kirchenlied v. P. Gerhardt)*

Wohl ausgesonnen, Pater **Lamormain!** *(Schiller, Piccolomini)*

Die **Lampe** harrt der Flamme, die entzündet. *(Goethe, Urworte: Das Zufällige)*

Auf gutes **Land** fallen. *(Matth. 13, 8)*

Das Gelobte **Land.** *(Nach 1. Mos. 12, 7)*

Das unentdeckte **Land,** von des Bezirk kein Wandrer wiederkehrt. *(Shakespeare, Hamlet)*

Ein **Land,** darin Milch und Honig fließt. *(2. Mos. 3, 8)*

Ein **Land** wird durch dreierlei unruhig, und das vierte kann es nicht ertragen: ein Knecht, wenn er König wird; eine Verschmähte, wenn sie geehelicht wird; und eine Magd, wenn sie ihrer Frau Erbin wird. *(Spr. Salom. 30, 21–23)*

Kein Anblick ist niederschlagender als ein **Land,** das sich ohne Schwertstreich unterwirft. *(L. v. Ranke)*

Land der unbegrenzten Möglichkeiten. *(Bezeichnung für die USA, nach L. M. Goldstein, 1902)*

Wir stehn für unser **Land,** wir stehn für unsre Weiber, unsre Kinder. *(Schiller, Wilhelm Tell)*

Bleibe im **Lande** und nähre dich redlich! *(Psalm 37, 3)*

Wehe dem **Lande,** das sich vor Reden und Rednern zu fürchten hat! *(Ch. D. Grabbe)*

Aus deutschen **Landen** frisch auf den Tisch. *(Werbeslogan der Deutschen Landwirtschaft)*

Andre **Länder** – andre Sitten. *(Sprichwort)*

Landesvater. *(Nach 1. Mos. 41, 43)*

Ländlich – sittlich. *(Redensart)*

Jede **Landschaft** hat ihre eigene, besondere Seele. *(C. Morgenstern, Stufen)*

Wie ein **Landsknecht** fluchen. *(Redensart)*

Landgraf, werde hart! *(W. Gerhard, Edelacker)*

Eine große **Landstraß'** ist unsre Erd', wir Menschen sind Passagiere. *(H. Heine, Lebensgruß)*

Lang', lang' ist's her. *(T. H. Bayly)*

Wer **lang** hat, läßt lang hängen. *(Sprichwort)*

Was **lange** währt, wird endlich gut. *(Sprichwort)*

Je **länger,** je lieber. *(Sprichwort)*

Unser größter Feind ist die **Langeweile.** *(Voltaire)*

Immer **langsam** voran, daß der Krähwinkler Landsturm nachkommen kann. *(Volkslied)*

Langsam aber sicher. *(Redensart)*

Langsam hat bald Feierabend. *(Sprichwort)*

Wer **langsam** geht, geht weit. *(Sprichwort)*

Das Geheimnis zu **langweilen** besteht darin, alles zu sagen. *(Voltaire)*

Langweilig zu sein ist die ärgste Sünde des Unterrichts. *(J. F. Herbart)*

Eine **Lanze** für jemanden einlegen. *(Redensart)*
Sich für jemanden einsetzen

Durch die **Lappen** gehen. *(Redensart)*
Entkommen

Lärm schlagen. *(Redensart)*
Auf etwas aufmerksam machen; Aufmerksamkeit erregen

Soviel **Lärm** um einen Eierkuchen! *(Desbarreaux)*

Viel **Lärm** um nichts. *(Lustspiel von Shakespeare)*

Voreiliger **Lärm** erhöht das Übel nur. *(E. Geibel)*

Wozu der **Lärm?** Was steht dem Herrn zu Diensten? *(Goethe, Faust)*

Die Zeit ist die **Larve** der Ewigkeit. *(Jean Paul)*

Unter **Larven** die einzige fühlende Brust. *(Schiller, Taucher)*

Laß nicht nach, dann kommst du hoch! *(Sprichwort)*

Ach, wie ist's möglich dann, daß ich dich **lassen** kann. *(Volkslied)*

Das eine tun und das andere nicht **lassen.** *(Redensart, nach Matth. 23, 23)*

Tu, was du nicht **lassen** kannst. *(G. E. Lessing, Emilia Galotti)*

Die Zeit geht aufrecht unter ihrer **Last.** *(Shakespeare, Sturm)*

Einer trage des andern **Last.** *(Gal. 6, 2)*

Erst die **Last,** dann die Rast. *(Sprichwort)*

Was man nicht nützt, ist eine schwere **Last.** *(Goethe, Faust)*

Die **Laster** stehlen der Tugend die Kleider. *(Sprichwort)*

Eine Seele ohne Zwang ist auch ohne **Laster.** *(P. Hille)*

Eine sinnliche Bewegung durch die andre überwinden heißt nur: ein **Laster** gegen ein anderes verwechseln.
(M. Claudius)

Jegliches **Laster** kann man nur durch die Tugend, keineswegs durch das entgegengesetzte Laster vermeiden. *(Plutarch, Moralische Schriften)*

Laster, die zur Gewohnheit geworden sind, sind nicht auszurotten.
(E. Ch. v. Kleist)

Man verachtet nicht jeden, der **Laster** an sich hat, wohl aber jeden, der keine Tugend hat. *(F. de La Rochefoucauld)*

O daß ich große **Laster** säh', Verbrechen, blutig, kolossal, nur diese satte Tugend nicht und zahlungsfähige Moral.
(H. Heine, Romanzero)

Oft ist es uns deshalb unmöglich, uns einem einzigen **Laster** hinzugeben, weil wir mehrere haben.
(F. de La Rochefoucauld)

Wenn sich ein **Laster** genügend verbreitet hat, wird eine Tugend daraus.
(F. Sinatra)

Wer ein **Laster** liebt, der liebt die Laster alle. *(C. F. Gellert, Herodes und Herodias)*

Den **Lasterhaften** tadelt oft, wer ihn beneidet. *(W. Busch)*

Lästermaul. *(Redensart, nach Spr. Salom. 4, 24)*

Das schreibt sich her von euren **Lastern** und Sünden. *(Schiller, Wallensteins Lager)*

Oft kleiden sich des **Lasters** Triebe in die Gestalt erlaubter Liebe, und du erblickst nicht die Gefahr. *(C. F. Gellert, Der erhörte Liebhaber)*

Es kommt weit schneller, was **lästig** ist, als was man wünscht. *(Plautus, Hausgespenst)*

Versteh' ich gleich nichts von **lateinischen** Brocken, so weiß ich den Hund doch vom Ofen zu locken.
(G. A. Bürger, Kaiser und Abt)

Bekränzt mit **Laub** den lieben, vollen Becher! *(M. Claudius, Rheinweinlied)*

Laub macht den Acker taub.
(Bauernregel)

Fertig ist die **Laube!** *(Redensart)*
So wird nach schneller und zufriedenstellender Erledigung einer Angelegenheit gesagt.

Das ist der **Lauf** der Welt. *(Goethe, Faust)*

Besser **laufen** als faulen. *(Goethe, Reineke Fuchs)*

Wie ein **Lauffeuer.** *(Redensart)*
Sehr schnell

Den **Laufpaß** geben. *(Redensart)*
Wegschicken, entlassen

Und **läuft** und läuft und läuft …
(Werbeslogan für den Volkswagen, seit 1962)

Die jüngsten Kinder meiner **Laune.**
(A. v. Kotzebue)

Du bist in deiner angenehmen **Laune,** ich will dich nicht drin stören.
(Schiller, Jungfrau von Orleans)

Laune löst, was Laune knüpft.
(Schiller, Braut von Messina)

An **Laurentius** man pflügen muß.
(Bauernregel)
Laurentius: 10. August

Besser 'ne **Laus** im Kohl als gar kein Fleisch. *(Scherzhaftes Sprichwort)*

Dem ist eine **Laus** über die Leber gelaufen. *(Redensart)*
Soviel wie: er ist verärgert

Jemandem eine **Laus** in den Pelz setzen. *(Redensart)*
Jemanden unablässig beunruhigen

Der **Lauscher** an der Wand hört seine eigne Schand'. *(Sprichwort)*

Ich denk': mich **laust** der Affe! *(Redensart)*
Ausdruck höchsten Erstaunens

Er hat etwas **läuten** gehört, weiß nur nicht, wo die Glocke hängt. *(Redensart)*
Soviel wie: hat gerüchteweise vernommen

Schreckhaft mitternächtiges **Läuten.** *(Goethe, Epilog zu Schillers Glocke)*

Nicht der Glanz des Erfolges entscheidet, sondern die **Lauterkeit** des Strebens und das treue Beharren in der Pflicht. *(H. v. Moltke)*

Armer **Lazarus.** *(Nach Luk. 16, 20)*

Ein alter Mann ist stets ein König **Lear.** *(Goethe, Zahme Xenien)*

Daß ich **lebe,** ist nicht nötig, wohl aber, daß ich tätig bin. *(Friedrich d. Gr.)*

Lebe, als wolltest du täglich sterben, schaffe, als wolltest du ewig leben. *(Sprichwort)*

Lebe, wie du, wenn du stirbst, wünschen wirst, gelebt zu haben. *(C. F. Gellert, Vom Tode)*

Alles **Leben** ist Leiden. *(A. Schopenhauer)*

Alles **Leben** ist Lüge. *(D. v. Liliencron, Leben und Lüge)*

Am farbigen Abglanz haben wir das **Leben.** *(Goethe, Faust)*

Arbeit macht das **Leben** süß… *(Sprichwort, nach G. W. Burmann, Lob der Arbeitsamkeit)*
Vom Volksmund ergänzt: … Faulheit stärkt die Glieder

Auch das **Leben** verlangt ruhige Blätter im Kranz. *(Goethe, Der neue Pausias…)*

Das Alte stürzt, es ändert sich die Zeit, und neues **Leben** blüht aus den Ruinen. *(Schiller, Wilhelm Tell)*

Das ist das alte Lied und Leid, daß die Erkenntnis erst gedeiht, wenn Mut und Kraft verrauchen; die Jugend kann, das Alter weiß, du kaufst nur um des Lebens Preis die Kunst, das **Leben** recht zu brauchen. *(E. Geibel, Sprüche)*

Das ist im **Leben** häßlich eingerichtet, daß bei den Rosen gleich die Dornen stehn. *(V. v. Scheffel, Trompeter von Säckingen)*

Das **Leben** ein Traum. *(Drama von Calderon)*

Das **Leben** findet heute statt. *(Sprichwort, Titel einer Erzählung von L. Gast)*

Das **Leben** gilt nichts, wo die Freiheit fällt. *(Th. Körner)*

Das **Leben** ist das einz'ge Gut des Schlechten. *(Schiller, Maria Stuart)*

Das **Leben** ist der Güter höchstes nicht, der Übel größtes aber ist die Schuld. *(Schiller, Braut von Messina)*

Das **Leben** ist ein dorniger Rosenstock und die Kunst seine Blüte. *(G. Ebers)*

Das **Leben** ist eine Krankheit, der Schlaf ein Palliativ, der Tod eine Radikalkur. *(K. J. Weber, Demokritos)*

Das **Leben** ist eine Krankheit, die ganze Welt ein Lazarett! Und der Tod ist unser Arzt. *(H. Heine, Die Stadt Lucca)*

Das **Leben** ist nur ein Moment, der Tod ist auch nur einer. *(Schiller, Maria Stuart)*

Das **Leben** ist viel wert, wenn man's verachtet. *(H. v. Kleist)*

Das **Leben,** Vater, hat Reize, die wir nie gekannt. *(Schiller, Piccolomini)*

Das **Leben** wagt der Mut, nicht das Gewissen. *(Schiller, Wallensteins Tod)*

Das **Leben** wird schließlich mit dem Tode bestraft. *(W. Busch)*

Des Menschen **Leben** ist wie Spinnenweben. *(A. a Santa Clara)*

Dreifach haben sie mir gezeigt, wenn das **Leben** uns nachtet, wie man's verraucht, verschläft und vergeigt, und es dreimal verachtet. *(N. Lenau, Die drei Zigeuner)*

Du kannst dein **Leben** nicht verlängern, noch verbreitern, nur vertiefen. *(Gorch Fock)*

Du mußt dein **Leben** ändern. *(R. M. Rilke)*

Ein ewig Rätsel ist das **Leben,** und ein Geheimnis bleibt der Tod. *(E. Geibel)*

Ein freies **Leben** führen wir, ein Leben voller Wonne. *(Schiller, Räuber)*

Ein **Leben** ohne Feste ist ein langer Weg ohne Einkehr. *(Demokrit)*

Ein unnütz **Leben** ist ein früher Tod. *(Goethe, Iphigenie)*

Einem das **Leben** sauer machen. *(Nach 2. Mos. 1, 14)*

Ernst ist das **Leben,** heiter ist die Kunst. *(Schiller, Wallenstein)*

Es gibt nur drei Formen, um im **Leben** zu bestehen: stehlen, betteln oder etwas leisten. *(Mirabeau)*

Es glaubt der Mensch, sein **Leben** zu leiten, sich selbst zu führen; und sein Innerstes wird unwiderstehlich nach seinem Schicksale gezogen. *(Goethe, Egmont)*

Es ist hart, zu **leben,** aber härter ist es noch, zu sterben. *(Albanisches Sprichwort)*

Es lebe das **Leben!** *(Bühnenwerk von H. Sudermann)*

Frei atmen macht das **Leben** nicht allein. *(Goethe, Iphigenie auf Tauris)*

Hoppla, wir **leben!** *(Bühnenwerk von E. Toller)*

Ich bin die Auferstehung und das **Leben.** Wer an mich glaubt, der wird leben, ob er gleich stürbe. *(Joh. 11, 25)*

Ich lebe mein **Leben** in wachsenden Ringen. *(R. M. Rilke)*

Je mehr es abwärts geht, je reicher wird das **Leben.** *(F. Rückert, Weisheit des Brahmanen)*

Jeder muß selbst wissen, wie er **leben** kann. *(Sprichwort)*

Laß uns **leben,** Geliebte, laß uns lieben. *(Catull, An Lesbia)*

Leben heißt kämpfen. *(Sprichwort)*

Leben ist ein stetig Streiten, ist ein ewiges Geschehn. Stille stehn heißt: Rückwärts schreiten, rückwärtsschreitend untergehn. *(J. Rodenberg)*

Leben ist Einsamsein. Kein Mensch kennt den andern, jeder ist allein. *(H. Hesse, Im Nebel)*

Leben ohne Ehr' ist kein Leben mehr. *(Sprichwort)*

Leben und leben lassen. *(Sprichwort)*

Leben und Liebe – wie flog es vorbei! *(Th. Storm, Über die Heide)*

Leben und nichts erlangen, heißt fischen und nichts fangen. *(Sprichwort)*

Denn unser keiner lebt sich selber, und keiner stirbt sich selber. **Leben** wir, so leben wir dem Herrn. Darum, wir leben oder sterben, so sind wir des Herrn. *(Röm. 14, 7 u. 8)*

Man muß das **Leben** eben nehmen, wie das Leben eben ist. *(Sprichwort)*

Man soll vom **Leben** scheiden, wie Odysseus von Nausikaa schied – mehr segnend als verliebt. *(F. Nietzsche, Jenseits von Gut und Böse)*

Mein **Leben** ist ein Streit. *(Voltaire, Mahomet)*

Mein **Leben** ist für Gold nicht feil. *(G. A. Bürger, Lied vom braven Mann)*

Mensch, genieße dein **Leben,** als müßtest du morgen weggehen; schone dein Leben, als ob du ewig weiltest hier! *(J. G. v. Herder)*

Mit dem **Leben** davonkommen. *(Nach 2. Makk. 3, 38)*

Morgen können wir's nicht mehr, darum laßt uns heute **leben.** *(Schiller, Siegesfest)*

Nur Reisen ist Leben, wie umgekehrt das **Leben** Reisen ist. *(Jean Paul)*

O Gott, das **Leben** ist doch schön! *(Schiller, Don Carlos)*

Sein **Leben** grübelt er seitdem: Warum ihm dies geschah, von wem? *(C. Morgenstern, Galgenlieder)*

Sein **Leben** in die Schanze schlagen. *(Redensart)*
Sein Leben einsetzen

So **leben** wir, so leben wir, so leben wir alle Tage. *(Dem Dessauermarsch untergelegter Text)*

Süßes **Leben!** Schöne, freundliche Gewohnheit des Daseins und Wirkens, von dir soll ich scheiden! *(Goethe, Egmont)*

Übers **Leben** geht noch die Ehr'. *(Schiller, Wallensteins Lager)*

Und setzet ihr nicht das **Leben** ein, nie wird euch das Leben gewonnen sein. *(Schiller, Wallensteins Lager)*

Unser **Leben** währet siebzig Jahre, und wenn's hoch kommt, so sind's achtzig Jahre, und wenn's köstlich gewesen ist, so ist es Mühe und Arbeit gewesen. *(Psalm 90, 10)*

Verachte das **Leben,** um es zu genießen! *(Jean Paul, Quintus Fixlein)*

Warm ist das **Leben,** kalt ist der Tod. *(Sprichwort)*

Was ist das **Leben,** da kein Wein ist? *(Jes. Sirach 31, 33)*

Was ist das **Leben** ohne Liebesglanz? *(Schiller, Wallensteins Tod)*

Was uns am **Leben** erhält, kann uns auch krank machen. *(Hippokrates)*

Wenn ihr das **Leben** gar zu ernsthaft nehmt, was ist denn dran? *(Goethe, Egmont)*

Wenn du willst **leben** lang und gesund, iß wie die Katze und trink wie der Hund! *(Sprichwort)*

Wer angibt, hat mehr vom **Leben.** *(Scherzhaftes Sprichwort)*

Wer das **Leben** liebt und den Tod nicht scheut, geht fröhlich durch die sinkende Zeit. *(Th. Körner)*

Wer den Tod fürchtet, hat das **Leben** verloren. *(J. G. Seume, Apokryphen)*

Wer weiß zu **leben?** Wer zu leiden weiß. Wer zu genießen? Wer zu meiden weiß. *(D. F. Strauß, Wahlspruch)*

Wie das ewige **Leben** beschaffen ist, weiß ich nicht; dieses aber ist ein schlechter Spaß. *(Voltaire)*

Willst du dir ein hübsch **Leben** zimmern, mußt dich ums Vergangne nicht bekümmern. *(Goethe, Lebensregel)*

Wisset, daß dieses **Leben** ein Elend ist und keine Seligkeit. *(U. Zwingli)*

Fürchte du die **Lebenden** und nicht die Toten! *(Ch. D. Grabbe, Don Juan und Faust)*

Wie weit er auch die Stimme schickt,
Nichts **Lebendes** wird hier erblickt.
(Schiller, Kraniche des Ibykus)

Entzieht euch dem verstorbnen Zeug, **Lebend'ges** laßt uns lieben! *(Goethe, Zahme Xenien)*

Die Ringenden sind die **Lebendigen.** *(G. Hauptmann, Der arme Heinrich)*

Was ist doch ein **Lebendiges** für ein köstliches, herrliches Ding! wie abgemessen zu seinem Zustande, wie wahr, wie seiend! *(Goethe, Italienische Reise)*

Wer will was **Lebendigs** erkennen und beschreiben, sucht erst den Geist herauszutreiben. Dann hat er die Teile in seiner Hand, fehlt, leider! nur das geistige Band. *(Goethe, Faust)*

Buch des **Lebens.** *(Phil. 4, 3)*

Das Spiel des **Lebens** sieht sich heiter an, wenn man den sichern Schatz im Herzen trägt. *(Schiller, Piccolomini)*

Der Baum des Wissens ist nicht der des **Lebens.** *(Byron)*

Der Unfug des **Lebens.** *(Titel eines Buches von P. Mulford)*

Des **Lebens** Mai blüht einmal und nicht wieder. *(Schiller)*

Des **Lebens** Mühe lehrt uns allein des Lebens Güter schätzen. *(Goethe, Tasso)*

Des **Lebens** ungemischte Freude wird keinem Irdischen zuteil. *(Schiller, Ring des Polykrates)*
Meist zitiert: … keinem Sterblichen …

Freut euch des **Lebens,** weil noch das Lämpchen glüht. *(Lied von J. M. Usteri/H. G. Nägeli)*

Man steigt den grünen Berg des **Lebens** hinauf, um oben auf dem Eisberge zu sterben. *(Jean Paul)*

Und leben ist ja doch des **Lebens** höchstes Ziel. *(F. Grillparzer, Sappho)*

Wer erfreute sich des **Lebens,** der in seine Tiefen blickt? *(Schiller)*

In jedes **Lebensalter** treten wir als Neulinge und ermangeln darin der Erfahrung, trotz der Zahl der Jahre. *(F. de La Rochefoucauld)*

Der erste wahre und höhere eigentliche **Lebensgehalt** kam durch Friedrich den Großen und die Taten des Siebenjährigen Krieges in die deutsche Poesie. *(Goethe, Dichtung und Wahrheit)*

Von der Wiege bis zur Bahre sind die schönsten **Lebensjahre.** *(Scherzhaftes Sprichwort)*

Immer enger, leise, leise ziehen sich die **Lebenskreise.** *(Th. Fontane, Ausgang)*

Alt werden, steht in Gottes Gunst; jung bleiben, das ist **Lebenskunst.**
(Alter Spruch)

Rein bleiben und reif werden ist höchste und schwerste **Lebenskunst.** *(W. Flex)*

Mein **Lebenslauf** ist Lieb und Lust.
(A. Mahlmann, Reich der Freude)

Sein schöner **Lebenslauf** war Liebe.
(Schiller, Don Carlos)

Welt, jetzt kannste wieder losjehn! **Lebenslauf,** ick erwarte Dir!
(A. Glassbrenner)

Jemandem das **Lebenslicht** ausblasen.
(Redensart)
Soviel wie: ihn töten

Ach, des Lebens schönste Feier endigt auch den **Lebensmai.** *(Schiller, Glocke)*

Religion ist das als eine **Lebensnotwendigkeit** tief empfundene Gefühl der Abhängigkeit. *(K. Gutzkow)*

Lebensqualität.
(1973 entstandenes Schlagwort, welches den Fortschritt vom Wohlstand zum Wohlbefinden propagieren soll)

Immer klüger und gescheiter, und wir kommen doch nicht weiter, und das **Lebensrätsel** bleibt. *(Th. Fontane, Umsonst)*

Wer gut schmiert, der fährt auch gut auf der **Lebensreise.** *(G. A. Bürger, Ich will einst bei ja und nein)*

Denn das ist sein **Lebenszweck.**
(W. Busch, Max und Moritz)

Mein idealer **Lebenszweck** ist Borstenvieh, ist Schweinespeck.
(J. Schnitzer/J. Strauß, Zigeunerbaron)

Frisch von der **Leber** weg sprechen.
(Redensart)
Ohne Hemmungen

Die jekränkte **Leberwurscht** spielen.
(Berliner Redensart)
Beleidigt sein

So komme, was da kommen mag! Solang du **lebest,** ist es Tag. *(Th. Storm, Trost)*

Der Mensch ist, ich gesteh es euch, ein böses **Lebewesen.** *(Molière, Tartuffe)*

Stets lächelt Willkomm', **Lebewohl** geht seufzend. *(Shakespeare, Troilus und Cressida)*

Man **lebt** nicht, um zu essen, sondern man ißt um zu leben. *(Sprichwort, nach Sokrates)*

Man **lebt** nur einmal in der Welt.
(Goethe, Clavigo)

Man **lebt** nur, wenn man schafft.
(E. v. Feuchtersleben)

Vor Ihro Kaiserliche Majestät hab' ich, wie immer, schuldigen Respekt. Er aber sag's ihm, er kann mich im Arsch **lecken!**
(Goethe, Götz von Berlichingen)

Sie erhoben die Hände zum **lecker** bereiteten Mahle. *(Nach Homer, Ilias)*

Aber tief muß uns empören, was wir von der **Leda** lesen. Welche Gans bist du gewesen, daß ein Schwan dich könnt' betören. *(H. Heine, Mythologie)*

Aus fremdem **Leder** ist gut Riemen schneiden. *(Sprichwort)*

Wer **ledig** ist, hat seine Plage. Und eine Haushaltung ist auch mit Not verknüpft.
(M. G. Lichtwer, Die Schnecke und die Grille)

Mußt' ich nicht mit der Welt verkehren? Das **Leere** lernen, Leeres lehren? Sprach ich vernünftig, wie ich's angeschaut, erklang der Widerspruch gedoppelt laut.
(Goethe, Faust)

Leergebrannt ist die Stätte.
(Schiller, Glocke)
Meist zitiert: ... diese Stätte

Etwas außerhalb der **Legalität.**
(Nach einer Äußerung des Bundesinnenministers H. Hoecherl im Bundestag, im Zusammenhang mit der »Spiegel-Affäre« 1962)

Ihre Zahl ist **Legion.** *(Nach Mark. 5, 6)*

An guter **Lehr'** trägt keiner schwer.
(Sprichwort)

Es ist keine **Lehre** so närrisch oder schändlich, die nicht auch Schüler und Zuhörer fände. *(M. Luther)*

Lehre nicht andre, bis du selbst gelehrt bist. *(M. Claudius)*

Lehre tut viel, aber Aufmunterung tut alles. *(Goethe)*

Lehre tut viel, das Leben mehr.
(Sprichwort)

Leiden sind **Lehren.** *(Aesop, Fabeln)*

Ärzte und **Lehrer** kann man nie zu gut bezahlen. *(Sprichwort)*

Lehrjahre – Schwerjahre. *(Sprichwort)*

Lehrjahre sind keine Herrenjahre.
(Sprichwort)

Ein gutes Beispiel ist der beste **Lehrmeister.** *(Sprichwort)*

Erfahrung ist die beste **Lehrmeisterin.**
(Sprichwort)

Lehrstand, Nährstand, Wehrstand.
(Nach Erasmus Alberus, 1546)

Den **Leib** können sie töten, die Seele nicht. *(U. Zwingli, 1531)*

Der schönste **Leib** – ein Schleier nur, in den sich schamhaft Schönres hüllt.
(F. Nietzsche)

Ein gesunder **Leib,** ein freundliches Weib und ein Freund, die einander sind gleich: das sind drei Stück' vom Himmelreich. *(Alter Spruch)*

Seel' ist ein Gefangener, **Leib** ist ein Gefängnis; wer den Leib verzärtelt, gibt der Seele Drängnis. *(F. v. Logau)*

Wenn der **Leib** in Staub zerfallen, lebt der große Name noch. *(Schiller)*

Kinder sind eine Gabe des Herrn, und **Leibesfrucht** ist ein Geschenk.
(Psalm 127, 3)

Nur über meine **Leiche!** *(Redensart, nach Th. Körner, Hedwig, u. a.)*

Und so saß er, eine **Leiche,** eines Morgens da; nach dem Fenster noch das bleiche, stille Antlitz sah. *(Schiller, Ritter Toggenburg)*

Leichenpredigt – Lügenpredigt.
(Sprichwort)

Das Gebackene vom **Leichenschmaus** gab kalte Hochzeitsschüsseln.
(Shakespeare, Hamlet)

So viele Arbeit um ein **Leichentuch?**
(A. v. Platen, Romanzen und Jugendlieder)

Gewogen und zu **leicht** befunden.
(Nach Dan. 5, 27)

Zwar ist es leicht, doch ist das **Leichte** schwer. *(Goethe, Faust)*

Schweres fällt, **Leichtes** steigt.
(Sprichwort)

Leichtfertigkeit und Ehr' stimmen miteinander schwer. *(Sprichwort)*

Man kann Vorsicht Mut, man kann Mut **Leichtfertigkeit** nennen. *(Bismarck)*

Aus Vorsatz hast du nie, aus **Leichtsinn** stets gefehlt. *(Goethe, Laune des Verliebten)*

Leichtsinn und Torheit sind Nachbarn. *(Sprichwort)*

Wir Menschen werden wunderbar geprüft; wir könnten's nicht ertragen, hätt' uns nicht den holden **Leichtsinn** die Natur verliehn. *(Goethe, Tasso)*

Ein **Leid** in sich fressen. *(Redensart, nach Psalm 39, 3)*

Leid frißt das Herz und auch den Mut. *(E. M. Arndt)*

Leid steckt an. *(Shakespeare, Julius Caesar)*

Man lindert oft sein **Leid,** indem man es erzählt. *(P. Corneille)*

Manchen Wohltäter verwirrt das **Leid** der anderen derartig, daß er nicht weiß, wo er seine Taschen hat. *(G. C. Lichtenberg)*

Selig sind, die da **Leid** tragen; denn sie sollen getröstet werden. *(Matth. 5, 4)*

Sie, die uns das himmlische Feuer leihn, die Götter schenken heiliges **Leid** uns auch. *(F. Hölderlin, Heimat)*

Ach! wenn ich nicht gar zu vernünftig wär', ich täte mir was zu **Leide.** *(H. Heine, Der arme Peter)*

Leide und meide! *(Nach Epiktet)*

Alles Leben ist **Leiden.** *(A. Schopenhauer)*

Aussehen wie das **Leiden** Christi! *(Redensart)*
Hinfällig, sehr elend aussehen

Leiden sind Lehren. *(Nach Aesop, Der Hund und der Koch)*

Lerne **leiden,** ohne zu klagen. *([Angeblich] Kaiser Friedrich III., 1888)*

Wenn die **Leiden** kommen, so kommen sie wie einzelne Späher nicht, nein in Geschwadern. *(Shakespeare, Hamlet)*

Wenn sich zwei Herzen scheiden, die sich dereinst geliebt, das ist ein großes **Leiden,** wie's größres nimmer gibt. *(E. Geibel, Wenn sich zwei Herzen scheiden)*

Wie groß der **Leiden** Zahl, die auferlegt dem Herzen; doch bleibt die größte Qual, zu lächeln unter Schmerzen. *(E. Scherenberg)*

Leidenfrei wird keiner noch geboren. *(Schiller, Iphigenie in Aulis)*

Die **Leidenschaft** flieht, die Liebe muß bleiben. *(Schiller, Glocke)*

Ein Mensch ohne **Leidenschaft** ist ein Steinbild ohne Leben. Keine große Tat geschah, deren Mutter sie nicht war. *(Augustinus)*

Entflammter **Leidenschaft** verzeiht sich viel. *(E. Geibel, Sophonisbe)*

Ohne **Leidenschaft** gibt es keine Genialität. *(Th. Mommsen)*

Wenn die **Leidenschaft** zur Tür hereintritt, rettet sich die Vernunft durch das Fenster. *(Sprichwort)*

Der Mensch muß der **Leidenschaften** zugleich fähig und mächtig sein. *(Jean Paul)*

Die Selbstliebe ist die Quelle, der Ursprung und das Prinzip aller unserer **Leidenschaften.** *(J. J. Rousseau)*

Große **Leidenschaften** sind wie Naturkräfte; ob sie nutzen oder schaden, hängt bloß von der Richtung ab, die sie nehmen. *(L. Börne)*

Trennung läßt matte **Leidenschaften** verkümmern und starke wachsen. *(F. de La Rochefoucauld)*

Wenn wir unseren **Leidenschaften** widerstehen, so geschieht es mehr infolge ihrer Schwäche als infolge unsrer Stärke. *(F. de La Rochefoucauld)*

Leidenschaftlichkeit, die je älter, desto heftiger wird, kommt der Tollheit nahe. *(F. de La Rochefoucauld)*

Das Wesen jedes **Leids** hat zwanzig Schatten, die aussehn wie das Leid, doch es nicht sind. *(Shakespeare, Richard II.)*

Immer die alte **Leier.** *(Redensart)*
Immer ein und dasselbe

Ohne die **Leier** im himmlischen Saal ist die Freude gemein auch beim Nektarmahl. *(Schiller, Vier Weltalter)*

Die **Leihbibliotheken** studiere, wer den Geist des Volkes kennenlernen will. *(W. Hauff, Die Bücher und die Lesewelt)*

Jemandem auf den **Leim** gehen. *(Redensart)*
Sich betrügen lassen

Zieh' **Leine!** *(Redensart)*
Geh' los! Hau ab!

In der großen Seestadt **Leipzig.** *(G. J. F. Hansen, Die Wassernot in Leipzig)*

Mein **Leipzig** lob ich mir! Es ist ein klein Paris und bildet seine Leute. *(Goethe, Faust)*

O **Leipzig,** freundliche Lindenstadt! *(E. M. Arndt, Die Leipziger Schlacht)*

Schuster, bleib bei deinem **Leisten!** *(Sprichwort, nach Plinius, Apelles)*

Alles über einen **Leisten** schlagen. *(Redensart)*

Viel **leisten,** wenig hervortreten; mehr sein als scheinen. *(Clausewitz' Wahlspruch)*

Wer gar zu viel bedenkt, wird wenig **leisten.** *(Schiller, Wilhelm Tell)*

Wer sich **leiten** läßt, geht nicht irre. *(Sprichwort)*

Eine lange **Leitung** haben. *(Redensart)*
Begriffsstutzig sein
Es wird auch gesagt:
L^3 = lausig lange Leitung

Ein jeder lerne seine **Lektion,** so wird es wohl im Hause stohn. *(M. Luther)*

Ein jeder übe sein' **Lektion,** so wird es gut im Rate stohn. *(Goethe, Zahme Xenien)*

Lasse dich deine **Lektüre** nicht beherrschen, sondern herrsche über sie. *(G. C. Lichtenberg)*

Wiederholen alter **Lektüre** ist der sicherste Probierstein gewonnener weiterer Bildung. *(F. Hebbel)*

Lenore fuhr ums Morgenrot empor aus schweren Träumen: Bist untreu, Wilhelm, oder tot? Wie lange willst du säumen? *(G. A. Bürger, Lenore)*

Der neue **Lenz** bringt neue Saaten mit. *(Schiller, Jungfrau von Orleans)*

Ist der holde **Lenz** erschienen? Hat die Erde sich verjüngt? *(Schiller, Klage der Ceres)*

Noch in meines Lebens **Lenze** war ich, und ich wandert' aus, und der Jugend frohe Tänze ließ ich in des Vaters Haus.
(Schiller, Pilgrim)

Und wenn er seinen Gegenstand benennt, so gibt er ihm den Namen **Leonore.** *(Goethe, Tasso)*

Mein **Leopold!** *(Lustspiel von A. L'Arronge)*

Horch, horch, die **Lerch'** im Äther blau!
(Shakespeare, Cymbeline, vertont von F. Schubert)

Älter werde ich stets, niemals doch **lerne** ich aus. *(Solon)*

Lerne was, so kannst du was.
(Sprichwort)

Wenn einer meint, er **lerne** noch, so kommt sein Witz empor; wenn einer meint, er sei gelehrt, so wird er jetzt ein Tor. *(F. v. Logau, Gelehrt)*

Nicht für die Schule, sondern für das Leben **lernen** wir. *(Sprichwort, nach Seneca, Epistulae)*

Ihr Kinder, **lernet** jetzt genug! Ihr lernt nichts mehr in alten Tagen.
(K. Pfeffel, Zween Hunde)

In der Welt **lernt** der Mensch nur aus Not oder Überzeugung. *(H. Pestalozzi)*

Man **lernt** nie aus. *(Sprichwort)*

Überall **lernt** man nur von dem, den man liebt. *(J. P. Eckermann, Gespräche mit Goethe)*

Wer nicht mehr strebt, wer nicht mehr **lernt,** der lasse sich begraben.
(E. v. Feuchtersleben)

An Zerstreuung läßt es uns die Welt nicht fehlen; wenn ich **lese,** will ich mich sammeln. *(Goethe)*

Die guten Leutchen wissen nicht, was es einen für Zeit und Mühe gekostet hat, um **lesen** zu lernen. Ich habe achtzig Jahre dazu gebraucht und kann noch jetzt nicht sagen, daß ich am Ziel wäre.
(Goethe)

Erst durch **Lesen** lernt man, wieviel man ungelesen lassen kann. *(W. Raabe)*

Man sollte eigentlich nur immer das **lesen,** was man bewundert.
(J. P. Eckermann, Gespräche mit Goethe)

Nicht viel **lesen,** sondern gut Ding viel und oft lesen macht fromm und klug dazu. *(M. Luther)*

Viel **lesen** und nicht durchschauen ist viel essen und nicht verdauen.
(Sprichwort)

Vieles **Lesen** macht stolz und pedantisch; viel sehen macht weise, verträglich und nützlich. *(G. C. Lichtenberg)*

Vom Schlechten kann man nie zu wenig und das Gute nie zu oft **lesen.**
(A. Schopenhauer, Parerga)

Der **Leser** ist der eigentliche Erzeuger des Buches, denn sein Hunger hat es hervorgebracht. *(H. Lhotzky)*

Leser, wie gefall' ich dir? Leser, wie gefällst du mir? *(F. v. Logau, Sinngedichte)*

Ich bin der **letzte** meines Stamms.
(Schiller, Wilhelm Tell)

Bedenket, daß ihr die **letzten** seid!
(J. G. Fichte, Reden an die deutsche Nation, 1808)

Den **Letzten** beißen die Hunde.
(Sprichwort)

Die ersten werden die **letzten,** und die letzten werden die ersten sein.
(Matth. 19, 30)

Sei **Leu!** Wenn Narrenhände dir in die Mähne kratzen, dann mach dem Spiel ein Ende und zeige deine Tatzen.
(F. v. Sallet, Epigrammatisches)

Leuchte der Wissenschaft.
(Nach Plinius d. Ä., Naturalis historia)

Doch ich will nicht vorgreifen, ich kann es nicht anders **leugnen.**
(S. Haber im »Ulk«)

Alles weg'n de **Leut'.**
(Couplet von O. Reutter)

Einer von unsere **Leut.**
(Posse von D. Kalisch, nach einer jüdischen Redensart)

Arme **Leute** kochen mit Wasser.
(Sprichwort)

Die **Leute** sagen immer, die Zeiten werden schlimmer. Die Zeiten bleiben immer, die Leute werden schlimmer.
(Sprichwort)

Doch **Leute** machen noch kein Volk.
(F. v. Sallet, Der alte Überallundnirgends)

Dreierlei **Leute** lasse man frei reden: Herren, Kinder und Narren.
(Sprichwort)

Es gibt **Leute,** die mehr zum Hindernis als zur Zierde der Welt da sind: unnütze Möbel, die jeder aus dem Wege rückt.
(B. Gracian, Handorakel)

Feine **Leute** haben feine Sachen.
(Sprichwort)

Große **Leute** irren auch. *(Sprichwort)*

Gute **Leute** und schlechte Musikanten.
(Nach C. Brentano, Ponce de Leon, bzw. E. T. A. Hoffmann, Kater Murr)

Lehre du mich meine **Leute** kennen!
(Schiller, Piccolomini)

Leute vom Bau. *(Redensart, nach L. Angely, Fest der Handwerker)*
Soviel wie: Fachleute

Weise **Leute** haben den Mund im Herzen. *(Sprichwort)*

Allen **Leuten** recht getan, ist eine Kunst, die niemand kann. *(Sprichwort)*

Die **Leutnants** und die Fähnrichs, das sind die klügsten Leute. *(H. Heine, Heimkehr)*

In der **Leutseligkeit** ist nichts von Menschenhaß, aber eben darum allzuviel von Menschenverachtung. *(F. Nietzsche, Jenseits von Gut und Böse)*

Die **Leviten** lesen. *(Redensart, nach 3. Mos.)*
Jemandem Vorhaltungen machen; ihn tadeln

Das **Lexikon** gehört in die Hand jeder Magd. *(Lenin zugeschrieben)*

Das Schmökern im **Lexikon** gleicht einem Schlendern in einer Landschaft, wo einem auf Schritt und Tritt etwas Überraschendes und Fesselndes begegnet. *(M. Behaim-Schwarzbach, in: »Glück mit Büchern«, 1960)*

Wo im Kreis der **Liberalen** man den Heil'gen Vater haßt. *(W. Busch, Fromme Helene)*

Es kann ein **Liberaler** Minister sein, aber deshalb ist er noch kein liberaler Minister. *(W. v. Humboldt)*

Das **Licht** der Welt erblicken.
(Redensart)
Geboren werden

Das **Licht** ist für alle Augen; aber nicht alle Augen sind für das Licht.
(E. v. Feuchtersleben, Aphorismen)

Das **Licht** vom Himmel läßt sich nicht versprengen, noch läßt der Sonnenaufgang sich verhängen mit Purpurmänteln oder dunklen Kutten. *(N. Lenau)*

Die Finsternis ist die größte Feindschaft des Lichts und ist doch die Ursache, daß das **Licht** offenbar werde. *(J. Böhme)*

Ein Meer von **Licht** wird ausstrahlen von dieser Stadt. *(Kronprinz Rudolph von Österreich, Wien 1883)*

Es geht mir ein **Licht** auf! *(Redensart, nach Matth. 4, 16)*

Etwas ins rechte Licht rücken. *(Redensart)*
Etwas so darstellen, wie es wirklich ist.

In gutem **Licht** erscheinen. *(Redensart)*
Einen guten Eindruck machen

Jemanden hinters **Licht** führen. *(Redensart)*
Jemanden betrügen

Licht in eine Angelegenheit bringen. *(Redensart)*
Eine Sache klären

Mehr **Licht.** *(Aus den letzten Worten Goethes, 1832)*

Sein **Licht** leuchten lassen. *(Redensart, nach Matth. 5, 16)*

Sein **Licht** nicht unter den Scheffel stellen. *(Redensart, nach Matth. 5, 15)*
Seine Vorzüge nicht verbergen

Sünder und böse Geister scheuen das **Licht.** *(Schiller)*

Wie viele **Lichter** verdanken bloß ihrem Leuchter, daß man sie sieht. *(F. Hebbel)*

Wüßte nicht, was sie Besseres erfinden könnten, als wenn die **Lichter** ohne Putzen brennten. *(Goethe, Sprichwörtlich)*

Wer des **Lichts** begehrt, muß ins Dunkel gehn. *(M. Hausmann, Weg in die Dämmerung)*

Auf **Lieb'** folgt Leid. *(Sprichwort)*

Die **Lieb'** ist wie ein Wiegenlied, es lullt dich lieblich ein; doch schläfst du kaum, so schweigt das Lied, und du erwachst allein. *(Th. Storm)*

Die **Lieb'** umfaßt des Weibes volles Leben, sie ist ihr Kerker und ihr Himmelreich. *(A. v. Chamisso, Lebenslieder)*

Ich habe geliebet; nun **lieb'** ich erst recht! *(Goethe, Gewohnt, getan)*

Lieb' ist Wunder, Lieb' ist Gnade, die wie der Tau vom Himmel fällt. *(E. Geibel, Minnelied)*

Mein Lebenslauf ist **Lieb** und Lust. *(A. Mahlmann, Reich der Freude)*

Nie wollt weiter sich ins Land **Lieb'** von Liebe wagen, als sich blühend in der Hand läßt die Rose tragen. *(N. Lenau, An die Entfernten)*

O **lieb,** so lang du lieben kannst. *(F. Freiligrath, Der Liebe Dauer)*

Wenn ich dich **lieb** habe, was geht's dich an? *(Goethe, Wilhelm Meister)*

Wer für sein **Lieb'** nicht sterben kann, ist keines Kusses wert. *(Th. Körner)*

Liebchen, ade, ade, Scheiden tut weh! *(W. Gerhard/A. Pohlenz, Matrosenlied)*

Mein **Liebchen,** was willst du noch mehr? *(H. Heine, Du hast Diamanten und Perlen)*

Wer ein **Liebchen** hat gefunden, die es treu und redlich meint... *(C. F. Bretzner u. G. Stephanie/ W. A. Mozart, Entführung aus dem Serail)*

Alles fühlt der **Liebe** Freuden, schnäbelt, tändelt, herzet, küßt. *(E. Schikaneder/ W. A. Mozart, Zauberflöte)*

Allmächt'ge **Liebe!** Göttliche! Wohl nennt man dich mit Recht die Königin der Seelen. *(Schiller, Braut von Messina)*

Alte **Liebe** rostet nicht. *(Sprichwort)*

Bist du die erste, die der **Liebe** Macht empfindet? *(Schiller, Phädra)*

Das eben ist der **Liebe** Zaubermacht. *(F. Grillparzer, Sappho)*

Das Glück ist die **Liebe,** die Lieb' ist das Glück, ich hab' es gesagt und nehm's nicht zurück. *(A. v. Chamisso, Frauenliebe und -leben)*

Das größte Wunder der **Liebe** ist, daß sie die Gefallsucht heilt. *(F. de La Rochfoucauld)*

Das ist das höchste Wunder der **Liebe** und ihrer Entzückungen, daß sie selbst die Frauen stumm machen. *(O. Blumenthal, Wellenringe)*

Das Schweigen ist der **Liebe** keusche Blüte. *(H. Heine)*

Das süßeste Glück für die trauernde Brust, nach der schönen Liebe verschwundener Lust, sind der **Liebe** Schmerzen und Klagen. *(Schiller, Des Mädchens Klage)*

Der ersten **Liebe** gold'ne Zeit. *(Schiller, Glocke)*

Der Geist baut das Luftschiff, die **Liebe** aber macht gen Himmel fahren. *(Ch. Morgenstern)*

Der **Liebe** leichte Schwingen trugen mich; kein steinern Bollwerk kann der Liebe wehren, und Liebe wagt, was irgend Liebe kann. *(Shakespeare, Romeo und Julia)*

Der **Liebe** und dem Feuer muß man beizeiten wehren. *(Sprichwort)*

Der **Liebe** Wonne flieht des Lauschers Ohr, sie flieht des Strahles unbescheidnen Zeugen. *(Schiller, Erwartung)*

Der **Liebe** Wunden kann nur heilen, wer sie schlug. *(Sprichwort)*

Der Mensch gewöhnt sich an wiederholte **Liebe,** nicht an wiederholte Ungerechtigkeit. *(Jean Paul)*

Des Weibes **Liebe** hat ein Falkenauge. *(Ch. M. Wieland)*

Die Engel, die nennen es Himmelsfreud, die Teufel, die nennen es Höllenleid, die Menschen, die nennen es **Liebe.** *(H. Heine)*

Die Jahre kommen und gehen, Geschlechter stürzen ins Grab, doch nimmer vergeht die **Liebe,** die ich im Herzen hab. *(H. Heine, Heimkehr)*

Die Jugend und die schöne **Liebe,** alles hat sein Ende. *(Goethe, Egmont)*

Die Kraft verleiht Gewalt, die **Liebe** leiht Macht. *(M. v. Ebner-Eschenbach)*

Die **Liebe** besteht zu drei Vierteln aus Neugier. *(G. Casanova, Memoiren)*

Die **Liebe** bricht herein wie Wetterblitzen, die Freundschaft kommt wie dämmernd Mondenlicht, die Liebe will erwerben und besitzen, die Freundschaft opfert, doch sie fordert nicht. *(E. Geibel, Die beiden Engel)*

Die **Liebe** gefällt mehr als die Ehe, wie für die meisten ein Roman unterhaltender ist als Geschichte. *(S. Chamfort, Maximen und Gedanken)*

Die **Liebe** geht durch den Magen. *(Sprichwort)*

Die **Liebe** gibt dir ein: lieb alles, groß und klein! Der höchsten Liebe wert wirst du dadurch allein. *(F. Rückert, Weisheit des Brahmanen)*

Die **Liebe** hat ihre eigne Sprache; die Ehe kehrt zur Landessprache zurück. *(Russisches Sprichwort)*

Die **Liebe** is en Feuerzeug, des Herz, des is der Zunder, un fällt een kleenes Fünksken rein, so brennt der janze Plunder. *(A. Glaßbrenner, Weihnachtsmarkt)*

Die **Liebe** ist das Leben des Weibes, aber eine Episode im Leben des Mannes. *(Jean Paul)*

Die **Liebe** ist der Dichtung Stern, die Liebe ist des Lebens Kern; und wer die Lieb' hat ausgesungen, der hat die Ewigkeit errungen. *(F. Rückert, Frühlingslied)*

Die **Liebe** ist der Endzweck der Weltgeschichte, das Amen des Universums. *(Novalis)*

Die **Liebe** ist der Liebe Preis. *(Schiller, Don Carlos)*

Die **Liebe** ist des Lebens süßer Kern. *(Sprichwort)*

Die **Liebe** ist einäugig, aber Haß gänzlich blind. *(B. Auerbach)*

Die **Liebe** ist eine große Lehrmeisterin. *(Molière)*

Die **Liebe** kriecht, wo sie nicht gehen kann. *(Sprichwort)*

Die **Liebe** lebt von liebenswürdigen Kleinigkeiten. *(Th. Fontane)*

Die **Liebe** macht zum Goldpalast die Hütte. *(L. Hölty, Seligkeit der Liebenden)*

Die **Liebe** neigt sich auf die Seite, da der (Geld-)Beutel hängt. *(Sprichwort)*

Die **Liebe** sieht Undankbarkeit nicht an. *(M. Luther, Tischreden)*

Die **Liebe** und der Suff, die reiben den Menschen uff. *(Scherzhaftes Berliner Sprichwort)*

Die **Liebe** von Zigeunern stammt. *(H. Meilhac u. L. Halévy/ G. Bizet, Carmen)*

Die **Liebe,** wenn sie neu, braust wie ein junger Wein: Je mehr sie alt und klar, je stiller wird sie sein. *(Angelus Silesius)*

Die wahre **Liebe** würdigt ihren Gegenstand; aber das ist die wahre Liebe nicht, die nur das Würdige liebt. *(L. Börne)*

Doch welche Lust kann aufgedrungne **Liebe** sein? *(Sophokles, Ödipus auf Kolonos)*

Ein bißchen **Liebe** von Mensch zu Mensch ist besser als alle Liebe zur Menschheit. *(R. Dehmel)*

Ein Tröpflein **Liebe** ist mehr wert als ein ganzer Sack voll Gold. *(F. v. Bodelschwingh)*

Eine **Liebe** ist der andern wert. *(Sprichwort)*

Eine Welt zwar bist du, o Rom, doch ohne die **Liebe** wäre die Welt nicht die Welt, wäre denn Rom auch nicht Rom. *(Goethe, Elegien)*

Eines ist, was nützt: die Klarheit. Eins ist, was besteht: das Recht. Eins ist, was besänftigt: die **Liebe.** *(L. Börne)*

Er hat uns gerettet, er trägt die Kron', er starb für uns, unsre **Liebe** sein Lohn. *(Th. Fontane, John Maynard)*

Erst seit ich **liebe,** ist das Leben schön, erst seit ich liebe, weiß ich, daß ich lebe. *(Th. Körner)*

Es gibt in Wahrheit kein letztes Verständnis ohne **Liebe.** *(C. Morgenstern)*

Es ist besser ein Gericht Kraut mit **Liebe,** denn ein gemästeter Ochse mit Haß. *(Spr. Salom. 15, 17)*

Es ist doch keine Lust und keine Seligkeit, die übertreffen kann der **Liebe** Süßigkeit. *(Angelus Silesius)*

Es ist ein holder, freundlicher Gedanke, daß über uns, in unermeßnen Höhn, der **Liebe** Kranz aus funkelnden Gestirnen, da wir erst wurden, schon geflochten ward. *(Schiller, Piccolomini)*

Es ist eine nichtswürdige **Liebe,** die kein Bedenken trägt, ihren Gegenstand der Verachtung auszusetzen. *(G. E. Lessing, Minna von Barnhelm)*

Etwas mit dem Mantel der **Liebe** zudecken. *(Redensart, nach 1. Petr. 4, 8)*
Etwas Beschämendes vergessen sein lassen

Fragst du mich, woher die bange **Liebe** mir zum Herzen kam,... *(E. Mörike, Frage und Antwort)*

Freundschaft ist **Liebe** ohne Flügel. *(Französisches Sprichwort)*

»Furchtlos und treu« ist der Wahlspruch der **Liebe.** *(E. Geibel, Meister Andrea)*

Gegen große Vorzüge eines anderen gibt es kein Rettungsmittel als die **Liebe.** *(Goethe)*

Gesang und **Liebe** im schönen Verein, sie erhalten dem Leben den Jugendschein. *(Schiller, Vier Weltalter)*

Glaube ohne **Liebe** ist nichts wert. *(M. Luther)*

Glück im Spiel, Pech in der **Liebe.** *(Sprichwort)*

Hab' ich nur deine **Liebe,** die Treue brauch' ich nicht. *(F. Zell u. R. Genée/ F. v. Suppé, Boccaccio)*

Haß, als minus und vergebens, wird vom Leben abgeschrieben. Positiv im Buch des Lebens steht verzeichnet nur die **Liebe.** Ob ein Minus oder Plus uns verblieben, zeigt der Schluß. *(W. Busch)*

Hat dich die **Liebe** berührt, still unterm lärmenden Volke gehst du in goldener Wolke, sicher vom Gotte geführt. *(P. Heyse)*

Hat man die **Liebe** durchlebt, fängt man die Freundschaft an. *(H. Heine, Angelique)*

Heut ist mir alles herrlich; wenn's nur bliebe! ich sehe heut durchs Augenglas der **Liebe.** *(Goethe, Westöstlicher Diwan)*

Ich bete an die Macht der **Liebe.** *(Choral von H. Tersteegen/ D. S. Bortnjanski)*

Ich bin von Kopf bis Fuß auf **Liebe** eingestellt. *(Lied aus dem Film »Der blaue Engel«)*

Ich **liebe** dich, mich reizt deine schöne Gestalt. *(Goethe, Erlkönig)*

Ich **liebe** dir, ich liebe dich! Wie's richtig ist, ich weeß es nich. *(J. F. Rüthling, Mir und mich)*

Ich **liebe** sie, sie liebet mich, doch keines sagt: Ich liebe dich! *(L. Uhland, Lauf der Welt)*

Ihr, die ihr Triebe des Herzens kennt, sprecht, ist es **Liebe,** was hier so brennt? *(L. da Ponte/W. A. Mozart, Figaros Hochzeit)*

In dem Augenblick, wo die **Liebe** ihr alles gibt, macht sie zugleich bankerott. *(F. Hebbel, Tagebücher)*

In der **Liebe** ist der zuerst Geheilte immer der besser Geheilte.
(F. de La Rochefoucauld)

In eurer **Liebe** sei eure Ehre!
(F. Nietzsche, Zarathustra)

Kalte Hände, warme **Liebe.**
(Sprichwort)

Kann unsere **Liebe** anders bestehen als durch Aufopferungen, durch Nicht-alles-Verlangen? *(L. van Beethoven)*

Kein Feuer, keine Kohle kann brennen so heiß, als heimliche **Liebe,** von der niemand nichts weiß. *(Altes Volkslied)*

Kein Schicksal ist auf Erden noch so graus, die **Liebe** schöpft ein Körnchen Glück daraus. *(C. Spitteler)*

Krone des Lebens, Glück ohne Ruh, **Liebe,** bist du! *(Goethe, Rastlose Liebe)*

Küsse sind der **Liebe** Sprache. *(G. Keil)*

Letzte **Liebe** ist die wahre. *(Sprichwort)*

Liebe besteht nicht darin, in den anderen hineinzustarren, sondern darin, gemeinsam nach vorn zu blicken.
(A. de Saint-Exupéry)

Liebe bezahlt sich mit Liebe.
(Sprichwort)

Liebe bleibt die goldne Leiter, drauf das Herz zum Himmel steigt. *(E. Geibel)*

Liebe denkt in süßen Tönen, denn Gedanken stehn zu fern. Nur in Tönen mag sie gern alles, was sie will, verschönen.
(L. Tieck, Liebeslust)

Liebe der Liebe – Summe der Religion.
(J. K. Lavater)

Liebe greift auch in die Ferne, Liebe fesselt ja kein Ort. *(Schiller, Huldigung der Künste)*

Liebe hat kein Alter. *(B. Pascal)*

Liebe ist blind. *(Sprichwort)*

Liebe ist etwas Ideelles, Heiraten etwas Reelles; und nie verwechselt man ungestraft das Ideelle mit dem Reellen.
(Goethe)

Liebe ist freiwillige Gabe, Schmeichelei, Huldigung. *(Goethe, Genügsam)*

Liebe ist so notwendig wie Brot.
(H. de Balzac)

Liebe ist stark wie der Tod.
(Hohelied Salom. 8, 6)

Liebe läßt von Liebe nicht.
(E. Geibel)

Liebe, Liebe lächelt nur aus dem Auge der Natur. *(Schiller, Triumph der Liebe)*

Liebe macht blind. *(Sprichwort)*

Liebe – sagt man schön und richtig – ist ein Ding, was äußerst wichtig.
(W. Busch, Herr und Frau Knopp)

Liebe schwärmt auf allen Wegen; Treue wohnt für sich allein. *(Goethe)*

Liebe sei vor allen Dingen unser Thema, wenn wir singen. *(Goethe, Westöstlicher Diwan)*

Liebe und Glauben sind das Fundament aller Religionen. *(J. F. Herbart)*

Liebe und Not meistern alle Gebot.
(M. Luther)

Liebe und Trompetenblasen nützen zu viel guten Dingen. *(V. v. Scheffel, Trompeter von Säckingen)*

Liebe vermag viel – Geld alles.
(Französisches Sprichwort)

Liebe wandert mit zwei Worten gläubig über Meer und Land. *(C. F. Meyer, Mit zwei Worten)*

Liebe ward der Welt von Gott verliehen, um zu Gott die Seele zu erziehen. *(F. Rückert, Liebesfrühling)*

Liebe zuerst bringt Lust, doch am Schluß nur Schmerzen dem Herzen. *(Ovid, Ars amandi)*

Lust und **Liebe** sind die Fittiche zu großen Taten. *(Goethe, Iphigenie)*

Morgen **liebe,** was auch immer noch geliebet hat zuvor! Was geliebt hat längst und immer, lieb auch morgen nach wie vor. *(G. A. Bürger, Nachtfeier der Venus)*

Nun aber bleibt Glaube, Hoffnung, Liebe, diese drei; aber die **Liebe** ist die größte unter ihnen. *(1. Kor. 13, 13)*

Nur **Liebe** darf der Liebe Blume brechen. *(Schiller, Begegnung)*

O daß sie ewig grünen bliebe, die schöne Zeit der jungen **Liebe!** *(Schiller, Glocke)*

O sink hernieder, Nacht der **Liebe!** *(R. Wagner, Tristan und Isolde)*

O zarte Sehnsucht, süßes Hoffen, der ersten **Liebe** goldne Zeit! *(Schiller, Glocke)*

Ohne **Liebe** kehrt kein Frühling wieder, ohne Liebe preist kein Wesen Gott. *(Schiller, Phantasie an Laura)*

Platonische **Liebe.** *(Redensart, nach Platon, Symposion)* *Rein geistige Liebe*

Schenk' mir doch ein kleines bißchen **Liebe,** Liebe. *(H. Bolton-Baeckers/ P. Lincke, Frau Luna)*

Schmachtende **Liebe** vermeidet den Tanz. *(Goethe, Wechsellied zum Tanze)*

Schmerz ist der Vater und **Liebe** die Mutter der Weisheit. *(L. Börne)*

Schön ist eigentlich alles, was man mit **Liebe** betrachtet. *(C. Morgenstern)*

Segen denen, die gefunden früher **Liebe** Rosenstunden! *(Goethe, Nachspiel zu den Hagestolzen)*

Selbstliebe ist nur insofern sittlich, als sie alle andere **Liebe** in sich schließt. *(F. E. D. Schleiermacher)*

Spott vertreibt die **Liebe** nicht. *(Goethe, Gedichte)*

Tränen sind der ew'gen **Liebe** Boten. *(E. M. Arndt, Gedichte)*

Trennung frischt die **Liebe** auf. *(Sprichwort)*

Und die **Liebe** per Distanz, kurz gesagt, mißfällt mir ganz. *(W. Busch, Abenteuer eines Junggesellen)*

Unsre **Liebe** endet nicht, bis daß der Kater Junge kricht. *(Albumvers)*

Unter allen Torheiten, die ein Mädchen begeht, ist immer ihre erste **Liebe** eine der größten. *(A. v. Kotzebue)*

Viel tut die **Liebe,** aber mehr noch das Geld. *(Serbisches Sprichwort)*

Was aus **Liebe** getan wird, geschieht immer jenseits von Gut und Böse. *(F. Nietzsche)*

Was ist der **Liebe** Ehre? Was der Himmel ohne sie? *(Schiller, Semele)*

Weisheit mit dem Sonnenblick, große Göttin, tritt zurück, weiche vor der Liebe! Nie Erobrern, Fürsten nie, beugtest du ein Sklavenknie, beug' es jetzt der **Liebe!** *(Schiller, Triumph der Liebe)*

Wen der Pfeil des Schönen je getroffen, ewig währt für ihn der Schmerz der **Liebe!** *(A. v. Platen, Tristan)*

Wenig, aber mit **Liebe!** *(Redensart, nach Homer, Odyssee)*

Wer keine **Liebe** fühlt, muß schmeicheln lernen, sonst kommt er nicht aus. *(Goethe)*

Wer **Liebe** säet, der wird Freude ernten. *(Sprichwort)*

Wer rasch zur **Liebe** bereit ist, ist auch rasch zum Haß bereit. *(Jüdisches Sprichwort)*

Wer Tränen ernten will, muß **Liebe** säen. *(Schiller, Wilhelm Tell)*

Wie Knaben aus der Schul', eilt **Liebe** hin zum Lieben, wie Knaben an ihr Buch, wird sie hinweggetrieben. *(Shakespeare, Romeo und Julia)*

Wieviel Muscheln am Strand, soviel Schmerzen bietet die **Liebe.** *(Ovid, Ars amandi)*

Wo **Liebe** kommt ins Haus, da zieht die Klugheit aus. *(F. v. Logau)*

Wohl bringt die **Liebe** uns zuletzt auch Leid, denn eines muß ja vor dem andern sterben. *(F. Hebbel, Nibelungen)*

Wundertätig ist die **Liebe,** die sich im Gebet enthüllt. *(Goethe, Novelle)*

Zur **Liebe** will ich dich nicht zwingen. *(E. Schikaneder/ W. A. Mozart, Zauberflöte)*

Adam und Eva haben's **Lieben** erdacht, ich und mein Schätzle haben's auch so gemacht. *(C. Brentano, Des Knaben Wunderhorn)*

Dich liebt' ich immer, dich lieb' ich noch heut und werde dich **lieben** in Ewigkeit. *(L. Uhland, Der Wirtin Töchterlein)*

Hab' oft im Kreise der **Lieben** in duftigem Grase geruht, und mir ein Liedlein gesungen, und alles war hübsch und gut. *(A. v. Chamisso, Frisch gesungen)*

Im **Lieben** wohnt Betrüben, und kann nicht anders sein. *(C. Brentano, Ich wollt ein Sträußlein binden)*

Lieben und weise sein, das ist kaum einem Gott möglich. *(Seneca, Epistulae)*

Welch Glück, geliebt zu werden! Und **lieben,** Götter, welch ein Glück! *(Goethe, Willkommen und Abschied)*

Wir leben, um uns zu **lieben,** und sinken zurück in die Nacht. *(F. Hebbel, Ich und Du)*

Ein Schauspiel für Götter, zwei **Liebende** zu sehn! *(Goethe, Erwin und Elmire)*

Selig der **Liebende,** der die betrübende, heilsam und übende Prüfung bestanden. *(Goethe, Faust)*

Das Gemüt eines **Liebenden** ist wie ein Diamant. *(B. Gracian, Handorakel)*

Der **Liebenden** Streit die Liebe erneut. *(Sprichwort)*

Nicht wenn du **liebenswürdig** bist, wirst du geliebt; wenn man dich liebt, wirst du liebenswürdig gefunden. *(L. Börne, Umgang mit Menschen)*

Die Menschen sind, trotz allen ihren Mängeln, das **Liebenswürdigste,** was es gibt. *(Goethe, Maskenzug…)*

Wer je gelebt in **Liebesarmen,** der kann im Leben nie verarmen. *(Gedicht von Th. Storm)*

Um einen guten **Liebesbrief** zu schreiben, mußt du anfangen, ohne zu wissen, was du sagen willst, und endigen, ohne zu wissen, was du gesagt hast. *(J. J. Rousseau)*

Was ist das Leben ohne **Liebesglanz?** *(Schiller, Wallensteins Tod)*

Man zählt den ersten **Liebeshandel** einer Frau nur dann, wenn sie sich auf einen zweiten eingelassen hat. *(F. de La Rochefoucauld)*

Zwist unter **Liebesleuten** hat nicht viel zu bedeuten. *(Sprichwort)*

Ein **Liebesnetz** hab' ich um dich gesponnen, zerreiß es, wenn du kannst. *(Schiller, Wallensteins Tod)*

Der beste Mensch wird manchmal zornig, kein **Liebespaar** kann immer kosen. *(F. v. Bodenstedt, Mirza Schaffy)*

Das Weib allein kennt wahre **Liebestreue.** *(Schiller)*

Liebeswahnsinn! Pleonasmus! Liebe ist ja schon ein Wahnsinn. *(H. Heine, Atta Troll)*

Die **Liebhaber** sind so pünktlich wie die Sonne. *(Goethe, Jery und Bätely)*

Ungezogener **Liebling** der Grazien. *(Nach Goethe, Die Vögel)*

Das Weib lebt nur, wenn es **liebt.** *(L. Börne)*

Den Weg der Gottheit wandelt nur, wer **liebt.** *(Firdusi)*

Man **liebt** sich nicht nur in andern, sondern haßt sich auch in andern. *(G. C. Lichtenberg)*

Man verzeiht, solange man **liebt.** *(F. de La Rochefoucauld)*

Was sich **liebt,** neckt sich. *(Sprichwort)*

Wenn ein Mann sein Weib **liebt,** so ist sie ihm die Schönste und Liebste. *(M. Luther)*

Wer mich **liebt,** liebt auch meinen Hund. *(Sprichwort)*

Wer nicht mehr **liebt** und nicht mehr irrt, der lasse sich begraben. *(Goethe, Sprüche)*

Wo alles **liebt,** kann Karl allein nicht hassen. *(Schiller, Don Carlos)*

Sie **liebten** sich beide, doch keiner wollt' es dem andern gestehn. *(H. Heine, Heimkehr)*

Ein garstig **Lied!** Pfui! Ein politisch Lied! *(Goethe, Faust)*

Ein gutes **Lied** darf man dreimal singen. *(Sprichwort)*

Ein lustig' **Lied** macht ein fröhlich Gemüt. *(Sprichwort)*

Frei schallt aus freier Brust das deutsche **Lied**. *(A. v. Chamisso, Nachhall)*

Man fängt das **Lied** zu hoch nicht an, daß man's zu Ende singen kann. *(Sprichwort)*

Mein ganzer Reichtum ist mein **Lied.** *(G. Herwegh, Leicht Gepäck)*

So ein **Lied,** das erweichen, Menschen rasend machen kann. *(M. G. Lichtwer, Katzen und Hausherr)*

Wes Brot ich ess', des **Lied** ich sing'. *(Sprichwort)*

Leise flehen meine **Lieder** durch die Nacht zu dir. *(L. Rellstab/ F. Schubert, Ständchen)*

Ziehn die **Lieder** in die Weite, muß der Spielmann hinterdrein. *(Th. Storm)*

Zu altem Weine neue **Lieder.** *(J. H. Voß, Sängerlohn)*

Es schwinden jedes Kummers Falten, solang des **Liedes** Zauber walten.
(Schiller, Macht des Gesanges)

Die braune **Liesel** kenn' ich am Geläut.
(Schiller, Wilhelm Tell)

Nimm und **lies!** *(Nach Augustinus, Bekenntnisse)*

Verstehst du auch, was du **liesest?**
(Apostelg. 8, 30)

Schreib, was man gern **liest,** und sage, was man gern hört, behaupte, was eben Mode ist, und preise dreifach, was die Menge lobpreist. *(F. Nicolai)*

Es ist ein Brauch von alters her: Wer Sorgen hat, hat auch **Likör.** *(W. Busch, Fromme Helene)*

Lilien auf dem Feld. *(Matth. 6, 28)*

Die **Limonade** ist matt wie deine Seele.
(Schiller, Kabale und Liebe)

Unter der blühenden **Linde.**
(R. Baumbach, Lindenwirtin)

Blamier mich nicht, mein schönes Kind, und grüß mich nicht unter den **Linden;** wenn wir nachher zu Hause sind, wird sich schon alles finden. *(H. Heine, Heimkehr)*

So lang noch »Untern **Linden**« die alten Bäume blühn, kann nichts uns überwinden, Berlin bleibt doch Berlin!
(H. Haller, »Rideamus«, W. Wolf/ W. Kollo, Drunter und drüber)

Impulse kommen immer von links. Die neue **Linke** ist unser Gewissen.
(A. Miller)

Jemanden **links** liegen lassen.
(Redensart)
Jemanden nicht beachten

Links müßt ihr steuern!
(L. Giesebrecht, Normann)

Links, wo das Herz ist.
(Autobiographie von L. Frank)

Geh' du **linkswärts,** laß mich rechtswärts geh'n. *(Schiller, Räuber)*

Etwas für ein **Linsengericht** hingeben.
(Redensart, nach 1. Mos. 25, 29–34)
Etwas für einen gar zu geringen Gegenwert hingeben

Zwischen **Lipp'** und Kelchesrand.
(F. Kind, Ankaeos)

Wenn **Lippe** gern auf Lippe ruht, wir hindern's nicht, uns dünkt es gut.
(L. Uhland)

Becherrand und **Lippen,** zwei Korallenklippen, wo auch die gescheitern Schiffer gerne scheitern *(F. Rückert, Zwei Mächte)*

Es ist keine **List** über Frauenlist.
(Jes. Sir. 25, 18)

List oder Kraft – was wäre Feinden nicht erlaubt? *(Vergil, Äneis bzw. Schiller, Zerstörung von Troja)*

Wer sich durch unsre **List** täuschen ließ, erscheint uns bei weitem nicht so lächerlich, wie wir uns selbst erscheinen, wenn die List eines andern uns täuschte.
(F. de La Rochefoucauld)

Das **Literarische** macht frei.
(Th. Fontane, Jenny Treibel)

Nichts ist verächtlicher, als wenn **Literaten** Literaten Literaten nennen.
(K. Tucholsky)

Der schlechte Teil unserer **Literatur** gehört aber so gut dazu wie der gute; sich über jene zu ärgern, ist zur Verbesserung der Literatur ebenso notwendig, als sich über den guten Teil zu freuen.
(F. Nicolai)

Die **Literatur** verdirbt sich nur in dem Maße, als die Menschen verdorbener werden. *(Goethe, Maximen und Reflexionen)*

Herrliches muß in einer **Literatur** hervorblühen, wenn sie als eine Vaterlandssache betrachtet wird. *(H. Heine, Über Polen)*

Poetische **Lizenz.** *(Seneca, Naturales quaestiones)*

Die einen werden durch großes **Lob** schamhaft, die anderen frech. *(F. Nietzsche)*

Lob ablehnen heißt: zweimal gelobt werden wollen. *(F. de La Rochefoucauld)*

Gerechter Tadel ist besser als ungerechtes **Lob.** *(Sprichwort)*

Nur dem nützt das **Lob,** der den Tadel zu schätzen versteht. *(R. Schumann)*

Im **Lobe** ist mehr Zudringlichkeit als im Tadel. *(F. Nietzsche)*

Alles, was Odem hat, **lobe** den Herrn! *(150. Psalm 6)*

Lobe den Herren, den mächtigen König der Ehren. *(J. Neander)*

Etwas bis in den Himmel **loben.** *(Nach Luk. 10, 15)*

Tadeln ist leicht, deshalb versuchen sich so viele darin. Mit Verstand **loben** ist schwer, darum tun es so wenige. *(A. Feuerbach, Vermächtnis)*

Wer andere **loben** will, muß selbsten löblich sein, sonst trifft das Loben leicht mit Schänden überein. *(F. v. Logau, Lobsprecher)*

Zu vieles **Loben** macht dem, der edel denkt, den Lober nur zuwider. *(Schiller, Iphigenie in Aulis)*

Ich habe eine Antipathie gegen **Lobhudeleien.** Es macht mich den ganzen Tag verstimmt, so etwas zu hören. *(H. v. Moltke)*

Lobredner der Vergangenheit. *(Horaz, Ars poetica)*

Du schmähst mich hinterrücks? Das soll mich wenig kränken. Du **lobst** mich ins Gesicht? Das will ich dir gedenken. *(G. E. Lessing)*

Die Welt schändet immer, was man loben soll, und **lobt,** was man schänden soll. *(M. Luther)*

Ein **Loch** aufmachen, um ein anderes zu schließen. *(Redensart)*
Z. B.: Geld borgen, um Schulden zu begleichen

Ein **Loch** zurückstecken. *(Redensart)*
Nachgeben

Er pfeift auf dem letzten **Loch.** *(Redensart)*
Mit ihm ist es bald vorbei

Ins **Loch** stecken. *(Redensart)*
Einsperren

Jemandem ein **Loch** in den Bauch reden. *(Redensart)*
Jemanden durch unaufhörliches Reden zu überzeugen versuchen

Er will uns damit **locken!** *(M. Luther, Erklärung des Katechismus)*

Nicht **locker** lassen. *(Redensart)*
Nicht nachgeben

Lockvogel. *(Nach Jer. 5, 27)*

Jemandem eins hinter die **Löffel** schlagen. *(Redensart)*
Eine Ohrfeige versetzen

Moral ist ein Maulkorb für den Willen, **Logik** ein Steigriemen für den Geist. *(F. Grillparzer)*

Nicht jeder ist ein **Lohengrin,** dem etwas schwant. *(Scherzhaftes Sprichwort)*

Die Pferde rennen nach dem **Lohn,** und die Esel erhalten ihn. *(E. Geibel)*

Erwarte deinen **Lohn** von Gott, nicht von den Menschen.
(Russisches Sprichwort)

Sie haben ihren **Lohn** dahin.
(Matth. 6, 2)

Wie die Arbeit, so der **Lohn.**
(Sprichwort)

Jeder Arbeiter ist seines **Lohnes** wert.
(Sprichwort, nach Luk. 10, 7)

Den blut'gen **Lorbeer** geb' ich hin mit Freuden fürs erste Veilchen, das der März uns bringt. *(Schiller, Piccolomini)*

Lorbeerblätter und Zwiebeln verderben kein Gericht. *(F. Reuter, Ut mine Festungstid)*

Lorbeeren ernten. *(Redensart)*
Ruhm erlangen

Wer still steht, geht zurück; wer auf **Lorbeern** ruht, die er nicht brach, liegt nur auf einer schöneren Bärenhaut. Nur wer immer mehr tun will, als schon getan ist, wird das tun, was er kann. *(E. M. Arndt)*

Hast du ein **Lorbeerreis** mir bestimmt, so laß es am Zweige weiter grünen und gib einst es dem Würdigern hin. *(Goethe, Hermann und Dorothea)*

Willkommen, edler **Lord!** *(Schiller, Maria Stuart)*

Das ist das **Los** des Schönen auf der Erde. *(Schiller, Wallensteins Tod)*

Die schwarzen und die heitern **Lose.**
(Schiller, Glocke)

Jemanden **loseisen.** *(Redensart)*
Jemanden befreien

Wehe, wenn sie **losgelassen!**
(Schiller, Glocke)

Wo haben sie denn den **losgelassen?**
(A. L'Arronge, Mein Leopold)

Die **Lotosblume** ängstigt sich vor der Sonne Pracht, und mit gesenktem Haupte erwartet sie träumend die Nacht. *(H. Heine)*

Der **Lotse** geht von Bord.
(Unterschrift eines die Entlassung Bismarcks betreffenden Bildes in der englischen Zeitschrift »Punch«, 1890)
Im Original: »Dropping the Pilot«

Grüße meine **Lottchen,** Freund!
(Schiller, Die Schlacht)

Im Krieg und in der **Lotterie,** wer gewinnt, das weiß man nie. *(Sprichwort)*

Es ist ein betrügliches **Lotto,** die wenigen armseligen Treffer verschwinden unter den zahllosen Nieten.
(Schiller, Spaziergang unter den Linden)

Eins, aber es ist ein **Löwe!** *(Aesop, Die Löwin)*

Gut gebrüllt, **Löwe!** *(Shakespeare, Sommernachtstraum)*

Und wie er winkt mit dem Finger, auftut sich der zweite Zwinger – und hinein mit bedächtigem Schritt ein **Löwe** tritt.
(Schiller, Handschuh)

Wie ein brüllender **Löwe** umhergehen.
(Nach 1. Petr. 5, 8)

Wüstenkönig ist der **Löwe.**
(F. Freiligrath, Löwenritt)

Den **Löwen** freut's, da ihm der Bär gehorcht, nicht, daß ihn Hund und Katze König schimpfen. *(Th. Körner, Zriny)*

Sich in die Höhle des **Löwen** wagen.
(Nach Fabel von Aesop)

Man hüte sich, da einzutreten, wo eine große **Lücke** auszufüllen ist.
(B. Gracian, Handorakel)

Lückenbüßer sein. *(Redensart, nach Nehemia 4, 7)*
(Nur) Aushilfe, Ersatz sein

Wer nichts erheiratet und nichts ererbt, der bleibt ein armes **Luder,** bis er sterbt.
(Scherzhaftes Sprichwort)

Ludwig, schick ein Donnerwetter in die Zöpfe dieser Zeit! *(F. Freiligrath, Prinz Ludwig von Preußen)*

Aus der **Luft** gegriffen. *(Redensart)*
Erlogen

Dicke **Luft.** *(Redensart)*
Drohende Gefahr

Etwas hängt in der **Luft.** *(Redensart)*
Soviel wie: steht bevor

Jemanden an die frische **Luft** befördern.
(Redensart)
Jemanden hinauswerfen

Luft! Luft! Clavigo! *(Goethe, Clavigo)*

O welche Lust, in freier **Luft** den Atem leicht zu heben.
(J. Sonnleithner u. G. F. Treitschke/ L. van Beethoven, Fidelio)

Von **Luft** und Liebe leben. *(Redensart)*

Wohlauf, die **Luft** geht frisch und rein.
(V. v. Scheffel, Wanderlied)

Die linden **Lüfte** sind erwacht.
(L. Uhland, Frühlingsglauben)

Wir spinnen **Luftgespinste** und suchen viele Künste und kommen weiter von dem Ziel. *(M. Claudius, Der Mond ist aufgegangen)*

Der Geist baut das **Luftschiff,** die Liebe aber macht gen Himmel fahren.
(Ch. Morgenstern)

Luftschlösser bauen. *(Redensart)*
Unausführbare Phantasiegebilde entwerfen

Der **Lüge** kecke Zuversicht reißt hin, das Wunderbare findet Gunst und Glauben.
(Schiller, Demetrius)

Die halbe Wahrheit ist die gefährlichste **Lüge.** *(Jüdisches Sprichwort)*

Die **Lüge** ist der eigentliche faule Fleck in der menschlichen Natur. *(I. Kant)*

Eine **Lüge,** die ein Leben trägt, ist besser als eine Wahrheit, die ein Leben zerstört.
(Isländisches Sprichwort)

Eine **Lüge** ist wie ein Schneeball; je länger man ihn wälzet, je größer er wird.
(M. Luther)

Eine **Lüge** schleppt zehn andre nach sich. *(Sprichwort)*

Konventionelle **Lüge.**
(Nach M. Nordau bzw. J. Scherr)

Lüge vergeht, Wahrheit besteht.
(Sprichwort)

Lüge, wie sie schlau sich hüte, bricht am Ende stets das Bein. *(E. Geibel)*

Man glaubt die Wahrheit nicht, wenn sie ein Armer spricht, und selbst die **Lüge** glaubt man einem reichen Wicht.
(F. Rückert)

Sag' eine **Lüge,** so hörst du die Wahrheit.
(Sprichwort)

Schweigen kann die grausamste **Lüge** sein. *(R. L. Stevenson)*

Verabscheuung der **Lüge** ist oft ein unmerklicher Ehrgeiz, unsern Aussagen Nachdruck zu verleihen und für unsere Worte fromme Ehrfurcht zu erwecken.
(F. de La Rochefoucauld)

Ach, mitunter muß man **lügen,** und mitunter lügt man gern. *(W. Busch)*

Der Beste muß mitunter **lügen;** zuweilen tut er's mit Vergnügen. *(W. Busch)*

Ein Mutterherz kann nicht **lügen.** *(Sprichwort)*

Lügen haben kurze Beine. *(Sprichwort)*

Lügen sind nur die Waffen der Hölle. *(Schiller, Fiesko)*

Lügen, Trügen ist ein Pflug, der hat Ackerleute genug. *(Freidank, Bescheidenheit)*

Wenn **Lügen** Haare wären, wir wären rauh wie Bären und hätten keine Glatzen. *(W. Busch)*

Wie nützlich ist die Kunst, zu rechter Zeit zu **lügen.** *(P. Corneille, Der Lügner)*

Ich nahm die Wahrheit mal aufs Korn und auch die **Lügenfinten.** Die Lüge machte sich gut von vorn, die Wahrheit mehr von hinten. *(W. Busch, Spricker)*

Euer **Lügenköder** fängt den Weisheitskarpfen. *(Shakespeare, Hamlet)*

Die **Lügenmäuler** sollen verstopft werden. *(Psalm 63, 12)*

Der **Lügner** muß ein gutes Gedächtnis haben. *(P. Corneille, Le Menteur)*

Die Strafe des **Lügners** ist nicht, daß ihm niemand mehr glaubt, sondern daß er selbst niemandem mehr glauben kann. *(G. B. Shaw)*

Er **lügt** das Blaue vom Himmel herunter. *(Redensart)*

Er **lügt,** daß sich die Balken biegen. *(Redensart)*

Er **lügt** wie gedruckt. *(Redensart)*

Er **lügt** wie telegraphiert. *(Bismarck im Preuß. Herrenhaus, 1869)*

Er spricht wenig, aber er **lügt** immer. *(Lord Colwey über Napoleon III.)*

Im Deutschen **lügt** man, wenn man höflich ist. *(Goethe, Faust)*

Weh dem, der **lügt!** *(Lustspiel von F. Grillparzer)*

Weh dem, der nicht **lügt.** *(Komödie von R. Hey)*

Wer **lügt,** betrügt. *(Sprichwort)*

Wer einmal **lügt,** dem glaubt man nicht, und wenn er auch die Wahrheit spricht. *(Sprichwort)*

Wer viel schwatzt, **lügt** viel. *(Sprichwort)*

Sankt **Lukas** Evangelist bringt späten Roggen ohne Mist. *(Bauernregel)* *Lukas: 18. Oktober*

Lukullische Genüsse. *(Nach Lukull)* *Schlemmereien*

Nun ist der **Lümmel** zahm! *(Goethe, Faust)*

Der größte **Lump** im ganzen Land, das ist und bleibt der Denunziant. *(Sprichwort nach A. Hoffmann von Fallersleben, Sprüche)*

Lump bleibt Lump. *(Sprichwort)*

Nur die **Lumpen** sind bescheiden. *(Goethe, Rechenschaft)*

Man sieht's, es bessert auch nicht Elend, Reu' noch Zeit; einmal ein **Lumpenhund,** er bleibt's in Ewigkeit. *(Goethe, Die Mitschuldigen)*

Jeder solcher **Lumpenhunde** wird vom zweiten abgetan. *(Goethe, Xenien)*

Die beste **Lunge** erschöpft sich, auch sogar eine weibliche.
(G. E. Lessing, Emilia Galotti)

Lunte riechen. *(Redensart)*
Eine drohende Gefahr erkennen

Denke, daß das Hehre, Große mehr der Schmerz ist denn die **Lust.** *(J. Kerner)*

Die Kraft ist schwach, allein die **Lust** ist groß. *(Goethe, Faust)*

Die **Lust** zu reden kommt zu rechter Stunde, und wahrhaft fließt das Wort aus Herz und Munde. *(Goethe)*

Doch alle **Lust** will Ewigkeit –, will tiefe, tiefe Ewigkeit! *(F. Nietzsche, Das trunkne Lied)*

Es ist ein stolzes Ding, die **Lust** verstehen und Herr der Freude sein.
(G. Hauptmann, Der arme Heinrich)

Kaum gedacht, kaum gedacht, war der **Lust** ein End' gemacht. *(W. Hauff, Reiters Morgenlied)*

Lust und Liebe sind die Fittiche zu großen Taten. *(Goethe, Iphigenie auf Tauris)*

Unbefriedigte **Lust** welkt nie in dem Busen des Mannes. *(Goethe, Achilleis)*

Was ist des Lebens höchste **Lust?** Die Liebe und der Wein. *(J. Perinet, Schwestern von Prag)*

Du kränkst den Gott in dir, wenn du den **Lüsten** frönest, und mehr noch, wenn du in verkehrter Selbstqual stöhnest.
(F. Rückert, Weisheit des Brahmanen)

Ich bin **lüstern,** ein Wort mit diesem Geist zu reden. *(Schiller, Don Carlos)*

Lüsternheit ist ein Spiel mit dem zu Genießenden und mit dem Genossenen.
(Goethe, Maximen und Reflexionen)

Lustig gelebt und selig gestorben, heißt: dem Teufel die Rechnung verdorben.
(Sprichwort)

Recht **lustig** sei vor allem, wer's Reisen wählen will. *(J. v. Eichendorff, Reiselied)*

Niemand, der weiß, was eine Sprache ist, erscheine ohne Ehrfurcht vor **Luther.** Unter keinem Volk hat ein Mann soviel an seiner Sprache gebildet.
(F. G. Klopstock)

Das ist **Lützows** wilde, verwegene Jagd.
(Lied von Th. Körner/C. M. v. Weber)

Luxus treibt den Menschen zu keiner Tugend an, sondern erstickt meist alle besseren Gefühle in ihm. *(Friedrich d. Gr.)*

Luxus der eigenen Meinung.
(Nach Bismarck)

Alles **Lyrische** muß im ganzen sehr vernünftig, im einzelnen ein bißchen unvernünftig sein. *(Goethe, Maximen und Reflexionen)*

M

Machiavellische Schlauheit.
(Nach N. Machiavelli, Der Fürst)

Das eben ist der Fluch der **Macht,** daß sich dem Willen, dem leicht widerruflichen, ein Arm gleich beugt, der fast unwiderruflich die Tat ankettet.
(H. v. Kleist, Familie Schroffenstein)

Das Geheimnis jeder **Macht** besteht darin, zu wissen, daß andere noch feiger sind als wir. *(L. Börne)*

Der hat die **Macht,** an den die Menge glaubt. *(E. B. S. Raupach, Kaiser Friedrichs II. Tod)*

Die **Macht** kann nicht milde genug aussehen. *(Jean Paul)*

Hast du die **Macht,** du hast das Recht auf Erden. *(A. v. Chamisso, Giftmischerin)*

Jeder hat so viel Recht, wie er **Macht** hat.
(B. de Spinoza, Tractatus politicus)

Macht der Verhältnisse.
(Nach L. Robert)

Mit unserer **Macht** ist nichts getan.
(M. Luther, Ein' feste Burg)

Macht geht vor Recht. *(Sprichwort)*

Was ist euch Harten doch heilig und wert, giert ihr Männer nach **Macht!**
(R. Wagner, Rheingold)

Wer den Daumen auf dem Beutel hat, hat die **Macht.** *(Bismarck)*

Wie man's **macht,** macht man's falsch.
(Sprichwort)

Der Weise kann des Mächtigen Gunst entbehren, doch nicht der **Mächtige** des Weisen Lehren. *(F. v. Bodenstedt)*

Ihr **Mächtigen** der Erde! schaut und lernt! *(A. v. Chamisso, Memento)*

Der **Mächtigste** soll sich am wenigsten erlauben. *(J. v. Müller)*

Abscheuliches **Mädchen,** verlasse das Haus. *(W. Busch, Herr und Frau Knopp)*

Andre Städtchen – andre **Mädchen.**
(Sprichwort, nach A. Schlippenbach/ F. Silcher, In der Ferne)

Das **Mädchen** aus der Fremde.
(Gedicht von Schiller)

Das scheuste **Mädchen** ist verschwendrisch noch, wenn sie dem Monde ihren Reiz enthüllt. *(Shakespeare, Hamlet)*

Die **Mädchen** in der Welt sind falscher als das Geld. *(Aus dem Volkslied »Ade nun zur guten Nacht«)*

Die **Mädchen** sind gut und machen sich gerne was zu schaffen.
(Goethe, Episteln)

Ein **Mädchen** oder Weibchen wünscht Papageno sich. *(E. Schikaneder/ W. A. Mozart, Zauberflöte)*

Ein **Mädchen** und ein Gläschen Wein kurieren alle Not. *(Goethe)*

Ein wackerer Mann verdient ein begütertes **Mädchen.** *(Goethe, Hermann und Dorothea)*

Ja, das haben die **Mädchen** so gerne. *(Lied aus der Operette »Autoliebchen« von R. u. J. Gilbert)*

Junge **Mädchen** (oder Weiber) und Flöhe sind schwer zu hüten. *(Sprichwort)*
Auch zitiert: Junge Mädchen sind schwerer zu hüten als ein Sack Flöhe

Kommt, ihr **Mädchen,** zur Freude geboren! *(L. da Ponte/W. A. Mozart, Don Giovanni)*

Mädchen für alles. *(Redensart)*

Mädchen in Uniform. *(Nach einem mehrmals verfilmten Roman von Ch. Winsloe)*

Mädchen kommen in die Jahre, Frauen in die Wochen. *(Sprichwort)*

Mädchen sind wie Rosen; kaum entfaltet, ist ihre holde Blüte schon veraltet. *(Shakespeare, Was ihr wollt)*

Müßige **Mädchen** spinnen schlimme Fädchen. *(Sprichwort)*

Nicht jedes **Mädchen** hält so rein. *(Goethe, Faust)*

O **Mädchen,** Mädchen, wie lieb' ich dich! *(Goethe, Mailied)*

O **Mädchen,** mein Mädchen, wie lieb ich dich. *(L. Herzer – F. Löhner/ F. Lehár, Friederike)*

Trau keinem Freunde sonder Mängel und lieb' ein **Mädchen,** keinen Engel. *(G. E. Lessing)*

Vom **Mädchen** reißt sich stolz der Knabe. *(Schiller, Glocke)*

Wenn ein **Mädchen** einen Herrn hat, den sie liebt und den sie gern hat. *(Lied aus der Operette »Juxbaron« von W. Kollo)*

Wenn **Mädchen** 16 Jahre zählen, so werden sie schon selber klug. *(J. G. Seume, Adelaide)*

Willst du dir ein **Mädchen** kaufen, so geh und gib dich selbst dafür. *(Goethe, Wahrer Genuß)*

Großer Sänger, **Mädchenfänger.** *(W. Friedrich/F. von Flotow, Alessandro Stradella)*

Die **Mädels** sind doch sehr interessiert, ob einer fromm und schlicht nach altem Brauch. Sie denken, duckt er da, folgt er uns eben auch. *(Goethe, Faust)*

Mädle aus dem schwarzen Wald, die sind nicht leicht zu haben. *(A. Neidhart/L. Jessel, Schwarzwaldmädel)*

Sich **madig** machen. *(Redensart)*
Sich unbeliebt machen

Deswegen vergönn' ich Ihnen zehn Jahre Zeit, fern von **Madrid** darüber nachzudenken. *(Schiller, Don Carlos)*

Leb' wohl, **Madrid!** nie wende sich dein Glück! *(P. A. Wolff, Preciosa)*

Schwer liegt der Himmel zu **Madrid** auf mir. *(Schiller, Don Carlos)*

Wer't **mag,** de mag't! Un wer't nich mag, de mag't jo woll nich mögen. *(F. Reuter, Läuschen un Rimels)*

Die Frau muß selber sein die **Magd,** will sie im Hause schaffen Rat.
(M. Luther)

Wenn die **Magd** Frau wird, so treibt sie den Herrn aus dem Haus. *(Sprichwort)*

Büßende **Magdalena.** *(Nach Luk. 7)*

Alle Revolutionen kommen aus dem **Magen.** *(Napoleon I.)*

Bei leerem **Magen** sind alle Übel doppelt schwer.
(Ch. M. Wieland, Wintermärchen)

Da waren die Augen mal wieder größer als der **Magen!** *(Redensart)*
So wird gesagt, wenn jemand sich mehr aufgefüllt hatte, als er zu essen vermochte

Die Kirche hat einen guten **Magen.**
(Goethe, Faust)

Ein guter **Magen** kann alles vertragen.
(Sprichwort)

Ein leerer **Magen** kann nicht gut springen, ein voller überhaupt nicht.
(Albanisches Sprichwort)

Einem hungrigen **Magen** ist schwer zu predigen. *(Sprichwort)*

Lieber sich den **Magen** verrenken, als dem Wirte etwas schenken.
(Scherzhaftes Sprichwort)

Mein **Magen** hat wenig Sinn für Unsterblichkeit. *(H. Heine)*

Heiße **Magister,** heiße Doktor gar.
(Goethe, Faust)

Das reichste **Mahl** ist freudenleer, wenn nicht des Wirtes Zuspruch und Geschäftigkeit den Gästen zeigt, daß sie willkommen sind. Satt essen kann sich jeglicher zu Hause; geselliges Vergnügen, munteres Gespräch muß einem Festmahl Würze geben. *(Schiller, Macbeth)*

Ein königliches **Mahl!** *(Nach Schiller)*

Sie erhoben die Hände zum lecker bereiteten **Mahle.** *(Nach Homer, Ilias)*

Wer zuerst kommt, **mahlt** zuerst.
(Scherzhaftes Sprichwort)

Eine gute **Mahlzeit** läßt die schlechten vergessen. *(Sprichwort)*

Scharfe **Mahner** machen gute Zahler.
(Sprichwort)

Alles neu macht der **Mai.**
(H. A. v. Kamp, Der Mai)

Das war in Schöneberg im Monat **Mai.**
(R. Bernauer u. R. Schanzer/W. Kollo, Wie einst im Mai)

Der **Mai** ist gekommen, die Bäume schlagen aus. *(E. Geibel, Wanderschaft)*

Des Lebens **Mai** blüht einmal und nicht wieder. *(Schiller, Resignation)*

Im wunderschönen Monat **Mai.**
(Aus H. Heine, Lyrisches Intermezzo)

Komm, lieber **Mai,** und mache die Bäume wieder grün.
(Lied von C. A. Overbeck; Melodie von W. A. Mozart)

Nordwind im **Mai** bringt Trockenheit herbei. *(Bauernregel)*

Wenn im **Mai** die Bienen schwärmen, sollte man vor Freude lärmen.
(Bauernregel)

Wie einst im **Mai.** *(Nach der Operette von R. Bernauer u. R. Schanzer/ W. Kollo)*

Wenn auf die Fersen nun der Fuß des holden **Maien** dem lahmen Winter tritt.
(Shakespeare, Romeo und Julia)

Wer weiß, wie bald die Glocke schallt, da wir des **Maien** uns nicht mehr freuen. *(L. C. H. Hölty, Mailied)*

In seiner Sünden **Maienblüte.** *(Shakespeare, Hamlet)*

Maienfröste sind unnütze Gäste. *(Bauernregel)*

Lieblich war die **Maiennacht.** *(N. Lenau, Postillion)*

Maientau macht grüne Au. *(Bauernregel)*

Maienwonne, Maienblüte, auf den Fluren, im Gemüte, ach, so bald, so schnell vorbei. *(A. Grün)*

Maiglöckchen läuten in dem Tal, das klingt so hell und fein. *(A. H. Hoffmann v. Fallersleben)*

Maikäfer flieg', dein Vater ist im Krieg… *(Kinderlied)*

's **Mailüfterl** weht. *(Nach A. v. Klesheim)*

Niemals noch ertrug die **Majestät** das finstere Trotzdem einer Dienerstirn. *(Shakespeare, Heinrich IV.)*

Seine **Majestät,** der Zufall. *(Nach Friedrich d. Gr., 1773)*

Schulden wie ein **Major.** *(Redensart)* *Stark verschuldet*

Die **Majorität** hat viele Herzen, aber ein Herz hat sie nicht. *(Bismarck im Deutschen Reichstag, 1882)*

Ich lasse mir von der **Majorität** des Reichstags nicht imponieren. *(Bismarck im Dt. Reichstag, 1884)*

Nichts ist widerwärtiger als die **Majorität.** *(Goethe)*

Nicht durch Reden und **Majoritätsbeschlüsse** werden die großen Fragen der Zeit entschieden, …sondern durch Eisen und Blut. *(Bismarck im preußischen Abgeordnetenhaus, 1862)*

Ihr Herren wißt an allem was zu **mäkeln.** *(Goethe, Faust)*

Mäkeln und Tadeln ist bei vielen der Trost für ungenügendes Verständnis. *(A. Feuerbach)*

Nur muß der eine nicht den andern **mäkeln.** *(G. E. Lessing, Nathan der Weise)*

Ehrlicher **Makler.** *(Bismarck im Deutschen Reichstag, 1878)*

Der **Maler** malt eigentlich mit dem Auge. Seine Kunst ist die Kunst, regelmäßig und schön zu sehen. *(Novalis, Fragmente)*

Ein rechter **Maler,** klug und fleißig, trägt stets 'n spitzen Bleistift bei sich. *(W. Busch, Maler Klecksel)*

Darum, o Jüngling, fasse Mut, setz auf den hohen Künstlerhut und wirf dich auf die **Malerei;** vielleicht verdienst du was dabei. *(W. Busch, Maler Klecksel)*

Die blendende Antithese des griechischen Voltaire, daß die **Malerei** eine stumme Poesie und die Poesie eine redende Malerei sei, stand wohl in keinem Lehrbuche. *(G. E. Lessing, Laokoon)*

Schnöder **Mammon.** *(Nach Luk. 16, 9)*

Um ihn springen rasende **Mänaden,** ihre Tänze loben seinen Wein. *(Schiller, Götter Griechenlands)*

Managerkrankheit. *In den 50er Jahren aufgekommene Bezeichnung für die »Krankheit der Verantwortlichen«: Durch ständige Überbelastung hervorgerufener Krankheitszustand bei Menschen in verantwortlicher Stellung*

Der **Mangel** mag dem Fleiß einmal ins Fenster schaun, doch zu der Tür herein darf er sich nicht getraun. *(F. Rückert, Weisheit des Brahmanen)*

Mangel ist ein hartes Los! Mein Adel macht mich nicht satt. *(Schiller, Szenen aus den Phönizierinnen...)*

Sobald der **Mangel** eintritt, sogleich ist die Selbstbeschränkung wiedergegeben. *(Goethe, Wahlverwandtschaften)*

Gute **Manieren** bestehen aus lauter kleinen Opfern. *(R. W. Emerson)*

Ach, sie haben einen guten **Mann** begraben. *(M. Claudius, Bei dem Grabe meines Vaters)*

Darnach der **Mann** ist, ist auch seine Kraft. *(Richter 8, 21)*

Darum wird ein **Mann** seinen Vater und seine Mutter verlassen und seinem Weibe anhangen, und sie werden sein ein Fleisch. *(1. Mos. 2, 24)*

Das ist gesprochen wie ein **Mann!** *(Schiller, Piccolomini)*

Das Weib sieht tief, der **Mann** sieht weit. *(Sprichwort)*

Dem **Mann(e)** kann geholfen werden. *(Schiller, Räuber)*

Den **Mann** lernt man kennen im Spiel, auf der Jagd und in der Liebe. *(Sprichwort)*

Den schlechten **Mann** muß man verachten, der nie bedacht, was er vollbringt. *(Schiller, Glocke)*

Der große **Mann** braucht überall viel Boden. *(G. E. Lessing, Nathan der Weise)*

Der ist ein **Mann,** der sich selbst regieren kann. *(Sprichwort)*

Der kluge **Mann** baut vor. *(Schiller, Wilhelm Tell)*

Der **Mann,** der das Wenn und das Aber erdacht, hat sicher aus Häckerling Gold schon gemacht. *(G. A. Bürger, Kaiser und Abt)*

Der **Mann** des Weibes Schutz und Hort, das Weib des Mannes Zier, so schwingen beide fort und fort der Freude bunt' Panier. *(F. Freiligrath, Köln und der Rhein)*

Der **Mann** fragt Bücher, Freunde, Welterfahrung; das Weib vernimmt des Herzens Offenbarung. *(E. Geibel)*

Der **Mann** hat sein Ziel und das Weib seinen Sinn. *(Ch. Morgenstern)*

Der **Mann** ist ein Fluß, die Frau ist ein See. *(Sprichwort)*

Der **Mann** macht sich das Bild des Weibes, und das Weib bildet sich nach diesem Bilde. *(F. Nietzsche)*

Ein alter **Mann** und ein junges Mägdlein reimt sich nicht wohl zusammen. *(M. Luther)*

Der **Mann** muß hinaus ins feindliche Leben. *(Schiller, Glocke)*

Der **Mann** weiß, die Frau weiß besser. *(Sprichwort)*

Der rechte **Mann** am rechten Platz. *(A. H. Layard im britischen Unterhaus, 1855)*

Der seltne **Mann** will seltenes Vertrauen; gebt ihm den Raum, das Ziel wird er sich setzen. *(Schiller, Piccolomini)*

Der starke **Mann** gilt viel in dieser Zeit. *(Th. Körner, Zriny)*

Ein edler **Mann** wird durch ein gutes Wort der Frauen weit geführt. *(Goethe, Iphigenie)*

Ein gemachter **Mann.** *(Redensart)*

Ein **Mann** – ein Wort. *(Sprichwort)*
Im Volksmund ergänzt:
... eine Frau – ein Wörterbuch

Ein **Mann** ist viel wert in so teurer Zeit.
(Schiller, Jungfrau von Orleans)

Ein **Mann** ohne Frau ist ein Baum ohne Blätter. *(Sprichwort)*

Ein weiblicher **Mann** ist unendlich unerträglicher als ein männliches Weib.
(Th. G. v. Hippel)

Einen **Mann** nimm beim Wort, einen Ochsen beim Horn!
(Spanisches Sprichwort)

Er war ein **Mann,** nehmt alles nur in allem, ich werde nimmer seinesgleichen sehn. *(Shakespeare, Hamlet)*

Heilloser **Mann.** *(1. Sam. 25, 27)*

Ich bin ein freier **Mann** und singe mich wohl in keine Fürstengruft.
(G. Herwegh, Leicht Gepäck)

Ich weiß den **Mann** von seinem Amt zu unterscheiden. *(Schiller, Piccolomini)*

Ihr **Mann** ist tot und läßt sie grüßen!
(Goethe, Faust)

Je größer der **Mann,** um so geringer der Stolz. *(F. Hebbel)*

Je weniger die Frau befiehlt, desto mehr gehorcht ihr der **Mann.** *(Sprichwort)*

Jeder **Mann** ist der Sohn einer Frau.
(Russisches Sprichwort)

Kannst du nicht stehn auf dich selbst, und bedarfst du der Hilfe von außen, wahrlich, so bist du ein **Mann** wie ein Arm ohne Hand. *(F. Hebbel)*

Kleiner **Mann** ganz groß. *(Bühnenstück von E. Kahn u. L. Bender)*

Kleiner **Mann,** was nun?
(Titel eines Romans von H. Fallada)

Mann des Erbarmens, stehst du noch immer da? *(Schiller, Kabale und Liebe)*

Mann Gottes! *(Nach 5. Mos. 33, 1)*

Mann in den besten Jahren.
(Nach H. Heine, Mensch verspotte nicht den Teufel)

Mann mit zugeknöpften Taschen, dir tut niemand was zulieb. *(Goethe, Wie du mir...)*

Mann und Frau sind ein Fleisch.
(Nach 1. Mos. 2, 23; Matth. 19, 5)

Mann und Frau sind ein Leib, aber verschiedene Taschen.
(Israelisches Sprichwort)

Mit Bitten herrscht die Frau und mit Befehl der **Mann:** Die eine, wenn sie will, der andere, wenn er kann.
(J. C. Rost, Vorspiel)

Nur rastlos betätigt sich der **Mann.**
(Goethe, Faust)

Schon im Knaben zeigt sich's an, was er einst leisten wird als **Mann.**
(Sprichwort)

Sei ein **Mann!** *(1. Könige 2, 2)*

Sein Schicksal schafft sich selbst der **Mann.** *(G. Kinkel)*

Selbst ist der **Mann!** *(Sprichwort)*

Selbst ist der **Mann!** Selig ist, wer sich selbst mag im Leben löblich raten.
(Edda)

Tu, was du kannst, und laß das andre dem, der's kann; zu dem ganzen Werk gehört ein ganzer **Mann.** *(F. Rückert, Weisheit des Brahmanen)*

Und jeder echte deutsche **Mann** soll Freund und Bruder heißen.
(M. Claudius, Neujahrslied)

Wenn ein kluger **Mann** der Frau befiehlt, dann sei es um ein Großes gespielt; will die Frau dem Mann befehlen, so muß sie das Große im Kleinen wählen.
(Goethe, Sprichwörtlich)

Wenn ein **Mann** sein Weib liebt, so ist sie ihm die Schönste und Liebste.
(M. Luther)

Wenn mancher **Mann** wüßte, wer mancher Mann wär', tät' mancher Mann manchem Mann manchmal mehr Ehr'.
(Alter Spruch)

Wer ist ein unbrauchbarer **Mann?** Der nicht befehlen und auch nicht gehorchen kann. *(Goethe, Zahme Xenien)*

Dem **Manne** ist die Welt das Herz, dem Weibe ist das Herz die Welt.
(Ch. D. Grabbe, Don Juan und Faust)

Ein Weib, das nicht spricht, ist in der Regel dumm; beim **Manne** ist der Fall oft umgekehrt. *(K. J. Weber, Demokritos)*

Im echten **Manne** ist ein Kind versteckt; das will spielen.
(F. Nietzsche, Zarathustra)

In jedem **Manne** steckt ein Kind.
(Sprichwort)

Das Alter der Weiber ist trüber und einsamer als das der **Männer.** *(Jean Paul)*

Doch ist's ein alter Brauch, wer's mit den Weibern hält, der hat die **Männer** auch.
(Goethe, Jahrmarktsfest)

Es gibt **Männer,** welche die Beredsamkeit weiblicher Zungen übertreffen, aber kein Mann besitzt die Beredsamkeit weiblicher Augen.
(K. J. Weber, Demokritos)

Große **Männer** schaffen ihre Zeiten nicht, aber sie werden auch nicht von ihnen geschaffen. *(L. v. Ranke)*

Große **Männer** sind bescheiden.
(Nach G. E. Lessing, Briefe, die neueste Literatur betreffend)

Hu! Was sind das für **Männer!**
(G. E. Lessing, Minna von Barnhelm)

In solchem Falle sind alle **Männer** dumm, er glaubt wohl auch, daß er der erste wäre. *(Goethe, Faust)*

Männer, die nicht lieben und nicht rauchen, sind auch sonst nicht zu gebrauchen. *(Scherzhaftes Sprichwort)*

Männer knüpft die Tat zu ernster Innung, Frauen das Gemüt und die Gesinnung. *(E. v. Feuchtersleben)*

Männer machen die Geschichte.
(H. v. Treitschke, Deutsche Geschichte im 19. Jahrhundert)

Männer richten nach Gründen; des Weibes Urteil ist seine Liebe; wo es nicht liebt, hat schon gerichtet das Weib.
(Schiller, Weibl. Urteil)

Männer sind Mai, wenn sie freien, und Dezember in der Ehe.
(Shakespeare, Wie es euch gefällt)

Männer werden ohne Frauen dumm, Frauen werden ohne Männer welk.
(A. Tschechow)

Männer wollen immer die erste Liebe einer Frau sein, Frauen sind gern der letzte Roman eines Mannes. *(O. Wilde)*

O diese **Männer!** *(Lustspiel von J. Rosen)*

Sie täten gerne große **Männer** verehren, wenn diese nur auch zugleich Lumpen wären. *(Goethe, Zahme Xenien)*

So geht's, wenn **Männer** sind beherrscht von Weibern. *(Shakespeare, Richard III.)*

Willst du die **Männer** verstehen, so studiere die Frauen.
(Französisches Sprichwort)

Es ist der schönste Lohn für jahrelang durchkämpfte **Männerarbeit,** wenn solche Herzen freudig uns vertraun.
(Th. Körner, Zriny)

Bei **Männern,** welche Liebe fühlen, fehlt auch ein gutes Herze nicht.
(E. Schikaneder/W. A. Mozart, Zauberflöte)

Mit **Männern** sich geschlagen, mit Weibern sich vertragen. *(Nach Goethe, Claudine)*

Männerstolz vor Königsthronen.
(Schiller, An die Freude)

Das Glück des **Mannes** heißt: ich will, das Glück des Weibes: er will.
(F. Nietzsche, Zarathustra)

Der Wert des **Mannes** mißt sich nach dem, was er tut, der Wert des Weibes nach dem, was es ist.
(J. Ortega y Gasset)

Des **Mannes** Lieb' ist nicht des Mannes Leben, sie ist des Weibes Welt.
(Byron, Don Juan)

Eines **Mannes** Rede ist keines Mannes Rede. Man soll sie hören alle beede.
(Alter Spruch aus dem Rechtsleben)

Jedes Weibes Fehler ist des **Mannes** Schuld. *(J. G. Herder, Cid)*

Zu neuen Flammen alte Liebe, zu neuem Kampf die alten Hiebe, in Lust und Weh ein **Manneswort.** *(A. Grün, Spaziergänge eines Wiener Poeten)*

Hier ist es Zeit, durch Taten zu beweisen, daß **Männerwürde** nicht der Götterhöhe weicht. *(Goethe, Faust)*

Oh, was ist **Mannheit!** *(E. Geibel, Sophonisbe)*

Das ewig **Männliche.** *(Schauspiel von H. Sudermann)*

Wie schön, o Mensch, mit deinem Palmenzweige stehst du an des Jahrhunderts Neige in edler, stolzer **Männlichkeit.** *(Schiller, Künstler)*

Welch Glück sondergleichen, ein **Mannsbild** zu sein! *(Goethe, Egmont)*

Verflucht Geschick! Betrogene **Mannsen!** Von Adam her verführte Hansen!
(Goethe, Faust)

Vor etwas **Manschetten** haben.
(Redensart)
Furcht haben

Etwas mit dem **Mantel** der Liebe zudecken. *(Redensart, nach 1. Petr. 4, 8)*
Etwas Beschämendes vergessen sein lassen

Wenn der **Mantel** fällt, muß der Herzog nach. *(Nach Schiller, Fiesco)*

Wenn ein Führer seines Volkes den **Mantel** Gottes rauschen hört, so muß er zufassen und einen Zipfel packen.
(Bismarck)

Sein **Mäntelchen** nach dem Winde hängen. *(Redensart)*
Sich gesinnungslos den wechselnden Zeitumständen anpassen

Mao-Bibel. *Das »Rote Buch« des Vorsitzenden Mao, des Vorsitzenden der chinesischen kommunistischen Partei Mao-tse-tung*

Wer an dem Tag geboren, wo ich vergaß an **Marc Anton** zu schreiben, der sterb' als Bettler. *(Shakespeare, Antonius und Cleopatra)*

Ich will euch erzählen ein **Märchen** gar schnurrig. *(G. A. Bürger, Kaiser und Abt)*

Märchen, noch so wunderbar, Dichterkünste machen's wahr. *(Goethe, Motto zu den »Balladen«)*

Nicht die Kinder bloß speist man mit **Märchen** ab. *(G. E. Lessing, Nathan der Weise)*

Wie klingen sie lieblich, wie klingen sie süß, die **Märchen** der alten Amme. *(H. Heine, Deutschland)*

Mondbeglänzte Zaubernacht, die den Sinn gefangen hält, wundervolle **Märchenwelt,** steig auf in der alten Pracht. *(L. Tieck)*

Wie zu **Mariä** Geburt gesät, nicht zu früh, nicht zu spät. *(Bauernregel)*
Mariä Geburt: 8. September

Durch **Mark** und Bein gehen. *(Nach Hebr. 4, 12)*

Mit fünf **Mark** sind Sie dabei! *(Werbeslogan der Fernsehlotterie seit 1960)*

Hier steh' ich an den **Marken** meiner Tage. *(Th. Körner, Abschied vom Leben)*

Auf dem **Markt** lernt man die Menschen besser kennen als in der Kirche. *(Sprichwort)*

Den lauten **Markt** mag Momus unterhalten! Ein edler Sinn liebt edlere Gestalten. *(Schiller, Mädchen von Orleans)*

Schwarzer **Markt.**
Ungesetzlicher Handel mit verknappten und deshalb bewirtschafteten Waren zu stark erhöhten Preisen

Marmorglatt und marmorkalt. *(L. F. Huber)*

Grenzenlose **Marmortätigkeit** in der preußischen Hauptstadt. *(Goethe)*

Mars hin, Mars her, Mors gilt noch mehr! *(A. a Santa Clara)*

Mars regiert die Stunde. *(Schiller, Wallensteins Tod)*

Jemandem den **Marsch** blasen. *(Redensart)*
Jemanden heftig zurechtweisen

Den **Marschallstab** im Tornister tragen. *(Nach einer Napoleon I. zugeschriebenen, wahrscheinlich aber von Louis XVIII., stammenden Redewendung)*

Getrennt **marschieren,** vereint schlagen. *(Nach H. v. Moltke; möglicherweise bereits von Scharnhorst geäußert)*

Geschäftige **Martha.** *(Nach Luk. 10)*

Martha, Martha, du entschwandest! *(W. Friedrich/F. v. Flotow, Martha)*
Im Volksmund ergänzt: ... und mit dir mein Portemonnaie

Ein feuchter **März** ist der Bauern Schmerz. *(Bauernregel)*

Oh, traut nicht, welke Alte, dem **März** mit seiner Luft! Den Lenz ruft er ins Leben, den Winter in die Gruft. *(J. Kerner, Ärztliche Warnung an die Alten)*

Wenn der **März** als Schaf kommt, geht er als Wolf. *(Bauernregel)*

In dem **Märzen** geh – sag manchem Ast ade. *(Bauernregel)*

Auf **Märzenregen** folgt kein Sommersegen. *(Bauernregel)*

Märzenschnee tut (den) Saaten weh. *(Bauernregel)*

Maß für **Maß.**
(Shakespeare, Schauspiel)

Halte **Maß** und bedenke das Ende!
(Wahlspruch Kaiser Maximilians I.)

Das Gesetz ist ein Netz mit vielen **Maschen;** in den engen bleiben die Dummen hängen, durch die weiten schlüpfen die Gescheiten. *(Redensart)*

Aller Dinge **Maß** ist der Mensch.
(Protagoras)

Halte **Maß** in allen Dingen!
(Jes. Sir. 33, 30)

Im selben **Maß** du willst empfangen, mußt du geben; willst du ein ganzes Herz, so gib ein ganzes Leben.
(F. Rückert)

Mit welcherlei **Maß** ihr messet, wird euch gemessen werden. *(Matth. 7, 2)*

Sein **Maß** ist voll, er ist zur Ernte reif!
(Schiller, Jungfrau von Orleans)

Wer **Maß** hält in allen Dingen, der wird's auch zu etwas bringen. *(Sprichwort)*

Die **Masse** könnt ihr nur durch Masse zwingen. *(Goethe, Faust)*

Masse Mensch. *(Bühnenstück von E. Toller)*

Der Aufstand der **Massen.**
(Titel eines Buches von J. Ortega y Gasset)

Arbeit, **Mäßigkeit** und Ruh' schließen dem Arzt die Türe zu. *(Sprichwort)*

Aus **Mäßigkeit** entspringt ein reines Glück. *(Goethe)*

Fröhlichkeit und **Mäßigkeit** sind die besten Ärzte. *(Sprichwort)*

Mäßigkeit und klarer Himmel sind Apollo und die Musen. *(Goethe, Maximen und Reflexionen)*

Mäßigkeit wird alt; Zuviel stirbt bald.
(Sprichwort)

Wo **Mäßigung** ein Fehler ist, da ist Gleichgültigkeit ein Verbrechen.
(G. C. Lichtenberg)

Die **Maske** fällt, es bleibt der Mensch, und alles Heldentum entweicht.
(J. J. Rousseau)

Mast- und Schotbruch!
(Redensart aus dem Seemannsleben)
Soviel wie: »Viel Erfolg!« und »Gute Fahrt!«

Ruh' und Rast ist halbe **Mast.**
(Sprichwort)

Die Arznei macht kranke, die **Mathematik** traurige und die Theologie sündhafte Leute. *(M. Luther)*

Matratzengruft. *(Nach H. Heine, Romanzero)*

Auf, **Matrosen,** die Anker gelichtet!
(W. Gerhard/A. Pohlenz, Matrosenlied)

Zu satt macht **matt.** *(Sprichwort)*

Matthäi am letzten sein.
(Redensart, nach Matth. 28, 20)
Soviel wie: ein (unerfreuliches) Ende haben; alle sein, Schluß sein

Matthäus mit viel Wasser ist guten Weines Hasser. *(Bauernregel)*
Matthäus: 21. September

Mattheis kalt – lange kalt. *(Bauernregel)*
Matthias: 24. Februar

Mätzchen machen. *(Redensart)*
Unsinn treiben

Die (Berliner) **Mauer.**
(Bezeichnung für die am 13. 8. 61 errichtete Mauer zwischen dem Ostsektor und den Westsektoren Berlins)

Eine **Mauer** um uns baue!
(C. Brentano, Gottesmauer)

Wir müssen mit der **Mauer** leben.
(Reg. Bürgermeister W. Brandt, 1962)

Verfluchtes, dumpfes **Mauerloch!**
(Goethe, Faust)

Das **Maul** halten. *(Jes. Sir. 23, 7)*

Einem das **Maul** stopfen.
(Nach Psalm 107, 42)
Jemanden zum Schweigen bringen

Maulaffen feilhalten. *(Redensart)*
Mit offenem Mund dastehen und nichts tun

Das **Maultier** sucht im Nebel seinen Weg. *(Goethe, Mignon)*

Brav, alter **Maulwurf!** Wühlst so hurtig fort? *(Shakespeare, Hamlet)*

Bis früh um fünfe, süße **Maus,** da gehn wir sicher nicht nach Haus.
(H. Bolten-Baeckers u. H. Brennecke/ P. Lincke, Im Reich des Indra)

In eine leere Scheune kommt keine **Maus.** *(Sprichwort)*

Mancher geht mit einer kleinen **Maus** ins Bett und wacht mit einem Kater wieder auf. *(Scherzhaftes Sprichwort)*

Sitzt die **Maus** am Speck, so piept sie nicht. *(A. a Santa Clara)*

Wenn die **Maus** satt ist, ist das Mehl bitter. *(Sprichwort)*

Mit Speck fängt man **Mäuse.**
(Sprichwort)

Sich **mausig** machen. *(Redensart)*
Sich unangenehm bemerkbar machen; sich vorlaut benehmen

Daß dich das **Mäuslein** beiß'!
(Redensart)
Ursprünglich schwere Verfluchung, jetzt komische Verwünschung

Max, bleibe bei mir.
(Schiller, Wallensteins Tod)

Max und Moritz ihrerseits fanden darin keinen Reiz. *(W. Busch, Max und Moritz)*

Da geh' ich ins **Maxim,** dort bin ich sehr intim. *(V. Léon u. L. Stein/F. Lehár, Lustige Witwe)*

Meckern ist wichtig, nett sein kann jeder.
(Titel eines Buches von R. Gilbert)

Diät ist die beste **Medizin.**
(Italienisches Sprichwort)

Der Geist der **Medizin** ist leicht zu fassen. *(Goethe, Faust)*

Die bitterste **Medizin** ist die heilsamste.
(Sprichwort)

Die **Medizin** ist eine soziale Wissenschaft, und die Politik ist nichts weiter als Medizin im großen. *(R. Virchow)*

Enthaltsamkeit ist die beste **Medizin.**
(Sprichwort)

Es gibt nur eine **Medizin** gegen seelisches Leiden, den physischen Schmerz.
(K. Marx, Herr Vogt)

Wollt ihr mir von der **Medizin** nicht auch ein kräftig Wörtchen sagen?
(Goethe, Faust)

Das **Meer** noch niemals größer ward, weil eine Gans das Wasser spart.
(Freidank, Bescheidenheit)

Ich bin gewohnt, daß das **Meer** aufhorcht, wenn ich rede. *(Schiller, Fiesco)*

Im Becher ertrinken mehr als im **Meer.** *(Sprichwort)*

Im **Meer,** da es am tiefsten ist. *(Matth. 18, 6)*

Wenn du beten lernen willst, so geh' aufs **Meer!** *(Bretonisches Sprichwort)*

Es gibt auch im **Meere** des Lebens keine ewigen Felsen. *(R. Huch)*

Freiheit der **Meere.** *(Nach H. Grotius, Mare liberum, 1609)*

Des **Meeres** und der Liebe Wellen. *(Tragödie von F. Grillparzer)*

Die **Mehrheit** dieses Reichstages ist ein Angstprodukt der Wähler. *(Eugen Richter im Dtsch. Reichstag, 1887)*

Was ist die **Mehrheit?** Mehrheit ist der Unsinn; Verstand ist stets bei wen'gen nur gewesen. *(Schiller, Demetrius)*

Leide und **meide!** *(Epiktet)*

Meiden bringt Leiden. *(Sprichwort)*

Alles, was **mein** ist, das ist dein. *(Luk. 15, 31)*

Wenn ich ihn nur habe, wenn er **mein** nur ist! *(Novalis)*

Ich habe das **Meinige** getan. Tun Sie das Ihre! *(Schiller, Don Carlos)*

Die **Meinung** der Frau ist meistens sauberer als die des Mannes; sie wechselt sie auch öfter. *(C. Manzoni)*

Die **Meinung** von heute ist nicht immer die von gestern. *(Sprichwort)*

Es ist gleich schwach und gefährlich, die öffentliche **Meinung** zuviel und zuwenig zu achten. *(J. G. Seume)*

Hol' der Henker die öffentliche **Meinung!** Es kann sie einer auf beiden Seiten tragen, wie ein ledernes Wams. *(Shakespeare, Troilus und Cressida)*

Ich hab' hier bloß ein Amt und keine **Meinung.** *(Schiller, Wallensteins Tod)*

Jeder muß den Mut seiner **Meinung** haben. *(A. v. Humboldt)*

Luxus der eigenen **Meinung.** *(Nach Bismarck)*

Nichts ist so bequem, als etwas zu glauben, das ein anderer meint, und dieser hat seine **Meinung** gewöhnlich auch nur vom Hörensagen. *(L. Tieck)*

Viel zuviel Wert auf die **Meinung** anderer zu legen ist ein allgemein herrschender Irrwahn. *(A. Schopenhauer)*

Was euch die heilige Preßfreiheit für Frommen, Vorteil und Früchte beut?
Davon habt ihr gewisse Erscheinung:
Tiefe Verachtung öffentlicher **Meinung.** *(Goethe, Zahme Xenien)*

Zwei Ärzte – drei **Meinungen.** *(Boshafte Redensart)*

In **Meinungskämpfen** sei man dann am vorsichtigsten, wenn die Gegner sich uns nähern und uns beistimmen. *(L. Börne)*

Am Werke erkennt man den **Meister.** *(Sprichwort, nach J. de La Fontaine, Fabeln)*

Bist du ein **Meister** in Israel und weißt das nicht? *(Joh. 3, 10)*

Das Werk lobt den **Meister.** *(Jes. Sir. 9, 24)*

Denn wer als **Meister** geboren, der hat unter Meistern den schlimmsten Stand.
(R. Wagner, Meistersinger)

Der echte Schüler lernt aus dem Bekannten das Unbekannte entwickeln und nähert sich dem **Meister.**
(Goethe, Maximen und Reflexionen)

Drei Dinge machen den **Meister:** Wissen, Können und Wollen. *(Sprichwort)*

Ehrt eure deutschen **Meister,** dann bannt ihr gute Geister. *(R. Wagner, Meistersinger)*

Ein edler **Meister** stand auf diesem Platz.
(Schiller, Wallensteins Lager)

Ein guter **Meister** macht ein Ding recht; aber wer einen Stümper dingt, dem wird's verderbt. *(Spr. Salom. 26, 10)*

Es ist noch kein **Meister** vom Himmel gefallen. *(Sprichwort)*

Früh übt sich, was ein **Meister** werden will. *(Schiller, Wilhelm Tell)*

In der Beschränkung zeigt sich erst der **Meister.** *(Sprichwort, Goethe, Natur u. Kunst)*

Jahrelang bildet der **Meister** und kann sich nimmer genugtun; dem genialen Geschlecht wird es im Traume beschert.
(Schiller, Sonntagskinder)

Jeden anderen **Meister** erkennt man in dem, was er ausspricht, was er weise verschweigt, zeigt nur der Meister des Stils.
(Schiller, Der Meister)

Jeder findet seinen **Meister.**
(Sprichwort)

Jeder **Meister** behält ein Stück für sich.
(Sprichwort)

Keiner ist **Meister** geworden, dem nicht auch mal ein Werk mißlang.
(Russisches Sprichwort)

Oftmals zeichnet der **Meister** ein Bild durch wenige Striche, was mit unendlichem Wust nie der Geselle vermag.
(A. v. Platen)

Sieh her und bleibe deiner Sinne **Meister!** *(C. Graf Gozzi, Turandot, bearb. v. Schiller)*

Übung macht den **Meister.** *(Sprichwort)*

Verachtet mir die **Meister** nicht.
(R. Wagner, Meistersinger)

Was deutsch und echt, wüßt' keiner mehr, lebt's nicht in deutscher **Meister** Ehr'. *(R. Wagner, Meistersinger von Nürnberg)*

Wer ist **Meister?** – Der was ersann. – Wer ist Geselle? – Der was kann. – Wer ist Lehrling? – Jedermann. *(Alter Spruch)*

Wer nicht **Meister** sein will, muß eben Gesell bleiben und Vorgesetzte haben sein Leben lang. *(G. Keller)*

Wer sein selbst **Meister** ist und sich beherrschen kann, dem ist die weite Welt und alles untertan. *(P. Fleming, An sich)*

Folg eines **Meisters** Sinn; mit ihm zu irren ist dir Gewinn.
(Goethe, Sprichwörtlich)

O du zertrümmert **Meisterstück** der Schöpfung! *(Shakespeare, König Lear)*

Wer niemals wagt, vollbringt kein **Meisterstück.** *(E. Raupach, Hohenstaufen)*

Der Überfluß und Friede zeugen **Memmen.** *(Shakespeare, Cymbeline)*

Die **Menge** kann tüchtige Menschen nicht entbehren, und die Tüchtigen sind ihnen jederzeit zur Last. *(Goethe, Maximen und Reflexionen)*

Die **Menge** (od. Masse) muß es bringen.
(Spruch aus dem kaufmännischen Leben)

Die wankelmütige **Menge,** die jeder Wind herumtreibt. *(Schiller, Maria Stuart)*

Ich wünschte sehr, der **Menge** zu behagen, besonders weil sie lebt und leben läßt. *(Goethe, Faust)*

In rauhen **Mengen.** *(Redensart)*
In Hülle und Fülle

Aber der **Mensch** entwirft, und Zeus vollendet es anders. *(Homer, Ilias)*

Alle anderen Dinge müssen; der **Mensch** ist das Wesen, welches will. *(Schiller)*

Als wie der **Mensch,** so ist sein Gott, sein Glaube. *(F. Rückert, Weisheit des Brahmanen)*

Begnügt euch doch, ein **Mensch** zu sein! *(G. E. Lessing, Nathan der Weise)*

Das eigentliche Studium der Menschheit ist der **Mensch.** *(Goethe, Wahlverwandtschaften)*

Das einzige, wodurch der **Mensch** sich vom Tier unterscheiden könnte, wenn er wollte, wäre die Vernunft. *(K. Hiller)*

Das Tier taugt zu allem, was es soll, vollkommen, der **Mensch** zu nichts recht, als was er lernt, liebt und übt. *(J. H. Pestalozzi)*

Das Tier wird durch seine Organe belehrt; der **Mensch** belehrt die seinigen und beherrscht sie. *(Goethe)*

Denn der **Mensch,** der zur schwankenden Zeit auch schwankend gesinnt ist, der vermehret das Übel und breitet es weiter und weiter. *(Goethe, Hermann und Dorothea)*

Denn ich bin ein **Mensch** gewesen, und das heißt ein Kämpfer sein. *(Goethe, Westöstlicher Diwan)*
Meist zitiert:
Dieser ist ein Mensch gewesen …

Der geringste **Mensch** kann komplett sein, wenn er sich innerhalb der Grenzen seiner Fähigkeiten und Fertigkeiten bewegt. *(Goethe)*

Der heutige **Mensch** ist ein heimatloser trunkener Söldner geworden, der sich ebensogut für das Gemeine wie für das Hohe anwerben läßt. *(A. Schweitzer)*

Der inwendige **Mensch.** *(Nach Röm. 7, 22)*

Der **Mensch** beherrscht die Natur, bevor er gelernt hat, sich selbst zu beherrschen. *(A. Schweitzer)*

Der **Mensch** braucht wenig, und an Leben reich ist die Natur. *(Schiller, Jungfrau von Orleans)*

Der **Mensch,** das unbekannte Wesen. *(Titel eines Buches von A. Carrel)*

Der **Mensch** denkt, Gott lenkt. *(Nach Spr. Salom. 16, 9)*

Der **Mensch** erfährt, er sei auch, wer er mag, ein letztes Glück und einen letzten Tag. *(Goethe, Sprichwörtlich)*

Der **Mensch** erkennt sich nur im Menschen, nur das Leben lehret jedem, was er sei. *(Goethe, Tasso)*

Der **Mensch** fängt erst beim Baron an. *(Fürst Windischgrätz, 1848)*

Der **Mensch** hat keinen Zweck, als eben Mensch zu sein. *(L. Schefer, Laienbrevier)*

Der **Mensch** hat nichts so eigen, so wohl steht ihm nichts an, als daß er Treu erzeigen und Freundschaft halten kann. *(S. Dach, Perstet amicitiae …)*

Der **Mensch** hat nur allzusehr Ursache, sich vor dem Menschen zu schützen. *(Goethe, Wilhelm Meister)*

Der **Mensch** ist das Maß aller Dinge.
(Sprichwort, nach Protagoras)

Der **Mensch** ist der Anfang der Religion, der Mensch der Mittelpunkt der Religion, der Mensch das Ende der Religion.
(L. Feuerbach, Wesen des Christentums)

Der **Mensch** ist die Medizin des Menschen. *(Afrikanisches Sprichwort)*

Der **Mensch** ist ein Gewohnheitstier.
(Redensart, nach Pestalozzi u. a.)

Der **Mensch** ist ein Seil, geknüpft zwischen Tier und Übermensch, ein Seil über einem Abgrunde.
(F. Nietzsche, Zarathustra)

Der **Mensch** ist eine Mitte zwischen Nichts und All, ein Nichts vor dem Unendlichen, ein All gegenüber dem Nichts. *(Nach B. Pascal)*

Der **Mensch** ist etwas, das überwunden werden soll.
(F. Nietzsche, Zarathustra)

Der **Mensch** ist frei wie der Vogel im Käfig; er kann sich innerhalb gewisser Grenzen bewegen. *(J. K. Lavater)*

Der **Mensch** ist frei geschaffen, ist frei, und würd' er in Ketten geboren.
(Schiller, Worte des Glaubens)

Der **Mensch** ist, ich gesteh' es euch, ein böses Lebewesen. *(Molière, Tartuffe)*

Der **Mensch** ist manchmal seines Schicksals Meister.
(Shakespeare, Julius Caesar)

Der **Mensch** ist nur ein Schilfrohr, das schwächste in der Natur, aber ein Schilfrohr, das denkt. *(B. Pascal)*

Der **Mensch** ist nur groß durch den Begriff eines Vaterlandes und durch den Begriff der Pflicht. *(F. L. Jahn)*

Der **Mensch** ist, was er ißt.
(Nach L. Feuerbach)

Der **Mensch** kann noch so dämlich sein, er muß sich nur zu helfen wissen.
(Scherzhafte Redensart)

Der **Mensch** kennt alle Dinge der Erde, aber den Menschen kennt er nicht.
(J. Gotthelf)

Der **Mensch** kommt unter allen Tieren der Welt dem Affen am nächsten.
(G. C. Lichtenberg)

Der **Mensch** lebt nicht von Brot allein.
(5. Mos. 8, 3; Luk. 4, 4; Matth. 4, 4)

Der **Mensch** lebt nur einmal – sein Name ewig. *(Japanisches Sprichwort)*

Der **Mensch** muß der Leidenschaften zugleich fähig und mächtig sein.
(Jean Paul)

Der **Mensch** nur fühlet seinen Tod.
(C. A. Tiedge, Urania)

Der **Mensch** traut nie dem Menschen genug. *(W. v. Humboldt, Briefe an eine Freundin)*

Der **Mensch** wird schließlich mangelhaft, die Locke wird hinweggerafft.
(W. Busch)

Der **Mensch?** Wo ist er her? Zu schlecht für einen Gott; zu gut fürs Ungefähr.
(G. E. Lessing, Vorerinnerung)

Edel sei der **Mensch,** hilfreich und gut.
(Goethe, Das Göttliche)

Ein edler **Mensch** zieht edle Menschen an. *(Goethe, Tasso)*

Ein guter **Mensch** gibt gerne acht, ob auch der andre was Böses macht.
(W. Busch, Fromme Helene)

Ein guter **Mensch,** in seinem Drange, ist sich des rechten Weges wohl bewußt.
(Goethe, Faust)

Ein jeder **Mensch** hat seinen Preis.
(Sprichwort, nach R. Walpole)

Ein jedes ist mit Freuden, was es ist: O **Mensch,** so sei mit Freuden auch ein Mensch. *(L. Schefer, Laienbrevier)*

Ein **Mensch** kann nur einmal sterben.
(Shakespeare, Heinrich IV.)

Ein unsteter **Mensch** kommt zu nichts.
(Sprichwort)

Es irrt der **Mensch**, so lang' er strebt.
(Goethe, Faust)

Es ist merkwürdig, daß ein mittelmäßiger **Mensch** oft vollkommen recht haben kann und doch nichts damit durchsetzt.
(Ch. Morgenstern)

Es ist nicht gut, daß der **Mensch** allein sei. *(1. Mos. 2, 18)*

Es löst der **Mensch** nicht, was der Himmel bindet. *(Schiller, Braut von Messina)*

Es sät der **Mensch,** doch ob den Saaten wacht still eine dunkle, rätselhafte Macht. *(Anastasius Grün)*

Es wächst der **Mensch** mit seinen größern Zwecken. *(Schiller, Wallenstein)*

Hier bin ich **Mensch,** hier darf ich's sein.
(Goethe, Faust)

Ich bin ein **Mensch,** drum ist nichts, was menschlich ist, mir fremd.
(Terenz, Heautontimorumenos)

Ich bin kein ausgeklügelt Buch, ich bin ein **Mensch** mit seinem Widerspruch.
(C. F. Meyer, Huttens letzte Tage)

Ich war ein anderer **Mensch** geworden, und also mußten mir die Gegenstände auch anders erscheinen.
(Goethe an Schiller, 1797)

Jeder **Mensch** hat seinen Vogel.
(Sprichwort)
Soviel wie: ... hat seine Eigenheiten

Kein **Mensch** ist der gleiche, nachdem er befördert worden ist. *(W. Aubrey)*

Kein **Mensch** ist ohne ein Aber.
(Sprichwort)

Kein **Mensch** muß müssen.
(G. E. Lessing, Nathan der Weise)

Mensch, alles außer dir, das gibt dir keinen Wert; das Kleid macht keinen Mann, der Sattel macht kein Pferd.
(Angelus Silesius)

Mensch unter Menschen sein.
(Schiller, Semele)

Mensch, werde wesentlich!
(E. Stadler, Der Spruch)

Nicht der **Mensch** hat am meisten gelebt, welcher die höchsten Jahre zählt, sondern derjenige, welcher sein Leben am meisten empfunden hat.
(J. J. Rousseau)

Nichts ist gewaltiger als der **Mensch.**
(Sophokles, Antigone)

Oft ist der **Mensch** sich selbst sein größter Feind. *(Cicero, Ad Atticum)*

So töricht ist der **Mensch.** – Er stutzt, schaut dämlich drein und ist verdutzt.
(W. Busch, Balduin Bählamm)

Sehet, welch ein **Mensch!** *(Joh. 19, 5)*

Und der **Mensch** versuche die Götter nicht. *(Schiller, Taucher)*

Vieles kann der **Mensch** entbehren, nur den Menschen nicht. *(L. Börne)*

Was der **Mensch** auch gewinne, er muß es teuer bezahlen, wär' es auch nur mit der Furcht, ob er's nicht wieder verliert. *(F. Hebbel)*

Was ist der **Mensch,** daß du seiner gedenkst, und des Menschen Kind, daß du dich seiner annimmst. *(Psalm 8, 5)*

Was ist der **Mensch?** Jedenfalls nicht das, was er sich einbildet zu sein, nämlich die Krone der Schöpfung. *(W. Raabe)*

Was ist einander so feindlich als der **Mensch** dem Menschen. *(Publilius Syrus)*

Wenn der **Mensch** alles leisten soll, was man von ihm fordert, so muß er sich für mehr halten, als er ist. *(Goethe)*

Wundern muß ich mich sehr, daß Hunde die Menschen so lieben, denn ein erbärmlicher Schuft gegen den Hund ist der **Mensch.** *(F. Hebbel)*

Alle **Menschen** werden Brüder. *(Schiller/L. van Beethoven, An die Freude)*

Allen **Menschen** recht getan, ist eine Kunst, die niemand kann. *(Sprichwort)*

Berg und Tal kommen nicht zusammen, aber die **Menschen.** *(Sprichwort)*

Besser ist, unter noch so bösen **Menschen** leben, als fern von allen Menschen. *(G. E. Lessing)*

Dankbare **Menschen** sind wie fruchtbare Felder; sie geben das Empfangene zehnfach zurück. *(A. v. Kotzebue)*

Den **Menschen** macht sein Wille groß und klein. *(Schiller, Wallensteins Tod)*

Der Arzt sieht den **Menschen** in seiner ganzen Schwäche, der Advokat in seiner ganzen Schlechtigkeit, und der Priester in seiner ganzen Dummheit. *(A. Schopenhauer)*

Die guten **Menschen** lernen von den schlechten mehr als die schlechten von den guten. *(Jüdisches Sprichwort)*

Die **Menschen** selbsten sind sich hässig, dort und hier, die Walstatt ist die Welt, das Volk ein Opfervieh. *(A. a. Santa Clara, Der Krieg)*

Die **Menschen** sind in ihren Anlagen alle gleich, nur die Verhältnisse machen den Unterschied. *(G. C. Lichtenberg)*

Die **Menschen** sind insgesamt, je zivilisierter, desto mehr Schauspieler. *(I. Kant)*

Die **Menschen** sind nicht immer, was sie scheinen, doch selten etwas Besseres. *(G. E. Lessing, Nathan der Weise)*

Die **Menschen** und die Pyramiden sind nicht gemacht, um auf dem Kopf zu stehn. *(G. K. Pfeffel, Pyramide)*

Die **Menschen** von heute verschwenden zuviel Zeit, auf Reden und Gedanken anderer Menschen zu horchen. *(A. Munthe)*

Die **Menschen** werden alt, aber selten reif. *(A. Daudet)*

Einstens hinter Pyrrhus' Rücken, stimmen Dichter ein, sprang die Welt aus Felsenstücken, **Menschen** aus dem Stein. *(Schiller, Triumph der Liebe)*

Er spricht von keinem **Menschen** übel; das macht, er spricht allein von sich. *(G. K. Pfeffel, Der Schwätzer)*

Es gibt doch in der Welt nichts Interessanteres für den **Menschen** als den Menschen. *(W. v. Humboldt)*

Es gibt drei Arten von **Menschen,** mit denen es gut ist, zu verkehren: die innerlich Starken, die Aufrichtigen und die, die viel gelernt haben. *(Chinesisches Sprichwort)*

Es gibt viele **Menschen,** die sich einbilden, was sie erfahren, das verstünden sie auch. *(Goethe)*

Es ist schmerzlich, einem **Menschen** seine Grenze anzusehen.
(Ch. Morgenstern)

Es ist des **Menschen** würdig, was im Laufe der Natur liegt, auch natürlich zu nehmen. *(W. v. Humboldt)*

Es reden und träumen die **Menschen** viel von bessern künftigen Tagen.
(Schiller, Hoffnung)

Flüsse und Berge kann man verändern, aber nicht den **Menschen.**
(Chinesisches Sprichwort)

Fürchte den Bock von vorn, das Pferd von hinten und den **Menschen** von allen Seiten. *(Russisches Sprichwort)*

Gott schuf ihn, also laßt ihn für einen **Menschen** gelten. *(Shakespeare, Kaufmann von Venedig)*

Hier sitz' ich, forme **Menschen** nach meinem Bilde … *(Goethe, Prometheus)*

Ja Schmerz! Nur du machst **Menschen** erst zu Menschen ganz!
(A. de Lamartine)

Jede große Zeit erfaßt den ganzen **Menschen.** *(Th. Mommsen)*

Jetzt gib mir einen **Menschen,** gute Vorsicht! *(Schiller, Don Carlos)*

Laß nicht zu viel uns an die **Menschen** glauben. *(Schiller, Piccolomini)*

Man muß die **Menschen** nehmen, wie sie sind. *(Sprichwort)*

Man veredelt Pflanzen durch Zucht und die **Menschen** durch Erziehung.
(J. J. Rousseau)

Menschen, die sich überall zu Hause fühlen, wenn sie verreisen, verdienen auch sonst nicht viel Vertrauen.
(G. B. Shaw)

Menschen sind schwimmende Töpfe, die sich aneinander stoßen.
(J. P. Eckermann, Gespräche mit Goethe)

Menschen wie du und ich.
(Nach einer Rubrik der Zeitschrift »Readers Digest« bzw. der deutschen Ausgabe »Das Beste aus Readers Digest«)

Oh! hättest du vom **Menschen** besser stets gedacht, du hättest besser auch gehandelt. *(Schiller, Wallensteins Tod)*

Reißt den **Menschen** aus seinen Verhältnissen, und was er dann ist, nur das ist er.
(J. G. Seume)

Schwer zu unterscheiden, noch schwerer zu ergründen sind die **Menschen.**
(Schiller, Domingo)

Um Gott zu erkennen, muß man ihn lieben; um die **Menschen** zu lieben, muß man sie kennen. *(Augustinus)*

Was das für **Menschen** sind, deren ganze Seele auf dem Zeremoniell ruht!
(Goethe, Werther)

Was dir **Menschen** geben, mußt du bezahlen mit dem, was du hast, oder teurer mit dem, was du bist. *(L. Börne)*

Was **Menschen** säen, werden Götter ernten. *(C. A. Tiedge, Urania)*

Was nicht im **Menschen** ist, kommt auch nicht von außen in ihn hinein.
(W. v. Humboldt)

Wenn **Menschen** schweigen, werden Steine reden. *(Nach Luk. 19, 40)*

Wir **Menschen** halten doch immer nur die Fäden in den Händen, das Schicksal aber webt, wie es will. *(H. Stehr)*

Wir **Menschen** sind des Herrgotts Kartenspiel. *(Sprichwort)*

Zwei **Menschen** sind immer zwei Extreme. *(F. Hebbel)*

Menschenfeind. *(Nach F. Raimund, Alpenkönig und Menschenfeind)*

Ärzte sind unseres Herrgotts **Menschenflicker.** *(M. Luther)*

Es fürchte die Götter das **Menschengeschlecht.** *(Goethe, Iphigenie)*

Das große unzerstörbare Wunder ist der **Menschenglaube** an Wunder. *(Jean Paul, Vorschule der Ästhetik)*

Menschengunst ist Erdendunst. *(Sprichwort)*

Ach, wer heilet die Schmerzen des, dem Balsam zu Gift ward? Der sich **Menschenhaß** aus der Fülle der Liebe trank? *(Goethe, Harzreise im Winter)*

Das arme **Menschenherz** muß stückweise brechen. *(G. Herwegh, Strophen aus der Fremde)*

O **Menschenherz,** was ist dein Glück? Ein rätselhaft geborner, und, kaum gegrüßt, verlorner, unwiederholter Augenblick. *(N. Lenau, Frage)*

Der größte Mensch bleibt stets ein **Menschenkind.** *(Goethe, Der Ewige Jude)*

Anders, begreif' ich wohl, als sonst in **Menschenköpfen** malt sich in diesem Kopf die Welt. *(Schiller, Don Carlos)*

Ein **Menschenleben** ist, als zählt' man eins. *(Shakespeare, Hamlet)*

Greift nur hinein ins volle **Menschenleben.** *(Goethe, Faust)*

Zu voll von Milch der **Menschenliebe.** *(Shakespeare, Macbeth)*

Ihr kennet kein Völkerrecht ohne ein Volksrecht, und kein Volksrecht ohne ein **Menschenrecht.** *(H. Pestalozzi)*

Es lebt dort... ein so verwegener **Menschenschlag** beisammen, daß man mit der Delikatesse nicht weit reicht, sondern daß man Haare auf den Zähnen haben und mitunter etwas grob sein muß, um sich über Wasser zu halten. *(Goethe über Berlin und die Berliner)*

Eine schöne **Menschenseele** finden ist Gewinn. *(J. G. Herder, Der gerettete Jüngling)*

Vergiß, o **Menschenseele,** nicht, daß du Flügel hast! *(E. Geibel, Ich sah den Wald sich färben)*

Für wen halten die Leute den **Menschensohn?** *(Matth. 16, 13)*

Es gibt Taten, die sich keinem **Menschenurteil** mehr unterwerfen, nur den Himmel zum Schiedsmann erkennen. *(Schiller, Fiesco)*

Der Mittelpunkt alles **Menschenverderbens** ist Verhärtung des Herzens. *(H. Pestalozzi)*

Wollt! **Menschenwille** ist des Menschen Schicksal. *(E. v. Wildenbruch)*

Auswurf der **Menschheit.** *(Redensart, nach 1. Kor. 4, 13)*

Der **Menschheit** ganzer Jammer faßt mich an. *(Goethe, Faust)*

Der **Menschheit** große Gegenstände. *(Schiller, Wallensteins Lager)*

Die **Menschheit** ist die Unsterblichkeit der sterblichen Menschen. *(L. Börne)*

Zu beklagen ist die **Menschheit,** will ein Priester ihr gebieten; statt den Himmel ihr zu geben, raubt er ihr die Erdenblüten. *(F. Lenau)*

Auch der Reichtum ist Kraft, so gut wie Weisheit und Stärke, kann werden nicht minder ehrenhaft, verwendet zum **Menschheitswerke.** *(F. Rückert)*

Denkt an den Wechsel alles **Menschlichen!** Es leben Götter, die den Hochmut rächen. *(Schiller, Maria Stuart)*

Menschliches, Allzumenschliches.
(Titel einer Schrift von F. Nietzsche)

Der fühlt ein **menschliches** Rühren.
(Schiller, Bürgschaft)

Alle menschlichen Gebrechen sühnet reine **Menschlichkeit.** *(Goethe)*

Die reinste **Menschlichkeit,** sie allein kann dir, dem Menschen, Religion sein.
(J. G. Herder)

Wahre **Menschlichkeit** ist köstlicher als alle Schönheit der Erde.
(J. H. Pestalozzi)

Das **Menschlichste,** was wir haben, ist doch die Sprache, und wir haben sie, um zu sprechen. *(Th. Fontane)*

Ein **Menetekel.**
(Redensart, nach Dan. 5, 25)
Warnendes Vorzeichen

Zu Lübeck auf der Brücken, da steht der Gott **Merkur,** er zeigt in allen Stücken olympische Figur. Er wußte nichts von Hemden in seiner Götterruh', drum kehrt er allen Fremden den bloßen Podex zu. *(E. Geibel)*

Ein **Messer** ohne Klinge, an welchem der Stiel fehlt. *(Nach G. C. Lichtenberg)*

Ein **Messer** wetzt das andere und ein Mann den andern. *(Spr. Salom. 27, 17)*

Einem das **Messer** an die Kehle setzen.
(Redensart)
Jemanden erpressen; ihn unter Druck setzen

Messer, Gabel, Scher' und Licht sind für kleine Kinder nicht. *(Kinderspruch)*

Sich bis aufs **Messer** bekämpfen.
(Redensart)
Soviel wie: bis aufs äußerste

Stumpfe **Messer,** schlimme Wunden.
(Sprichwort)

Es steht auf des **Messers** Schneide.
(Nach Homer, Ilias)

Weil, so schließt er **messerscharf,** nicht sein kann, was nicht sein darf.
(Ch. Morgenstern, Unmögliche Tatsache)

Für die Rolle des **Messias** gibt es einen Überfluß an Kandidaten.
(Jüdisches Sprichwort)

Alt wie **Methusalem.**
(Nach 1. Mos. 5, 27)
Uralt

Metropole deutscher Intelligenz.
(F. Hebbel über Berlin, 1851)

Viel Eicheln um **Michaelis** – viel Schnee um Weihnachten. *(Bauernregel)*
Michaelis: 29. September

Deutscher **Michel.** *(Redensart)*
Spottbezeichnung für den – schlafmützigen – Deutschen

Gute **Miene** zum bösen Spiel machen.
(Redensart) Freundlich bleiben, auch wenn man geärgert wird

Karlchen **Mießnick.**
(»Der ewige Quartaner«, nach D. Kalisch)

Zins und **Miete** schlafen nicht.
(Sprichwort)

Die **Milch** der frommen Denkart.
(Nach Schiller, Wilhelm Tell)

Ließe der Himmel **Milch** regnen, besäßen gewiß nur die Reichen Krüge, sie aufzufangen. *(Russisches Sprichwort)*

Wie **Milch** und Blut aussehen.
(Redensart)
Frisch und gesund aussehen

Von einer **Milchkuh** nimmt man einen Stoß nicht übel, wenn nur darüber aus der Hand nicht fällt der Kübel.
(F. Rückert, Weisheit des Brahmanen)

Milchmädchenrechnung.
(Nach J. W. L. Gleim, Milchfrau)
Auf Trugschlüssen beruhende Rechnung

Seid umschlungen, **Millionen!**
(Schiller, An die Freude)

Mein **Milljöh.**
(Titel eines Bildbandes von H. Zille)

Man kann im Herzen **Milde** tragen und doch mit Kolben drunter schlagen.
(F. v. Sallet, Epigrammatisches)

Milde erreicht mehr als Heftigkeit.
(J. de La Fontaine)

Solange es geht, muß man **Milde** walten lassen, denn jeder kann sie brauchen.
(Th. Fontane)

Dem **Mimen** flicht die Nachwelt keine Kränze. *(Schiller, Wallenstein)*

Alle **Minen** springen lassen.
(Redensart)
Alle gegebenen Mittel anwenden

Es gehört zu den liebenswertesten Seiten unserer Gesellschaft, daß niemand verpflichtet ist, **Minister** zu werden.
(Bundesminister H.-D. Genscher)

Ein guter **Minister** soll nicht auf das Stirnrunzeln des Monarchen schauen, dem er dient, sondern er soll ihm frei seine Meinung sagen. *(Bismarck, 1890)*

Es kann ein Liberaler **Minister** sein, aber deshalb ist er noch kein liberaler Minister. *(W. v. Humboldt)*

Minister fallen wie Butterbrote, gewöhnlich auf die gute Seite.
(L. Börne, Pariser Briefe)

Wenn die **Minister** von Politik reden, so sind sie geschickte Leute. Aber wenn sie von Krieg reden, ist es, als wenn ein Irokese von Astronomie spricht.
(Randbemerkung Friedrichs II., 1740)

Meine **Minna** geht vorüber? Meine Minna kennt mich nicht?
(Schiller, An Minna)

Die **Minne** hat der Wunder viel.
(L. Uhland, Wunder)

Was nur lebt, will lieben; meiden will keiner die **Minne.** *(R. Wagner, Rheingold)*

Besser, eine **Minute** im Leben verlieren als das Leben in einer Minute.
(Südamerikanisches Sprichwort)

Was man von der **Minute** ausgeschlagen, gibt keine Ewigkeit zurück.
(Schiller, Resignation)

Mir (od. uns) kann keener!
(»Wahlspruch« der Berliner)

Wie du **mir,** so ich dir. *(Sprichwort)*

Zwei edle Häuser in **Mirandola,** der Eifersucht, der langen Feindschaft müde.
(Schiller, Don Carlos)

Denn auf **Mischung** kommt es an.
(Goethe, Faust)

Sein launisch **Mißbehagen** ruht auf den breiten Polstern seines Glücks.
(Goethe, Tasso)

Mißbrauch macht stumpf die schärfste Messerschneide. *(Shakespeare)*

Erfolg verbindet, **Mißerfolg** trennt. *(Sprichwort)*

Durch Güte und Treue wird **Missetat** versöhnt. *(Spr. Salom. 16, 6)*

In den verderbten Strömen dieser Welt kann die vergold'te Hand der **Missetat** das Recht wegstoßen, und ein schnöder Preis erkauft oft das Gesetz. *(Shakespeare, Hamlet)*

Wer seine **Missetat** leugnet, dem wird es nicht gelingen; wer sie aber bekennt und läßt, der wird Barmherzigkeit erlangen. *(Spr. Salom. 28, 13)*

Mißgunst sei sonst, wie sie will; dennoch ist ihr Eigentum, daß sie immer mehr verklärt als verdunkelt unsern Ruhm. *(F. v. Logau, Mißgunst)*

Mißtrauen ist eine Axt am Baum der Liebe. *(Sprichwort)*

Vorsicht und **Mißtrauen** sind gute Dinge, nur sind auch ihnen gegenüber Vorsicht und Mißtrauen nötig. *(Ch. Morgenstern)*

Der Winter unseres **Mißvergnügens.** *(Shakespeare, Richard III.)*

Durch welchen **Mißverstand** hat dieser Fremdling zu Menschen sich verirrt?) *(Schiller, Don Carlos)*

Ein **Mißverständnis** zwischen Gleichgestimmten, das stellen Worte, ja im Notfall stellen es Waffen leicht und glücklich wieder her. *(Goethe, Tasso)*

Auf dem eigenen **Misthaufen** ist jeder Hahn tapfer. *(Griechisches Sprichwort)*

Wer nicht **mit** mir ist, der ist wider mich. *(Matth. 12, 30)*

Mitgefangen, mitgehangen. *(Sprichwort)*

Wer seine **Mitmenschen** achtet, wird selbst geachtet. *(Nach dem Talmud)*

Jemandem böse **mitspielen.** *(Redensart)*
Jemandem Schaden zufügen

Mittagsschlaf ist ein brennend Licht am Tage. *(H. G. v. Hippel, Lebensläufe)*

Verlust der **Mitte.** *(Schlagwort nach Buch von H. Sedlmayr, 1948)*

Das Licht, das sogenannte offizielle **Mitteilungen** verbreitet, ist oft nichts als ein Irrwisch, der uns in Sümpfe führt. *(L. Börne)*

Der Zweck heiligt die **Mittel.** *(Redensart)*
Gilt als Grundsatz der Jesuiten, wobei aber verwerfliche Mittel ausdrücklich ausgenommen sind

Die Menschen werden an sich und andern irre, weil sie die **Mittel** als Zweck behandeln. *(Goethe, Maximen und Reflexionen)*

Meine **Mittel** erlauben mir das! *(G. Raeder, Der artesische Brunnen)*

Sich ins **Mittel** legen. *(Redensart)*
Sich als Schlichter eines Streites betätigen

Was ist ein Titel ohne **Mittel?** *(Sprichwort)*

Hart an der unteren Grenze von **mittelfein.** *(Redensart)*
Unfein, ordinär

Mittelgut wie wir find't sich hingegen überall in Menge. *(G. E. Lessing, Nathan der Weise)*

Das **Mittelmaß** ist gut dem Alter wie der Jugend, nur Mittelmäßigkeit allein ist keine Tugend. *(F. Rückert)*

Mittelmäßige Geister verurteilen gewöhnlich alles, was über ihren Horizont geht. *(F. de La Rochefoucauld)*

Das Vereinswesen ist die Festung der **Mittelmäßigkeit.** *(A. Feuerbach)*

Es gibt gewisse Dinge, in denen die **Mittelmäßigkeit** unerträglich ist – Musik, Poesie, Malerei und öffentliche Rede. *(J. de la Bruyère)*

O großes Glück im **Mittelstand!** *(J. W. L. Gleim, Lob des Landlebens)*

Der goldene **Mittelweg.** *(Nach Horaz, Oden)*

Die **Mitternacht** zog näher schon … *(H. Heine, Belsazar)*

Steh ich in finst'rer **Mitternacht** so einsam auf der fernen Wacht. *(W. Hauff, Soldatenliebe)*

Gesetzt, daß ich von Nachwelt reden wollte, wer machte denn der **Mitwelt** Spaß? *(Goethe, Faust)*

Nicht **mitzuhassen,** mitzulieben bin ich da. *(Sophokles, Antigone)*

Wohlzutun und **mitzuteilen** vergesset nicht! *(Hebr. 13, 16)*

Die letzte **Mode** war immer noch so-so. Jetzt erst sind wir ganz und gar ein wandelnder Popo. *(F. Vischer, 1880)*

Die **Mode** ist weiblichen Geschlechts, hat folglich ihre Launen. *(K. J. Weber)*

Ach, wie ist's möglich dann, daß ich dich lassen kann? *(Volkslied)*

Die Einsicht in das **Mögliche** und Unmögliche ist es, die den Helden vom Abenteurer scheidet. *(Th. Mommsen)*

Wer das **Mögliche** erreichen will, muß das Unmögliche fordern. *(Sprichwort)*

Land der unbegrenzten **Möglichkeiten.** *(Bezeichnung für die USA, nach L. M. Goldstein, 1902)*

Der Letzte der **Mohikaner.** *(Titel eines Romans v. J. F. Cooper)*

Der **Mohr** hat seine Schuldigkeit getan; der Mohr kann gehen. *(Schiller, Fiesco)*

Es ging spazieren vor dem Tor ein kohlpechrabenschwarzer **Mohr.** *(H. Hoffmann, Struwwelpeter)*

Wär' ich der **Mohr,** nicht möcht' ich Jago sein. *(Shakespeare, Othello)*

Mohrenwäsche. *(Nach Jerem. 13, 23)*

Laß die **Moleküle** rasen, was sie auch zusammenknobeln! Laß das Tüfteln, laß das Hobeln, heilig halte die Ekstasen. *(Ch. Morgenstern)*

Dem **Moloch** opfern. *(Nach 3. Mos. 18, 21 u. a.)*

Die Kappe macht den **Mönch** nicht aus. *(Shakespeare, Heinrich VIII.)*

Mönchlein, Mönchlein, du gehst einen schweren Gang! *(G. v. Frundsberg zu M. Luther, Worms 1521)*

Der **Mond** ist aufgegangen, die goldnen Sternlein prangen am Himmel hell und klar. *(M. Claudius, Abendlied)*

Es kann ja nicht immer so bleiben, hier unter dem wechselnden **Mond.** *(A. v. Kotzebue, Trost beim Scheiden)*

Guter **Mond,** du gehst so stille! *(Volkslied)*

Mond meiner Tage! Sonne meiner Nächte! *(H. Heine, Italien)*

Und mir leuchtet der **Mond** heller als nordischer Tag. *(Goethe, Römische Elegien)*

Will ich dich führen lassen und verwahren, wo weder **Mond** noch Sonne dich bescheint. *(Schiller, Wilhelm Tell)*

Mondbeglänzte Zaubernacht, die den Sinn gefangen hält… *(L. Tieck, Kaiser Octavianus)*

O sähst du, voller **Mondenschein,** zum letztenmal auf meine Pein. *(Goethe, Faust)*

In fernem Land, unnahbar euren Schritten, liegt eine Burg, die **Monsalvat** genannt. *(R. Wagner, Lohengrin)*

Blauen **Montag** machen. *(Redensart)*
Am Montag der Arbeit fernbleiben

Moos haben. *(Redensart)*
Reich sein

Immer lustig, immer froh, wie der **Mops** im Paletot. *(Scherzreim)*
Ergänzt: … der auf seinem Throne saß und 'nen goldnen Apfel fraß

Das glänzendste Geschäft in dieser Welt ist die **Moral.** *(F. Wedekind, Marquis von Keith)*

Die moderne Menschheit hat zwei Arten von **Moral;** eine, die sie predigt, und eine andere, die sie anwendet, aber nicht predigt. *(B. Russell)*

Die **Moral** von der Geschicht'… *(Nach W. Busch)*

Moral ist ein Maulkorb für den Willen, Logik ein Steigriemen für den Geist. *(F. Grillparzer)*

Moral ist eine Wichtigtuerei des Menschen vor der Natur. *(F. Nietzsche)*

Religion und **Moral** sind ewig eins. *(K. J. Weber)*

Und die **Moral** von der Geschicht': Bad' zwei in einer Wanne nicht. *(W. Busch, Bad am Samstagabend)*

Moralin. *(Nach F. Nietzsche, Antichrist)*

Das **Moralische** versteht sich immer von selbst. *(F. Th. Vischer, Auch Einer)*

Verbindet man Religion nicht mit **Moralität,** so wird Religion nur zur Gunstbewerbung. *(I. Kant)*

Wo die meiste sogenannte positive Religion war, war immer die wenigste **Moralität.** *(J. G. Seume)*

Moralprediger. *(Nach F. Nietzsche, Fröhliche Wissenschaft)*

Ein bis zum Stolz gehendes Selbstbewußtsein, wenn es recht gelenkt ist, kann ein sicheres **Moralprinzip** werden. *(B. Auerbach)*

Man hat Exempel, daß man den **Mord** liebt und den Mörder straft. *(Schiller, Wallensteins Tod)*

Mordcanaille, wo bist du? *(Schiller, Räuber)*

Trinkt Galle statt der Milch, ihr **Morddämonen.** *(Shakespeare, Macbeth)*

Nicht der **Mörder,** der Ermordete ist schuldig. *(Roman von F. Werfel)*

Über des Erschlagenen Stätte schweben rächende Geister und lauern auf den wiederkehrenden **Mörder.** *(Goethe, Faust)*

Unter die **Mörder** fallen. *(Nach Luk. 10, 30)*

Aus seinem Herzen keine **Mördergrube** machen. *(Redensart, nach Jer. 7, 17 u. a.)*
Offen sagen, was man denkt

Gefährlich ist's, ein **Mordgewehr** zu tragen, und auf den Schützen springt der Pfeil zurück. *(Schiller, Wilhelm Tell)*

Jemanden **Mores** lehren. *(Redensart)*
Einem das rechte Benehmen beibringen

Ab **morgen** wird gespart! *(Redensart)*

Der **Morgen** kam, es scheuchten seine Tritte den leisen Schlaf. *(Goethe, Zueignung)*

Der **Morgen** nährt, der Abend verzehrt. *(Sprichwort)*

Morgen ist auch noch ein Tag. *(Redensart)*

Morgen, Kinder, wird's was geben, morgen werden wir uns freun. *(Weihnachtslied von M. F. P. Bartsch/ J. P. Kirnberger)*

Morgen! Morgen! Nur nicht heute! Sprechen alle faulen Leute. *(C. F. Weiße, Aufschub)*

Morgen muß ich fort von hier, und muß Abschied nehmen. *(Volkslied)*

Mich dünkt, ich wittre **Morgenluft!** *(Shakespeare, Hamlet)*

Rapp! Rapp! ich wittere **Morgenluft!** *(G. A. Bürger, Lenore)*

Abendrede und **Morgenrede** kommen selten überein. *(Sprichwort)*

Morgenrot, Morgenrot, leuchtest mir zu frühem Tod. *(W. Hauff, Reiters Morgengesang)*

Morgens um sieben ist die Welt noch in Ordnung. *(Roman von E. Malpaß)*

Morgenstund' hat Gold im Mund. – Wer länger schläft, bleibt auch gesund. *(Scherzhaftes Sprichwort)*

Morgenstunde hat Gold im Munde. *(Sprichwort)*

In **Morpheus'** Armen. *(Nach Ovid, Metamorphosen)*
Soviel wie: im Schlaf; schlafend

Moselfahrt aus Liebeskummer. *(Novelle von R. G. Binding)*

Der große Haufe will einen **Moses** haben mit Hörnern. *(M. Luther)*

Jemand hat **Moses** und die Propheten. *(Redensart, nach Luk. 16, 29)*
Jemand ist sehr reich

Der **Most,** der gärend sich vom Schaum geläutert, er wird zum Trank, der Geist und Sinn erheitert. *(Goethe, Was wir bringen)*

Junger **Most** sprengt alle Schläuche. *(Sprichwort)*

Wenn sich der **Most** auch ganz absurd gebärdet, es gibt zuletzt doch noch 'n Wein. *(Goethe, Faust)*

Wissen, wo Barthel den **Most** holt. *(Redensart)*
Alle Schliche kennen

Die **Möwen** sehen alle aus, als ob sie Emma hießen. *(Ch. Morgenstern, Möwenlied)*

Mit Geduld und Spucke fängt man eine **Mucke.** *(Scherzhaftes Sprichwort)*

Aus einer **Mücke** einen Elefanten machen. *(Sprichwort) Maßlos übertreiben*

Mücken seihen und Kamele verschlucken. *(Nach Matth. 23, 24)*

Ich habe (jetzt) keine Zeit, **müde** zu sein. *(Kaiser Wilhelm I., 1888)*

Müde bin ich, geh' zur Ruh', schließe beide Äuglein zu. *(L. Hensel, Abendgebet)*

Müdigkeit schnarcht auf dem Stein, und Trägheit findet hart das Daunenbett. *(Shakespeare, Cymbeline)*

Die **Müh'** ist klein, der Spaß ist groß. *(Goethe, Faust)*

Erreicht den Hof mit **Müh'** und Not.
(Goethe, Erlkönig)

Kühn ist das **Mühen,** herrlich der Lohn.
(Goethe, Faust)

Gottes **Mühlen** mahlen langsam, mahlen aber trefflich klein. *(F. v. Logau, Göttliche Rache)*

Mir wird von alledem so dumm, als ging' mir ein **Mühlrad** im Kopf herum.
(Goethe, Faust)

Der Tod ist das Ende der **Mühsal.**
(F. Rückert)

Nichts ist **mühsam,** was man willig tut.
(Th. Jefferson)

Der aber ärgert dieser Geringsten einen, die an mich glauben, dem wäre besser, daß ein **Mühlstein** an seinen Hals gehängt und er ersäuft würde im Meer, da es am tiefsten ist. *(Matth. 18, 6)*

Den **Mund** vollnehmen. *(Redensart)*
Übertreiben

Ein reiner **Mund** und reine Hand passieret frei durch alle Land.
(G. Rollenhagen, Froschmeuseler)

Einem den **Mund** wäßrig machen.
(Redensart)
Jemanden begehrlich machen

Gesegnet seien jene, die nichts zu sagen haben und den **Mund** halten. *(O. Wilde)*

Jemandem über den **Mund** fahren.
(Redensart)
Jemanden in seiner Rede grob unterbrechen

Kein Blatt vor den **Mund** nehmen.
(Redensart)
Frei heraus reden

Mund und Nase aufsperren.
(Redensart)
Sich sehr verwundern

Sich den **Mund** verbrennen.
(Redensart)
Etwas sagen, das einem übelgenommen wird

Weise Leute haben den **Mund** im Herzen. *(Sprichwort)*

Jemandem nach dem **Munde** reden.
(Redensart)
Zu jemandem sprechen, wie er es wünscht

Sich etwas vom **Munde** absparen.
(Redensart)
Unter Entbehrungen sparen

Hier hilft kein **Mundspitzen!** Hier muß gepfiffen sein! *(Redensart)*
Jetzt muß offen gesprochen werden!

Das **Mundwerk** einer Frau macht nie Ferien. *(Amerikanisches Sprichwort)*

Einem mit gleicher **Münze** bezahlen.
(Redensart)
Einen Streich mit einem Streich beantworten

Man darf nicht alles für bare **Münze** nehmen. *(Redensart)*
Man darf nicht alles blind glauben

Wer den Stempel hat, schlägt die **Münze.**
(J. G. Seume, Spaziergang nach Syrakus)

Wie ein **Murmeltier** schlafen.
(Redensart)
Sehr fest schlafen

Laßt nicht ungerühmt mich zu den Schatten hinabgehn! Nur die **Muse** gewährt einiges Leben dem Tod.
(Goethe, Euphrosyne)

Muse braucht Muße. *(Sprichwort)*

Der allein besitzt die **Musen,** der sie trägt im warmen Busen; dem Vandalen sind sie Stein. *(Schiller, Die Antiken zu Paris)*

Recht gern empfängt die **Musenstadt** den Fremdling, welcher etwas hat. *(W. Busch, Maler Klecksel)*

Die **Musica** ist eine schöne, herrliche Gabe Gottes und nahe der Theologie. *(M. Luther)*

Musica ist das beste Labsal einem betrübten Menschen. *(M. Luther, Tischreden)*

Der Deutsche kann sich der Wirkung des Liedes nicht entziehen, er kommt in die richtige Stimmung, wenn er **Musik** hört. *(Bismarck)*

Der Mann, der nicht **Musik** hat in sich selbst, den nicht die Eintracht süßer Töne rührt, taugt zu Verrat, zu Räuberei und Tücken. *(Shakespeare, Kaufmann von Venedig)*

Der Ton macht die **Musik.** *(Sprichwort)*

Die **Musik** ist die populärste aller Künste. *(M. d'Agoult)*

Es fließt mir das Herz über vor Dankbarkeit gegen die **Musik,** die mich so oft erquickt und aus größten Nöten errettet hat. *(M. Luther)*

Es ist nicht erforderlich, **Musik** zu verstehen. Man braucht sie nur zu genießen. *(L. Stokowski)*

Ich denke nur **Musik.** *(J. Brahms)*

Ich kann den Geist der **Musik** nicht anders fassen als in Liebe. *(R. Wagner)*

Musik allein ist die Weltsprache und braucht nicht übersetzt zu werden. Da spricht Seele zu Seele. *(B. Auerbach)*

Musik ist angenehm zu hören, doch ewig braucht sie nicht zu währen. *(W. Busch)*

Musik ist der Schlüssel vom weiblichen Herzen. *(J. G. Seume, Der Vorteil)*

Musik ist die Vermittlung des geistigen Lebens zum sinnlichen. *(B. v. Arnim)*

Musik ist die wahre, allgemeine Menschensprache. *(K. J. Weber)*

Musik ist für ihn Gottesdienst. *(A. Schweitzer, J. S. Bach)*

Musik ist höhere Offenbarung als alle Weisheit und Philosophie. *(L. van Beethoven)*

Musik wird oft nicht schön gefunden, weil stets sie mit Geräusch verbunden. *(W. Busch, Dideldum)*

Nirgends kann das Leben so roh wirken, wie konfrontiert mit edler **Musik.** *(Ch. Morgenstern)*

Ohne **Musik** wäre das Leben ein Irrtum. *(F. Nietzsche, Götzendämmerung)*

Wer die **Musik** sich erkiest, hat ein himmlich Gut bekommen. *(E. Mörike, Altes Verslein)*

Wie wurde mir, als ich ins Innre nun der Kirchen trat, und die **Musik** der Himmel herunterstieg! *(Schiller, Maria Stuart)*

Wo die Sprache aufhört, fängt dic **Musik** an. *(E. T. A. Hoffmann)*

Unter allen entsetzlichen Dingen das entsetzlichste ist **Musik,** wenn sie erst erlernt wird. *(F. Hebbel)*

Wo **Musik** ist, da kann nichts Böses sein. *(M. de Cervantes)*

Es ist nicht jeder ein **Musikant,** der eine Geige auf dem Rücken trägt. *(A. a Santa Clara)*

Gute Leute und schlechte **Musikanten.** *(C. Brentano, Ponce de Leon)*

Eine **Musikantenkehle,** die ist als wie ein Loch. *(E. Geibel, Lob der edlen Musika)*

Der Herr **Musikprofessor** spricht: Die Drehorgeln, die dulde man nicht! Sie sind eine Plage und ein Skandal!
(H. Seidel, Musik der armen Leute)

Nicht die gesunden Knochen eines einzigen pommerschen **Musketiers** wert.
(Aus einer Äußerung Bismarcks im Deutschen Reichstag, 1876)

Das kleine Wörtchen **Muß** ist doch von allen Nüssen, die Menschen knacken müssen, die härteste Nuß. *(L. Bechstein)*

Das **Muß** ist hart, aber beim Muß kann der Mensch allein zeigen, wie's inwendig mit ihm steht. Willkürlich kann jeder leben. *(Goethe)*

Muß es sein, dann schick' dich drein.
(Sprichwort)

Muß i denn, muß i denn zum Städtele hinaus. *(Volkslied)*

Muß ist eine harte Nuß. *(Sprichwort)*

Muß ist ein bitt'res Kraut. *(Sprichwort)*

Muß? Willkommnes Wort, mit dem der Frevler stets die Schuld von sich abwälzt ins Leere, jeden Übermut und jeden Treubruch. *(E. Geibel, Sophonisbe)*

Was sein **muß,** muß sein. *(Sprichwort)*

Die Menschen finden sich in ein verhaßtes **Müssen** weit besser als in eine bittre Wahl. *(Schiller, Piccolomini)*

Müßiggang ist aller Laster Anfang.
(Sprichwort)

Müßiggang ist nichts Übles, ja, man muß sagen: Ein Mensch, der für diesen keinen Sinn hat, zeigt damit, daß er sich nicht zur Humanität erhoben hat.
(S. Kierkegaard)

Ein großes **Muster** weckt Nacheiferung und gibt dem Urteil höhere Gesetze.
(Schiller, Wallensteins Lager)

Es seyen allein die großen Exempel und die großen **Muster,** welche die Menschen erziehen und formen. *(Friedrich d. Gr.)*

Tröstlich ist es für uns, den Mann gerühmt zu wissen, der als ein großes **Muster** vor uns steht. *(Goethe, Tasso)*

Wie so bunt der Kram gewesen, **Musterkarte,** gibt's zu lesen! *(Goethe, Motto zu »Vermischte Gedichte«)*

Nach berühmten **Mustern.**
(Titel parodistischer Aufsätze von F. Mauthner)

Das Leben wagt der **Mut,** nicht das Gewissen. *(Schiller, Wallensteins Tod)*

Denn ausduldenden **Mut** verlieh den Menschen das Schicksal. *(Homer, Ilias)*

Der fremde Trost ist gut, doch besser ist der eig'ne **Mut.** *(Sprichwort)*

Der **Mut** stellt sich die Wege kürzer vor.
(Goethe, Tasso)

Ein goldner **Mut** fragt nichts nach niedern Schlacken. *(Shakespeare, Kaufmann von Venedig)*

Es steigt der **Mut** mit der Gelegenheit.
(Shakespeare)

Guter **Mut** ist die sicherste Wehr.
(Sprichwort)

Ich fühle **Mut,** mich in die Welt zu wagen, der Erde Weh, der Erde Glück zu tragen, mit Stürmen mich herumzuschlagen und in des Schiffbruchs Knirschen nicht zu zagen. *(Goethe, Faust)*

Jeder muß den **Mut** der Überzeugung haben. *(A. v. Humboldt)*

Junges Blut hat **Mut.** *(Sprichwort)*

Man kann Vorsicht Mut, man kann **Mut** Leichtfertigkeit nennen. *(Bismarck)*

Mut verloren – Klugheit verloren. *(Jüdisches Sprichwort)*

Mut zeiget auch der Mameluck. *(Schiller, Kampf mit dem Drachen)*

Trinke **Mut** des reinen Lebens! *(Goethe, Schatzgräber)*

Wenn der **Mut** in der Brust seine Spannkraft übt. *(König Ludwig I. v. Bayern)*

Wenn's etwas gibt, gewalt'ger als das Schicksal, so ist's der **Mut,** der's unerschüttert trägt. *(E. Geibel, Brunhild)*

Wozu der Mensch den **Mut** hat, dazu findet er die Mittel. *(E. Raupach, Prinz und Bäuerin)*

Sein **Mütchen** an jemandem kühlen. *(Nach 2. Mos. 15, 9)*

Am **Mute** hängt der Erfolg. *(Th. Fontane, Stine)*

Dem **Mutigen** gehört die Welt. *(Sprichwort)*

Dem **Mutigen** hilft Gott. *(Schiller, Wilhelm Tell)*

Mäßige Ruhe ist das Grab des **Muts.** *(Schiller)*

Gott verläßt den **Mutigen** nicht. *(Th. Körner, Harras)*

Auch der **Mutigste** von uns hat nur selten den Mut zu dem, was er eigentlich weiß. *(F. Nietzsche, Götzendammerung)*

Dem **Mutlosen** gilt alles nichts, dem Mutigen wenig viel. *(J. Gotthelf)*

Ach, eine **Mutter** hat man einmal nur! *(A. v. Droste-Hülshoff, Brief aus der Heimat)*

Auf der **Mutter** Schoß werden Kinder groß. *(Sprichwort)*

Der Himmel ist zu den Füßen der **Mutter.** *(Persisches Sprichwort)*

Der **Mutter** schenk' ich, die Tochter denk' ich. *(Goethe, Sprichwörtlich)*

Die beste Amme ersetzt keine **Mutter.** *(Sprichwort)*

Die **Mütter!** Mütter! – 's klingt so wunderlich! *(Goethe, Faust)*

Eine gute **Mutter** fragt nicht: Willst du?, sondern gibt. *(Griechisches Sprichwort)*

Mit der **Mutter** soll beginnen, wer die Tochter will erringen. *(Sprichwort)*

Nur eine **Mutter** weiß allein, was lieben heißt und glücklich sein. *(A. v. Chamisso, Frauenliebe und -leben)*

Ohne **Mutter** geht es nicht. *(Heiterer Roman von H. Nicklisch)*

Schau dir die **Mutter** an, bevor du dich mit der Tochter verlobst! *(Sprichwort)*

Und die **Mutter** blickte stumm auf dem ganzen Tisch herum. *(H. Hoffmann, Struwwelpeter)*

Was der **Mutter** ans Herz geht, das geht dem Vater nur bis an die Knie. *(Sprichwort)*

Wenn du noch eine **Mutter** hast, so danke Gott und sei zufrieden. *(F. W. Kaulisch)*

So sehr auch die Sonne sein Antlitz verbrannt, das **Mutteraug'** hat ihn doch gleich erkannt. *(J. N. Vogel, Erkennen)*

Als Büblein klein an der **Mutterbrust...** *(H. S. Mosenthal/O. Nicolai, Die lustigen Weiber von Windsor)*

Vom Vater hab' ich die Statur, des Lebens ernstes Führen; vom **Mütterchen** die Frohnatur und Lust zu fabulieren. *(Goethe, Zahme Xenien)*

Kein Füllhorn, das von allen Schätzen regnet, ist reicher als die **Mutterhand,** die segnet. *(A. Grün, Sprüche)*

Ein **Mutterherz** kann nicht lügen. *(Sprichwort)*

Von **Mutterleib** und Kindesbeinen an. *(M. Rinckart, Nun danket alle Gott!)*

Zuviel **Mutterliebe** schad't den Kindern. *(Sprichwort)*

Mutterseelenallein. *(Redensart)*
Einsam und verlassen

O süße Stimme! Vielwillkommener Ton der **Muttersprach'** in einem fremden Lande. *(Goethe, Iphigenie auf Tauris)*

Muttersprache, Mutterlaut! Wie so wonnesam, so traut! *(M. v. Schenkendorf, Muttersprache)*

N

Nachahmen und nacheifern ist zweierlei. *(J. Langbehn)*

Der beste Advokat, der schlimmste **Nachbar.** *(Sprichwort)*

Ein guter **Nachbar** ist besser als ein ferner Freund. *(Sprichwort)*

Liebe deinen **Nachbarn,** aber reiß den Zaun nicht ein. *(Sprichwort)*

Willst du wissen, was dein **Nachbar** von dir denkt, so streite mit ihm. *(Sprichwort)*

Nachbarin, Euer Fläschchen! *(Goethe, Faust)*

Man soll sich keinen Hof kaufen, sondern gute **Nachbarn.** *(Spanisches Sprichwort)*

Auf des **Nachbars** Feld steht das Korn immer besser. *(Sprichwort)*

Nachdenken doch immer Mühe macht, wie gut man euch auch vorgedacht. *(P. Heyse, Spruchbüchlein)*

Nacheifern ist beneiden. *(G. E. Lessing, Fragmente)*

Einen **Nachen** seh' ich schwanken, aber ach: der Fährmann fehlt. *(Schiller, Sehnsucht)*

Wo **Nachfrage** herrscht, da steigen die Preise. *(Russisches Sprichwort)*

Jeden **Nachklang** fühlt mein Herz froh und trüber Zeit. *(Goethe, An den Mond)*

Was einer für ein Mann gewesen, das findet sich an seinen **Nachkommen.** *(Jes. Sir. 11, 29)*

Wehe der **Nachkommenschaft,** die dich verkennt. *(Goethe, Götz von Berlichingen)*

Keine **Nachricht,** gute Nachricht. *(Sprichwort)*

Schlimme **Nachricht** kommt stets zu früh. *(Sprichwort)*

Schlechte **Nachrichten** haben Flügel. *(Französisches Sprichwort)*

Die meiste **Nachsicht** übt der, der die wenigste braucht. *(M. v. Ebner-Eschenbach)*

Je mehr Einsicht, desto mehr **Nachsicht.** *(Sprichwort)*

Nachsicht gewährt der Tadel den Raben und peinigt die Tauben. *(Juvenal, Satirae)*

Wir erbitten, so gern wir gewähren, die **Nachsicht.** *(Horaz, Epistulae)*

Vorsorge verhütet **Nachsorge.** *(Sprichwort)*

Ich bin die **Nächste** dazu. *(F. Reuter, Ut mine Stromtid)*

Jeder ist sich selbst der **Nächste.** *(Sprichwort)*

Du sollst deinen **Nächsten** lieben wie dich selbst. *(3. Mos. 19, 18)*

Greif an mit Gott! Dem **Nächsten** muß man helfen. *(Schiller, Wilhelm Tell)*

Die Gerechtigkeit ist nichts anderes als die **Nächstenliebe** des Weisen. *(G. W. v. Leibniz)*

Bei euch dort unten in der ew'gen **Nacht,** da schlägt kein Herz mehr, da ist alles ewig. *(Schiller, Jungfrau von Orleans)*

Bei **Nacht** sind alle Katzen grau. *(Sprichwort)*

Bei stiller **Nacht** zur ersten Wacht… *(F. v. Spee, Trauergesang)*

Denn nicht komm' ich aus **Nacht** und Leiden, aus Glanz und Wonne komm' ich her! *(R. Wagner, Lohengrin)*

Die **Nacht** hat ihre Kerzen ausgebrannt, der muntre Tag erklimmt die dunst'gen Höhn. *(Shakespeare, Romeo und Julia)*

Die **Nacht** ist die Mutter der Gedanken. *(Französisches Sprichwort)*

Die **Nacht** ist keines Menschen Freund. *(Sprichwort)*

Die **Nacht** ist lang, die niemals tagen kann. *(Schiller, Macbeth)*

Die **Nacht** ist nicht allein zum Schlafen da. *(Lied von O. E. Hesse und H. F. Beckmann/Th. Mackeben aus dem Film »Tanz auf dem Vulkan«)*

Es kommt die **Nacht,** da niemand wirken kann. *(Joh. 9, 4)*

Gelassen stieg die **Nacht** ans Land. *(E. Mörike, Um Mitternacht)*

Häßlich wie die **Nacht.** *(Redensart)*

Ich wollte, es würde **Nacht,** oder die Preußen kämen. *(Nach Wellington, Waterloo 1815)*

In der **Nacht** ist der Mensch nicht gern alleine. *(Schlager von W. Dehmel/F. Grothe aus dem Film »Frau meiner Träume«)*

Je dunkler die **Nacht,** desto schöner der Tag. *(Sprichwort)*

Komm, Trost der Welt, du stille **Nacht!** *(J. v. Eichendorff, Der Einsiedler)*

Morgen früh ist die **Nacht** vorbei! *(Redensart)*

Nacht muß es sein, wo Friedlands Sterne strahlen. *(Schiller, Wallensteins Tod)*

Nur dem Feigen ist es **Nacht.** *(Goethe, An die Erwählte)*

Oh, sink hernieder, **Nacht** der Liebe. *(R. Wagner, Tristan und Isolde)*

Quellende, schwellende **Nacht,** voll von Lichtern und Sternen; in den ewigen Fernen, sage, was ist da erwacht! *(F. Hebbel/R. Schumann, Nachtlied)*

Stille **Nacht,** heilige Nacht. *(Weihnachtslied von J. Mohr und F. Gruber)*

Weil' auf mir, du dunkles Auge, über deine ganze Macht, ernste, milde, träumerische, unergründlich süße **Nacht!** *(N. Lenau, Bitte)*

Wie die Tage so golden verfliegen, wie die **Nacht** sich so selig verträumt. *(P. Heyse)*

Das macht, es hat die **Nachtigall** die ganze Nacht gesungen. *(Th. Storm, Die Nachtigall)*

Die **Nachtigall,** sie war entfernt, der Frühling lockt sie wieder; was Neues hat sie nicht gelernt, singt alte, liebe Lieder. *(Goethe, Ländlich)*

Die Wittembergisch **Nachtigall.** *(Bezeichnung für M. Luther, nach Hans Sachs)*

Ja, die **Nachtigall!** Auch vor seiner Durchlaucht singt sie das gleiche Lied. *(Kobayashi Issa, 1763–1827)*

Laut, als sähe sie ihres Käfigs Stäbe nicht, singt die **Nachtigall.** *(Sumi Taigi, 1709–1772)*

Nachtigall, ich hör' dich singen … *(A. Kretzschmar, Frau Nachtigall)*

Nachtigall, wie sangst du so schön! *(A. H. Hoffmann v. Fallersleben, Der Nachtigall Antwort)*

So lieblich singt die **Nachtigall,** ach nur so kurze Zeit, dem einen ist lauter Lust der Schall, dem andern lauter Leid. *(H. Seidel)*

Nachtijall, ick hör' dir tra(m)psen! *(Berliner Redensart)* *Etwas durchschauen*

Das **Nachtlager** von Granada. *(Titel einer Oper von F. Kind/K. Kreutzer)*

Nachts um die zwölfte Stunde verläßt der Tambour sein Grab. *(J. C. v. Zedlitz, Nächtliche Heerschau)*

Zum **Nachtwächter** mag der Herr Vetter taugen; zum Ehemann taugt er nun einmal nicht. *(Th. Körner, Nachtwächter)*

Denn was dem Mann das Leben nur halb erteilt, soll ganz die **Nachwelt** geben. *(Goethe, Epilog zu Schillers Glocke)*

Ein Denkmal wird die **Nachwelt** mir errichten. *(A. Schopenhauer, Unverschämte Verse)*

Gesetzt, daß ich von **Nachwelt** reden wollte, wer machte denn der Mitwelt Spaß? *(Goethe, Faust)*

Man kommt nur mit wenig Gepäck auf die **Nachwelt.** *(Voltaire)*

Wenn ich nur nichts von **Nachwelt** hören sollte! *(Goethe, Faust)*

Nachzuahmen erniedrigt einen Mann von Kopf. *(Schiller, Don Carlos)*

Den Schalk im **Nacken** haben. *(Redensart)*

Einen steifen **Nacken** haben. *(Redensart)* *Eigensinnig sein*

Nackend bin ich ausgegangen von dem Leibe meiner Mutter, nackend kehr' ich wieder dahin. *(Hiob, 1, 21)*

Wenn wir es recht überdenken, so stecken wir doch alle **nackt** in unsern Kleidern. *(H. Heine)*

Und sie waren beide **nackt,** der Mensch und sein Weib, und schämten sich nicht. *(1. Mos. 2, 25)*

Die **nackte** Wahrheit. *(Redensart, nach Horaz, Oden)*

Was wäre da zu fürchten? Mein Leben acht' ich keine **Nadel** wert. *(Shakespeare, Hamlet)*

Wie auf **Nadeln** sitzen. *(Redensart)* *Das Warten schmerzlich empfinden*

Er hat sich den **Nagel** selbst gespitzt, in den er getreten ist. *(A. a Santa Clara)*

Du bist ein **Nagel** zu meinem Sarge! *(Redensart)* *Du bist schuld, wenn ich früh sterbe*

Etwas an den **Nagel** hängen.
(Redensart)
Etwas aufgeben; auf etwas verzichten

Das brennt einem auf den **Nägeln.**
(Redensart)
Man hat es sehr eilig

Die **Nagelprobe** machen. *(Redensart)*
Ein Glas bis zum letzten Tropfen leeren (und dann zum Zeichen, daß es geleert ist, umkippen und auf den Fingernagel aufsetzen)

Ich bin ihr **nah,** und wär' ich noch so fern.
(Goethe, Faust)

Von weitem ist es etwas, in der **Nähe** ist es nichts. *(J. de La Fontaine)*

Bleibe im Lande und **nähre** dich redlich!
(Sprichwort, nach Psalm 37, 3)

Der **Nährstand** soll geben.
(Schiller, Wallensteins Lager)

Nahrung des Geistes.
(J. Terrasson, Sethos, 1732)

Der beste Segen, der nur gedeiht, das ist der gute **Name** allerzeit. *(Alter Spruch)*

Der gute **Name** ist bei Mann und Frau das eigentliche Kleinod ihrer Seelen.
(Shakespeare, Othello)

Ein guter **Name** ist ein reiches Erbteil.
(Sprichwort)

Ein **Name** ist nichts Geringes. Hat doch Napoleon eines großen Namens wegen fast die halbe Welt in Stücke geschlagen.
(J. P. Eckermann, Gespräche mit Goethe)

Name ist Schall und Rauch.
(Goethe, Faust)

Wenn der Leib in Staub zerfallen, lebt der große **Name** noch.
(Schiller, Siegesfest)

Du sollst den **Namen** des Herrn, deines Gottes, nicht unnützlich führen; denn der Herr wird den nicht ungestraft lassen, der seinen Namen mißbraucht.
(M. Luther, Kl. Katechismus: Das zweite Gebot, nach 2. Mos. 20, 7)

Mit verändertem **Namen** spricht von dir die Fabel. *(H. Heine, Emanzipation der Katholiken)*

Namen nennen dich nicht.
(W. Ueltzen, Ihr)

Sich einen **Namen** machen.
(Redensart, nach 2. Sam. 8, 13)

Wenn man nicht den Mut hat, Dinge beim **Namen** zu nennen, dann kann man später einmal mit Recht gesteinigt werden. *(Bundeskanzler K. Adenauer, 1956)*

Wer darf das Kind beim rechten **Namen** nennen? *(Goethe, Faust)*

Napoleon war nicht von dem Holz, woraus man die Könige macht – er war von jenem Marmor, woraus man Götter macht. *(H. Heine, Gedichte und Gedanken)*

Narben bleiben zurück, wenn auch die Wunden verheilen. *(Sprichwort)*

Der **Narr** stolpert über den Abgrund, in den der Weise regelrecht hineinfällt.
(V. v. Scheffel, Ekkehard)

Ein **Narr** kann mehr fragen, als zehn Weise beantworten können.
(Sprichwort)

Ein **Narr,** mein Herr, schweigt niemals still. *(Ch. F. Gellert)*

Ein **Narr** schüttet seinen Geist ganz aus; aber ein Weiser hält an sich.
(Spr. Salom. 29, 11)

Ein **Narr** treibt Mutwillen.
(Spr. Salom. 10, 23)

Ein **Narr** trifft allemal noch einen größeren an, der ihn nicht genug bewundern kann. *(M. G. Lichtwer)*

Es gibt eine Menge Dinge, die der **Narr** sehr gut zu wissen glaubt und der Kluge jemals zu wissen verzweifelt. *(A. v. Kotzebue)*

Ich bin ein **Narr** auf eigne Hand. *(Goethe, Den Originalen)*

Jedermanns Freund ist jedermanns **Narr**. *(Sprichwort)*

Narr des Glücks. *(Shakespeare, König Lear)*

Narr in Christo Emanuel Quint. *(Roman von G. Hauptmann)*

Was sich ein **Narr** in Kopf gesetzt, das hält wie eine Schrift, die man in Marmor ätzt. *(M. G. Lichtwer, Mann und Frau)*

Wie oft weiß nicht ein **Narr** durch töricht' Unternehmen viel tausend Toren zu beschämen. *(C. F. Gellert, Der grüne Esel)*

Wir leben in einer Welt, worin ein **Narr** viele Narren, aber ein weiser Mann nur wenige Weise macht. *(G. Ch. Lichtenberg)*

Am vielen Fragen erkennt man den **Narren.** *(Sprichwort)*

Am vielen Lachen erkennt man den **Narren.** *(Sprichwort)*

Dem **Narren** gehört seine Weise wohl; aber wer auf Rat hört, der ist weise. *(Spr. Salom. 12, 15)*

Die eine Hälfte der Welt lacht über die andre, und **Narren** sind sie alle. *(B. Gracian, Handorakel)*

Die **Narren** haben ihr Herz im Mund; aber die Weisen haben ihren Mund im Herzen. *(Jes. Sir. 21, 28)*

Die **Narren** reden am liebsten von der Weisheit, die Schurken von der Tugend. *(P. Ernst)*

Die **Narren** werden nicht alle. *(Sprichwort)*

Einem jeden gefällt seine Weise wohl, darum die Welt so **Narren** voll. *(Altes Sprichwort, nach M. Luther)*

Eines **Narren** Bolzen sind bald verschossen. *(Shakespeare, Heinrich V.)*

Gelehrte **Narren** sind die besten. *(Schwedisches Sprichwort)*

Hoffen und Harren macht manchen zum **Narren.** *(Nach Ovid, Heroiden)*

Jedem **Narren** gefällt seine Kappe. *(Sprichwort)*

Jemanden zum **Narren** halten. *(Redensart)* *Jemanden verulken, nicht ernst nehmen*

Kinder und **Narren** sagen die Wahrheit. *(Sprichwort)*

Mich dünkt, ich hör' ein ganzes Chor von hunderttausend **Narren** sprechen. *(Goethe, Faust)*

Narren sagen, was die Klugen denken. *(Sprichwort)*

Narren sind alle, die es scheinen, und die Hälfte derer, die es nicht scheinen. *(B. Gracian, Handorakel)*

Weise erdenken die neuen Gedanken, und **Narren** verbreiten sie. *(H. Heine)*

Wenn keine **Narren** auf der Welt wären, was wäre die Welt? *(Goethe)*

Ein Reis vom **Narrenbaum** trägt jeder, wer es sei; der eine deckt es zu, der andre trägt es frei. *(F. v. Logau, Sinngedichte)*

Narrenhände beschmieren Tisch und Wände. *(Sprichwort)*

Dem **Narrenkönig** gehört die Welt.
(Schiller, Jungfrau von Orleans)

Ich hoffe es noch zu erleben, daß das **Narrenschiff** der Zeit an dem Felsen der christlichen Kirche scheitert.
(Bismarck, 1849)

Kleine Beispiele der Vernunft änderten noch nie etwas am großen **Narreteispiele** der Zunft. *(Ch. Morgenstern)*

Alle **Narrheit** erschöpfen – so gelangt man zum Boden der Weisheit.
(L. Börne, Fragmente und Aphorismen)

Ein bißchen **Narrheit,** das versteht sich, gehört immer zur Poesie. *(H. Heine)*

Ein Ding mag noch so **närrisch** sein, es sei nur neu, so nimmt's den Pöbel ein.
(C. F. Gellert, Der grüne Esel)

Daß du die **Nas'** ins Gesicht behältst!
(F. Reuter, Ut mine Stromtid)

Naschen macht leere Taschen.

Die **Nase** rümpfen. *(Redensart)*
Verächtlich tun

Eine gute **Nase** haben. *(Redensart)*
Einen guten Spürsinn haben

Eine **Nase** bekommen. *(Redensart)*
Getadelt werden

Faß dich an deine eigene **Nase!**
(Redensart)
Kümmere dich um deine Angelegenheiten!

Ich habe die **Nase** voll davon.
(Redensart)
Ich habe jetzt genug davon! Mir reicht's!

Jemanden an der **Nase** herumführen.
(Redensart)
Einen so leiten, wie man es will

Jemandem etwas unter die **Nase** reiben.
(Redensart)
Jemanden nachdrücklich auf etwas aufmerksam machen

Seine **Nase** in alles stecken. *(Redensart)*
Sehr neugierig sein

Sich die **Nase** begießen. *(Redensart)*
Sich betrinken

Und was das liebe junge Volk betrifft, das ist noch nie so **naseweis** gewesen.
(Goethe, Faust)

Naß wie eine Katze. *(Redensart)*

Seid Glühwein oder brunnenkühles Wasser, nur nicht abgestandenes **Naß,** das jeden anekelt, seid keine Philister.
(L. Börne, Der ewige Jude)

Nassauern. *(Redensart)*
Auf fremde Kosten leben; Vorteile ausnutzen, die einem nicht zustehen

Ein **Nasser** fürchtet keinen Regen, ein Nackter keine Räuber.
(Russisches Sprichwort)

Nasser als naß kann man nicht werden.
(Nach B. Auerbach, Waldfried)

Die **Nation,** die die meiste Spannkraft hatte, war auch allezeit die freieste und glücklichste. *(G. Ch. Lichtenberg)*

Nichtswürdig ist die **Nation,** die nicht ihr Alles freudig setzt an ihre Ehre.
(Schiller, Jungfrau von Orleans)

Nur in der eigenen Kraft ruht das Schicksal jeder **Nation.** *(H. v. Moltke)*

Nationalliteratur will jetzt nicht viel sagen, die Epoche der Weltliteratur ist an der Zeit. *(Nach J. P. Eckermann, Gespräche mit Goethe)*

Uns fehlt ein **Nationalzuchthaus** und eine gemeinsame Peitsche. *(H. Heine, Tannhäuser)*

Wer mag auf **Nationen** trauen! Man habe noch so viel für sie getan. *(Goethe, Faust)*

Der warme Tag ist's, der die **Natter** zeugt. *(Shakespeare, Julius Caesar)*

Ach, **Natur,** wie sicher und groß in allem erscheinst du! *(Goethe, Euphrosyne)*

Der Mensch braucht wenig, und an Leben reich ist die **Natur.** *(Schiller, Jungfrau von Orleans)*

Der Schein soll nie die Wirklichkeit erreichen, und siegt **Natur,** so muß die Kunst entweichen. *(Schiller, Gedichte)*

Die **Natur** ist das einzige Buch, das auf allen Blättern großen Inhalt bietet. *(Goethe, Sprüche)*

Die **Natur** ist eine versteinerte Zauberstadt. *(Novalis, Fragmente)*

Die **Natur** ist kein selbstständiges Wesen, sondern Gott ist alles in seinen Werken. *(J. G. Herder, Ideen zur Philosophie der Geschichte der Menschheit)*

Die **Natur** macht keine Sprünge. *(Nach C. v. Linné)*

Die Ruinen des einen braucht die allzeit wirksame **Natur** zu dem Leben des andern. *(G. E. Lessing, Fabeln)*

Die Stimme der **Natur** läßt sich nicht überschreien. *(Ch. M. Wieland)*

Es ist des Menschen würdig, was im Laufe der **Natur** liegt, auch natürlich zu nehmen. *(W. v. Humboldt, Briefe an eine Freundin)*

Gott und **Natur** sind zwei Größen, die sich vollkommen gleich sind. *(Schiller)*

Hab' ich doch gehört, gelesen von der Stimme der **Natur.** *(F. Grillparzer, Ahnfrau)*

Hätte die **Natur** so viele Gesetze als der Staat, Gott selbst könnte sie nicht regieren. *(L. Börne)*

Ins Innre der **Natur** dringt kein erschaffner Geist. Glückselig, wem sie nur die äußere Schale weist. *(A. v. Haller, Falschheit menschlicher Tugenden)*

Jeder hat etwas in seiner **Natur,** das, wenn er es öffentlich ausspräche, Mißfallen erregen müßte. *(Goethe, Maximen und Reflexionen)*

Natur geht über Erziehung. *(Sprichwort)*

Natur ist Sünde, Geist ist Teufel. *(Goethe, Faust)*

Natur und Geist – so spricht man nicht zu Christen. *(Goethe, Faust)*

Natur und Kunst, sie scheinen sich zu fliehen, und haben sich, eh man es denkt, gefunden. *(Goethe)*

Natur wirkt mehr als Demonstration. *(K. W. Ramler, Hirsch und Fuchs)*

Schauspielerin **Natur,** tritt auf in allen Rollen! *(F. Rückert, Weisheit des Brahmanen)*

Schmerz ist Grundton der **Natur.** *(J. Kerner)*

Schön ist, Mutter **Natur,** deiner Erfindung Pracht auf die Fluren verstreut, schöner ein froh Gesicht, das den großen Gedanken deiner Schöpfung noch einmal denkt. *(F. G. Klopstock)*

Sie hat mich nicht getäuschet, die Stimme der **Natur.** *(A. Lortzing, Wildschütz)*

Stimme der **Natur.** *(Nach A. Lortzing, Wildschütz)*

Süße, heilige **Natur,** laß mich gehn auf deiner Spur. *(F. L. Graf zu Stolberg, An die Natur)*

Unendlich ist das Rätsel der **Natur.** *(Th. Körner, Bergknappen)*

Vor dem Glauben gilt keine Stimme der **Natur.** *(Schiller, Don Carlos)*

Was gegen die **Natur** ist, ist gegen Gott. *(F. Hebbel, Judith)*

Wenn die **Natur** es versagt, dann macht die Entrüstung den Dichter. *(Juvenal, Satirae)*

Wo fass' ich dich, unendliche **Natur?** Euch Brüste, wo? Ihr Quellen alles Lebens. *(Goethe, Faust)*

Wohl dem! Selig muß ich ihn preisen, der in der Stille der ländlichen Flur, fern von des Lebens verworrenen Kreisen, kindlich liegt an der Brust der **Natur.** *(Schiller, Braut von Messina)*

Zurück zur **Natur!** *(Redensart, nach J. J. Rousseau, Contrat social)*

Es werden mehr Menschen durch Übung tüchtig als durch **Naturanlage.** *(C. J. Weber, Demokritos)*

Denn das **Naturell** der Frauen ist so nah mit Kunst verwandt. *(Goethe, Faust)*

Diejenigen **Naturen,** die sich beim Zusammentreffen einander schnell ergreifen und wechselseitig bestimmen, nennen wir verwandt. *(Goethe, Wahlverwandtschaften)*

Problematische **Naturen.** *(Nach Goethe, Maximen und Reflexionen)*

Glücklich leben und **naturgemäß** leben ist eins. *(Seneca, Abhandlungen)*

Wer das **Naturgesetz** auch in der Geschichte kennt und anerkennt, der kann prophezeien; wer nicht, weiß nicht, was morgen geschieht, und wäre er Minister. *(L. Börne)*

Natürlich willst du sein? Wähnst alles dann erzielt? Natürlich ist das Schwein, das sich im Schlamme sielt. *(F. v. Sallet, Epigrammatisches und Lehrhaftes)*

Nichts führt zum Guten, was nicht **natürlich** ist. *(Schiller)*

Nichts hindert so sehr daran, **natürlich** zu sein, wie der Wunsch, es zu scheinen. *(F. de La Rochefoucauld)*

Die **Natürlichkeit** ist nicht nur das Beste, sondern auch das Vornehmste. *(Th. Fontane, Jenny Treibel)*

Was kann von **Nazareth** Gutes kommen? *(Joh. 1, 46)*

Neapel sehen und dann sterben. *(Italienisches Sprichwort)*

Seltsam im **Nebel** zu wandern! Einsam ist jeder Busch und Stein, kein Baum sieht den andern, jeder ist allein. *(H. Hesse)*

Neckermann macht's möglich. *(Werbeslogan des Versandhauses Neckermann, seit 1960)*

Was sich **neckt,** das liebt sich. *(Sprichwort)*

Geben ist seliger denn **Nehmen.** *(Sprichwort, nach Apostel. 20, 35)*

Zwar **nehmen** ist recht gut, doch besser ist's behalten. *(Goethe, Faust)*

Woher **nehmen** und nicht stehlen? *(Redensart)*

Der **Neid** gönnt dem Teufel nicht die Hitze in der Hölle. *(Sprichwort)*

Der **Neid** ist der Gefährte des Ruhmes. *(Sprichwort)*

Der **Neid** muß es beschwören. *(Schiller, Don Carlos)*

Jedoch ist **Neid** zu empfinden, menschlich; Schadenfreude zu genießen, teuflisch. *(A. Schopenhauer)*

Neid ist des Ruhms Begleiter. *(Cornelius Nepos)*

Vor **Neid** platzen. *(Redensart, nach Phaedrus und Martial)*

Wenn **Neid** erzeugt gehässige Irrung, da kommt der Umsturz, da beginnt Verwirrung. *(Shakespeare, Heinrich VI.)*

Wer nicht den **Neid** ertragen kann, muß auch den Ruhm nicht wollen. *(E. Raupach, Tassos Tod)*

Mir grauet vor der Götter **Neide.** *(Schiller, Ring des Polykrates)*

Die **Neider** sterben wohl, doch niemals stirbt der Neid. *(Molière, Tartuffe)*

Neider sind Feinde. *(Goethe, Die Vögel)*

Der Blick des **Neides** sieht zu seiner eignen Pein nur alles Fremde groß und alles Eigne klein. *(F. Rückert)*

Die Tochter des **Neides** ist die Verleumdung. *(G. Casanova)*

Das Größte will man nicht erreichen, man beneidet nur seinesgleichen; der schlimmste **Neidhart** ist in der Welt, der jeden für seinesgleichen hält. *(Goethe, Egalité)*

Der **Neidische** erbarmt sich nicht der Blöße. *(Goethe, Westöstlicher Diwan)*

Das untrüglichste Zeichen angeborener großer Eigenschaften ist angeborene **Neidlosigkeit.** *(F. de La Rochefoucauld)*

Was auf die **Neige** geht, das wird leicht sauer. *(Sprichwort)*

Dadurch gibt **Neigung** sich ja kund, daß sie bewilligt aus freier Gunst, was sie auch nicht gebilligt. *(Schiller, Maria Stuart)*

Die **Neigung** gibt den Freund, es gibt der Vorteil den Gefährten. Wohl dem, dem die Geburt den Bruder gab. *(Schiller, Braut von Messina)*

Wahre **Neigung** vollendet sogleich zum Manne den Jüngling. *(Goethe, Hermann und Dorothea)*

Wer keine **Neigung** fühlt, dem mangelt es an einem Worte der Entschuldigung nie. *(Goethe, Iphigenie)*

Das Übergewicht der **Neigungen** entschuldigt den Menschen nicht, daß er nicht Herr seiner selbst ist; er soll seine Kraft gebrauchen lernen, die in der Vernunft besteht. *(G. W. v. Leibniz)*

Der Mensch suche die **Neigungen** in ihrer Kraft zu erhalten, aber die Vernunft muß sie regieren. *(F. Nicolai)*

Ein **Nein** zur rechten Zeit erspart viel Widerwärtigkeit. *(Sprichwort)*

Man spricht vergebens viel, um zu versagen; der andre hört von allem nur das **Nein.** *(Goethe, Iphigenie auf Tauris)*

Nektar und Ambrosia. *(Redensart, nach Homer)*
Göttertrank und -speise

Ohne die Leier im himmlischen Saal ist die Freude gemein auch beim **Nektarmahl.** *(Schiller, Die vier Weltalter)*

Sich in die **Nesseln** setzen. *(Redensart)*
Sich in eine unangenehme Lage bringen

Das ist ein schlechter Vogel, der das eigne **Nest** beschmutzt. *(Sprichwort)*
Wird auch in derberer Form zitiert

Euch haben sie das **Netz** ums Haupt geworfen. *(Schiller, Wilhelm Tell)*

Das **Neue** daran ist nicht gut, und das Gute daran ist nicht neu.
(Nach J. H. Voß)

Das **Neue** dringt herein mit Macht.
(Schiller, Wilhelm Tell)

Das **Neue** ist nur droben! Hier war alles schon einmal da – schon alles dagewesen! *(Ben Akiba in K. Gutzkow, Uriel Acosta)*

Neuerung macht Teuerung.
(Sprichwort)

Es ereignet sich nichts **Neues.** Es sind immer dieselben alten Geschichten, die von immer neuen Menschen erlebt werden. *(W. Faulkner)*

Es geschieht nichts **Neues** unter der Sonne. *(Nach Pred. Salom. 1, 9)*

Im Westen nichts **Neues.**
(Titel eines Kriegsromans von E. M. Remarque)

Öfter mal was **Neues!**
(Redensart gewordenes Werbeschlagwort)

Das Ohr der **Neugier** liegt nur an den Türen des Glückes und der Leidenschaft. *(Schiller, Don Carlos)*

Es wird das »Recht auf die Straße« verkündet. Die Straße dient lediglich dem Verkehr … Ich warne **Neugierige.**
(Berliner Polizeipräsident T. v. Jagow, 1910)

Getan geschehn! Geschehn getan! Verleg Sie sich auf **Neuigkeiten!** Nur Neuigkeiten ziehn uns an. *(Goethe, Faust)*

In jedes Lebensalter treten wir als **Neulinge** und ermangeln darin der Erfahrung, trotz der Zahl der Jahre.
(F. de La Rochefoucauld)

Ach, du grüne **Neune!** *(Redensart) Ausruf höchster Verwunderung*

Doch diesmal ist er von den **Neusten,** er wird sich grenzenlos erdreusten.
(Goethe, Faust)

In der heutigen Welt ist **»Neutralität«** ein Terminus, der lediglich dazu dient, die Menschen zu täuschen.
(Mao Tse-tung, Schriften 1956)

Was man nicht deklinieren kann, das sieht man als ein **Neutrum** an.
(K. G. Zumpt, Lateinische Grammatik)

Ein Kind der **Neuzeit,** fiebernd und erregt, das um die alte fromm doch Leide trägt. *(F. Freiligrath, Ein Flecken am Rheine)*

Nibelungentreue.
(Reichskanzler B. v. Bülow über die Bündnistreue des Deutschen Reiches zu Österreich-Ungarn, Reichstagsrede 1909)

Aus **nichts** hat Gott die Welt erschaffen.
(Nach 2. Makk. 7, 28)

Aus **nichts** wird nichts. *(Sprichwort)*

Dies **Nichts** ist mehr als etwas.
(Shakespeare, Hamlet)

Von **nichts** kommt nichts. *(Redensart)*

Wer **nichts** hat, kann nichts geben.
(Sprichwort)

Wer **nichts** hat, kann nichts verlieren.
(Sprichwort)

Wir sind **nichts;** was wir suchen ist alles.
(F. Hölderlin, Nachlese)

Durch **Nichtstun** lernt man Schlechtes tun. *(Griechisches Sprichwort)*

Nichtstun ist halber Tod.
(Friedrich d. Gr.)

Wer siegen lernt' in **Niederlagen,** wird auch das Glück des Siegs ertragen.
(E. Geibel)

Übers **Niederträchtige** niemand sich beklage. *(Goethe, Westöstlicher Diwan)*

Darum lob' ich mir, **niedrig** zu stehen, mich verbergend in meiner Schwäche.
(Schiller, Braut von Messina)

Etwas **niedriger** hängen.
(Redensart, nach Friedrich d. Gr.)
Etwas Verächtliches zur allgemeinen Kenntnis bringen, damit die Verächtlichkeit deutlich erkannt werden kann.

Seliges Los der **Niedrigkeit,** die sich des süßen Rechtes der Tränen freuet und der lauten Klage.
(Schiller, Iphigenie in Aulis)

Niemals, niemals, niemals, niemals, niemals! *(Shakespeare, König Lear)*

Niemand ist vor seinem Tode glücklich zu preisen. *(Sprichwort, nach Solon)*

An die **Nieren** gehen. *(Redensart)*
Empfindlich treffen

Einzelne wenige zählen, die übrigen sind alle blinde **Nieten;** ihr leeres Gewühl hüllt die Treffer nur ein. *(Schiller, Majestas populi)*

Der ist vom Stamme **»Nimm«!**
(Redensart)
Der nimmt lieber, als er gibt

Nimm di nix vör, denn sleiht di nix fehl!
(Sprichwort, F. Reuter, Dörchläuchting)

Nimm und lies!
(Nach Augustinus, Bekenntnisse)

So **nimm** sie Du sie Dir sie denn sie doch!
(M. G. Saphir)

Ein **Nimmersatt.**
(Nach Pred. Salom. 1, 8)

Überall und **nirgends.**
(Redensart, nach Euripides, Iphigenie, u. Martial)

Als **Noah** aus dem Kasten war.
(A. Kopisch, Noah)

Nobel geht die Welt zugrunde.
(Redensart)

Nord, Ost, Süd und West, zu Haus ist's am best'. *(Sprichwort)*

Doch der **Norden** auch will leben und was lebt, will sich erfreun; darum schaffen wir erfindend ohne Weinstock uns den Wein. *(Schiller, Punschlied, im Norden zu singen)*

Was ich bin und weiß, dem verständigen **Norden** verdank ich's, doch das Geheimnis der Form hat mich der Süden gelehrt.
(E. Geibel, Distichen aus Griechenland)

Adams Erbteil ist die **Not.**
(Calderon, Der standhafte Prinz)

Aus der **Not** eine Tugend machen.
(Redensart, nach Hieronymus, Adversus Rufum)

Aus tiefer **Not** schrei ich zu dir.
(Lied von M. Luther, nach Psalm 130)

Das ist die schwere Zeit der **Not,** das ist die Not der schweren Zeit, das ist die schwere Not der Zeit, das ist die Zeit der schweren Not. *(A. v. Chamisso, Kanon)*

Das ist nicht Undank, was die **Not** gebeut. *(Goethe, Iphigenie)*

Der **Not** gehorchend, nicht dem eignen Triebe. *(Schiller, Braut von Messina)*

Der Tod ist das Ende aller **Not.**
(Sprichwort)

Die **Not** bringt einen zu seltsamen Schlafgesellen. *(Shakespeare)*

Eins aber ist **not.** *(Luk. 10, 42)*

Freunde in der **Not** gehen hundert auf ein Lot. *(Sprichwort)*

Herr, die **Not** ist groß! *(Goethe, Zauberlehrling)*

In der **Not** allein bewährt sich der Adel großer Seelen. *(Schiller, Turandot)*

In der **Not** erkennt man die Freunde. *(Sprichwort)*

In der **Not** frißt der Deibel Fliegen. *(Sprichwort)*

In der **Not** schmeckt jedes Brot. *(Sprichwort)*

Klopft die **Not** an, macht die Liebe die Tür auf. *(Sprichwort)*

Liebe und **Not** meistern alle Gebot. *(M. Luther)*

Not bricht Eisen. *(Sprichwort)*

Not ist das Grab der Poesie. *(F. v. Bodenstedt, Mirza-Schaffy)*

Not kennt kein Gebot. *(Sprichwort)*

Not lehrt alte Weiber springen. *(Sprichwort)*

Not lehrt beten. *(Sprichwort)*

Not lehrt beten! Arbeit lehrt, wie man gegen Not sich wehrt. *(J. W. L. Gleim)*

Not macht aus Steinen Brot. *(Sprichwort)*

Not macht erfinderisch. *(Sprichwort)*

Und wenn die **Not** nicht Eisen bricht, das Eisen bricht die Not. *(E. Geibel, Kriegslied)*

Wenn die **Not** am größten, ist Gottes Hilf' am nächsten. *(Sprichwort)*

Wenn du **Not** hast, so klage sie Dir und keinem anderen. *(M. Claudius)*

Wer würfeln muß zwischen **Not** und Sünde, ist glücklich zu nennen, wenn ihm die Not zufällt. *(L. Börne)*

Wo's **not** tut, läßt sich alles wagen! *(Feldmarschall E. v. Manteuffel, 1879)*

Und mit Eifer und Bedacht wird das **Nötige** vollbracht. *(W. Busch, Fromme Helene)*

Die Revolution ist **Notwehr** des Volkes, das in seinen heiligsten Rechten gekränkt ist. *(L. Bucher, 1890)*

In steter **Notwehr** gegen arge List bleibt auch das redliche Gemüt nicht wahr. *(Schiller, Piccolomini)*

Ernst ist der Anblick der **Notwendigkeit.** *(Schiller, Wallensteins Tod)*

Im **Notwendigen** Einigkeit, im Zweifelhaften Freiheit, in allem aber Liebe. *(Meuderlinus)*

Auch das Zufälligste ist nur ein auf entfernterem Wege herangekommenes **Notwendiges.** *(A. Schopenhauer)*

Alle Dinge geschehen aus **Notwendigkeit;** es gibt in der Natur kein Gutes und kein Schlechtes. *(B. de Spinoza)*

Was der **Nüchterne** denkt, redet der Betrunkene. *(Sprichwort)*

Qui non habet in **nummis,** dem hilft nicht, das er frum ist; qui dat pecuniam summis, der machet wol schlecht, was krum ist. *(M. Luther, Tischreden)*

Die **Nürnberger** hängen keinen, sie hätten ihn denn (zuvor). *(Altes Sprichwort)*

Eine harte **Nuß** zu knacken haben. *(Redensart)*
Eine schwere Aufgabe zu lösen haben

Muß ist eine harte **Nuß.** *(Sprichwort)*

Denn nur vom **Nutzen** wird die Welt regiert. *(Schiller, Wallensteins Tod)*

Das **Nützliche** befördert sich selbst, denn die Menge bringt es hervor, und alle könnten's nicht entbehren. *(Schiller)*

Das Angenehme mit dem **Nützlichen** verbinden.
(Redensart, nach Horaz, Ars poetica)

Was man nicht **nützt,** ist eine schwere Last. *(Goethe, Faust)*

Wenn's auch nichts **nützt,** so schadet's auch nicht. *(Redensart)*

O

Oben hui, unten pfui! *(Redensart)*

Wir sind alle von **oben.** *(Goethe, Dank des Sängers)*

Wie ich sitze, ist immer **oben.** *(Bismarck)*

Die **Oberhand** behalten. *(Redensart)*
Jemandem überlegen bleiben

Oberwasser haben. *(Redensart)*
In günstiger, überlegener Lage sein

Die Tücke des **Objekts.** *(Redensart, nach F. Th. Vischer, Auch einer)*

Gehorche der **Obrigkeit** und lasse die andern über sie streiten. *(M. Claudius)*

Jedermann sei untertan der **Obrigkeit,** die Gewalt über ihn hat. Denn es ist keine Obrigkeit ohne von Gott; wo aber Obrigkeit ist, die ist von Gott verordnet. *(Röm. 13, 1)*

Obrigkeit ohne Macht wird verlacht. *(Sprichwort)*

Du sollst dem **Ochsen,** der da drischt, nicht das Maul verbinden. *(5. Mos. 25, 4)*

Ochsen gehören auf den Acker und nicht ins Rathaus. *(Sprichwort)*

Wer mit **Ochsen** fährt, kommt auch auf den Markt. *(Sprichwort)*

Alles, was **Odem** hat, lobe den Herrn! *(Psalm 150, 6)*

Es regt sich was im **Odenwald.** *(V. v. Scheffel, Lieder vom Rodenstein)*

Man sucht keinen hinterm **Ofen,** man habe denn selbst dahinter gesteckt. *(Sprichwort)*

Die größte **Offenbarung** ist die Stille. *(Laotse)*

Wir lernen das Überirdische schätzen, wir sehnen uns nach **Offenbarung.** *(Goethe, Faust)*

Offenheit verdient immer Anerkennung. *(Bismarck, 1849)*

Die einzige Art zu betrügen, die zuweilen noch Erfolg hat, ist – **offenherzig** zu sein. *(L. Börne)*

Öffentliches Geheimnis. *(Redensart, nach Calderon)*

Flucht in die **Öffentlichkeit.** *(Redensart, nach Staatssekretär Marschall v. Bieberstein)*

Das ist nicht **ohne!** *(Redensart)*
Nicht übel!

Dein **Ohr** leih' ich jedem, wen'gen deine Stimme! *(Shakespeare, Hamlet)*

Die Erschütterung der Luft wird erst Schall, wo ein **Ohr** ist.
(G. Ch. Lichtenberg)

Jemanden übers **Ohr** hauen.
(Redensart)
Jemanden betrügen

Man sagt: Es klingt dein **Ohr,** wenn fern dein Ruhm ertönt; doch schwache Dumpfheit ist's, wenn es von selber dröhnt. *(F. Rückert, Weisheit des Brahmanen)*

Zu einem **Ohr** herein, zum andern Ohr hinaus. *(Sprichwort)*

Besser eine **Ohrfeige** als ein falscher Kuß. *(Jüdisches Sprichwort)*

Auch Kinder haben **Ohren.**
(Sprichwort)

Auf den **Ohren** sitzen. *(Redensart)*
Nicht hören

Die **Ohren** steif halten. *(Redensart)*
Sich nicht unterkriegen lassen

Es faustdick hinter den **Ohren** haben.
(Redensart)
Durchtrieben sein

Feine **Ohren** haben. *(Redensart)*
Gut hören

Jemandem in den **Ohren** liegen.
(Redensart)
Immerfort auf jemanden einreden

Mit hörenden **Ohren** nicht hören.
(Nach Psalm 115, 5 u. 6)

Nicht trocken hinter den **Ohren** sein.
(Redensart)
Noch unreif sein

Sich etwas hinter die **Ohren** schreiben.
(Redensart)
Sich etwas gut merken

Tauben **Ohren** predigen. *(Redensart)*
Vergebens reden

Wer **Ohren** hat, zu hören, der höre.
(Matth. 11, 15)

Okuli, da kommen sie. *(Jägerspruch)*
Soviel wie: zu Okuli (am 3. Fastensonntag in der österlichen Bußzeit) kommen die Schnepfen

Öl ins Feuer gießen.
(Nach Horaz, Satirae)

Öl in die Wunde gießen.
(Nach Luk. 10, 34)

Ölblatt. *(Nach 1. Mos. 8, 11)*
Symbol des Friedens und der Versöhnung

Wie ein **Ölgötze** dastehen. *(Redensart)*
Wie ein steifer, hochnäsiger Mensch

Zu **Olims** Zeiten. *(Redensart)*
Soviel wie: in alten Zeiten

Je **oller** – je doller. *(Sprichwort)*

Ein jeglicher muß seinen Helden wählen, dem er die Wege zum **Olymp** hinauf sich nacharbeitet.
(Goethe, Iphigenie)

Vom hoh'n **Olymp** herab ward uns die Freude. *(Studentenlied)*

Olympische Ruhe.
(Nach Homer, Odyssee)

Ein **Onkel,** der Gutes mitbringt, ist besser als eine Tante, die Klavier spielt.
(W. Busch)

Die **Oper** ist der entschiedenste Bruch mit der gemeinen Illusion und wirkt doch. *(F. Hebbel, Tagebücher)*

Das **Opfer** liegt, die Raben steigen nieder. *(Schiller, Wilhelm Tell)*

Opfer fallen hier, weder Lamm noch Stier, aber Menschenopfer unerhört. *(Goethe, Braut von Korinth)*

Laßt **Opferer** uns sein, nicht Schlächter, Cajus! *(Shakespeare, Julius Caesar)*

Opfergang. *(Titel einer Novelle von R. G. Binding)*

Auf den **Opfern** und den Waffen ruht der Staat. *(Konfuzianischer Spruch)*

Religion ist **Opium** für das Volk. *(Nach K. Marx)*

Eine **Opposition,** die keine Grenzen hat, wird platt. *(J. P. Eckermann, Gespräche mit Goethe)*

Ich liebe eine gesinnungsvolle **Opposition.** *(Friedrich Wilhelm IV. von Preußen, 1842)*

Ruchloser **Optimismus.** *(Nach A. Schopenhauer)*

Die **Orakel** sehen und treffen ein, der Ausgang wird die Wahrhaftigkeit loben. *(Schiller, Braut von Messina)*

Ich bin Herr **Orakel** und tu' den Mund ich auf, darf sich kein Hund mehr regen. *(Shakespeare, Kaufmann von Venedig)*

Ich brauche und gebrauche ihn, wie man eine **Orange** braucht und gebraucht. Wenn man den Saft ausgepreßt hat, wirft man die Schale fort. *(Friedrich d. Gr. über Voltaire)*

Es gibt verdiente, erdiente, erdinierte und erdienerte **Orden.** *(Redensart)*

Orden sind Wechselbriefe, gezogen auf die öffentliche Meinung. *(A. Schopenhauer)*

Zufriedene Menschen sind die **ordentlichsten.** *(Jean Paul)*

Aufgelöst in diesem Augenblick sind aller **Ordnung,** aller Pflichten Bande. *(Schiller, Wilhelm Tell)*

Ordne das, was noch nicht verwirrt ist. *(Ostasiatische Weisheit)*

Gebraucht der Zeit, die geht so schnell von hinnen, doch **Ordnung** lehrt euch Zeit gewinnen. *(Goethe, Faust)*

Heilige **Ordnung,** segensreiche Himmelstochter! *(Schiller, Glocke)*

Ordnung ist das halbe Leben. *(Sprichwort)*

Vom höchsten **Ordnungssinn** ist nur ein Schritt zur Pedanterie. *(Ch. Morgenstern)*

Die deutsche Sprache ist die **Orgel** unter den Sprachen. *(Jean Paul)*

Wie die **Orgelpfeifen.** *(Redensart)* *Soviel wie: der Größe nach; in allen Größen*

Orient und Okzident sind nicht mehr zu trennen. *(Goethe, Westöstlicher Diwan)*

Gottlob! wir haben das **Original!** *(G. E. Lessing, Nathan der Weise)*

Original, fahr hin in deiner Pracht! *(Goethe, Faust)*

Was ist denn an dem ganzen Wicht **Original** zu nennen? *(Goethe, Zahme Xenien)*

Und erklärt mir, **Örindur,** diesen Zwiespalt der Natur. *(A. G. A. Müllner, Die Schuld) Allgemein jedoch zitiert: Erkläret mir, Graf Örindur,…*

Klanglos zum **Orkus** hinab. *(Schiller, Schlußvers der Nänie)*

So ging es ewig an diesem **Ort** und wird es gehen ewig fort. *(F. Rückert, Chidher)*

Frech wie **Oskar.** *(Redensart)*

Nun will der **Ost** sich lichten, die Hähne krähn von fern. *(E. Geibel, Lieder aus alter und neuer Zeit)*

Vor grauen Jahren lebt ein Mann im **Osten.** *(G. E. Lessing, Nathan der Weise)*

Das Land ist aufgestanden, ein herrlich **Osterfest.**
(M. v. Schenkendorf, Landsturm)

Grüne Weihnacht, weiße **Ostern.**
(Bauernregel)

Warten, bis **Ostern** und Pfingsten auf einen Tag fallen. *(Redensart)*
Bis zum »St. Nimmerleinstag« warten

In deinem Lager ist **Österreich?**
(F. Grillparzer an Radetzky, 1848)

Laß die anderen Kriege führen! Du, glückliches **Österreich,** heirate!
(Matthias I. Corvinus, König von Ungarn und Böhmen, 1458–1490)

Mag immer **Österreich** den Beruf haben, eine Laterne für den Osten zu sein, es hat einen näheren, höheren Beruf: eine Pulsader zu sein im Herzen Deutschlands. *(L. Uhland, 1848)*

Der **Österreicher** hat ein Vaterland und liebt's und hat auch Ursach, es zu lieben.
(Schiller, Wallensteins Tod)

Dank vom Hause **Österreich!**
(Schiller, Wallensteins Tod)

Othellos Tagwerk ist getan!
(Shakespeare, Othello)

O, ich möchte den **Ozean** vergiften!
(Schiller, Räuber)

P

Des freut sich das entmenschte **Paar**.
(Schiller, Eisenhammer)

Gleiche **Paare** tanzen am besten.
(Sprichwort)

Vieles auf der Welt kommt zusammen, aber selten die richtigen **Paare**.
(A. Strindberg)

Zu **Paaren** treiben. *(Redensart)*
In die Flucht schlagen

Pack schlägt sich, Pack verträgt sich.
(Sprichwort)

Ein jeder hat sein **Päckchen** zu tragen.
Jeder hat seine Last
(Sprichwort)

Paletti in: alles paletti.
(ugs. für »in Ordnung«)

Auf der **Palme** sein. *(Redensart)*
Erbost sein

Es wandelt niemand ungestraft unter **Palmen**. *(Goethe, Wahlverwandtschaften)*

Weib, macht mir die **Palmen** nicht verhaßt, worunter ich so gern sonst wandle.
(G.E. Lessing, Nathan der Weise)

Ist **Palmsonntag** hell und klar, gibt's ein gut und fruchtbar Jahr. *(Bauernregel)*

Büchse der **Pandora**.
(Nach Hesiod, Werke und Tage)
Etwas Unheilbringendes

Paneuropa. *Soviel wie: Vereinigte Staaten von Europa*

Pangermanismus.
Streben nach Vereinigung aller Deutschen (bzw. aller germanischen Völker) in einem Staat

Panischer Schrecken.
(Nach der griechischen und römischen Sage)

Panslawismus.
Streben nach Zusammenschluß aller slawischen Völker

Unterm **Pantoffel** stehen. *(Redensart)*
Unter der Herrschaft seiner Frau stehen

O mein **Papa** war eine wunderbare Clown… *(J. Amstein u. R. Gilbert/ P. Burkhard, Feuerwerk)*

Ein Fetzen **Papier**.
(Nach Th. v. Bethmann Hollweg, 1914)

Papier ist geduldig. *(Sprichwort)*

Papiergespenst der Gulden.
(Goethe, Faust)

Papiertiger. *(Schlagwort, nach »Worte des Vorsitzenden Mao Tse-Tung«)*

Das ist nicht von **Pappe**. *(Redensart)*
Das ist wertvoll; das ist besonders gut

Daran erkenn' ich meine **Pappenheimer**. *(Schiller, Wallensteins Tod)*

Der **Papst** lebt herrlich in der Welt. *(C.L. Noack, Papst und Sultan)*

Katholischer als der **Papst**. *(Bismarck, 1887)*

Päpstlicher als der **Papst** sein. *(Redensart)*

Wer den **Papst** zum Vetter hat, kann Kardinal wohl werden. *(Sprichwort)*

Das **Papsttum** ist, wie jede Kirche gelegentlich, eine sehr starke politische Macht. *(Bismarck)*

Dies ist die große **Parade** im Elysäischen Feld, die um die zwölfte Stunde der tote Cäsar hält. *(J.C. v. Zedlitz, Nächtliche Heerschau)*

Du kennst meine alte **Parade!** So lag ich, und so führt' ich meine Klinge. *(Shakespeare, Heinrich IV.)*

Einem in die **Parade** fahren. *(Redensart)*
Jemanden durch eine scharfe Gegenrede unterbrechen; einem Angriff durch Gegenstoß begegnen

Wie steht ihr in **Parade** da? *(G. Schwab, Lied eines abziehenden Burschen)*

Alle Inseln spürt er, alle fernen Küsten – nur das **Paradies** nicht auf. *(Schiller, Antritt des neuen Jahrhunderts)*

Das Essen, nicht das Trinken, bracht' uns ums **Paradies**. *(W. Müller, Arche Noah)*

Das **Paradies** der Erde liegt auf dem Rücken der Pferde, in der Gesundheit des Leibes und am Herzen des Weibes. *(F. v. Bodenstedt, Mirza-Schaffy)*

Das **Paradies** ist überall. *(M. Luther)*

Das verlorene **Paradies**. *(Epos von J. Milton)*

Ein Leben wie im **Paradies**. *(L. H. C. Hölty, Trinklied)*

Gibt's kein **Paradies**, gibt's doch Paradiese. *(F. v. Bodenstedt, Mirza-Schaffy)*

Man denkt an das, was man verließ, was man gewohnt war, bleibt ein **Paradies**. *(Goethe, Faust)*

Im **Paradiese** selber träfe man wohl einen an, den man nicht leiden kann. *(C. F. Meyer)*

An einem offenen **Paradiesgärtchen** geht der Mensch gleichgültig vorbei und wird erst traurig, wenn es verschlossen ist. *(G. Keller, Sinngedicht)*

Man muß nicht aus Besorgnis, trivial zu sein, **paradox** werden. *(B. Gracian, Handorakel)*

Donnerwetter **Parapluie!** *(P. A. Wolff, Preciosa)*

Es lebt sich so herrlich, es lebt sich so süß am Seinestrand in der Stadt **Paris**. *(H. Heine, Der weiße Elefant)*

Paris ist eine Messe wert. *(Sully zu König Heinrich IV. von Frankreich)*
Eigentlich: »Die Krone…«

Urteil des **Paris**. *(Nach Homer, Ilias)*

Parkinsons Gesetz. *(Nach einem Buch des amerikanischen Autors Parkinson)*
Scherzhafte Regel für das unaufhaltsame Wachstum der Bürokratie

Jemandem **Paroli** bieten. *(Redensart)*
Einem Einhalt gebieten

Der Dichter steht auf einer höhern Warte als auf den Zinnen der **Partei**.
(F. Freiligrath, Aus Spanien)

Religion ist auch **Partei**. *(G. E. Lessing)*

Wählt eine bessere **Partei**, ihr habt die gute nicht ergriffen. *(Schiller, Wallensteins Tod)*

Ein großer Staat regiert sich nicht nach **Parteiansichten**. *(Bismarck)*

Ich kenne keine **Parteien** mehr, ich kenne nur noch Deutsche.
(Kaiser Wilhelm II., im Deutschen Reichstag, 1914)

Schwer ist es, aus dem Geschrei erhitzter **Parteien** die Stimme der Wahrheit zu unterscheiden. *(Schiller)*

Von der **Parteien** Gunst und Haß verwirrt, schwankt sein Charakterbild in der Geschichte. *(Schiller, Wallenstein)*

Und der **Parteigeist**, wenn der mit seiner Lokistimme den Urwähler Hödur, der die Tragweite der Dinge nicht beurteilen kann, verleitet, daß er das eigene Vaterland erschlage, der ist es, den ich anklage vor Gott und der Geschichte, wenn das ganze herrliche Werk unserer Nation von 1866 und 1870 wieder in Verfall gerät und durch die Feder hier verdorben wird, nachdem es durch das Schwert geschaffen wurde. *(Bismarck, 1885)*

Die Bemerkung ist nichts weniger als neu, daß keine Kriege zugleich so ehrlos und so unmenschlich geführt werden als die, welche Religionsfanatismus und **Parteihaß** im Innern eines Staates entzünden. *(Schiller)*

Wer würde anderswo als auf dem Gebiete politischer **Parteikämpfe** die Rolle eines gewissenlosen Verleumders bereitwillig übernehmen? Sobald man aber vor dem eigenen Gewissen und vor der Fraktion sich damit decken kann, daß man im Parteiinteresse auftritt, gilt jede Gemeinheit für erlaubt oder doch für entschuldbar. *(Bismarck, Gedanken und Erinnerungen)*

Bei uns kann nur **parteilos** regiert werden.
(Bismarck im Dtsch. Reichstag, 1882)

Es war wohl niemals ein Mann von irgend einigem Wert, auf den kein **Pasquill** gemacht worden wäre, und nicht leicht eine schlechte Seele, die keins auf irgendeinen Mann von Verdienst gemacht hätte. *(G. C. Lichtenberg, Beobachtungen über die Menschen)*

Es kann **passieren**, was will: Es gibt immer einen, der es kommen sah.
(S. Ziemann)

Meine einzige **Passion** ist mein Sohn, ist mein Sohn.
(A. L'Arronge, Mein Leopold)

Noble **Passionen**. *(Nach dem Titel eines Lustspiels von K. v. Ayrenhof)*

Passiver Widerstand. *(H. V. Unruh, in der Frankfurter Nationalversammlung, 1848)*

Was **paßt**, das muß sich ründen, was sich versteht, sich finden, was gut ist, sich verbinden, was liebt, zuammen sein.
(Novalis, An Schleiermacher)

Pasteten hin, Pasteten her, was kümmern uns Pasteten. *(M. Claudius, Paul Erdmanns Fest)*

Zweimal predigt der **Pastor** nicht.
(Sprichwort)

Doch, teure Gönner, seht, was ich dabei riskiere! Wenn's der Pastor erführe, der keinen Spaß versteht, dann wehe meiner Ehre! Ich kenne die **Pastöre!**
(G. A. Bürger, Neue weltliche hochdeutsche Reime …)

Unter uns **Pastorentöchtern**. *(Redensart)*
Ausdruck der Entschuldigung für eine derbe Ausdrucksweise; soviel wie: wir wollen nicht zimperlich sein

Mein **Pathos** brächte dich bestimmt zum Lachen. *(Goethe, Faust)*

Der beste Arzt ist meist der schlechteste **Patient**. *(Sprichwort)*

Einem feigen **Patient'** kann auch kein Doktor helfen am End'! *(Spanisches Sprichwort)*

Was **Patriarch!** Seid ihr mein Patriarch? Ich will ja doch den Christen mehr im Patriarchen als den Patriarchen in dem Christen fragen. *(G. E. Lessing, Nathan der Weise)*

Nord und West und Süd zersplittern, Throne bersten, Reiche zittern, flüchte du, im reinen Osten **Patriarchenluft** zu kosten. *(Goethe, Westöstlicher Diwan)*

Der **Patriot** will, daß der Zweck des Menschengeschlechts zuerst in derjenigen Nation erreicht werde, deren Mitglied er ist. *(J. G. Fichte)*

Patriotische Beklemmungen. *(E. Rouher, im französischen Corps Législatif, 1867)*

Der **Patriotismus** verdirbt die Geschichte. *(Goethe)*

Nicht so sehr jenen **Patriotismus** liebe ich, der unsere Söhne auf das Schlachtfeld jagt und sie dort sterben heißt, sondern jenen, der für das Vaterland leben lehrt. *(P. Rosegger)*

Starb doch auch **Patroklos**, der weit an Kraft dir voranging. *(Homer, Ilias)*

Auch **Patroklus** ist gestorben, und war mehr als du. *(Schiller, Fiesko)*

Mit **Pauken** und Trompeten durchfallen (oder durchrasseln). *(Redensart)*

Aus einem Saulus ein **Paulus** werden. *(Redensart, nach Apostel. 9)*

Paulus, du rasest! *(Apostel. 26,24)*

Mach mal **Pause**… *(Nach Werbeslogan der Coca-Cola GmbH)*

Das beste an der Arbeit sind die **Pausen.** *(Scherzhaftes Sprichwort)*

Pech haben. *(Redensart)*
Mißgeschick erleiden

Wer **Pech** angreift, besudelt sich. *(Sprichwort, nach Jes. Sir. 13, 1)*

Wer **Pech** haben soll, bricht sich den Finger in der Nase. *(Scherzhaftes Sprichwort)*

Zusammenhalten wie **Pech** und Schwefel. *(Redensart)*
Fest zusammenhalten.

Pedanten und faule Bäuche schaden mehr als sie nützen. *(Aus einer Randbemerkung Friedrichs d. Gr.)*

Vom höchsten Ordnungssinn ist nur ein Schritt zur **Pedanterie.** *(Ch. Morgenstern)*

Den **Pegasus** reiten. *(Nach der griechischen Sage)*
Soviel wie: dichten

Mir gäb' es keine größ're **Pein**, wär' ich im Paradies allein. *(Goethe, Sprichwörtlich)*

Du gehst zu Frauen? Vergiß die **Peitsche** nicht! *(F. Nietzsche, Zarathustra)*
Auch zitiert: »So du zum Weibe gehst…«

Mit Zuckerbrot und **Peitsche**.
Mit Milde und Strenge (Redensart)

Uns fehlt ein Nationalzuchthaus und eine gemeinsame **Peitsche**. *(H. Heine, Tannhäuser)*

Einem auf den **Pelz** rücken. *(Redensart)*
Einem gefährlich nahe kommen

Einem den **Pelz** waschen. *(Redensart)*

Wasch mir den **Pelz**, aber mach mich nicht naß! *(Sprichwort)*

Das **Pentagramma** macht dir Pein? *(Goethe, Faust)*

Allein ein **Pergament**, beschrieben und beprägt, ist ein Gespenst, vor dem sich alle scheuen. *(Goethe, Faust)*

Das war der Zwerg **Perkeo** im Heidelberger Schloß. *(J. V. v. Scheffel, Perkeo)*

Die **Perlen** vor die Säue werfen. *(Redensart, nach Matth. 7, 6)*

Perlen bedeuten Tränen. *(Sprichwort, G. E. Lessing, Emilia Galotti)*

Wem ein tugendsam Weib beschert ist, die ist viel edler denn die köstlichsten **Perlen**. *(Spr. Salom. 31, 10)*

Achten die Menschen sich selbst, so achten sie gewöhnlich auch die fremde **Persönlichkeit**. *(S. Smiles)*

Volk und Knecht und Überwinder, sie gestehn zu jeder Zeit, höchstes Glück der Erdenkinder sei nur die **Persönlichkeit**. *(Goethe, Westöstlicher Diwan)*

Ich bin **Pessimist** für die Gegenwart, aber Optimist für die Zukunft. *(W. Busch)*

Die glücklichen **Pessimisten!** Welche Freude empfinden sie, so oft sie bewiesen haben, daß es keine Freude gibt. *(M. v. Ebner-Eschenbach)*

Es gibt keinen traurigeren Anblick als einen jungen **Pessimisten** – mit Ausnahme eines alten Optimisten. *(Mark Twain)*

Peter und Paul beißen dem Korne die Wurzeln ab. *(Bauernregel)*
Peter und Paul: 29. Juni

In **Petto** haben. *(Redensart)*
Noch etwas in Bereitschaft haben

Petz ist wieder da! *(C. F. Gellert, Tanzbär)*

Alle **Pfade**, die zum Leben führen, alle führen zum gewissen Grab. *(Schiller, Gedichte)*

Ein katholischer **Pfaffe** wandelt einher, als wenn ihm der Himmel gehöre; ein protestantischer Pfaffe hingegen geht herum, als wenn er den Himmel gepachtet habe. *(H. Heine, Stadt Lucca)*

Diese dumpfen **Pfaffenchristen**, laßt uns keck sie überlisten! Mit dem Teufel, den sie fabeln, wollen wir sie selbst erschrecken. *(Goethe, Erste Walpurgisnacht)*

Unsterblich ist die **Pfaffenlist**. *(Goethe, Epimenides)*

Denn **Pfaffentrug** und Weiberlist gehn über alles, wie ihr wißt. *(G. A. Bürger, Weiber von Weinsberg)*

Bleib da, **Pfäfflein**, fürcht dich nit, sag dein Sprüchlein und teil's uns mit. *(Schiller, Wallensteins Lager)*

Es ist kein **Pfäfflein** so klein, es steckt ein Päpstlein darein. *(Sprichwort)*

Ein **Pfahl** im Fleisch. *(Redensart, nach 2. Kor. 12, 7)*

Noch etwas auf der **Pfanne** haben.
Noch etwas vorhaben
(Redensart)

Das kann man halten wie der **Pfarrer** Aßmann. *(Redensart)*
Das kann man machen, wie man will. Auf diese Redensart wird oft zurückgefragt: Wie machte der's denn? und erhält die Antwort: »Wie der Pfarrer Bolte.« und auf nochmalige Rückfrage: »Der machte's, wie er wollte.«

Ein Komödiant könnt' einen **Pfarrer** lehren. *(Goethe, Faust)*

Wie der **Pfarrer**, so die Gemeinde. *(Sprichwort)*

Ein **Pfarrherr** ist gleich wie ein Spittelmeister. *(M. Luther, Tischreden)*

Stolz wie ein **Pfau** einherstolzieren. *(Redensart)*

Jemanden dahin schicken, wo der **Pfeffer** wächst. *(Redensart)*
Bezieht sich auf das Pfefferland Cayenne, eine französische Strafkolonie

Das kleine **Pfefferkorn** sieh für gering nicht an, versuch es nur und sieh, wie scharf es beißen kann. *(F. Rückert, Weisheit des Brahmanen)*

Gott grüß euch, Alter! Schmeckt das **Pfeifchen**? *(G. K. Pfeffel, Tobakspfeife)*

Nach jemandes **Pfeife** tanzen. *(Redensart, nach Äsop)*
Tun, was der andere will

Der **Pfeil** des Schimpfs kehrt auf den Mann zurück, der zu verwunden glaubt. *(Goethe, Tasso)*

Mit dem **Pfeil**, dem Bogen. *(Schiller, Wilhelm Tell)*

Die Jahre fliehen **pfeilgeschwind**. *(Schiller, Glocke)*

Der ersparte **Pfennig** ist redlicher als der erworbene. *(M. Luther)*

Der **Pfennig** hundert Wege hat. *(G. Rollenhagen, Froschmeuseler)*

Ein ersparter **Pfennig** ist zweimal verdient. *(Sprichwort)*

Wer den **Pfennig** nicht ehrt, ist des Talers nicht wert. *(Sprichwort)*

Viele **Pfennige** machen einen Taler. *(Sprichwort)*

Aufs richtige **Pferd** setzen. *(Redensart)*
Die rechte Entscheidung treffen.

Das ist ein dummes **Pferd**, das an der vollen Krippe steht und nicht frißt. *(Sprichwort)*

Das **Pferd**, das den Hafer verdient, kriegt ihn nicht. *(Sprichwort)*

Das **Pferd** ist oft gescheiter als sein Reiter. *(Sprichwort)*

Ein braves **Pferd** stirbt in den Sielen. *(Bismarck im Preußischen Abgeordnetenhaus, 1881)*

Ein gutes **Pferd** bedarf der Peitsche nicht. *(Sprichwort)*

Ein gutes **Pferd** kennt seinen Reiter. *(Sprichwort)*

Ein gutes **Pferd** sucht man im Stall, ein braves Mädchen zu Hause. *(Sprichwort)*

Ein **Pferd!** Ein Pferd! Mein Königreich für ein Pferd! *(Shakespeare, Richard III.)*

Ich denk': mich tritt ein **Pferd!** *(Redensart)*
Ausdruck höchsten Erstaunens

Man soll das **Pferd** nicht beim Schwanze aufzäumen. *(Sprichwort)*

Man wechselt das **Pferd** nicht im Strom. *(Englisches Sprichwort)*

Mancher kommt zu **Pferd** an und geht zu Fuß weg. *(Sprichwort)*

Nimm das **Pferd** beim Zaume, den Mann beim Worte! *(Sprichwort)*

Pferd und Esel soll man nicht zusammenspannen. *(Sprichwort)*

Trauet dem **Pferd** nicht, Trojaner! *(Vergil, Aeneis)*

Vom **Pferd** auf den Esel kommen. *(Redensart)*

Wenn der Reiter nichts taugt, hat das **Pferd** schuld. *(Sprichwort)*

Wenn nur der Kutscher klar sieht, dann wird auch mit blindem **Pferd** das Ziel erreicht. *(J. N. Nestroy)*

Wer **Pferd** und Frauen suchet ohne Mängel, hat nie ein gutes Pferd im Stall, im Haus nie einen Engel. *(Sprichwort)*

Willig **Pferd** soll man nicht spornen. *(Sprichwort)*

Jemand, mit dem man **Pferde** stehlen kann. *(Redensart)*
Ein verläßlicher Mensch, ein »Kumpel«, kein Spielverderber

Pferde darf man nicht verleihen. *(Sprichwort)*

Im **Pferdehandel** gilt keine Freundschaft. *(Sprichwort)*

Freien (bzw. heiraten) ist kein **Pferdekauf!** *(Sprichwort)*

Freien ist wie **Pferdekauf**; Freier, tu die Augen auf! *(Sprichwort)*

Das Denken soll man den **Pferden** überlassen – sie haben größere Köpfe. *(Scherzhafte Redensart)*

Man muß mit den **Pferden** pflügen, die man hat. *(Sprichwort)*

Wer in schlimmen Fällen furchtsam ist, taugt keinen **Pfifferling**. *(Plautus, Hausgespenst)*

Nasse **Pfingsten**, fette Weihnachten. *(Bauernregel)*

Pfingsten, das liebliche Fest, war gekommen. *(Goethe, Reineke Fuchs)*

Geputzt wie ein **Pfingstochse**. *(Redensart)*

Man veredelt die **Pflanzen** durch Zucht und die Menschen durch Erziehung. *(J.-J. Rousseau)*

Suchst du das Höchste, das Größte? Die **Pflanze** kann es dich lehren. Was sie willenlos ist, sei du es wollend – das ist's. *(Schiller, Das Höchste)*

Ein teures **Pflaster!** *(Redensart)*
Das Leben ist dort kostspielig

Mein **Pflaster** schlägt bei dir nicht an, deins nicht bei mir, in unsers Vaters Apotheke sind viel Rezepte. *(Goethe, an Lavater, 1782)*

Die ersten **Pflaumen** sind immer madig. *(Sprichwort)*

Der Mensch lebt, um seine **Pflicht** zu tun und zu sterben. Und das Zweite beständig gegenwärtig zu haben, erleichtert einem das Erste. *(Th. Fontane)*

Des Volkes Wohlfahrt ist die höchste **Pflicht**. *(Schiller, Maria Stuart)*

Die Niederlage ist ein Los, das uns alle treffen kann. Und niemand braucht sich dessen zu schämen. Nein, es kommt nur darauf an, ob wir unsere **Pflicht** getan haben. *(Japanischer Admiral H. Togo, zu dem russischen Admiral S. P. Rojéstwenskij nach der Schlacht von Tsushima, 1905)*

Doch sicher ist der schmale Weg der **Pflicht**. *(Schiller, Wallensteins Tod)*

Erfüllte **Pflicht** empfindet sich immer noch als Schuld, weil man sie nie ganz getan hat. *(Goethe, Maximen und Reflexionen)*

Je größer das Land, um so schwerer die **Pflicht**. *(Bismarck)*

Laß die schwerste **Pflicht** dir die heiligste sein! *(J. K. Lavater)*

Seine **Pflicht** erkennen und tun, das ist die Hauptsache. *(Friedrich d. Gr.)*

Ungewiß und vergänglich ist das Glück; gewiß und ewig bleibt die **Pflicht**. *(E. v. Feuchtersleben)*

Verfluchte **Pflicht** und Schuldigkeit. *(Nach Friedrich d. Gr.)*

Versuche deine **Pflicht** zu tun, und du weißt gleich, was an dir ist. *(Goethe)*

Was wäre die Erfüllung der **Pflicht**, wenn sie kein Opfer kostete? *(B. Auerbach)*

Wo die **Pflicht** verlangt zu sprechen, da ist Schweigen ein Verbrechen. *(Sprichwort)*

Der **Pflichten** und Instinkte Zwang stellt ihr mit prüfendem Gefühle, mit strengem Richtscheit nach dem Ziele. *(Schiller, Die Künstler)*

Die Mißachtung der Religion führt zur Mißachtung der menschlichen **Pflichten**. *(J.-J. Rousseau)*

Gleiche Rechte, gleiche **Pflichten**. *(Sprichwort)*

Einstehe für **Pflichterfüllung** bis aufs äußerste. *(Kpt. z. S. Meyer-Waldeck, Gouverneur von Tsingtau, 1914)*

Wer tief **pflügt**, muß tief düngen. *(Sprichwort)*

Hört' ich das **Pförtchen** nicht gehen? Hat nicht der Riegel geklirrt? *(Schiller, Erwartung)*

Des Herzens **Pförtner** ist des Mannes Angesicht, der den und den Empfang beim Herren dir verspricht. *(F. Rückert, Weisheit des Brahmanen)*

Die **Pforte** im Himmel ist klein, es kann kein Prahlhans hinein. *(Abraham a Santa Clara)*

Sich etwas aus den **Pfoten** saugen. *Etwas erdichten (Redensart)*

Ihr habt das Recht, gesittet **Pfui** zu sagen. Man darf das nicht vor keuschen Ohren nennen, was keusche Herzen nicht entbehren können. *(Goethe, Faust)*

Ein **Pfund** Federn wiegt soviel wie ein Pfund Eisen. *(Sprichwort)*

Ich kann und will das **Pfund** nicht mehr vergraben. *(Goethe, Zuneigung)*

Sein **Pfund** vergraben. *(Nach Matth.15, 18)*

Mit seinem **Pfunde** wuchern. *(Redensart, nach Luk. 19)*

Pfuscher sind Huscher. *(Sprichwort)*

Das Volk der **Phäaken**. *(Schiller, Die Donau) Gemeint: die Wiener*

Im allgemeinen ist die Existenz auf der Basis der **Phäaken** bequemer als auf der Basis der Spartaner. *(Bismarck)*

Alles wiederholt sich nur im Leben, ewig jung ist nur die **Phantasie**. *(Schiller, An die Freude)*

Das Alter der göttlichen **Phantasie**, es ist geschwunden, es kehret nie. *(Schiller, Vier Weltalter)*

Die **Phantasie** ist der mächtigste Despot. *(B. Auerbach, Tausend Gedanken des Kollaborators)*

Laßt **Phantasie** mit allen ihren Chören, Vernunft, Verstand, Empfindung, Leidenschaft, doch, merkt euch wohl, nicht ohne Narrheit hören! *(Goethe, Faust)*

Pharisäer. *(Nach Luk. 18, 11 u.a.)*
Selbstgerechter Mensch

Philemon und Baucis. *(Nach Ovid, Metamorphosen)*
Bezeichnung für ein altes, treues Ehepaar

Ich weiß, wie **Philipp** lieben kann. *(Schiller, Don Carlos)*

Eine **Philippica** halten. *(Redensart, nach Cicero)*
Eine donnernde Strafpredigt halten

Es leben die **Philister**, ihre Gevattern und ihre Geschwister! Denn wenn die Philister nicht mehr leben, so wird es auch keine Poeten mehr geben. *(A. H. Hoffmann v. Fallersleben, Philister)*

Ich habe nie mit euch gestritten, **Philister**-Pfaffen! Neiderbrut! Unartig seid ihr wie die Briten, doch zahlt ihr lange nicht so gut. *(Goethe, Zahme Xenien)*

Philister sind charmante Leute, immer die gleichen, gestern wie heute. *(L. Pfau, Philister)*

Philister über dir, Simson! *(Richter, 16, 9)*

Was ist ein **Philister**? Ein hohler Darm, mit Furcht und Hoffnung ausgefüllt, daß Gott erbarm! *(Goethe, Zahme Xenien)*

Die Deutschen können die **Philisterei** nicht loswerden. Da quengeln und streiten sie jetzt über verschiedene Distichen, die sich bei Schiller gedruckt finden und auch bei mir. *(J. P. Eckermann, Gespräche mit Goethe)*

Ich seh', die **Philologen**, sie haben dich so wie sich selbst betrogen. Ganz eigen ist's mit mythologischer Frau: Der Dichter bringt sie, wie er's braucht, zur Schau. *(Goethe, Faust)*

Nicht ein jeder Geist ist von dem Stoffe, aus dem ein **Philosoph** sich schnitzen läßt. *(J. B. Molière)*

O hättest du geschwiegen, wärst du ein **Philosoph** geblieben! *(Boetius, Trost der Philosophie)*

Philosoph von Sanssouci.
Bezeichnung für Friedrich d. Gr.

Es pfeift der Wind. Es stöhnt und gellt. Die Hunde heulen im Hofe. Es pfeift auf diese ganze Welt der große **Philosophe**. *(Ch. Morgenstern, Galgenlieder)*

Die **Philosophen** haben die Welt nur verschieden interpretiert; es kommt darauf an, sie zu verändern. *(K. Marx, Thesen über Feuerbach, 1845)*

Die **Philosophen** sollen Könige, die Könige Philosophen sein. *(Nach Plato)*

Sind doch die Damen geborene **Philosophen**; sie denken, was sie wollen, und wissen alles am besten. *(W. Busch)*

Das ist das Ende der **Philosophie**, zu wissen daß wir glauben müssen. *(E. Geibel)*

Der Religion ist nur das Heilige wahr, der **Philosophie** nur das Wahre heilig. *(L. Feuerbach)*

Des Unglücks süße Milch, **Philosophie**. *(Shakespeare, Romeo und Julia)*

Einstweilen, bis der Bau der Welt **Philosophie** zusammenhält, erhält sie das Getriebe durch Hunger und durch Liebe. *(Schiller, Taten der Philosophen)*

Ich weiß nicht, wie ich **Philosophie** lehren soll, um nicht Störer hergebrachter Religion zu werden. *(B. de Spinoza)*

Philosophie des »als ob«.
(Nach H. Vahinger)

Philosophie ist ein liebevoller Umgang mit der Weisheit. *(Dante)*

Unsere **Philosophie** nach dem dreißigsten Jahre heißt Glaube. *(W. Busch)*

Welche wohl bleibt von allen den **Philosophien**? Ich weiß nicht. Aber die Philosophie, hoff ich, soll ewig bestehn.
(Schiller, Die Philosophien)

Der Mut der Wahrheit ist die erste Bedingung des **philosophischen** Studiums.
(F. Hegel)

Ich grüße dich, du einzige **Phiole**!
(Goethe, Faust)

Zum Teufel ist der Spiritus, das **Phlegma** ist geblieben. *(Schiller)*

Der unglückliche **Phönix**! Ihm ward das harte Los, weder Geliebte noch Freunde zu haben; denn er ist der einzige seiner Art *(G. E. Lessing, Phönix)*

Wie ein **Phönix** aus der Asche erstehen.
(Nach einer alten ägyptischen bzw. griechischen Sage)

Die revolutionäre **Phrase** besteht in der Wiederholung revolutionärer Losungen ohne Berücksichtigung der objektiven Umstände... Wunderbare, hinreißende, berauschende Parolen, denen der reale Boden fehlt – das ist das Wesen der revolutionären Phrase. *(Lenin, 1918)*

Wo in **Phrasen** Schmerz und Freude spricht, glaub' ich das eine und das andre nicht. *(F. v. Bodenstedt)*

Willst du dich öffentlich entkleiden, wie **Phrynes** Beispiel weist, so prüfe vorher dich bescheiden, wie schön du etwa seist.
(F. Grillparzer, Dichterin)

Von der **Pike** auf dienen. *(Redensart)*
Von der niedrigsten Stufe an aufsteigen

Wieder schwand ein Jahr – und ich trage immer noch **Pilgerhut** und -schuh.
(Matsuo Basho, 1643–1694)

Viel besser als ein guter Wille wirkt manchmal eine gute **Pille**. *(W. Busch)*

Doof bleibt doof, da helfen keine **Pillen**.
(Scherzhaftes Berliner Sprichwort)
Auch abgekürzt zitiert:
D – B – D – D – H – K – P

Wer am Zoll sitzt, ohne reich zu werden, ist ein **Pinsel**. *(Goethe, Clavigo)*

Einem die **Pistole** auf die Brust setzen.
(Redensart)
Jemanden unter Druck setzen; ihn zwingen

Wie aus der **Pistole** geschossen.
Sofort und schnell (Redensart)

Es ist genug, daß ein jeglicher Tag seine eigne **Plage** habe. *(Matth. 6, 34)*

Gemeinsame **Plage** drückt nur halb.
(Sprichwort)

Der **Plan**, den Sie mir zeigen, erschreckt und – reizt mich auch zugleich.
(Schiller, Don Carlos)

Ein feiner **Plan**! Fein zugespitzt! Nur schade, zu fein geschärfet, daß die Spitze brach. *(Schiller, Maria Stuart)*

Hab' ich deinen **Plan** gebilligt? Und zu leben eingewilligt? *(A. v. Kotzebue Ausbruch der Verzweiflung)*

Ja, mach nur einen **Plan**, sei nur ein großes Licht, und mach noch einen zweiten Plan, gehn tun sie beide nicht.
(B. Brecht/K. Weill, Dreigroschenoper)

Pläne sind die Träume der Verständigen.
(E. v. Feuchtersleben, Aphorismen)

Jedes Tierchen hat sein **Pläsierchen**.
(Sprichwort, nach E. Bormann)

Platonische Liebe. *(Redensart, nach Platon, Symposion)*
Rein geistige Liebe

Platz, Platz dem Landvogt! *(Schiller, Wilhelm Tell)*

Platz an der Sonne. *(Reichskanzler B. v. Bülow, 1897)*

Gottes Wort ist ein fahrender **Platzregen**, der nicht wiederkommt, wo er einmal gewesen ist. *(M. Luther)*

Was du hast in deinem Haus, das **plaudere** nicht vor andern aus. *(Sprichwort)*

Aus der Schule **plaudern**. *(Redensart)*
Etwas ausplaudern

Eine **Plaudertasche**. *(Redensart)*
Eine Klatschbase

Die **Plebejer** proben den Aufstand. *(Bühnenwerk v. G. Grass)*

Plisch und Plum. *(Titel einer humoristischen Geschichte von W. Busch)*

Die Eine lacht bis zum letzten Backzahn, die Andre bloß bis zur ersten **Plombe**. *(P. Lindau, Zug nach dem Westen)*

Mag's immer **Plunder** sein, mir ist mein Plunder lieb. *(J. B. Molière)*

Reichtum ist des Glückes **Plunder**. *(Sprichwort)*

Ich habe das Meine getan. Das **Plündern ist eure Sache.** *(Schiller, Räuber)*

Der **Pöbel** hört nie auf, Pöbel zu sein. *(Schiller, Räuber)*

Der **Pöbel** ist der größte Hauf' auf Erden. *(C. F. Gellert, Der Freigeist)*

Der **Pöbel** kürzt die Zeit mit blut'gen Witzen. *(K. Gerok, Ave Caesar…)*

Süßer **Pöbel**! *(Goethe, Faust)*

Wenn der **Pöbel** aller Sorte tanzet um die goldnen Kälber, halte fest: du hast vom Leben doch am Ende nur dich selber. *(Th. Storm, Für meine Söhne)*

Brotloseste der Künste, **Poesie**! *(H. Heine)*

Ein bißchen Narrheit, das versteht sich, gehört immer zur **Poesie**. *(H. Heine)*

Er, der das scheue Kind, noch rot von süßem Schrecken, die deutsche **Poesie**, aus welschen Taxushecken zum freien Dichterwald führt. *(E. Geibel, Sanssouci)*
Gemeint ist: Goethe

Gebt ihr euch einmal für Poeten, so kommandiert die **Poesie**. *(Goethe, Faust)*

Je unfreier das Volk ist, je romantischer wird seine **Poesie**. *(L. Börne)*

Poesie ist tiefes Schmerzen, und es kommt das echte Lied einzig aus dem Menschenherzen, das ein tiefes Leid durchglüht. *(J. Kerner, Poesie)*

Religion ist die **Poesie** der unpoetischen Menschen. *(F. Grillparzer)*

Der hat's wahrhaftig als **Poet** nicht hoch hinausgetrieben, in dessen Liedern mehr nicht steht, als er hineingeschrieben. *(E. Geibel)*

Die meisten **Poeten** kommen erst nach ihrem Tode zur Welt. *(G. Ch. Lichtenberg)*

Neuere **Poeten** tun zu viel Wasser in die Tinte. *(Goethe, Maximen und Reflexionen)*

Poetische Lizenz. *(Seneca, Naturales quaestiones)*

Sucht den ruhenden **Pol** in der Erscheinungen Flucht. *(Schiller, Spaziergang)*

Crapülinski und Waschlapski, **Polen** aus der Polackei. *(H. Heine, Romanzero)*

Noch ist **Polen** nicht verloren!
(Text des Dombrowski-Marsches, der Nationalhymne Polens, 1796)

Auch ohne böse Absichten schafft die **Politik** dem Menschen Kummer.
(Jüdisches Sprichwort)

Die Begriffe Strafe, Lohn, Rache gehören nicht in die **Politik**... *(Bismarck)*

Die größte Strafe für alle jene, die sich nicht mit **Politik** beschäftigen, besteht darin, daß sie von den Leuten regiert werden, die sich für Politik interessieren.
(A. Toynbee)

Die **Politik** hat nicht zu rächen, was geschehen ist, sondern zu sorgen, daß es nicht wieder geschehe. *(Bismarck)*

Die **Politik** ist keine exakte Wissenschaft. *(Bismarck, 1863)*

Die **Politik** ist keine Wissenschaft..., sondern eine Kunst. *(Bismarck im Deutschen Reichstag, 1884)*

Die **Politik** verdirbt den Charakter.
(Sprichwörtliche Redensart ungekannten Ursprungs, bekanntgeworden durch eine Werbedrucksache für das »Blatt für die Gebildeten aller Stände«, 1882)

Do-ut-des-**Politik**. *(Nach Bismarck)*
Bezeichnung für eine auf gegenseitigen Zugeständnissen beruhende Politik

Es gibt eine Verrücktheit, die die Gestalt der **Politik** annimmt.
(Jüdisches Sprichwort)

Es ist das in der **Politik** immer so, als wenn man mit unbekannten Leuten in einem unbekannten Lande geht; wenn der eine seine Hand in die Tasche steckt, so zieht der andere seinen Revolver schon. *(Bismarck)*

Es ist in der **Politik** niemals möglich, mathematische Beweise zu geben.
(Bismarck)

Mit Schweigen, Neffe, treibe **Politik**!
(Shakespeare, Heinrich VI.)

Nicht **Politik** ist unser Schicksal, sondern die Wirtschaft. *(W. Rathenau)*

Politik besteht eher darin, aus günstigen Konstellationen zu profitieren, als sie zu schaffen.
(Aus dem politischen Testament Friedrichs d. Gr.)

Politik der freien Hand.
(Preuß. Minister G. A. v. Schleinitz, 1859)

Politik der offenen Tür.
(Schlagwort, nach dem amerik. Staatssekretär J. Hay, 1899)

Politik ist eben an sich keine logische und exakte Wissenschaft, sondern sie ist die Fähigkeit, in jedem wechselnden Moment der Situation das am wenigsten Schädliche oder das Zweckmäßigste zu wählen. *(Bismarck, 1890)*

Politik kann nie Kultur, Kultur wohl aber Politik bestimmen.
(Bundespräsident Th. Heuss)

Politik von Fall zu Fall. *(J. Andrassy)*

Seit eh und je ist die **Politik** der Wegweiser der Wissenschaft.
(Jüdisches Sprichwort)

Wahrhaftigkeit und **Politik** wohnen selten unter einem Dach.
(S. Zweig, Marie Antoinette)

Wir haben keines Richteramtes zu walten, sondern deutsche **Politik** zu treiben. *(Bismarck, 1866)*

Es würde der geschichtlichen Wahrheit sehr dienlich sein, wenn große **Politiker** ihre Tagebücher von Fachleuten schreiben ließen. *(K. F. v. Beyme)*

Politiker des kurzen Blicks und der raschen Hand. *(Nach F. Nietzsche)*

Dunkle Punkte am **politischen** Horizont. *(Bismarck, 1887)*

Die **Polizei** will alles, alles wissen. *(G. E. Lessing, Minna von Barnhelm)*

Leben atme die bildende Kunst, Geist fordr' ich vom Dichter, aber die Seele spricht nur **Polyhymnia** aus. *(Schiller, Tonkunst)*

Das ist mir **Pomade**! *(Redensart)*
Das ist mir gleichgültig

Was ist **Pomp**, Hoheit, Macht, als Erd und Staub! *(Shakespeare, Heinrich VI.)*

Pomuchelskopp! *(Nach F. Reuter, Ut mine Stromtid)*

Von **Pontius** zu Pilatus rennen. *(Redensart, nach Luk. 23)*

Die letzte Mode war immer noch so-so. Jetzt erst sind wir ganz und gar ein wandelnder **Popo**. *(F. Vischer, 1880)*

Die **Popularität** ist eine vorübergehende Sache, die sich heute auf das, morgen auf jenes richtet. *(Bismarck)*

Popularität hat für mich immer etwas Unbehagliches. *(Bismarck)*

Vom sichern **Port** läßt sich's gemächlich raten. *(Schiller, Wilhelm Tell)*

Vorsicht ist die Mutter der **Porzellankiste**. *(Scherzhaftes Sprichwort)*

Sich wie ein Elefant im **Porzellanladen** benehmen. *(Redensart)*
Sich tolpatschig verhalten

Die **Posaune** des Jüngsten Gerichts. *(Nach Matth. 24, 31)*

Aussehen wie ein **Posaunenengel**. *(Redensart, nach Matth. 24, 31)*
Pummelig und pausbäckig aussehen.

Von den **Posen** ist die moralische die unanständigste. *(O. Wilde)*

Positus, ich setz' den Fall. *(L. Angely, Fest der Handwerker)*

Am Tag erkennen, das sind **Possen**, im Finstern sind Mysterien zu Haus. *(Goethe, Faust)*

Immer auf dem **Posten**! *(Nach Friedrich d. Gr., Exposé du gouvernement prussien)*

Auf die **Postille** gebückt, zur Seite des wärmenden Ofens. *(J. H. Voß, Der 70. Geburtstag)*

Ho, ho, ho, so schön und froh, du **Postillon** von Lonjumeau. *(de Leuven, L. L. Brunswick, M. G. Friedrich/ A. C. Adam, Postillon von Lonjumeau)*

Einen **Posttag** zu spät kommen. *(Redensart)*
Mit einer Angelegenheit zu spät kommen

Potemkinsche Dörfer. *(Redensart, nach G. A. Potemkin, Günstling der Zarin Katharina II.)*
Blendwerk, Vorspiegelung falscher Tatsachen

Frau **Potiphar**. *(Nach 1. Mos. 39)*
Verführerische Frau

Die Armut, die kommt von der **Powerteh**! *(Nach F. Reuter, Stromtid)*

Das **Prä** haben. *(Redensart)*
Den Vorrang besitzen

Pracht, Geld und Ehr' ist morgen oft nicht mehr. *(F. Richter)*

Hier die zierlichen Mosjös, dort die Damen mit den süßen, himmlisch hohen **Prachtpopös**. *(W. Busch, Fromme Helene)*

Jetzt bist du nur ein schlechter **Prahler**! *(F. v. Hagedorn, Johann der muntere Seifensieder)*

Die Pforte im Himmel ist klein, es kann kein **Prahlhans** hinein. *(A. a Santa Clara)*

Er **prahlt** nicht mit sich – daher seine Größe. *(Ostasiatische Weisheit)*

Einen an den **Pranger** stellen.
Ihn bloßstellen (Redensart)

Unterdessen erzähl' ich der Residenz eine Geschichte, wie man **Präsident** wird. *(Schiller, Kabale und Liebe)*

Im **Prater** blühn wieder die Bäume. *(Lied von K. Robitschek/R. Stolz)*

Die Theorie träumt, die **Praxis** belehrt. *(K. v. Holtei)*

Einfältig zu **predigen** ist eine große Kunst. *(M. Luther)*

Ich kann das **Predigen** nicht vertragen, ich glaube, ich hab' in meiner Jugend mich daran übergessen. *(Goethe, Maximen und Reflexionen)*

Der beste **Prediger** ist die Zeit. *(Sprichwort)*

Der ist ein guter **Prediger**, der seine eignen Mahnungen befolgt. *(Shakespeare, Kaufmann von Venedig)*

Falsche **Prediger** sind ärger denn Jungfrauenschänder. *(M. Luther, Tischreden)*

Prediger in der Wüste. *(Nach Jes. 40, 3)*

Aber wer glaubt unsrer **Predigt**? *(Jes. 53, 1)*

Predigten müssen Assoziationen göttlicher Inspirationen, himmlischer Anschauungen sein. *(Novalis, Fragmente)*

Da treibt's ihn, den köstlichen **Preis** zu erwerben. *(Schiller, Taucher)*

Ein jeder Mensch hat seinen **Preis**. *(Sprichwort, nach H. Walpole)*

Mein erst' Gefühl sei **Preis** und Dank. *(C. F. Gellert, Morgengesang)*

Wie der **Preis**, so die Ware. *(Sprichwort)*

Preisend mit viel schönen Reden. *(J. Kerner, Der reichste Fürst)*

Ein jeder **preist** nur, was ihm nützt. *(K. W. Ramler)*

Die **Presse** ist für mich Druckerschwärze auf Papier. *(Bismarck im Deutschen Reichstag, 1888)*

Die **Presse** kann schlimmere Verheerungen anrichten wie Pulver und Blei. *(Th. G. v. Hippel)*

Jedes Land ist auf die Dauer doch für die Fenster, die seine **Presse** einschlägt, irgendeinmal verantwortlich. *(Bismarck im Deutschen Reichstag, 1888)*

O Freiheit süß der **Presse**! *(Goethe, Zahme Xenien)*

Preßfreiheit sollte durch das strengste Verbot aller und jeder Anonymität bedingt sein. *(A. Schopenhauer, Parerga und Paralipomena)*

Was euch die heilige **Preßfreiheit** für Frommen, Vorteil und Früchte beut? Davon habt ihr gewisse Erscheinung: Tiefe Verachtung öffentlicher Meinung. *(Goethe, Zahme Xenien)*

Prestige ist etwas furchtbar Lästiges, etwas, an dem man schwer zu tragen hat und das man leicht satt wird. *(Bismarck)*

Ich bin ein **Preuße**, kennt ihr meine Farben... *(J. H. Thiersch), Lied zur Feier des 3. August)*

Ich wollte, es würde Nacht, oder die **Preußen** kämen. *(Nach Wellington, Waterloo 1815)*

Preußen, das klassische Land der Schulen und Kasernen. *(Angeblich von V. Cousin)*

Preußen wird sich zum Ersten Staate Deutschlands, vielleicht Europas, emporentwickeln. *(Th. Carlyle)*

Prinz Louis war gefallen, und **Preußen** fiel – ihm nach. *(Th. Fontane, Prinz Louis Ferdinand)*

So schnell schießen die **Preußen** nicht. *(Angebliche Äußerung Bismarcks)*

Die Götter sind gut, die **Priester** grausam. *(Voltaire)*

Priester und Wegweiser zeigen wohl den rechten Weg, aber sie gehen ihn nicht selbst. *(Sprichwort)*

Wahre **Prinzen** aus Genieland. *(H. Heine, Romanzero)*

Prinzessin auf der Erbse. *(Nach dem Märchen von H. C. Andersen) Bezeichnung für eine überempfindliche Person*

Sein **Prinzip** ist überhaupt: Was beliebt, ist auch erlaubt; denn der Mensch als Kreatur hat von Rücksicht keine Spur. *(W. Busch, Julchen)*

Privilegien aller Art sind das Grab der Freiheit und Gerechtigkeit. *(J. G. Seume)*

Die **Probe** eines Genusses ist seine Erinnerung. *(Jean Paul)*

Jedwede Tugend ist fleckenfrei, bis auf den Augenblick der **Probe**. *(Schiller, Don Carlos)*

Probieren geht über Studieren. *(Sprichwort)*

Die ungelösten **Probleme** erhalten einen Geist lebendig und nicht die gelösten. *(E. G. Kolbenheyer)*

Erst (prob's), dann lob's! *(Sprichwort)*

Leib-Seele-**Problem**. *Die philosophische, psychologische und medizinische Frage nach der Verknüpfung körperlicher und seelischer Vorgänge*

Die Menschen sind nur so lange **produktiv**, als sie noch religiös sind. *(Goethe)*

Die Liebe zum **Profit** beherrscht die ganze Welt. *(Nach Aristophanes, Pluto)*

Diktatur des **Proletariats**. *(Nach K. Marx)*

Die **Proletarier** haben nichts zu verlieren als ihre Ketten. Sie haben dafür eine Welt zu gewinnen. *(K. Marx u. F. Engels, Kommunistisches Manifest)*

Proletarier aller Länder, vereinigt euch! *(K. Marx u. F. Engels, Kommunistisches Manifest)*

Ich ehre meinen Vater und liebe dich, **Prometheus**! *(Goethe, Prometheus)*

Propaganda berührt die Keimzellen, das Wort streift die Geschlechtsdrüsen, ... was politisch geprägt wird, wird organisch erzeugt.
(G. Benn, Bekenntnisse zum Impressionismus, 1933))

Der Historiker ist ein rückwärts gekehrter **Prophet**. *(F. v. Schlegel)*

Ein **Prophet** gilt nirgends weniger denn in seinem Vaterland und in seinem Hause. *(Matth. 13, 47)*
Daher das Sprichwort: Der Prophet gilt nichts in seinem Vaterlande

Prophete rechts, Prophete links, das Weltkind in der Mitten.
(Goethe, Dichtung und Wahrheit)

Beim Barte des **Propheten**!
(Mohammedanische Schwurformel)

Sehet euch vor vor den falschen **Propheten**, die in Schafskleidern zu euch kommen, inwendig aber sind sie reißende Wölfe. *(Matth. 7, 15)*

Wenn der Berg nicht zum **Propheten** kommen will, muß der Prophet zum Berge gehen. *(Nach Mohammed)*

Seltsam ist **Prophetenlied**; doppelt seltsam, was geschieht.
(Goethe, Weissagungen des Bakis)

Auf dem **Proppen** sitzen. *(Redensart)*
Sich in Geldverlegenheit befinden

Niemand beichtet gern in **Prosa**.
(Goethe, An die Günstigen)

Nur so viel will ich bemerken, daß, um vollendete **Prosa** zu schreiben, unter anderm auch eine große Meisterschaft in metrischen Formen erforderlich ist.
(H. Heine, L. Börne)

Proselytenmacherei.
(Nach Matt. 23, 15)

Solang ich noch ein **Protestant**, will ich auch protestieren. Und jeder deutsche Musikant soll weiter musizieren.
(G. Herwegh)

Wer einen **Prozeß** führt um eine Kuh, der gibt noch eine zweite hinzu.
(Sprichwort)

Ja ja, **Prozesse** müssen sein!
(Ch. F. Gellert, Der Prozeß)

Drum **prüfe**, wer sich ewig bindet, ob sich das Herz zum Herzen findet.
(Sprichwort, Schiller, Glocke)
Vom Volksmund verballhornt in:... ob sich nicht 'was Beßres findet

Prüfet alles, und das Beste behaltet!
(Nach 1. Thess. 5, 21)
Eigentlich:... das Gute...

Das Unglück ist der **Prüfstein** des Charakters. *(S. Smiles)*

Des Mannes Wert wird durch **Prüfung** bewährt. *(F. Rückert, Makamen des Hariri)*

Nach einer **Prüfung** kurzer Tage erwartet uns die Ewigkeit. *(C. F. Gellert, Geistliche Oden)*

Mit den Jahren steigern sich die **Prüfungen**. *(Goethe, Maximen und Reflexionen)*

Nur in schwülen **Prüfungsstunden** sproßt die Palme, die den Sieger krönt.
(v. Salis-Seewis, Psyches Trauer)

Prügel machen frisch und kregel und erweisen sich probat ganz besonders vor der Tat. *(W. Busch, Abenteuer eines Junggesellen)*

Prügelknabe. *(Redensart)*
Wer an Stelle des wirklich Schuldigen bestraft wird

Psalmistenalter. *(Nach Psalm 90, 10)*

In unruhigen Zeiten beherrschen uns die **Psychopathen**, in ruhigen begutachten wir sie. *(C. Kretschmer)*

Das **Publikum** beklatscht ein Feuerwerk, aber keinen Sonnenaufgang.
(F. Hebbel)

Das **Publikum**, das ist ein Mann, der alles weiß und gar nichts kann.
(L. R. Tornow, Das Publikum)

Das **Publikum** muß hingenommen werden wie jedes andere Element.
(F. Hebbel, Tagebücher)

Wie schafft man sich ein **Publikum**? Nicht lange gefragt! Wenn man durch ein halbes Säkulum immer dasselbe sagt.
(E. v. Bauernfeld, Poetisches Tagebuch)

Knurre nicht, **Pudel**! *(Goethe, Faust)*

Wie ein begossener **Pudel** abziehen.
(Redensart)
Kleinlaut und enttäuscht abziehen

Das also war des **Pudels** Kern!
(Goethe, Faust)

Der **Puder** ist so wie der Rock, für alt' und graue Weibchen. *(Goethe, Faust)*

Jemandem den **Puls** fühlen.
(Redensart)
Jemanden ausfragen

Diejenigen fürchten das **Pulver** am meisten, die es nicht erfunden haben.
(H. Heine)

Er hat das **Pulver** nicht erfunden.
Er ist dumm (Redensart)

Haltet euer **Pulver** trocken!
(O. Cromwell)

Kein **Pulver** riechen können.
Feige sein (Redensart)

Keinen Schuß **Pulver** wert sein.
Nichts taugen (Redensart)

Sein **Pulver** verschossen haben.
(Redensart)
Seine Kräfte verausgabt haben

Auf den toten **Punkt** gelangen.
(Redensart)
Mit einer Angelegenheit nicht weiter vorankommen

Der springende **Punkt**.
(Redensart, nach Aristoteles, Historia animalium)
Soviel wie: Kernpunkt

So **pünktlich** zur Sekunde.
(O. v. Reichert, Trinklied)

Bester Beweis einer guten Erziehung ist die **Pünktlichkeit**. *(G. E. Lessing)*

Pünktlichkeit ist die Höflichkeit der Könige. *(Louis XVIII. von Frankreich)*

Eine große Bowle **Punsch**, es versteht sich: unverzückert, unversäuert, unverwässert, haben sie bereits geschlückert.
(H. Heine, Zwei Ritter)

Alle **Puppen** tanzen lassen.
Viel aufwenden (Redensart)

Bis in die **Puppen**... *(Redensart)*
Soviel wie: sehr lange, sehr weit

Puppchen, du bist mein Augenstern!
(Aus der Operette »Puppchen« von J. und R. Gilbert)

Außen **Putz**, innen Schmutz.
(Redensart)

Putzen, Naschen, Weibersang, sind des Hauses Untergang. *(Sprichwort)*

Wenn man einen Riesen sieht, so untersuche man erst den Stand der Sonne und gebe acht, ob es nicht der Schatten eines **Pygmäen** ist. *(Novalis)*

Von der Spitze dieser **Pyramiden** blicken vierzig Jahrhunderte auf euch herab!
(Angebliche Äußerung General Bonapartes vor der Schlacht bei den Pyramiden, 1798)

Pyramus und Thisbe, sagt die Historie, redeten durch die Spalte einer Wand miteinander. *(Shakespeare, Sommernachtstraum)*

Pyrrhussieg. *(Nach dem Sieg Königs Pyrrhus über die Römer, 279 v. Chr.)*

Als **Pythagoras** seinen bekannten Lehrsatz entdeckte, brachte er den Göttern eine Hekatombe dar. Seitdem zittern die Ochsen, sooft eine neue Wahrheit an das Licht kommt. *(L. Börne, Fragmente und Aphorismen)*

Q

O du **Quacksalber** der Natur!
(H. v. Kleist, Familie Schroffenstein)

Quadern muß er liegenlassen.
(A. Grün, Sprüche)

Dieser letzten Tage **Qual** war groß.
(Schiller, Wallensteins Tod)

Quäl' nicht dein Herz ohn' Unterlaß, ein freier Mut gefällt Gott baß.
(M. Claudius, Ein gülden Abc)

Und wenn der Mensch in seiner **Qual** verstummt, gab mir ein Gott zu sagen, wie ich leide. *(Goethe, Tasso)*

Quäle nie ein Tier zum Scherz, denn es fühlt wie du den Schmerz. *(Sprichwort)*

Ich fürchte nicht die Schrecken der Natur, wenn ich des Herzens wilde **Qualen zähme.** *(Schiller, Wilhelm Tell)*

Verstrickt in solche **Qualen**, halb verschuldet, geb' ihm ein Gott zu sagen, was er duldet. *(Goethe)*

Qualität des Lebens.
(1973 entstandenes Schlagwort, welches den Fortschritt vom Wohlstand zum Wohlbefinden propagieren soll/Titel eines Buches von H. Swoboda)

In jedem **Quark** begräbt er seine Nase.
(Goethe, Faust)

Er hat auf Erden kein bleibend **Quartier**.
(Schiller, Wallensteins Lager)

An der **Quelle** saß der Knabe.
(Schiller, Jüngling am Bache)

Gedenke der **Quelle**, wenn du trinkst!
(Chinesisches Sprichwort)

Der Starke achte es gering, die leise **Quelle** zu verstopfen, weil er dem Strome mächtig wehren kann.
(Schiller, Braut von Messina)

Sie rauschet, sie perlet, die himmlische **Quelle**, der Busen wird ruhig, das Auge wird helle. *(Schiller, Dithyrambe)*

Wer sich groß verfehlt, hat auch große **Quellen** der Reinigung in sich.
(Ch. Morgenstern)

Der Rest des Lebens ist gleichgültig, wir lassen es gehen, wie es will, und endigen mit dem **Quietismus**, wie die indischen Philosophen auch. *(J. P. Eckermann, Gespräche mit Goethe)*

Auf dem **Quivive** sein. *(Redensart)*
Wachsam sein

R

Auch in der Arche Noah ist ein **Rabe** gewesen. *(A. a. Santa Clara)*

Weißer **Rabe**. *(Redensart, nach Juvenal. Satirae)*
Eine große Seltenheit

Wie ein **Rabe** stehlen. *(Redensart)*
Überall und alles stehlen

Alte **Raben** krächzen nicht ohne Grund. *(Russisches Sprichwort)*

Blinde **Rache**, schlimme Sache. *(Sprichwort)*

Die **Rache** ist keine Zierde für eine große Seele. *(G. E. Lessing)*

Die **Rache** ist mein, ich will vergelten, spricht der Herr. *(5. Mos. 32, 35; Röm. 12, 19)*

Dürst' nicht nach **Rache** und nach Blut; vergeben wäre wohl so gut. *(M. Claudius)*

Getroffen von der **Rache** Strahl. *(Schiller, Kraniche des Ibykus)*

In diesen heil'gen Hallen kennt man die **Rache** nicht. *(E. Schikaneder/W. A. Mozart, Zauberflöte)*

Nichts entehrt den Menschen so sehr als eine unedle **Rache**. *(A. a Santa Clara)*

Rache folgt der Freveltat. *(Schiller, Siegesfest)*

Rache für Sadowa! *(Geflügeltes Wort französischer Herkunft nach der Schlacht von Sadowa/Königgrätz, 1866)*

Rache ist neues Unrecht. *(Sprichwort)*

Rache macht kleines Recht zu großem Unrecht. *(Sprichwort)*

Rache trägt keine Frucht. Sich selbst ist sie die fürchterliche Nahrung; ihr Genuß ist Mord und ihre Sättigung das Grausen. *(Schiller, Wilhelm Tell)*

Schmach sucht **Rache** *(Sprichwort)*

Sich nicht zu rächen, auch dann nicht, wenn **Rache** Gerechtigkeit wäre, das ist edel. *(F. G. Klopstock)*

Tag der **Rache**. *(Nach Jes. 34, 8)*

Verzeihung ist die beste **Rache** *(Sprichwort)*

Rachegott. *(Nach Psalm 94, 1)*

Die Rachegötter schaffen im Stillen. *(Schiller, Braut von Messina)*

Die Welt mag untergehen, wenn ich mich nur **rächen** kann. *(C. de Bergerac)*

Hier steht einer, der mich **rächen** wird! *(König Friedrich Wilhelm I. von Preußen)*

Die **Rachgier** ist ein Rad, das nimmer stille steht: Je mehr es aber läuft, je mehr es sich vergeht. *(Angelus Silesius, Cherubinischer Wandersmann)*

Denn die **Rachgötter** schaffen im Stillen. *(Schiller, Braut von Messina)*

Das fünfte **Rad** am Wagen sein. *Überflüssig sein (Redensart)*

Das schlechteste **Rad** knarrt am lautesten. *(Sprichwort)*

Es wär' ein eitel und vergeblich Wagen, zu fallen ins bewegte **Rad** der Zeit. *(Schiller)*

Alle **Räder** stehen still, wenn dein starker Arm es will. *(G. Herwegh, Bundeslied des Allgemeinen Deutschen Arbeitervereins: »Arbeiter-Marseillaise«)*

Radfahrernatur. *(Scherzhafte Redensart) »Oben bücken, unten treten«*

Leimt zusammen, braut ein **Ragout** von andrer Schmaus. *(Goethe, Faust)*

Den **Rahm** abschöpfen. *(Redensart) Sich das Beste vorwegnehmen*

Außer **Rand** und Band sein. *Ausgelassen, zügellos sein (Redensart)*

Den **Rang** ablaufen. *(Redensart) Jemanden überholen, übertreffen*

Der **Rang**, so wichtig er in den Augen des großen Haufens und der Philister, und so groß sein Nutzen im Getriebe der Staatsmaschine sein mag, läßt er sich mit wenigen Worten abfertigen. *(A. Schopenhauer, Parerga und Paralipomena)*

Je höher der **Rang**, desto stärker der Zwang. *(Sprichwort)*

Oft glänzt im zweiten **Rang**, wer ganz erlischt im ersten. *(Voltaire, Henriade)*

Der **Ränkeschmied** von Ränken wird besiegt. *(Goethe, Tasso)*

Hat sich ein **Ränzlein** angemäst' als wie der Doktor Luther. *(Goethe, Faust)*

Der ist ein **Rasender**, der nicht das Glück festhält in unauflöslicher Umarmung, wenn es ein Gott in seine Hand gegeben. *(Schiller, Maria Stuart)*

Bequeme **Rast** ist nicht des Lebens wert. *(J. v. Eichendorff)*

Immer zu! Immer zu! Ohne **Rast und Ruh!** *(Goethe, Rastlose Liebe)*

Rast' ich, so rost' ich. *(Sprichwort)*

Nur **rastlos** betätigt sich der Mann. *(Goethe, Faust)*

An **Rat** gebrach es nie dem Mann, der vor- und rückwärts schauen kann. *(Sprichwort)*

Der beste **Rat** ist: Folge gutem Rat und laß das Alter dir ehrwürdig sein. *(Goethe, Elpenor)*

Die Zeit bringt **Rat**. Erwartet's in Geduld! *(Schiller, Wilhelm Tell)*

Ein guter **Rat** ist besser am Anfang als am Ende. *(Sprichwort)*

Falscher **Rat** geht weg mit Sack und Saat. *(Friesisches Sprichwort)*

Gibt dir jemand einen sogenannten guten **Rat**, so tue gerade das Gegenteil, und du kannst sicher sein, daß es in neun von zehn Fällen das Richtige ist. *(A. Feuerbach)*

Gott, gib mir heut so klugen **Rat**, daß mich morgen nicht reut, was ich gestern tat! *(K. Simrock, Gebet)*

Guter **Rat** ist teuer! *(Sprichwort)*

Guter **Rat** kommt über Nacht. *(Sprichwort)*

Habe **Rat** vor der Tat! *(Sprichwort)*

Höret den **Rat** verständiger Freunde, das hilft euch am besten. *(Goethe, Reineke Fuchs)*

Mach's wie Herr Asmus tat, der wußte, was er sollte; der fragte jedermann um **Rat** und tat doch, was er wollte. *(H. Seidel)*

Mit **Rat** und Tat. *(Redensart, nach Spr. Salom. 8, 14)*

Nimm **Rat** von allen, aber spar dein Urteil! *(Shakespeare, Hamlet)*

Nun gebt **Rat**, wie wir es klug zum frohen Ende leiten. *(Schiller, Wilhelm Tell)*

Rat zu geben, das ist das dümmste Handwerk, das einer treiben kann. Rate sich jeder selbst und tue, was er nicht lassen kann. *(Goethe)*

Viele wissen guten **Rat**, nur der nicht, der ihn nötig hat. *(Sprichwort)*

Was nützt der **Rat**, wenn er nicht befolgt wird? *(Sprichwort)*

Was **Rat**! Hat Rat bei Menschen je gegolten? *(Goethe, Faust)*

Wem nicht zu **raten** ist, dem ist auch nicht zu helfen. *(Sprichwort)*

Wenn der **Rat** eines Toren einmal gut ist, so muß ihn ein gescheiter Mann ausführen. *(G. E. Lessing, Emilia Galotti)*

Wie Wind im Käfige, wie Wasser in dem Siebe ist guter **Rat** im Ohr der Torheit und der Liebe. *(F. Rückert)*

Zum **Rat** weile, zur Tat eile! *(Sprichwort)*

Die Nacht, die Liebe, dazu der Wein, zu nichts Gutem **Ratgeber** sein. *(M. Luther, Tischgespräche)*

Halte es mit jedermann freundlich, aber zum **Ratgeber** nimm unter Tausenden nur einen. *(Jes. Sir. 6, 6)*

Leicht ist es, anderen **raten**, schwer, oft für sich selber das Rechte erkennen. *(G. Ch. Lichtenberg)*

Vom sichern Port läßt sich's gemächlich **raten**. *(Schiller, Wilhelm Tell)*

Ein **Rater** in zwei Feinde Mitten kann es leicht mit beiden verschütten. *(W. Hauff, Lichtenstein)*

Wer vom **Rathaus** kommt, ist immer klüger als zuvor. *(Sprichwort)*

Da muß sich manches **Rätsel** lösen, doch manches Rätsel knüpft sich auch. *(Goethe, Faust)*

Der Zufall ist ein **Rätsel**, welches das Schicksal dem Menschen aufgibt. *(F. Hebbel)*

Unendlich ist das **Rätsel** der Natur. *(Th. Körner)*

Wer **Rätsel** beichtet, wird in Rätseln losgesprochen. *(Shakespeare, Romeo und Julia)*

Die **Ratten** verlassen das (sinkende) Schiff. *(Redensart)*

Es gibt zwei Sorten **Ratten**; die hungrigen und satten. Die satten bleiben vergnügt zu Haus, die hungrigen aber wandern aus. *(H. Heine, Wanderratten)*

Vermaledeite **Rattenfänger**.
(Goethe, Faust)

Wie eine **Ratze** schlafen.
Sehr fest schlafen (Redensart)

Den **Raub** unter sich teilen.
(Nach 4. Mos. 31, 26–27)

Zum **Raube** lächeln heißt: den Dieb bestehlen. Doch selbst beraubst du dich durch unnütz Quälen. *(Shakespeare, Othello)*

Darum **Räuber** und Mörder.
(Schiller, Räuber)

Ja, ich bin's, du Unglückselige, bin der **Räuber** Jaromir! *(F. Grillparzer, Ahnfrau)*

Räuber von Geld richtet man hin, Räuber von Ländern macht man zu Königen.
(Japanisches Sprichwort)

Unter die **Räuber** fallen.
(Nach Luk. 10, 13)

Etwas in den **Rauch** schreiben.
Nicht mehr darauf rechnen (Redensart)

Rauch ist alles ird'sche Wesen.
(Schiller, Siegesfest)

Wie **Rauch** vergehen. *(Redensart, nach Psalm 37, 20)*

Wo **Rauch** ist, da ist auch Feuer.
(Sprichwort)

Drei Wochen war der Frosch so krank; jetzt **raucht** er wieder, Gott sei Dank!
(W. Busch, Die beiden Enten)

Wo man **raucht**, da kannst du ruhig harren, böse Menschen haben nie Zigarren.
(Parodie von D. Kalisch auf J. G. Seume, Die Gesänge)

Wenn die großen Herrn sich **raufen** und verlieren Schopf und Zopf, preise glücklich sich der Bürger, welcher hat den kahlsten Kopf. *(W. Müller, Epigramme)*

O unermeßner **Raum** des Weiberwillens! *(Shakespeare, König Lear)*

Raum für alle hat die Erde.
(Schiller, Alpenjäger)

Raum, ihr Herren, dem Flügelschlag einer freien Seele.
(G. Herwegh, Aus den Bergen)

Raum ist in der kleinsten Hütte für ein glücklich liebend Paar.
(Schiller, Jüngling am Bache)

Die **Räume** wachsen, es dehnt sich das Haus. *(Schiller, Glocke)*

Hart im **Raume** stoßen sich die Sachen.
(Schiller, Wallensteins Tod)

Die **Raupe** schon, die Chrysalide deutet den künft'gen bunten Schmetterling.
(Goethe, Faust)

Raupen im Kopf haben. *(Redensart)*
An Einbildungen leiden

Am **Rausch** ist nicht der Wein, sondern der Trinker schuld.
(Chinesisches Sprichwort)

Wer niemals einen **Rausch** gehabt, der ist kein braver Mann.
(J. Perinet, Sonntagskind)

Stürzen wir uns in das **Rauschen** der Zeit, ins Rollen der Begebenheit!
(Goethe, Faust)

Trink sechs **Räuschchen** wöchentlich, lehrt dich Hippokrat. *(J. Chr. F. Haug, Trinken, sang Anakreon)*

Wie er **räuspert** und wie er spuckt, das habt ihr ihm glücklich abgeguckt.
(Schiller, Wallensteins Lager)

Die **Reaktion** ist ein Gespenst, aber Gespenster gibt es nur für den Furchtsamen. Drum sich nicht fürchten davor, dann gibt's gar keine Reaktion!
(J. Nestroy, Freiheit in Krähwinkel)

Umsonst ist kein **Rebell** ergrimmt, wo Rauch sich zeigt, auch Feuer glimmt.
(F. A. v. Maltitz, Fibelreime)

Die **Rebellen** von gestern sind allzeit die Despoten von heute.
(J. Scherr, Germania)

Man freut sich, daß das Volk sich mehrt, nach seiner Art behaglich nährt, sogar sich bildet, sich belehrt – und man erzieht sich nur **Rebellen**. *(Goethe, Faust)*

Rebellentreue ist wankend.
(Schiller, Fiesco)

Die **Rebellion** lag ihm vor den Füßen, und da nahm er sie auf. *(Shakespeare, Heinrich IV.)*

So fand **Rebellion** stets ihre Strafe.
(Shakespeare, Heinrich IV.)

Gott schütze die **Reben** am sonnigen Rhein. *(F. Schanz, Am Rhein)*

O Wonnesaft der edlen **Reben**! O Gegengift für jede Pein! *(E. M. Arndt)*

Bist mir recht willkommen, du edler **Rebensaft**, ich hab gar wohl vernommen, du bringst mir süße Kraft. *(J. Fischart, Scheibles Kloster)*

Ich will mich nicht der **Rechenschaft** entziehn, die Richter sind es nur, die ich verwerfe. *(Schiller, Maria Stuart)*

Rechnen hilft haushalten. *(Sprichwort)*

Was ihr nicht **rechnet**, glaubt ihr, sei nicht wahr. *(Goethe, Faust)*

Die **Rechnung** ohne den Wirt machen.
(Redensart)
Sich täuschen, sich zu seinen Ungunsten verrechnen

Mach deine **Rechnung** mit dem Himmel, Vogt! *(Schiller, Wilhelm Tell)*

Rechnung für Rechnung ist berichtigt, die Wucherklauen sind beschwichtigt, los bin ich solcher Höllenpein; im Himmel kann's nicht heitrer sein.
(Goethe, Faust)

Schließ deine **Rechnung** ab, denn siebzehn Dolche stehn auf der Brust dir!
(Shakespeare, Ende gut, alles gut)

Schließt eure **Rechnung** mit dem Himmel ab! *(Schiller, Maria Stuart)*

Sieh du nach deinen **Rechnungen** – ich fürchte, sie stehen übel.
(Schiller, Kabale und Liebe)

Allen Menschen **recht** getan, ist eine Kunst, die niemand kann. *(Sprichwort)*

Besser mit **Recht** anklagen, als mit Unrecht argwöhnen. *(Sprichwort)*

Das höchste **Recht** ist das höchste Unrecht. *(Cicero, De officiis)*

Das **Recht** auf die Straße.
(Berliner Polizeipräsident T. v. Jagow, 1910)

Das **Recht** beugen. *(Redensart, nach 2. Mos. 23, 6)*

Das **Recht** darf nicht zur Vogelscheuche werden. *(Shakespeare, Maß für Maß)*

Das **Recht** des Stärkeren ist das größte Unrecht. *(Sprichwort, M. v. Ebner-Eschenbach, Aphorismen)*

Das **Recht** ist ein solidarisches Ganzes für alle im Lande, sowohl für die Höchsten wie für die Niedrigsten.
(Bismarck)

Das **Recht** ist ein unentbehrlicheres Lebensmittel als das Brot, und die Tugend ist schöner als der Ruhm. *(L. Börne)*

Das **Recht** ist hundertfach, und jeder übt sein eigenes. *(Ch. d. Grabbe)*

Das **Recht** ist stark nur in des Starken Hand, und das Gesetz nur gültig für den Schwachen. *(E. Raupach)*

Das **Recht** läßt sich in europäischen Streitigkeiten, wo ein kompetenter Gerichtshof nicht besteht, nur durch die Bajonette geltend machen.
(Bismarck im Preuß, Abgeordnetenhaus, 1864)

Das **Recht** wohnet beim Überwältiger, und die Schranken unserer Kraft sind unsere Gesetze. *(Schiller, Räuber)*

Den wird man für erlaucht erkennen, der von dem **Recht** erleuchtet ist.
(L. Uhland, Den Landständen)

Denn **Recht** muß doch Recht bleiben.
(Psalm 94, 15)

Eines ist, was nützt: die Klarheit. Eins ist, was besteht: das **Recht**. Eins ist, was besänftigt: die Liebe. *(L. Börne)*

Enges **Recht** – weites Unrecht.
(Sprichwort)

Es gibt zwei friedliche Gewalten: das **Recht** und die Schicklichkeit.
(Goethe, Maximen und Reflexionen)

Gewalt geht vor **Recht**.
(Redensart, nach Habakuk, 1, 3)

Gnade geht vor **Recht**. *(Sprichwort)*

Hab' ich das **Recht** zur Seite, schreckt dein Droh'n mich nicht.
(Sophokles, Philoktet)

Ich tue **recht** und scheue keinen Feind.
(Schiller, Wilhelm Tell)

Jeder hat so viel **Recht**, wie er Macht hat.
(B. de Spinoza, Tractatum politicum)

Laß von brutalen Gewalten nie deine Seele knechten; kannst du nicht **Recht** behalten, halte doch fest am Rechten.
(P. Heyse)

Mann kann es nicht allen Leuten **recht** machen. *(J. de La Fontaine)*

Nach **Recht** und Billigkeit.
(Redensart, nach Sallust, Jugurtha)

Recht bleibt Recht, und wer es auch hat, es zeigt sich am Ende. *(Goethe)*

Recht hat jeder eigne Charakter, der übereinstimmt mit sich selbst; es gibt kein andres Unrecht als den Widerspruch. *(Schiller, Wallensteins Tod)*

Recht ist die Einschränkung der Freiheit eines jeden auf die Bedingung ihrer Zusammenstimmung mit der Freiheit von jedermann, insofern diese nach einem allgemeinen Gesetze möglich ist.
(I. Kant)

Recht tun auf ungerechte Art ist unrecht. *(L. Schefer, Laienbrevier)*

Römisch **Recht**, gedenk' ich deiner, liegt's wie Alpdruck auf dem Herzen.
(V. v. Scheffel)

Sei im Besitze und du wohnst im **Recht**.
(Schiller, Wallensteins Tod)

Sitte ist stärker als **Recht**. *(Sprichwort)*

Tue **recht** und scheue niemand!
(Sprichwort)

Was dem einen **recht** ist, ist dem andern billig. *(Sprichwort)*

Wer das siegt, hat **recht**. *(C. D. Grabbe)*

Wer das **Recht** biegt, bricht es.
(Sprichwort)

Wer das **Recht** denkt recht zu führen, muß die Räder reichlich schmieren. *(F. v. Logau)*

Wer kann, hat **recht**. *(W. Busch)*

Wer's **Recht** hat und Geduld, für den kommt auch die Zeit. *(Goethe)*

Wer sein **Recht** nicht wahret, gibt es auf. *(E. Raupach)*

Wo sich Männer finden, die für Ehr' und **Recht** mutig sich verbinden, weilt ein frei Geschlecht. *(M. v. Schenkendorf)*

Darnach sollst du trachten, eigne **Rechte** mild zu üben, fremde Rechte streng zu achten. *(E. Geibel)*

Das **Rechte**, das Gute führt ewig Streit, nie wird der Feind ihm erliegen. *(Schiller, Gedichte)*

Gleiche **Rechte**, gleiche Pflichten. *(Sprichwort)*

Setzet immer voraus, daß der Mensch im ganzen das **Rechte** will; im einzelnen nur rechnet mir niemals darauf. *(Schiller)*

Tu nur das **Rechte** in deinen Sachen; das andre wird sich von selber machen. *(Goethe, Sprüche in Reimen)*

Vom **Rechte**, das mit uns geboren ist, von dem ist, leider! nie die Frage. *(Goethe, Faust)*

Wer das **Rechte** kann, der soll es wollen. Wer das Rechte will, der sollt' es können, und ein jeder kann's, der sich bescheidet, Schöpfer seinen Glücks zu sein im kleinen. *(Goethe)*

Wir haben so viele **Rechte** hingegeben, daß uns auf nichts ein Recht mehr übrigbleibt. *(Goethe, Faust)*

Den Trieb, zu **rechten**, zeugte die Hölle selbst. *(M. G. Lichtwer, Vermischte Gedichte)*

Rechten macht Sorge und Kosten lang, hat doch ungewissen Ausgang. *(G. Rollenhagen, Froschmeuseler)*

Rechten und Borgen macht Kummer und Sorgen. *(Sprichwort)*

Der Doge kann des **Rechtes** Lauf nicht hemmen. *(Shakespeare, Kaufmann von Venedig)*

Wer einen Stein verrückt am Bau des **Rechtes**, wirft das Haus zusammen. *(F. Halm)*

Wird er bescheiden seines **Rechtes** brauchen, das er nur seinem Recht verdankt? *(Schiller, Turandot)*

Ehre ist die Mystik der **Rechtlichkeit**. *(F. v. Schlegel)*

Das Ziel des **Rechts** ist der Friede. Das Mittel dazu ist der Kampf. *(R. v. Ihering, Kampf ums Recht)*

Der größte Feind des **Rechts** ist das Vorrecht. *(M. v. Ebner-Eschenbach, Aphorismen)*

Die alleinige Quelle des **Rechts** ist das gemeinsame Bewußtsein des ganzen Volkes, der allgemeine Geist. *(F. Lassalle)*

In den Abgründen des Unrechts findest du immer die größte Sorgfalt für den Schein des **Rechts**. *(H. Pestalozzi)*

Schein des **Rechts**. *(Nach M. Luther, Kl. Katechismus)*

Der Wille zum System ist ein Mangel an **Rechtschaffenheit**. *(F. Nietzsche, Sprüche und Pfeile)*

Geh' du linkswärts, laß mich **rechtswärts** geh'n. *(Schiller, Räuber)*

Die **Red'** ist uns gegeben, damit wir nicht allein vor uns nur sollen leben und fern von Leuten sein. *(S. Dach)*

Red', was wahr ist; iß, was gar ist; trink, was klar ist. *(Sprichwort, nach M. Luther)*

An der **Rede** erkennt man den Mann. *(Jes. Sir. 27, 8)*

Der langen **Rede** kurzer Sinn. *(Redensart, nach Schiller, Piccolomini)*

Dunkel war der **Rede** Sinn. *(Schiller, Eisenhammer)*

Es ist rhetorische Gewohnheit, sich die **Rede** des Gegners so zurechtzulegen, wie man sie besser verwerten kann. *(Bismarck)*

Eines Mannes **Rede** ist keines Mannes Rede. Man soll sie hören alle beede. *(Alter Rechtsspruch)*

Eure **Rede** aber sei: ja, ja, nein, nein; was darüber ist, das ist vom Übel. *(Matth. 5, 37)*

Honigsüße **Rede**. *(Nach Homer, Ilias)*

Ich finde diese **Rede** voll Verstand *(Schiller, Phönizierinnen)*

Mit eitler **Rede** wird hier nichts geschafft. *(Schiller, Wilhelm Tell)*

Rede, Herr, denn dein Knecht hört. *(1. Sam. 3, 9)*

Das **Reden** von allem magst du gönnen denen, die selbst nichts machen können. *(E. Geibel)*

Ein andres, treffend **reden**, und ein andres, viel. *(Sophokles, Ödipus auf Kolonos)*

Es ist leichter, ganz schweigen, als sich im **Reden** mäßigen. *(Thomas v. Kempen, Nachfolge Christi)*

Klug **reden** kann jeder, aber nicht besser machen. *(Sprichwort)*

Man muß denken wie die wenigsten und **reden** wie die meisten. *(Schopenhauer)*

Mit Menschen- und Engelszungen **reden**. *(Redensart, nach 1. Kor. 13, 1)*

Preisend mit viel schönen **Reden**. *(J. Kerner, Der reichste Fürst)*

Reden ist Silber, Schweigen ist Gold. *(Sprichwort)*

Reden, wie einem der Schnabel gewachsen ist. *(Redensart)*
Ungekünstelt reden

Sanftes **Reden** schadet nicht. *(J. de La Fontaine)*

Sparsam **reden** ist naturentsprechend. *(Ostasiatische Weisheit)*

Viel mit wenig Worten fein kurz anzeigen können, das ist Kunst und große Tugend. Thorheit aber ist's, mit viel **Reden** nichts reden. *(M. Luther)*

Von schönen **Reden** werde ich nicht satt. *(J. B. Molière)*

Wehe dem Lande, das sich vor **Reden** und Rednern zu fürchten hat! *(Ch. D. Grabbe)*

Wenn gute **Reden** sie begleiten, dann fließt die Arbeit munter fort. *(Schiller, Glocke)*

Wer nicht weise **reden** kann, der schweig und heiß ein weiser Mann. *(Freidank, Bescheidenheit)*

Wo das **Reden** doch nichts fruchtet, hat das Schweigen beßre Statt. *(F. v. Logau)*

Zwei Dinge sind schädlich für jeden, der die Stufen des Glücks will ersteigen: Schweigen, wenn Zeit ist, zu **reden**, und reden, wenn Zeit ist zu schweigen. *(F. v. Bodenstedt)*

Redet wahr und lacht des Teufels!
(Shakespeare, Heinrich IV.)

Wer **redet**, was er will, muß hören, was er nicht will. *(Sprichwort)*

Wer viel **redet**, erfährt wenig.
(Sprichwort)

Nicht so **redlich** wäre redlicher.
(G. E. Lessing, Emilia Galotti)

Es ist ein alter Spruch: Das beste Leichentuch ist **Redlichkeit**, sie würzt den Tod mit Wohlgeruch. *(F. Rückert)*

Man lobt die **Redlichkeit** und sieht sie nicht hier oben. Man tut gar recht: Sie starb. Gestorbne muß man loben.
(F. v. Logau, Sinngedichte)

Redlichkeit gedeiht in jedem Stande.
(Schiller, Wilhelm Tell)

So fühlt oft selbst ein Schelm den Wert der **Redlichkeit**. *(C. F. Gellert)*

Der **Redner** regiert den Haufen.
(G. Rollenhagen, Froschmeuseler)

Ein guter **Redner** muß etwas vom Dichter haben, darf es also mit der Wahrheit nicht ganz mathematisch genau nehmen.
(Bismarck)

Ich bin kein **Redner**, wie es Brutus ist, nur – wie ihr alle wißt – ein schlichter Mann. *(Shakespeare, Julius Cäsar)*

Nur stets zu sprechen, ohne was zu sagen, das war von je der **Redner** größte Gabe. *(A. v. Platen)*

Was für **Redner** sind wir nicht, wenn der Rheinwein aus uns spricht.
(G. E. Lessing)

Wie magst du deine **Rednerei** nur gleich so hitzig übertreiben? *(Goethe, Faust)*

Es ist die **Rednergabe** etwas sehr Gefährliches; das Talent hat seine hinreißende Macht, ähnlich wie bei der Musik und Improvisation. *(Bismarck)*

Eines guten **Redners** Amt oder Zeichen ist, daß er aufhöre, wenn man ihn am liebsten höret und meinet, es werde erst kommen. *(M. Luther)*

Du **redst**, wie du's verstehst.
(Schiller, Piccolomini)

Redst du von einem, der da lebet?
(Schiller, Eisenhammer)

Auf der **Reeperbahn** nachts um halb eins. *(Lied von R. A. Roberts)*

Ist aber ein wirkliches Bedürfnis zu einer großen **Reform** in einem Volke vorhanden, so ist Gott mit ihm, und sie gelingt.
(J. P. Eckermann, Gespräche mit Goethe)

Die Fürsten, welche die **Reformation** annahmen, haben die Denkfreiheit legitimisiert, und eine wichtige, weltwichtige Blüte derselben ist die deutsche Philosophie.
(H. Heine, Zur Geschichte der Religion und Philosophie in Deutschland)

Nicht die **Reformation**, sondern die Aufklärung hat uns von dem entsetzlichen Hexenwahn befreit. *(R. Eucken, Grundbegriffe der Gegenwart)*

Reformation hätt' ihren Schmaus und nahm den Pfaffen Hof und Haus, um wieder Pfaffen 'nein zu pflanzen.
(Goethe)

Revolutionen bessern nicht, wohl aber **Reformationen**.
(K. J. Weber, Demokritos)

Von oben her muß **reformiert** werden, wenn nicht von unten herauf revolutioniert werden soll.
(K. J. Weber, Demokritos)

Ausnahmen bestätigen die **Regel**.
(Sprichwort)

Keine **Regel** ohne Ausnahme.
(Sprichwort)

Was kümmert dich, ich bitte dich, die **Regel**, nach der der Feind sich schlägt: wenn er nur wieder vor dir, mit allen seinen Fahnen, rückt? Die Regel, die ihn schlägt, das ist die höchste! *(H. v. Kleist, Prinz von Homburg)*

Die **Regeln** behalten immer ihren großen Wert. *(J. Möser, Patriotische Phantasien)*

Auf **Regen** folgt Sonnenschein.
(Sprichwort)

Das ist wie **Regen** ins Wasser.
(W. Busch)

Den **Regen** hört man fallen, den Schnee nicht; der herbe Schmerz ist noch laut, der gefaßte ist still. *(B. Auerbach)*

Ein braver Reiter und ein rechter **Regen** kommen überall durch. *(Goethe, Götz von Berlichingen)*

Reißt die Spinne ihr Netz entzwei, kommt der **Regen** bald vorbei.
(Bauernregel)

Sich **regen** bringt Segen. *(Sprichwort)*

Siehst du den Storch viel waten, kannst du auf **Regen** raten. Dann merk' dies Zeichen noch: die Mäuse zieh'n zu Loch.
(Bauernregel)

Singen die Finken früh vor Sonnenaufgang, verkünden sie **Regen**.
(Bauernregel)

Tät'st du zur rechten Zeit dich **regen**, hätt'st du's bequemer haben mögen. Wer geringere Dinge wenig acht't, sich um geringere Mühe macht. *(Goethe, Legende vom Hufeisen)*

Vom **Regen** in die Traufe geraten.
(Redensart)
Aus einer üblen Lage in eine noch schlimmere gelangen

Wer im Trockenen sitzt, lacht über den **Regen**. *(Sprichwort)*

Wohl Keime wecken mag der **Regen**, der in die Scholle niederbricht; doch goldnes Korn und Erntesegen reift nur heran bei Sonnenlicht. *(Th. Fontane, Sprüche)*

Der **Regent** hat kein Recht über die Meinungen der Bürger.
(Friedrich d. Gr.)

Über einen **Regenten** muß man kein Urteil haben, als bis er zwanzig Jahre regiert hat. *(J. G. Seume)*

Ein unterrichtetes Volk läßt sich leicht **regieren**. *(Friedrich d. Gr.)*

Es gibt Zeiten, wo man liberal **regieren** muß, und Zeiten, wo man diktarorisch regieren muß. *(Bismarck, im Deutschen Reichstag, 1881)*

Regieren ist eine Kunst, keine Wissenschaft. *(L. Börne, Fragmente…)*

Wer sich nicht zu verstellen versteht, versteht nicht zu **regieren**. *(Louis XI. von Frankreich)*

Der Wahn aller **Regierenden**, vom Minister bis zum Pedell herab ist, daß das Regieren ein großes Geheimnis sei, welches dem Volke zu seinem Besten verschwiegen werden müsse.
(L. Börne, Kritiken)

Es wird zuviel **regiert**, hier ist das Übel.
(L. Börne, Kritiken)

Weißt du nicht, mein Sohn, mit wie wenig Weisheit die Welt **regiert** wird?
(Papst Julius III./ Schwed. Kanzler A. Oxenstjerna)

Die Gründe der **Regierung** kenne ich nicht, aber ich muß sie mißbilligen.
(Abgeordneter J. Kell, in der sächsischen Zweiten Kammer, 1849)

Die **Regierung** muß der Bewegung stets einen Schritt voraus sein.
(Graf Arnim-Boitzenburg, 1848)

Diejenige **Regierung** ist die beste, die sich überflüssig macht. *(W. v. Humboldt)*

Eine **Regierung** ist verpflichtet, sich bei der Aussprache ihrer Wünsche nach der Decke ihrer Rechte zu strecken.
(Bismarck)

Eine schwache **Regierung** ist ein Unglück für jedes Land und eine Gefahr für den Nachbar. *(H. v. Moltke)*

Es ist das Recht eines Volkes, die **Regierung** zu ändern und abzuschaffen und eine neue Regierung einzurichten, falls eine Regierung die Rechte des Volkes mißachtet. *(Aus der amerikanischen Unabhängigkeitserklärung vom 4.7.1776)*

Gegen die **Regierung** mit allen Mitteln zu kämpfen, ist ja ein Grundrecht und Sport eines jeden Deutschen.
(Bismarck im Deutschen Reichstag, 1880)

Jede **Regierung**, die keinen Schritt vorwärts tut, ist nur mit der größten Überlegung zu beurteilen; aber eine Regierung, die Rückschritte macht, ist immer ohne Nachsicht zu verdammen.
(L. Börne, Kritiken)

Jedes Volk hat die **Regierung**, die es verdient.
(Sardinischer Gesandter Graf J. de Maistre, 1811)

Nur die Einigkeit einer **Regierung** macht sie stark. *(Bismarck)*

Regierung des Volkes durch das Volk und für das Volk. *(A. Lincoln, 1863)*

Welche **Regierung** die beste sei? Diejenige, die uns lehrt, uns selbst zu regieren.
(Goethe, Maximen und Reflexionen)

Wenn eine **Regierung** nicht regieren kann, hört sie auf, legitim zu sein, und es hat, wer die Macht, auch das Recht, sie zu stürzen. *(Th. Mommsen)*

Die **Regierungen** tun öfters Böses aus Feigheit als aus Übermut. *(L. Börne)*

Mächtige **Regierungen** haben einen Widerwillen gegen das Geniale.
(J. Burckhardt)

Regierungen sind Segel, das Volk ist Wind, der Staat ist Schiff, die Zeit die See. *(L. Börne)*

Starke **Regierungen** sind eine Bürgschaft für den Frieden. *(H. v. Moltke)*

Wir sind alle Volk, und die **Regierungen** mit. *(Bismarck)*

Die allerschwerste Kunst ist aber die **Regierungskunst**.
(K. J. Weber, Demokritos)

Niemals in einem **Regierungssystem** etwas ändern, bevor man aus Erfahrung weiß, was der Natur dieses Staats nutzen und was ihr schaden könnte; alles mit eigenen Augen sehen, selbstständig urteilen und schließlich nur das einführen, dessen Änderung oder Verbesserung die Vernunft fordert.
(Randbemerkung Friedrichs II.)

Neu **Regiment** bringt neue Menschen auf, und früheres Verdienst veraltert schnell. *(Schiller, Piccolomini)*

Alle **Register** ziehen (od. spielen lassen).
(Redensart)
Alle Kräfte aufwenden; alle Mittel einsetzen

Dein **Register** hat ein Loch, du hast das Gift weggelassen. *(Schiller, Räuber)*

Sein Leben liegt angefangen und beschlossen in der Santa Casa heiligen **Registern**. *(Schiller, Don Carlos)*

Besser arm in Ehren als **reich** in Schanden. *(Sprichwort)*

Das **Reich** muß uns doch bleiben.
(M. Luther, Ein' feste Burg)

Drittes **Reich**.
(Bereits aus karolingischer Zeit stammendes Schlagwort, populär geworden durch den Titel des Hauptwerkes von A. Moeller van den Bruck, später zur Bezeichnung des nationalsozialistischen Deutschen Reiches verwendet.)

Erst haben wir ihn **reich** gemacht, nun sollen wir ihn amüsieren.
(Goethe, Faust)

Es ist kein schön'rer Anblick in der Welt, als einen Fürsten sehn, der klug regiert, das **Reich** zu sehn, wo jeder stolz gehorcht, wo jeder sich nur selbst zu dienen glaubt, weil ihm das Rechte nur befohlen wird. *(Goethe, Tasso)*

Kein **Reich** wird durch erdrückte Völker mächtig, Vergeltung zeugt sich jede Freveltat. *(H. v. Lingg, Völkerwanderung)*

Leicht ist es, ein **Reich** zu regieren, aber schwer, eine Familie.
(Chinesisches Sprichwort)

Lieber **reich** und gesund als arm und krank. *(Scherzhaftes Sprichwort)*

Mein **Reich** ist nicht von dieser Welt.
(Joh. 18, 36)

Mich soll das **Reich** als seinen Schirmer ehren. *(Schiller, Piccolomini)*

Nimmer wird das **Reich** zerstöret, wenn ihr einig seid und treu.
(M. v. Schenkendorf, Wie mir deine Freuden winken ...)

Reich oder arm, das Schicksal findet bei jedem das Fleckerl heraus, wo er kitzlig ist. *(J. Nestroy)*

So hoch organisiert das Deutsche **Reich** auch ist – in der obersten Etage herrscht Anarchie. *(R. B. Haldane)*

Tausendjähriges **Reich**.
(Nach Off. Joh. 20, 2 u. 3)
Bezeichnung für das »Dritte Reich«, dem jedoch nur 12jährige Dauer beschieden war, deshalb heute im sarkastischen Sinne gebraucht.

Viel haben ist nicht **reich**. Der ist ein reicher Mann, der alles, was er hat, ohn' Leid verlieren kann. *(Angelus Silesius)*

Wer am Zoll sitzt, ohne **reich** zu werden, ist ein Pinsel. *(Goethe, Clavigo)*

Wirklich **reich** ist ein Mensch nur dann, wenn er das Herz eines geliebten Menschen besitzt. *(Greta Garbo)*

Der **Reiche** hat viele Verwandte.
(Sprichwort)

Die **Reiche** der Zukunft sind Reiche des Geistes. *(W. S. Churchill)*

Reiche haben die Medizin, Arme die Gesundheit. *(Sprichwort)*

Reiche Leute haben Vettern und Muhmen in jedem Winkel der Welt; der Arme ist nur mit dem Elend verwandt.
(A. v. Kotzebue)

Reiche Leute sind überall daheim.
(Sprichwort)

Stirbt der **Reiche**, so geht man zur Leiche; stirbt der Arme, daß Gott erbarme.
(Sprichwort)

Man macht aus deutschen Eichen keine Galgen für die **Reichen**. *(H. Heine)*

Reichen prägt der Teufel das Geld.
(Russisches Sprichwort)

Ein **Reicher** dünkt sich, weise zu sein; aber ein verständiger Armer durchschaut ihn. *(Spr. Salom. 28, 11)*

Man muß nicht **reicher** scheinen wollen, als man ist. *(G. E. Lessing, Minna von Barnhelm)*

Armut ist die größte Plage, **Reichtum** ist das höchste Gut.
(Goethe, Schatzgräber)

Auch der **Reichtum** ist eine Kraft, so gut wie Weisheit und Stärke, kann werden nicht minder ehrenhaft, verwendet zum Menschheitswerke. *(F. Rückert)*

Den **Reichtum** muß der Neid beteuern, denn er kriecht nie in leere Scheuern.
(Goethe, Zahme Xenien)

Der **Reichtum** besteht nicht im Besitz von Schätzen, sondern in der Anwendung, die man von ihnen zu machen versteht. *(Napoleon I.)*

Der **Reichtum** gleicht dem Seewasser; je mehr man davon trinkt, desto durstiger wird man.
(A. Schopenhauer, Aphorismen zur Lebensweisheit)

Die Ehre wohnt beim **Reichtum**.
(Schiller)

Du trägst sehr leicht, wenn du nichts hast, aber **Reichtum** ist eine leichtere Last. *(Goethe)*

Gesundheit ist der größte **Reichtum**.
(Sprichwort)

Handel ist die Mutter des **Reichtums**.
(Sprichwort)

Mancher läßt es sich sauer werden und eilet zum **Reichtum** und hindert sich nur selber damit. *(Jes. Sir. 11, 11)*

Mein ganzer **Reichtum** ist mein Lied.
(G. Herwegh, Leicht Gepäck)

Mit dem **Reichtum** fertigzuwerden, ist auch ein Problem.
(Wirtschaftsminister L. Erhard)

Nur dem ist **Reichtum** gut, der ihn mit gutem Fleiß erworben hat und ihn gut anzuwenden weiß. *(F. Rückert)*

Reichtum allein macht nicht das Glück auf Erden. *(A. Lortzing, Waffenschmied)*

Reichtum allein macht nicht glücklich.
(Sprichwort)

Reichtum ist das geringste Ding auf Erden und die allerkleinste Gabe, die Gott einem Menschen geben kann... Darum gibt unser Herrgott gemeiniglich Reichtum den groben Eseln, denen er sonst nichts gönnt. *(M. Luther)*

Reichtum ist des Glückes Plunder.
(Sprichwort)

Reichtum macht das Herz schneller hart, als kochendes Wasser ein Ei.
(L. Börne, Fragmente und Aphorismen)

Reichtum schändet nicht, Armut macht nicht glücklich.
(Scherzhaftes Sprichwort)

Reichtum übt die größte Herrschaft über Menschenseelen. *(Schiller)*

Wem nicht an wenig genügt, den macht kein **Reichtum** satt.
(Ch. M. Wieland, Oberon)

Keine Gesellschaft kann bestehen ohne ungleich verteilte **Reichtümer**, und ungleich verteilte Reichtümer können nicht ohne Religion bestehen.
(Konsul Bonaparte, 1800)

Tugenden sind von jeher gesunken mit Zunahme der **Reichtümer**.
(K. J. Weber, Demokritos)

Es fiel ein **Reif** in der Frühlingsnacht.
(H. Heine, Rheinisches Volkslied)

Reif sein ist alles!
(Shakespeare, König Lear)

Was bald **reif** wird, wird bald faul.
(Sprichwort)

Was **reif** ist, fällt. *(Ch. D. Grabbe, Don Juan)*

Ein jedes Ding muß Zeit zum **Reifen** haben. *(Shakespeare, Sommernachtstraum)*

Allmählich **reift** das Köstliche.
(Schiller, Braut von Messina)

Nimmer erweckt ihn der fröhliche **Reigen**, denn der Schlummer der Toten ist schwer. *(Schiller, Braut von Messina)*

Aus der **Reihe** tanzen. *(Redensart)*
Sich nicht einfügen

Sich keinen **Reim** auf etwas machen können. *(Redensart)*
Sich etwas nicht erklären können

Reime dich oder ich fresse dich.
(Satire von G. W. Sacer)

Keinen **Reimer** wird man finden, der sich nicht den Besten hielte, keinen Fiedler, der nicht lieber eigne Melodien spielte. *(Goethe, Westöstlicher Diwan)*

Was sich **reimt**, schickt sich.
(Sprichwort)

Rein wie Gold. *(Redensart)*

Etwas ins **reine** bringen. *(Redensart)*
In Ordnung bringen

Etwas ins **reine** schreiben. *(Redensart)*
In endgültiger Fassung niederschreiben

Dem **Reinen** ist alles rein.
(Sprichwort, nach Titus 1, 15)

Was aus einem **reinen** Munde kommt und in ein reines Herz geht, kann keinen Schaden anrichten. *(P. Ernst)*

Wer will einen **Reinen** finden, bei denen, da keiner rein ist? *(Hiob 14, 4)*

Wer sich groß verfehlt, hat auch große Quellen der **Reinigung** in sich.
(C. Bertelsmann)

Der Schnee ist eine erlogene **Reinlichkeit**. *(Goethe)*

Reinlichkeit veranlaßt die Kinder, mit Freuden etwas auf sich zu halten.
(Goethe, Wahlverwandtschaften)

Aus einem kleinen **Reis** wird ein großer Baum. *(Sprichwort)*

Verwünscht! dreimal verwünscht sei diese **Reise**! *(Schiller, Piccolomini)*

Wenn jemand eine **Reise** tut, so kann er was erzählen. *(M. Claudius, Urians Reise)*

Es ist gut, daß sie sich ihr kleines Zimmer durch **Reisebeschreibungen** recht groß und weit machen. *(Schiller)*

Das Beste, was man vom **Reisen** nach Hause bringt, ist die heile Haut.
(Persische Redensart)

Das kommt davon, wenn man auf **Reisen** geht. *(A. Lortzing, Waffenschmied)*

Das **Reisen** will uns eines lehren, das schönste bleibt stets heimzukehren.
(Spruch)

Die beste Bildung findet ein gescheiter Mensch auf **Reisen**. *(Goethe)*

Durch Feld und Buchenhallen, bald singend, bald fröhlich still, recht lustig sei vor allen, wer's **Reisen** wählen will.
(J. v. Eichendorff, Reiselied)

Nur **Reisen** ist Leben, wie umgekehrt das Leben Reisen ist. *(Jean Paul)*

Reisen heißt, an ein Ziel kommen. Wandern heißt, unterwegs sein. *(Th. Heuss)*

Reisen ist das beste Mittel zur Selbstbildung. *(K. J. Weber, Demokritos)*

Reisen kostet Geld, doch man sieht die Welt. *(Sprichwort)*

Über **Reisen** kein Vergnügen. *(L. Tieck)*

Viele Menschen **reisen** hauptsächlich deshalb, um den Baedeker auf seine Richtigkeit zu prüfen. *(G. Mikes)*

Reißaus nehmen. *(Redensart)*
Fortlaufen

Der **Reiter** über den Bodensee.
(Nach einer von G. Schwab überlieferten und zu einer Ballade verarbeiteten Sage)

Ein braver **Reiter** und ein rechter Regen kommen überall durch.
(Goethe, Götz von Berlichingen)

Ein guter **Reiter** weiß genau: zuerst das Pferd und dann die Frau. *(Sprichwort)*

Hoppe, hoppe, **Reiter**, wenn er fällt, dann schreit er … *(Kinderlied)*

Wenn der **Reiter** nichts taugt, hat das Pferd schuld. *(Sprichwort)*

Geschlechter kommen, Geschlechter gehen, hirschlederne **Reithosen** bleiben bestehen. *(B. Frhr. v. Münchhausen, Lederhosen-Saga)*

Wer weit zu reisen denkt, der muß sein **Reittier** schonen. *(J. B. Racine)*

Max und Moritz ihrerseits fanden darin keinen **Reiz**.
(W. Busch, Max und Moritz)

Reiz ist Schönheit in Bewegung.
(G. E. Lessing, Laokoon)

Niemand ist so sehr in Gefahr, stumpf zu werden, als der höchst **Reizbare**.
(F. Grillparzer)

Das müssen **Reize** sondergleichen sein, die einen Greis in solches Feuer setzen.
(Schiller, Maria Stuart)

O! das Leben hat **Reize**, die wir nie gekannt. *(Schiller, Piccolomini)*

Was nicht **reizt**, ist tot. *(Goethe, Tasso)*

Am wenigsten stützt **Religion** und Sittlichkeit auf Gründe; eben die Menge der Pfeiler verfinstert und verengt die Kirchen. *(Jean Paul)*

Auf echte **Religion** des Herzens führt uns leicht alles; der Sternenhimmel, das Abendrot, ja das Abendgeläute, jede Rührung, vielleicht mancher Schmerz.
(Jean Paul)

Daß die **Religion** selbst Kriege veranlaßt hat, ist abscheulich, und die Erfinder der Systeme werden gewiß dafür büßen müssen. *(G. Ch. Lichtenberg)*

Der Buchstabe ist nicht der Geist, und die Bibel nicht die **Religion**.
(G. E. Lessing)

Der Mensch ist der Anfang der **Religion**, der Mensch der Mittelpunkt der Religion, der Mensch das Ende der Religion.
(L. Feuerbach, Wesen des Christentums)

Der **Religion** ist nur das Heilige wahr, der Philosophie nur das Wahre heilig.
(L. Feuerbach)

Der Ursprung, ja das eigentliche Wesen der **Religion** ist der Wunsch. Hätte der Mensch keine Wünsche, so hätte er auch keine Götter. Was der Mensch sein möchte, aber nicht ist, dazu macht er seinen Gott. *(L. Feuerbach)*

Der Zweck der wahren **Religion** soll sein, die Grundsätze der Sittlichkeit tief in die Seele einzudrücken.
(G. W. v. Leibniz)

Die Freiheit ist eine Frucht, die in der **Religion** lebt. *(B. L. Garcia, Gedicht)*

Die Lüge ist die **Religion** der Knechte und Herrn, die Wahrheit ist die Gottheit der freien Menschen.
(M. Gorki, Nachtasyl)

Die Mißachtung der **Religion** führt zur Mißachtung der menschlichen Pflichten.
(J. J. Rousseau)

Die **Religion** beruht auf dem wesentlichen Unterschiede der Menschen vom Tiere; die Tiere haben keine Religion.
(L. Feuerbach, Wesen des Christentums)

Die **Religion**, die nur auf Theologie gebaut ist, kann niemals etwas Moralisches enthalten. *(I. Kant)*

Die **Religion** ist das letzte Ziel, wohin alle unsre Gedanken und Handlungen gehen müssen. *(F. G. Klopstock)*

Die **Religion** ist der Idealismus des Volkes. *(J. Scherr)*

Die **Religion** ist die allbelebende Weltseele der Bildung. *(F. v. Schlegel, Ideen)*

Die **Religion** ist die beste, welche die vielen eint, den einzelnen kräftigt, den Stolzen beugt, die uns das Leben lieben und den Tod mit Ergebung erwarten macht.
(E. v. Feuchtersleben)

Die **Religion** ist die Wurzel des menschlichen Daseins. *(A. W. Schlegel)*

Die **Religion** ist ein Teil des Schicksals.
(Napoleon I.)

Die **Religion** ist eine Krücke für schlechte Staatsverfassungen.
(A. Schopenhauer, Selbstdenken)

Die **Religion** kann nie schlimmer sinken, als wenn sie solchermaßen zur Staatsreligion erhoben wird; es geht dann gleichsam ihre innere Unschuld verloren, und sie wird so öffentlich stolz wie eine deklarierte Maitresse. *(H. Heine)*

Die **Religion** selbst ist in die Natur des Menschen eingepflanzt.
(W. v. Humboldt)

Die **Religion** soll nicht Wurzel sein der Staaten, die nur solche oder solche Früchte geduldig trägt, sondern befruchtender Tau, der alle Pflanzen erquickt.
(L. Börne)

Eine **Religion** nach der andern löscht aus, aber der religiöse Sinn, der sie alle schuf, kann der Menschheit nie getötet werden. *(Jean Paul)*

Es gibt, die **Religion** sei, welche sie wolle, nur einen Gott, nur eine Tugend, nur eine Wahrheit, nur ein Glück. Du findest alles, wenn du der Stimme deines Herzens folgst. *(A. Mendelssohn)*

Es ist nur eine **Religion**, aber es kann vielerlei Arten des Glaubens geben.
(I. Kant)

Für die Güte der Republik könnte man denselben Beweis anführen, den Bocaccio für die **Religion** anführt: sie besteht trotz ihrer Beamten. *(H. Heine)*

Für die **Religion** lassen sie das höchste Wesen selbst sorgen. Wir sind alle blind in diesem Felde und in mancherlei Irrtümern verloren. Wer ist so vermessen unter uns, zu behaupten, sein Weg sei der allein richtige. *(Friedrich d. Gr.)*

Ich kann sagen, daß ich der jüdischen **Religion** so ferne stehe wie allen anderen Religionen, d. h. sie sind mir als Gegenstand wissenschaftlichen Interesses hochbedeutsam, gefühlsmaßig bin ich an ihnen nicht beteiligt. *(S. Freud)*

Ich weiß nicht, wie ich Philosophie lehren soll, um nicht Störer hergebrachter **Religion** zu werden. *(B. de Spinoza)*

Ist es nicht sonderbar, daß die Menschen so gerne für die **Religion** fechten und so ungern nach ihren Vorschriften leben?
(G. Ch. Lichtenberg)

Jede **Religion** ist falsch, die in ihrem Glauben nicht einen Gott als Grund aller Dinge verehrt. *(B. Pascal)*

Jedes Genie aber ist in seiner Sprache, jedes Herz in seiner **Religion** allmächtig. *(Jean Paul)*

Keine **Religion** macht an und für sich selig, sondern allein die Tugend. *(K. J. Weber, Demokritos)*

Liebe der Liebe – Summe der **Religion**. *(J. K. Lavater)*

Liebe und Glauben sind das Fundament aller **Religion**. *(J. F. Herbart)*

Meinungen, Lehrsätze, Gebräuche, in denen jede **Religion** sich darstellt, sind nicht die Religion selbst; sie ist ein Inneres, Ursprüngliches. *(F. E. D. Schleiermacher)*

Nur die mißverstandene **Religion** kann uns von dem Schönen entfernen; und es ist ein Beweis für die wahre, für die richtig verstandene wahre Religion, wenn sie uns überall auf das Schöne zurückbringt. *(G. E. Lessing)*

Oh, auch die schönen freien Regungen der Gastlichkeit, der frommen Freundestreue sind eine heilige **Religion** dem Herzen. *(Schiller, Wallensteins Tod)*

Religion ist auch Partei. *(G. E. Lessing)*

Religion ist das als eine Lebensnotwendigkeit tief empfundene Gefühl der Abhängigkeit. *(K. Gutzkow)*

Religion ist die Erkenntnis aller unserer Pflichten als göttliche Gebote. *(I. Kant, Religion …)*

Religion ist die Poesie der unpoetischen Menschen. *(F. Grillparzer)*

Religion ist ein Prisma, von dessen sieben Farben sich jeder seine Lieblingsfarbe wählen mag; alle aber rühren nur von einem Sonnenstrahl. *(K. J. Weber, Demokritos)*

Religion ist eine Angelegenheit des Herzens, nicht des Kopfes. *(Ch. M. Wieland)*

Religion ist in der Tiere Trieb; es trinkt der Wilde selbst nicht mit dem Opfer, dem er das Schwert will in den Busen stoßen. *(Schiller, Wallensteins Tod)*

Religion ist Liebe und Versöhnung; schon im Worte liegt es: sie verbindet wieder, was getrennt war. *(L. Börne)*

Religion ist Opium für das Volk. *(Nach K. Marx)* *Wörtlich schrieb Marx »Religion ist das Opium des Volkes«*

Religion ist reine Sache des Gemüts und der Phantasie wie die Poesie. *(K. J. Weber, Demokritos)*

Religion und Moral sind ewig eins. *(K. J. Weber)*

Sonst war die **Religion** … die Stütze des Staates; aber jetzt ist der Staat Stütze der Religion. *(L. Feuerbach)*

Uns ist die **Religion** die Polizei, und ihre Diener sind ein stehend Heer. *(J. G. Herder)*

Verachte nicht die **Religion**, denn sie ist dem Geist gemeint, und du weißt nicht, was unter unansehnlichen Bildern verborgen sein könnte. *(M. Claudius)*

Verbindet man **Religion** nicht mit Moralität, so wird Religion nur zur Gunstbewerbung. *(I. Kant)*

Von dem Augenblick an, wo eine **Religion** bei der Philosophie Hilfe begehrt, ist der Untergang unabwendlich. *(H. Heine)*

Wahre **Religion** ist gebaut auf das Wahre, das Gute in der Menschennatur, nicht auf der Sünde Morast.
(L. Feuerbach)

Wahre **Religion** und Frömmigkeit hängt einzig und allein an Gott. *(U. Zwingli)*

Wäre nur eine **Religion** in der Welt, so würde sie stolz und zügellos despotisch sein. *(Friedrich d. Gr.)*

Was ist nun **Religion**? Sprecht die Antwort betend aus: der Glaube an Gott.
(Jean Paul)

Welche **Religion** ich bekenne? Keine von allen, die du mir nennst. – Und warum keine? Aus Religion.
(Schiller, Mein Glaube)

Wenn die **Religion** von dem vielen Dampf, den sie machen muß, nur nicht bald selbst verdampft! *(Ch. D. Grabbe)*

Wer die ungeheure Bedeutung der **Religion** unterschätzt, arbeitet trotz aller Aufklärung nur dem Aberglauben in die Hände. *(G. W. v. Leibniz)*

Wer Wissenschaft und Kunst besitzt, hat auch **Religion**; wer diese beiden nicht besitzt, der habe Religion. *(Goethe, Zahme Xenien)*

Wo die meiste sogenannte positive **Religion** war, war immer die wenigste Moralität. *(J. G. Seume)*

Wo **Religion** ist, da werden Menschen geliebt und Tiere und das All. *(Jean Paul)*

Zu jeder Zeit hat die **Religion** auf die Verfassungsurkunden der Staaten ihr Siegel gedrückt, und die Priester waren immer die Siegelbewahrer. *(L. Börne)*

Zuversicht und Ergebung sind die echten Grundlagen jeder bessern **Religion** und die Unterordnung unter einen höheren, die Ereignisse ordnenden Willen. *(Goethe)*

Alle **Religionen** seindt gleich und guht, wan nur die leute, so sie profesiren, Erlige leute seindt, und wen Türken und Heiden kähmen und wollten das Land pöpliren, so wollen wir sie Mosqueen und Kirchen bauen.
(Randbemerkung Friedrichs II.)

Alle **Religionen** sind schön, die uns zu guten Menschen machen. *(B. Auerbach)*

Daß der Mensch ins Unvermeidliche sich füge, darauf dringen alle **Religionen**.
(Goethe)

Die **Religionen** Müsen alle Tollerieret werden, und mus der Fiscal nuhr das auge darauf haben, das keine der anderen abruch Tuhe, den hier mus ein jeder nach Seiner Fasson Selich werden.
(Randbemerkung Friedrichs II., 1740)

Die **Religionen** sind wie Leuchtwürmer; sie bedürfen der Dunkelheit, um zu leuchten. *(A. Schopenhauer)*

Es gab viele **Religionen**, aber nur ein Sittengesetz. *(Jean Paul)*

Man kann alle **Religionen** in die der Gunstbewerbung und die moralische, die Religion des guten Lebenswandels einteilen. *(I. Kant)*

Nur so lange die **Religionen** mit anderen zu rivalisieren haben und weit mehr verfolgt werden, als selbst verfolgen, sind sie herrlich und ehrenwert. *(H. Heine)*

Religionen sind Kinder der Unwissenheit, die ihre Mutter nicht lange überleben. *(A. Schopenhauer)*

Vernichtet die **Religionen**, und ihr habt die Religion zerstört. *(L. Börne)*

Die Bemerkung ist nichts weniger als neu, daß keine Kriege zugleich so ehrlos und so unmenschlich geführt werden als die, welche **Religionsfanatismus** und Parteihaß im Innern eines Staates entzünden. *(Schiller)*

Verschiedenheit der **Religionsmeinungen** findet sich nur bei Alltagsmenschen; Leute von Geist haben nur eine Religion. *(K. J. Weber)*

Auch sind die sogenannten **Religionsstreitigkeiten**, welche die Welt so oft erschüttert und mit Blut bespritzt haben, nie etwas anderes als Zänkereien um den Kirchenglauben gewesen. *(I. Kant)*

Die Menschen sind nur so lange produktiv, als sie noch **religiös** sind. *(Goethe)*

Religiöse Aufgabe: Mitleid mit der Gottheit zu haben. *(Novalis, Fragmente)*

Religiosität ist die Weingärung des sich bildenden und die faule Gärung des sich zersetzenden Geistes. *(F. Grillparzer)*

Alles **rennet**, rettet, flüchtet. *(Schiller, Glocke)*

Für die Güte der **Republik** könnte man denselben Beweis anführen, den Bocaccio für die Religion anführt: sie besteht trotz ihrer Beamten. *(H. Heine)*

Ich hab' Geschmack gefunden an der **Republik**, seit ich so viele Könige gesehen. *(P. J. de Béranger)*

Dieser **Republikaner** ist hart wie Stahl. *(Schiller, Fiesco)*

Man ist gewöhnlich immer desto weniger **republikanisch** gesinnt, je höher der Rang ist, den man selbst in der Welt bekleidet. *(G. Ch. Lichtenberg)*

Republiken habe ich gesehen, und das ist die beste, die dem regierenden Teil Lasten, nicht Vorteil gewährt. *(Goethe, Vier Jahreszeiten)*

Stell auf den Tisch die duftenden **Reseden**! *(H. v. Gilm, Allerseelen)*

Man muß in allen Dingen stets etwas in **Reserve** haben; dadurch sichert man seine Bedeutsamkeit. *(B. Gracian, Handorakel)*

Reserve hat Ruh. *(Redensart)*

Nichts ist erbärmlicher als die **Resignation**, die zu früh kommt. *(M. v. Ebner-Eschenbach)*

Was wäre aus mir geworden, wenn ich nicht immer genötigt gewesen wäre, **Respekt** vor andern zu haben. *(Goethe)*

Respektiere dich selbst, wenn du willst, daß andere dich respektieren sollen! *(A. v. Knigge)*

Den **Rest** für die Gottlosen! *(Redensart, nach Psalm 75, 9)*

Der **Rest** ist nicht mehr zu gebrauchen. *(W. Busch, Fromme Helene)*

Der **Rest** ist Schweigen. *(Shakespeare, Hamlet)*

Der **Rest** verdient nicht die Ehre der Erwähnung. *(P. Corneille, Cinna)*

Und so ziehn wa mit Jesang von det eene **Restorang** in det andre Restorang. *(Berliner Gassenhauer)*

Wir Menschen verwenden unsere höchsten Kräfte zu albernen **Resultaten**. *(C. F. Meyer, Schuß von der Kanzel)*

Was soll am Ende **resultieren** aus allen deinen Resultaten? *(E. v. Feuchtersleben, Resultate)*

Auf der großen **Retirade**. *(P. A. Wolff, Preciosa, auch H. Heine, Atta Troll)*

Eine **Retourkutsche**. *(Redensart)*
Zurückgabe eines Vorwurfes

Alles zu **retten**, muß alles gewagt werden. *(Schiller, Fiesko)*

Wann wird der **Retter** kommen diesem Lande? *(Schiller, Wilhelm Tell)*

Reu' ist aller Sünden Tod; sie hilft dem Sünder aus der Not. *(Freidank, Bescheidenheit)*

Reu' um Geschehnes ist verlorene Arbeit. *(Ch. D. Grabbe, Herzog Theodor von Gothland)*

Deine **Reue** sei lebendiger Wille, fester Vorsatz, Klage und Trauer über begangene Fehler sind zu nichts nütze. *(A. v. Platen, Lebensregeln)*

Die **Reue** ist der Übereilung Tochter. *(Sprichwort)*

Die **Reue** treibt den Schwachen zur Verzweiflung und macht den Starken zum Heiligen. *(M. v. Ebner-Eschenbach)*

Reue ist der erste Schritt zur Besserung. *(Sprichwort)*

Reue ist Verstand, der zu spät kommt. *(E. v. Feuchtersleben, Aphorismen)*

Reue über böse Tat ist Rettung des Lebens. *(Demokrit)*

Verzage nur nicht, wenn du einmal fehlest; und deine ganze **Reue** sei eine schönere Tat. *(Jean Paul)*

Wer mit Sünde ist beladen, der soll sein Herz in **Reue** baden. *(Freidank, Bescheidenheit)*

Gleich schenken? Das ist brav! Da wird er **reüssieren**! *(Goethe, Faust)*

Revolte im Erziehungshaus. *(Schauspiel von P. M. Lampel)*

Aber das ist ja die **Revolution** in ihrer ganzen Größe, in ihrer ganzen Schönheit! *(Französischer Sozialistenführer A. Thomas in Petrograd, April 1917)*

Bald werden es zweihundert Jahre sein, daß man **Revolution** macht... Wie kann ich an Revolutionen glauben, wenn sie weder Freundschaft noch Brüderlichkeit gebracht oder wiederhergestellt haben. Sie haben es ja nicht einmal versucht. Sobald eine Revolution Fuß gefaßt hat, denkt sie an Bestrafung, an Sühne und Rache. *(E. Ionesco)*

Die **Revolution** entläßt ihre Kinder. *(Titel eines Buches von W. Leonhard)*

Die **Revolution** frißt ihre eigenen Kinder. *(Nach G. Büchner, Dantons Tod)*

Die **Revolution** hat bisher noch immer ihre Führer zuerst verschlungen. *(H. v. Moltke)*

Die **Revolution** ist Notwehr des Volkes, das in seinen heiligsten Rechten gekränkt ist. *(L. Bucher)*

Revolution – Evolution. *(Nach I. Kant)*

Revolution von oben. *(Nach F. v. Schlegel)*

Vor der **Revolution** war alles Bestreben, nachher verwandelte sich alles in Forderung. *(Goethe, Maximen und Reflexionen)*

Wegen Unpäßlichkeit des Schusterjungen Herrn Friedrich Schulze kann heut die große Berliner **Revolution** nicht stattfinden. *(Scherzhafte Plakatinschrift in Berlin, 1848)*

Freilich, ein Fieber des Volks, das **revolutionäre**; aber, wie seltsam, es stirbt immer der König daran. *(F. Hebbel)*

Revolutionäre in Schlafrock und Pantoffeln. *(Nach L. Börne)*

Alle **Revolutionen** kommen aus dem Magen. *(Napoleon I.)*

Die Krankheiten, die das Wachstum der Menschheit bezeichnen, nennt man **Revolutionen**. *(F. Hebbel, Tagebücher)*

Revolutionen bessern nicht, wohl aber Reformationen. *(K. J. Weber, Demokritos)*

Solange die Welt steht, gab es **Revolutionen** im Staate. Man änderte die Formen, immer aber blieben Herrscher und Beherrschte. *(K. J. Weber, Demokritos)*

Von oben her muß reformiert werden, wenn nicht von unten herauf **revolutioniert** werden soll. *(K. J. Weber)*

Schlag ihn tot, den Hund! Es ist ein **Rezensent**. *(Goethe, Rezensent)*

Rezensenten gleichen den Torschreibern, die arme Teufel streng visitieren, große Herren aber passieren lassen unter tiefen Bücklingen. *(K. J. Weber, Demokritos)*

Ein richtiges **Rezept** besteht aus lauter Wörtern von toten Sprachen. *(V. I. F. Castelli)*

Rezepte wären da? Nein, Epitaphia! *(J. C. F. Haug, Auf einen Rezeptkasten)*

Rhabarber und Geduld wirken vortrefflich. *(Nach einer Randbemerkung Friedrichs d. Gr.)*

Am **Rhein**, am Rhein, da wachsen unsre Reben. *(M. Claudius, Rheinweinlied)*

An den **Rhein**, an den Rhein, zieh' nicht an den Rhein. *(K. Simrock, Warnung vor dem Rhein)*

Der **Rhein**, Deutschlands Strom, nicht Deutschlands Grenze. *(Nach einer Schrift von E. M. Arndt)*

Der **Rhein**, und wär's nur um den Wein, der Rhein soll deutsch verbleiben. *(G. Herwegh, Rheinweinlied)*

Fest steht und treu die Wacht am **Rhein**. *(M. Schneckenburger/ K. Wilhelm, Wacht am Rhein)*

Gott schütze die Reben am sonnigen **Rhein**. *(F. Schanz, Am Rhein)*

Nur am **Rhein**, da möcht ich leben, *(Karnevalslied von W. Ostermann)*

Sie sollen ihn nicht haben, den freien, deutschen **Rhein**! *(N. Becker, Der deutsche Rhein)*

Der **Rheinwein** stimmt mich immer weich. *(H. Heine)*

Was für Redner sind wir nicht, wenn der **Rheinwein** aus uns spricht. *(G. E. Lessing)*

Wenn ich wählen soll, so will ich **Rheinwein** haben. *(Goethe, Faust)*

Herr von **Ribbeck** auf Ribbeck im Havelland, ein Birnbaum in seinem Garten stand... *(Th. Fontane, Herr von Ribbeck...)*

Besser schlichten als **richten**. *(Sprichwort)*

Bereitet oder nicht, zu gehen, er muß vor seinem **Richter** stehen. *(Schiller, Wilhelm Tell)*

Der beste Beobachter und der tiefste Denker ist immer der mildeste **Richter**. *(R. Th. Buckle, Geschichte der Zivilisation)*

Der Name Gott weckt einen fürchterlichen Nachbar auf: sein Name heißt **Richter**. *(Schiller, Räuber)*

Ein liebend Auge ist ein milder **Richter**. *(Th. Fontane)*

Ein Oberhaupt muß sein, ein höchster **Richter**, wo man das Recht mag schöpfen in dem Streit. *(Schiller, Wilhelm Tell)*

Ein **Richter**, der nicht strafen kann, gesellt sich endlich zum Verbrecher.
(Goethe, Faust)

Ein **Richter** soll zwei gleiche Ohren haben. *(Sprichwort)*

Ich will mich nicht der Rechenschaft entziehen, die **Richter** sind es nur, die ich verwerfe. *(Schiller, Maria Stuart)*

Niemand kann in eigner Sache **Richter** sein. *(Alter Rechtsspruch)*

Was man scheint, hat jedermann zum **Richter**; was man ist, hat keinen.
(Schiller, Maria Stuart)

Wer hat dich zum Obersten oder **Richter** über uns gesetzt? *(2. Mos. 2, 14)*

Bei Gott und den **Richtern** ist kein Ding unmöglich. *(Anwaltskanzlei)*

Des **Richters** erste Pflicht, Beschuldigte zu hören. *(Goethe, Faust)*

Eine menschliche Kraft, die keine Rechtfertigung von oben an sich spürt, ist allerdings zur Führung des **Richterschwerts** nicht stark genug. *(Bismarck)*

So ist denn der **Richterstuhl** der Nachwelt, wie im günstigsten, so auch im ungünstigsten Falle, der gerechte Kassationshof der Urteile der Mitwelt.
(A. Schopenhauer, Parerga und Paralipomena)

Man soll den Gegenteil hören, bevor man ihn **richtet**. *(Goethe)*

Tu nur das **Richtige** in deinen Sachen, das andere wird sich selber machen.
(Goethe)

Die janze **Richtung** paßt uns nich!
(Berliner Polizei-Präsident B. v. Richthofen, 1890)

Ob du wenig tust oder viel, drauf kommt's nicht an! Ich seh' nur auf dein Ziel – Die **Richtung** macht den Mann.
(E. v. Bauernfeld, Poetisches Tagebuch)

Rickeracke! Rickeracke! Geht die Mühle mit Geknacke. *(W. Busch, Max und Moritz)*

Einen **Riegel** vorschieben.
Etwas verhindern (Redensart)

Sich (kräftig) in die **Riemen** legen.
(Redensart aus dem Seemannsleben)
Sich anstrengen

Nach Adam **Riese**.
(Redensart; Adam Riese gab im 16. Jahrhundert ein bekanntes Rechenbuch heraus)
Zitiert, wenn man die Richtigkeit eines Rechenergebnisses bekräftigen will

O herrlich ist's, zu haben eines **Riesen** Kraft; doch grausam, sie wie ein Riese zu gebrauchen. *(Shakespeare, Maß für Maß)*

Wenn man einen **Riesen** sieht, so untersuche man erst den Stand der Sonne und gebe acht, ob es nicht der Schatten eines Pygmäen ist. *(Novalis)*

Sie zu erkämpfen hab' ich **Riesenkraft**; sie zu verlieren keine.
(Schiller, Don Carlos)

Es steigt das **Riesenmaß** der Leiber hoch über menschliches hinaus.
(Schiller, Kraniche des Ibykus)

Ihr kanntet ihn, wie er mit **Riesenschritten** den Kreis des Wollens, des Vollbringens maß.
(Goethe, Epilog zu Schillers Glocke)

Ich habe nie verlangt, daß allen Bäumen eine **Rinde** wachse.
(G. E. Lessing, Nathan der Weise)

Ich schnitt es gern in alle **Rinden** ein.
(W. Müller/F. Schubert, Ungeduld)

Der echte **Ring** besitzt die Wunderkraft, beliebt zu machen, vor Gott und Menschen angenehm. *(G. E. Lessing, Nathan der Weise)*

Der **Ring** macht Ehen, und Ringe sind's, die eine Kette machen. *(Schiller, Maria Stuart)*

Du **Ring** an meinem Finger, mein goldenes Ringelein, ich drücke dich fromm an die Lippen, dich fromm an das Herze mein. *(A. v. Chamisso, Frauenliebe und -leben)*

Viel **Ringe** am Finger, das ist gemein! Ein edler Ring und ein edler Stein! Ein wahrer Freund in all dem Getriebe und eine tiefe, ewige Liebe! *(F. Schanz, Vierblätter)*

Ringelpietz mit Anfassen. *(Redensart)*
Zwangloses Tanzvergnügen

Die **Ringenden** sind die Lebendigen. *(G. Hauptmann, Der arme Heinrich)*

Wonach einer **ringt**, das ihm gelingt. *(Sprichwort)*

Sich etwas aus den **Rippen** schneiden. *(Redensart)*
Etwas nahezu Unmögliches vollbringen

Leute, die jedes **Risiko** scheuen, gehen das größte Risiko ein. *(G. F. Kennan)*

Kopf und Kragen **riskieren**. *(Redensart)*

Ein kleiner Riß ist leichter zu flicken als ein großer. *(Sprichwort)*

Den wird man einen **Ritter** nennen, der nie sein Ritterwort vergißt. *(L. Uhland, Den Landständen)*

Der **Ritter** muß zum blut'gen Kampf hinaus. *(Th. Körner, Treuer Tod)*

Ihr glaubt euch **Ritter** vom Geiste? Wie ist die Ironie so bitter: Eure Ritter haben nichts vom Geiste und eure Geister nichts vom Ritter. *(F. Grillparzer, Sprüche und Epigramme)*

Ihr seid mit die rechten **Ritter** vom Geiste, ihr ballt noch immer im Sack die Fäuste. *(F. Grillparzer, Sprüche und Epigramme)*

Nun so schau mich an, mein Kindchen, küsse mich und schaue dreist; denn ich selber bin ein solcher **Ritter** von dem heiligen Geist. *(H. Heine, Bergidylle)*

Ritter ohne Furcht und Tadel. *(Beiname des französischen Ritters Bayard)*

Die **Ritter** vom Geiste. *(Roman von P. Gutzkow)*

Ritter vom hohen C. *(Redensart)*
Bezeichnung für einen Tenor

Ritter von der Gemütlichkeit. *(Nach A. Krummacher, Gemütlichkeitsritter)*

Ritter von der traurigen Gestalt. *(Beiname des Don Quijote in Cervantes' Roman)*

Ein **Ritterroman** ist ein abgeschmacktes Buch voll Märchen, welches übermenschliche Taten und Tugenden aufstellt. *(C. A. Vulpius, Glossarium)*

Wer wagt es, **Rittersmann** oder Knapp'? *(Schiller, Der Taucher)*

Ich stabiliere die Souveraineté und setze die Krone fest wie ein **rocher de** bronce. *(König Friedrich Wilhelm I. von Preußen)*

Der bunte **Rock**. *(Nach 1. Mos. 37, 3)*
Soviel wie: Uniform

An der Mutter **Rockzipfel** hängen. *(Redensart)*
Ein unselbstständiger Mensch sein

Wer kommt? Was seh' ich? Oh, ihr guten Geister! Mein **Roderich**! *(Schiller, Don Carlos)*

Jede **Roheit** hat ihren Ursprung in einer Schwäche. *(Seneca)*

Wer im **Rohr** sitzt, hat gut Pfeifen schneiden. *(Sprichwort)*

Wie ein **Rohr** im Winde. *(Nach Li. 7, 24)*

Wie ein **Rohrspatz** schimpfen. *(Redensart)*

Roland der Ries', am Rathaus zu Bremen. *(F. Rückert, Roland…)*

Aus der **Rolle** fallen. *(Redensart)*
Sich falsch benehmen

Das spielt keine **Rolle**! *(Redensart)*
Das ist belanglos

Komm, hilf mir mal die **Rolle** drehn, du bist so dick und stramm. *(Lied von H. Frey/W. Kollo)*

Stürzen wir uns in das Rauschen der Zeit, ins **Rollen** der Begebenheit. *(Goethe, Faust)*

Alle Wege führen nach **Rom**. *(Sprichwort)*

Das schlechteste Dorf ist ein kleines Reich, in **Rom** ist der Zweite dem Letzten gleich. *(A. v. Chamisso, Gedicht)*

Eine Welt zwar bist du, o **Rom**; doch ohne die Liebe wäre die Welt nicht die Welt, wäre denn Rom auch nicht Rom. *(Goethe, Elegien)*

Lieber der Erste hier als in **Rom** der Zweite. *(Caesar, nach Plutarch)*

Los von **Rom**! *(Schlagwort aus dem Jahre 1848)*

Rom in allem seinem Glanze ist ein Grab nur der Vergangenheit. *(Schiller)*

Rom ist nicht an einem Tage erbaut! *(Sprichwort)*

Rom wollte herrschen; als seine Legionen gefallen, schickte es Dogmen in die Provinzen. *(H. Heine)*

Schweig mir von **Rom**! *(R. Wagner, Tannhäuser)*

Während **Rom** überlegt, geht Sagunt zugrunde. *(Livius)*

Wer nach **Rom** geht, lasse die Frömmigkeit zu Haus. *(Sprichwort)*

Wer seines Herren Vorteil rein bedenkt, der hat in Rom gar einen schweren Stand: Denn **Rom** will alles nehmen, geben nichts; und kommt man hin, um etwas zu erhalten, erhält man nichts, man bringe denn was hin, und glücklich, wenn man da noch was erhält. *(Goethe, Tasso)*

Wie eine Riesenspinne saß **Rom** im Mittelpunkt der lateinischen Welt und überzog sie mit seinem unendlichen Gewebe. *(H. Heine)*

Soviel Sterne der Himmel, soviel der Mädchen hat **Roma**. *(Ovid, Ars amandi)*

Ein **Roman**, der nicht ganz von selbst kommt, ist nicht imstande, mich einzunehmen. *(Goethe, Clavigo)*

Die empfindsamen **Romane** gehören ins medizinische Fach zu den Krankheitsgeschichten. *(Novalis, Fragmente)*

Die blaue Blume der **Romantik**. *(Nach Novalis, H. v. Ofterdingen)*

Gruß dir, **Romantik**! *(F. Freiligrath, Ein Flecken am Rheine)*

Der **Romantiker** auf dem Thron.
(Bezeichnung für König Friedrich Wilhelm IV. von Preußen, nach D. F. Strauß)

Romantisch waren schon die Alten.
(F. Grillparzer, Poesie der Wirklichkeit)

Als die **Römer** frech geworden …
(V. v. Scheffel, Teutoburger Schlacht)

Wer, mit Schritten eines Niebesiegten, wandert dort vom Felsenhang? Ha! Wenn meine Augen mir nicht lügen, das ist eines **Römers** Gang.
(Schiller, Räuber)

Das heilige **Römische** Reich: weder heilig, noch römisch, noch Reich.
(L. Börne)

Die **Ros'** hat Dornen, Schlamm der Quell, selbst Mond und Sonne trüben sich auf ihrer Bahn. *(Shakespeare)*

Der hat in ihrem schönsten Glanz die **Rose** nicht gesehn, wer nie die Perle des Gefühls ihr sah im Auge stehn.
(F. Rückert, Die Rose im schönsten Glanz)

Der **Rose** süßer Duft genügt, man braucht sie nicht zu brechen, und wer sich mit dem Duft begnügt, den wird ihr Dorn nicht stechen.
(F. Bodenstedt, Mirza Schaffy)

Eine **Rose** gebrochen, ehe der Sturm sie entblättert.
(G. E. Lessing, Emilia Galotti)

Eine **Rose** unter Dornen.
(Hohelied Salom. 2, 2)

Keine **Rose** ohne Dornen. *(Sprichwort)*

Möge jeder still beglückt, seiner Freuden warten. Wenn die **Rose** selbst sich schmückt, schmückt sie auch den Garten. *(F. Rückert, Welt und Ich)*

Pflücket die **Rose**, eh' sie verblüht.
(J. M. Usteri/H. G. Nägeli, Freut euch des Lebens)

Wenn du eine **Rose** schaust, sag, ich lass' sie grüßen. *(H. Heine, Neuer Frühling)*

Wer mit täppischer Hand nach einer **Rose** griff, darf sich nicht beklagen, daß ihn die Dornen verletzten. *(H. Heine)*

Rosemarie, Rosemarie, sieben Jahre mein Herz nach dir schrie. *(H. Löns, Abendlied)*

Ach, die **Rosen** welken all! *(W. Hauff, Reiters Morgengesang)*

Die Nase rümpft oft vor verblühten **Rosen**, wer vor der Knospe kniet.
(Shakespeare)

Die schönsten **Rosen** selbst sind dornig, doch schlimm sind Dornen ohne Rosen.
(F. v. Bodenstedt)

Nicht auf **Rosen** gebettet sein.
Ein ärmliches Leben führen (Redensart)

Noch sind die Tage der **Rosen**.
(O. Roquette, Waldmeisters Brautfahrt)

Rosen auf den Weg gestreut und des Harms vergessen.
(L. H. C. Hölty/J. F. Reichhardt, Lebenspflichten)

Rosen, Tulpen, Nelken, alle Blumen welken; Marmor, Stein und Eisen bricht, aber unsre Freundschaft nicht.
(Albumvers)

Rosen und Mädchen sind rasch verblüht.
(Sprichwort)

Rosen willst du brechen und drückst dafür die Dornen in die Bust.
(F. Grillparzer, Sappho)

Schenkt man sich **Rosen** in Tirol.
(M. West – L. Held/K. Zeller, Vogelhändler)

Über **Rosen** läßt sich dichten, in die Äpfel muß man beißen. *(Goethe, Faust)*

Im **Rosengärtlein** deiner Wangen war ich ein stiller Minnegast. *(K. Stieler, Minneweise)*

Segen denen, die gefunden früher Liebe **Rosenstunden**. *(Goethe, Nachspiel zu den Hagestolzen)*

Es ist wichtiger, daß sich jemand über eine **Rosenwurzel** freut, als daß er ihre Wurzeln unter das Mikroskop bringt. *(O. Wilde)*

Rosenzeit! wie schnell vorbei… bist du doch gegangen! *(E. Mörike, Agnes)*

Rosmarin und Thymian wächst in unserm Garten, wer meine Mädchen freien will, muß noch lange warten. *(K. Simrock, Das deutsche Kinderbuch)*

Auf hohem **Roß** sitzen. *(Redensart)*
Stolz, eingebildet sein

Und **Roß** und Reiter sah ich niemals wieder. *(Schiller, Wallensteins Tod)*

Wenn dein **Roß** ist gescheiter als du selber, der Reiter, so lasse dem Rosse die Zügel und halte dich nur im Bügel. *(F. Rückert)*

Rosse wiehern, Wagen rasseln … *(C. Brentano, Gottesmauer)*

Gestern noch auf stolzen **Rossen…** *(W. Hauff, Reiters Morgenlied)*

Der **Rost** frißt Stahl und Eisen wie Sorge frißt den Weisen. *(Freidank)*

Der **Rost** macht erst die Münze wert! *(Goethe, Faust)*

Heute **rot,** morgen tot. *(Nach Jes. Sir. 10, 12)*

Rot reimt sich mit Not und Tod. *(Sprichwort)*

Rotwein ist für alte Knaben eine von den besten Gaben. *(W. Busch)*
Abenteuer eines Junggesellen)

Rousseau leidet, Rousseau fällt durch Christen, Rousseau, der aus Christen Menschen wirbt. *(Schiller, Rousseau)*

Der **Rubel** rollt. *(Redensart)*
Hier wird nicht gespart, hier wird Geld verdient und ausgegeben.

Ein geschenkter **Rubel** ist billig, ein erarbeiteter schon teurer. *(Russisches Sprichwort)*

Seit außer Kurs die Tugend ist, kursiert der **Rubel** sehr. *(A. v. Platen, Rubel auf Reisen)*

Den **Rubikon** überschreiten. *(Redensart, nach Caesars Entscheidung zum Übergang über die Rubikon, 49, v. Chr.)*
Den entscheidenden Schritt tun

Einen breiten **Rücken** haben.
Viel aushalten können
(Redensart)

Hinterm **Rücken** lernt man sich am besten kennen. *(Sprichwort)*

Wer sich gern bückt, dem tut der **Rücken** nicht weh. *(Sprichwort)*

Blüte edelsten Gemütes ist die **Rücksicht;** doch zuzeiten sind erfrischend wie Gewitter goldne Rücksichtslosigkeiten. *(Th. Storm, Für meine Söhne)*

Das ist die **Rücksicht,** die Elend läßt zu hohen Jahren kommen. *(Shakespeare, Hamlet)*

Sprich doch nicht von deiner Wahrheitsliebe, wenn du nur **rücksichtslos** warst. *(K. Gutzkow)*

Wer **rudert.** sieht den Grund nicht. *(W. Busch)*

Der gute **Ruf** gleicht oft dem Winde; man weiß nicht, von wannen er kommt noch wohin er fährt. *(A. v. Kotzebue)*

Der reinste Schatz, den uns das Leben bietet, ist fleckenloser **Ruf.** *(Shakespeare, Richard II.)*

Ein guter **Ruf** ist köstlicher denn großer Reichtum. *(Spr. Salom, 22, 1)*

Guter **Ruf** ist Goldes wert. *(Sprichwort)*

Ich bin besser als mein **Ruf.** *(Schiller, Maria Stuart)*

Ist der **Ruf** erst ruiniert, lebt es sich ganz ungeniert. *(Herkunft unbekannt, fälschlich W. Busch zugeschrieben)*

Man hat einen zu guten oder einen zu schlechten **Ruf;** nur den Ruf hat man nicht, den man verdient. *(M. v. Ebner-Eschenbach)*

Ein **Rufer** im Streit. *(Nach Homer, Ilias)*

Einen **Rüffel** bekommen. *(Redensart)* *Einen Verweis erhalten*

Wer **ruft** mir? *(Goethe, Faust)*

Alles Drängen, alles Ringen ist ewige **Ruh** in Gott, dem Herrn. *(Goethe, Bei Betrachtung von Schillers Schädel)*

Arbeit, Mäßigkeit und **Ruh'** schließen dem Arzt die Türe zu. *(Sprichwort)*

Des Menschen Tätigkeit kann allzu leicht erschlaffen, er liebt sich bald die unbedingte **Ruh'.** *(Goethe, Faust)*

Keine **Ruh'** bei Tag und Nacht. *(L. da Ponte/W. A. Mozart, Don Giovanni)*

Meine **Ruh'** ist hin, mein Herz ist schwer; ich finde sie nimmer und nimmermehr. *(Goethe, Faust)*

Nun hat er seine **Ruh'.** Ratsch! – Man zieht den Vorhang zu. *(W. Busch, Abenteuer eines Junggesellen)*

Mäßige **Ruh'** ist das Grab des Muts. *(Schiller, Braut von Messina)*

Ruh' im Hafen ist noch nicht Ruh', kommt nicht die Ruh' in der Brust dazu. *(Grillparzer)*

Ruh' und Rast ist halbe Mast. *(Sprichwort)*

Stete **Ruh'** macht müde Beine. *(Sprichwort)*

Über allen Gipfeln ist **Ruh'.** *(Goethe, [Wanderers Nachtlied] Ein Gleiches)*

Wer will haben gute **Ruh',** der höre, seh' und schweig' dazu. *(Sprichwort)*

Die beste Wärt'rin der Natur ist die **Ruhe.** *(Shakespeare, König Lear)*

Die **Ruhe** der Seele ist ein herrliches Ding. *(Goethe)*

Die **Ruhe** eines Kirchhofs. *(Redensart; nach Schiller, Don Carlos)*

Die **Ruhe** tötet; nur wer handelt, lebt. *(Th. Körner, Zriny)*

Er **ruhe** in Frieden! *(Nach der Vulgata)*

Es ist Zeit, zur **Ruhe** zu gehen. *(Jean Paul)*

Immer mit der **Ruhe!** *(Redensart)* *Ergänzt:... und dann mit'nem Schwung!*

Laß deine Begierde, so findest du **Ruhe.** *(Th. von Kempen)*

Ruhe ist die erste Bürgerpflicht.
(Nach einem Anschlagszettel des preußischen Ministers v. d. Schulenburg-Kehnert, in Berlin nach der Schlacht von Jena 1806. Dort heißt es: »Der König hat eine Bataille verloren. Jetzt ist Ruhe die erste Bürgerpflicht«)

Ruhe zieht das Leben an, Unruhe verscheucht es. *(G. Keller)*

Ruhm und **Ruhe** sind Dinge, die nicht zusammen wohnen können.
(G. C. Lichtenberg)

Strebe nach **Ruhe,** aber durch das Gleichgewicht, nicht durch den Stillstand deiner Tätigkeit. *(Schiller)*

Ein gutes Gewissen ist ein sanftes **Ruhekissen.** *(Sprichwort)*

Nun **ruhen** alle Wälder. *(Abendlied von P. Gerhardt)*

Warte nur, bald **ruhest** auch du.
(Goethe, Nachtlied)

Immer **ruhig** und gediegen; was nicht fertig wird, bleibt liegen.
(Scherzhaftes Sprichwort)

Man ist sehr – **ruhig** in Madrid.
(Schiller, Don Carlos)

Ruhig sein können und ruhig sein müssen, kommt es nicht auf eines?
(G. E. Lessing, Emilia Galotti)

Sei **ruhig,** freundlich Element!
(Goethe, Faust)

Was nennen Sie **ruhig** sein? Die Hände in den Schoß legen? Leiden, was man nicht sollte? Dulden, was man nicht dürfte? *(G. E. Lessing, Emilia Galotti)*

Es gibt ein schönes Wort auf Erden: Du mußt bedeutend **ruhiger** werden!
(Scherzhafte Redensart)

Der **Ruhm,** der uns nicht glücklich macht, ist nichts als ein Wort, und der Ruhm, der unsere Untertanen nicht glücklich macht, ist eine Schmach.
(Friedrich d. Gr.)

Der **Ruhm** ist Schatten nur der Tat.
(F. Hebbel)

Der **Ruhm,** nach dem wir trachten, den wir unsterblich achten, ist nur ein falscher Wahn. *(A. Gryphius)*

Der **Ruhm,** welcher vor denen flieht, die ihn suchen, folgt denen nach, welche sich nicht um ihn bemühen. *(J. Burckhardt)*

Der **Ruhm,** wie alle Schwindelware, hält selten über tausend Jahre. *(W. Busch)*

Der wahre **Ruhm** ist Ruhm bei Gott und nicht bei Menschenkindern.
(C. F. Gellert)

Der Weg zum **Ruhm** ist nicht bestreut mit Blumen. *(J. de la Fontaine)*

Die Größe ist gefählich, und der **Ruhm** ein leeres Spiel. *(F. Grillparzer, der Traum, ein Leben)*

Die Tat ist alles, nichts der **Ruhm.**
(Goethe, Faust)

Eigner **Ruhm** ist Neides Sonne.
(Sprichwort)

Ein **Ruhm,** der schnell erfolgt, erlischt auch früh. *(A. Schopenhauer, Parerga und Paralipomena)*

Ein **Ruhm,** der wie der Sturmwind braust, ist selbst ein Sturm, der bald versaust *(J. G. Herder)*

Es ist ein großer **Ruhm,** der erste in der Art zu sein. *(B. Gracian, Handorakel)*

Euer **Ruhm** ist nicht fein. *(1. Kor. 5, 6)*

Groß wird erst der **Ruhm** gepriesen, der die Enkel überlebt. *(J. E. Schlegel)*

In Buchstaben aus Blut wird der **Ruhm** geschrieben. *(A. de Lamartine)*

Ruhm: der Vorzug, denen bekannt zu sein, die einen nicht kennen. *(N. Chamfort)*

Ruhm, mein Knabe, entstand aus rumor. Erstere Silbe ward den Deutschen. Das or ließ man in Frankreich zurück. *(K. Gutzkow)*

Ruhm muß erworben werden; die Ehre hingegen braucht nur nicht verloren zu werden. *(A. Schopenhauer, Parerga und Paralipomena)*

Ruhm und Ruhe sind Dinge, die nicht zusammen wohnen können. *(G. Ch. Lichtenberg)*

Suchen läßt sich der **Ruhm** nicht, und alles Jagen danach ist eitel. *(J. P. Eckermann, Gespräche mit Goethe)*

Von des Lebens Güter allen ist der **Ruhm** das höchste doch. *(Schiller, Siegesfest)*

Von **Ruhm** und Ehre wird das Herz durchaus nicht satt. *(F. Rückert)*

Was ist der eitle **Ruhm,** wenn Liebe spricht. *(Schiller, Turandot)*

Was ist der Erde Glück? Ein Schatten!
Was ist der Erde **Ruhm?** Ein Traum! *(F. Grillparzer, Medea)*

Wer nicht den Neid ertragen kann, muß auch den **Ruhm** nicht wollen. *(E. Raupach, Tassos Tod)*

Wie es dir nicht im Leben ziemt, mußt du nach **Ruhm** auch nicht am Ende jagen; denn bist du nur erst hundert Jahr' berühmt, so weiß kein Mensch mehr was von dir zu sagen. *(Goethe)*

Zum **Ruhm** gelangt man nicht auf einem Blumenpfade. *(J. de La Fontaine)*

Wahre **Ruhmbegierde** ist die Quelle aller großen Taten und alles Nützlichen, was auf der Welt geschieht. *(Friedrich d. Gr.)*

Der Weg zum **Ruhme** ist überall mit Dornen bestreut. *(K. J. Weber, Demokritos)*

Nicht im **Ruhme,** sondern in dem, wodurch man ihn erlangt, liegt der Wert. *(A. Schopenhauer)*

Rühme dich nicht des morgenden Tages; denn du weißt nicht, was heute sich begeben mag. *(Spr. Salom. 27, 1)*

Von dem **Ruhme** der berühmtesten Menschen gehört immer etwas der Blödsichtigkeit der Bewunderer zu. *(G. C. Lichtenberg)*

Darum sollst du niemand **rühmen** vor seinem Ende. *(Jes. Sir. 11, 29)*

Die Süßigkeit des **Ruhmes** ist so groß, daß man ihn liebt; mag man ihn knüpfen, woran man will, selbst an den Tod. *(B. Pascal)*

Die Götter geben dir Gelegenheit und hohen Sinn, das **Rühmliche,** von dem Gerühmten rein zu unterscheiden. *(Goethe, Elpenor)*

Auch die Kränze des **Ruhms** sind Gunst und Gnade der Götter, die sie dem Glücklichen nur unter den Würdigen leihn. *(E. Geibel, Distichen)*

Neid ist des **Ruhms** Begleiter. *(Cornelius Nepos)*

Reizvoll klingt des **Ruhms** lockender Silberton in das schlagende Herz. *(F. G. Klopstock)*

Wie sie so sanft **ruhn.** *(A. C. Stockmann, Gottesacker)*

Rühre mich nicht an! *(Joh. 20, 17)*

Der fühlt ein menschliches **Rühren.** *(Schiller, Bürgschaft)*

O **rühret,** rühret nicht daran! *(E. Geibel, Wo still ein Herz von Liebe glüht)*

Die **Ruinen** des einen braucht die allzeit wirksame Natur zu dem Leben des anderen. *(G. G. Lessing, Die Wespen)*

Den **Rummel** kennen. *(Redensart)*
Soviel wie: sich auskennen

Einen großen **Rumor** machen. *(Nach 1. Sam. 3, 11)*

Ach, wie gut, daß niemand weiß, daß ich **Rumpelstilzchen** heiß! *(J. u. W. Grimm, Kinder- u. Hausmärchen: Rumpelstilzchen)*

Der wird kein ganzer Kerl, der nie ein **Rüpel** war. *(O. J. Bierbaum, Irrgarten der Liebe)*

Was dem **Russen** gesund ist, bringt dem Deutschen den Tod. *(Russisches Sprichwort)*

Wer **rußig** ist, der wasche sich, und komme dann und wasche mich. *(Freidank, Bescheidenheit)*

In meinem Zimmer **rußt** der Ofen, in meinem Herzen ruhst nur du! *(Albumvers)*

Weiche die **Rüstung** dem Friedensgewand und der löblichen Handlung der Lorbeer. *(Cicero, De officiis)*

Die **Rute** macht aus bösen Kindern gute. *(Sprichwort)*

Man muß also strafen, daß der Apfel bei der **Rute** sei. *(M. Luther)*

Mit eiserner **Rute** regieren. *(Nach Off. Joh. 2, 27; 12, 5; 19, 15)*

Niemals pflanzt die **Rute** Kindern ein das Gute: Wer zu Ehren kommen mag, dem gilt Wort soviel als Schlag. *(Walther von der Vogelweide)*

Rute und Strafe gibt Weisheit. *(Spr. Salom, 29 15)*

Wer sein Kind liebt, der hält es stets unter der **Rute,** daß er hernach Freude an ihm erlebe. *(Jes. Sir. 30, 1)*

Wer seine **Rute** schont, der haßt seinen Sohn; wer ihn aber liebhat, der züchtigt ihn bald. *(Spr. Salom. 13, 24)*

S

An der **Saale** hellem Strande.
(F. Kugler, Rudelsburg)

Die blutige **Saat** gedieh zu blutger Ernte.
(A. v. Chamisso, Gedichte)

Ohne **Saat** keine Ernte. *(Sprichwort)*

Saat, dich säet der Herr dem großen Tage der Ernte. *(F. G. Klopstock, Messias)*

Saat von Gott gesäet, dem Tage der Garben zu reifen. *(F. Rückert, Gräber zu Ottensen)*

Märzenschnee tut **Saaten** weh.
(Bauernregel)

Saatkorn für die Nachwelt, Brot für die Zeitgenossen. *(L. Börne, Vermischte Aufsätze)*

Gefahr vertreibt den **Sabbat.**
(H. Heine, Rabbi von Bacharach)

Erst mach dein' **Sach',** dann trink und lach! *(Sprichwort)*

Ich hab mein **Sach'** auf nichts gestellt.
(Goethe, Vanitas …)

Die **Sache** will's. *(Shakespeare, Othello)*

Eine **Sache** drehen, wie man will.
(Redensart, nach Micha 5, 7)

In eigner **Sache** kann niemand Richter sein. *(Sprichwort)*

In seiner eignen **Sache** ist niemand klug genug. *(Sprichwort)*

Jede **Sache** hat ihr Aber. *(Sprichwort)*

Nehmt die **Sache** völlig, wie sie liegt.
(G. E. Lessing, Nathan der Weise)

Nur die **Sache** ist verloren, die man aufgibt. *(E. v. Feuchtersleben, Aphorismen)*

Zur **Sache,** wenn's beliebt!
(Schiller, Piccolomini)

Das arme Volk muß immer den **Sack** tragen, und es ist ziemlich einerlei, ob er ihm auf der rechten oder der linken Seite zu schwer wird. *(Goethe)*

Den **Sack** schlägt man, den Esel meint man
(Nach Petronius Arbiter, Satyricon)

Die Katze im **Sack** kaufen. *(Redensart)*
Etwas unbesehen kaufen

In **Sack** und Asche (gehen).
(Redensart, nach Esther 4, 1)
Demütig-reuevoll

Jemanden in den **Sack** stecken.
(Redensart)
Jemandem weit überlegen sein

Mit **Sack** und Pack. *(Redensart)*
Mit aller Habe.

Wenn man den **Sack** zu voll stopft, zerreißt er. *(Sprichwort)*

In eine **Sackgasse** geraten. *(Redensart)*
Nicht mehr weiter können

Rache für **Sadowa!**
(Geflügeltes Wort französicher Herkunft nach der Schlacht von Sadowa/Königgrätz 1866)

Säen ist nicht so beschwerlich als ernten.
(Goethe, Wahlverwandschaften)

Sie **säen** nicht, sie ernten nicht.
(Matth. 6, 26)

Was der Mensch **säet,** das wird er ernten.
(Galat. 6, 7)

Blut ist ein ganz besonderer **Saft.**
(Goethe, Faust)

Hier ist ein **Saft,** der eilig trunken macht.
(Goethe, Faust)

Ich **sage** wenig, denke desto mehr.
(Shakespeare, Heinrich VI.)

Sage nicht alles, was du weißt, aber wisse immer, was du sagest. *(M. Claudius)*

Sage, was du gerne hättest, aber nimm getrost auch, was du nicht magst.
(Albanisches Sprichwort)

Erwirbt ein Erdensohn sich Lob und Preis, gleich bildet sich um ihn ein **Sagenkreis.** *(C. F. Meyer, Huttens letzte Tage)*

Du **sagst** es! *(Matth. 27, 11; Joh. 18, 37)*

In der Wüste der **Sahara** ging einst Nathan mit der Sara.
(Aus einem Scherzgedicht von A. Roderich)

Andere **Saiten** aufziehen. *(Redensart)*
Härtere Maßnahmen ergreifen

Mir ekelt vor diesem tintenklecksenden **Säkulum.** *(Schiller, Räuber)*

Einen langen **Salm** machen.
(Redensart)
Sich über eine Sache lang und breit auslassen.

Salomo des Nordens.
(Voltaire über Friedrich II.)

Salomonische Weisheit.
(Redensart, nach 1. König 4, 29–34 u. a.)

Ein **salomonisches** Urteil.
(Redensart, nach 1. König 3, 16–28)

Ihr seid das **Salz** der Erde.
(Matth. 5, 13)

Mancher kann sich nicht das **Salz** zur Suppe verdienen. *(Redensart)*
Soviel wie: ist untüchtig.

Salz ist die beste Würze. *(Sprichwort)*

Salz und Brot macht Wangen rot.
(Sprichwort)

Tätigkeit ist das **Salz** des Lebens.
(Sprichwort)

Weder **Salz** noch Schmalz haben.
(Redensart)

Wo nun das **Salz** dumm wird, womit soll man salzen? *(Matth. 5, 13)*

Zur **Salzsäule** erstarren.
(Nach 1. Mos. 19, 26)

Barmherziger **Samariter.**
(Nach Luk. 10, 30–37)

Guter **Same** geht bald auf. *(Sprichwort)*

Guter **Samen** braucht guten Boden.
(Bauernregel)

Siehe, voll Hoffnung vertraust du der Erde den goldenen **Samen,** und erwartest im Lenz fröhlich die keimende Saat. *(Schiller, Sämann)*

Wir pflügen, und wir streuen den **Samen** auf das Land; doch Wachstum und Gedeihen steht nicht in unsrer Hand. *(M. Claudius)*

Samiel, hilf! *(F. Kind / C. M. v. Weber, Freischütz)*

Sammlung, jene Götterbraut, Mutter alles Großen. *(F. Grillparzer, Dezemberlied)*

Auf **Sand** bauen. *(Redensart, nach Matth. 7, 26)*
Auf unsicherem Grund bauen

Einem Sand in die Augen streuen. *(Redensart)*

Sand reinigt den Magen. *(Redensart)*

Wie **Sand** am Meer. *(Redensart, nach 1. Mos. 32, 12)*
Soviel wie: zahllos

Im **Sande** verlaufen. *(Redensart)*
Ergebnislos sein

Durch **Sanftmut** wirst du mehr gewinnen als durch Gewalt und Ungestüm. *(J. de La Fontaine)*

Furchtbar ist des alten Mannes **Sanftmut.** *(Schiller, Fiesco)*

Sanftmut macht alles gut. *(Sprichwort)*

Selig sind die **Sanftmütigen;** denn sie werden das Erdreich besitzen. *(Matth. 5, 5)*

Denn eine Brust, wo **Sang** und Lieder hausen, schließt immer treu sich vor dem Schlechten zu. *(Th. Körner, Bergknappen)*

Der **Sang** ist verschollen, der Wein ist verraucht. *(»Vagans scholasticus«)*

Darum soll der **Sänger** mit dem König gehen, sie beide wohnen auf der Menschheit Höhen. *(Schiller, Jungfrau von Orleans)*

Edle **Sänger** dürfen nicht ungeehrt von meinem Hofe ziehen. *(Schiller, Jungfrau von Orleans)*

Großer **Sänger**, Mädchenfänger. *(W. Friedrich/F. v. Flotow, Alessandro Stradella)*

Und der **Sänger** rasch in die Saiten fällt. *(Schiller, Graf von Habsburg)*

Zugleich ein **Sänger** und ein Held. *(L. Uhland, 18. Oktober 1816)*

Versunken und vergessen! Das ist des **Sängers** Fluch. *(L. Uhland, Sängers Fluch)*

Philosoph von **Sanssouci.** *(Bezeichnung für Friedrich d. Gr.)*

Saphire sind die Augen dein, die lieblichen, die süßen. *(H. Heine, Heimkehr)*

Es lebe **Sarastro!** *(E. Schikaneder/ W. A. Mozart, Zauberflöte)*

Die Welt ist ein **Sardellensalat;** er schmeckt uns früh, er schmeckt uns spat. *(Goethe, Eins wie's andere)*

Ein hölzerner **Sarg** ist besser als ein goldener Galgen. *(Sprichwort)*

Im letzten Haus, im **Sarg,** hast du nicht mehr Haussorgen; nur wer in dieser Burg sich barg, der ist geborgen. *(F. Rückert)*

Wer **sät,** der mäht. *(Sprichwort)*

Wer im Frühjahr nicht **sät,** wird im Herbst nicht ernten. *(Sprichwort)*

Wer Wind **sät,** wird Sturm ernten.
(Sprichwort)

Hebe dich hinweg, **Satan!**
(nach Matth. 16, 23)

Was? Wird der **Satan** sentimental?
(C. D. Grabbe, Don Juan und Faust)

Die feinste **Satire** ist unstreitig die, deren Spott mit so weniger Bosheit und so vieler Überzeugung verbunden ist, daß er selbst diejenigen zum Lächeln nötigt, die er trifft. *(G. Ch. Lichtenberg)*

Die **Satire** ist ein Spiegel, in dem der Betrachter alle anderen Gesichter erkennt, nur nicht das eigene. *(J. Swift)*

Es ist schwer, (hier) keine **Satire** zu schreiben. *(Juvenal, Satirae)*

Der **Satiriker** ist ein Mann, der seines Lebens nicht sicher ist, weil er die Wahrheit zur Schau trägt. *(C. A. Vulpius, Glossarium)*

Ich bin so **satt,** ich mag kein Blatt.
(J. u. W. Grimm, Kinder- u. Hausmärchen: Tischlein deck dich!)

Wer **satt** ist, lobt das Fasten.
(Sprichwort)

Wer **satt** ist, wird nie den Hungrigen verstehen. *(Russisches Sprichwort)*

Zu **satt** macht matt. *(Sprichwort)*

Der **Satte** weiß nicht, wie dem Hungrigen zumute ist. *(Sprichwort)*

Fest im **Sattel** sitzen. *(Redensart)*
Sich in sicherer Stellung befinden

Jemanden aus dem **Sattel** heben.
(Redensart)
Jemanden besiegen

Sattelfest sein. *(Redensart)*
Kenntnisreich sein

In allen **Sätteln** gerecht sein.
(Redensart)
Jeder Arbeit gewachsen sein

Das ist eine böse **Sau,** die ihre eigenen Ferkel frißt. *(Sprichwort)*

Der **Sau** ist am wohlsten bei ihrer Herde
(Sprichwort)

Wenn die **Sau** satt ist, stößt sie den Trog um. *(Sprichwort)*

Wenn man die **Sau** sattelt, wird noch lange kein Reitpferd daraus.
(Scherzhaftes Sprichwort)

Einem das Leben **sauer** machen.
(Redensart, nach 2. Mos. 1, 14)

Sauer macht lustig. *(Sprichwort)*

Heißa! – rufet **Sauerbrot** – Heißa! meine Frau ist tot!! *(W. Busch, Abenteuer eines Junggesellen)*

Wenn eine Sau ergraut ist, dann ist's ein altes Schwein; wenn einer **Sauerkraut** ißt, braucht er's noch nicht zu sein.
(Scherzhafter Tischspruch)

Auch unser edles **Sauerkraut,** wir sollen's nicht vergessen, ein Deutscher hat's zuerst gebaut, drum ist's ein deutsches Essen. *(L. Uhland, Metzelsuppenlied)*

Alter **Sauerteig.** *(Nach Kor. 5, 7 u. 8)*

Im **Sauerteig** der Bosheit und Schalkheit. *(1. Kor. 5, 8)*

Bleibt beim **Saufen,** bleibt beim Saufen! Sauft, ihr Deutschen, immerhin! Nur die Mode, nur die Mode laßt zu allen Teufeln ziehn! *(F. v. Logau, An die Deutschen)*

Ei, das muß immer **saufen** und fressen!
(Schiller, Wallensteins Lager)

Wie ein Bürstenbinder **saufen.**
(Redensart)
Unmäßig trinken

Wie ein Loch **saufen.** *(Redensart)*
Unmäßig trinken

Bei Lahmen lernt man hinken, bei **Säufern** trinken. *(Sprichwort)*

Sei nicht nur unter den **Säufern** und Schlemmern! *(Spr. Salom. 23, 20)*

Ist's jetzt Zeit zu **Saufgelagen?** Zu Banketten und Feiertagen? *(Schiller, Wallensteins Lager)*

Der **säuft** auch alles, was naß ist! *(Redensart)*

Wer gern **säuft,** wird nicht reich (od. alt). *(Nach Jes. Sir. 19, 1)*

Glücklicher **Säugling!** Dir ist ein unendlicher Raum noch die Wiege. Werde Mann, und dir wird eng die unendliche Welt. *(Schiller, Gedichte)*

Selig lächelnd wie ein satter **Säugling.** *(Ch. Morgenstern, Korf)*

Wie kommt **Saul** unter die Propheten? *(1. Sam. 10, 10–12)*

Nur eine hohe **Säule** zeugt von verschwundener Pracht; auch diese, schon geborsten, kann stürzen über Nacht. *(L. Uhland, Des Sängers Fluch)*

Aus einem **Saulus** ein Paulus werden. *(Redensart, nach Apostel 9)*

In **Saus** und Braus leben. *(Redensart)*

Eins – zwei – drei! Im **Sauseschritt** läuft die Zeit; wir laufen mit. *(W. Busch, Julchen)*

Jemandem **Schach** bieten. *(Redensart)*
Jemandem entgegentreten

Jemanden in **Schach** halten. *(Redensart)*
Ihn nicht gefährlich werden lassen

Besser heimlicher **Schade** als offene Schande. *(Sprichwort)*

Nun soll es an ein **Schädelspalten!** *(Goethe, Faust)*

Das Vermögen, **schaden** zu können, erweckt, fürchte ich, die Lust, schaden zu wollen. *(G. E. Lessing)*

Des einen **Schaden** ist des andern Gewinn. *(Sprichwort)*

Die Macht zu **schaden** zeugt gar leicht den Willen. *(F. Grillparzer)*

Die Welt nimmt teil mit Lust an unserm **Schaden** nur. *(F. Rückert, Weisheit des Brahmanen)*

Durch **Schaden** wird man klug. *(Sprichwort)*

Ein **Schaden** ist gut, der zwei Vorteile gewinnt. *(W. v. d. Vogelweide)*

Einen **Schaden** verhüten ist besser als ihn heilen. *(Sprichwort)*

Mit **Schaden** mußt' ich werden klug. *(G. Rollenhagen, Froschmeuseler)*

Wer den **Schaden** hat, braucht für den Spott nicht zu sorgen. *(Sprichwort)*

Wer **Schaden** litt, erwarb auch Spott; wem Glück zuteil ward, dem half Gott. *(W. V. Eschenbach)*

Die einzige Freude des Schauspielers sei die **Schadenfreude.** *(J. Nestroy)*

Jedoch ist Neid zu empfinden, menschlisch; **Schadenfreude** zu genießen, teuflisch. *(A. Schopenhauer)*

Schadenfreude ist die reinste Freude. *(Sprichwort)*

Wenn die Menschen recht schlecht werden, haben sie keinen Anteil mehr als die **Schadenfreude.** *(Goethe)*

Das ist ein dummes **Schaf,** das dem Wolf beichtet. *(Sprichwort)*

Ein räudiges **Schaf** steckt die ganze Herde an. *(Sprichwort)*

Ein verirrtes und verlorenes **Schaf.** *(Psalm 119, 176)*

Schwarzes **Schaf.** *(Redensart)*
Aus der Art geschlagenes Familienmitglied

Wer das **Schaf** sucht, findet den Wolf. *(Französisches Sprichwort)*

Wer sich selbst zum **Schaf** macht, den beißen die Hunde. *(Sprichwort)*

Wer sich zum **Schaf** macht, den fressen die Wölfe. *(Sprichwort)*

Sein **Schäfchen** ins trockene bringen. *(Redensart)*
Eigentlich: Schepken (= Schiffchen); Seinen Vorteil erlangen

Geduldige **Schafe** gehen viele in einen Stall. *(Sprichwort)*

Die Böcke von den **Schafen** sondern. *(Nach Matth. 25, 32 u. 33)*

Der **Schäfer** putzte sich zum Tanz. *(Goethe, Faust)*

Wer fragt danach in einer **Schäferstunde?** *(Goethe, Faust)*

Lebe, als wolltest du täglich sterben, **schaffe,** als wolltest du ewig leben! *(Sprichwort)*

Dem Leben rechte Weihe kann nur eignes **Schaffen** geben. *(F. v. Bodenstedt)*

Wer **schaffen** will, muß fröhlich sein. *(Th. Fontane, Lieder und Sprüche)*

Sehet euch vor vor den falschen Propheten, die in **Schafskleidern** zu euch kommen, inwendig aber sind sie reißende Wölfe. *(Matth. 7, 15)*

Wolf im **Schafspelz.** *(Redensart, nach Matth. 7, 15)*

Die **Schale** des Zorns über jemand ausgießen. *(Redensart, nach Matth. 7, 15)*

Fein in **Schale** sein. *(Redensart)*
Gut gekleidet sein

In einer rauhen **Schale** steckt oft ein süßer Kern. *(Sprichwort)*
Auch: In einer harten Schale steckt oft ein weicher Kern

Je bitterer die **Schale,** desto süßer der Kern. *(Sprichwort)*

Den **Schalk** im Nacken haben. *(Redensart)*
Zu Späßen geneigt sein

Kröch der **Schalk** in eines Zobels Balg, so bleibt er doch darin ein Schalk; der Wolf verändert nur die Haar, der Untreu Sinn bleibt immerdar. *(G. Rollenhagen, Froschmeuseler)*

Von allen Geistern, die verneinen, ist mir der **Schalk** am wenigsten zur Last. *(Goethe, Faust)*

Die Erschütterung der Luft wird erst **Schall,** wo ein Ohr ist. *(G. Ch. Lichtenberg)*

Man erkältet sich geschwinde in Ermangelung eines **Schals.** *(H. Heine, Angélique)*

Dann ist einer durchaus verarmt, wenn die **Scham** den Schaden umarmt. *(Goethe, Sprichwörtlich)*

Die holde **Scham,** die Schönheit ist mir heilig. *(Schiller, Braut von Messina)*

Die holde **Scham** ist nur empfangen, daß sie in Liebe sterben soll. *(Th. Storm, Du willst es nicht in Worten sagen)*

Mit dem Kleide zieht das Weib auch die **Scham** aus. *(Herodot)*

Scham bezeichnet im Menschen die innere Grenze der Sünde.
(F. Hebbel, Scham)

Scham hindert Schande. *(Sprichwort)*

Schamade blasen. *(Redensart)*
Das Signal zum Rückzug geben

Das **Schämen** kann überall an seiner rechten Stelle sein, nur bei dem Bekenntnis unserer Fehler nicht.
(G. E. Lessing)

Der wahre Schmerz ist **schamhaft.**
(F. Hebbel, Tagebücher)

Eine einzige Art der Furcht hat etwas Edles, die **Schamhaftigkeit.**
(K. J. Weber, Demokritos)

Dem Tode zu entrinnen, das ist nicht schwer, aber der **Schande** zu entrinnen, das ist viel schwerer, denn sie läuft viel schneller als der Tod. *(M. Claudius)*

Die **Schande** besteht nicht in der Strafe, sondern in dem Verbrechen.
(J. G. Herder, Geprüfte Treue)

Mutlos beugt ein kühn gesinnter Mann sich oft, den das Bewußtsein elterlicher **Schande** beugt. *(Euripides, Hippolyt)*

Die Welt **schändet** immer, was man loben soll, und lobt, was man schänden soll. *(M. Luther)*

Ein **Schandfleck** sein. *(Redensart, nach 5. Mos. 32, 5)*

Sein Leben in die **Schanze** schlagen.
(Redensart)
Sein Leben einsetzen

Allzu **scharf** macht schartig.
(Sprichwort)

Insofern wir **scharfsinnig** sind, liegen wir einander beständig in den Haaren. Tiefsinn aber macht verträglich.
(F. H. Jacobi)

Pfui! schäme dich, daß du nach Ruhm verlangst! Ein **Scharlatan** bedarf nur Ruhm zu haben. *(Goethe, Paralipomena zu Faust)*

Eine **Scharte** auswetzen. *(Redensart)*
Einen Fehler wiedergutmachen

Ach, von jenem lebenswarmen Bilde blieb der **Schatten** nur zurück!
(Schiller)

Man muß sich nie zu dem gesellen, durch den man in den **Schatten** gestellt wird.
(B. Gracian, Handorakel)

Mein **Schatten** bin ich nur, bald nur mein Name. *(Schiller, Wilhelm Tell)*

Niemand kann über seinen eigenen **Schatten** springen. *(Redensart)*

Noch einmal wagst du, vielbeweinter **Schatten,** hervor dich an das Tageslicht.
(Goethe, An Werther)

Über seinen eigenen **Schatten** stolpern.
(Redensart)
Sehr ungeschickt sein

Unter dem **Schatten** deiner Flügel.
(Nach der Bibel, Titel der Tagebuchaufzeichnungen von J. Klepper, 1956)

Vor dem Baum, der einem **Schatten** spendet, soll man sich neigen.
(Sprichwort)

Sehnend breit' ich meine Arme nach dem teuren **Schattenbild.** Ach, ich kann es nicht erreichen, und das Herz bleibt ungestillt.
(Schiller, Jüngling am Bache)

Wer möchte sich an **Schattenbildern** weiden, die mit erborgtem Schein das Wesen überkleiden? *(Schiller, Gedichte)*

Das Beste in dieser Art ist nur **Schattenspiel,** und das Schlechteste ist nichts Schlechteres, wenn die Einbildungskraft nachhilft. *(Shakespeare, Sommernachtstraum)*
Gemeint ist: das Schauspiel

Denn wo euer **Schatz** ist, da ist auch euer Herz. *(Matth. 6, 21)*

Zur Sache, **Schätzchen!** *(Schlagwort, nach dem Titel eines Films, 1968)*

Man liebt die **Schätze** heute mehr als Gott, Leib, Seel und Ehr. *(Freidank)*

Sammelt euch aber **Schätze** im Himmel, da sie weder Motten noch Rost fressen. *(Matth. 6, 20)*

Verborgene **Schätze** taugen nichts. *(Sprichwort)*

Und wenn du denkst: mein **Schätzel** ist gut! Ist weiter ja nichts vonnöten. *(Goethe, Vertrauen)*

Mit fremden **Schätzen** reich beladen. *(Schiller, Ring des Polykrates)*

Drauß ist alles so prächtig und es ist mir so wohl, wenn mein'm **Schätzle** bedächtig a Sträußele i hol. *(F. Richter, Im Mai)*

Auf dich selbst **schau,** nicht allen vertrau! *(J. G. Herder)*

Das **Schaudern** ist der Menschheit bestes Teil. *(Goethe, Faust)*

O schaudervoll, höchst schaudervoll! *(Shakespeare, Hamlet)*

Es weht ein **Schauer** vom Gewölb' herab. *(Goethe, Faust)*

Er schlägt **Schaum.** *(Redensart)*
Er blendet nur

Träume sind **Schäume.** *(Sprichwort)*

Schaumschlägereien. *(Redensart)*
Inhalts- und nutzlose Redereien

Die Welt ist ein **Schauplatz.** Du kommst, siehst und gehst vorüber. *(M. Claudius, Denksprüche)*

Ein **Schauspiel** für Götter, zwei Liebende zu sein. *(Goethe, Erwin und Elmire)*

Welch **Schauspiel!** Aber ach! ein Schauspiel nur! *(Goethe, Faust)*

Die Menschen sind insgesamt, je zivilisierter, desto mehr **Schauspieler.** *(I. Kant)*

Schauspieler, die leuchten wollen, wo es nicht sein darf, muß man gewaltsam unter den Scheffel stellen. *(L. Börne)*

Wir alle wünschen uns: reich, schön, glücklich, gesund, froh und zufrieden zu sein – doch selbst der beste **Schauspieler** könnte eine solche Rolle nicht einmal spielen. *(H. Bennet)*

Schauspielerin Natur, tritt auf in allen Rollen! *(F. Rückert)*

Die einzige Freude des **Schauspiels** sei die Schadenfreude. *(J. Nestroy)*

Scheidebrief. *(Nach 5. Mos. 24, 1)*

Ach **Scheiden,** ach, ach! Wer hat doch das Scheiden erdacht, das hat mein jungfrisch Herzelein so frühzeitig traurig gemacht. *(C. Brentano, Des Knaben Wunderhorn)*

Ade, ade, ade! Ja, **scheiden** und lassen tut weh. *(C.Brentano, Des Knaben Wunderhorn)*

Es ist bestimmt in Gottes Rat, daß man vom Liebsten, was man hat, muß **scheiden.** *(E. v. Feuchtersleben)*

Mag auch heiß das **Scheiden** brennen, treuer Mut hat Trost und Licht; mag auch Hand von Hand sich trennen, Liebe läßt von Liebe nicht. *(E. Geibel)*

Noch einmal Robert, eh' wir **scheiden,** komm an Elisens klopfend Herz! *(F. Voigt, Lieder für das Herz)*

Scheiden bringt Leiden. *(Sprichwort)*

Scheiden, das bringt Grämen. *(Aus »Des Knaben Wunderhorn«: Morgen muß ich weg von hier…)*

Scheiden ist der Tod! *(Goethe, Gedichte)*

So willst du treulos von mir **scheiden?** *(Schiller, Ideale)*

Was nun Gott zusammengefügt hat, das soll der Mensch nicht **scheiden.** *(Matth. 19, 6)*

Wenn ich einmal soll **scheiden,** so scheide nicht von mir. *(P. Gerhardt, O Haupt voll Blut und Wunden)*

Wer das **Scheiden** hat erfunden, hat an Lieben nicht gedacht. *(Lied aus dem Ende des 19. Jahrhunderts)*

Der **Schein** ist gegen mich, doch darf ich hoffen, daß ich nicht nach dem Schein gerichtet werde. *(Schiller, Maria Stuart)*

Der **Schein** regiert die Welt. *(Schiller, Parasit)*

Der **Schein** soll nie die Wirklichkeit erreichen, und siegt Natur, so muß die Kunst entweichen. *(Schiller, Mahomet)*

Der **Schein** trügt. *(Sprichwort)*

Fälle gibt es wo der **Schein** so sehr der Wahrheit gleicht, daß auch der Mutigste den Mut verliert, zu zweifeln. *(E. Raupach)*

Ich steh' hier auf meinem **Schein.** *(Shakespeare, Kaufmann von Venedig)*

Meidet allen bösen **Schein!** *(1. Thess. 5, 22)*

Nur richtig ist der **Schein,** doch wichtig die Erscheinung; vollkommen ist allein des Seins und Scheins Vereinung. *(F. Rückert)*

Wer etwas scheinen will, der such es auch zu sein; denn ohne Sein ist selbst der **Schein** ein leerer Schein. *(F. Rückert, Weisheit des Brahmanen)*

Die Welt urteilt nach dem **Scheine.** *(Goethe, Clavigo)*

So laßt mich **scheinen,** bis ich werde. *(Goethe, Mignon)*

Seid, was ihr **scheint!** Man ist, wofür man gilt. *(Schiller, Demetrius)*

Was man **scheint,** hat jedermann zum Richter; was man ist, hat keinen. *(Schiller, Maria Stuart)*

Liberale **Scheißer.** *(Redensart) Ende der 60er Jahre in APO-Kreisen (= Außerparlamentarische Opposition) aufgekommene Bezeichnung für nicht-radikale, verständigungsbereite und gemäßigte Politiker, Hochschullehrer usw.*

Dem grauen **Scheitel** fällt das Lernen schwer. *(F. Geibel, Sophonisbe)*

Vom **Scheitel** bis zur Sohle. *(Redensart, nach 5. Mos. 28, 35)*

Ein tönendes Erz oder eine klingende **Schelle.** *(1. Kor. 13, 1)*

Sei er kein **schellenlauter** Tor! *(Goethe, Faust)*

Ein **Schelm,** der's besser macht, als er kann. *(Sprichwort)*

Ein **Schelm** ist der Teufel.
(Schiller, Fiesco)

Ein schlauer **Schelm** braucht keinen Mäkler. *(Shakespeare, Heinrich VI.)*

Nur ein **Schelm** gibt mehr, als er hat.
(Sprichwort)

Auf einen **Schelmen** anderthalbe setzen.
(Redensart)

Die Kutte ist ein **Schelmenfutteral.**
(A. a. Santa Clara)

Vergeltet nicht **Scheltwort** mit Scheltwort. *(1. Petr. 3, 9)*

Arme Leute **schenken** gern.
(M. v. Ebner-Eschenbach, Aphorismen)

Schenken tut niemand kränken.
(Sprichwort)

Wer alles gleich gewährt aus Gunst, der Herr kennt nicht des **Schenkens** Kunst.
(W. v. d. Vogelweide)

Deine **Scher'** in meinen Haaren, allerliebste Delila! *(Goethe, Unüberwindlich)*

An den **Scherben** erkannt man den Topf.
(Sprichwort)

Scherben bringen Glück. *(Redensart)*

Das **Scherflein** der armen Witwe.
(Nach Mark. 12, 42)

Ein **Scherz** hat oft gefruchtet, wo der Ernst nur Widerstand hervorzurufen pflegte. *(A. v. Platen, Berengar)*

Scherz, Satire, Ironie und tiefere Bedeutung. *(Lustspiel von D. Ch. Grabbe)*

So wird oft **Scherz** aus ernsten Sachen, wo man erst fürchtet, daß erwachs' Unheil daraus, so spricht Hans Sachs.
(Hans Sachs, Koch mit dem Kranich)

Es lösen sich alle Bande frommer **Scheu.**
(Schiller, Glocke)

Wenn alte **Scheunen** brennen, hilft kein Löschen. *(Sprichwort)*

In eine leere **Scheune** kommt keine Maus. *(Sprichwort)*

Stürzt das **Scheusal** in die Wolfsschlucht!
(F. Kind/C. M. v. Weber, Freischütz)

Schicket euch in die Zeit. *(Röm. 12, 11)*

Die schmale Mittelbahn des **Schicklichen.** *(Schiller, Don Carlos)*

Die **Schicklichkeit** umgibt mit einer Mauer das zarte, leicht verletzliche Geschlecht. *(Goethe, Tasso)*

Es gibt zwei friedliche Gewalten: das Recht und die **Schicklichkeit.**
(Goethe, Maximen und Reflexionen)

Das große, gigantische **Schicksal,** welches den Menschen erhebt, wenn es den Menschen zermalmt. *(Schiller, Shakespeares Schatten)*

Das **Schicksal** mischt die Karten, und wir spielen. *(A. Schopenhauer, Aphorismen zur Lebensweisheit)*

Das **Schicksal** nimmt nichts, was es nicht gegeben hat. *(Seneca)*

Das **Schicksal** regiert schauerlich groß die Welt. *(Sophokles)*

Das **Schicksal** setzt den Hobel an und hobelt alles gleich. *(F. Raimund, Verschwender)*

Das **Schicksal** weiß immer das Beste für uns. *(M. Dauthendey)*

Dein **Schicksal** ist der Nachklang und das Resultat deines Charakters.
(J. G. Herder)

Der Mensch tut nicht alles aus sich selbst, er arbeitet auch nach dem selbst, er arbeitet auch dem **Schicksal** in die Hände. *(L. Anzengruber)*

Des Menschen Verdüsterungen und Erleuchtungen machen sein **Schicksal.** *(J. P. Eckermann, Gespräche mit Goethe)*

Du weißt: das **Schicksal** meint es gut mit Menschen. *(L. Schefer, Laienbrevier)*

Dunkel sind die Wege, die das **Schicksal** geht. *(Euripides, Alkestis)*

Durch ein sehr und tief das Gemüt ergreifendes **Schicksal** wird nur die Aufmerksamkeit mehr auf ähnliche Ereignisse gespannt. *(W. v. Humboldt)*

Er reitet dem **Schicksal** entgegen keck, trifft's heute nicht, trifft es doch morgen; so lasset uns heut' noch schlürfen die Neige der köstlichen Zeit. *(Schiller, Wallensteins Lager)*

Gewiß ist es fast noch wichtiger, wie der Mensch sein **Schicksal** nimmt, als wie sein Schicksal ist. *(W. v. Humboldt, Brief an eine Freundin)*

Gib mir ein Zeichen, **Schicksal!** *(Schiller, Wallensteins Tod)*

Glücklich sind diejenigen, deren sich das **Schicksal** annimmt, das jeden nach seiner Weise erzieht. *(Goethe)*

Hadre nicht mit deinem **Schicksal!** *(Sprichwort)*

Ich will dem **Schicksal** in den Rachen greifen, ganz niederbeugen soll es mich gewiß nicht. *(L. van Beethoven)*

Kannst dem **Schicksal** widerstehen. Aber manchmal gibt es Schläge; will's nicht aus dem Wege gehen, ei so geh du aus dem Wege! *(Goethe)*

Kein **Schicksal** ist auf Erden noch so graus, die Liebe schöpft ein Körnchen Glück daraus. *(C. Spitteler)*

Legt in die Hand das **Schicksal** dir ein Glück, mußt du ein andres wieder fallen lassen. *(W. Raabe, Des Menschen Hand)*

Mein **Schicksal** ruft. *(Shakespeare, Hamlet)*

Mußt nicht widerstehn dem **Schicksal,** aber mußt es auch nicht fliehen! Wirst du ihm entgegengehen, wird's dich freundlich nach sich ziehen. *(Goethe)*

Nenne nicht das **Schicksal** grausam, nenne seinen Schluß nicht Neid; sein Gesetz ist ew'ge Wahrheit, seine Güte Götterklarheit, seine Macht Notwendigkeit. *(J. G. Herder)*

Nicht was wir erleben, sondern wie wir empfinden, was wir erleben, macht unser **Schicksal** aus. *(M. v. Ebner-Eschenbach)*

Nur der Starke wird das **Schicksal** zwingen. *(Schiller)*

Oh, der arme Mensch steht allemal mit zugebundenen Augen vor deinem scharfen Schwerte, unbegreifliches **Schicksal!** *(Jean-Paul)*

Recht stets behält das **Schicksal,** denn das Herz in uns ist sein gebieterischer Vollzieher. *(Schiller, Wallensteins Tod)*

Schicksal des Menschen, wie gleichst du dem Wind! *(Goethe, Gesang der Geister …)*

Schneller, wie die Welle steigt und fällt, treibt uns das **Schicksal** auf dem Meer des Lebens. *(Th. Körner)*

Sein **Schicksal** schafft sich selbst der Mann. *(G. Kinkel, Otto der Schütze)*

So führt das **Schicksal** an verborgnem Band den Menschen auf geheimnisvollen Pfaden. *(Schiller, Turandot)*

Unser **Schicksal** ist seiner Bestimmung näher, wenn wir nicht selbst Herren darüber sind. *(Goethe)*

Was ist **Schicksal,** als Gott selbst, Gott mit Weisheit und Liebe? *(J. K. Lavater)*

Was **Schicksal** auflegt, muß der Mensch ertragen; es hilft nicht, gegen Wind und Flut zu schlagen. *(Shakespeare, Heinrich VI.)*

Wenn das **Schicksal** ruft: le jeu est fait, messieurs!, so achten das die wenigsten; erst, wenn sie hören: Rien ne va plus! bekommen sie Lust, aber zu spät. *(L. Böhme, Der Narr im Weißen Schwan)*

Wie anders säet der Mensch, und wie anders läßt das **Schicksal** ihn ernten. *(Schiller)*

Wir Menschen halten doch immer nur die Fäden in den Händen, das **Schicksal** aber webt, wie es will. *(M. Stehr)*

Wir werden vom **Schicksal** hart oder weich geklopft; es kommt auf das Material an. *(M. v. Ebner-Eschenbach)*

Wollt! Menschenwille ist des Menschen **Schicksal.** *(E. v. Wildenbruch)*

Bücher haben ihre **Schicksale.** *(Terentius Maurus, Carmen heroicum)*

Der Mensch rechnet immer das, was ihm fehlt, dem **Schicksal** doppelt so hoch an als das, was er wirklich besitzt. *(G. Keller)*

Der tröstende Gedanke aber bleibt fort und fort, daß Gott auch widrige und schmerzliche **Schicksale** nur aus Liebe sendet, um unsere Gesinnungen zu läutern. *(W. v. Humboldt)*

Unsere **Schicksale** kommen aus uns selbst wie die Wolken nur aus der Erde. *(K. Gutzkow)*

Der kann nicht klagen über harten Spruch, den man zum Meister seines **Schicksals** macht. *(Schiller, Wilhelm Tell)*

Der Zug des Herzens ist des **Schicksals** Stimme. *(Schiller, Piccolomini)*

Die Religion ist ein Teil des **Schicksals.** *(Napoleon I.)*

Frohlocke nicht! Denn eifersüchtig sind des **Schicksals** Mächte. *(Schiller, Wallensteins Tod)*

In deiner Brust sind deines **Schicksals** Sterne. *(Schiller, Piccolomini)*

O könnte man im Buch des **Schicksals** doch lesen! *(Shakespeare, Heinrich IV.)*

Trifft dich des **Schicksals** Schlag, so mach es wie der Ball; je stärker man ihn schlägt, je höher fliegt er all. *(F. Rückert)*

Überlaß dein Boot auf dem Meere des **Schicksals** nicht den Wellen, sondern rudere selbst; aber rudere nicht ungeschickt. *(A. v. Platen, Lebensregeln)*

Willst du mit den Kinderhänden in des **Schicksals** Speichen greifen? *(F. Grillparzer, Ahnfrau)*

Schicksalsschläge lassen sich ertragen – sie kommen von außen, sind zufällig. Aber durch eigene Schuld leiden – das ist der Stachel des Lebens. *(O. Wilde)*

Eines **schickt** sich nicht für alle! Sehe jeder, wie er's treibe, sehe jeder, wo er bleibe, und wer steht, daß er nicht falle. *(Goethe, Beherzigung)*

Es war kein Irrtum, eine **Schickung** war's. *(Schiller, Jungfrau von Orleans)*

Was die **Schickung** schickt, ertrage! Wer ausharret, wird gekrönt. *(J. G. Herder, Die wiedergefundenen Söhne)*

Du glaubst zu **schieben** und du wirst geschoben. *(Goethe, Faust)*

Besser **schielen,** als blind sein. *(Redensart)*

Schief gewickelt sein. *(Redensart)*
Falsch unterrichtet sein

Nur Mut, es wird schon **schiefgehen!** *(Redensart)*

Nahe **schießen** hilft nicht, man muß treffen. *(Sprichwort)*

So schnell **schießen** die Preußen nicht. *(Angebliche Äußerung Bismarcks)*

Spiel' nicht mit dem **Schießgewehr,** denn es könnt geladen sein. *(Sprichwort)*

Wie ein **Schießhund** aufpassen. *(Redensart)*

Gebt Feuer! Ach, was **schießt** ihr schlecht. *(J. Mosen, Sandwirt Hofer)*

Hast du im Leben tausend Treffer, man sieht's, man nickt, man geht vorbei – Doch nie vergißt der kleinste Kläffer, **schießt** du ein einzig Mal vorbei. *(Sprichwort)*

Das **Schiff** hängt mehr am Ruder als das Ruder am Schiff. *(Sprichwort)*

Das **Schiff** streicht durch die Wellen, fidelin! *(J. v. Brassier, Sehnsucht nach der Heimat)*

Der Lord läßt sich entschuldigen; er ist zu **Schiff** nach Frankreich. *(Schiller, Maria Stuart)*

Die Ratten verlassen das (sinkende) **Schiff.** *(Redensart)*

Neben dem **Schiff** ist gut schwimmen. *(Sprichwort)*

Am Glauben **Schiffbruch** erlitten haben. *(1. Tim. 1, 19)*

Der **Schiffe** mastenreicher Wald. *(Schiller, Ring des Polykrates)*

Große **Schiffe** brauchen breites Fahrwasser. *(Russisches Sprichwort)*

Mehr **Schiffe** nur, wir wollen sie schon taufen. *(F. Freiligrath, Flottenträume)*

Schiffe ruhig weiter, wenn der Mast auch bricht; Gott ist dein Begleiter, er vergißt dich nicht. *(C. A. Tiedge, Urania)*

Vorwärts dringt der **Schiffenden** Geist, wie Flaggen und Wimpel, einer nur steht rückwärts traurig gewendet am Mast. *(Goethe, Alexis und Dora)*

So klammert sich der **Schiffer** endlich noch am Felsen fest, an dem er scheitern sollte. *(Goethe, Tasso)*

Wie der alte **Schiffer** flucht, so flucht sein Sohn. *(A. a. Santa Clara)*

Ein **Schifflein** ziehet leise den Strom hin seine Gleise. *(L. Uhland)*

Das **Schild** ist's, das die Kunden lockt. *(J. de La Fontaine)*

Einen auf den **Schild** heben. *(Redensart)*
Jemanden zum Anführer erwählen

Schildbürger. *(Volksbuch von H. F. v. Schönberg, 1598)*

Etwas im **Schilde** führen. *(Redensart)*
Eine geheime Absicht haben

Tut ein **Schiff** sich doch hervor, Welten zu versüßen! Möge meinem Schreibe-Rohr Liebliches entfliehen. *(Goethe, Westöstlicher Divan)*

Ich danke Gott mit Saitenspiel, daß ich nicht **Schiller-**Goethe worden. Ich wär geschmeichelt worden viel und wäre bald verdorben. *(F. Nicolai, Anhang zu Friedrich Schillers Musen-Almanach)*

Nun streitet sich das Publikum seit zwanzig Jahren, wer größer sei: **Schiller** oder ich, und sie sollten sich freuen, daß überall ein paar Kerle da sind, worüber sie streiten können. *(J. P. Eckermann, Gespräche mit Goethe)*

Einem wie einem kranken **Schimmel** zureden. *(Redensart)*

Hundert graue Pferde machen nicht einen einzigen **Schimmel.** *(Goethe, Sprüche)*

Glimpf wird oft gelohnt mit **Schimpf.** *(Sprichwort)*

Der Pfeil des **Schimpfs** kehrt auf den Mann zurück, der zu verwunden glaubt. *(Goethe, Tasso)*

Jemanden auf die **Schippe** nehmen. *(Redensart)*
Jemanden »aufziehen«, ihn »anführen«; so verspotten, daß er es nicht sofort spürt

Dein bester **Schirm** ist deines Volkes Herz. *(Schiller, Demetrius)*

Eine **Schlacht** ist fürchterlich, wenn man sich sagen muß: sie wird für dich geschlagen! *(F. Hebbel)*

Es kämpfe jeder seine **Schlacht** allein. *(Schiller, Jungfrau von Orleans)*

Das Glück der **Schlachten** ist das Urteil Gottes. *(Schiller, Jungfrau von Orleans)*

Ein **Schlachten** war's, nicht eine Schlacht zu nennen. *(Schiller, Jungfrau von Orleans)*

Es hat Verzweiflung oft die **Schlachten** schon gewonnen. *(Voltaire)*

Ein **Schlächter** kauft dem andern keine Wurst ab. *(Sprichwort)*

Das Leben ist eine Krankheit, der **Schlaf** ein Palliativ, der Tod eine Radikalkur. *(K. J. Weber, Demokritos)*

Den ewigen **Schlaf** schlafen. *(Redensart, nach Jerem. 51, 39)*

Der **Schlaf** ist das Bild des Todes. *(Cicero)*

Der **Schlaf** ist das einzige Geschenk, das uns die Götter ohne Arbeit gaben, mit der Arbeit aber dreifach versüßen. *(K. L. Weber)*

Der **Schlaf** hat eine Grazie zur Frau. *(Jean Paul)*

Der Sinnenrausch ist zur Liebe, was der **Schlaf** zum Leben. *(Novalis)*

Ich denke einen langen **Schlaf** zu tun, denn dieser letzten Tage Qual war groß. *(Schiller, Wallensteins Tod)*

Langer **Schlaf** verleiht dem Greise kurzen Wachens rasches Tun. *(Goethe, Faust)*

Nur rühr nicht an den **Schlaf** der Welt! *(F. Hebbel)*

O mordet nicht den heil'gen **Schlaf!** *(Schiller, Wallensteins Tod)*

Schlaf des Gerechten. *(Redensart, nach 3. Mos. 26, 6, u. a.)*

Schlaf, Kindchen, schlaf. *(Kinderlied von J. H. Campe)*

Schlaf! O holder Schlaf! Du Pfleger der Natur! *(Shakespeare, Heinrich IV.)*

Schlaf! O sanfter Schlaf! Du liebreiche Amme der Natur.
(Shakespeare, Heinrich IV.)

Sei mir willkommen, süßer **Schlaf!** Ich bin zufrieden, weil ich brav!
(W. Busch, Maler Klecksel)

Süßer **Schlaf!** Du kommst wie ein reines Glück ungebeten, unerfleht am willigsten. *(Goethe)*

Und jeder **Schlaf** ist Tod. *(C. Brentano, Ewige Gegenwart)*

Den Seinen gibt's der Herr im **Schlafe.**
(Sprichwort, nach Psalm 127, 2)

Allen aus dem Wege gehn, die schlecht **schlafen** und nachts wachen.
(F. Nietzsche)

Es **schlafen** nicht alle, die die Augen geschlossen halten. *(Sprichwort)*

Geh **schlafen,** mein Herz, es ist Zeit.
(R. Huch)

Ich lieg' und besitz': laß mich **schlafen!**
(R. Wagner, Siegfried)

Ich weiß, daß junges Blut auf **Schlafen** hält. *(Shakespeare, Julius Caesar)*

Man soll sich nicht ausziehen, ehe man **schlafen** geht. *(Sprichwort)*

Schlafen! Vielleicht auch träumen! – Ja, da liegt's. *(Shakespeare, Hamlet)*

Verschon uns Gott, mit Strafen und laß uns ruhig **schlafen!** Und unsern kranken Nachbar auch! *(M. Claudius, Abendlied)*

Erhebt euch von der Erde, ihr **Schläfer** aus der Ruh! *(M. v. Schenkendorf, Soldatenmorgen)*

Jemand beim **Schlafittchen** kriegen.
(Redensart)
Jemand erwischen und ergreifen (Eigentlich: Einen Vogel bei den Schlagfittichen ergreifen)

Wer **schläft,** fängt keine Fische.
(Isländisches Sprichwort)

Wie man sich betet, so **schläft** man.
(Sprichwort)

Schlag auf Schlag. *(Redensart, nach F. G. Klopstock, Messias)*

Der Mensch lebt nicht vom Brot allein, sondern hauptsächlich von **Schlagwörtern.** *(R. L. Stevenson)*

Die **Schlange** sticht nicht ungereizt.
(Schiller, Wilhelm Tell)

Eine **Schlange** am Busen nähren.
(Redensart, nach Äsop)

Listige **Schlange.** *(Nach 1. Mos. 3)*

Schmeichelnd kitzelt die **Schlange,** wo sie sticht. *(Shakespeare, Cymbeline)*

Seid klug wie die **Schlangen** und ohne Falsch wie die Tauben. *(Matth. 10, 16)*

Hoffet nicht, mit glatter **Schlangenhaut** euch loszuwinden.
(Schiller, Don Carlos)

Das **Schlangenheer** der Spötter.
(Schiller)

Eine **Schlappe** erleiden. *(Redensart)*
Eine Niederlage erleiden

Den leeren **Schlauch** bläst der Wind auf, den leeren Kopf der Dünkel.
(M. Claudius)

Man kann **schlauer** sein als ein andrer, nicht aber schlauer als alle andern.
(La Rochefoucauld, Maximen)

Geht's in der Welt dir endlich **schlecht,** tu, was du willst, nur habe nicht recht!
(Goethe, Sprichwörtlich)

Schlecht und billig. *(Redensart)*

Schlecht und recht. *(Redensart, nach Hiob 1, 1)*

Das **Schlechte** ist wie Dreck, je mehr man ihn rührt, je mehr stinkt er.
(Italienisches Sprichwort)

Das Leben ist das einz'ge Gut des **Schlechten.** *(Schiller, Maria Stuart)*

Jeder kriegt, was jeder tut, **Schlechtigkeit** bekommt nicht gut. *(W. Busch)*

Der trockene **Schleicher.** *(Goethe, Faust)*

Wer nicht bei Tage gehen darf, **schleicht** bei Nacht. *(Shakespeare, König Johann)*

Frommt's den **Schleicher** aufzuheben?
(Schiller, Kassandra)

Gewöhne dich nicht zum **Schlemmen.**
(Jes. Sir. 18, 32)

Jemanden ins **Schlepptau** nehmen.
(Redensart)
Einen mit sich ziehen, von sich abhängig machen

Schleswig-Holstein meerumschlungen.
(M. F. Chemnitz/C. H. Bellmann, Schleswig-Holstein)

Was ist am schwersten zu erreichen? – Daß man sich selber hinter die **Schliche** kommt. *(W. Busch)*

Besser **schlichten** als richten.
(Sprichwort)

Das **Schlimmste** in allen Dingen ist die Unentschlossenheit. *(Napoleon I.)*

's ist nicht das **Schlimmste,** so lang man sagen kann: dies ist das Schlimmste.
(Shakespeare, König Lear)

Et jibt sonne und et jibt solche, denn jibt's ooch noch andre – und det sind de **Schlimmsten!** *(H. Salingré, Graupenmüller)*

Sich aus der **Schlinge** ziehen.
(Redensart)
Einer Notlage geschickt entgehen

Sich in der eigenen **Schlinge** fangen.
(Redensart)
Eigenen Ränken zum Opfer fallen

Sich auf den **Schlips** getreten fühlen.
(Redensart)
Sich beleidigt fühlen

Hinter **Schloß** und Riegel sitzen.
(Redensart)
Im Gefängnis sitzen

In **Schlösser** drängt sich oft ein Schwarm von Leide im Kleid der Freude.
(E. Ch. v. Kleist, Vorsatz)

Schlösser, die im Monde liegen.
(H. Bolten-Baeckers/ P. Lincke, Frau Luna)

Die wache Sorge lauscht im Auge jedes Alten, und **Schlummer** bettet nie sich da, wo Sorgen walten. *(Shakespeare)*

Ruhiger **Schlummer,** sobald er die Augen umschattet, tilgt aus dem Herzen Alles, Gutes und Böses. *(Homer, Odyssee)*

Genieß den schweren Honigtau des **Schlummers!** *(Shakespeare)*

Ein goldner **Schlüssel** öffnet alle Tore.
(Sprichwort)

Musik ist der **Schlüssel** zum weiblichen Herzen. *(J. G. Seume, Der Vorteil)*

Schlimm sind die **Schlüssel,** die nur schließen auf, nicht zu; mit solchem Schlüsselbund im Haus verarmest du.
(F. Rückert, Weisheit des Brahmanen)

Nur das ist **Schmach** für Menschen edler Art, dem Tode vorzuziehn ein ehrlos Leben. *(Sophokles, Elektra)*

Schmach sucht Rache. *(Sprichwort)*

Selig seid ihr, wenn euch die Menschen um meinetwillen **schmähen** und verfolgen und reden allerlei Übles wider euch, so sie daran lügen. *(Matth. 5, 11)*

Du **schmähst** mich hinterrücks? Das soll mich wenig kränken. Du lobst mich ins Gesicht? Das will ich dir gedenken!
(G. E. Lessing)

Wie konnt' ich sonst so tapfer **schmälen,** wenn tät' ein armes Mägdlein fehlen…
(Goethe, Faust)

Da ist **Schmalhans** Küchenmeister.
(Redensart)
Dort wird man nicht satt

Borgen und **Schmausen** enden mit Grausen. *(Sprichwort)*

Der wahre **Schmecker,** der Tellerlecker, er riecht den Braten, er ahnet Fische; das regt zu Taten an Gönners Tische.
(Goethe, Faust)

Wenn's am besten **schmeckt,** soll man aufhören. *(Sprichwort)*

Wer gut **schmeert,** der gut fährt.
(Sprichwort)

Die Kunst, einem anderen das zu sagen, was er von sich glaubt, nennt man **Schmeichelei.** *(E. Ode)*

Eine ungeschickte **Schmeichelei** kann uns tiefer demütigen als ein unbegründeter Tadel. *(M. v. Ebner-Eschenbach)*

Nichts wie die **Schmeichelei** ist so gefährlich dir; du weißt es, daß sie lügt, und dennoch glaubst du ihr. *(F. Rückert)*

Wenn wir auch der **Schmeichelei** keinen Glauben schenken, der Schmeichler gewinnt uns doch.
(M. v. Ebner-Eschenbach)

Wer die **Schmeichelei** liebt, ist des Schmeichlers würdig. *(Shakespeare, Timon)*

Widerspruch und **Schmeichelei** machen beide ein schlechtes Gespräch.
(Goethe, Sprüche)

Erst **schmeicheln,** dann kratzen, das schickt sich für Katzen. *(Sprichwort)*

Wer keine Liebe fühlt, muß **schmeicheln** lernen, sonst kommt er nicht aus.
(Goethe)

Wir betrügen und **schmeicheln** niemanden durch so feine Kunstgriffe als uns selbst. *(A. Schopenhauer)*

Wer mir **schmeichelt,** ist mein Feind; wer mich tadelt, ist mein Lehrer.
(Chinesisches Sprichwort)

Schmeichle niemand und laß dir nicht schmeicheln. *(M. Claudius)*

Der **Schmeichler** ist dem Herrn lieb, doch stiehlt er die Ehr' ihm wie ein Dieb.
(Freidank, Bescheidenheit)

Fürsten belohnen ihre **Schmeichler** und verachten sie; Völker beten die ihrigen an. *(F. v. Gentz)*

Lernt, daß ein jeder **Schmeichler** auf Kosten dessen lebt, der ihn hört.
(J. de La Fontaine)

Schmeichler, Jaherrn nähren die Ehrsucht und sind die Verderber der Großen und Mächtigen. *(I. Kant)*

Schmeichler sind gefährlicher als Raben. *(F. Rückert)*

Schmeichler sind wie Sonnenblumen, blicken nach dem Himmel hin, wurzeln aber in der Erde, suchen Vorteil und Gewinn. *(F. v. Logau)*

Wer einmal den **Schmeichlern** wohltut, leget sich die harte Not auf, immer ihnen schön zu tun. *(J. G. Herder)*

Ach, der **Schmerz** ist stumm geboren, ohne Zunge in dem Munde, hat nur Tränen, hat nur Seufzer und nur Blut aus Herzenswunde. *(H. Heine)*

Auch der **Schmerz** will seinen Ausdruck haben, und der Mann, vom Schmerze überwältigt, braucht sich seiner Tränen nicht zu schämen. *(F. v. Bodenstedt, Ada)*

Das Setzen ins Gleichgewicht wird oft nur dadurch erreicht, daß man viel **Schmerz,** physischen und moralischen, in sein Dasein mit aufnimmt. *(W. v. Humboldt)*

Das Leben täuscht uns lange, du zeigst der Schminke bar des Lebens welke Wange; **Schmerz,** wie bist du wahr! *(N. Lenau)*

Den Regen hört man fallen, den Schnee nicht; der herbe **Schmerz** ist noch laut, der gefaßte ist still. *(B. Auerbach)*

Denke, daß das Hehre, Große mehr der **Schmerz** ist denn die Lust! *(J. Kerner)*

Der **Schmerz** ist das Glück der Seligen. Am meisten lebt, wer am meisten leidet. *(L. Börne)*

Der **Schmerz** ist der große Lehrer der Menschen. Unter seinem Hauche entfalten sich die Seelen. *(M. v. Ebner-Eschenbach, Aphorismen)*

Der **Schmerz** ist die Geburt der höheren Naturen. *(C. A. Tiedge, Urania)*

Der **Schmerz** ist Leben. *(Schiller, Wilhelm Tell)*

Der **Schmerz** macht, daß wir die Freude fühlen, so wie das Böse macht, daß wir das Gute erkennen. *(E. Ch. v. Kleist)*

Der wahre **Schmerz** ist schamhaft. *(F. Hebbel, Tagebücher)*

Es bindet gleicher **Schmerz** wie gleiches Blut; und Trauernde sind überall sich verwandt. *(F. Grillparzer)*

Fremder **Schmerz** geht nicht ans Herz. *(Sprichwort)*

Geheim ist alles, nur unser **Schmerz** nicht. *(G. Leopardi)*

Genieße, was der **Schmerz** dir hinterließ! Ist Not vorüber, sind die Nöte süß. *(Goethe, Sprichwörtlich)*

Ja **Schmerz!** Nur du machst Menschen erst zu Menschen ganz! *(A. de Lamartine)*

Jeder kann den **Schmerz** bemeistern, nur der nicht, der ihn fühlt. *(Shakespeare)*

Kommt dir ein **Schmerz,** so halte still und frage, was er von dir will! *(E. Geibel)*

Kurz ist der **Schmerz,** und ewig ist die Freude. *(Schiller, Jungfrau v. Orleans)*

Mache nicht unerträglich den **Schmerz** durch ewige Klagen! *(Sophokles, Elektra)*

Merke dir's, du blondes Haar, **Schmerz** und Lust Geschwisterpaar, unzertrennlich beide; geh und lieb und leide! *(C. F. Meyer, Hochzeitslied)*

Mit der Freude zieht der **Schmerz** traulich durch die Zeiten. *(J. P. Hebbel, Neujahrslied)*

Nun hast du mir den ersten **Schmerz** getan, der aber traf.
(A. v. Chamisso, Frauen-Liebe und -Leben)

Nur der verwandte **Schmerz** entlockt uns die Träne, und jeder weint eigentlich für sich selbst. *(H. Heine)*

Oft nach einem Tag, oft schon nach einer Stunde belächelst du den **Schmerz** und fühlst nicht mehr die Wunde.
(F. Rückert)

Schmerz, der nicht spricht, erstickt das volle Herz und macht es brechen.
(Shakespeare, Macbeth)

Schmerz ist der Vater und Liebe die Mutter der Weisheit. *(L. Börne)*

Schmerz ist Grundton der Natur.
(J. Kerner)

Schmerz und Freude liegt in einer Schale; ihre Mischung ist der Menschen Los. *(J. G. Seume)*

Steht dir ein **Schmerz** bevor, oder hat er dich bereits ergriffen, so bedenke, daß du ihn nicht vernichtest, indem du dich von ihm abwendest. *(E. v. Feuchtersleben)*

Trotz allem Freundeswort und Mitgefühlsgebärden bleibt jeder tiefe **Schmerz** ein Eremit auf Erden. *(N. Lenau)*

Wäre kein **Schmerz** in der Welt, so würde der Tod alles aufreiben.
(F. Ch. v. Kleist)

Wer ganz mit seinem **Schmerz** allein, der lernt den Schmerz genießen.
(A. v. Platen)

Wer **Schmerz** erlitten hat, erinnert seiner sich. *(Cicero, Pro Murena)*

Wider den **Schmerz** dich zu vermauern ist so verkehrt wie maßlos Trauern.
(E. Geibel)

Im **Schmerze** wird die neue Zeit geboren. *(A. v. Chamisso)*

Mir ist wohl bei höchstem **Schmerze,** denn ich weiß ein treues Herze.
(P. Fleming, Elsgens treues Herz)

Die Freuden, die man übertreibt, die Freuden werden **Schmerzen.**
(F. J. Bertuch)

Die schlimmsten **Schmerzen** sind auf Erden, die ausgeweint und ausgeschwiegen werden. *(F. v. Bodenstedt, Lieder des Mirza-Schaffy)*

Die **Schmerzen** sind's, die ich zuhilfe rufe; denn es sind Freunde, Gutes raten sie. *(Goethe)*

Gehabte **Schmerzen,** die hab ich gern.
(W. Busch, Abenteuer eines Junggesellen)

Ich wollt' meine **Schmerzen** ergössen sich all' in ein einziges Wort. *(H. Heine)*

Komm du hervor, du Bringer bittrer **Schmerzen!** *(Schiller, Wilhelm Tell)*

Schmerzen sind der Jugend Nahrung, Tränen seliger Lobgesang. *(Goethe)*

Weiter hast du keine **Schmerzen?**
(L. da Ponte/W. A. Mozart, Don Giovanni)

Ach neige, du **Schmerzenreiche,** dein Antlitz gnädig meiner Not.
(Goethe, Faust)

Die Tränen sind des **Schmerzes** heilig Recht. *(F. Grillparzer, Sappho)*

Jeder ist seines Glückes **Schmied.**
(Sprichwort)

Was schmiedst du, **Schmied?** »Wir schmieden Ketten, Ketten!« Ach, in die Ketten seid ihr selbst geschlagen.
(F. Rückert Geharnischte Sonette)

Vor die rechte **Schmiede** gehen.
(Redensart)

Schmiere stehen. *(Redensart)*
Bei Vergehen und Verbrechen aufpassen, daß die Übeltäter nicht erwischt werden

Schmieren und Salben hilft allenthalben.
(Gesundheitsregel)

Wenn sich Weiber **schminken,** ist es wie ein Winken, daß man aufgenommen, wolle man nur kommen. *(F. v. Logau, Sinngedichte)*

Schmock. *(G. Freytag, Journalisten)*
Soviel wie: gewissenloser Zeitungsschreiber

Das **Schmollen** der Weiber ist nichts als ein Guerillakrieg, den sie gegen die konzentrierte Macht der Männer führen, ein Krieg, in dem sie immer siegen.
(L. Börne, Über das Schmollen der Weiber)

Innen **Schmutz,** außen Putz.
(Sprichwort)

Wer das **Schmutz'ge** anfaßt, den besudelt's. *(H. v. Kleist)*

Jeder Vogel singt, wie ihm der **Schnabel** gewachsen ist. *(Sprichwort)*

Aach, des schmeckt des schmeckt, als wenn eener **Schnaps** drinkt un er schmeckt ihm. *(A. Glaßbrenner, Eckensteher Nante)*

Det mach' ick nach **Schnauze.**
(Berliner Redensart)
Soviel wie: nach Gutdünken

Schnauze mit Herz. *(Redensart)*
Bezeichnung für den Berliner und seine Ausdrucksweise

Sei eine **Schnecke** im Raten, jedoch ein Vogel in Taten. *(Sprichwort)*

Die Menschen sind wie die **Schnecken,** die bei gutem Wetter aus ihrer Schale hervorkriechen und sich bei schlimmer Witterung darin zurückziehen.
(J. Geiler von Kaysersberg)

Der **Schnee** ist eine erlogene Reinlichkeit. *(Goethe)*

Und wenn der ganze **Schnee** verbrennt!
(Redensart, nach G. Hauptmann, Weber)
Ergänzt:… die Asche bleibt uns doch

Viel Eicheln – viel **Schnee.**
(Bauernregel)

Sich wie ein **Schneekönig** freuen.
(Redensart)

Auf des Messers **Schneide** stehen.
(Redensart, nach Homer)

Sich **schneiden.** *(Redensart)*
Enttäuscht werden

Aus dem **Schneider** sein. *(Redensart)*
Älter als 30 Jahre alt sein

Gevatter **Schneider** und Handschuhmacher. *(Schiller, Wallensteins Lager)*

Herein! – wenn's kein **Schneider** ist.
(Redensart)

Jemandem ein **Schnippchen** schlagen.
(Redensart)
Einem einen Streich spielen

Es ist ein **Schnitter,** der heißt Tod.
(Erntelied/Kirchenlied)

Einen **Schnitzer** machen. *(Redensart)*
Einen Fehler begehen

Das ist mir **schnuppe!** *(Redensart)*
Das ist mir gleichgültig

Über die **Schnur** hauen. *(Redensart)*
Übermütig sein

Das geht wie am **Schnürchen.**
(Redensart)
Das geht, wie es soll

Das ist mir **schnurz** und piepe!
(Redensart)
Das ist mir völlig gleichgültig

An der **Scholle** kleben. *(Redensart)*
Seßhaft sein

Ein Mensch, auf der **Scholle** geboren, wird ihr durch Gewohnheit angehörig.
(Goethe)

Schön sei nicht überschön und hold nicht überhold! Denn Übergold ist im Wert nicht über Gold. *(F. Rückert, Weisheit des Brahmanen)*

Schön und fromm stehen selten in einem Stall. *(Sprichwort)*

Schön währt nicht lange. *(Sprichwort)*

Schön war ich auch, und das war mein Verderben. *(Goethe, Faust)*

Wenn wir **schön** sind, sind wir ungeputzt am schönsten. *(G. E. Lessing, Minna von Barnhelm)*

Auch das **Schöne** muß sterben.
(Schiller, Nänie)

Bewahre dir überhaupt nur ein reges, kritisches Gefühl für das **Schöne,** so versiegen deine Quellen des Vergnügens nie. *(Schiller)*

Das einfach **Schöne** soll der Kenner schätzen. Verziertes aber spricht der Menge zu. *(Goethe, Natürliche Tochter)*

Das **Schöne** in der Kunst ist immer wahr, das Wahre aber nicht immer schön.
(E. Rietschel)

Das **Schöne** muß befördert werden, denn wenige stellen's dar, und viele bedürfen's. *(Schiller)*

Freiheit ist nur in dem Reich der Träume, und das **Schöne** blüht nur im Gesang.
(Schiller, Antritt des neuen Jahrhunderts)

Nicht immer ist das **Schöne** gut, aber immer ist das Gute schön.
(Jüdisches Sprichwort)

Was hoffest du irdische Freude, wo nirgends das **Schöne** besteht?
(E. M. Arndt)

Was kein Ohr vernahm, was die Augen nicht sahn, es ist dennoch, das **Schöne,** das Wahre! *(Schiller)*

Das war in **Schöneberg,** im Monat Mai.
(R. Bernauer u. R. Schanzer/ W. Kollo, Wie einst im Mai)

Das ist das Los des **Schönen** auf der Erde! *(Schiller, Wallensteins Tod)*

Des **Schönen** sind die Menschen selten fähig, öfter des Guten. *(Goethe)*

Krieg führt der Witz auf ewig mit dem **Schönen.** *(Schiller)*

Wahres und Gutes wird sich versöhnen, wenn sich beide vermählen im **Schönen.**
(F. Rückert)

Ach wie bald schwindet **Schönheit** und Gestalt. *(W. Hauff, Reiters Morgenlied)*

Auf leisen Sohlen wandeln die **Schönheit,** das wahre Glück und das echte Heldentum. *(W. Raabe.)*

Das höchste von allen Gütern ist der Frauen **Schönheit.** *(Schiller, Jungfrau von Orleans)*

Die **Schönheit** des Mannes liegt in seinem Verstand, der Verstand der Frau liegt in ihrer Schönheit.
(Marokkanisches Sprichwort)

Die **Schönheit** ist vergänglich, die ihr doch allein zu ehren scheint. Was übrigbleibt, das reizt nicht mehr, und was nicht reizt, ist tot. *(Goethe)*

Die **Schönheit** strahlt nur aus dem innern Leben. *(Th. Körner)*

Die **Schönheit** war immer der Gott der Welt. *(Schiller)*

Die Wahrheit ist vorhanden für den Weisen, die **Schönheit** für ein fühlend Herz. *(Schiller, Don Carlos)*

Ein altes Wort bewährt sich leider auch an mir, daß Glück und **Schönheit** dauerhaft sich nicht vereint. *(Goethe)*

In **Schönheit** sterben. *(Redensart, nach H. Ibsen, Hedda Gabler)*

O **Schönheit,** bring' es doch der Schwester Weisheit bei, daß ohne dich ein Bild sie ohn' Erscheinung sei. *(F. Rückert)*

O wie viel holder blüht die **Schönheit** doch, ist ihr der Schmuck der Treue mitgegeben. *(Shakespeare)*

Reiz ist **Schönheit** in Bewegung. *(G. E. Lessing, Laokoon)*

Sahest du nie die **Schönheit** im Augenblicke des Leidens, niemals hast du die Schönheit gesehn. *(Schiller)*

Schönheit des Körpers hat etwas Tierisches, wenn sie geistlos ist. *(Demokrit)*

Schönheit ist durch sich selbst gebändigte Kraft, Beschränkung aus Kraft. *(Schiller)*

Schönheit ist ein offener Empfehlungsbrief, der die Herzen im voraus für uns gewinnt. *(A. Schopenhauer, Parerga und Paralipomena)*

Schönheit ist mächtig, Geld allmächtig. *(Griechisches Sprichwort)*

Schönheit ist überall ein gar willkomm'ner Gast. *(Goethe)*

Schönheit ist wie eine Leibrente; wenn die Schönheit stirbt, so hört die Zahlung auf, und sie stirbt immer jung. *(A. v. Kotzebue)*

Schönheit kündigt allen Zorn. *(Goethe, Faust)*

Schönheit, Reichtum, Ehr' und Macht sinkt mit der Zeit in öde Nacht. *(J. H. Voß)*

Schönheit und Verstand sind selten nur verwandt. *(Sprichwort)*

Schönheit war die Falle meiner Tugend. *(Schiller)*

Schönheit wird nur vom Kennerblick gekauft, nicht angebracht durch des Verkäufers Prahlen. *(Shakespeare)*

Wahre Menschlichkeit ist köstlicher als alle **Schönheit** der Erde. *(J. H. Pestalozzi)*

Warum bin ich vergänglich, o Zeus?, so fragte die **Schönheit.** Macht' ich doch, sagte der Gott, nur das Vergängliche schön. *(Goethe)*

Wege zu Kraft und **Schönheit.** *(Titel einer Zeitschrift für Körperkultur, 1919 ff.)*

Allez! Der **Schönste** bist du nicht! *(W. Busch, Schnurrdiburr)*

Das **Schönste** sucht er auf den Fluren. *(Schiller, Glocke)*

Heirate nicht die **Schönste** in der Stadt! *(Th. G. v. Hippel, Über die Ehe)*

Eine Gelegenheit beim **Schopfe** ergreifen. *(Redensart)*
Eine günstige Gelegenheit entschlossen wahrnehmen.

Hast du, **Schöpfer,** mich befragt, ob ich um die Handvoll Freuden dulden wolle unverzagt eine ganze Welt voll Leiden?
(A. v. Kotzebue, Ausbruch der Verzweiflung)

Dein Wesen ist **Schöpferkraft;** Ewigkeit ist dein Weg; und Seligkeit ist dein Urzustand! *(M. Dauthendey)*

Die Unendlichkeit der **Schöpfung** ist groß genug, um eine Welt oder eine Milchstraße von Welten gegen sie anzusehen, wie man eine Blume oder ein Insekt in Vergleichung gegen die Erde ansieht. *(1. Kant)*

In dem Kleinsten der **Schöpfung** zeiget sich des Schöpfers Macht und Huld am größten. *(J. G. Herder)*

Mit tiefer Ehrfurcht schau' ich die **Schöpfung** an, denn du, Namenloser, du schufest sie! *(F. G. Klopstock)*

Etwas in den **Schornstein** schreiben.
(Redensart)
Nicht mehr darauf rechnen

Das liegt im **Schoß** der Götter.
(Nach Homer, Ilias)

Es ruht noch manches im **Schoß** der Zeit, das zur Geburt will.
(Shakespeare, Othello)

Mancher edle **Schoß** trug schlechte Söhne schon. *(Shakespeare, Sturm)*

Die Hände im **Schoße** liegenlassen.
(Redensart)
Untätig sein

Einen in die **Schranken** fordern.
(Einen zum Kampf auffordern)

In die **Schranken** treten. *(Redensart)*
Sich zum Kampf stellen

Jemand in seine **Schranken** verweisen.
(Redensart)
Ihn zurechtweisen

Bei dem ist eine **Schraube** locker.
(Redensart)
Der ist verrückt

Jedes **Schreckbild** verschwindet, wenn man es fest ins Auge faßt. *(J. G. Fichte)*

Denn was er sinnt, ist **Schrecken,** und was er blickt ist Wut, und was er spricht, ist Geißel, und was er schreibt, ist Blut.
(L. Uhland)

Ein Ende mit **Schrecken** nehmen.
(Redensart, Psalm 73, 19)

Lieber ein Ende mit **Schrecken** als ein Schrecken ohne Ende.
(F. v. Schill, 1809 nach Psalm 73, 19)

Es ist was **Schreckliches** um einen vorzüglichen Mann, auf den sich die Dummen was zugute tun. *(Goethe, Maximen und Reflexionen)*

So gewöhnt man sich an alles, und viele **Schrecknisse** sind es größtenteil nur in der Einbildung. *(W. v. Humboldt, Briefe an eine Freundin)*

Der letzte **Schrei.** *(Redensart)*
Letzte Modeneuheit

Schreibe, wie du redest, so schreibst du schön. *(G. E. Lessing, Briefe)*

Blumichte **Schreibart,** Metaphern, Sprünge, Ausrufungen heißen in unserer Zeit oft Zeichen von Genie und von Laune, und sind oft nichts als Behelfe, um den Mangel des Zusammenhangs zu bedecken. *(F. Nicolai)*

Das **Schreiben** ist etwas wie eine Krankheit, eines Tages kriegt man sie doch wieder. Man kann sich von dieser Seuche nicht freimachen. *(C. Zuckmayer)*

Er kann **schreiben** rechts, er kann schreiben links. *(Nach G. Freytag, Journalisten)*

Es kommt wenig darauf an, wie wir **schreiben,** aber viel, wie wir denken.
(G. E. Lessing)

Männer, die für die Nachwelt **schreiben,** helfen ihrem Zeitalter wirklich fort; andere amüsiert es nur. *(J. v. Müller)*

Schreiben ist ein Mißbrauch der Sprache, stille für sich lesen ein trauriges Surrogat der Rede. *(Goethe, Dichtung und Wahrheit)*

Man **schreibt** nicht so ausführlich, wenn man den Abschied gibt. *(H. Heine, Neuer Frühling)*

Körper und Stimme leiht die **Schrift** den stummen Gedanken. Durch der Jahrhunderte Strom trägt ihn das redende Blatt. *(Schiller)*

Wenn deine **Schrift** dem Kenner nicht gefällt, so ist es schon ein böses Zeichen; doch wenn sie gar des Narren Lob erhält, so ist es Zeit, sie auszustreichen.
(C. F. Gellert, Der Maler)

Die echten **Schriftsteller** sind die Gewissensbisse der Menschheit.
(L. Feuerbach, Der Schriftsteller und der Mensch)

Ein **Schriftsteller,** der zu seiner Verewigung eine Bildsäule nötig hat, ist auch dieser nicht wert. *(G. Ch. Lichtenberg)*

Eine entsetzliche Mehrheit unserer **Schriftsteller** schreibt mit verstopften Ohren. *(F. Th. Vischer, Betrachtungen und Warnungen)*

Gute **Schriftsteller,** die nur schreiben, wenn sie der Geist treibt, sind die wahren Advokaten und Lehrer des Menschengeschlechts aller Völker.
(K. J. Weber, Demokritos)

Klassischer **Schriftsteller.**
(Nach Gellius)

Nur einen Schmerz haben die Verleger: es geht noch immer nicht ohne **Schriftsteller.** *(P. Hille, Aphorismen)*

Die **Schriftstellerei** ist, je nachdem man sie treibt, eine Infamie, eine Ausschweifung, eine Tagelöhnerei, ein Handwerk, eine Kunst, eine Tugend. *(F. v. Schlegel)*

Der erste **Schritt** ist der schwerste.
(Sprichwort)

Der schlimmste **Schritt** ist, den man eingesteht. *(Schiller, Maria Stuart)*

Dies ist nur ein kleiner **Schritt** für einen Menschen, aber ein gewaltiger Sprung für die Menschheit.
(Erste Worte, des amerikanischen Astronauten Neil A. Armstrong, als er als erster Mensch nach Verlassen der Mondlandefähre »Eagle« (»Adler«) des Raumschiffes »Apollo II« seinen Fuß auf den Boden des Mondes setzte, 21. Juli 1969, 3.57 MEZ.)

Dreifach ist der **Schritt** der Zeit: Zögernd kommt die Zukunft hergezogen, pfeilschnell ist das Jetzt entflogen, ewig still ist die Vergangenheit.
(Schiller, 1. Spruch des Konfuzius)

Ein **Schritt** vom Wege.
(Nach Th. Fontane, Frau Jenny Treibel/ auch Titel eines Lustspiels von E. Wichert)

In gleichem **Schritt** und Tritt.
(L. Uhland, Der gute Kamerad)

Kann er nicht jeden **Schritt** beschwätzen, so ist der Schritt so gut als nicht geschehn. *(Goethe, Faust)*

Noch einen **Schritt** vom Ziele oder noch gar nicht ausgelaufen sein, ist im Grunde eines. *(G. E. Lessing, Emilia Galotti)*

Schritt vor Schritt kommt auch ans Ziel.
(Sprichwort)

Erzittre vor dem ersten **Schritte,** mit ihm sind schon die andern Tritte zu einem nahen Fall getan. *(C. F. Gellert, Warnung vor der Wollust)*

Und munter fördert er die **Schritte.** *(Schiller, Kraniche des Ibykus)*

Schropfköpfe sind wohl angebracht, wo sie ziehen. *(Goethe, Götz von Berlichingen)*

Von echtem **Schrot** und Korn. *(Redensart)*
Von guter, gediegener Art

Jeder weiß selbst am besten, wo ihn der **Schuh** drückt. *(Sprichwort)*
Jeder kennt die Ursache seiner Sorgen selbst am besten

Mancher verschenkt die **Schuh',** stiehlt aber das Leder dazu. *(Alter Spruch)*

Umgekehrt wird ein **Schuh** draus! *(Redensart)*

Wem der **Schuh** paßt, der zieht ihn sich an. *(Sprichwort)*

Einem etwas in die **Schuhe** schieben. *(Redensart)*
Einem die Schuld geben

Man darf alte **Schuhe** nicht wegwerfen, ehe man neue hat. *(Sprichwort)*

Besser barfuß als in geborgten **Schuhen.** *(Sprichwort)*

Nicht wert sein, einem die **Schuhriemen** aufzulösen. *(Redensart, nach Mark 1, 7, u. a.)*

Das habe ich mir schon längst an den **Schuhsohlen** abgelaufen. *(Redensart)*
Das weiß ich schon lange

Alle **Schuld** rächt sich auf Erden. *(Sprichwort/Goethe, Harfenspieler)*

Alte **Schuld** rostet nicht. *(Sprichwort)*

Der Übel größtes aber ist die **Schuld.** *(Schiller, Braut von Messina)*

Schuld haben sie beide nicht, weder der Mensch, noch das Schicksal; sie passen nur immer ganz genau aufeinander. *(W. Raabe)*

Vom Unglück zieh' erst ab die **Schuld;** was übrig ist, trag' in Geduld. *(Th. Storm)*

Was ich mir gelobt in jenes Augenblickes Höllenqualen, ist eine heil'ge **Schuld,** ich will sie zahlen. *(Schiller, Wilhelm Tell)*

Weh' dem, der zu der Wahrheit geht durch **Schuld.** *(Schiller, Das verschleierte Bild zu Sais)*

Wer einmal der **Schuld** verfiel, den läßt sie nimmer aus den Krallen. *(P. Heyse)*

Wer mit **Schuld** beladen ist, geht krumme Wege. *(Spr. Salom. 21, 8)*

Unser **Schuldbuch** sei vernichtet! *(Schiller, An die Freunde)*

Ich **schulde,** ich dulde. *(G. Keller)*

Der Tod zahl alle **Schulden.** *(Sprichwort)*

Mehr **Schulden** als Haare auf dem Kopfe haben. *(Redensart, nach Psalm 40, 13)*

Mensch, bezahle deine **Schulden!** *(H. Heine, Heimkehr)*

Schulden werden erst schön durch Bezahlen. *(Russisches Sprichwort)*

Schulden wie ein Major. *(Redensart)*
Stark verschuldet

Wer da stirbt, zahlt alle **Schulden.** *(Shakespeare, Sturm)*

Wer keine **Schulden** hat, der braucht auch nicht zu zahlen. *(Sprichwort)*

Wer seine **Schulden** bezahlt, verbessert seine Güter. *(Sprichwort)*

Der Verdorbene haßt den Unverdorbenen, und jeder **Schuld'ge** ist der Unschuld Feind. *(Th. Körner)*

Wir sind nicht auf dieser Welt, um glücklich zu sein und zu genießen, sondern um unsere **Schuldigkeit** zu tun. *(Bismarck)*

Gläubiger haben ein besseres Gedächtnis als **Schuldner.** *(B. Franklin)*

Man mag noch so eingezogen leben, so wird man, ehe man sich's versieht, ein **Schuldner** oder ein Gläubiger. *(Goethe)*

Vornehme **Schuldner,** schlechte Zahler. *(Sprichwort)*

Die **Schuldverschreibung** lautet an die Toten. *(Schiller, Resignation)*

Aus der **Schule** plaudern. *(Redensart)*
Etwas ausplaudern

Die **Schule** hat nicht nur die Kräfte und Fertigkeiten zu wecken und zu üben, sondern auch die Gesinnung zu entwickeln, insofern diese aus einem gemeinschaftlichen Leben hervorgeht. *(F. E. D. Schleiermacher)*

Durch eine harte **Schule** gehen. *(Redensart)*
Eine harte Erziehung durchmachen

Nicht für die **Schule,** sondern für das Leben lernen wir. *(Sprichwort/ nach Seneca, Epistulae)*

Nur in der **Schule** selbst ist die eigentliche Vorschule. *(Goethe, Maximen und Reflexionen)*

An guten **Schulen** und guten Wegen erkennt man den guten Staat. *(Sprichwort)*

Der echte **Schüler** lernt aus dem Bekannten das Unbekannte entwickeln und nähert sich dem Meister. *(Goethe, Maximen und Reflexionen)*

Schüler und Schulmeister sind unsre großen Geister, schreien im Chorus sie, gibt's eine Akademie. *(F. Grillparzer, Sprüche und Epigramme)*

Du solltest dir dein **Schulgeld** wiedergeben lassen! *(Redensart, nach Petronius Arbiter, Satyricon)*

Der preußische **Schulmeister** hat die Schlacht bei Sadowa gewonnen. *(Prof. O. Peschel, 1866)*

Ach, ich hab' sie ja nur auf die **Schulter** geküßt. *(F. Zell u. R. Genée/K. Millöcker, Bettelstudent)*

Etwas auf die leichte **Schulter** nehmen. *(Redensart)*
Etwas als unwichtig ansehen

Es gibt mehr Ding' im Himmel und auf Erden, als eure **Schulweisheit** sich träumt. *(Shakespeare, Hamlet)*

Schund und Schmutz. *(Redewendung, durch ein Reichsgesetz vom 18. 12. 26 populär geworden)*

Und alsobald fiel es von seinen Augen wie **Schuppen.** *(Apostel. 9, 18)*

Ich muß mir's niederschreiben, daß einer lächeln kann, und immer lächeln, und doch ein **Schurke** sein. *(Shakespeare, Hamlet)*

Kein **Schurke** ist so dumm, daß er nicht einen Grund für seine Niederträchtigkeit fände. *(Th. Körner, Josef Heyderich)*

O **Schurke!** Lächelnder, verdammter Schurke! *(Shakespeare, Hamlet)*

Die armen **Schurken** sind selten. *(G. Leopardi)*

Die Narren reden am liebsten von der Weisheit, die **Schurken** von der Tugend. *(P. Ernst)*

Was für **Schurken** wären wir, wenn wir für uns täten, was wir für unser Vaterland tun. *(C. Graf Benso di Cavour, italienischer Staatsmann [1810–1861])*

Wer damit anfängt, daß er allen traut, wird damit enden, daß er einen jeden für einen **Schurken** hält. *(F. Hebbel)*

Kleine **Schurkereien** nennt man kriminell – große historische Taten. *(H. Reinecker)*

Ein **Schürzenjäger.** *(Redensart)*
Soviel wie: »Don Juan«, Weiberheld

Aus fremden **Schüsseln** schmeckt's immer am besten. *(Sprichwort)*

Der **Schuster** trägt immer die schlechtesten Stiefel. *(Sprichwort)*

Schuster, bleib bei deinen Leisten! *(Nach Plinius, Apelles)*

Auf **Schusters** Rappen. *(Redensart)*
Zu Fuß

Ein **Schütz** bin ich in des Regenten Sold. *(K. v. Braun/K. Kreutzer, Nachtlager von Granada)*

Wer durchs Leben sich frisch will schlagen, muß zu **Schutz** und Trutz gerüstet sein. *(Schiller, Wilhelm Tell)*

Ein guter **Schütze** ist die beste Abwehr. *(Sprichwort)*

Ein rechter **Schütze** hilft sich selbst. *(Schiller, Wilhelm Tell)*

Hier gilt es, **Schütze,** deine Kunst zu zeigen: Das Ziel ist würdig, und der Preis ist groß. *(Schiller, Wilhelm Tell)*

Wer einmal trifft, der ist noch kein guter **Schütze.** *(Sprichwort)*

Man läßt sich gern **schützen,** aber man zahlt nicht gern. *(Bismarck)*

O Wonne, die zu **schützen,** die uns die Liebsten sind! *(F. de la Motte-Fouqué)*

Der wackre **Schwabe** forcht sich nit. *(L. Uhland, Schwäbische Kunde)*

Die **Schwaben** werden erst mit vierzig Jahren klug. *(Redensart)*

Die Streiche sind bei uns im Schwang; sie sind bekannt im ganzen Reiche: Man nennt sie halt nur **Schwabenstreiche.** *(L. Uhland, Schwäbische Kunde)*

Daß du ihn **schwach** gesehn, vergibt er nie. *(Schiller, Wilhelm Tell)*

Es hilft nichts, großzutun, wenn man **schwach** ist. *(J. H. Pestalozzi)*

Schwach sind wir alle. *(Shakespeare, Maß fü Maß)*

Jede Roheit hat ihren Ursprung in einer **Schwäche.** *(Seneca)*

Schwäche ist mißtrauisch. *(W. Busch)*

Wer andrer **Schwäche** zeigt, verberg' erst seine Schwäche. *(G. E. Lessing)*

Wer **Schwache** leiten will, der sei von ihrer Schwachheit selber frei! *(M. G. Lichtwer, Der Fuchs und der Marder)*

Will der **Schwache** geachtet sein, so mag er seiner Ohnmacht durch Würde aufhelfen. *(Schiller)*

Das höchste, wozu sich ein schwacher Kopf von Erfahrung erheben kann, ist die Fertigkeit, die **Schwächen** besserer Menschen auszufinden. *G. Ch. Lichtenberg)*

Dem **Schwachen** ist sein Stachel auch gegeben. *(Schiller, Wilhelm Tell)*

Die **Schwachen** sind mit Recht dem Starken untertan, der das für sie, was sie nicht können, wollen kann. *(F. Rückert)*

Im **Schwachen** wirkt die Einbildung am stärksten. *(Shakespeare, Hamlet)*

Sie haben in **schwachen** Stunden mich gesehen. Diese Erinnerung macht sie so kühn. *(Schiller, Don Carlos)*

Überglücklich sind allein die **Schwachen.** *(F. v. Saar)*

Verbunden werden auch die **Schwachen** mächtig. *(Schiller, Wilhelm Tell)*

Maß muß Geduld mit unserer **Schwachheit** haben. *(Schiller, Turandot)*

Schwachheit, dein Nam' ist Weib! *(Shakespeare, Hamlet)*

Die **Schwachheiten** großer Leute bekanntzumachen ist eine Art von Pflicht; man richtet damit Tausende auf, ohne jenen zu schaden. *(G. Ch. Lichtenberg)*

Schwachheiten schaden uns nicht mehr, sobald wir sie erkennen. *(G. Ch. Lichtenberg)*

Wir sind **schwächlich,** weil es uns nicht einfällt, daß wir stark sein könnten, wenn wir wollten. *(J. C. F. Guts Muths)*

Nur der Starke wird das Schicksal zwingen, wenn der **Schwächling** untersinkt. *(Schiller)*

Eine **Schwalbe** macht noch keinen Sommer. *(Sprichwort, nach Aesop)*

Machen wir's den **Schwalben** nach, bauen wir ein Nest. *(L. Stein u. B. Jenbach/E. Kálmán, Csardasfürstin)*

Wenn die **Schwalben** heimwärts ziehn. *(K. Herloßsohn/F. Abt, Abschied)*

Schwamm drüber! *(F. Zell u. R. Genée/K. Millöcker, Bettelstudent)*
Soviel wie: Nichts mehr davon!

Nun sei bedankt, mein lieber **Schwan!** *(R. Wagner, Lohengrin)*

Schwanengesang. *(Redensart)*
Letztes Werk, letzte Tat im Leben

Mit etwas **schwanger** gehen. *(Redensart, nach Hiob 15, 35)*
Etwas vorhaben

Ihr naht euch wieder, **schwankende** Gestalten? *(Goethe, Faust)*

Mir **schwant** etwas! *(Redensart)*
Ich ahne etwas!

Begreifst du aber, wie viel andächtig **schwärmen** leichter als gut handeln ist? *(G. E. Lessing, Nathan der Weise)*

Sein Geist beginnt zu **schwärmen.** *(Shakespeare, König Lear)*

Jeglichen **Schwärmer** schlagt mir ans Kreuz im dreißigsten Jahre. Kennt er nur einmal die Welt, wird der Betrog'ne der Schelm. *(Goethe)*

Schwärmer prägen den Stempel des Geists auf Lügen und Unsinn. *(Goethe)*

Sonderbarer **Schwärmer!** *(Schiller, Don Carlos)*

Schwärmerei steckt wie der Schnupfen an. *(C. M. Wieland)*

Schwarmgeister. *(Nach M. Luther)*

Wofür sie besonders **schwärmt,** wenn er wieder aufgewärmt. *(W. Busch, Max und Moritz)*
Gemeint ist: Kohl

Denn was man **schwarz** auf weiß besitzt, kann man getrost nach Hause tragen. *(Sprichwort/Goethe, Faust)*

Weißes kann man besser erkennen, wenn man **Schwarzes** dagegen hält. *(M. Luther)*

Ihr pflegt zu **schwatzen,** eh' Ihr handelt, und seid die Glocke Eurer Taten. Das ist Eure Weise, Lord; die meine ist: Erst handeln und dann reden. *(Schiller, Maria Stuart)*

Weder mein Kornboden, noch mein Kasten wird vom **Schwatzen** voll. *(J. de la Fontaine)*

Wir **schwatzen** nicht erst lang', wer Worte macht, tut wenig. *(Shakespeare)*

Unter **Schwätzern** ist der Schweiger der Klügste. *(Sprichwort)*

Wer viel **schwatzt,** lügt viel. *(Sprichwort)*

In der **Schwebe** sein. *(Redensart)*
Unentschieden sein

Zwischen Himmel und Erde **schweben.** *(Redensart, nach der Bibel)*

Hinter **schwedische** Gardinen bringen. *(Redensart)*
Jemanden ins Gefängnis bringen

Schlägt mit dem **Schweif** einen furchtbaren Reif. *(Schiller, Handschuh)*

Es ist ein altes Gesetz, ich **schweig'** und verehre. *(Goethe)*

Wer will haben gute Ruh', der höre, seh' und **schweig'** dazu. *(Sprichwort)*

Alles **schweige!** Jeder neige ernsten Tönen nun sein Ohr. *(Deutsche Bundeslieder: »Landesvater«)*

Brechen Sie dies rätselhafte **Schweigen.** *(Schiller, Don Carlos)*

Das **Schweigen** ist der Gott der Glücklichen. *(Schiller, Maria Stuart)*

Das **Schweigen** ist der Liebe keusche Blüte. *(H. Heine, Für die Mouche)*

Das **Schweigen** ist die schwerste Verfolgung. Niemals haben wir Heiligen geschwiegen. *(B. Pascal)*

Der Rest ist **Schweigen.** *(Shakespeare, Hamlet)*

Es ist leichter, ganz **schweigen,** als sich im Reden mäßigen. *(Thomas von Kempen, Nachfolge Christi)*

Es ist schwer, mit Menschen zu leben, weil das **Schweigen** so schwer ist. *(F. Nietzsche)*

Es ist süß, ganz aufzugehen in das große **Schweigen** und eins zu werden ganz mit der Natur. *(H. L. Allmers)*

Geschwister sind ja **Schweigen** und Verdienst. *(F. Grillparzer, Sappho)*

In sieben Sprachen **schweigen.** *(F. E. D. Schleiermacher)*

O wunderbares, tiefes **Schweigen,** wie einsam ist's noch auf der Welt. *(J. v. Eichendorff, Morgengebet)*

Reden ist Silber, **Schweigen** ist Gold. *(Sprichwort)*

Schweigen ist auch eine Antwort. *(Sprichwort)*

Schweigen ist auch eine Kunst. *(Sprichwort)*

Schweigen ist das Heiligtum der Klugheit. *(K. S. Z. v. Lingenthal)*

Schweigen kann die grausamste Lüge sein. *(R. L. Stevenson)*

Schweigen können zeugt von Kraft, schweigen wollen von Nachsicht, schweigen müssen vom Geist der Zeit.
(K. J. Weber, Demokritos)

Schweigen und denken kann niemanden kränken. *(Sprichwort)*

Wo das Reden doch nichts fruchtet, hat das **Schweigen** beßre Statt. *(F. v. Logau)*

Zwei Dinge sind schädlich für jeden, der die Stufen des Glücks will ersteigen: **Schweigen,** wenn Zeit ist, zu reden, und reden, wenn Zeit ist, zu schweigen.
(F. v. Bodenstedt)

Zur Unzeit wird des Weisen **Schweigen** das Törichte, das er ersann, doch allzeit bleibt des Toren Schweigen das Weiseste, das er begann.
(Anastasius Grün, Schweigen)

Am Baume des **Schweigens** hängt seine Frucht, der Friede. *(A. Schopenhauer)*

Der große **Schweiger.**
Bezeichnung für den preußischen Generalstabchef H. Graf v. Moltke [1800–1891]

Unter Schwätzern ist der **Schweiger** der Klügste. *(Sprichwort)*

O Weib, des Weibes schönste Zier ist **Schweigsamkeit.**
(R. Hamerling, Aspasia)

Wer **schweigt,** hat weniger zu sorgen; der Mensch bleibt unter der Zunge verborgen. *(Goethe)*

Wer **schweigt,** ist dumm; drum sind das dümmste Vieh die Fische.
(G. E. Lessing, An Herrn Marpurg)

Wer **schweigt,** stimmt zu.
(Sprichwort, nach den Decretalen des kanonischen Rechts)

Besser **Schwein** haben, als Schwein sein.
(Sprichwort)

Das kann kein **Schwein** lesen.
(Alte, wohl aus Dithmarschen stammende Redensart: Das kann nicht einmal der [kluge Bauer] Swyn lesen)

Schwein haben. *(Redensart)*
Glück haben

Wenn das **Schwein** am fettesten ist, so hat es den Metzger am meisten zu fürchten. *(A. a. Santa Clara)*

Schweine fühlen sich im Dreck am wohlsten. *(Sprichwort)*

Wir haben doch noch nicht miteinander **Schweine** gehütet! *(Redensart)*
So sagt man, wenn man sich plumper Vertraulichkeiten erwehren will

Wie bei **Schweins** unterm Sofa!
(Redensart)
Sehr schmutzig

Der **Schweiß** ist die Träne der Arbeit.
(P. Hille, Aphorismen)

Im **Schweiße** deines Angesichts sollst du dein Brot essen. *(1. Mos. 3, 19)*

Des **Schweißes** der Edlen wert sein.
(Nach F. G. Klopstock, Zürchersee)

Jedem ein Ei, dem wackern **Schweppermann** zwei. *(Ludwig der Bayer, 1322)*

Schweres fällt, Leichtes steigt.
(Sprichwort)

Ein zweischneidiges **Schwert.**
(Redensart, nach Spr. Salom. 5, 4 u. a.)

Schwert des Geistes. *(Nach Eph. 6, 17)*

Sein **Schwert** in die Waagschale werfen.
(Gallierkönig Brennus, nach Livius)

Wer das **Schwert** nimmt, der soll durchs Schwert umkommen.
(Nach Matth. 26, 52)

Wir dürfen nicht vergessen, daß nur das **Schwert** das Schwert in der Scheide hält, und daß unter solchen Umständen für uns Abrüstung Krieg ist.
(H. v. Moltke im Deutschen Reichstag, 1874)

Zum letzten Mittel, wenn kein andres mehr verfangen will, ist ihm das **Schwert** gegeben. *(Schiller, Wilhelm Tell)*

Das höchste Heil, das letzte, liegt im **Schwerte.** *(Th. Körner, Aufruf)*

Scharfe **Schwerter** schneiden sehr, scharfe Zungen noch viel mehr.
(Sprichwort)

Fürchtet die Gottheit des **Schwerts,** eh' ihr's der Scheid' entreißt. *(Schiller, Jungfrau von Orleans)*

Ritter, treue **Schwesterliebe** widmet Euch dies Herz. *(Schiller, Ritter Toggenburg)*

Solang die **Schwiegermutter** lebt, solang Hausfriede, lebe wohl!
(Juvenal, Satirae)

Siehste woll, da kimmt er, jroße Schritte nimmt er, siehste woll, da kimmt er schon, der jeliebte (od. verrückte od. versoff'ne) **Schwiegersohn.**
(Kehrreim eines zur Kreuz-Polka gesungenen Berliner Liedes)

Die **Schwiegertochter** ist der Zahnstocher der Schwiegermutter.
(Lappländisches Sprichwort)

Das **Schwierige** leicht behandelt zu sehen, gibt uns das Anschauen des Unmöglichen. *(Goethe, Maximen und Reflexionen)*

Die **Schwierigkeit** ist immer klein, man muß nur nicht verhindert sein.
(W. Busch, Balduin Bählamm)

Die **Schwierigkeiten** wachsen, je näher man dem Ziele kommt.
(Goethe, Maximen und Reflexionen)

Was für den Körper der **Schwindel** ist, ist Verlegenheit für den Geist. *(L. Börne)*

Der Herr hat einen **Schwindelgeist** unter sie ausgegossen. *(Jes. 19, 14)*

Die **Schwingen** wachsen im Fluge.
(Sprichwort)

Hoch und teuer **schwören.**
(Redensart, nach 2. Makk. 14, 32)

Stein und Bein **schwören.** *(Redensart)*

Schwülstig und tragisch halten viele so ziemlich für einerlei. Nicht nur viele der Leser: auch viele der Dichter selbst.
(G. E. Lessing, Hamburgische Dramaturgie)

Jemanden auf den **Schwung** bringen.
(Redensart)
Soviel wie: ihn antreiben

Die stärksten **Schwüre** sind Stroh dem Feuer im Blut. *(Shakespeare, Sturm)*

Aus der **Scylla** in die Charybdis geraten.
(Nach Homer, Odyssee)

Du kannst mir mal for'n **Sechser,** weil wir uns beede kenn'n...
(Berliner Gassenhauer)

Auf der **See** lernt man beten.
(Sprichwort)

Es lächelt der **See,** er ladet zum Bade.
(Schiller, Wilhelm Tell)

Es rast der **See** und will sein Opfer haben. *(Schiller, Wilhelm Tell)*

Seefahrt ist not. *(Sprichwort, Abgekürzte Form der deutschen Übersetzung des lateinischen Spruchs »Navigare necesse est...«, siehe dort/Titel des Hauptwerkes von Gorch Fock)*

Seel' ist ein Gefangner, Leib ist ein Gefängnis; wer den Leib verzärtelt, gibt der Seele Drängnis. *(F. v. Logau)*

Befleckst du mit Staube die göttlich entsprungene **Seele,** zieht dich ein ewig Gesetz wieder zum Staube zurück. *(E. Geibel)*

Bekenntnisse einer schönen **Seele.** *(Goethe, Wilhelm Meister)*

Da ergreift's ihm die **Seele** mit Himmelsgewalt. *(Schiller)*

Den Leib können sie töten, die **Seele** nicht. *(U. Zwingli)*

Der ist in tiefster **Seele** treu, der die Heimat liebt wie du. *(Th. Fontane, Archibald Douglas)*

Die Ruhe der **Seele** ist ein herrliches Ding. *(Goethe)*

Die Augen sind der Spiegel der **Seele.** *(Sprichwort)*

Die höchste Vollkommenheit der **Seele** ist ihre Fähigkeit zur Freude. *(Luc de Clapiers, Marquis de Vauvenargues)*

Ein Herz und eine **Seele** sein. *(Redensart, nach Apostel. 4, 32)* *Stets gleicher Meinung sein*

Eine durstige **Seele.** *(Redensart, nach Psalm 107, 9)*

Eine hungrige **Seele.** *(Nach Psalm 107, 9)*

Eine schöne **Seele.** *(Nach Schiller, Anmut und Würde)*

Eine **Seele** ohne Zwang ist auch ohne Laster. *(P. Hille)*

Es ist unglaublich, wieviel Kraft die **Seele** dem Körper zu leihen vermag. *(W. v. Humboldt)*

Glücklich allein ist die **Seele,** die liebt. *(Goethe, Egmont)*

In einem aufgeräumten Zimmer ist auch die **Seele** aufgeräumt. *(E. v. Feuchtersleben, Diätetik der Seele)*

Jede Landschaft hat ihre eigene, besondere **Seele.** *(C. Morgenstern)*

Krankheiten der **Seele** können den Tod nach sich ziehen, und das kann Selbstmord werden. *(G. Ch. Lichtenberg)*

Nun hat die liebe **Seele** Ruh'. *(Redensart, nach Luk. 12, 19)*

Seele des Menschen, wie gleichst du dem Wasser! *(Goethe, Gesang der Götter…)*

Seele, vergiß sie nicht, Seele vergiß nicht die Toten! *(F. Hebbel, Requiem)*

Über die **Seele** haben wir durch Vorsatz und Sammlung des Gemüts eine große Gewalt. *(W. v. Humboldt)*

Von ganzem Herzen und von ganzer **Seele.** *(5. Mos. 4, 29 u. a.)*

Was hülfe es dem Menschen, so er die ganze Welt gewönne und nähme doch Schaden an seiner **Seele?** *(Matth. 16, 26)*

Der Schmerz ist der große Lehrer der Menschen. Unter seinem Hauche entfalten sich die **Seelen.** *(M. v. Ebner-Eschenbach, Aphorismen)*

Die Tugend großer **Seelen** ist Gerechtigkeit. *(A. v. Platen)*

Große **Seelen** dulden still. *(Schiller, Don Carlos)*

Große, starke **Seelen** sind selten ärgerlich, desto mehr aber schwache Männer und fast alle Weiber. *(K. J. Weber, Demokritos)*

Schöne **Seelen** finden sich zu Wasser und zu Lande.
(A. Gryphius, Horribilicribifax)

Verwandt sind alle starken **Seelen.**
(Schiller, Piccolomini)

Verwandte **Seelen** finden sich zu Wasser und zu Lande. *(Sprichwort)*

Was schöne **Seelen** schön empfunden, muß trefflich und vollkommen sein.
(Schiller, An die Künstler)

Zwei **Seelen,** ach, ich fühl' es zu gewiß! Bekämpfen sich in meiner Brust mit gleicher Kraft. *(C. M. Wieland)*

Zwei **Seelen** und ein Gedanke!
(Redensart/F. Hahn, Sohn der Wildnis)

Zwei **Seelen** wohnen, ach! in meiner Brust. *(Goethe, Faust)*

Seelenruhe, Heiterkeit und Zufriedenheit sind die Grundlagen alles Glücks, aller Gesundheit und des langen Lebens.
(C. W. Hufeland)

Dieser **Seelenschacher** im Herzen des Vaterlandes und dessen blutende Zerrissenheit läßt keinen stolzen Sinn und noch viel weniger ein stolzes Wort aufkommen. *(H. Heine, Norderney)*

Seelenstärke ohne Seelengröße bildet die bösartigen Charaktere.
(K. J. Weber)

Des dummen Wanderns ist's auf Erden schon genug: Bewahre mich, mein Gott, vor **Seelenwanderung.**
(J. C. Haug, Sinngedichte)

Das kann doch einen **Seemann** nicht erschüttern. *(Lied aus dem Tonfilm »Paradies der Junggesellen«)*

Der Reichtum gleicht dem **Seewasser;** je mehr man davon trinkt, desto durstiger wird man. *(A. Schopenhauer, Aphorismen)*

Das ist Wind in seine **Segel!**
(Redensart)
Das fördert seine Pläne

Die **Segel** streichen. *(Redensart)*
Klein beigeben

Mit vollen **Segeln** lief ich in das Meer des Lebens. *(Schiller, Demetrius)*

An Gottes **Segen** ist alles gelegen.
(Sprichwort)

Arbeit ist des Bürgers Zierde, **Segen** ist der Mühe Preis. *(Schiller, Glocke)*

Der beste **Segen,** der nur gedeiht, das ist der gute Name allezeit. *(Alter Spruch)*

Der **Segen** des Herrn macht reich ohne Mühe. *(Spr. Salom. 10, 22)*

Des Vaters **Segen** bauet den Kindern Häuser. *(Jes. Sir. 3, 11)*

Doch der **Segen** kommt von oben.
(Schiller, Glocke)

Doch **Segen** quillt und warme Fruchtbarkeit, wenn die Gewitterlüfte sich entladen. *(Schiller, Wilhelm Tell)*

Sich regen bringt **Segen.** *(Sprichwort)*

Eilende Wolken! **Segler** der Lüfte!
(Schiller, Maria Stuart)

Segnet, die euch fluchen. *(Matth. 5, 44)*

Sehe jeder, wo er bleibe, und wer steht, daß er nicht falle. *(Goethe, Beherzigungen)*

Einmal **sehen** ist besser als zehnmal hören. *(Sprichwort)*

Keiner ist so blind, als wer nicht **sehen** will. *(Sprichwort)*

Sehen geht über hören. *(Sprichwort)*

Selig sind, die nicht **sehen** und doch glauben. *(Joh. 20, 29)*

Wer nicht **sehen** will, dem hilft keine Brille. *(Sprichwort)*

Sehenswürdigkeiten sind Dinge, die man gesehen haben muß, weil andere Leute sie auch gesehen haben.
(A. v. Czibulka)

Die Kunst der **Seher** ist ein eitles Nichts; Betrüger sind sie oder sind betrogen.
(Schiller)

Seher? Was heißt ein Seher? Der auf gutes Glück für eine Wahrheit zehen Lügen sagt. *(Schiller, Iphigenie in Aulis)*

Und mich ergreift ein längst entwöhntes **Sehnen.** *(Goethe, Faust)*

Dem Verlorenen folgt die **Sehnsucht.**
(Horaz)

Denn die **Sehnsucht** ist dem Menschen oft lieber als die Erfüllung.
(J. Langbehn, Rembrandt als Erzieher)

Endstation **Sehnsucht.**
(Titel eines Bühnenwerkes von Tennessee Williams)

Höher und dauernder ist keine **Sehnsucht** als die nie zu befriedigende.
(E. v. Feuchtersleben)

Je weiter entfernt, je größer ist die **Sehnsucht.** *(Sprichwort)*

Nur die **Sehnsucht** macht reich.
(L. Börne)

Nur wer die **Sehnsucht** kennt, weiß, was ich leide. *(Goethe, Mignon)*

O zarte **Sehnsucht,** süßes Hoffen, der ersten Liebe goldne Zeit!
(Schiller, Glocke)

Jeder **sehnt** sich nun einmal nach dem, was nicht für ihn bestimmt ist.
(P. Ernst)

Verbiete du dem **Seidenwurm** zu spinnen! *(Goethe, Tasso)*

Du bist das **Seiende** und das Nicht-seiende, Sein Gebende und von dem Sein Befreiende. *(F. Rückert, Weisheit der Brahmanen)*

Die **Seife** ist ein Maßstab für den Wohlstand und die Kultur der Staaten.
(J. v. Liebig)

Eine Idee muß Wirklichkeit werden können oder sie ist eine eitle **Seifenblase.** *(B. Auerbach)*

Johann, der muntere **Seifensieder.**
(Gedicht von F. v. Hagedorn)

Nun geht mir ein **Seifensieder** auf!
(Redensart)
Nun wird mir alles klar

Schad' um die Leut'!, sind sonst wackre Brüder, aber das denkt wie ein **Seifensieder.** *(Schiller, Wallensteins Lager)*

An dünnen, unmerkbaren **Seilen** hängen oft fürchterliche Gewichte.
(Schiller, Kabale und Liebe)

Laß jeden den **sein,** der er ist, so bleibst auch du, der du bist. *(Sprichwort)*

Man muß was **sein,** wenn man was scheinen will. *(L. van Beethoven)*

Mehr **sein** als scheinen.
(Alter Wahlspruch)

Sein oder Nichtsein, das ist hier die Frage. *(Shakespeare, Hamlet)*

Wer etwas scheinen will, der such es auch zu sein; denn ohne **Sein** ist selbst der Schein ein leerer Schein.
(F. Rückert, Weisheit der Brahmanen)

Jedem das **Seine.** *(Cicero, De officiis/ Preußischer Wahlspruch)*

Seinebabel. *(M. Constantin, Paris)* *Bezeichnung für Paris*

Den **Seinen** gibt's der Herr im Schlafe. *(Nach Psalm 127, 2)*

Was liegt dem guten Menschen näher als die **Seinen?** *(Schiller, Wilhelm Tell)*

Wir werden nimmer **seinesgleichen** sehn! *(Shakespeare, Hamlet)*

Jeder Mensch hat seine guten **Seiten.** Man muß nur die schlechten umblättern. *(E. Jünger)*

Jedes Ding hat zwei **Seiten.** *(Sprichwort)*

Abgemacht! **Sela!** *(Nach den Psalmen)*

Selber essen macht fett. *(Sprichwort)*

Der lebt am allerbesten, der sich **selbst** nichts lebt, und der lebt am allerärgsten der sich selbst lebt. *(M. Luther)*

Der Mensch, welcher nur sich **selbst** liebt, fürchtet nichts so sehr, als mit sich allein zu sein. *(B. Pascal)*

Es hat immer einen unendlichen Nutzen, sich so zu gewöhnen, daß man sich **selbst** zu einem beständigen Gegenstand seines Nachdenkens macht. *(W. v. Humboldt)*

Es ist wohl angenehm, sich mit sich **selbst** beschäft'gen, wenn es nur so nützlich wäre. *(Goethe)*

Selbst getan ist bald getan. *(Sprichwort)*

Selbst ist der Mann! *(Sprichwort)*

Selbst ist der Mann! Wer Thron und Kron' begehrt, persönlich sei er solcher Ehren wert. *(Goethe, Faust)*

Was in den Herzen andrer von uns lebt, ist unser wahrstes und tiefstes **Selbst.)** *(J. G. Herder)*

Wie kann man sich **selbst** kennenlernen? Durch Betrachten niemals, wohl aber durch Handeln. *(Goethe)*

Aller Geist geht aus der **Selbstbeherrschung** hervor. *(B. v. Arnim)*

Das Festhalten und Befolgen der Grundsätze, den ihnen entgegenwirkenden Motiven zum Trotz, ist **Selbstbeherrschung.** *(A. Schopenhauer)*

Die Wurzel aller Sittlichkeit ist die **Selbstbeherrschung.** *(J. G. Fichte)*

Selbstbeherrschung, das ist die ewige große Lehre, die dem Menschen das Leben, die Pflicht und die Diätetik der Seele predigt. *(E. v. Feuchtersleben)*

Selbstbestimmung(srecht) der Völker. *(Nach Th. W. Wilson, 1917)*

Ein bis zum Stolz gehendes **Selbstbewußtsein,** wenn es recht gelenkt ist, kann ein sicheres Moralprinzip werden. *(A. Auerbach)*

Reisen ist das beste Mittel zur **Selbstbildung.** *(K. J. Weber, Demokritos)*

Das wichtigste Resultat aller Bildung ist die **Selbsterkenntnis.** *(E. v. Feuchtersleben)*

Ich halte die **Selbsterkenntnis** für schwierig und selten, die Selbsttäuschung dagegen für sehr leicht und gewöhnlich. *(W. v. Humboldt)*

Selbsterkenntnis. Ob du dich selber erkennst? Du tust es sicher, sobald du mehr Gebrechen an dir als an den andern entdeckst. *(F. Hebbel. Epigramme)*

Verderblich ist, was deinen Geist befreit und nicht zu gleicher Frist **Selbstherrschaft** dir verleiht.
(F. Rückert, Weisheit des Brahmanen)

Ein **selbstisches** Gemüt kann nicht der Qual des engen Neids entfliehen.
(Goethe)

Die **Selbstliebe** ist die Quelle, der Ursprung und das Prinzip aller unserer Leidenschaften. *(J. J. Rousseau)*

Selbstliebe ist nur insofern sittlich, als sie alle andere Liebe in sich schließt.
(F. E. D. Schleiermacher)

Der **Selbstmord** ist das größte Verbrechen. Welchen Mut kann derjenige besitzen, der vor einem Wechsel des Glücks zittert? *(Napoleon I.)*

Krankheiten der Seele können den Tod nach sich ziehen, und das kann **Selbstmord** werden. *(G. Ch. Lichtenberg)*

Selbstmord ist die abscheulichste Sünde ... die einzige, die man nicht mehr bereuen kann, weil Tod und Missetat zusammenfallen. *(Schiller)*

Du kränkst den Gott in dir, wenn du den Lüsten frönest, und mehr noch, wenn du in verkehrter **Selbstqual** stöhnest.
(F. Rückert, Weisheit des Brahmanen)

Die **Selbstsucht** ist die Wurzel aller andern Verderbtheit. *(J. G. Fichte)*

Die zackigste, härteste **Selbstsucht** ist nichts als gefrorenes Mitleid und die zärtlichste Teilnahme nur aufgelöste Eigenliebe. *(L. Börne)*

Die **Selbstüberschätzung** tötet den Erfolg im Keim. *(Bismarck)*

Von allen Qualen, die den Menschen heimsuchen können, ist die **Selbstverachtung** die höchste. *(B. Auerbach)*

Ob wir in Luft, ob wir in Gott versinken, wir suchen **Selbstvergessenheit** zu trinken. *(R. Hamerling, Venus im Exil)*

Selbstverschuldung ist der schwerste Fluch. *(E. Raupack)*

Die **Selbstzufriedenheit** ist in Wahrheit das Höchste, was man erhoffen kann.
(B. de Spinoza)

Traurig such' ich an dem Sternenbogen, dich, **Selene,** find ich dort nicht mehr.
(Schiller, Die Götter Griechenlands)

Selig sind, die nicht sehen und doch glauben. *(Joh. 20, 29)*

Es reift keine **Seligkeit** unter dem Monde. *(Schiller, Räuber)*

Es ist wenig, was man zur **Seligkeit** bedarf. *(Schiller, Don Carlos)*

In der Welt ist keine **Seligkeit** fehllos.
(Horaz, Oden)

Seltsam, bei Gott! Höchst wunderbar und seltsam. *(Schiller, Jungfrau von Orleans)*

Das geht weg wie die warmen **Semmeln!**
(Redensart)
Das ist sehr begehrt; das verkauft sich von selbst

Seinen **Senf** dazugeben. *(Redensart)*
Ungefragt seine Meinung äußern

Aus! **Sense!** *(Berliner Redensart)*
Nun aber Schluß!

Wie die **Sense,** so der Schnitt.
(Sprichwort)

Jener dürre **Sensenritter** streckt uns alle in den Sand. *(H. Heine, Auf dem Hardenberge)*

Anmutig werden selbst alltägliche **Sentenzen** im Siebenwasserfall melodischer Kadenzen. *(F. Rückert, Weisheit des Brahmanen)*

Bitter und süß sind derlei **Sentenzen,** die, so gebraucht, an Recht und Unrecht grenzen. *(Shakespeare, Othello)*

Der **September** ist der Mai des Herbstes. *(Bauernregel)*

Sesam, öffne dich! *(Zauberformel, nach »Tausendundeine Nacht«)*

Setze dir neben mir, dir stehn zu sehn, das jammert mir. *(Rüthling, Museum komischer Vorträge)*

Schlag nach bei **Shakespeare** – der hat immer recht. *(S. u. B. Spewack, G. Neumann/C. Porter, Kiss me Kate)*

Shakespeare und kein Ende. *(Aufsatz von Goethe)*

Aus der Nessel Gefahr pflücken wir der Blume **Sicherheit.** *(Shakespeare, Heinrich IV.)*

Ein Gedächtnis wie ein **Sieb** haben. *(Redensart)* *Vergeßlich sein*

Böse **Sieben.** *(Redensart)* *Böses Weib*

Sieben auf einen Streich! *(J. u. W. Grimm, Kinder- u. Hausmärchen: Das tapfere Schneiderlein)*

Seine **Siebensachen** packen. *(Redensart)* *Alles, was man besitzt, zusammenpacken*

Im **siebenten** Himmel sein. *(Nach Mohammed)*

O der **Sieche** nur ermißt im Jammer ganz den Preis des vollen, frischen Lebens. *(A. v. Chamisso, Der arme Heinrich)*

Aber der **Sieg** kommt vom Herrn. *(Spr. Salom. 21, 31)*

Der **Sieg** des Miltiades läßt mich nicht schlafen! *(Themistokles, nach Plutarch)*

Der **Sieg** soll nie ohne Übung der Barmherzigkeit sein. *(Kaiser Karl V.)*

Ein gefahrloser **Sieg** ist ein ruhmloser Triumph. *(P. Corneille)*

Entschließe dich beherzt, dich selber zu besiegen; der **Sieg,** so schwer er ist, bringt göttliches Vergnügen. *(Chh. F. Gellert)*

Manch blutig Treffen wird um nichts gefochten, weil einen **Sieg** der junge Feldherr braucht. *(Schiller, Piccolomini)*

Sich selbst besiegen, ist der schönste **Sieg.** *(F. v. Logau, Sinngedichte)*

Trotze, so bleibt dir der **Sieg!** *(F. Hebbel)*

Der **Siege** göttlichster ist das Vergeben. *(Schiller, Braut von Messina)*

Ein Friede ist besser als zehn **Siege.** *(Sprichwort)*

Siege werden bald erfochten; ihre Erfolge zu befestigen, das ist schwer. *(L. v. Ranke, Deutsche Geschichte im Zeitalter der Reformation)*

Brief und **Siegel** geben. *(Redensart)* *Fest von etwas überzeugt sein*

Ein Buch mit sieben **Siegeln.** *(Redensart, nach Off. Joh. 5, 1)* *Etwas Geheimnisvolles, Unbekanntes*

In diesem Zeichen wirst du **siegen!** *(Eusebius Pamphili, Leben Konstantins)*

Den stolzen **Sieger** stürzt sein eigenes Glück. *(Schiller, Jungfrau von Orleans)*

Der **Sieger,** wie er prangt, preist den gewognen Gott. *(Goethe, Faust)*

Im Krieg und in der Liebe: Der **Sieger** hat immer recht. *(Spanisches Sprichwort)*

Jeder übermütige **Sieger** arbeitet an seinem Untergang. *(J. de la Fontaine)*

Noch niemals hat ein **Sieger** Neigung oder Kunde genug gehabt, um die Überwundenen gerecht zu beurteilen. *(J. G. Fichte)*

Sieger bleibt, wer den letzten Taler in der Tasche hat. *(Kardinal Fleury, nach Friedrich d. Gr.)*

Wer einem **Sieger** widerspricht, der widerspricht mit Unbedacht. *(A. v. Platen, Harmosan)*

Heil dir im **Siegerkranz!** *(Hymne von B. G. Schumacher und Deutsche Hymne bis 1918 H. Carey)*

Eure Schläfe schmückten **Siegeskränze,** Kronen euer duftend Haar. *(Schiller, Götter Griechenlands)*

Wer siegen lern' in Niederlagen, wird auch das Glück des **Siegs** ertragen. *(E. Geibel)*

Nun **siegt** mal schön! *(Bundespräsident Th. Heuss anläßlich eines Manövers der Bundeswehr, 1958)*

Wer da **siegt,** hat recht. *(Ch. D. Grabbe)*

Man **sieht** doch, wo und wie. *(Goethe, Faust)*

Ein braves Pferd stirbt in den **Sielen.** *(Bismarck)*

Was kann der **Sigismund** dafür, daß er so schön ist? *(J. Gilbert/R. Benatzky, »Im Weißen Rößl«)*

Völker, hört die **Signale!** Auf zum letzten Gefecht! *(E. Pottier/E. Luckhardt/Melodie: A. de Geyter, Die Internationale, 1871)*

Reden ist **Silber,** Schweigen ist Gold. *(Sprichwort)*

Gibt's mehr als einen **Silberblick** im Leben? *(Th. Körner, Zriny)*

Silbersteifen am Horizont. *(Nach Reichsaußenminister G. Stresemann, 1924)*

Reizvoll klingt des Ruhms lockender **Silberton** in das schlagende Herz. *(F. G. Klopstock)*

Simonie. *(Nach Apostel. 8) Kauf geistlicher Ämter; Ämterschacher)*

Demgemäß ist **Simplizität** stets ein Merkmal nicht allein der Wahrheit, sondern auch des Genies gewesen. *(A. Schopenhauer, Parerga und Paralipomena)*

Hier kann nicht sein ein böser Mut, wo da **singen** Gesellen gut. *(M. Luther)*

Nun **singen** sie wieder. *(Drama v. M. Frisch)*

Wer das **Singen** recht versteht, ist aller Herzen König. *(P. Heyse)*

Weh' dem Lande, wo man nicht mehr **singet!** *(J. G. Seume, Gesänge)*

Wo man **singet,** laß dich ruhig nieder, … Bösewichter haben keine Lieder. *(Nach J. G. Seume, Die Gesänge) Wird zitiert: Wo man singt, da laß dich ruhig nieder; böse Menschen haben keine Lieder*

Da geht er hin und **singt** nicht mehr. *(F. Gumbert, Die Kunst, geliebt zu werden)*

Aus den Augen, aus dem **Sinn.** *(Sprichwort)*

Der langen Rede kurzer **Sinn.** *(Redensart, nach Schiller, Piccolomini)*

Es trägt Verstand und rechter **Sinn** mit wenig Kunst sich selber vor. *(Goethe, Faust)*

Hoher **Sinn** liegt oft im kindischen Spiel. *(Schiller, Thekla)*

Ich lasse jedem seinen **Sinn** und Neigung, weiß doch, was mir ein jeder von euch gilt. *(Schiller, Wallensteins Tod)*

Im engen Kreis verengert sich der **Sinn.** *(Schiller, Wallensteins Lager)*

Lieber ein paar verkehrte Worte als einen verkehrten **Sinn.** *(G. E. Lessing)*

Niemand erkennt meinen **Sinn,** ob Fuchs ich oder Hase bin. *(Nach Friedrich Wilhelm, dem Gr. Kurfürsten)*

Ursprünglich eignen **Sinn** laß dir nicht rauben! Woran die Menge glaubt, ist leicht zu glauben. *(Goethe, Zahme Xenien)*

Die **Sinne** sind diejenigen Organe, durch die der Mensch sich mit der Umwelt in Verbindung setzt. *(J. A. Brillat-Savarin, Physiologie du Goût)*

Die **Sinne** trügen nicht, aber das Urteil trügt. *(Goethe, Maximen und Reflexionen)*

Ich hab's gewagt mit **Sinnen** und trag des noch kein Reu, mag ich nit dran gewinnen, noch muß man spüren Treu. *(Ein neu Lied Herr Ulrichs von Hutten)*

Der **Sinnesrausch** ist zur Liebe, was der Schlaf zum Leben. *(Novalis)*

Was ist ein **Sinngedicht?** Wie Mann und Weib verbunden ein Zeilenpaar, das sich vereint im Reim empfunden. *(F. Rückert, Weisheit des Brahmanen)*

Eine **sinnliche** Bewegung durch die andre überwinden heißt nur: ein Laster gegen ein anderes verwechseln. *(M. Claudius)*

Gesunde **Sinnlichkeit.** *(Nach H. Heine)*

Wo die **Sinnlichkeit** an die Vernunft grenzt, ist sie gewiß immer schön. *(J. G. Seume)*

Nach uns die **Sintflut!** *(Redensart/Marquise de Pompadour)*

Viel besser hilft uns Freunschaft ohne **Sippe.** *(W. v. d. Vogelweide)*

Sisyphusarbeit. *(Redensart, nach der griechischen Sage) Anstrengende, vergebliche, nie endende Arbeit*

Die **Sitte** folgt dem Urteil nicht, sie folgt dem Vorurteil. *(K. Gutzkow)*

Die **Sitte** ist schon gerichtet, zu deren Gunsten wir kein anderes Argument vorzubringen wissen als das ihrer Allgemeinheit. *(M. v. Ebner-Eschenbach)*

Die **Sitte** kann keinem Menschen erlassen werden; sie ist eine Allerweltssprache, ohne die man nicht verstanden wird. *(C. Brentano)*

Eine löbliche **Sitte.** *(Nach 2. Makk. 4, 11)*

Nach Freiheit strebt der Mann, das Weib nach **Sitte.** *(Goethe, Tasso)*

Sitte ist stärker als Recht *(Sprichwort)*

Andre Länder – andre **Sitten.**
(Sprichwort)

Böse Beispiele verderben gute **Sitten.**
(Sprichwort, nach 1. Kor. 15, 33)

Die **Sitten** wechseln mit der Zeit.
(Ch. M. Wieland)

Füg dich den **Sitten,** wo auch immer du bist! *(Japanisches Sprichwort)*

Menschen ohne **Sitten** sind die wahre Geißel der andern. *(A. F. Varnhagen von Ense)*

O wie verderbt sind heutzutag' die **Sitten!** *(A. v. Platen)*

Was doch ohne der **Sitten** Zucht frommt das eitle Gesetz? *(Horaz, Oden)*

Es gab viele Religionen, aber nur ein **Sittengesetz.** *(Jean Paul)*

An **Sittensprüchen** hat der Arge sein Vergnügen, nicht um danach zu tun, doch um damit zu trügen.
(F. Rückert, Weisheit des Brahmanen)

Ländlich – **sittlich.** *(Redensart)*

Der Zweck der wahren Religion soll sein, die Grundsätze der **Sittlichkeit** tief in die Seele einzupflanzen.
(G. W. v. Leibniz)

Die Ehre verpflichtet zur **Sittlichkeit,** der Ruhm noch mehr, die Macht am meisten. *(B. Auerbach)*

Die **Sittlichkeit** allein ersetzt den Glauben nicht; doch weh' dem Glauben, dem die Sittlichkeit gebricht. *(F. Rückert)*

Die Wurzel aller **Sittlichkeit** ist die Selbstbeherrschung. *(J. G. Fichte)*

Nicht die **Sittlichkeit** regiert die Welt, sondern eine verhärterte Form derselben: die Sitte. *(B. Auerbach)*

Nicht eine kränkende Moral – uns frommt eine robuste **Sinnlichkeit.**
(E. v. Feuchtersleben, Tagebuchblätter)

Sittlich kann nur der Mensch sein, und deshalb liegt alle menschliche Größe nur in der **Sittlichkeit.** *(P. Ernst)*

Die wilde Hitze roher Jugend wird mit den Jahren **Sittsamkeit.** *(Ch. F. Gellert)*

Einen **sitzen** haben. *(Redensart)*
Angeheitert sein

Wir **sitzen** so fröhlich beisammen und haben einander so lieb. *(A. v. Kotzebue, Trost beim Scheiden)*

Kein **Sitzfleisch** haben. *(Redensart)*
Keine Ausdauer besitzen

Wer eine Zeit lang **Skandal** erregt, glaube nicht, daß er die Welt bewegt.
(F. v. Sallet, Epigrammatisches…)

Der Heilige Geist ist kein **Skeptiker!**
(M. Luther)

Lieber tot als **Sklav'!**
(Nach D. v. Liliencron, Pidder Lüng)

In dir ein edler **Sklave** ist, dem du die Freiheit schuldig bist.
(M. Claudius, Ein gülden Abc)

Die glücklichen **Sklaven** sind die erbittertsten Feinde der Freiheit.
(M. v. Ebner-Eschenbach)

Die Könige sind nur **Sklaven** ihres Standes, den eignen Herzen dürfen sie nicht folgen. *(Schiller, Maria Stuart)*

Die **Sklaven** haben Tyrannen gemacht, der Blödsinn und der Eigennutz haben die Privilegien erschaffen, und Schwachheit und Leidenschaft verewigen beides.
(G. Seume)

Es ist der Kön'ge Fluch, bedient von **Sklaven** zu sein, die Vollmacht sehn in ihren Launen. *(Shakespeare, Heinrich IV.)*

Ich bin es müde, über **Sklaven** zu herrschen. *(Friedrich d. Gr. 1785)*

Vor dem **Sklaven,** wenn er die Kette bricht, vor dem freien Menschen erzittert nicht. *(Schiller, Worte des Glaubens)*

Wo es keine **Sklaven** gibt, da gibt es keine Tyrannen. *(J. G. Seume, Spaziergang nach Syrakus)*

Sklavenmoral. *(F. Nietzsche, Jenseits von Gut und Böse)*

Besser noch ist Tod als **Sklaverei.** *(F. Halm, Sohn der Wildnis)*

Mit der Furcht fängt die **Sklaverei** an, aber auch mit Zutrauen und Sorglosigkeit. *(J. G. Seume)*

Zur **Sklaverei** gewöhnt der Mensch sich gut und lernet leicht gehorchen, wenn man ihn der Freiheit ganz beraubt. *(Goethe, Iphigenie auf Tauris)*

Mit **Skorpionen** züchtigen. *(Nach 1. Könige 12, 11)*

Mich plagen keine **Skrupel** noch Zweifel, fürchte mich weder vor Hölle noch Teufel. *(Goethe, Faust)*

Lewwer duad us **Slaav!** *(D. v. Liliencron, Pidder Lüng)*

Snobismus ist das Selbstbewußtsein derjenigen, die ihrer selbst nicht sicher sind. *(Th. Wilder)*

So sehen wir uns wieder? *(Schiller, Don Carlos)*

So stirbt ein Held. *(Schiller, Räuber)*

So war's nicht gemeint! *(Schiller, Piccolomini)*

So weit geht niemand, der nicht muß. *(Schiller, Wallensteins Tod)*

Und muß ich **so** dich wiederfinden? *(Schiller, Kraniche des Ibykus)*

Setz deinen Fuß auf ellenhohe **Socken,** du bleibst doch immer, was du bist. *(Goethe, Faust)*

Sich auf die **Socken** machen. *(Redensart)* *Fortgehen*

Sodom und Gomorrha. *(Nach 1. Mos. 19)* *Stätten des Lasters bzw. großer Unordnung*

Wir heften uns an seine **Sohlen.** *(Schiller, Kraniche des Ibykus)*

Der reifste **Sohn** der Zeit. *(Schiller, Künstler)*

Der verlorene **Sohn.** *(Nach Luk. 15, 11–32)*

Dies ist mein lieber **Sohn,** an welchem ich Wohlgefallen habe. *(Matth. 3, 17)*

Ein weiser **Sohn** ist seines Vaters Freude; aber ein törichter Sohn ist seiner Mutter Grämen. *(Spr. Salom. 10, 1)*

Mein **Sohn,** warum hast du uns das getan? *(Luk. 2, 48)*

Sohn, du hast meinen Speer! *(F. L. Graf zu Stolberg, Lied eines alten schwäb. Ritters)*

Sohn des Glücks. *(Sophokles, König Ödipus)*

Der dem Tod ins Angesicht schauen kann, der **Soldat** allein ist der freie Mann. *(Schiller, Wallensteins Lager)*

Es steht ein **Soldat** am Wolgastrand.
(B. Jenbach u. H. Reichert/F. Lehár, Zarewitsch)

Man muß **Soldat** sein für sein Land oder aus Liebe zu der Sache, für die gefochten wird. *(G. E. Lessing, Minna v. Barnhelm)*

O welche Lust, **Soldat** zu sein.
(Gedicht von Hoffmann v. Fallersleben)

An den Kleinigkeiten, daran erkennt man den **Soldaten.** *(C. Zuckmayer, Hauptmann von Köpenick)*

Fluchwürdig Schicksal des **Soldaten.**
(Schiller, Piccolomini)

Soldaten wohnen auf den Kanonen.
(B. Brecht/K. Weill, Dreigroschenoper)

Wer will unter die **Soldaten,** der muß haben ein Gewehr. *(F. Güll, Kinderheimath…)*

Heißer **Sommer,** guter Wein.
(Sprichwort)

Wer nicht im **Sommer** sammelt ein, der wird im Winter dürftig sein.
(Sprichwort)

Die **Sommernacht** hat es mir angetan!
(V. v. Scheffel, Trompeter v. Säckingen)

Die **Sonn'** erwacht! Mit ihrer Pracht erfüllt sie die Berge, das Tal.
(C. M. v. Weber, Preziosa)

Das ist die **Sonne** von Austerlitz!
(Napoleon I., 1812)

Der ist mein Freund nicht, der die **Sonne** nicht mag. *(C. Flaischlen)*

Der Mensch ist eine **Sonne,** seine Sinne sind die Planeten.
(Novalis, Fragmente)

Der **Sonne** und dem Tode kann man nicht unverwandt ins Antlitz schauen.
(F. de La Rochefoucauld)

Die aufgehende **Sonne** hat mehr Anbeter als die untergehende. *(Sprichwort)*

Die **Sonne** bringt es an den Tag.
(Sprichwort, Gedicht von A. v. Chamisso)

Die Sonne geht in meinem Staat nicht unter. *(Schiller, Don Carlos)*

Die **Sonne** ist die Universalarzenei aus der Himmelsapotheke. *(A. v. Kotzebue)*

Die Sonne scheint über Gerechte und Ungerechte. *(Nach Matth. 5, 45)*

Die **Sonne** tönt, nach alter Weise, in Brudersphären Wettgesang…
(Goethe, Faust)

Es leuchtet die **Sonne** über Bös' und Gute, und dem Verbrecher glänzen wie dem Besten der Mond und die Sterne.
(Goethe)

Hab' **Sonne** im Herzen.
(Gedicht von C. Flaischlen)

Ich fange an, der **Sonne** müd' zu sein.
(Schiller, Macbeth)

Lasset die **Sonne** nicht über euerm Zorn untergehn! *(Eph. 4, 26)*

Scheint die **Sonne** noch so schön, einmal muß sie untergehn! *(F. Raimund, Der Bauer als Millionär)*

Sie sagt nich tick, sie sagt nich tack, hat keene Jlocke, hat keenen Schlag. Wenn die **Sonne** scheint, denn jeht se, und wenn't rejent, denn steht se.
(Inschrift einer Berliner Sonnenuhr)

Sonne, stehe still zu Gibeon, und Mond im Tale Ajalon. *(Josua 10, 12)*

Soweit die **Sonne** scheint, soweit erwärmt sie auch. *(Goethe)*

Und die **Sonne** Homers, siehe, sie lächelt auch uns. *(Schiller, Spaziergang)*

Und die **Sonne** machte den weiten Ritt um die Welt. *(E. M. Arndt, Ballade)*

Wer Butter am Kopf hat, soll nicht in die **Sonne** gehen. *(Sprichwort)*

Wie schnell alle Sterne verschwinden, sobald sich die **Sonne** erhebt. *(F. v. Bodenstedt)*

Wo wir uns der **Sonne** freuen, sind wir jeder Sorge los. *(Goethe, Wanderlied)*

Wohl waren es Tage der **Sonne!** *(E. Geibel, Mädchenlieder)*

Die **Sonnen** also scheinen uns nicht mehr, fortan muß eignes Feuer uns erleuchten. *(Schiller, Piccolomini)*

Das Licht vom Himmel läßt sich nicht versprengen, doch läßt der **Sonnenaufgang** sich verhängen mit Purpurmänteln oder dunklen Kutten. *(N. Lenau)*

Im **Sonnenglanz** durch Morgennebelduft. *(Goethe, Faust)*

Wär' nicht das Auge **sonnenhaft,** die Sonne könnt' es nie erblicken. *(Goethe)*

Wie von unsichtbaren Geistern gepeitscht gehen die **Sonnenpferde** der Zeit mit unsers Schicksals leichtem Wagen durch. *(Goethe, Egmont)*

Dein tägliches Quantum **Sonnenschein** mußt du dir täglich selbst verdienen. *(H. Sudermann)*

Die Sonne schien ihm aufs Gehirn, da nahm er seinen **Sonnenschirm.** *(H. Hoffmann, Struwwelpeter)*

Mach es wie die **Sonnenuhr;** zähl die heitern Stunden nur. *(Inschrift zahlreicher Sonnenuhren)*

Das Fräulein stand am Meere und seufzte lang und bang, es rührte sie so sehre der **Sonnenuntergang.** *(H. Heine, Neue Gedichte)*

Wer aus **sonnigen** Bezirken stammt, muß sonnig auf uns wirken. *(F. v. Bodenstedt)*

Alle Tage ist kein **Sonntag.** *(Volksstück von C. Clewing)*

Sonntags nie! *(Redensart, nach Titel eines Films, 1959)*

Du bist und bleibst ein Lügner, ein **Sophiste!** *(Goethe, Faust)*

Der Rost frißt Stahl und Eisen, wie **Sorge** frißt den Weisen. *(Freidank)*

Die **Sorge,** die schleicht sich durchs Schlüsselloch ein. *(Goethe, Faust)*

Die **Sorge** geziemt dem Alter, damit die Jugend eine Zeitlang sorglos sein könne. *(Goethe)*

Die wache **Sorge** lauscht im Auge jedes Alten, und Schlummer bettet nie sich da, wo Sorgen walten. *(Shakespeare)*

Hast du die **Sorge** nie gekannt? *(Goethe, Faust)*

Ich habe es bis jetzt auch nicht gewußt, daß die **Sorge** mit das Beste in und an der Welt ist. *(W. Raabe)*

Sorge machet graues Haar, so altert Jugend ohne Jahr. *(Freidank, Bescheidenheit)*

Sorge macht alt vor der Zeit. *(Jes. Sir. 30, 26)*

Sorge macht nicht satt; man hat nur, was man hat. *(Sprichwort)*

Wenn wir nur etwas, das uns **Sorge** macht, aus unserer Gegenwart verbannen können, da glauben wir schon, nun sei es abgetan. *(Goethe)*

Zu den höchsten Matten unters stillste Dach wandelt, wie die Schatten, dir die **Sorge** nach. *(E. Geibel)*

Zu nichts ist der geschickt, dem **Sorge** steckt im Kopfe. *(F. v. Logau)*

Borgen macht **Sorgen.** *(Sprichwort)*

Es ist ein Brauch von alters her: Wer **Sorgen** hat, hat auch Likör. *(W. Busch, Fromme Helene)*

Für **Sorgen** sorgt das liebe Leben, und Sorgenbrecher sind die Reben. *(Goethe, Westöstlicher Diwan)*

In eignen kleinen **Sorgen** und Interessen zerstreut sich der gemeine Geist. *(Schiller, Piccolomini)*

Kleine **Sorgen** machen zärtlich, große machen hart und wild. *(A. Chénier)*

Weichet, **Sorgen,** von mir! Doch, ach! den sterblichen Menschen lässet die Sorge nicht los, eh' ihn das Leben verläßt. *(Goethe)*

Wer um alle Dinge **sorgen** will, den erwartet Leides viel. *(Freidank, Bescheidenheit)*

Darum **sorget** nicht für den andern Morgen; denn der morgende Tag wird für das Seine sorgen. Es ist genug, daß ein jeglicher Tag seine eigene Plage habe. *(Matth. 6, 34)*

Sorgt ihr für euch; ich tu', was meines Amts. *(Schiller, Wilhelm Tell)*

Die Schwalbe ist die **Soubrette** der Natur. *(P. Hille, Aphorismen)*

Ich stabiliere die **Souveraineté** und setze die Krone fest wie ein Rocher de bronce. *(Friedrich Wilhelm I. von Preußen)*

Wer ist denn der **souveräne** Mann? Das ist bald gesagt: Der, den man nicht hindern kann, ob er nach Gutem oder Bösem jagt. *(Goethe)*

Wanderer, kommst du nach **Spa**... *(Roman von H. Böll)*

Wo man hobelt, fallen **Späne**. *(Sprichwort)*

Fern im Süd das schöne **Spanien**. *(E. Geibel, Der Zigeunerbube...)*

Spanien, das Land des Weins und der Gesänge. *(Goethe, Faust)*

Stolz wie ein **Spanier**. *(Redensart, nach Schiller, Don Carlos)*
Überaus stolz und selbstbewußt

Stolz will ich den **Spanier**! *(Schiller, Don Carlos)*

Das kommt mir **spanisch** vor! *(Redensart)*
Das kommt mir sonderbar, verdächtig vor.

Einem **spanisch** kommen. *Redensart, nach Goethe, Egmont)*
Jemanden mit Schlägen (mit dem Spanischen Rohr) bedrohen

Spare in der Zeit, dann hast du in der Not! *(Sprichwort)*
Verballhornt in: Spare in der Not, da hast du Zeit!

Spare was, dann hast du was! *(Sprichwort)*

Wer nicht zu **sparen** weiß, dem nützt auch das Gewinnen nichts. *(Sprichwort)*

Wir wollen alle Tage **sparen**, und brauchen alle Tage mehr. *(Goethe, Faust)*

’s ist **Sparsamkeit** im Himmel, aus taten sie die Kerzen. *(Shakespeare, Macbeth)*

Sparschaft bringt Barschaft. *(Sprichwort)*

Was man **spart** vom Mund, fressen Katz’ und Hund.

Wer in der Jugend **spart**, der darbt im Alter nicht. *(C. F. Gellert)*

Wer **spart**, wenn er hat, der hat, wenn er bedarf. *(Sprichwort)*

Wanderer, kommst du nach **Sparta**, verkündige dorten, du habest uns hier liegen gesehen, wie das Gesetz es befahl. *(Schiller, Spaziergang)*
Klassische Übersetzung der Inschrift des Denkmals, das den in der Schlacht bei Thermopylae gefallenen Spartanern errichtet wurde.

Aus **Spaß** wird (leicht) Ernst. *(Sprichwort)*

Der **Spaß** verliert alles, wenn der Spaßmacher selber lacht. *(Schiller, Piccolomini)*

Besser **spät** als nie. *(Sprichwort)*

Besser zu früh als zu **spät**. *(Sprichwort)*

Spät kommt ihr – doch ihr kommt. *(Schiller, Piccolomini)*

Zu **spät** ist zu spät. *(Sprichwort)*

Das ist’s, was mich am Freund zumeist verdrießt, wenn er nach **Spatzen** mit Kartätschen schießt. *(E. Geibel, Sprüche)*

Das pfeifen schon die **Spatzen** von den Dächern. *(Redensart)*
Das ist schon stadtbekannt

Mit Euch, Herr Doktor, zu **spazieren**, ist ehrenvoll und bringt Gewinn. *(Goethe, Faust)*

Mit **Speck** fängt man Mäuse. *(Sprichwort)*

Mit der Wurst nach der **Speckseite** werfen. *(Redensart)*
Etwas geben, damit einem etwas noch Wertvolleres gegeben werde

Sohn, da hast du meinen **Speer**! *(F. L. Graf zu Stolberg, Lied eines alten schwäbischen Ritters…)*

Ein Kerl, der **spekuliert**, ist wie ein Tier. *(Goethe, Faust)*

Die **Spendierhosen** anhaben. *(Redensart)*
Freigebig sein

Sperenzchen machen. *(Redensart)*
Umstände, Ausflüchte machen

Der **Sperling** (od. Spatz) in der Hand ist besser als eine Taube auf dem Dach. *(Sprichwort)*

Ein **Spezialist** ist jemand, der von immer weniger immer mehr weiß, bis er vom Nichts alles weiß. *(Scherzhaftes Sprichwort)*

Du hast mich mächtig angezogen, an meiner **Sphäre** lang’ gesogen. *(Goethe, Faust)*

Eine **Sphinx**. *(Nach der griechischen Sage)*
Rätselhaftes Wesen

Das Beste möcht’ ich euch vertrauen: Sollt’ erst in eignen **Spiegel** schauen. *(Goethe, Zahme Xenien)*

Deines Spiegels dunkle Klarheit hat dein Bild, du weißt nicht, wie. Und dann seh ich deine Wahrheit, denn die **Spiegel** lügen nie. *(Ch. Morgenstern, Galgenlieder)*

Die Augen sind der **Spiegel** der Seele. *(Sprichwort)*

Ich kenne dich, **Spiegelberg**!
(Schiller, Räuber)
Meist zitiert: Spiegelberg, ich kenne dich!

Spiegelberg, wird es heißen, kannst du hexen, Spiegelberg? *(Schiller, Räuber)*

Spiegel-Deutsch.
Vom Nachrichtenmagazin »Der Spiegel« gepflegte Ausdrucksweise: ein Deutsch, das bewußt Eigentümlichkeiten fremder Sprachen in sich aufgenommen hat

Spiegelfechterei der Hölle.
(Schiller, Fiesco)

Spieglein, Spieglein an der Wand, wer ist die Schönste im ganzen Land?
(J. u. W. Grimm, Kinder- u. Hausmärchen: Schneewittchen)

Abgekartetes **Spiel**. *(Redensart)*
Verabredetes Handeln, um jemanden hereinzulegen, zu betrügen

Alles war nur ein **Spiel**! Ihr Freier lebt ja noch alle, hier ist der Bogen und hier ist zu den Ringen der Platz.
(Goethe u. Schiller, Xenien-Almanach)

Das **Spiel** des Lebens sieht sich heiter an, wenn man den sichern Schatz im Herzen trägt. *(Schiller, Piccolomini)*

Das **Spiel** ist nicht die Kerzen wert.
(P. Corneille, Der Lügner)

Für mich ist **Spiel** und Tanz vorbei.
(J. M. Miller, Klagelied eines Bauern)

Glück im **Spiel**, Unglück in der Liebe.
(Sprichwort)

Hoher Sinn liegt oft im kindischen **Spiel**.
(Schiller, Thekla)
Oft zitiert »des grausamen Spiels«

Ich habe ein gewagtes **Spiel** gespielt.
(Schiller, Maria Stuart)

Im **Spiel** zeigt sich der Charakter.
(Sprichwort)

Laßt, Vater, genug sein das grausame **Spiel**! *(Schiller, Taucher)*

Weibern und dem **Spiel** zuliebe wurde mancher Mann zum Diebe.
(Freidank, Bescheidenheit)

Wenn alle Tage im Jahr gefeiert würden, so würde **Spiel** so lästig sein wie Arbeit.
(Shakespeare, Heinrich IV.)

Wenn du das große **Spiel** der Welt gesehen, so kehrst du reicher in dich selbst zurück; denn, wer den Sinn aufs Ganze hält gerichtet, dem ist der Streit in seiner Brust geschlichtet. *(Schiller, Huldigung der Künste)*

Wer alles aufs **Spiel** setzt, hat sicher zuviel gesetzt. *(F. v. Bodenstedt, Mirza Schaffy)*

Wer's **Spiel** nicht kann, soll zusehen.
(Sprichwort)

Brot und **Spiele**!
(Nach Juvenal, Satirae)

Gar schöne **Spiele** spiel' ich mit dir.
(Goethe, Erlkönig)

Eher **spielen** sich zehn Leute arm als einer reich. *(Sprichwort)*

Spielen ist experimentieren mit dem Zufall. *(Novalis, Fragmente)*

Wenn sie nicht hören, reden, fühlen noch sehn, was tun sie denn? Sie **spielen**.
(M. G. Lichtwer, Die seltsamen Menschen)

Beim **Spieler**, war er auch der Redlichkeit gewogen, ist dies der allgemeine Lauf: erst fängt er an und wird betrogen, dann hört er als Betrüger auf.
(B. H. Brockes)

Nur ein verzweifelter **Spieler** setzt alles auf einen einzigen Wurf. *(Schiller, Kabale und Liebe)*

Genug des grausamen **Spiels**.
(Redensart, nach Schiller, Taucher)

Den **Spieß** umdrehen. *(Redensart)*
Die Rollen vertauschen; jemanden mit seiner eigenen Waffe bedrohen

Schnurre, schnurre, meine **Spindel**, dreh dich ohne Rast und Ruh!
(E. Geibel, Lied der Spinnerei)

Spinne am Abend: erquickend und labend. Spinne am Morgen: Kummer und Sorgen. *(Sprichwort)*
Eigentlich: Spinnen…
(– Fäden spinnen)

Mit jemandem **spinnefeind** sein.
(Redensart)

Spinnen lernt man bei Spinnen.
(Sprichwort)

Des Menschen Leben ist wie **Spinnenweben**. *(A. a. Santa Clara)*

Zum Teufel ist der **Spiritus**, das Phlegma ist geblieben. *(Schiller, Männerwürde)*

Etwas schnell **spitz** bekommen.
(Redensart)
Etwas schnell begreifen

Es läßt sich berechnen, daß die **Spitzbuben** weit mehr Vorteil von der bürgerlichen Gesellschaft ziehen als die ehrlichen Leute. *(L. Börne, Der Narr im Weißen Schwan)*

Einen **Spleen** haben. *(Redensart)*
Schrullen haben

Splitterrichter. *(Nach Matth. 7)*

Sich die **Sporen** verdienen. *(Redensart)*
Sich bewähren

Spott vertreibt die Liebe nicht.
(Goethe, Liebe wider Willen)

Wer den Schaden hat, braucht für den **Spott** nicht zu sorgen. *(Sprichwort)*

Wer Schaden litt, erwarb auch **Spott**; wem Glück zuteil ward, dem half Gott.
(Wolfram v. Eschenbach)

Zum **Spott** der Leute werden.
(Redensart, nach Psalm 22, 7)

Auf der Bank der **Spötter** sitzen.
(Redensart, nach Psalm 1, 1)

Das Schlangenheer der **Spötter**.
(Schiller)

Ernst reden nur **Spötter**.
(Jüdisches Sprichwort)

Sitze nicht, wo die **Spötter** sitzen, denn sie sind die elendsten unter allen Kreaturen. *(M. Claudius)*

Viele **Spötter** meinen reich an Geist zu sein und nur arm an Takt.
(G. Ch. Lichtenberg)

Aus **Spöttern** werden oft Propheten.
(Shakespeare, König Lear)

Spottet ihrer selbst und weiß nicht wie.
(Goethe, Faust)

Sprachdummheiten.
(Titel eines Buches von G. Wustmann)

Das Menschlichste, was wir haben, ist doch die **Sprache**, und wir haben sie, um zu sprechen. *(Th. Fontane)*

Der, welcher in ein Land reist, bevor er einige Kenntnisse von dessen **Sprache** hat, geht in die Schule, und nicht auf Reisen. *(F. Bacon)*

Die deutsche **Sprache** ist auf einen so hohen Grad der Ausbildung gelangt, daß einem jeden in die Hand gegeben ist, sowohl in Prosa als in Rhythmen und Reimen sich dem Gegenstande wie der Empfindung gemäß nach seinem Vermögen glücklich auszudrücken.
(Goethe)

Die deutsche **Sprache** ist die Orgel unter den Sprachen. *(Jean Paul)*

Die Gewalt einer **Sprache** ist nicht, daß sie das Fremde abweist, sondern daß sie es verschlingt. *(Goethe)*

Die natürliche **Sprache** ist Frau Kaiserin. *(M. Luther)*

Die **Sprache** bleibt ein reiner Himmelshauch, empfunden nur von stillen Erdensöhnen. *(Goethe, Etymologie)*

Die **Sprache** ist das Haus des Seins. *(M. Heidegger, Über den Humanismus, 1949)*

Die **Sprache** ist dem Menschen gegeben, um seine Gedanken zu verbergen. *(Nach Talleyrand u. a.)*

Es gibt Momente, wo ich finde, daß die **Sprache** noch gar nichts ist. *(L. van Beethoven)*

Ich verfluche allen negativen Purismus, daß man ein Wort nicht brauchen soll, in welchem eine andere **Sprache** vieles oder Zarteres gefaßt hat. *(Goethe)*

In der **Sprache**, die man am schlechtesten spricht, kann man am wenigsten lügen. *(F. Hebbel, Tagebücher)*

Jede **Sprache** ist gleichsam ein Behältnis der eigensten Begriffe eines Volkes. *(F. G. Klopstock)*

Jedes Genie aber ist in seiner **Sprache**, jedes Herz in seiner Religion allmächtig. *(Jean Paul)*

Nicht die **Sprache** an und für sich ist richtig, tüchtig, zierlich, sondern der Geist ist es, der sich darin verkörpert. *(Goethe)*

Mit jeder neu gelernten **Sprache** erwirbst du eine neue Seele. *(Tschechisches Sprichwort)*

Stets ist die **Sprache** kecker als die Tat. *(Schiller, Piccolomini)*

Wo die **Sprache** aufhört, fängt die Musik an. *(E. T. A. Hoffmann)*

Zum Befehlen oder Gebieten brauche ich gern die deutsche, im Frauenzimmer gern die französische, im Rat die italienische **Sprache**. *(Kaiser Karl V.)*

Der Deutsche soll alle **Sprachen** lernen, damit ihm zu Hause kein Fremder unbequem, er aber in der Fremde überall zu Hause sei. *(Goethe)*

Ein Mensch, der vier **Sprachen** kann, hat den Wert von vier Menschen. *(Mme. G. de Staël)*

In sieben **Sprachen** schweigen. *(F. A. Wolf)*

Man weiß nie zu viele **Sprachen**. *(J. Burckhardt)*

Wer fremde **Sprachen** nicht kennt, weiß nichts von seiner eigenen. *(Goethe, Maximen und Reflexionen)*

Wer zwei **Sprachen** kennt, ist zwei Männer wert. *(Französisches Sprichwort)*

So sehr zu wünschen ist, daß uns der ganze deutsche **Sprachschatz** durch ein allgemeines Wörterbuch möge vorgelegt werden, so ist doch die praktische Mitteilung durch Gedichte und Schriften sehr viel schneller und lebendig eingreifender. *(Goethe)*

Deutsche **Sprak**, schwere Sprak. *(Redensart)*

O was ist deutsch **Sprak** für ein arm Sprak! für ein plump Sprak! *(G. E. Lessing, Minna von Barnhelm)*

Beim **Sprechen** ist das Wichtigste das, was man nicht ausspricht. *(Jüdisches Sprichwort)*

Durch die Blume **sprechen**. *(Redensart)*
Etwas versteckt zum Ausdruck bringen. Gegensatz: »unverblümt« sprechen

Niemals davon **sprechen**, immer daran denken. *(Französischer Staatsmann L. Gambetta, 1871)*

Sage mir, mit wem zu **sprechen** dir genehm, gemütlich ist: Ohne mir den Kopf zu brechen, weiß ich deutlich, wie du bist. *(Goethe, Zahme Xenien)*

Am grünen Strand der **Spree**. *(H. Wilkens, Der große Wohltäter)*

Durch Berlin fließt immer noch die **Spree**. *(Lied von R. u. J. Gilbert)*

Daß gantz Europa nicht von einem Fürsten hört, der so der Künste Kern wie König Friedrich liebet. Die Fürsten wollen selbst in deine Schule gehn, drumb hastu auch für sie gebaut ein **Spree-Athen**. *(E. Wiecker über König Friedrich I. von Preußen)*
Spree-Athen = Berlin

Die **Spreu** vom Weizen sondern. *(Redensart, nach Matth. 3, 12)*

Wer sich unter die **Spreu** mischt, wird leicht von den Schweinen gefressen. *(Schwedisches Sprichwort)*

Wie **Spreu**, die der Wind verstreut. *(Psalm 1, 4)*

Niemand **spricht** in unserer Gegenwart so von uns, wie in unserer Abwesenheit. *(B. Pascal)*

Klein begonnen, groß gewonnen, ist ein altes gutes **Sprichwort**. *(R. Benedix, Dienstboten)*

Sprichwort – Wahrwort. *(Sprichwort)*

Die Machthaber lieben die jüdischen **Sprichwörter** nicht; sie können in ihnen verpottet werden. *(Jüdisches Sprichwort)*

Die **Sprichwörter** leben in ewigem Krieg wie alle Regeln, die nicht der Untersuchungsgeist, sondern die Laune gibt. *(G. Ch. Lichtenberg, Physiognomik)*

Sprichwörter bezeichnen Nationen, mußt aber erst selbst unter ihnen wohnen. *(Goethe)*

Sprichwörter müssen einen Sinn und einen Hintersinn haben. *(Jüdisches Sprichwort)*

Sprichwörter sind der Spiegel der Denkart einer Nation. *(J. G. Herder)*

Etwas **springen** lassen. *(Redensart)*
Geld ausgeben

Der **springende** Punkt. *(Redensart, nach Aristoteles, Historia animalium)*

Ich war wohl recht ein **Springinsfeld** in meinen Jünglingstagen. *(G. A. Bürger, Robert)*

War einst ein junger **Springinsfeld**. *(A. Lortzing, Waffenschmied)*

Der dürre Stamm treibt keine **Sprossen** mehr. *(Schiller, Piccolomini)*

Der kann nicht klagen über harten **Spruch**, den man zum Meister seines Schicksals macht. *(Schiller, Wilhelm Tell)*

Ein **Spruch** aus Volkes Mund tut uns oft die Wahrheit kund. *(Sprichwort)*

Voll weiser **Sprüch'** und neuester Exempel. *(Shakespeare, Wie es euch gefällt)*

Jedes Versehen, jedes **Sprüchlein** will die eigne Stimmung haben. *(A. v. Platen)*

Einem auf die **Sprünge** helfen. *(Redensart)*
einen antreiben; einem gründlich seine Meinung sagen; auch: einem etwas erklären

Jemandem auf die **Sprünge** kommen.
(Redensart)
Jemanden durchschaut haben

Keine großen **Sprünge** machen können.
(Redensart)
Knapp an Geld sein

Es kann die **Spur** von meinen Erdentagen nicht in Äonen untergehen.
(Goethe, Faust)

Errötend folgt er ihren **Spuren**...
(Schiller, Glocke)

Eine Nase wie ein **Spürhund** haben.
(Redensart)

An guten Schulen und guten Wegen erkennt man den guten **Staat**.
(Sprichwort)

Auf den Opfern und den Waffen ruht der **Staat**. *(Konfuzianischer Spruch)*

Der **Staat** an und für sich ist das sittliche Ganze, die Verwirklichung der Freiheit; und es ist absoluter Zweck der Vernunft, daß die Freiheit wirklich sei.
(G. W. F. Hegel, Philosophie des Rechts)

Der **Staat** bin ich!
(Angeblicher Ausspruch von Louis XIV. von Frankreich)

Der **Staat** heißt das kälteste aller Ungeheuer. Kalt lügt es auch; und diese Lüge kriecht aus seinem Munde; »Ich, der Staat, bin das Volk.«
(F. Nietzsche, Zarathustra)

Der **Staat** muß untergehen, früh oder spät, wo Mehrheit siegt und Unverstand entscheidet. *(Schiller, Demetrius)*

Der **Staat** sollte vorzüglich für die Ärmeren sorgen, die Reichen sorgen leider nur zu sehr für sich selbst. *(J. G. Seume)*

Der totale **Staat**. *(A. Schmitt, Begriff des Politischen, 1927)*

Ein großer **Staat** regiert sich nicht nach Parteiansichten. *(Bismarck)*

Mit etwas **Staat** machen können.
(Redensart)
Mit etwas glänzen können; sich mit etwas hervortun können

Sonst war die Religion... die Stütze des Staates; aber jetzt ist der **Staat** Stütze der Religion. *(L. Feuerbach)*

Staat im Staate.
(Aus dem 16./17. Jahrhundert stammende Redewendung)

Wenn solche Köpfe feiern, welch' ein Verlust für meinen **Staat**.
(Schiller, Don Carlos)

»Woran erkenn' ich den besten **Staat**?« Woran du die beste Frau kennst – daran, mein Freund, daß man von beiden nicht spricht. *(Schiller, Der beste Staat)*

Begnüge dich, aus einem kleinen **Staate**, der dich beschützt, dem wilden Lauf der Welt wie von dem Ufer ruhig zuzusehen.
(Goethe, Tasso)

Staatsbürger in Uniform. *(Redensart)*
Die moderne Auffassung vom Soldaten ausdrückendes Schlagwort (in der Bundesrepublik Deutschland); angestrebtes Leitbild für die Soldaten der Bundeswehr)

Staatshämorrhoidarius.
(F. Graf Pocci in »Fliegende Blätter«)

Durch Feinde, die uns umzingeln, schlagen wir uns allenfalls durch; die Netze der **Staatsklugheit** sind schwerer zu durchbrechen. *(Goethe, Dichtung und Wahrheit)*

Das Fundament aller **Staatskunst** besteht darin, die Menschen zu täuschen über das, was ihr eigner Vorteil ist.
(J. J. Mohr)

Es gehört zu den Grundregeln der **Staatskunst**, ein Bündnis mit dem unter seinen Nachbarn zu suchen, der dem Staate die gefährlichsten Schläge versetzen kann. *(Friedrich d. Gr., 1776)*

Ein **Staatsmann** hat nicht das Recht, sentimental zu sein. *(Napoleon I.)*

Wehe dem **Staatsmann**, der sich in dieser Zeit nicht nach einem Grund zum Kriege umsieht, der auch nach dem Kriege noch stichhaltig ist.
(Bismarck im Preußischen Landtag, 1850)

Die Religion kann nie schlimmer sinken, als wenn sie... zur **Staatsreligion** erhoben wird. *(H. Heine«*

Staatsschiffe, welche die Segel verlieren, haben darum noch nicht die Anker eingebüßt. *(Jean Paul)*

Wir Deutsche müssen erst am eigenen Leibe erfahren, daß der **Staatssozialismus** lediglich das Ausbeuterecht dem Privatmann nimmt, um es selber in viel brutalerer Form zu gebrauchen.
(H. Vogeler, Siedlungswesen und Arbeitsschule)

Die Religion ist eine Krücke für schlechte **Staatsverfassungen**.
(A. Schopenhauer, Selbstdenken)

Den **Stab** über jemand brechen.
(Redensart)
Jemanden verurteilen

Wider den **Stachel** löcken.
(Redensart, nach Apostel. 9, 5 u. 26,14)
(Zwecklosen) Widerstand leisten

Die graue **Stadt** am (grauen) Meer.
Gemeint ist: Husum, nach Th. Storm

Dies ist vielleicht die einzige **Stadt**, wo die sogenannten genialen Menschen nicht für Narren gehalten werden.
(C. Brentano über Berlin, 1809)

Was mir am meisten gefällt, ja was ich bewundere, ist die Ruhe, mit welcher die **Stadt** im Allgemeinen alle Angriffe erduldet. *(H. Steffens über Berlin, 1844)*

Wenn aber die Gewaltigen klug sind, so gedeiht die **Stadt**. *(Jes. Sir. 10, 3)*

Andre **Städtchen** – andre Mädchen.
(Sprichwort; A. Schlippenbach/F. Silcher, In der Ferne)

Die großen **Städte** müssen vom Erdboden vertilgt werden. *(Bismarck)*

Muß i denn, muß i denn zum **Städtele** hinaus. *(Volkslied)*

Dieser Republikaner ist hart wie **Stahl**.
(Schiller, Fiesco)

Da steh' ich, ein entlaubter **Stamm**.
(Schiller, Wallensteins Tod)

Der Apfel fällt nicht weit vom **Stamm**.
(Sprichwort)

Der dürre **Stamm** treibt keine Sprossen mehr. *(Schiller, Piccolomini)*

Stammbäume sind die einzige Baumart, die gelegentlich Grund hätte, ihre Wurzeln zu verbergen. *(M. Goldschmidt)*

An einem alten **Stamme** ist gut ruhn.
(Sprichwort)

Der ist vom **Stamme** »Nimm«!
(Redensart)
Der nimmet lieber, als er gibt

O lerne fühlen, welches **Stammes** du bist! *(Schiller, Wilhelm Tell)*

Ich bin der Letzte meines **Stamms**.
(Schiller, Wilhelm Tell)

Ein jeder **Stand** hat seinen Frieden; ein jeder Stand hat seine Last.
(Ch. F. Gellert, Zufriedenheit)

Je höher **Stand**, je mehr Gefahr.
(M. G. Lichtwer, Fuchs und Adler)

Kein **Stand** gilt, vor Gott fromm zu machen. *(M. Luther, Tischreden)*

Die Leute vom **Stande** wissen alles, ohne jemals etwas gelernt zu haben.
(Molière)

Man soll: über seinem **Stande** wohnen, sich nach seinem Stande kleiden, unter seinem Stande essen. *(Alte Lebensregel)*

Niemand ist zufrieden mit seinem **Stande**, jeder mit seinem Verstande.
(B. H. Brockes, Versuch vom Menschen)

Überwundener **Standpunkt**.
(D. F. Strauß, Die Halben und die Ganzen)

Bei der **Stange** bleiben. *(Redensart)*
Nicht abschweifen; auch: treu bleiben

Einem die **Stange** halten. *(Redensart)*
Jemandem behilflich sein

Etwas vom **Stapel** lassen. *(Redensart)*
Etwas von sich geben

Jemandem den **Star** stechen.
(Redensart)
Jemanden aufklären

Der **starb** euch sehr gelegen!
(Nach Schiller, Maria Stuart)

Er **starb** wie einer, der sich auf den Tod geübt, und warf das Liebste, was er hatte, von sich, als wär's unnützer Tand.
(Shakespeare, Macbeth)

Graf! dieser Mortimer **starb** euch sehr gelegen. *(Schiller, Maria Stuart)*

Alle **Stärke** wird nur durch Hindernisse erkannt, die sie überwältigen kann.
(I. Kant)

Der **Starke** ist am mächtigsten allein.
(Sprichwort/Schiller, Wilhelm Tell)

Der **Starke** nur spricht ein entscheidend Wort. *(Th. Körner, Zriny)*

Der **Starke** weicht einen Schritt zurück.
(Preuß, Minister v. Manteuffel, 1850)

Man kann sich täuschen; man kann das für **Stärke** des Geistes halten, was doch am Ende Verzweiflung ist.
(Schiller, Räuber)

Nichts ist zu hoch, wonach der **Starke** nicht Befugnis hat, die Leiter anzusetzen. *(Schiller, Piccolomini)*

Nur der **Starke** wird das Schicksal zwingen, wenn der Schwächling untersinkt.
(Schiller, Das Ideal und das Leben)

Will der **Starke** geliebt sein, so mag er seine Überlegenheit durch Grazie mildern. *(Schiller)*

Die **Starken** bedürfen des Arztes nicht, sondern die Kranken. *(Matth. 9, 12)*

Der **Stärkere** ist als solcher noch lange nicht der Bessere. *(J. Burckhardt)*

Des **Stärkeren** Grund ist allemal der beste. *(J. de La Fontaine)*

Wo **Starkes** sich und Mildes paarten, da gibt es einen guten Klang.
(Schiller, Glocke)

Der **stärkste** Mann der Welt ist, wer ganz allein steht. *(H. Ibsen, Volksfeind)*

Komm, **Stärkungstrank**, nicht Gift!
(Shakespare, Romeo und Julia)

Die **Stätte**, die ein guter Mensch betrat, ist eingeweiht. *(Goethe, Tasso)*

Keine bleibende **Stätte** haben.
(Nach Hebr. 13, 14)

Leergebrannt ist die **Stätte**.
(Schiller, Glocke)
Meist zitiert: … ist diese Stätte

Den **Staub** von seinen Füßen schütteln.
(Redensart, nach Matth. 10, 14)

In **Staub** und Asche. *(Redensart, nach Hiob 30, 19)*

Man schätzt den **Staub**, ein wenig übergoldet, weit mehr als Gold, ein wenig überstäubt. *(Shakespeare, Troilus und Cressida)*

Sich aus dem **Staube** machen.
(Redensart)
Sich rasch entfernen

Wer **stechen** will, muß stichfest sein.
(Anastasius Grün)

Dein **Stecken** und Stab trösten mich.
(Psalm 23, 4)

Das **Steckenpferd** ist das einzige Pferd, das über jeden Abgrund trägt.
(F. Hebbel, Tagebücher)

Aus dem **Stegreif**. *(Redensart)*
Soviel wie: ohne Vorbereitung

Hier **stehe** ich. Ich kann nicht anders, Gott helfe mir, Amen!
(M. Luther, Worms 1521 – angeblicher Wortlaut – Andere Versionen: »Gott kumm mir zu Hilf! Amen.« (nach K. Peutinger) »Gott helfe mir! Amen.« (nach Spalatin) »Hier stehe ich. Gott helfe mir! Amen.« (nach Wittenberger Druckausgabe)

Betteln ist besser als **stehlen**.
(Sprichwort)

Du sollst nicht **stehlen**.
(M. Luther, Kl. Katechismus: Das siebente Gebot/ 1. Mos. 20, 15)

Moses sagt: Du sollst nicht **stehlen**! Oder du empfängst den Lohn!
(A. v. Platen, Die verhängnisvolle Gabel)

Der Hehler ist schlimmer als der **Stehler**.
(Sprichwort)

Was **stehst** du so, und blickst erstaunt hinaus? *(Goethe, Faust)*

Es **steht** nichts fest auf Erden.
(Schiller, Wilhelm Tell)

Der beste **Steiger** fällt sich tot.
(G. Rollenhagen, Froschmeuseler)

Wer hoch **steigt**, fällt tief. *(Sprichwort)*

Bei jemandem einen **Stein** im Brett haben. *(Redensart)*
Jemandes Gunst genießen

Es wird (hier) nicht ein **Stein** auf dem andern bleiben. *(Matth. 24, 2)*

Stein des Anstoßes. *(Redensart, nach Jes. 8, 14; 1. Petr. 2, 8)*

Stein und Bein schwören. *(Redensart)*

Steter Tropfen höhlt den **Stein**.
(Sprichwort; Ovid, Briefe aus Pontus)

Wenn sie den **Stein** der Weisen hätten, der Weise mangelte dem Stein.
(Goethe, Faust)

Es gibt **Steine** des Anstoßes, über die jeder Wanderer stolpern muß.
(Goethe, Maximen und Reflexionen)

Jemandem **Steine** statt Brot geben.
(Nach Matth. 7, 9)

Den könnte ich **steinigen**!
(Redensart, nach 2. Mos. 8, 22, u. a.)
Den könnte ich gnadenlos strafen!

An meiner **Stelle** würdest du anders reden. *(Terenz, Andria)*

Hier ist die **Stelle**, wo ich sterblich bin.
(Schiller, Don Carlos)

Wer den **Stempel** hat, schlägt die Münze.
(J. G. Seume, Spaziergang nach Syrakus)

Zu Gottes schönem Ebenbild kann ich den **Stempel** zeigen. *(Schiller, Männerwürde)*

Stentorstimme. *(Redensart, nach Homer, Ilias)*
Donnerstimme

Antonios Tod ist nicht ein einzeln **Sterben**, denn so hieß die halbe Welt. *(Shakespeare, Antonius und Kleopatra)*

Freilich ist es leichter, zu **sterben**, als ein qualvolles Leben standhaft zu ertragen. *(Goethe, Werther)*

Ich bin, spricht jener, zu **sterben** bereit und bitte nicht um mein Leben. *(Schiller, Bürgschaft)*

In Schönheit **sterben**. *(Redensart, nach H. Ibsen, Hedda Gabler)*

Sterben ist nichts; doch leben und nicht sehen, das ist ein Unglück. *(Schiller, Wilhelm Tell)*

Sterben und verderben. *(Nach Judith 6, 3)*

Wißt, nur zum **Sterben** ward dies Leben uns gegeben; und was der Tod uns schenkt, das ist das wahre Leben. *(Ch. M. Wieland)*

Der Unfug des **Sterbens**. *(Titel eines Buches von P. Mulford)*

Euch **Sterblichen** zum Glücke verbarg der Götter Schluß die Zukunft euerm Blicke. *(C. F. Gellert, Semnon)*

Jeden **Sterblichen** beneid' ich, der ein unbekanntes, unberühmtes Leben frei von Gefahren lebt. *(Schiller, Iphigenie in Aulis)*

Auf einem andern **Stern** beginnt es wieder. *(E. v. Feuchtersleben)*

Die **Sterne**, die begehrt man nicht. *(Goethe, Trost in Tränen)*

Ideale sind wie **Sterne**; man kann sie nicht erreichen, aber man kann sich nach ihnen orientieren. *(C. Schurz)*

Nacht muß es sein, wo Friedlands **Sterne** strahlen. *(Schiller, Wallensteins Tod)*

Wenn einer auch sich überschätzt, die **Sterne** kann er nicht erreichen. *(Goethe, Zahme Xenien)*

Wie schnell alle **Sterne** verschwinden, sobald sich die Sonne erhebt. *(F. v. Bodenstedt)*

Wie der **Sternenhimmel** bin ich still und bewegt. *(F. Hölderlin, Hyperion)*

Du wirst auf die **Sternenstunde** warten, bis dir die irdische entflieht. *(Schiller, Piccolomini)*

Weißt du, wieviel **Sternlein** stehen an dem blauen Himmelszelt? *(W. Hey)*

Du siehst die leuchtende **Sternenschnuppe** nur dann, wenn sie vergeht. *(F. Hebbel)*

Sternstunden der Menschheit. *(Essayband von St. Zweig)*

Nur wer verzagend das **Steuer** losläßt, ist im Sturm verloren. *(E. Geibel)*

Steuermann, laß die Wacht! *(R. Wagner, Der Fliegende Holländer)*

In dieser Welt gibt es nichts Sicheres als den Tod und die **Steuern**. *(B. Franklin)*

Die **Steuerklasse** bringt Ehren. *(Ovid, Amores)*

Im **Stich** lassen. *(Redensart)*
In einer Gefahr ohne Hilfe lassen; ihn verlassen

Wenn man beim **Stiche** der Biene oder des Schicksals nicht stille hält, so reißt der Stachel ab und bleibt zurück.
(Jean Paul)

Stichproben machen. *(Redensart)*
Einzelnes aus einer Menge prüfen

Einen guten **Stiefel** vertragen können.
(Redensart)
Viel ertragen können

Es gibt Leute, denen man, wenn sie den einen **Stiefel** schon anhaben, nicht unbedingt zutrauen darf, daß sie auch den zweiten anziehen werden. *(F. Hebbel, Tagebücher)*

In spanische **Stiefel** eingeschnürt.
(Goethe, Faust)

Wenn jemand dir die **Stiefelsohlen** leckt, setze den Fuß auf ihn, bevor er anfängt, dich zu beißen. *(P. Valéry)*

Den **Stier** bei den Hörnern packen.
(Redensart)

Der **Stil** erhält die Schönheit vom Gedanken, statt daß bei jeden Scheindenkern die Gedanken durch den Stil schöner werden sollen. *(A. Schopenhauer, Parerga und Paralipomena)*

Still und bewegt. *(F. Hölderlin, Hyperion)*

Die **Stillen** im Lande. *(Psalm 35, 20)*

Die **Stimme** seines Herrn.
(1899 entstandener Slogan; zusammen mit dem Bild eines vor einem altmodischen Grammophon sitzenden und lauschenden Hundes von der Electrola GmbH als Warenzeichen benutzt

Hab' ich doch gehört, gelesen von der **Stimme** der Natur; wär' mein Vater es gewesen, warum schwieg sie damals nur?
(F. Grillparzer, Ahnfrau)

Stimme der Natur.
(Nach A. Lortzing, Wildschütz)

Stimme eines Rufers in der Wüste.
(Matth. 3, 3)

Und was die innere **Stimme** spricht, das täuscht die hoffende Seele nicht.
(Schiller, Hoffnung)

Volkes **Stimme** – Gottes Stimme.
(Sprichwort, nach Hesiod, Werke und Tage, und Seneca)

Du zählst die **Stimmen**, wäge sie!
(F. G. Klopstock)

Man soll die **Stimmen** wägen und nicht zählen. *(Schiller, Demetrius)*

Man wägt die **Stimmen** nach dem innern Werte. *(Th. Körner, Zriny)*

Stimmen wollen gewogen und nicht gezählt sein. *(M. Mendelssohn)*

Verstimmen ist leicht, aber **stimmen** kann nicht jeder. *(L. Börne)*

Nicht **Stimmenmehrheit** ist des Rechtes Probe. *(Schiller, Maria Stuart)*

Die **Stimmung** ist alles im menschlichen Leben. Sie macht aus Steinen Gold und macht aus Gold Steine. *(H. Laube)*

Man hat allerdings **Stimmungen**; aber wehe dem, den die Stimmungen haben.
(E. v. Feuchtersleben)

Sich freuen wie ein **Stint**. *(Redensart, nach F. W. A. Schmidt)*

Und solang' du das nicht hast, dieses: **Stirb** und Werde, bist du nur ein trüber Gast auf der dunklen Erde. *(Goethe, Westöstlicher Diwan)*

Man **stirbt** an dem, wovor man sich fürchtet. *(Spanisches Sprichwort)*

Man **stirbt** nur einmal und für so lange. *(Molière)*

So ist, wer **stirbt**, von dem noch zu beneiden, der seiner Lieben Scheiden erleben muß. *(G. Leopardt)*

Wo du **stirbst**, da sterbe ich auch, da will ich auch begraben werden. *(Ruth 1, 17)*

Wer so **stirbt**, der stirbt wohl. *(P. Gerhardt, O Haupt voll Blut und Wunden)*

Eine eiserne **Stirn** haben. *(Redensart, nach Jes. 48, 4)*

Es stehet ihm an der **Stirn** geschrieben, daß er nicht mag eine Seele lieben. *(Goethe, Faust)*

Müßte ich nicht eine eiserne **Stirn** haben? *(G. E. Lessing, Miß Sara Sampson)*

Von der **Stirne** heiß rinnen muß der Schweiß. *(Schiller, Glocke)*

Am **Stirnhaar** laßt den Augenblick uns fassen. *(Shakespeare, Ende gut, alles gut)*

Wer den **Stock** fürchtet, kann nur mit dem Stock regiert werden. *(Sprichwort)*

Den **Stoff** sieht jedermann vor sich; den Gehalt findet nur der, der etwas dazu tut, und die Form ist ein Geheimnis den meisten. *(Goethe, Maximen und Reflexionen)*

Mich schuf aus gröberm **Stoffe** die Natur. *(Schiller, Wallensteins Tod)*

Stöhnen ist die halbe Arbeit. *(Sprichwort)*

Den **Stolz** hat Gott noch stets vernichtet und Demut immer aufgerichtet. *(K. Immermann, Tristan und Isolde)*

Der höchste **Stolz** und der höchste Kleinmut ist die höchste Unkenntnis seiner selbst. *(B. de Spinoza, Ethik)*

Der **Stolz**, der is det Schlimmste. Wat de kriejen kannst, det nimmste! *(Scherzhafte Berliner Redensart)*

Der **Stolz**, eine edle Leidenschaft, ist nicht blind gegen eigene Fehler, aber der Hochmut ist es. *(G. Ch. Lichtenberg)*

Dummheit und **Stolz** wachsen auf dem gleichen Holz. *(Sprichwort)*

Große Menschen sind **stolz**, kleine eitel. *(Byron)*

Je größer der Mann, um so geringer der **Stolz**. *(F. Hebbel)*

Sie scheinen mir aus einem edlen Haus, sie sehen **stolz** und unzufrieden aus. *(Goethe, Faust)*

Stolz, unverzeihlicher Stolz. *(G. E. Lessing, Minna von Barnheim)*

Stolz will ich den Spanier. *(Schiller, Don Carlos)*

Wer zu Grunde gehen soll, der wird zuvor **stolz**; und Hochmut kommt vor dem Fall. *(Spr. Salom. 16, 18)*

Wo **Stolz** ist, da ist auch Schmach; aber Weisheit ist bei den Demütigen. *(Spr. Salom. 11, 12)*

Wenn die **Stöpsel** munter knallen, öffnet sich der Freude Schoß, Lieder ringsumher erschallen, ja, dann ist der Teufel los! *(E. M. Oettinger, Champagner)*

Dem **Storch** gefällt sein Klappern wohl. *(Sprichwort)*

Nu brat' mir eener'n **Storch**, aber die Beene recht knusprig! *(Berlin Redensart)*
Ausruf größter Überraschung

Ein **Stoßgebet** in Not erhöht des Mannes Mut und stillt das Blut. *(A. von Arnim, Soldaten-Katechismus)*

Die **Strafe** macht dich frei von dem Gefühl der Schuld; drum straft dich, Kind, nicht Zorn des Vaters, sondern Huld. *(F. Rückert, Angereihte Perlen)*

Offene **Strafe** ist besser denn heimliche Liebe. *(Spr. Salom. 27, 5)*

Rute und **Strafe** gibt Weisheit. *(Spr. Salom. 29, 15)*

Strafe haßt man, aber die Sünde liebt man. *(M. Luther, Tischreden)*

Strafe muß sein! *(Sprichwort)*

Strafe soll sein wie Salat, der mehr Öl als Essig hat. *(F. v. Logau, Strafmaß)*

Denn man muß also **strafen**, daß der Apfel bei der Rute sei. *(M. Luther)*

Gute Worte und harte **Strafen** sind die beste Zucht. *(Sprichwort)*

Späte **Strafen** sind wie späte Arzneien. *(E. Ch. v. Kleist)*

Es liebt die Welt, das **Strahlende** zu schwärzen und das Erhabene in den Staub zu ziehen. *(Schiller, Die Jungfrau von Orleans)*

Und wenn **Stralsund** mit Ketten am Himmel befestigt wäre, so will ich es doch herunterholen. *(Angeblich von Wallenstein, 1628)*

Am grauen **Strand**, am grauen Meer... *(Th. Storm, Die Stadt)*

An einem **Strange** ziehn. *(Redensart)* *Einträchtig sein*

Über die **Stränge** schlagen. *(Redensart)* *Übermütig sein*

Wenn alle **Stränge** reißen... *(Redensart)* *In der höchsten Not...*

O **Straßburg**, o Straßburg, du wunderschöne Stadt! *(Volkslied)*

Zu **Straßburg** auf der Schanz, da ging mein Trauern an. *(Volkslied: »Der Schweizer«)*

Eine **Straße** muß ich gehen, die noch keiner ging zurück. *(W. Müller, Der Wegweiser)*

Es wird das »Recht auf die **Straße**« verkündet. Die Straße dient lediglich dem Verkehr... Ich warne Neugierige. *(Berliner Polizeipräsident T. v. Jagow, 1910)*

Jede **Straße** führt ans End' der Welt. *(Schiller, Wilhelm Tell)*

Wer will bauen an der **Straßen**, muß die Leute reden lassen. *(Sprichwort)*

Bruder **Straubinger**. *(Nach der Operette von M. Wert u. J. Schnitzer/E. Eysler u. K. Müller, Gedichte)*

Wer durch **Straucheln** gehen lernt, dem geht's gut; aber wer durchs Fallen straucheln lernt, dem geht es sehr übel. *(J. H. Pestalozzi)*

Ein **Sträußchen** am Hute, den Stab in der Hand. *(K. Rotter, Wanderers Unglück)*

Ein **Straußenmagen** kann alles vertragen. *(Sprichwort)*

Strebe nicht wider den Strom! *(Jes. Sir. 4, 31)*

Löblich wird ein tolles **Streben**, wenn es kurz ist und mit Sinn. *(Goethe, Köllner Mummenschanz)*

Was ein **Streber** werden will, krümmt sich beizeiten. *(P. Hille, Aphorismen)*

Wer nicht mehr **strebt**, wer nicht mehr lernt, der lasse sich begraben.
(E. v. Feuchtersleben)

Jemanden zur **Strecke** bringen.
(Redensart)
Jemanden überwältigen, erwischen, erledigen

Da macht wieder jemand einmal einen dummen **Streich**. *(Goethe, Clavigo)*

Dieses war der erste **Streich**, doch der zweite folgt sogleich. *(W. Busch, Max und Moritz)*

Du mußt den **Streich** erleiden oder führen. *(Schiller, Maria Stuart)*

Ein Baum fällt nicht von einem **Streich**.
(Sprichwort)

Was der **Streich** nicht kann, das tun zwei.
(Sprichwort)

Mit **Streichen**, nicht mit Worten laß uns fechten. *(Schiller, Jungfrau von Orleans)*

Ausgestritten, ausgerungen ist der lange schwere **Streit**. *(Schiller, Siegesfest)*

Bei jedem **Streit** ziehe die Versöhnung selbst dem leichtesten Siege vor.
(G. Ch. Lichtenberg)

Der Liebenden **Streit** die Liebe erneut.
(Sprichwort)

Mein Leben ist ein **Streit**.
(Voltaire, Mahomet)

Mit Zank und **Streit** kommt man nicht weit. *(Sprichwort)*

Nur keinen **Streit** vermeiden!
(Scherzhafte Redensart)

Da **streiten** sich die Leut' herum wohl um den Wert des Glücks, der eine heißt den andern dumm, am End' weiß keiner nix. *(F. Raimund, Verschwender)*

Freund, **streiten** ist nicht genug, du mußt auch überwinden, wo du willst ewge Ruh und ewgen Frieden finden.
(Angelus Silesius)

Mit Vater und Mutter soll man nicht **streiten**. *(Sprichwort)*

Wenn zwei sich **streiten**, freut sich der dritte. *(Sprichwort)*

Kein kluger **Streiter** hält den Feind gering. *(Goethe, Iphigenie auf Tauris)*

Wenn du um etwas **streitest**, streite so, daß du das nicht versehrst, worum ihr streitet. *(L. Schefer, Laienbrevier)*

Er **streitet** nicht für sich – daher sein Erfolg. *(Ostasiatische Weisheit)*

Denn wo das **Strenge** mit dem Zarten, wo Starkes sich und Mildes paarten, da gibt es einen guten Klang. *(Schiller, Glocke)*

Drakonische **Strenge**. *(Redensart, nach dem athenischen Gesetzgeber Drakon)*

Nicht **Strenge** legte Gott ins weise Herz des Weibes. *(Schiller, Maria Stuart)*

Streusand drauf! *(Redensart)*
Schluß damit!

Des Heiligen Römischen Reiches **Streusandbüchse**. *Bezeichnung für die Mark Brandenburg*

Das geht einem wider den **Strich**.
(Redensart)
Das mißfällt einem

Jemanden auf dem **Strich** haben.
(Redensart)
Jemanden nicht leiden können

Wenn ein **Strick** reißt, ist schon ein andrer in Bereitschaft. *(Schiller, Wallensteins Lager)*

Aus leerem **Stroh** drischt man keinen Weizen. *(Sprichwort)*

Ein Bund **Stroh** aufzuheben, muß man keine Maschine in Bewegung setzen. *(G. E. Lessing, Hamburgische Dramaturgie*

Ihr seid ja heut wie nasses **Stroh** und brennt sonst immer lichterloh. *(Goethe, Faust)*

Leeres **Stroh** dreschen. *(Redensart)*
Unsinn und Belanglosigkeiten aussprechen

Was willst du dich das **Stroh** zu dreschen plagen? Das Beste, was du wissen kannst, darfst du den Buben doch nicht sagen. *(Goethe, Faust)*

Der Ertrinkende klammert sich an einen **Strohhalm**. *(Sprichwort)*

Gegen den **Strom** der Zeit kann zwar der einzelne nicht schwimmen, aber wer Kraft hat, hält sich und läßt sich von demselben nicht mit fortreißen. *(J. G. Seume, Spaziergang)*

Wider den **Strom** schwimmen. *(Redensart, nach Jes. Sir. 4, 31)*

Schmiegsam, biegsam, mild und mollig ist der **Strumpf**, denn er ist wollig. *(W. Busch)*

Ein **Struwwelpeter**. *(Nach dem Kinderbuch von H. Hoffmann)*

Als wär's ein **Stück** von mir. *(L. Uhland, Ich hatt' einen Kameraden)*

Große **Stücke** auf jemanden halten. *(Redensart)*
Jemanden sehr schätzen

Unser Wissen ist **Stückwerk**. *(1. Kor. 13, 9)*

's gibt kein schöner Leben als **Studentenleben**. *(F. Albrecht, Studentenleben)*

Anders ist der **Studierplan**, den sich der Brotgelehrte, anders der, den sich der philosophische Kopf vorzeichnet. *(Schiller, Was heißt und zu welchem Ende studiert man Universal-Geschichte)*

In unserer Philosophie, in unserer Erziehungskunst sprechen die meisten für die **Studierstuben**, selten für die Welt. *(F. Nicolai)*

Ein voller Bauch **studiert** nicht gern. *(Sprichwort)*

Studium ist Balsam gegen die Leidenschaft. *(Talmud)*

Von **Stufe** zu Stufe sinken. *(Redensart)*
Gesellschaftlich verkommen

Einem den **Stuhl** vor die Tür setzen. *(Redensart)*
Jemanden hinauswerfen

Sich zwischen zwei **Stühle** setzen. *(Redensart)*
Zwei Dinge wollen und keines erhalten

Auf hohen **Stühlen** sitzt man schlecht. *(Sprichwort)*

Besser **stumm** als dumm. *(Sprichwort)*

Mit **Stumpf** und Stiel ausrotten. *(Redensart)*
Gänzlich austilgen

Besser eine **Stunde** zu früh als eine Minute zu spät. *(Sprichwort)*

Dem Glücklichen schlägt keine **Stunde**! *(Sprichwort, nach Schiller, Piccolomini)*

Die **Stunde** drängt, und rascher Tat bedarf's. *(Schiller, Wilhelm Tell)*

Die **Stunde** rinnt auch durch den rauhsten Tag. *(Shakespeare, Macbeth)*

Eine sel'ge **Stunde** wiegt ein Jahr von Schmerzen auf. *(E. Geibel, Leichter Sinn)*

In elfter **Stunde**. *(Nach Matth. 20, 6 u. 9) Meist zitiert: in zwölfter…*

Komme, was kommen mag! Die **Stunde** rennt auch durch den rauh'sten Tag. *(Schiller, Macbeth)*

Meine **Stunde** ist noch nicht gekommen. *(Joh. 2, 4)*

Wem die **Stunde** schlägt. *(Titel eines Romans von E. Hemingway)*

Sein letztes **Stündlein** hat geschlagen. *(Redensart)*

Das Volk steht auf, der **Sturm** bricht los. *(Th. Körner, Männer und Buben)*

Die stillsten Worte sind es, welche den **Sturm** bringen. *(F. Nietzsche)*

Mit **Sturm** ist da nichts einzunehmen; wir müssen uns zur List bequemen. *(Goethe, Faust)*

Sturm im Wasserglas. *(Nach Montesquieu [1689–1755])*

Sturm und Drang. *(Literarische Richtung des ausgehenden 18. Jahrhunderts, nach Klinger, »Sturm und Drang«, 1776)*

Wer aus dem **Sturm** heimkommt, hat Erfahrung. *(Isländisches Sprichwort)*

Wer Wind sät, wird **Sturm** ernten. *(Sprichwort)*

Nach dem **Sturme** fahren wir sicher durch die Wellen. *(J. Falk, Schifferlied)*

Wer auf einer glatten Stelle steht, verschmäht den schnödsten Halt zur **Stütze** nicht. *(Shakespeare, Johann III.)*

Die **Stützen** der Gesellschaft. *(Redensart, Schauspiel von H. Ibsen)*

Wenn Jupiter beim **Styx** geschworen, hielt er seinen Schwur; der Olymp hatte keine Pfaffen. *(L. Börne, Der Narr im Weißen Schwan)*

Wir **Subalternen** haben keinen Willen. *(Schiller, Wallensteins Tod)*

Suchet, so werdet ihr finden! *(Bibel)*

Was man **sucht**, es läßt sich finden, was man unbeachtet läßt, entflieht. *(Sophokles, König Ödipus)*

Nach **Süden** nun sich lenken die Vöglein allzumal. *(J. v. Eichendorff, Wanderlied der Prager Studenten)*

Der **Sultan** winkt – Zuleima schweigt und zeigt sich gänzlich abgeneigt. *(W. Busch, Entführung aus dem Serail)*

Leicht ist ein **Sumpf** zu verhüten, doch ist er einmal entstanden, so verhütet kein Gott Schlangen und Molche in ihm. *(F. Hebbel, Erfahrungssatz)*

Sünd' und Schande bleibt nicht verborgen. *(Goethe, Faust)*

Gott straft nicht den Menschen, sondern die **Sünde**. *(Aus dem Norwegischen)*

Eine jegliche **Sünde** ist wie ein scharfes Schwert und verwundet, daß niemand heilen kann. *(Jes. Sir. 21, 4)*

Es gibt nur eine **Sünde**, und das ist Dummheit. *(O. Wilde)*

Faul wie die **Sünde**. *(Redensart)*

Ich treib' die **Sünde** bis zum Äußersten, nur um zu sehen, ob's auch Sünde war. *(F. Hebbel, Genoveva)*

Menschlich ist es: **Sünde** treiben; teuflisch ist's: in Sünden bleiben; christlich ist es: Sünden hassen; göttlich ist es: Sünd' erlassen. *(F. v. Logau, Sünden)*

Strafe haßt man, aber die **Sünde** liebt man. *(M. Luther, Tischreden)*

Sünde wider den (Heiligen) Geist. *(Nach Matth. 12, 31)*

Wer eine **Sünde** begangen hat und schiebt sie einem Unschuldigen zu, der trägt nun doppelt: seine Tat und der Verleumdung Schuld dazu. *(F. Rückert)*

Wer mit **Sünde** ist beladen, der soll sein Herz in Reue baden. *(Freidank)*

Wer selbst seiner **Sünde** nähme wahr, verschwieg' eines andern Mangel gar. *(G. Rollenhagen, Froschmeuseler)*

Wer unter euch ohne **Sünde** ist, der werfe den ersten Stein auf sie. *(Joh. 8, 7)*

Wer würfeln muß zwischen Not und **Sünde**, ist glücklich zu nennen, wenn ihm nur die Not zufällt. *(L. Börne)*

Der Zorn gehört wohl zu den größten **Sünden**, doch ist kein Mensch, der nie gezürnt, zu finden. *(Shakespeare, Timon)*

Es gibt auf Erden losgesprochene **Sünden**. *(Shakespeare, Johann I.)*

In **Sünden** geboren. *(Nach Joh. 9, 34)*

Meiner **Sünden** ist mehr denn Haare auf meinem Haupt. *(Psalm 40, 13)*

Wir erschrecken uns über eignen **Sünden**, wenn wir sie an andern erblicken. *(Goethe)*

Sündenbabel. *(Redensart, nach Jerem. 51 u. a.)*

Der **Sündenbock** sein. *(Redensart, nach 3. Mos. 16) Stets die Schuld aufgebürd bekommen*

Die Welt ist Gottes **Sündenfall**. *(F. Hebbel, Tagebücher)*

Sündenfall. *(Nach 1. Mos. 3)*

Alter **Sünder**! *(Redensart, nach Jes. 65, 20)*

Es ist eine abgeschmackte Verleumdung der menschlichen Natur, daß der Mensch als **Sünder** geboren werde. *(J. G. Fichte)*

Gott sei mir **Sünder** gnädig! *(Luk. 18, 13)*

Kinder, Kinder, ihr seid **Sünder**. *(Nach K. F. Seyferth, Hussiten)*

O richtet nicht, denn wir sind alle **Sünder**. *(Shakespeare, Heinrich VI.)*

Sünder und böse Geister scheuen das Licht. *(Schiller)*

Wir sind allzumal **Sünder** *(Nach Röm. 3, 23)*

Eins ist schlimmer noch als **Sündigen**: Sünd' als Tugend zu verkündigen. *(E. Geibel)*

Was einer trunken **sündigt**, muß er nüchtern büßen. *(Sprichwort)*

Die **Superklugheit** ist eine der verächtlichsten Arten von Unklugheit. *(G. Ch. Lichtenberg)*

Die **Suppe** auslöffeln müssen. *(Redensart) Für eine Schuld büßen müssen*

Suppenkasper. *(Nach H. Hoffmann, Struwwelpeter)*

Schön **Suschen** kannt' ich lange Zeit: Schön Suschen war wohl fein.
(G. A. Bürger, Schön Suschen)

Süß ist ernstlich das gestohlen Brot, aber zuletzt der bitter Tod.
(G. Rollenhagen, Froschmeuseler)

Süßes Leben! Schöne, freundliche Gewohnheit des Daseins und Wirkens!
(Goethe, Egmont)

Nichts **Süßeres** gibt es, als der Sonne Licht zu schaun.
(Schiller, Iphigenie in Aulis)

Süßholz raspeln. *(Redensart)*
Den Hof machen; flirten

O **Sympathie** des Wehs!
(Shakespare, Romeo und Julia)

Sympathie ist ein schlechtes Almosen.
(G. Ch. Lichtenberg)

Sympathien und Antipathien in betreff auswärtiger Mächte und Personen vermag ich vor meinem Pflichtgefühl im auswärtigen Dienste meines Landes nicht zu rechtfertigen. *(Bismarck, Gedanken und Erinnerungen)*

Es ging ein Mann im **Syrerland**, führt' ein Kamel am Halfterband.
(F. Rückert, Parabel)

Was mir an deinem **System** am besten gefällt? Es ist so unverständlich wie die Welt. *(G. W. F. Hegel, Sprüche und Epigramme)*

Wir leben im Zeitalter der **Systeme**.
(F. Rückert, Systeme)

Nur des **Systemes** Gebälk stützen das Glück und das Recht?
(Schiller, Der Genius)

Die **Szene** wird zum Tribunal.
(Schiller, Kraniche des Ibykus)

T

Tabak ist ein edles Kraut, ob man's raucht, schnupft oder kaut.
(Alter Spruch)

Auch **Tadel** zur Unzeit bringt Schaden.
(Plutarch, Moralische Schriften)

Frei von **Tadel** zu sein ist der niedrigste Grad und der höchste, denn nur die Ohnmacht führt oder die Größe dazu.
(Schiller, Korrektheit)

Gerechter **Tadel** ist besser als ungerechtes Lob. *(Sprichwort)*

Nicht der gerechte, nur der laute **Tadel** kann verletzen. *(Schiller, Maria Stuart)*

Wenige sind weise genug, fördernden **Tadel** trügendem Lobe vorzuziehen.
(F. de La Rochefoucauld)

Das **Tadeln** ist immer ein dankbarerer Stoff als das Loben. *(Schiller)*

Mäkeln und **Tadeln** ist bei vielen der Trost für ungenügendes Verständnis.
(A. Feuerbach)

Tadeln ist leicht, aber besser machen nicht. *(Sprichwort)*

Tadeln ist leicht, deshalb versuchen sich so viele darin. Mit Verstand loben ist schwer, darum tun es so wenige.
(A. Feuerbach, Vermächtnis)

Tadeln können alle Toren, aber klüger handeln nicht. *(A. F. E. Langbein, Neue Eva)*

Ehe man **tadelt**, sollte man immer erst versuchen, ob man nicht entschuldigen kann. *(G. Ch. Lichtenberg)*

Die **Tafel** aufheben. *(Redensart)*
Eine Mahlzeit beendigen

Die **Tafel** ist der einzige Ort, wo man sich nicht schon in der ersten Stunde langweilt. *(J. A. Brillat-Savarin, Physiologie du Goût)*

Die **Tafelrunde** ist entehrt, wenn ihr ein Falscher angehört. *(W. v. Eschenbach, Parzival)*

Am Abend wird man klug für den vergangenen **Tag**, doch niemals klug genug für den, der kommen mag. *(F. Rückert)*

Da ward aus Abend und Morgen der erste **Tag**. *(1. Mos. 1, 5)*

Das ist der **Tag** des Herrn!
(L. Uhland, Schäfers Sonntagslied)

Den lieben langen **Tag** hab ich nur Schmerz und Plag.
(Ph. J. Düringer, Mädchens Plage)

Den **Tag**, den Tag, ich will ihn laut verkünden! *(A. Schopenhauer, Sonett)*

Den **Tag**, den uns die Götter einmal nur im Leben gewähren können, feire jeder hoch. *(Goethe, Elpenor)*

Die Eule lobt den **Tag** nicht. *(Sprichwort)*

Dies ist der **Tag**, den Gott gemacht. *(C. F. Gellert, Weihnachtslied)*

Ein **Tag** lehrt den anderen. *(Sprichwort)*

Ein **Tag** ohne Lachen ist ein verlorener Tag. *(Sprichwort)*

Einst wird kommen der **Tag**, wo die heilige Ilios dahinsinkt. *(Homer, Ilias)*

Es geht mir von **Tag** zu Tag besser. *(Nach E. Coué)*

Es ist genug, daß ein jeglicher **Tag** seine eigene Plage habe. *(Matth. 6, 34)*

Je dunkler die Nacht, desto schöner der **Tag**. *(Sprichwort)*

Jemand sucht den gestrigen **Tag**. *(Redensart)*
Soviel wie: tut etwas Vergebliches

Jeder **Tag** hat seine Plage, und die Nacht hat ihre Lust. *(Goethe, Philine)*

Jeder **Tag** hat seinen Abend. *(Sprichwort)*

Man soll den **Tag** nicht vor dem Abend loben. *(Sprichwort)*

Morgen ist auch ein **Tag**, heute ist heut. *(R. Baumbach/V. E. Becker u. V. Lachner, Heute ist heut)*

Noch ist es **Tag**, da rühre sich der Mann! Die Nacht tritt ein, wo niemand wirken kann. *(Goethe, Westöstlicher Diwan)*

O hätt' ich nimmer diesen **Tag** gesehn! *(Schiller, Wallensteins Tod)*

Rasch von hinnen flieht der **Tag** des Menschen, eine kurze Spanne. *(A. v. Platen, Abassiden)*

Tag der Rache. *(Nach Jes. 34, 8)*

Tag des Zorns. *(Nach Zephanja 1, 15)*

Und Gott segnete den siebenten **Tag** und heiligte ihn. *(1. Mos. 2, 6)*

Vom heut'gen **Tag**, von heut'ger Nacht verlange nichts, als was die gestrigen gebracht. *(Goethe, Westöstlicher Diwan)*

Vor mir den **Tag** und hinter mir die Nacht. *(Goethe, Faust)*

Wenn man viel hineinzustecken hat, so hat ein **Tag** hundert Taschen. *(F. Nietzsche)*

Wir wollen uns den grauen **Tag** vergolden. *(Th. Storm, Oktoberlied)*

Am guten **Tage** sei guter Dinge, und den bösen Tag nimm auch für gut. *(Pred. Salom. 7, 15)*

Das sind **Tage**, von denen wir sagen: sie gefallen uns nicht. *(Pred. Salom. 12, 1)*

Die schönen **Tage** in Aranjuez sind nun zu Ende. *(Schiller, Don Carlos)*

Es ist noch nicht aller **Tage** Abend. *(Sprichwort, nach Livius)*

Ich denk an euch, ihr himmlich schönen **Tage**. *(A. Mahlmann, Sehnsucht)*

Schöne **Tage** lobt man abends, schöne Frauen morgens. *(Sprichwort)*

So was hab' ich mein' **Tage** nicht gesehn! *(Goethe, Faust)*

Tage der Wonne, kommt ihr so bald? *(Goethe, Frühzeitiger Frühling)*

Und siehe, ich bin bei euch alle **Tage** bis an der Welt Ende. *(Matth. 28, 20) Schlußworte des Matthäus-Evangeliums*

Und so fliehen meine **Tage**, wie die Quelle, rastlos hin. *(Schiller, Jüngling am Bache)*

Wie die **Tage** so golden verfliegen, wie die Nacht sich so selig verträumt. *(P. Heyse)*

Wir wollen alle **Tage** sparen und brauchen alle Tage mehr. *(Goethe, Faust)*

Wohl waren es **Tage** der Sonne! *(E. Geibel, Mädchenlieder)*

Du sollst deinem Nächsten nicht unrecht tun noch ihn berauben. Es soll des **Tagelöhners** Lohn nicht bei dir bleiben bis an den Morgen. *(3. Mos. 19, 13)*

Alles in der Welt läßt sich ertragen, nur nicht eine Reihe von schönen **Tagen**. *(Sprichwort; Goethe, Sprüche in Reimen)*

Aus **Tagen** werden Wochen, aus Monaten Jahre. *(Sprichwort)*

Herrlichen **Tagen** führe ich euch noch entgegen! *(Kaiser Wilhelm II., 1892)*

Will es denn nimmer und nimmer **tagen**? *(A. v. Droste-Hülshoff, Fräulein von Rodenschild)*

Des **Tages** Last und Hitze tragen. *(Nach Matth. 20, 12)*

Nichts ist höher zu schätzen als der Wert des **Tages**. *(Goethe, Maximen)*

Noch einmal wagst du, vielbeweinter Schatten, hervor dich an das **Tageslicht**. *(Goethe, Gedichte)*

Zur **Tagesordnung** weiter! *(Schiller, Wilhelm Tell)*

Das **Tagewerk** ist abgetan. Gib, Vater, deinen Segen. *(J. H. Voß, Abendlied)*

Das **täglich'** Brot. *(Redensart, nach Matth. 6, 11)*

Das **Tagtägliche** erschöpft mich. *(L. v. Beethoven)*

Schaff, das **Tagwerk** meiner Hände, hohes Glück, daß ich's vollende. *(Goethe, Hoffnung)*

Es gibt ein kleines Wörtlein, das heißt: **Takt**. *(Redensart)*

Takt ist der Verstand des Herzens. *(K. Gutzkow, Ritter vom Geist)*

Takt ist die Fähigkeit, andere so darzustellen, wie sie sich selbst gern sehen. *(A. Lincoln)*

Takt ist eine Geschicklichkeit, die den Menschen besser als Talent und Wissen über alle Schwierigkeiten fortführt. *(S. Smiles)*

Taktlosigkeit ist der lästigste und widerwärtigste der menschlichen Fehler. *(A. Feuerbach)*

Je höher der Berg, desto tiefer das **Tal**. *(Sprichwort)*

Lobe die Berge und bleibe im **Tal**! *(Sprichwort)*

Und ob ich schon wanderte im finstern **Tal**, fürchte ich kein Unglück. *(Psalm 23, 4)*

Da sitzt er nu mit das **Talent**! *(D. Kalisch, Berlin bei Nacht)*

Das **Talent** arbeitet, das Genie schafft. *(R. Schumann)*

Das **Talent** hat darin immer einen Vorsprung vor dem Genie, daß jenes ausdauert, dieses oft verpufft. *(K. Gutzkow)*

Es bildet ein **Talent** sich in der Stille.
(Goethe, Tasso)

Kein **Talent**, doch ein Charakter!
(H. Heine, Atta Troll)

Selbst dem großen **Talent** drängt sich ein größeres nach. *(Goethe)*

Es gibt schlechte Eigenschaften, welche große **Talente** machen.
(F. de La Rochefoucauld)

Eine gute Ausrede ist einen **Taler** wert.
(Sprichwort)

O **Täler** weit, o Höhen, o schöner grüner Wald. *(J. v. Eichendorff, Abschied im Walde)*

Es ist nicht alles **Talmi**, was glänzt.
(P. Hille)

Nachts um die zwölfte Stunde verläßt der **Tambour** sein Grab. *(J. C. v. Zedlitz, Nächtliche Heerschau)*

Das ist **Tand** nur. *(Shakespeare, Macbeth)*

Tand, Tand ist das Gebilde von Menschenhand. *(Th. Fontane, Brücke am Tay)*

Es grüne die **Tanne**, es wachse das Erz; Gott schenke uns allen ein fröhliches Herz. *(Harzspruch)*

O **Tannenbaum**, o Tannenbaum, wie treu sind deine Blätter!
(Weihnachtslied von A. Zarnack)
Meist zitiert und gesungen:
O Tannenbaum, o Tannenbaum,
wie grün sind deine Blätter!

Ich bin aus **Tantalus'** Geschlecht.
(Goethe, Iphigenie auf Tauris)

Tantalusqualen. *(Redensart, nach Homer, Odyssee)*

Tanz ums goldene Kalb.
(Nach 2. Mos. 32)

Das **Tanzbein** schwingen. *(Redensart)*
Tanzen

Will der Herr Graf ein **Tänzchen** wagen, so mag er's sagen, ich spiel' ihm auf.
(L. da Ponte/W. A. Mozart, Hochzeit des Figaro)

Gleiche Paare **tanzen** am besten.
(Sprichwort)

Etwas aufs **Tapet** bringen. *(Redensart)*
Etwas zur Sprache bringen

Ich schätze den, der **tapfer** ist und grad.
(Goethe, Iphigenie auf Tauris)

Tapfer ist der Löwensieger, tapfer ist der Weltbezwinger, tapferer wer sich selbst bezwang. *(J. G. Herder, Die wiedergefundenen Söhne)*

Das bessere Teil der **Tapferkeit** ist Vorsicht. *(Shakespeare, Heinrich IV.)*

Tapferkeit ist ein Gemeingut deutscher Soldaten. *(Bismarck, 1885)*

Vollendete **Tapferkeit** besteht darin, ohne Zeugen zu tun, was man vor aller Welt zu tun vermöchte.
(F. de La Rochefoucauld)

Der ist nicht der **Tapferste**, der sich nie gefürchtet, sondern der, der die Furcht überwand. *(Alter Spruch)*

Der ist kein **Tapfrer**, kein Ehrenmann, der den Gebieter läßt verachten.
(Schiller, Braut von Messina)

Im Dunkeln **tappen**.
(Redensart, nach 5. Mos. 28, 29)

Wie von der **Tarantel** gestochen.
(Redensart)

Tartuffe. *(Lustspiel von Molière)*
Scheinheiliger Mensch

Aus leeren **Taschen** ist nicht gut zahlen. *(Sprichwort)*

Mann mit zugeknöpften **Taschen**, dir tut niemand was zulieb. *(Goethe, Wie du mir…)*

Auf frischer **Tat**. *(Redensart, Codex Justinianus)*

Aufschub einer guten **Tat** hat schon oft gereut. *(J. W. L. Gleim)*

Der Gedanke legt den Grund für die **Tat**. *(H. v. Moltke)*

Der Ruhm ist Schatten nur der **Tat**. *(F. Hebbel)*

Des echten Mannes wahre Feier ist die **Tat**. *(Goethe, Pandora)*

Die Klugheit gibt nur Rat, die **Tat** entscheidet. *(F. Grillparzer, Ein Bruderzwist in Habsburg)*

Die Stunde drängt, und rascher **Tat** bedarf's. *(Schiller, Wilhelm Tell)*

Die **Tat** ist alles, nichts der Ruhm. *(Goethe, Faust)*

Ein andres Antlitz, eh sie geschehen, ein andres zeigt die vollbrachte **Tat**. *(Schiller, Braut von Messina)*

Ein Löffel voll **Tat** ist besser als ein Scheffel voll Rat. *(Indisches Sprichwort)*

Es muß im Staat ein Recht der rettenden **Tat** geben. *(F. C. Dahlmann, 1848)*

Im Anfang war die **Tat**! *(Goethe, Faust)*

In der praktischen Schule des Lebens wirkt die **Tat** stets mächtiger als das Wort. *(S. Smiles)*

Rettende **Tat**. *(F. C. Dahlmann, 1848)*

Stets ist die Sprache kecker als die **Tat**. *(Schiller, Piccolomini)*

Wer zu der **Tat** Ermunterung gibt, hat selber sie mit ausgeübt. *(K. W. Ramler)*

Wie weit die kleine Kerze Schimmer wirft, so scheint die gute **Tat** in arger Welt. *(Shakespeare, Kaufmann von Venedig)*

Zum Rat weile, zur **Tat** eile! *(Sprichwort)*

Eine **Tatarennachricht**. *(Redensart)* *Soviel wie: Falschmeldung*

An bösen **Taten** lernt sich fort die böse Tat. *(Sophokles, Elektra)*

Der Ausgang gibt den **Taten** ihre Titel. *(Goethe, Vögel)*

Der Worte sind genug gewechselt, laßt mich auch endlich **Taten** sehn. *(Goethe, Faust)*

Die meisten großen **Taten**, die meisten großen Gedanken haben einen belächelnswerten Anfang *(A. Camus)*

Ein andermal von euren **Taten**! *(G. K. Pfeffel, Tabakspfeife)*

Er, der die größten **Taten** läßt vollbringen, legt oft in schwache Hände das Gelingen. *(Shakespeare, Ende gut, alles gut)*

Hier ist es Zeit, durch **Taten** zu beweisen, daß Manneswürde nicht der Götterhöhe weicht. *(Goethe, Faust)*

In allen meinen **Taten** lass' ich den Höchsten raten. *(P. Fleming)*

Lust und Liebe sind die Fittiche zu großen **Taten**. *(Goethe, Iphigenie auf Tauris)*

Man tadelt den, der seine **Taten** wägt. *(Goethe, Iphigenie)*

Mit **Taten** schmückt sich Treu' und nicht mit Worten. *(Shakespeare)*

Mit **Taten** sei ein Leben gefüllt, nicht mit untätigen Jahren. *(Ovid)*

Nur **Taten** sind nicht mehr zu tilgen. *(Schiller, Fiesco)*

Schnöde **Taten**, birgt sie die Erd' auch, müssen sich verraten. *(Shakespeare, Hamlet)*

Taten sind Früchte, Worte nur Blätter. *(Griechisches Sprichwort)*

Wenn wir **täten**, was wir sollten, so tät' Gott auch, was wir wollten. *(Spruch)*

Wir sind gewohnt, mit **Taten** zu bezahlen. *(Schiller, Fiesko)*

Wir würden uns oft unsrer schönsten **Taten** schämen, wenn die Welt alle Beweggründe sähe, aus denen sie hervorgehn. *(F. de La Rochefoucauld)*

Besitz stirbt, Sippen sterben, du selbst stirbst wie sie. Doch eines weiß ich, das ewig lebt: der Toten **Tatenruhm**. *(Edda)*

Seid aber **Täter** des Worts und nicht Hörer allein. *(Jak. 1, 22)*

Daß ich lebe, ist nicht nötig, wohl aber, daß ich **tätig** bin! *(Friedrich d. Gr.)*

Ernste **Tätigkeit** söhnt zuletzt immer mit dem Leben aus. *(Jean Paul)*

Tätigkeit ist das Salz des Lebens. *(Sprichwort)*

Unsere zwecklose **Tätigkeit**, unsere Griffe nach Lust müssen höhern Wesen vorkommen wie das Langen des Sterbenden nach dem Deckbett. *(Jean Paul, Hesperus)*

Die großen **Tatmenschen** haben mit den Mondsüchtigen eins gemein: sie vertragen es auf ihrem gefährlichen Wege nicht, angerufen, gestört oder gar gewarnt zu werden. *(L. Braun, Im Schatten der Titanen)*

Tatsachen sind hartnäckige Dinge. *(Englisches Sprichwort)*

Tatsachen sind stärker als Worte. *(Sprichwort)*

Besser **taub** als blind. *(Redensart)*

Gebratene **Tauben** fliegen einem nirgends ins Maul. *(Sprichwort, nach S. Brant, Narrenschiff)*

Deine Augen sind wie **Taubenaugen**. *(Hohelied Salom. 1, 15)*

Hier geht's ja wie im **Taubenschlag** (zu). *(Redensart)*
Hier herrscht ein dauerndes Kommen und Gehen

Kein **Tauber** ist schlimmer als der, der nicht hören will. *(Sprichwort)*

Darum geht hin und lehret alle Völker und **taufet** sie im Namen des Vaters und des Sohnes und des Heiligen Geistes. *(Matth. 28, 19)*

Aus dem Leben eines **Taugenichts**. *(Novelle von J. v. Eichendorff)*

Du **taugst** der Welt nicht, wenn du dir nicht taugst; du taugst nicht dir, wenn du der Welt nicht taugst. *(L. Schefer, Laienbrevier)*

Tausch ist kein Raub. *(Sprichwort)*

Die Absicht, niemals zu **täuschen**, bringt uns in Gefahr, oft getäuscht zu werden. *(F. de La Rochefoucauld)*

Wer könnte **täuschen** die Sonne? *(Ovid, Ars amandi)*

Wer **tauschen** will, will betrügen. *(Sprichwort)*

Abwarten und **Tee** trinken. *(Redensart)*

Auf dem **Teich**, dem regungslosen, weilt des Mondes holder Glanz, flechtend seine bleichen Rosen in des Schilfes grünen Kranz. *(N. Lenau, Schilflieder)*

Kleine Wasser machen niemand reich, best fischen ist im großen **Teich**.
(G. Rollenhagen, Froschmeuseler)

Das gute **Teil** erwähnt haben.
(Nach Luk. 10, 42)
Meist zitiert: das bessere Teil…

Einen **Teil** sollst du verschenken, einen Teil sollst du ausgeben, einen Teil sollst du sparen. *(Persisches Sprichwort)*

Noch hab' ich keinen **Teil** an ihr!
(F. Kind/C. M. v. Weber, Freischütz)

Teile und herrsche!
(Louis XI. von Frankreich zugeschrieben, wahrscheinlich aber bereits im Altertum bekannt)

Teilnahme ist der goldene Schlüssel, der die Herzen anderer öffnet. *(S. Smiles)*

Teilt euch brüderlich darein.
(Schiller, Teilung der Erde)

Er lügt wie **telegraphiert**.
(Bismarck im Preuß. Herrenhaus, 1869)

Wär' ich besonnen, hieß' ich nicht der **Tell**. *(Schiller, Wilhelm Tell)*

Es sind nicht alle Offiziere **Tellheims**.
(G. E. Lessing, Minna von Barnheim)

Das ist **Tells** Geschoß!
(Schiller, Wilhelm Tell)

Und trieb sie alle zum **Tempel** hinaus.
(Matth. 21, 12; Mark. 11, 15; Luk. 19, 45; Joh. 2, 15)

Wir spielen unsere Gedanken gegeneinander aus, in Wirklichkeit unsere **Temperamente**. *(C. Morgenstern)*

Die industrielle **Tendenz** hat uns aus dem Feudalismus befreit; und die ideelle Tendenz wird sich aus der industriellen allmählich entfalten.
(E. v. Feuchtersleben, Aphorismen)

Auf dem **Teppich** bleiben. *(Redensart)*
Den Boden nicht unter den Füßen verlieren; auf dem Boden der Tatsachen bleiben

Kennst du die Hölle des Dante nicht, die schrecklichen **Terzetten**? Wen da der Dichter hineingesperrt, den kann kein Gott mehr retten. *(H. Heine, Deutschland, ein Wintermärchen)*

Denn wo reiche Leute sind, ist es allezeit **teuer**. *(M. Luther)*

Das **Teuerste** ist nicht immer das Beste.
(Sprichwort)

Auf **Teuerung** folgt Überfluß.
(Sprichwort)

Neuerung macht **Teuerung**.
(Sprichwort)

Alles nimmt der **Teufel**, nur ein böses Weib nicht. *(Sprichwort)*

Auch der **Teufel** war in seiner Jugend schön. *(Sprichwort)*

Auch die Kultur, die alle Welt beleckt, hat auf den **Teufel** sich erstreckt.
(Goethe, Faust)

Bedenkt, der **Teufel**, der ist alt, so werdet alt, ihn zu verstehn. *(Goethe, Faust)*

Besser ein freier **Teufel** als ein gebundener Engel. *(P. Hille, Aphorismen)*

Den **Teufel** an die Wand malen.
(Redensart, nach M. Luther u. a.)
Ein Unheil heraufbeschwören

Den **Teufel** durch Beelzebub austreiben.
(Redensart, nach Matth. 12, 24 u. 27; Luk. 11, 15, 18 u. 19)
Ein Übel durch ein größeres beseitigen

Den **Teufel** spürt das Völkchen nie, und wenn er sie beim Kragen hätte.
(Goethe, Faust)

Denn wenn es keine Hexen gäbe, wer, **Teufel**, möchte Teufel sein?
(Goethe, Faust)

Der **Teufel**, der Adel und Jesuiten existieren nur so lange, als man an sie glaubt. *(H. Heine)*

Der **Teufel** gehet umher wie ein brüllender Löwe und suchet, welchen er verschlinge. *(1. Petr. 5, 3)*

Der **Teufel** gibt die Hölle teurer als Gott den Himmel. *(A. a Santa Clara)*

Den **Teufel** halte, wer ihn hält! Er wird ihn nicht sobald zum zweiten Male fangen. *(Goethe, Faust)*

Der **Teufel** hat die Welt verlassen, weil er weiß, die Menschen machen selbst die Hölle einander heiß. *(F. Rückert)*

Der **Teufel** hat mehr als zwölf Apostel.
(Schwedisches Sprichwort)

Der **Teufel** ist los! *(Nach Off. Joh. 20, 7)*

Der **Teufel** ist nicht so schwarz, wie man ihn malt. *(Sprichwort)*

Der **Teufel** scheißt immer auf den größten Haufen. *(Alter Spruch)*

Der **Teufel** stellt dir nächstens doch ein Bein. *(Goethe, Faust)*

Du bist noch nicht der Mann, den **Teufel** festzuhalten. *(Goethe, Faust)*

Ein Schelm ist der **Teufel**.
(Schiller, Fiesco)

Er gibt dem **Teufel**, was des Teufels ist.
(Shakespeare, Heinrich IV.)

Freude in Sünden ist ein **Teufel**.
(M. Luther)

Fünfmalhunderttausend **Teufel**.
(Dichtung von E. M. Oettinger)

Für Geld kann man den **Teufel** tanzen lassen. *(Sprichwort)*

Gegen den **Teufel** muß man Überstunden machen. *(H. Miller)*

Gibt man dem **Teufel** den kleinen Finger, so nimmt er die ganze Hand.
(Sprichwort)

In der Not frißt der **Teufel** Fliegen.
(Redensart)

Ja, Luther hat es verstanden, als er dem **Teufel** das Tintenfaß an den Kopf geworfen! Nur vor Tinte fürchtet sich der Teufel, damit allein verjagt man ihn.
(J. Börne, Fragmente und Aphorismen)

Laß dich der **Teufel** bei einem Haar fassen, und du bist sein auf ewig.
(G. E. Lessing, Emilia Galotti)

Macht mir den **Teufel** nur nicht klein! Ein Kerl, den alle Menschen hassen, der muß was sein. *(Goethe)*

Man darf den **Teufel** nicht über die Tür malen, noch ihn zu Gevatter bitten.
(M. Luther)

Man kann keinen **Teufel** kämmen, der keine Haare hat. *(Sprichwort)*

Und wenn die Welt voll **Teufel** wär'.
(M. Luther, Ein' feste Burg)

Unser deutscher **Teufel** wird ein guter Weinschlauch sein und muß Sauf heißen.
(M. Luther)

Verflucht, wer mit dem **Teufel** spielt.
(Schiller, Wallensteins Tod)

Was ist der **Teufel**? Er ist ein Bader, denn er richtet manchem ein grobes Bad zu. *(A. a Santa Clara)*

Was ist der **Teufel**? Er ist ein Seiler und macht viel tausend Fallstrick. *(A. a Santa Clara)*

Was willst du armer **Teufel** geben? *(Goethe, Faust)*

Wenn der **Teufel** alt wird, will er Mönch werden. *(Sprichwort)*

Wenn die Menschen werden gescheiter, macht der **Teufel** die Hölle weiter. *(W. Müller, Epigramme)*

Wenn man den **Teufel** nennt, dann kommt er angerennt. *(Sprichwort)*

Wenn man vom **Teufel** spricht, ist er nicht weit. *(Sprichwort)*

Wenn noch so viele **Teufel** zu Worms wären als Ziegel auf dem Dach, ich wollte doch hinein. *(M. Luther, 1521)*

Wer den **Teufel** zum Freund hat, kommt leicht in die Hölle. *(Sprichwort)*

Zum **Teufel** erst das Instrument! Zum Teufel hintendrein den Sänger! *(Goethe, Faust)*

Zum **Teufel** ist der Spiritus, das Phlegma ist geblieben. *(Schiller, Männerwürde)*

Des **Teufels** Liebste ist allezeit Hoffart, Buhlerei und Neid; Demut aber, Geduld und Treue, die sind des Teufels größte Reue. *(Freidank, Bescheidenheit)*

In des **Teufels** Küche geraten. *(Redensart)*
In eine gefährliche Lage geraten

Das ist der **Teutoburger Wald**, den Tacitus beschrieben, das ist der klassische Morast, wo Varus steckengeblieben. *(H. Heine, Deutschland, ein Wintermärchen)*

Gedenke, daß du ein **Teutscher** bist! *(Dem kurbrandenburg. Minister O. v. Schwerin, 1658, zugeschrieben)*

Jemandem den **Text** lesen. *(Redensart)*

Das **Theater** ist die tätige Reflexion des Menschen über sich selbst. *(Novalis, Fragmente)*

Schöne Zeit, als mit dem Karren Thespis fuhr, der Possen-Vater! Schwer ist's, einen Staat regieren, zehnmal schwerer ein **Theater**. *(E. v. Bauernfeld, Reime und Rhythmen)*

Trotz allem Bemühen eurer Bühnenberater fehlen noch drei Dinge zum deutschen **Theater**, danach seht euch zum Schluß noch um: Schauspieler, Dichter und – Publikum! *(F. Grillparzer, Dramaturgisch)*

Ein Wort mit diesem kundigen **Thebaner**. *(Shakespeare, König Lear)*

Gib zuerst das **Thema** an, die Erklärung folge dann. Weiter muß man gut begründen und den Gegensatz erfinden. Ein Vergleich erfolgt im Nu, und das Beispiel kommt dazu. Mit dem Zeugnis wird belegt, daß zum Schluß sich Beifall regt. *(Eine von der Antike empfohlene »Denkhilfe« zur Gliederung einer Rede)*

Es sind in Deutschland die **Theologen**, die dem lieben Gott ein Ende machen. *(H. Heine, Religion und Philosophie)*

Die Arznei macht kranke, die Mathematik traurige und die **Theologie** sündhafte Leute. *(M. Luther)*

Die Religion, die nur auf **Theologie** gebaut ist, kann niemals etwas Moralisches enthalten. *(I. Kant)*

Die **Theologie** ist Anthropologie, d. h. in dem Gegenstande der Religion, den wir griechisch Theos, deutsch Gott nennen, spricht sich nichts anderes aus als das Wesen des Menschen. *(L. Feuerbach, Wesen der Religion)*

Die **Theorie** träumt, die Praxis belehrt. *(K. v. Holtei)*

Grau, teurer Freund, ist alle **Theorie** und grün des Lebens goldner Baum. *(Goethe, Faust)*

Thespiskarren. *(Nach Horaz)*
Bezeichnung für das Theater

Ungläubiger **Thomas**. *(Redensart, nach Joh. 20, 27–29)*

Durch fremde Waffen gründet sich kein **Thron**. *(Schiller, Demetrius)*

Ein **Thron** ist nur ein mit Samt garniertes Bett. *(Napoleon I.)*

Thron und Altar. *(Nach Voltaire, Mahomet)*

Am **Throne** gibt es fast für niemand Geheimnisse als für den, der darauf sitzt. *(Jean Paul)*

Auch auf **Thronen** kennt man häuslich Glück. *(Königin Luise von Preußen)*

Es war ein König in **Thule**, gar treu bis an sein Grab. *(Goethe, Faust)*

Rosmarin und **Thymian** wächst in unserm Garten, wer mein Mädchen freien will, muß noch lange warten. *(K. Simrock, Das deutsche Kinderbuch)*

Das läßt **tief** blicken. *(Abgeordneter Sabor im Deutschen Reichtstag, 1884)*

In die **Tiefe** mußt du steigen, soll sich dir das Wesen zeigen. *(Schiller, Sprüche des Konfuzius)*

Ja, so sind sie! Schreckt sie alles gleich, was eine **Tiefe** hat; ist ihnen nirgends wohl, als wo's recht flach ist. *(Schiller, Piccolomini)*

Was die heulende **Tiefe** da unten verhehle, das erzählt keine lebende glückliche Seele. *(Schiller, Taucher)*

Der ist der Herr der Erde, wer ihre **Tiefen** mißt. *(Novalis)*

Indem wir scharfsinnig sind, liegen wir einander beständig in den Haaren. **Tiefsinn** aber macht verträglich. *(F. H. Jacobi)*

Das **Tier** taugt zu allem, was es soll, vollkommen, der Mensch zu nichts recht, als was er lernt, liebt und übt. *(H. Pestalozzi)*

Das **Tier** wird durch seine Organe belehrt; der Mensch belehrt die seinigen und beherrscht sie. *(Goethe)*

Geselliges **Tier**. *(Aristoteles)*
Bezeichnung für den Menschen

Quäle nie ein **Tier** zum Scherz, denn es fühlt wie du den Schmerz. *(Sprichwort)*

Jedes **Tierchen** hat sein Pläsierchen. *(Redensart, nach E. Bormann)*

Je jünger, einfacher und frommer die Völker, desto mehr **Tierliebe**. *(Jean Paul)*

Der kleine **Tierquäler** erwächst zu einem harten, grausamen Mann. *(Jean Paul)*

Herrgott, wie groß ist dein **Tierreich**! *(Redensart)*
So sagt man, wenn jemand sich besonders dumm anstellt.

Ha! Wer bin ich und was soll ich hier unter **Tigern**, unter Affen? *(A. v. Kotzebue, Ausbruch der Verzweiflung)*

Sieh da, sieh da, **Timotheus**!
(Schiller, Kraniche des Ibykus)

Tinktur für Meineid! *(Shakespeare, Liebes Leid und Lust)*

Blut ist dicker als **Tinte**. *(Sprichwort)*

Die **Tinte** hat uns wohl gelehrt, doch ärgert sie, wo sie nicht hingehört. Geschrieben Wort ist Perlen gleich; ein Tintenklecks ein böser Streich. *(Goethe, Sprichwörtlich)*

In der **Tinte** sitzen. *(Redensart)*
Sich in einer üblen Lage befinden

Neuere Poeten tun viel Wasser in die **Tinte**. *(Goethe)*

Tintenklecksendes Säkulum. *(Schiller, Räuber)*

Ade, mein Land **Tirol**! *(J. Moser, Andreas Hofer)*

Dies Geschlecht kann sich nicht anders freuen als bei **Tisch**. *(Schiller, Wallensteins Tod)*

Reinen **Tisch** machen. *(Redensart)*

Vor **Tische** las man's anders. *(Schiller, Piccolomini)*

Das beste **Tischgespräch** ist das Schweigen schwelgender Gäste.
(Chineisches Sprichwort)

Tischlein, deck dich, Esel, streck dich, Knüppel aus dem Sack!
(Brüder Grimm, Tischlein deck dich)

Das **Tischtuch** zerschneiden.
(Redensart)
Die Beziehungen abbrechen

Die neue Zeit braucht nicht mehr **Titel** und Pergamente, sie braucht frische Tat und Kraft. *(A. N. v. Gneisenau)*

Ein **Titel** muß sie erst vertraulich machen. *(Goethe, Faust)*

Was ist ein **Titel** ohne Mittel?
(Sprichwort)

Deutschland ist ein **Titelland**. *(I. Kant)*

Einen **Toast** ausbringen! *(Redensart)*
Einen Trinkspruch auf jemandes Wohl aussprechen

Anno **Tobak**. *(Redensart)*
Vor sehr langer Zeit.

Das ist aber starker **Tobak**! *(Redensart)*
Das ist ja toll!

Die **Tochter** ist wie die Mutter.
(Hesek. 16, 44)

Man kann nicht seine **Tochter** nach auswärts verheiraten und sie zu Hause behalten. *(Niederländisches Sprichwort)*

Mit der Mutter soll beginnen, wer die **Tochter** will erringen. *(Sprichwort)*

Wem der Teufel ein Ei in die Wirtschaft gelegt hat, dem wird eine hübsche **Tochter** geboren. *(Schiller, Kabale und Liebe)*

Unter den **Töchtern** des Landes Umschau halten. *(Redensart, nach 1. Mos. 34, 1)*

Arm oder reich, der **Tod** macht alle gleich. *(Sprichwort)*

Auch der **Tod** ist nicht umsonst er kostet das Leben. *(Sprichwort)*

Besser noch ist **Tod** als Sklaverei.
(F. Halm, Sohn der Wildnis)

Das Leben ist eine Krankheit, der Schlaf ein Palliativ, der **Tod** eine Radikalkur.
(K. J. Weber, Demokritos)

Das Leben ist nur ein Moment, der **Tod** ist auch nur einer.
(Schiller, Maria Stuart)

Der dem **Tod** ins Angesicht schauen kann, der Soldat allein ist der freie Mann. *(Schiller, Wallensteins Lager)*

Der, den der **Tod** nicht weiser macht, hat nie mit Ernst an ihn gedacht. *(Ch. F. Gellert)*

Der Herr tue mir dies und das, der **Tod** muß mich und dich scheiden. *(Ruth 1, 17)*

Der Mensch nur fühlet seinen **Tod**. *(C. A. Tiedge, Urania)*

Der **Tod** entbindet von erzwung'nen Pflichten. *(Schiller, Wilhelm Tell)*

Der **Tod** heilt alle Übel. *(Sprichwort)*

Der **Tod** im Topf! *(Nach 2. Kön. 4, 40)*

Der **Tod** ist das Ende aller Not. *(Sprichwort)*

Der **Tod** ist das Ende der Mühsal, und wen er heut trifft, der braucht ihn nicht morgen zu scheuen. *(F. Rückert)*

Der **Tod** ist die mildeste Form des Lebens, der ewigen Liebe Meisterstück. *(G. Hauptmann, Michael Kramer)*

Der **Tod** ist kein Abschnitt des Daseins, sondern nur ein Zwischenereignis, ein Übergang aus einer Form des endlichen Wesens in eine andere. *(W. v. Humboldt)*

Der **Tod** ist kein Schnitter, der Mittagsruhe hält. *(M. de Cervantes, Don Quijote)*

Der **Tod** kennt keinen Kalender. *(Sprichwort)*

Der **Tod** macht alles gleich, er frißt arm und reich. *(Sprichwort)*

Der **Tod** macht stille Leute. *(Sprichwort)*

Der **Tod** zahlt alle Schulden. *(Sprichwort)*

Des einen **Tod**, des andern Brot. *(Sprichwort)*

Die Menschen fürchten den **Tod**, wie Kinder sich fürchten, im Dunkeln zu gehn. *(F. Bacon)*

Du bist Gott einen **Tod** schuldig! *(Shakespeare, Heinrich IV.)*

Ein allgemeines Übel ist der **Tod**. *(Goethe, Natürliche Tochter)*

Ein ewig Rätsel ist das Leben, und ein Geheimnis bleibt der **Tod**. *(E. Geibel)*

Ein mächtiger Vermittler ist der **Tod**. *(Schiller, Braut von Messina)*

Es ist ein Schnitter, der heißt **Tod**. *(Erntelied, Kirchenlied)*

In dieser Welt gibt es nichts Sicheres als den **Tod** und die Steuern. *(B. Franklin)*

Kein schönrer **Tod** auf dieser Welt, als der, vom Feind erschlagen… *(Lied von J. Vogel/F. Silcher)*

Kommt der **Tod**, hat der Reiche kein Geld und der Arme keine Schulden mehr. *(Estnisches Sprichwort)*

Rasch tritt der **Tod** den Menschen an. *(Schiller, Wilhelm Tell)*

Scheiden ist der **Tod**! *(Goethe, Gedichte)*

Schnell reitet der **Tod**. *(E. Geibel)*

Sei getreu bis in den **Tod**, so will ich dir die Krone des Lebens geben. *(Off. Joh. 2, 10)*

Tod, wo ist dein Stachel? Hölle, wo ist dein Sieg? *(1. Kor. 15, 55)*

Umsonst ist nur der **Tod**. *(Sprichwort)*

Warm ist das Leben, kalt ist der **Tod**. *(Sprichwort)*

Was ist der **Tod**? – Nach einem Fieber ein sanfter Schlaf, der uns erquickt! Der Tor erschreckt darüber, der Weise ist entzückt. *(P. v. Winter, Das unterbrochene Opferfest)*

Wer das Leben liebt und den **Tod** nicht scheut, geht fröhlich durch die sinkende Zeit. *(Th. Körner)*

Wer den **Tod** fürchtet, hat das Leben verloren. *(J. G. Seume, Apokryphen)*

Wer ist mächtiger als der **Tod**? Wer da kann lachen, wenn er droht. *(F. Rückert, Rätsel der Elfen)*

Wider den **Tod** ist kein Kraut gewachsen. *(Sprichwort)*

Wir üben heute schon den **Tod** von morgen, wo noch das alte Sterben in uns welkt… *(Nelly Sachs)*

Wohltätig, heilend nahet mir der **Tod**, der ernste Freund. *(Schiller, Maria Stuart)*

Das schwerste, jammervollste, ird'sche Leben, das Alter, Meineid, Schmerz, Gefangenschaft dem Menschen auferlegt, ist ein Paradies gegen das, was wir vom **Tode** fürchten. *(Shakespeare, Maß für Maß)*

Der Sonne und dem **Tode** kann man nicht unverwandt ins Antlitz schauen. *(F. de La Rochefoucauld)*

Man lobt im **Tode** manchen Mann, der Lob im Leben nie gewann. *(Sprichwort)*

Mit dem **Tode** ist's für immer Feierabend. *(Sprichwort)*

Niemand ist vor dem **Tode** glücklich zu preisen. *(Solon, nach Herodot)*

Der Geschmack des **Todes** ist auf meiner Zunge, ich fühle etwas, das nicht von dieser Welt ist. *(W. A. Mozart)*

Wir sind alle des **Todes**. *(2. Mos. 12, 33)*

Denn hinderlich wie überall ist hier der eigne **Todesfall**. *(W. Busch, Dideldum)*

Zweimal sieht kein Mensch die **Todesufer**. *(Schiller)*

Todsünde. *(Nach 5. Mos. 22, 26 u. 1. Joh. 5, 16/17)*

In den Falten seiner **Toga** Krieg und Frieden tragen. *(Nach Livius)*

Tohuwabohu. *(Redensart, nach 1. Mos. 1, 2)*
Wüstes Durcheinander; Wirrwarr.

Tolerant sein gegen alles, nur nicht gegen die Toleranz. *(Nach K. Jaspers)*

Die **Toleranz** muß jedem Bürger die Freiheit lassen, zu glauben, was er will. Aber sie darf nicht so weit gehen, daß sie die Frechheit und Zügellosigkeit junger Hitzköpfe gutheißt, die etwas vom Volke Verehrtes dreist beschimpfen. Das ist meine Ansicht. Sie deckt sich mit dem, was zur Sicherung der Gedankenfreiheit und der öffentlichen Ruhe nötig ist – und das ist der erste Gesichtspunkt jeder Gesetzgebung. *(Friedrich d. Gr. an Voltaire, 1766)*

Toleranz ist gut, aber nicht gegenüber den Intoleranten. *(W. Busch)*

Toleranz sollte eigentlich nur eine vorübergehende Gesinnung sein; sie muß zur Anerkennung führen. Dulden heißt beleidigen. *(Goethe, Maximen und Reflexionen)*

Aus manchen schwierigen Lebenslagen kann man sich nur mit ein wenig **Tollheit** retten. *(F. de La Rochefoucauld)*

Ist dies schon **Tollheit**, hat es doch Methode! *(Shakespeare, Hamlet)*

Ein **Tölpel** wird trotz aller Müh' doch nicht zum feinen Herrn.
(J. de La Fontaine)

Du hast wohl **Tomaten** uff de Oogen?
(Berliner Redensart)
Paß doch auf!

Den **Ton** angeben. *(Redensart)*
Maßgebend sein.

Der feine Griff und der rechte **Ton**.
(Schiller, Wallensteins Lager)

Der **Ton** macht die Musik.
(Sprichwort)

Wehe! Wehe mir! Welche **Töne**!
(Schiller, Jungfrau von Orleans)

Koloß mit **tönernen** Füßen.
(Redensart, nach Daniel 2, 31–34)

Nicht aufzufallen, ist das erste Gesetz des guten **Tones**. *(J. Langbehn, Rembrandt als Erzieher)*

Die Dichtung, ja des **Tonreichs** schöne Träume entrücken uns in körperliche Räume. *(Goethe)*

Ich bin des trocknen **Tons** nun satt.
(Goethe, Faust)

Wie glüht es im Glase, wie flammt er so hold! Geschliffnem **Topase** vergleich' ich sein Gold. *(F. Schanz, Am Rhein)*

Jeder **Topf** findet seinen Deckel.
(Sprichwort)

Man soll nicht alles in einen **Topf** werfen.
(Redensart)

Die guten ins **Töpfchen**, die schlechten ins Kröpfchen. *(Brüder Grimm, Aschenputtel)*

Kleine **Töpfe** kochen bald über.
(Sprichwort)
Kleine Menschen regen sich schnell auf

Besser ein weiser **Tor** als ein törichter Weiser. *(Shakespeare, Was ihr wollt)*

Da steh' ich nun, ich armer **Tor**, und bin so klug als wie zuvor. *(Goethe, Faust)*

Der **Tor** bläst ein, der Weise spricht.
(Goethe, Faust)

Der **Tor** läuft den Genüssen des Lebens nach und sieht sich betrogen; der Weise vermeidet das Übel. *(A. Schopenhauer)*

Der **Tor** schmeichelt sich selbst und der Kluge den Toren. *(J. G. Herder)*

Die Tore jedoch, die ließen mein Liebchen entwischen gar still; ein **Tor** ist immer willig, wenn eine Törin will.
(H. Heine, Heimkehr)

Ein reiner **Tor**.
(Nach R. Wagner, Parsifal)

Ein **Tor** find't allemal noch einen größern Toren, der seinen Wert zu schätzen weiß. *(Ch. F. Gellert)*

Ein **Tor** sorgt für die künft'ge Zeit; für heute will ich sorgen. Wer kennt, mit weiser Gründlichkeit, den ungewissen Morgen? *(G. E. Lessing)*

Gesellschaft braucht der **Tor**, und Einsamkeit der Weise. *(F. Rückert)*

Sei er kein schellenlauter **Tor**.
(Goethe, Faust)

So ein verliebter **Tor** verpufft euch Sonne, Mond und alle Sterne zum Zeitvertreib dem Liebchen in die Luft.
(Goethe, Faust)

Was hör' ich draußen vor dem **Tor**, was auf der Brücke schallen? *(Goethe, Sänger)*

Das **Tor** braucht einen Keulenschlag, wo dem Weisen ein Wink genügen mag.
(Persisches Sprichwort)

Die **Toren** sprechen in ihrem Herzen: Es ist kein Gott. *(Psalm 14, 1)*

Einem **Toren** ist eigen Zweierlei, das ihm schlecht gedeiht: zur Redezeit zu schweigen und zu reden zur Schweigezeit.
(F. Rückert)

Toren und gescheite Leute sind gleich unschädlich. Nur die Halbnarren und Halbweisen, das sind die gefährlichsten.
(Goethe, Maximen und Reflexionen)

Töricht, auf Bess'rung der **Toren** zu harren. *(Goethe, Kophtisches Lied)*

Unendlich ist die Schar der **Toren**.
(F. Petrarca)

Wie sich Verdienst und Glück verketten, das fällt den **Toren** niemals ein.
(Goethe, Faust)

Auf in den Kampf, **Torero**!
(H. Meilhac u. L. Halévy/ G. Bizet, Carmen)

Vor **Toresschluß**. *(Redensart)*
Im letzten Augenblick

Alter schützt vor **Torheit** nicht.
(Sprichwort)

Die kurze **Torheit** ist die beste.
(M. G. Lichtwer, Die zween Hähne)

Andere Ehrgeizige werden neue Kriege erregen und neues Unheil verursachen. Denn es ist eine Eigentümlichkeit des menschlichen Geistes, daß Beispiele keinen bessern. Die **Torheiten** der Väter sind für ihre Kinder verloren. Jede Generation muß ihre eigenen begehen.
(Friedrich d. Gr., Geschichte des Siebenjährigen Krieges)

Wenn keine **Torheit** mehr wird sein, so wird die Menschheit gehen ein.
(F. v. Logau, Menschliche Torheit)

Lustige Leute begehen mehr **Torheiten** als traurige, aber traurige begehen größere. *(E. v. Kleist)*

Manche **Torheiten** kommen über uns wie ansteckende Krankheiten.
(F. de La Rochefoucauld)

Unter allen **Torheiten**, die ein Mädchen begeht, ist immer ihre erste Liebe eine der größten. *(A. v. Kotzebue)*

Gar **töricht** nicht, wer auf die Zukunft baut. *(J. Racine)*

Ihr Mann ist **tot** und läßt Sie grüßen!
(Goethe, Faust)

Lebendig **tot**. *(1. Tim. 5, 6)*

Nur der ist wirklich **tot**, der keinen guten Namen hinterläßt.
(Persisches Sprichwort)

Der **totale** Staat. *(C. Schmitt, Begriff des Politischen, 1927)*

Totaler Krieg. *(Schlagwort)*
Vernichtungskrieg unter Einsatz aller militärischen, wirtschaftlichen, psychologischen und geistigen Mittel)

Der **Tote** hat immer unrecht.
(Französisches Sprichwort)

Töte einen – und du bist ein Mörder; töte tausend – und du bist ein Held.
(Indisches Sprichwort)

Ach, wie glücklich sind die **Toten**!
(Schiller, Siegesfest)

Auch zu den großen **Toten** der Geschichte steht man in einem rein subjektiven Verhältnis. *(F. Hebbel)*

Die Rosse schnoben, der Regen rann, und wir gedachten der **Toten**, der Toten.
(F. Freiligrath, Trompete von Gravelotte)

Die **Toten** reiten schnell. *(G. A. Bürger, Lenore)*

Die **Toten** stehen nicht mehr auf.
(Schiller, Don Carlos)

Du sollst nicht **töten**.
(M. Luther, Kl. Katechismus: Das fünfte Gebot/2. Mos. 20, 13)

Fromm handelt, wer die **Toten** ehrt.
(Sophokles, Antigone)

Fürchte du die Lebenden und nicht die **Toten**! *(Ch. D. Grabbe, Don Juan und Faust)*

Ich gebe nichts verloren als die **Toten**.
(Schiller, Don Carlos)

Länger währt das Reich der **Toten** als der Lebenden Gedächtnis.
(F. G. Jünger, Alter Friedhof)

Laß die **Toten** ihre Toten begraben.
(Matth. 8, 22; Luk. 9, 60)

Laß ruhn, laß ruhn die **Toten**.
(A. v. Chamisso, Laß ruhn die Toten)

Lassen wir die **Toten** ruhen, die uns nimmer ruhen lassen. *(F. Hebbel)*

Mit **Toten** führe ich keinen Krieg.
(Kaiser Karl V. am Grabe Luthers)

Nimmer erweckt ihn der fröhliche Reigen, denn der Schlummer der **Toten** ist schwer. *(Schiller, Braut von Messina)*

Nur die **Toten** kehren nicht zurück!
(B. Barère, 1794)

Seele, vergiß sie nicht. Seele, vergiß nicht die **Toten**! *(F. Hebbel, Requiem)*

Und sie trugen einen **Toten** hinaus.
(Nach Luk. 7, 12)

Vergiß die teuren **Toten** nicht!
(Th. Körner, Aufruf)

Wer lebt, soll nimmer mit den **Toten** streiten. *(Goethe, Tasso)*

Wir **Toten**, wir Toten sind größere Heere als ihr auf der Erde, als ihr auf dem Meere! *(C. F. Meyer, Chor der Toten)*

Der Mensch seufzt unter Joch und Fron, am schwersten unter der **Tradition**.
(H. Vierordt, Hobelspäne)

Die **Trägheit** unseres Geistes ist größer als die unseres Körpers.
(F. de La Rochefoucauld)

Es ist **Trägheit**, was uns an peinliche Zustände kettet. *(Novalis)*

Trägheit des Herzens.
(Nach J. Wassermann, Kaspar Hauser, Die Trägheit des Herzens)

Trägheit ist des Teufels Kopfkissen.
(Sprichwort)

Der wahre **Tragikus** läßt seine Personen ihrem Affekte, ihrer Situation gemäß sprechen, und bekümmert sich nicht im geringsten darum, ob sie lehrreich und erbaulich sprechen. *(G. E. Lessing, Sophokles)*

Die **Tragödie** des Alters beruht nicht darin, daß man alt ist, sondern, daß man jung ist. *(O. Wilde, Dorian Gray)*

Auf unserer Welt gibt es überhaupt nur zwei Arten von **Tragödien**. Daß man das, was man haben möchte, nicht bekommt, oder daß man es bekommt. *(O. Wilde)*

Die **Träne** quillt, die Erde hat mich wieder! *(Goethe, Faust)*

Es ist schwerer, eine **Träne** zu stillen, als tausend zu vergießen. *(Sprichwort)*

Was will die einsame **Träne**?
(H. Heine, Heimkehr)

Der Erben **Tränen** sind oft ein verstecktes Lachen. *(Sprichwort)*

Die ewige Beglaubigung der Menschheit sind ja **Tränen**. *(Schiller, Don Carlos)*

Die mit **Tränen** säen, werden mit Freuden ernten. *(Psalm 126, 5)*

Die **Tränen** bald getrocknet sind, die eines reichen Mannes Kind weinet an des Vaters Grab. *(Freidank, Bescheidenheit)*

Die **Tränen** lassen nichts gelingen, wer schaffen will, muß fröhlich sein.
(Th. Fontane, Gedichte)

Die **Tränen** sind des Schmerzes heilig Recht! *(F. Grillparzer, Sappho)*

Die **Tränen** und die Seufzer, die kamen hintennach. *(H. Heine, Wenn zwei voneinander scheiden)*

Jedes schöne Gefühl hat seine **Tränen**.
(L. Bechstein, Arabesken)

Schmerzen sind der Jugend Nahrung, **Tränen** seliger Lobgesang. *(Goethe)*

Tränen sind der ew'gen Liebe Boten.
(E. M. Arndt, Gedichte)

Tränen stillen keine Not.
(Russisches Sprichwort)

Unter **Tränen** lächeln. *(Redensart, nach Homer, Ilias)*

Wer **Tränen** ernten will, muß Liebe säen.
(Schiller, Wilhelm Tell)

Wie? **Tränen?** Oranien? *(Goethe, Egmont)*

Du siehst mit diesem **Trank** im Leibe, bald Helenen in jedem Weibe.
(Goethe, Faust)

O **Trank** voll süßer Labe!
(Goethe, Sänger)

Trau, schau, wem! *(Sprichwort)*

Dem Fuchs sind die **Trauben** zu sauer.
(Nach der Fabel von Aesop)

Einem Menschen, den Kinder und Hunde nicht leiden können, ist nicht zu **trauen**. *(C. Hilty)*

Einem **trauen** ist genug; keinem trauen ist nicht klug; doch ist's besser, keinem trauen, als auf gar zu viele bauen.
(F. v. Logau)

Man muß keinem Menschen **trauen**, der bei seinen Versicherungen die Hand aufs Herz legt. *(G. Ch. Lichtenberg)*

Siehe die **Trauer**, sie ist Trauernden einziger Trost. *(R. Hamerling, Der Tröster)*

Vom Regen in die **Traufe** geraten.
(Redensart)
Aus einer üblen Lage in eine noch schlimmere gelangen.

Der **Traum**, ein Leben.
(Drama von F. Grillparzer)

Dieses ganze Leben, darin wir leben, ist nur ein eitel **Traum**. *(M. Luther)*

Ein **Traum**, ein Traum ist unser Leben auf Erden hier. *(J. G. Herder, Ein Traum)*

Im **Traum** und in der Liebe ist nichts unmöglich. *(Ungarisches Sprichwort)*

Meines Lebens schönster **Traum** hängt an diesem Apfelbaum. *(W. Busch, Max und Moritz)*

Träum' ich? Ist mein Auge trüber? Nebelt's mir um's Angesicht?
(Schiller, An Minna)

Vielleicht ist alles doch nur **Traum**.
(Calderon, Das Leben ein Traum)

Der Verfasser der »**Traumdeutung**« hat es gewagt, gegen den Einspruch der gestrengen Wissenschaft Partei für die Alten und für den Aberglauben zu nehmen. *(S. Freud)*

Pläne sind die **Träume** der Verständigen. *(E. v. Feuchtersleben)*

Träume bedeuten nichts. *(Schiller, Räuber)*

Träume kommen von Gott. *(Schiller, Räuber)*

Träume sind Schäume. *(Sprichwort)*

Wer unsere **Träume** stiehlt, gibt uns den Tod. *(Konfuzius)*

Nimm alles leicht! Das **Träumen** laß und Grübeln! So bleibst du wohlbewahrt von tausend Übeln. *(L. Uhland, Fortunat und seine Söhne)*

Schlafen! Vielleicht auch **träumen**! – Ja, da liegt's. *(Shakespeare, Hamlet)*

Träumereien an französischen Kaminen. *(Titel eines Buches von R. v. Volkmann-Leander)*

Wenn auch ein Tag uns klar vernünftig lacht, in **Traumgespinst** verwickelt uns die Nacht. *(Goethe, Faust)*

Die **Traumkunst** träumt, und alle Zeichen trügen. *(Schiller, Braut von Messina)*

Mir **träumt'**, ich bin der liebe Gott. *(Gedicht von H. Heine)*

Es ist ja alles so maßlos **traurig**! *(Redensart)*

Ich weiß nicht, was soll es bedeuten, daß ich so **traurig** bin. *(H. Heine, Heimkehr)*

Traurig, aber wahr. *(Redensart)*

Wie kommt's, daß du so **traurig** bist, da alles froh erscheint. *(Goethe, Trost in Tränen)*

Mit den Flügeln der Zeit fliegt die **Traurigkeit** davon. *(J. de La Fontaine)*

Wer damit anfängt, daß er allen **traut**, wird damit enden, daß er einen jeden für einen Schurken hält. *(F. Hebbel)*

Nahe schießen hilft nicht, man muß **treffen**. *(Sprichwort)*

Wer etwas **Treffliches** leisten will, hätt' gern was Großes geboren, der sammle still und unerschlafft im kleinsten Punkte die höchste Kraft. *(Schiller, Breite und Tiefe)*

Wie ekel, schal und flach und unersprießlich scheint mir das ganze **Treiben** dieser Welt. *(Shakespeare, Hamlet)*

Ach, ich bin des **Treibens** müde! *(Goethe, Wanderers Nachtlied)*

Wie man's **treibt**, so geht's. *(Sprichwort)*

Trend ist die Windrichtung der Gedanken. *(R. Boller)*

Trennung einigt. *(Sprichwort)*

Trennung frischt die Liebe auf. *(Sprichwort)*

Trennung läßt matte Leidenschaften verkümmern und starke wachsen. *(F. de La Rochefoucauld)*

Wenn man die **Treppe** kehrt, fängt man oben an. *(Sprichwort)*

Treppenwitz der Weltgeschichte. *(Redensart, nach dem gleichnamigen Buch von W. Hertslet)*

Trau nicht auf deinen **Tressenhut** noch auf den Klunker dran! *(M. Claudius, Goliath und David)*

Treu und Glauben. *(Nach Jes. 33, 8)*
Ohne schriftliche Bestätigung

Denn alte **Treu**, sofern es nur rentabel ist, kommt gern retour. *(W. Busch, Maler Klecksel)*

Der Mensch hat nichts so eigen, so wohl steht ihm nichts an, als daß er **Treu** erzeigen und Freundschaft halten kann. *(S. Dach)*

Mit Taten schmückt sich **Treu'** und nicht mit Worten. *(Shakespeare)*

Sie hat die **Treu** gebrochen, mein Ringlein sprang entzwei. *(J. v. Eichendorff, Zerbrochenes Ringlein)*

Treu bis in den Tod. *(Redensart, nach Off. Jo. 2, 10)*

Treu wie Gold. *(Redensart)*

Üb immer **Treu** und Redlichkeit bis an dein kühles Grab! *(L. C. H. Hölty/W. A. Mozart, Der alte Landmann…)*

Beglückt, wer **Treue** rein im Busen trägt, kein Opfer wird ihn je gereuen! *(Goethe, Faust)*

Dem traue nie, der einmal **Treue** brach. *(Shakespeare, Heinrich IV.)*

Die **Treue** des Herrschers erzeugt und erhält die Treue seiner Diener. *(Bismarck, 1885)*

Die **Treue** ist die Schwester der Liebe. *(Sprichwort)*

Die **Treue**, sie ist doch kein leerer Wahn. *(Schiller, Bürgschaft)*

Liebe schwärmt auf allen Wegen; **Treue** wohnt für sich allein. *(Goethe)*

Treue hat Brot, Untreue leidet Not. *(Sprichwort)*

Treue ist ein seltner Gast; halt' ihn fest, wenn du ihn hast! *(Sprichwort)*

Wohin nun **Treue**, da Tristan mich betrog? *(R. Wagner, Tristan und Isolde)*

Wüßte ich nicht, daß die **Treue** so alt ist wie die Welt, so würde ich glauben, ein deutsches Herz habe sie erfunden… *(H. Heine, Harzreise)*

Treulich geführt ziehet dahin… *(R. Wagner, Lohengrin)*

Die Szene wird zum **Tribunal**. *(Schiller, Kraniche des Ibykus)*

Jedes Ding wird mit mehr **Trieb** erjaget als genossen. *(Shakespeare, Kaufmann von Venedig)*

Es ist erstaunlich, wie weit man alle menschlichen **Triebe** auf einen einzigen zurückführen kann. *(F. Hebbel)*

Ihr, die ihr **Triebe** des Herzens kennt, sprecht, ist es Liebe, was hier so brennt? *(L. da Ponte/W. A. Mozart, Hochzeit des Figaro)*

Jeder Jüngling sehnt sich so zu lieben, jedes Mädchen so geliebt zu sein: Ach, der heiligste von unsern **Trieben**, warum quillt aus ihm die grimme Pein? *(Goethe, Werther)*

Was alle **trifft**, erträgt man leichter. *(K. W. Ramler, Fabellese)*

Wer einmal **trifft**, der ist noch kein guter Schütze. *(Sprichwort)*

Wie **trifft's**, trifft's. *(Redensart)*

Hast du Kummer mit die Deinen: **trink** dich einen! *(Scherzhafte Redensart)*

Das **Trinken** ist gescheiter, das schmeckt schon nach Idee, da braucht man keine Leiter, das geht gleich in die Höh. *(J. v. Eichendorff, Sängerleben)*

Denn endet sich mein Lebenslauf, so hört von selbst das **Trinken** auf. *(J. Perinet, Wer niemals einen Rausch gehabt)*

Es **trinken** tausend eher den Tod, als einer sterb in Durstesnot. *(Freidank, Bescheidenheit)*

Essen und **Trinken** hält Leib und Seele zusammen. *(Sprichwort)*

Man spricht vom vielen **Trinken** stets, doch nie vom vielen Durste. *(V. v. Scheffel, Drei Dörfer)*

Trinken, sang Anakreon, trinken, sang Horaz. *(Lied von J. C. F. Haug)*

Und **trinken** immer noch eins. *(W. Ruer/A. Kunitz, Tacitus und die alten Deutschen)*

Was werden wir essen? Was werden wir **trinken**? *(Matth. 6, 31)*

Wer nichts **trinkt**, hat in der Kneipe nichts zu suchen. *(Französisches Sprichwort)*

Ein gefahrloser Sieg ist ein ruhmloser **Triumph**. *(P. Corneille)*

Man muß nicht aus Besorgnis, **trivial** zu sein, paradox werden. *(B. Gracian, Handorakel)*

Da bleibt kein Auge **trocken**. *(Redensart, nach J. D. Falck)*

Noch nicht **trocken** hinter den Ohren sein. *(Redensart) Unreif sein*

Wer im **Trockenen** sitzt, lacht über den Regen. *(Sprichwort)*

Es geht bei gedämpfter **Trommel** Klang... *(A. v. Chamisso, Der Soldat)*

Die **Trommel** gerühret, das Pfeifchen gespielt! Mein Liebster gewaffnet dem Haufen befiehlt. *(Goethe, Egmont)*

Trommeln in der Nacht. *(Bühnenstück von B. Brecht)*

Trommeln und Pfeifen, kriegerischer Klang! *(Schiller, Wallensteins Lager)*

Das ist ein fremder **Tropfen** in meinem Blute. *(Goethe, Egmont)*

Das ist nur ein **Tropfen** auf einen heißen Stein. *(Redensart)*

Keinen **Tropfen** im Becher mehr und der Beutel schlaff und leer... *(R. Baumbach, Lindenwirtin)*

Steter **Tropfen** höhlt den Stein. *(Sprichwort; Ovid, Briefe vom Pontus)*

Der fremde **Trost** ist gut, doch besser ist der eig'ne Mut. *(Sprichwort)*

Ein leidiger **Trost**. *(Redensart, nach Hiob 16, 2)*

Ein süßer **Trost** ist ihm geblieben. *(Schiller, Glocke)*

Elenden ist es ein **Trost**, Genossen zu haben im Unglück. *(B. de Spinoza, Ethik)*

Es ist ein großer **Trost**, andere dort scheitern zu sehen, wo man selbst gescheitert ist. *(S. Maugham)*

Trost gibt der Himmel, von dem Menschen erwartet man Beistand. *(L. Börne)*

Nicht recht bei **Troste** sein. *(Redensart) Soviel wie: verrückt sein*

Allen Gewalten zum **Trotz** sich erhalten. *(Goethe, Sehnsucht)*

Beut **Trotz** dem Schmerz und dem Tode. Und kein Gott des Olymps fühlet sich freier als du. *(G. A. Bürger, Freiheit)*

Trotze, so bleibt dir der Sieg! *(F. Hebbel)*

Im **trüben** fischen. *(Redensart)*
Gewinne aus unsauberen Geschäften ziehen

Im **trüben** ist gut entwischen. *(Sprichwort)*

Im **trüben** ist gut fischen. *(Sprichwort)*

In **trüben** Fällen muß derjenige wirken und helfen, der am klarsten sieht. *(Goethe, Wahlverwandschaften)*

Keine **Trübsal** ficht den Sinn der Jugend an. *(Euripides, Medea)*

Trübsal blasen. *(Redensart)*
Traurig sein

Wer **trügen** will, kann einen Schein wohl stehlen. *(Shakespeare, Heinrich VI.)*

Ach, wie so **trügerisch** sind Weiberherzen. *(J. M. Plave/G. Verdi, Rigoletto)*

Die ganze Welt ist eitel **Truggefüge**! *(C. Spitteler, Olympischer Frühling)*

Kratze, kratze, **Trulle**, den ersten besten an! *(A. v. Chamisso, Der Frau Base guter Rat)*

Den letzten **Trumpf** ausspielen. *(Redensart)*
Eine letzte Kraftanstrengung machen

Der erste **Trunk** über den Durst macht ihn zum Narren, der zweite toll, und der dritte ersäuft ihn. *(Shakespeare, Was ihr wollt)*

Was einer **trunken** sündigt, muß er nüchtern büßen. *(Sprichwort)*

Jugend ist **Trunkenheit** ohne Wein. *(Goethe, Westöstlicher Diwan)*

Jeder freut sich seiner Stelle, bietet dem Verächter **Trutz**. *(Schiller, Glocke)*

Tu, das du nicht lassen kannst. *(Redensart, nach E. Alberus, Dialogus; G. E. Lessing, Emilia Galotti: Tu, was du nicht lassen kannst)*

Was du nicht willst, das man dir **tu'**, das füg' auch keinem andern zu. *(Sprichwort, nach Tob. 4, 16)*

Was **tu'** ich nicht um deinetwillen? *(Goethe, Faust)*

Grobes **Tuch** gibt keine feinen Kleider. *(Sprichwort)*

Glück hat auf die Dauer nur der **Tüchtige**. *(Sprichwort)*

Die Menge kann tüchtige Menschen nicht entbehren, und die **Tüchtigen** sind ihnen jederzeit zur Last. *(Goethe, Maximen und Reflexionen)*

Freie Bahn den **Tüchtigen**! *(Sprichwort, nach Th. von Bethmann Hollweg)*

Es ist soviel gleichzeitig **Tüchtiges** und Treffliches auf der Welt; aber es berührt sich nicht. *(Goethe, Maximen und Reflexionen)*

Die **Tücke** des Objekts. *(Redensart, nach F. Th. Vischer, Auch Einer)*

Ach, der **Tugend** schöne Werke, gerne möcht' ich sie erwischen, Doch ich merke, doch ich merke, immer kommt mir was dazwischen. *(W. Busch)*

Arme **Tugend** ist besser als reiche Schande. *(Sprichwort)*

Auch die **Tugend** hat ihre Helden, wie der Ruhm, das Glück. *(Schiller, Wallensteins Tod)*

Aus der Not eine **Tugend** machen. *(Redensart, nach Hieronymus, Adversus Rufum)*

Der Mensch soll nicht tugendhaft, nur natürlich sein, so wird die **Tugend** von selbst kommen. *(G. Keller)*

Der Weg der **Tugend** ist keinem verschlossen. *(Sprichwort)*

Die **Tugend** großer Seelen ist Gerechtigkeit. *(A. v. Platen)*

Die **Tugend** will nicht immer passen, im ganzen läßt sie etwas kalt, und daß man eine unterlassen, vergißt man bald. *(W. Busch, Reue)*

Die **Tugend** wohnt in keinem Mann allein, die Kunst hat nie ein Mensch allein besessen. *(Goethe)*

Eines Mannes **Tugend** erprobt allein die Stunde der Gefahr. *(Schiller, Maria Stuart)*

Ich weiß, aus welchen Fehlern unsre **Tugend** keimt. *(G. E. Lessing, Nathan der Weise)*

Im Glück ist **Tugend** leicht. *(Sprichwort)*

In dieser schnöden Welt muß die **Tugend** Gewalt haben, um Macht zu haben, anmaßend zu sein, der Anmaßung zu begegnen, und mit den Waffen der Hölle für den Himmel kämpfen. *(L. Börne, Hamlet)*

Jedwede **Tugend** ist fleckenfrei, bis auf den Augenblick der Probe. *(Schiller, Don Carlos)*

Jugend hat keine **Tugend**. *(Sprichwort)*

Keine Religion macht an und für sich selig, sondern allein die **Tugend**. *(K. J.Weber, Demokritos)*

Man spricht selten von der **Tugend**, die man hat; aber desto öfter von der, die uns fehlt. *(G. E. Lessing, Minna von Barnheim)*

Man verachtet nicht jeden, der Laster an sich hat, wohl aber jeden, der keine **Tugend** hat. *(F. de La Rochefoucauld)*

Meiner Idee nach ist Energie die erste und einzige **Tugend** des Menschen. *(W. v. Humboldt, Sittenverbesserung)*

Nichts ist liebenswürdiger als die **Tugend**. *(J. J. Rousseau)*

Niemand ist zufällig gut, die **Tugend** muß man lernen. *(Seneca)*

Nur zwei **Tugenden** gibt's. O wären sie immer vereinigt: Immer die Güte auch groß, immer die Größe auch gut. *(Schiller, Güte und Größe)*

Ohne Gegner erschlafft die **Tugend**. *(Seneca, Abhandlungen)*

Seit außer Kurs die **Tugend** ist, kursiert der Rubel sehr. *(A. v. Platen, Rubel auf Reisen)*

Selbst **Tugend** nicht entgeht Verleumdertücken. *(Shakespeare, Hamlet)*

Tugend ist der beste Adel. *(Sprichwort)*

Tugend will ermuntert sein, Bosheit kann man schon allein. *(W. Busch, Plisch und Plum)*

Tugend will, man soll sie holen, ungern ist sie gegenwärtig; Laster ist auch unbefohlen dienstbereit und fix und fertig. *(W. Busch, Gut und Böse)*

Und etwas lebt noch in des Weibes Seele, das über allen Schein erhaben ist und über alle Lästerung – es heißt weibliche **Tugend**. *(Schiller, Don Carlos)*

Ungangbar ist der **Tugend** kein Weg. *(Ovid, Metamorphosen)*

Viele Menschen sehen die **Tugend** mehr im Bereuen der Fehler als im Vermeiden. *(G. Ch. Lichtenberg)*

Wenn man der **Tugend** die Tür öffnet, drängt sich das Laster mit ein.
(F. Grillparzer)

Wenn sich ein Laster genügend verbreitet hat, wird eine **Tugend** daraus.
(F. Sinatra)

Zur **Tugend**, wie man zu sagen pflegt, ist eigentlich keiner recht aufgelegt.
(W. Busch)

Große **Tugenden**, große Fehler.
(Sprichwort)

Tugenden sind von jeher gesunken mit Zunahme der Reichtümer. *(K. J. Weber, Demokritos)*

Unsere **Tugenden** sind meist die Bastarde unserer Sünden. *(F. Hebbel)*

Wie viele rühmen sich der **Tugenden** und Gaben, die sie doch nicht erhalten haben. *(F. v. Hagedorn, Der ruhmredige Hase)*

Wenn die Menschen plötzlich **tugendhaft** würden, so müßten viele Tausende verhungern. *(G. Ch. Lichtenberg)*

Achte nicht nur auf das, was andere **tun**, sondern auch auf das, was sie unterlassen! *(Nach Matth. 23, 23)*

Das eine **tun** und das andere nicht lassen.
(Nach Matth. 23, 23)

Hier sind wir versammelt zu löblichem **Tun**, drum, Brüderchen, ergo bibamus!
(Goethe, Ergo bibamus)

Ich habe mich eifrig bemüht, der Menschen **Tun** weder zu belachen noch zu beweinen, noch zu verabscheuen, sondern es zu begreifen. *(B. de Spinoza, Tractatus politicus)*

Ich möchte **tun**, was mich nachher gereute. *(Shakespeare, Julius Caesar)*

Tun, was gut und recht ist.
(Hes. 33, 14 u. a.)

Was **tun**? spricht Zeus.
(Schiller, Teilung der Erde)

Draußen vor der **Tür**. *(Hörspiel, Bühnenwerk und Film von W. Borchert)*

Ein jeder kehre vor seiner **Tür**, und rein ist jedes Stadtquartier.
(Goethe, Bürgerpflicht)

Jemanden zwischen **Tür** und Angel abfertigen. *(Redensart)*
Jemanden abfertigen, ohne ihn eintreten zu lassen

Mit der **Tür** ins Haus fallen.
(Redensart)
Ohne Vorrede mit dem Wichtigsten beginnen

Zwischen **Tür** und Angel… *(Redensart)*

Lieber **Türk** als Pfaff!
(F. Freiligrath, Der Wassergeuse)

Nichts Bessers weiß ich mir an Sonn- und Feiertagen, als ein Gespräch von Krieg und Kriegsgeschrei, wenn hinten, weit in der **Türkei**, die Völker aufeinanderschlagen. *(Goethe, Faust)*

Ich will lieber mit einem aufrichtigen **Türken**, als mit einem falschen Christen zu tun haben. *(Erasmus v. Rotterdam)*

Zur Rechten sieht man wie zur Linken einen halben **Türken** heruntersinken.
(L. Uhland, Schwäbische Kunde)

Turner, auf zum Streite!
(A. H. Weißmann/J. H. Stunz, Festgesang)

Was du **tust**, das tue bald. *(Sprichwort, nach Joh. 13, 27)*

Der nichts **tut**, nichts weiß, nichts kann, muß allzeit bleiben hintenan.
(Sprichwort)

Es **tut**'s halt nimmermehr. *(K. v. Holtey, Die Wiener in Berlin)*

Was man besonders gerne **tut**, ist selten ganz besonders gut. *(W. Busch)*

Was man nicht gern **tut**, soll man zuerst tun. *(Sprichwort)*

Bis daß Himmel und Erde vergehe, wird nicht zergehen der kleinste Buchstabe noch ein **Tüttel** vom Gesetz, bis daß es alles geschehe. *(Matth. 5, 18)*

Ein **Tyrann** ist durch seine Spione und Kreaturen überall. *(J. G. Seume, Spaziergang nach Syrakus)*

Es kann das Volk sein eigener **Tyrann** sein, und es ist es oft gewesen. *(L. Börne, Kritiken)*

Geh unter, **Tyrann**! *(Schiller, Fiesko)*

Eine Grenze hat **Tyrannenmacht**. *(Schiller, Wilhelm Tell)*

Wer **Tyrannei** stürzen will, muß ihr dienen. *(L. Börne, Fragmente und Aphorismen)*

Die zwei größten **Tyrannen** der Erde: der Zufall und die Zeit. *(J. G. Herder)*

Sich für **Tyrannen** gar hinab zur Hölle balgen, das ist ein Tod, der nur der Hölle wohlgefällt. *(G. A. Bürger, Die Tode)*

Tyrannen herrschen, Könige regieren; für eigenes jene, die für Völkerglück. *(A. v. Kotzebue)*

Tyrannen sind in unseren Tagen die gefährlichsten Freiheitsprediger. *(L. Börne, Aus meinem Tagebuch)*

Wo es keine Sklaven gibt, da gibt es keine **Tyrannen**. *(J. G. Seume, Spaziergang nach Syrakus)*

Den unschuldig Entgegnenden zu zerschmettern, das ist so **Tyrannenart**, sich in Verlegenheiten Luft zu machen. *(Goethe, Faust)*

Tyrannenmacht kann nur die Hände fesseln. Des Herzens Andacht hebt sich frei zu Gott. *(Schiller, Maria Stuart)*

U

All unser **Übel** kommt daher, daß wir nicht allein sein können.
(A. Schopenhauer)

Bei leerem Magen sind alle **Übel** doppelt schwer. *(C. M. Wieland)*

Das kleinste **Übel**, wenn man's verachtet, kann sich's schmerzlich rächen.
(E. Raupach)

Das **Übel** erreicht seinen Gipfel, wenn es verkehrten Gemütern gelingt, den Regenten zu bereden, daß sein Interesse von dem Interesse seiner Untertanen verschieden sei. *(Friedrich d. Gr.)*

Das **Übel** hat auch sein Gutes.
(Sprichwort)

Der **Übel** größtes aber ist die Schuld.
(Schiller, Braut von Messina)

Die Wahl ist schwerer als das **Übel** selbst, die zwischen zweien Übeln schwankend bebt. *(Goethe, Natürliche Tochter)*

Ein verzweifeltes **Übel** will eine verwegene Arznei. *(Schiller, Fiesco)*

Jedwedes **Übel** ist ein Zwilling.
(H. v. Kleist, Der zerbrochene Krug)

Kein altes **Übel** ist so groß, daß es nicht von einem neuen übertroffen werden könnte. *(W. Busch)*

Kein **Übel** wird beweint, dem man entrann. *(Shakespeare, Komödie der Irrungen)*

Trage dein **Übel**, wie du magst, klage niemand dein Mißgeschick; wie du dem Freunde ein Unglück klagst, gibt er dir gleich ein Dutzend zurück.
(Goethe, Sprüche)

Viel **Übles** hab' an Menschen ich vermerkt, das Schlimmste ist ein unversöhnlich Herz. *(F. Grillparzer, Goldenes Vlies)*

Was darüber ist, das ist vom **Übel**.
(Matth. 5, 37)

Das ist das schlimmste von allen **Übeln**, im Vergangenen herumzugrübeln.
(C. Flaischlen)

Von zwei **Übeln** soll man das kleinere wählen. *(Sprichwort, nach Cicero, De officiis)*

Geiz ist eine Wurzel allen **Übels**.
(1. Tim. 6, 10)

Gott sei Dank! Nun ist's vorbei mit der **Übeltäterei**! *(W. Busch, Max und Moritz)*

Darin bin ich dir **über**! *(F. Reuter, Stromtid)*

Überall bin ich zu Hause, überall bin ich bekannt. *(Lied von F. Hückstädt)*

Überall und nirgends. *(Redensart, nach Euripides, Iphigenie u. Martial)*

Der Reichen **Überdruß** wär' der Armen Überfluß. *(J. Fischart)*

Vorsicht ist ein besserer Soldat als **Übereilung**. *(Shakespeare, Heinrich IV.)*

Keines **Überfalls** gewärtig. *(Schiller, Wallensteins Tod)*

Auf Teuerung folgt **Überfluß**. *(Sprichwort)*

Der **Überfluß** und Friede zeugen Memmen. *(Shakespeare, Cymbeline)*

Trinkt, o Augen, was die Wimper hält, von dem goldnen **Überfluß** der Welt. *(G. Keller, Gedichte)*

Überfluß bringt Überdruß. *(Sprichwort)*

Überfluß kommt eher zu grauen Haaren, aber Auskommen lebt länger. *(Shakespeare, Kaufmann von Venedig)*

Jedes **überflüssige** Wort wirkt seinem Zweck gerade entgegen. *(A. Schopenhauer, Parerga und Paralipomena)*

»Das ist ja nur ein **Übergang**«, sagte der Fuchs, als man ihm das Fell über die Ohren zog. *(Redensart)*

Laßt euch nicht beirren von **Übergängen**! *(R. M. Rilke)*

Überhand nehmen. *(Redensart)*
Sehr stark zunehmen; allzu oft geschehen

Wir lernen das **Überirdische** schätzen, wir sehnen uns nach Offenbarung. *(Goethe, Faust)*

Ein gewisses **Übermaß** von Glück und Unglück übersteigt unser Empfindungsvermögen. *(F. de La Rochefoucauld)*

Übermensch. *(Nach F. Nietzsche, Zarathustra, u. a.)*

Wozu Mensch, wenn du nach **Übermenschlichem** nicht strebst? *(C. D. Grabbe, Don Juan und Faust)*

Übermut tut selten gut. *(Sprichwort)*

Selbst wer gebieten kann, muß **überraschen**. *(Goethe, Natürliche Tochter)*

Das **Überraschende** macht Glück. *(Schiller, Don Carlos)*

Beim **Übersetzen** muß man bis ans Unübersetzliche herangehen; alsdann wird man aber erst die fremde Nation und die fremde Sprache gewahr. *(Goethe)*

Übersetzer sind als geschätzte Kuppler anzusehen, die uns eine halb verschleierte Schöne als höchst liebenswürdig anpreisen; sie erregen eine unwiderstehliche Neigung nach dem Original. *(Goethe)*

Du **übersinnlicher**, sinnlicher Freier. *(Goethe, Faust)*

Gegen den Teufel muß man **Überstunden** machen. *(H. Miller)*

Ist es meine Einrichtung, daß alle **Übertreibungen** des Lächerlichen so fähig sind? *(G. E. Lessing, Minna von Barnhelm)*

Es muß **Übertretungen** geben, weil Richter da sind, und um Übertretungen zu schaffen, müssen wir Gesetze haben. *(P. Hille)*

Übertretungen kommen nur von Geboten, wie Hühneraugen von engen Schuhen. *(P. Hille, Aphorismen)*

Übertünchte Gräber. *(Nach Matth. 23, 27)*

Von der Gewalt, die alle Menschen bindet, befreit der Mensch sich, der sich **überwindet**. *(Goethe)*

Wer **überwindet**, der gewinnt. *(Goethe, Faust)*

Man läßt sich gewöhnlich lieber durch Gründe **überzeugen**, die man selbst gefunden hat, als durch solche, die andern zu Sinn gekommen sind. *(B. Pascal)*

Zu **überzeugen** fällt keinem Überzeugten schwer. *(Schiller, Don Carlos)*

Für die Menschen gibt es nichts **Überzeugenderes** als die Erfolge, willig beugen sie sich dem Glücke und dem Ruhm. *(L. v. Ranke, Zur Geschichte Deutschlands und Frankreichs im 19. Jahrhundert)*

Niemand, der sich nicht selbst **überzeugt**, wird von dir überzeugt werden. *(A. v. Platen, Lebensregel)*

Brustton der tiefen **Überzeugung**. *(H. v. Treitschke, Fichte und die nationale Idee)*

In religiösen Dingen ist das Wort Glaube gleichbedeutend mit **Überzeugung**. *(M. v. Egidy, Ernste Gedanken)*

Jeder muß den Mut der **Überzeugung** haben. *(A. v. Humboldt)*

Lernen wir doch die **Überzeugungstreue** an den Gegnern achten. *(Bismarck im Preußischen Abgeordnetenhaus, 1863)*

Ich habe schon so viel für dich getan, daß mir zu tun fast nichts mehr **übrigbleibt**. *(Goethe, Faust)*

Legt's zu dem **Übrigen**! *(Schiller, Kabale und Liebe)*

Die **Übung** kann fast das Gepräge der Natur verändern. *(Shakespeare, Hamlet)*

Es werden mehr Menschen durch **Übung** tüchtig als durch Naturanlage. *(C. J. Weber, Demokritos)*

Ohne **Übung** und Erfahrung lernet man's nicht. *(M. Luther)*

Übung macht den Meister. *(Sprichwort)*

Zerbrochen ist des Wahnes Kette, die Erde sei nur **Übungsstätte**, nur Voltigierbock sei das Leben, aufs Roß werd' uns der Himmel heben. *(N. Lenau, Veränderte Welt)*

Zu neuen **Ufern** lockt ein neuer Tag. *(Goethe, Faust)*

Wat den Eeenen sin **Uhl**, dat is den Annern sin Nachtigall. *(Niederdeutsches Sprichwort)*

Des Dienstes immer gleichgestellte **Uhr**. *Redensart, Schiller, Piccolomini)*

Die **Uhr** geht nach dem Mond. *(Redensart)*
Die Uhr geht falsch
Auch: ... geht nach kalten Erbsen

Die **Uhr** ist abgelaufen. *(Redensart)*
Das Ende ist gekommen

Die **Uhr** ist für die Dummen; die Klugen wissen ihre Zeit. *(Sprichwort)*

Die **Uhr** schlägt keinem Glücklichen. *(Schiller, Piccolomini)*
Hiernach das Sprichwort: Dem Glücklichen schlägt keine Stunde

Fort mußt du, deine **Uhr** ist abgelaufen. *(Schiller, Wilhelm Tell)*

Ich trage, wo ich gehe, stets eine **Uhr** bei mir. *(J. H. Seidel/C. Loewe, Meine Uhr)*

Rund um die **Uhr**. *(Redensart)*
Während des ganzen Tages; Tag und Nacht

Unser Herrscher ist kein menschliches Wesen, sondern die allmächtige **Uhr**, von der wir jeder ein Exemplar als Handfessel am Arm tragen. *(S. v. Radecki)*

Umändern kann sich niemand, bessern jeder. *(E. v. Feuchtersleben)*

Was mich nicht **umbringt**, macht mich stärker. *(Sprichwort, nach F. Nietzsche, Sprüche und Pfeile)*

Umgang mit Menschen. *(Titel eines Buches von Frh. v. Knigge)*

Umgebung macht erst das Umgebene klar. *(L. Schefer, Laienbrevier)*

Wer widersteht dem Strome seiner **Umgebungen**? *Goethe, Wahlverwandtschaften)*

Sage mir, mit wem du **umgehst**, und ich will dir sagen, wer du bist. *(Sprichwort)*

Ein einziger Augenblick kann alles **umgestalten**. *(Ch. M. Wieland, Oberon)*

Großer **Umsatz**, kleiner Nutzen. *(Schlagwort aus dem kaufmännischen Leben)*

Umsonst ist nur der Tod. *(Sprichwort)*

Keine **Umstände** machen. *(Redensart)* *Keine Schwierigkeiten machen; sich keine Mühen machen*

Umstände verändern die Sache. *(Sprichwort)*

In anderen **Umständen**. *(Redensart)* *Soviel wie: schwanger*

Umwertung aller Werte. *(Redensart, nach F. Nietzsche, Wille zur Macht)*

Dreimal **umziehen** ist so schlimm wie einmal abgebrannt. *(Sprichwort, nach B. Franklin, Weg zum Reichtum)*

Ich habe kein anderes Gut errungen als die **Unabhängigkeit**. Dies war meine Sendung. *(S. Bolivar)*

Zwar sind auch wir von Herzen **unanständig**, doch das Antike find' ich zu lebendig. *(Goethe, Faust)*

Unaufhaltsam enteilet die Zeit. *(Schiller, Das Unwandelbare)*

Laß diesen Händedruck dir sagen, was **unaussprechlich** ist. *(Goethe, Faust)*

Unbedacht hat manches schon ans Licht gebracht. *(Sprichwort)*

Mein Sohn, nichts in der Welt ist **unbedeutend**. *(Schiller, Piccolomini)*

Besser **unbegonnen** als unbeendigt. *(Sprichwort)*

Der Mensch muß bei dem Glauben verharren, daß das **Unbegreifliche** begreiflich sei, er würde sonst nicht forschen. *(Goethe, Naturwissenschaft)*

Das **Unbehagen** in der Kultur. *(Titel einer Schrift von S. Freud)*

Der große **Unbekannte**. *(Redensart aus dem Rechtsleben, nach Hiob 36, 26)*

Wer sich freut, wenn wer betrübt, macht sich meistens **unbeliebt**. *(W. Busch, Plisch und Plum)*

Das **Unbeschreibliche**, hier ist's getan. *(Goethe, Faust)*

Laßt uns einsehen, daß **Unbesonnenheit** uns manchmal dient, wenn tiefe Pläne scheitern. *(Shakespeare, Hamlet)*

Unbilliges erträgt kein edles Herz. *(Schiller, Wilhelm Tell)*

Das ist nicht **Undank**, was die Not gebeut. *(Goethe, Iphigenie)*

Der **Undank** ist immer eine Art Schwäche. Ich habe nie gesehen, daß tüchtige Menschen undankbar gewesen wären. *(Goethe)*

Undank ist der Welt Lohn. *(Sprichwort)*

Undank tut weh. *(Sprichwort)*

Dem **Undankbaren** dient kein rechter Mann. *(Schiller, Piccolomini)*

Die Liebe sieht **Undankbarkeit** nicht an. *(M. Luther, Tischreden)*

Ein deutliches Zeichen eines im Grunde unedlen Menschen ist **Undankbarkeit**. *(C. Hilty)*

Mancher ist undankbarer und hat doch weniger Schuld an seiner **Undankbarkeit** als sein Wohltäter. *(F. de La Rochefoucauld)*

Wer sich viel über **Undankbarkeit** beschwert, ist ein Taugenichts, der niemals aus Menschlichkeit, sondern aus Eigennutz andern gedient hat. *(E. Ch. v. Kleist)*

Ach, warum, ihr Götter, ist **unendlich** alles, alles! – endlich unser Glück nur. *(Goethe, Pandora)*

Sternenglanz und Mondes Überschimmer, Schattentiefe, Wassersturz und Rauschen sind **unendlich**, endlich unser Glück nur! *(Goethe, Pandora)*

An dem Eingang der Bahn liegt die **Unendlichkeit** offen, doch mit dem engsten Kreis höret der Weiseste auf. *(Schiller, Menschliches Wirken)*

Die **Unendlichkeit** und das Ewige ist das einzig Gewisse. *(S. Kierkegaard)*

Das **unentdeckte** Land, von des Bezirk kein Wandrer wiederkehrt. *(Shakespeare, Hamlet)*

Das Schlimmste in allen Dingen ist die **Unentschlossenheit**. *(Napoleon I.)*

Unerbeten von den Göttern kommt das Höchste wie im Traum. *(E. Geibel, Stammbuchblätter)*

Was **unerreichbar** ist, das rührt uns nicht! Doch was erreichbar, sei uns goldne Pflicht. *(G. Keller, Gedichte)*

Kein Mensch ist **unersetzbar** in Geschäften. *(W. v. Humboldt, Briefe an eine Freundin)*

Kein Mensch ist **unersetzlich**. *(Sprichwort)*

Nicht leicht droht **Unfall** einer Macht, darin der Pöbel schweigt und die Regierung wacht. *(M. G. Lichtwer, Die Füchse)*

Freiheit ist eine Summe mikroskopischer **Unfreiheiten**. *(P. Hille, Aphorismen)*

Lange **Unfreundlichkeit** hat Abstumpfung zur Folge. *(J. F. Herbart)*

Der **Unfug** des Lebens. *(Titel eines Buches von P. Mulford)*

Der **Unfug** des Sterbens. *(Titel eines Buches von P. Mulford)*

Up ewig **ungedeelt**! *(Wahlspruch Schleswig-Holsteins seit dem Tag von Ripen 1460)* *Ursprüngliche Fassung: Dat se bliven ewich tosamende ungedeelt*

Nichts taugt **Ungeduld**, noch weniger Reue: Jene vermehrt die Schuld, diese verschafft neue. *(Goethe)*

Steck' deine **Ungeduld** in die Scheide, gieß' kalt Wasser auf deinen Zorn! *(Shakespeare, Die Lustigen Weiber von Windsor)*

Ungeduld hat häufig Schuld. *(W. Busch)*

Ungeduld ist ein Hemd aus Brennesseln.
(Polnisches Sprichwort)

Es war ein großer Mann des Altertums, der das Weib ein **Ungeheuer** der Natur nannte und doch heiratete.
(G. v. Hippel)

Stirb, **Ungeheuer**! *(E. Schikaneder/ W. A. Mozart, Zauberflöte)*

Wo man die Geliebte sucht, sind **Ungeheuer** selbst willkommen.
(Goethe, Faust)

Dies will ich **ungelogen** sein lassen.
(S. Haber im »Ulk«)

Wenn wir schön sind, sind wir **ungeputzt** am schönsten. *(G. E. Lessing, Minna von Barnhelm)*

Lieber **ungerächt** als ungerecht.
(Sprichwort)

Ungerecht, wie ihr wißt, macht das Unglück. *(Schiller, Jungfrau von Orleans)*

Der Mensch gewöhnt sich an wiederholte Liebe, nicht an wiederholte **Ungerechtigkeit**. *(Jean Paul)*

Ungeschickt läßt grüßen! *(Redensart)*
Wird gesagt, wenn sich jemand ungeschickt benimmt

Ungeschriebenes Gesetz. *(Redensart, nach Solon)*

Allzuviel ist **ungesund**. *(Sprichwort)*

Bei dir gerät man stets ins **Ungewisse**, der Vater bist du aller Hindernisse.
(Goethe, Faust)

Nicht jede Wolk' erzeugt ein **Ungewitter**.
(Shakespeare, Heinrich VI.)

Nur ungewöhnliche Kraft darf nach **Ungewöhnlichem** streben. *(Th. Körner, Dresden 1813)*

Zum Glauben geht der Weg über den **Unglauben**. *(L. Börne)*

Die Brandfackel des **Unglaubens** nennt man gern das Licht der Aufklärung.
(E. J. Hähnel)

Der Mensch ist **ungleich**, ungleich sind die Stunden. *(Goethe)*

Ungleich verteilt sind des Lebens Güter.
(Schiller, Braut von Messina)

Auch das **Unglück** hat seinen Heroismus und seinen Ruhm. *(Napoleon I.)*

Das gegenwärtige **Unglück** trägt sich leicht, doch grauenvoll vergrößert es der Zweifel und der Erwartung Qual dem weit Entfernten. *(Schiller, Wallensteins Tod)*

Das **Unglück** ist der Prüfstein des Charakters. *(S. Smiles, Charakter)*

Das **Unglück** kommt zu Pferd und geht zu Fuß. *(Sprichwort)*

Dem feindlichen Geschick zum Trutz mach auch dein **Unglück** dir zunutz.
(K. W. Ramler)

Dem **Unglück** ist die Hoffnung zugewendet. *(Schiller, Wallensteins Tod)*

Denn im **Unglück** altern die armen Sterblichen frühe. *(Homer, Odyssee)*

Des **Unglücks** süße Milch, Philosophie.
(Shakespeare, Romeo und Julia)

Dir war das **Unglück** eine strenge Schule. *(Schiller, Maria Stuart)*

Ein **Unglück** kommt selten allein.
(Sprichwort)

Ein **Unglück** kommt übers andere.
(Nach Hes. 7, 5)

Erst im **Unglück** weiß man wahrhaft, wer man ist. *(S. Zweig, Marie Antoinette)*

Es ist merkwürdig, wie fern ein **Unglück** ist, wenn es uns nicht selbst betrifft. *(J. Steinbeck)*

Frei geht das **Unglück** durch die ganze Erde. *(Schiller, Wallensteins Tod)*

Gegen **Unglück** gibt's keine Medizin. *(Sprichwort)*

Haar und **Unglück** wachsen über Nacht. *(Sprichwort)*

Im **Unglück** erkennt man die Freunde. *(Sprichwort, J. G. Herder, Palmblätter)*

In großes **Unglück** lernt ein edles Herz sich endlich finden; aber wehe tut's, des Lebens kleine Zierden zu entbehren. *(Schiller, Maria Stuart)*

Kein **Unglück** so groß, es hat sein Glück im Schoß. *(Sprichwort)*

Man muß das **Unglück** mit Händen und Füßen und nicht mit dem Maul angreifen. *(J. H. Pestalozzi)*

Nie kommt ein **Unglück** ohne sein Gefolge. *(H. Heine)*

Schwer ist zu tragen das **Unglück**, aber schwerer das Glück. *(F. Hölderlin, Musen-Almanach)*

Und das **Unglück** schreitet schnell. *(Schiller, Glocke)*

Ungerecht, ihr wißt es, macht das **Unglück**. *(Schiller, Jungfrau von Orleans)*

Unglück hat mich gelehrt, Unglücklichen Hilfe zu leisten. *(Vergil, Aeneis)*

Vom **Unglück** frei zu sein, ist großes Glück. *(L. Schefer, Laienbrevier)*

Vom **Unglück** zieh erst ab die Schuld; was übrig ist, trag in Geduld. *(Th. Storm)*

Wahrlich, es ist ein **Unglück**, nie Unglück gehabt zu haben. *(K. J. Weber, Demokritos)*

Was auch dein **Unglück** sei, du mußt es tragen; Fluch und Trotz ist nutzlos. *(G. Byron)*

Wenn das **Unglück** dem Verbrechen folgt, folgt öfter das Verbrechen nach dem Unglück. *(F. Grillparzer, Goldenes Vlies)*

Wer was weiß, der schweig! Wem wohl ist, der bleib! Wer was hat, der behalt! **Unglück** kommt ohne das bald. *(M. Luther)*

Der wahrhaft **Unglückliche** ist, und wenn er noch so viele Tröster findet, immer allein. *(K. Gutzkow)*

Die **Unglücklichen** ketten sich so gern aneinander. *(G. E. Lessing, Emilia Galotti)*

Die **Unglücklichen** sind gefährlich. *(Goethe, Clavigo)*

Auch aus entwölkter Höhe kann der zündende Donner schlagen; darum in einen fröhlichen Tagen fürchte des **Unglücks** tückische Nähe. *(Schiller, Braut von Messina)*

Glücklicherweise kann der Mensch nur einen gewissen Grad des **Unglücks** fassen; was darüber hinausgeht, vernichtet ihn oder läßt ihn gleichgültig. *(Goethe)*

Im Schoße des **Unglücks** wird man inniger vereint als Zwillingsbrüder im Schoße einer Mutter. *(A. v. Kotzebue)*

Im Alter versteht man besser, die **Unglücksfälle** zu verhüten, in der Jugend, sie zu ertragen. *(A. Schopenhauer, Parerga und Paralipomena)*

Hans Huckebein, der **Unglücksrabe**. *(Humoristische Geschichte von W. Busch)*

Mir ahnet ein **unglücksvoller** Augenblick. *(Schiller, Don Carlos)*

Für das größte **Unheil** unserer Zeit, die nichts reif werden läßt, muß ich halten, daß man im nächsten Augenblick den vorhergehenden verspeist. *(Goethe)*

Manche, so da lächeln, fürcht' ich, tragen im Herzen tausend **Unheil**. *(Shakespeare, Julius Caesar)*

Nun wirk' es fort, **Unheil**, du bist im Zuge! *(Shakespeare, Julius Caesar)*

Unheil beklagen, das nicht mehr zu bessern, heißt um so mehr das Unheil nur vergrößern. *(Shakespeare, Othello)*

Wir verwenden unsern Geist besser dazu, das **Unheil** zu ertragen, das uns trifft, als uns um das zu sorgen, welches uns noch treffen kann. *(F. de La Rochefoucauld)*

Sowohl des **Unheils** Furcht als wirklich Unheil muß meiner Meinung nach verhütet werden. *(Shakespeare, Richard III.)*

Die Sonne ist die **Universalarznei** aus der Himmelsapotheke. *(A. v. Kotzebue)*

Das **Universum** ist ein Gedanke Gottes! *(Schiller)*

Wenn ich mich im Zusammenhang des **Universums** betrachte, was bin ich? *(L. van Beethoven)*

Der höchste Stolz und der höchste Kleinmut ist die höchste **Unkenntnis** seiner selbst. *(B. de Spinoza, Ethik)*

Am meisten **Unkraut** trägt der fettste Boden. *(Shakespeare, Heinrich IV.)*

Je fetter der Boden, desto fetter das **Unkraut**. *(Sprichwort)*

Unkraut vergeht nicht. *(Sprichwort)*

Unkraut zwischen den Weizen säen. *(Nach Matth. 13, 25)*

Wer **Unkraut** sät, kann keinen Weizen ernten. *(Sprichwort)*

Soll man ertragen, was **unleidlich** ist? *(Schiller, Wilhelm Tell)*

Unmenschen gibt es, aber keine Untiere. *(K. J. Weber, Demokritos)*

Als **unmodern** zu gelten ist schon der halbe Tod. *(A. Magnani)*

Beim Menschen ist kein Ding **unmöglich** im Schlimmen wie im Guten. *(Ch. Morgenstern)*

Kein Mensch muß das **Unmögliche** erzwingen wollen. *(Schiller, Iphigenie in Aulis)*

Nur allein der Mensch vermag das **Unmögliche**. *(Goethe, Das Göttliche)*

Den lieb' ich, der **Unmögliches** begehrt. *(Goethe, Faust)*

Unmögliches wird sofort erledigt, Wunder dauern etwas länger. *(Redensart)*

Ich lehne es ab, anzuerkennen, daß es **Unmöglichkeiten** gibt. *(H. Ford)*

Ein **unnütz** Leben ist ein früher Tod. *(Goethe, Iphigenie)*

Alle Männer vom Fach sind sehr übel daran, daß ihnen nicht erlaubt ist, das **Unnütze** zu ignorieren. *(Goethe, Über Naturwissenschaft)*

Unnützes, noch so billig gekauft, ist immer zu teuer gekauft. *(Sprichwort)*

Unordnung und frühes Leid. *(Erzählung von Th. Mann)*

Aufrichtig zu sein, kann ich versprechen, **unparteiisch** zu sein aber nicht. *(Goethe, Maximen und Reflexionen)*

Besser **Unrecht** leiden, als Unrecht tun.
(Sprichwort)

Der brave Mensch grämt sich weit mehr über ein **Unrecht**, das er getan hat, als über ein solches, das ihm angetan wurde.
(B. Auerbach)

Die beste Art, auf seiner Hut zu sein, ist nie **Unrecht** tun. *(J. H. Pestalozzi)*

Hab' ich **unrecht** heut' getan, sieh es, lieber Gott, nicht an. *(L. Hensel, Abendgebet)*

Jemand, der ganz **unrecht** hat, ist leichter zu überzeugen als einer, der zur Hälfte recht hat. *(R. W. Emerson)*

Unrecht Gut gedeihet nicht.
(Sprichwort, nach Spr. Salom. 10, 2)

Unrecht leiden schmeichelt großen Seelen. *(Schiller, Don Carlos)*

Wer **Unrecht** sät, der wird Mühsal ernten. *(Spr. Salom. 22, 8)*

Die Menschen schämen sich nicht des **Unrechts**, das sie tun, sondern dessen, das sie leiden. *(G. H. Leopardi)*

In den Abgründen des **Unrechts** findest du immer die größte Sorgfalt für den Schein des Rechts. *(J. H. Pestalozzi)*

Ruhe zieht das Leben an, **Unruhe** verscheucht es. *(G. Keller)*

Unruhe ist der ärgste Dämon im Keller.
(B. Auerbach)

Unsauberer Geist.
(Nach Matth. 10, 1; 12, 43; Mark. 1, 23, 26, 27; Luk. 11, 34)

Die **Unschuld** hat eine Sprache, einen Siegerblick, der die Verleumdung mächtig niederblitzt. *(Schiller, Jungfrau von Orleans)*

Die **Unschuld** hat im Himmel einen Freund. *(Schiller, Wilhelm Tell)*

Seine Hände in **Unschuld** waschen.
(Redensart, nach 5. Mos. 21, 1–9 u. a.)

Unschuld vom Lande. *(Redensart, bekanntgeworden durch Titel eines Spielfilms aus dem Jahr 1933)*

Es ist ein gar **unschuldig** Ding.
(Goethe, Faust)

Was ist **unschuldig**, heilig, menschlich gut, wenn es der Kampf nicht ist ums Vaterland? *(Schiller, Jungfrau von Orleans)*

Der hat keinen ehrlichen Tropfen Blut, der dem **Unschuldigen** Schaden tut.
(G. Rollenhagen, Froschmeuseler)

Unschuldslamm. *(Nach Jes. 53, 7)*

Denn er war **unser**! *(Goethe, Epilog auf Schillers Glocke)*

Blühender **Unsinn**. *(Gedicht von J. G. F. Messerschmidt)*

Unsinn, du siegst, und ich muß untergehn. *(Schiller, Jungfrau von Orleans)*

Unsterblich ist der Genius.
(C. A. Tiedge, Urania)

Was **unsterblich** im Gesang soll leben, muß im Leben untergehn.
(Schiller, Götter Griechenlands)

Wer weinte nicht, wenn das **Unsterbliche** vor der Zerstörung selbst nicht sicher ist? *(Goethe, Tasso)*

Kennst du die Tafel, auf welche die unbestechliche Klio einst die **Unsterblichen** bringt? Freund, auf den Nagel des Daums! *(F. Hebbel, Die Unsterblichen)*

Die **Unsterblichkeit** ist ein großer Gedanke, ist des Schweißes der Edlen wert.
(F. G. Klopstock)

Die **Unsterblichkeit** ist nicht jedermanns Sache. *(Goethe)*

Doch keinem gab die Natur das Vorrecht der **Unsterblichkeit**. *(Schiller, Macbeth)*

Dreiundzwanzig Jahre! Und nichts für die **Unsterblichkeit** getan. *(Schiller, Don Carlos)*

Er lebte, litt und sang in trüber Zeit; er suchte hier den Tod und fand **Unsterblichkeit**.
(A. H. Hoffmann von Fallersleben; bis 1936 Inschrift des Grabsteins von H. v. Kleist in Berlin-Wannsee)

Für die, die an keine **Unsterblichkeit** glauben, gibt es auch keine. *(L. Börne)*

Für mich ist die **Unsterblichkeit** der Seele das Andenken, welches man im Gedächtnis der Menschen zurückläßt.
(Napoleon I.)

Mein Magen hat wenig Sinn für **Unsterblichkeit**. *(H. Heine, Reisebilder)*

Nun, **Unsterblichkeit**, bist du ganz mein.
(Seit 1936 Inschrift des Grabsteins von H. v. Kleist in Berlin-Wannsee)

Unsterblichkeit! Schöner Gedanke! Wer hat dich zuerst erdacht? *(H. Heine, Harzreise)*

Unstet und flüchtig sollst du sein auf Erden. *(1. Mos. 4, 12)*

Ein **unsteter** Mensch kommt zu nichts.
(Sprichwort)

Unten durch sein. *(Redensart)*
Abgewiesen sein; nichts mehr zu vermelden haben

Eine freie Nation kann einen Befreier haben, eine unterjochte bekommt nur einen anderen **Unterdrücker**.
(E. M. Arndt)

Der **Untergang** des Abendlandes.
(Titel eines Buches von O. Spengler)

Jeder übermütige Sieger arbeitet an seinem **Untergang**. *(J. de La Fontaine)*

Es ist dem geselligen Menschen ganz gleichgültig, ob er nutzt oder schadet, wenn er nur **unterhalten** wird. *(Goethe)*

Stille **Unterordnung** unter Willkür schwächt, stille unter Notwendigkeit stärkt. *(Jean Paul, Levana)*

Langweilig zu sein ist die ärgste Sünde des **Unterrichts**. *(J. F. Herbart)*

Der beschränkte **Untertanenverstand**.
(Nach einem Brief des preußischen Ministers v. Rochow, 1838)

Dies alles ist mir **untertänig**.
(Schiller, Ring des Polykrates)

Unmenschen gibt es, aber keine **Untiere**.
(K. J. Weber, Demokritos)

Wenn alle **untreu** werden, so bleib' ich dir doch treu! *(Novalis, Geistliche Lieder)*

Treue hat Brot, **Untreue** leidet Not.
(Sprichwort)

Untreue ist auch Dieberei. *(M. Luther)*

Untreue schlägt den eigenen Herrn.
(Sprichwort)

Untreue und Geiz gedeiht nicht.
(M. Luther)

Untreue wird mit Untreue bezahlt.
(Sprichwort)

Untröstlich ist's noch allerwärts.
(L. Uhland, Vaterländische Gedichte: Am 18. Oktober 1817)

Danke, daß die Gunst der Musen **Unvergängliches** verheißt.
(Goethe, Dauer im Wechsel)

Zur **Unvergänglichkeit** fühlt sich der Mensch berufen, und so vergänglich doch ist alles, was wir schufen.
(F. Rückert, Weisheit des Brahmanen)

Unverhofft kommt oft. *(Sprichwort)*

Das bejammern oder fürchten, was **unvermeidlich** ist, wär' kindische Schwäche.
(Shakespeare, Heinrich VI.)

Das **Unvermeidliche** mit Würde tragen.
(K. Streckfuß, Denkspruch)

Daß der Mensch ins **Unvermeidliche** sich füge, darauf dringen alle Religionen.
(Goethe)

O **Unvernunft** des blinden Elements!
(Schiller, Wilhelm Tell)

Ein **Unverschämter** kann bescheiden aussehen, wenn er will, aber kein Bescheidener unverschämt.
(G. Ch. Lichtenberg)

Der **Unverstand** ist die unbesiegbarste Macht auf der Erde. *(A. Feuerbach)*

Sie eifern um Gott, aber mit **Unverstand**.
(Röm. 10, 2)

Wenn sich der **Unverstand** mit der Gewalt verfreit, entsteht aus dieser Eh' die tollste Grausamkeit. *(F. v. Logau)*

Bei **Unverträglichen** gedeiht kein Feuer im Haus; der eine bläst es an, der andre bläst es aus. *(F. Rückert, Weisheit des Brahmanen)*

Unverzagt, nicht geklagt, frisch gewagt, hat schon manchen reich gemacht.
(A. v. Kotzebue)

Unvorbereitet, wie ich mich habe.
(Scherzhafte Umgestaltung eines Wortes von Oberbaurat Matthias, 1834)

Die gefährlichsten **Unwahrheiten** sind Wahrheiten, mäßig entstellt.
(G. Ch. Lichtenberg, Vermischte Schriften)

Ach, wer ruft nicht so gern **Unwiederbringliches** an! *(Goethe)*

Ich glaube, daß es keine andere Krankheit der Zeit gibt als **Unwissenheit** und Unredlichkeit. *(A. Stifter)*

Religionen sind Kinder der **Unwissenheit**, die ihre Mutter nicht lange überleben. *(A. Schopenhauer)*

Die allein heißen **unwürdig**, die ihr Gebrechen nicht fühlen, noch wollen Sünder sein. *(M. Luther)*

Den Fortschritt verdanken die Menschen den **Unzufriedenen**. *(A. Huxley)*

Das **Unzulängliche**, hier wird's Ereignis.
(Goethe, Faust)

Urahne, Großmutter, Mutter und Kind in dumpfer Stube beisammen sind.
(G. Schwab, Gewitter)

Scheint die Sonn' am **Urbanstag**, wächst gut der Wein nach alter Sag'.
(Bauernregel)
Urban: 25. Mai

Uriasbrief. *(Nach 2. Sam. 11, 14 u. 15)*

Urkatholik möcht' ich dich nennen, nicht Neu, nicht Alt erkenn' ich an, als eins nur kann ich mich bekennen: Als Gottes treuesten Untertan.
(J. G. Seidl, Epigrammmatisches)

Der Mensch hat nur allzusehr **Ursache**, sich vor dem Menschen zu schützen.
(Goethe, Wilhelm Meister)

Kleine **Ursachen**, große Wirkungen.
(Sprichwort)

Der **Ursprung** aller Dinge ist klein.
(Cicero, De finibus)

Dein **Urteil** kann sich irren, nicht mein Herz. *(Schiller, Piccolomini)*

Die Sinne trügen nicht, aber das **Urteil** trügt. *(Goethe, Maximen und Reflexionen)*

Ein salomonisches **Urteil**.
(Redensart, nach 1. Könige 3, 16–28)

In jedem **Urteil** drückt der naiv urteilende Mensch sich selbst aus.
(R. Huch, Blütezeit der Romantik)

Manch **Urteil** ist ja längst beschlossen,
eh' des Beklagten Wort geflossen.
(Anastasius Grün)

Nimm Rat von allen, aber spar dein **Urteil**! *(Shakespeare, Hamlet)*

Zu frühe **Urteile** sind Vorurteile, aus denen der Irrtum emporsteigt wie der Nebel aus dem Meere. *(H. Pestalozzi)*

Die **Utopien** sind oft nur vorzeitige Wahrheiten. *(A. de Lamartine)*

V

Die **Vagabunden** sind das Salz der Erde.
(F. Spielhagen, Problematische Naturen)

Auf denn, nach **Valencia**!
(Nach J. G. Herder, Cid)

Varus, Varus, gib mir meine Legionen wieder! *(Kaiser Augustus nach der Schlacht im Teutoburger Wald, 9 v. Chr.)*

Das Unser **Vater** ein schönes Gebet, es dient und hilft in allen Nöten; wenn einer auch Vater unser fleht, in Gottes Namen laß ihn beten! *(Goethe, Gott, Gemüt und Welt)*

Der Erzieher verdient den Namen **Vater** mehr als der Erzeuger. *(Talmud)*

Du sollst deinen **Vater** und deine Mutter ehren, auf daß dir's wohlgehe und du lange lebest auf Erden.
(M. Luther, Kl. Katechismus: Das vierte Gebot, nach 2. Mos. 20, 12)

Mit **Vater** und Mutter soll man nicht streiten. *(Sprichwort)*

Sprich mir von allen Schrecken des Gewissens, von meinem **Vater** sprich mir nicht! *(Schiller, Don Carlos)*

Vater des Vaterlandes.
(Römischer Ehrentitel)

Vater, ich rufe dich! *(Th. Körner, Gebet während der Schlacht)*

Vater, unser bestes Stück.
(Heiterer Roman von F. Nicklisch)

Vater, vergib ihnen, denn sie wissen nicht, was sie tun! *(Luk. 23, 34)*

Vater werden ist nicht schwer, Vater sein dagegen sehr. *(Sprichwort; W. Busch, Julchen)*

Vielleicht ist noch nie ein **Vater** gewesen, der nicht irgend einmal sein Kind für etwas ganz Originelles gehalten hat.
(G. Ch. Lichtenberg)

Vom **Vater** hab' ich die Statur, des Lebens ernstes Führen; vom Mütterchen die Frohnatur und Lust zu fabulieren.
(Goethe, Zahme Xenien)

Wohl dem, der seiner **Väter** gern gedenkt. *(Goethe, Iphigenie)*

Achte jedes Mannes **Vaterland**, aber das deinige liebe! *(G. Keller, Fähnlein der sieben Aufrechten)*

Als ich das **Vaterland** aus den Augen verloren hatte, fand ich es im Herzen wieder. *(H. Heine)*

Ans **Vaterland**, ans teure, schließ dich an. *(Schiller, Wilhelm Tell)*

Dir möcht' ich diese Länder weihen, geliebtes deutsches **Vaterland**!
(L. Uhland)

Dort, wo das Recht ist, ist unser **Vaterland**. *(Schiller, Macbeth)*

Erst in der Fremde erkennt man, was das **Vaterland** ist. *(G. Freytag, Siebleben)*

Ich habe nur ein **Vaterland**, das heißt Deutschland. *(Frhr. vom und zum Stein, 1812)*

Ich hatte einst ein schönes **Vaterland**.
(H. Heine, In der Fremde)

Ich möchte was darum geben, genau zu wissen, für wen eigentlich die Taten getan worden sind, von denen man öffentlich sagt, sie wären für das **Vaterland** getan worden. *(G. Ch. Lichtenberg)*

Im Hause muß beginnen, was leuchten soll im **Vaterland**. *(J. Gotthelf)*

Kann uns zum **Vaterland** die Fremde werden? *(Goethe, Iphigenie)*

Leben bleiben wie das Sterben für das **Vaterland** ist süß. *(H. Heine, Zwei Ritter)*

Lieb' **Vaterland**, kannst ruhig sein.
(M. Schneckenburger/ K. Wilhelm, Wacht am Rhein)

Mein **Vaterland**, das lob ich mir! Man bringt nicht viele Köpfe hier in Deutschland unter einen Hut. Und das ist für die Hüter gut. *(A. Glaßbrenner)*

Mein **Vaterland** ist nicht Gestern, mein Vaterland ist Morgen. *(Romain Rolland)*

O heilig Herz der Völker, o **Vaterland**!
(F. Hölderlin, Gesang des Deutschen)

Süß und ehrenvoll ist es, für das **Vaterland** zu sterben. *(Horaz, Oden)*

Uns alle zieht das Herz zum **Vaterland**.
(Schiller, Don Carlos)

Was ich bin und was ich habe, dank ich dir, mein **Vaterland**.
(A. H. Hoffmann v. Fallersleben, Mein Vaterland)

Was ist des Deutschen **Vaterland**?
(E. M. Arndt/J. F. Reichardt, Das ganze Deutschland soll es sein)

Was ist unschuldig, heilig, menschlich gut, wenn es der Kampf nicht ist ums **Vaterland**? *(Schiller, Jungfrau von Orleans)*

Wenn das **Vaterland** auf dem Spiele steht, gibt es für niemanden Rechte, dann hat ein jeder nur Pflichten.
(E. v. Wildenbruch, Generalfeldoberst)

Wer sein **Vaterland** nicht kennt, hat keinen Maßstab für fremde Länder.
(Goethe, Wilhelm Meister)

Wie teuer ist allen edlen Herzen das **Vaterland**? *(Voltaire)*

Wir hielten einst ein **Vaterland** umfangen – Gott riß uns los. *(G. v. Le Fort, Die Heimatlosen)*

Wir kennen kein **Vaterland**, das Deutschland heißt. Unser Vaterland ist die Erde, das Proletariat.
(USPD-Führer A. Crispien, 1922)

Wo wir uns bilden, da ist unser **Vaterland**. *(Goethe)*

Wollt ihr unser **Vaterland** kennen und lieben lernen, reist in fremde Länder.
(L. Börne)

Des **Vaterlandes** Hochgesang.
(M. Claudius, Stimmt an ...)

Oh, mächtig ist der Trieb des **Vaterlands**!
(Schiller, Wilhelm Tell)

Das Gefühl, das einen Fürsten vor allem beseelen soll, ist **Vaterlandsliebe**.
(Friedrich d. Gr.)

Zunächst der Elternliebe ist die **Vaterlandsliebe** der stärkste natürliche und moralische Instinkt, der im Menschen besteht. *(E. Burke, 1788)*

Was uns not ist, uns zum Teil war's gegründet von den **Vätern**; aber das ist unser Teil, daß wir gründen für die Spätern. *(E. Geibel, Aus dem Walde)*

Zu seinen **Vätern** versammelt werden.
(Redensart, nach 2. Könige. 22, 20)
Soviel wie: sterben

Des **Vaters** Segen baut den Kindern Häuser. *(Sprichwort)*

In meines **Vaters** Haus sind viele Wohnungen. *(Joh. 14, 2)*

Die Erforschung der **Vaterschaft** ist untersagt. *(Code Napoléon)*

Aller **Vatersinn** ist ohne Macht, wo der Kindersinn mangelt. *(J. H. Pestalozzi)*

Denn welcher Kluge fänd' im **Vatikan** nicht seinen Meister? *(Goethe, Tasso)*

Man schafft so gern sich Sorg und Müh, sucht Dornen auf und findet sie, und läßt das **Veilchen** unbemerkt, das uns am Wege blüht. *(J. M. Usteri, Freut euch des Lebens)*

Im Haus der Tränen lächelt **Venus** nicht.
(Shakespeare, Romeo und Julia)

Ohne Ceres und Bacchus erfriert die **Venus**. *(Terenz, Eunuch)*

Wie ganz anders war es da, da man deine Tempel noch bekränzte, **Venus** Amathusia! *(Schiller, Götter Griechenlands)*

Es ist leicht zu **verachten**, Sohn; und verstehen ist viel besser. *(M. Claudius)*

Was ich **verachten** will, das muß ich kennen. *(Gorch Fock)*

Jeder freut sich an seiner Stelle, bietet dem **Verächter** Trutz. *(Schiller, Glocke)*

Verächtlich ist gewiß der Mann, der ohne Grund verachten kann.
(J. G. Seume)

Der Haß schadet niemand, aber die **Verachtung** ist es, was den Menschen stürzt.
(J. P. Eckermann)

Nur die sind verächtlich, die sich vor **Verachtung** fürchten.
(F. de La Rochefoucauld)

Verallgemeinerungen sind Lügen.
(G. Hauptmann, Aufzeichnungen)

Was sich nie und nirgend hat begeben, das allein **veraltet** nie! *(Schiller, An die Freude)*

Veränderung nur ist der Satz des Vergnügens. *(Schiller, Kabale und Liebe)*

Vergnügen an **Veränderung** ist dem Menschen bleibend eigen.
(G. Ch. Lichtenberg)

Es gibt keine Handlung, für die niemand **verantwortlich** wäre. *(Bismarck)*

Die Scheu vor der **Verantwortung** ist eine Krankheit unserer Zeit.
(Bismarck, 1870)

Das bittre Brot der **Verbannung** essen.
(Shakespeare, Richard III.)

Die Welt wird alt und wird wieder jung, doch der Mensch hofft immer **Verbesserung**. *(Schiller, Hoffnung)*

Im Grunde sind es doch die **Verbindungen** mit Menschen, welche dem Leben seinen Wert geben. *(W. v. Humboldt)*

Verbittre dir das junge Leben nicht! Verschmähe, was dir Gott gegeben, nicht.
(F. v. Bodenstedt, Mirza Schaffy)

Laß dich nicht **verblüffen**!
(Redensart; das »elfte Gebot«)

Was nicht **verboten** ist, ist erlaubt.
(Sprichwort; Schiller, Wallensteins Lager)

Das ist mehr als ein **Verbrechen**, das ist ein Fehler. *(Angeblich von Fouché, auch Talleyrand zugeschrieben)*

Die Schande besteht nicht in der Strafe, sondern in dem **Verbrechen**.
(J. G. Herder)

Entfliehe, dieweil du es kannst, dem **Verbrechen**. *(Ovid, Metamorphosen)*

Wenn das Unglück dem Verbrechen folgt, folgt öfter das **Verbrechen** nach dem Unglück. *(F. Grillparzer, Goldenes Vlies)*

Wer dem **Verbrechen** Nachsicht übt, wird sein Komplice. *(Voltaire)*

Ein Richter, der nicht strafen kann, gesellt sich endlich zum **Verbrecher**.
(Goethe, Faust)

Verbrieft und versiegelt. *(Redensart, nach Jerem. 32, 44)*

Verdacht ist der Freundschaft Gift.
(Sprichwort)

Verdacht wohnt stets im schuldigen Gemüt; der Dieb scheut jeden Busch als einen Häscher. *(Shakespeare, Heinrich VI.)*

Gut gekaut – halb **verdaut**.
(Gesundheitsregel)

Dem **Verderben** entsprießt neuer Gestaltungen Keim. *(E. Geibel, Kleinigkeiten)*

Die Götter wollen dein **Verderben**.
(Schiller, Ring des Polykrates)

Einheit nur kann das **Verderben** hemmen, und die Einheit fliehn wir wie die Pest. *(J. G. Seume, Gedichte)*

Schön war ich auch, und das war mein **Verderben**. *(Goethe, Faust)*

Sterben und **verderben**. *(Judith 6, 3)*

Verderben, gehe deinen Gang!
(Schiller, Fiesco)

Viel vertun und wenig erwerben ist ein guter Weg zum **Verderben**.
(G. Rollenhagen)

Wen Gott **verderben** will, dem raubt er zuvor den Verstand. *(Nach Sophokles, Antigone)*

Wo man von der **Verderbnis** des Gesindes redet, da soll man zuerst Nachfrage halten nach der Verderbnis der Herrschaft. *(W. H. Riehl)*

Die Wahrheit finden wollen, ist **Verdienst**, wenn man auch auf dem Wege irrt. *(G. Ch. Lichtenberg)*

Es gibt **Verdienst** ohne Erhöhung, aber keine Erhöhung ohne irgendein Verdienst. *(F. de La Rochefoucauld)*

Frühes **Verdienst** veraltet schnell.
(Schiller, Piccolomini)

Dem **Verdienste** seine Kronen!
(Schiller, An die Freude)

Ich habe immer auf die **Verdienste** meiner Widersacher acht gehabt und daraus Vorteil gezogen. *(Goethe)*

Die Menge schätzt nur den Widerschein des **Verdienstes**. *(Goethe, Götz von Berlichingen)*

Es ist das Kennzeichen eines außergewöhnlichen **Verdienstes**, wenn seine größten Neider nicht umhin können, es zu loben. *(F. de La Rochefoucauld)*

Mancher ist einem trotz seines **Verdienstes** zuwider, und mancher trotz seiner Fehler angenehm.
(F. de La Rochefoucauld)

Das Pferd, das den Hafer **verdient**, kriegt ihn nicht. *(Sprichwort)*

Mancher **verdirbt**, ehe er stirbt.
(Sprichwort)

Der **Verdorbene** haßt den Unverdorbenen, und jeder Schuld'ge ist der Unschuld Feind. *(Th. Körner)*

Welche Hand müßte nicht **verdorren**, die sich und uns in solche Fesseln legt?
(Ph. Scheidemann, 1919)

Man verscheucht mit Rauch die Fliegen, mit **Verdrießlichkeit** wohl den Mann.
(A. v. Chamisso)

Ein Zustand, der alle Tage neuen **Verdruß** zuzieht, ist nicht der rechte.
(Goethe)

Die Jugend brauset, das Leben schäumt; Frisch auf! eh' der Geist noch **verdüftet**.
(Schiller, Wallensteins Lager)

Veredlung ist der Welt Erlösungswort.
(F. v. Bodenstedt, Einkehr und Umschau)

Es ist ein altes Gesetz, ich schweig' und **verehre**. *(Goethe)*

Nichts ist so häßlich zu ergründen, es wird ein paar **Verehrer** finden.
(M. G. Lichtwer, Ungestalte Tochter)

Das **Vereinswesen** ist die Festung der Mittelmäßigkeit. *(A. Feuerbach)*

Verflucht (od. verflixt) und zugenäht!
(Redensart)
Ärgerlicher Ausruf

Verfolgung der Andersdenkenden ist überall das Monopol der Geistlichkeit.
(H. Heine, Reisebilder)

Besser dünkt ja allen, was **vergangen** ist.
(E. Mörike)

Was **vergangen**, kehrt nicht wieder; aber, ging es leuchtend nieder, leuchtet's lange noch zurück. *(K. Förster, Erinnerung und Hoffnung)*

Aber vergangen sei das **Vergangene**!
(Homer, Ilias)

Das **Vergangene** ist das Künftige von heute. *(Japanisches Sprichwort)*

Laß das **Vergangene** vergangen sein!
(Goethe, Faust)

Das ist das schlimmste von allen Übeln, im **Vergangenen** herumzugrübeln.
(C. Flaischlen)

Wir alle leben vom **Vergangenen** und gehen an Vergangenem zu Grunde.
(Goethe)

Die Gegenwart ist nie unser Zweck; die **Vergangenheit** und die Gegenwart sind unsere Mittel; die Zukunft allein ist unser Zweck. *(B. Pascal)*

Die **Vergangenheit** ist immer gegenwärtig. *(M. Maeterlinck)*

Die Zeiten der **Vergangenheit** sind uns ein Buch mit sieben Siegeln.
(Goethe, Faust)

Erzähle mir die **Vergangenheit**, und ich werde die Zukunft erkennen.
(Konfuzius)

Nichts vergoldet die **Vergangenheit** so sehr wie ein schlechtes Gedächtnis.
(J. Steinbeck)

Überwunden werden kann die **Vergangenheit** nur von Menschen, Frauen und Männern, in denen die Flamme des Guten lebendig ist, und die wissen, daß die Liebe eine stärkere Kraft ist als der Haß. *(Ernst Reuter, 1948)*

Unbewältigte **Vergangenheit**.
(Schlagwort, nach dem Text einer Tagungseinladung der Evangelischen Akademie, Berlin 1955)

Wenn deine Gegenwart makellos ist, so untersucht man deine **Vergangenheit**.
(G. Ch. Lichtenberg)

Alles **Vergängliche** ist nur ein Gleichnis.
(Goethe, Faust)

Warum bin ich vergänglich, o Zeus?, so fragte die Schönheit. Macht' ich doch, sagte der Gott, nur das **Vergängliche** schön. *(Goethe)*

Nichts vom **Vergänglichen**, wie's auch geschah! Uns zu verewigen sind wir ja da. *(Goethe, Zahme Xenien)*

Der Gedanke an die **Vergänglichkeit** aller irdischen Dinge ist ein Quell unendlichen Leids, und ein Quell unendlichen Trostes. *(M. v. Ebner-Eschenbach)*

Vergangenes und Zukünftiges verdeckt formloser Schutt und Trümmer des Vergessens. *(Shakespeare, Troilus und Cressida)*

Der Siege göttlichster ist das **Vergeben**.
(Schiller, Braut von Messina)

Dürst' nicht nach Rache und nach Blut; **vergeben** wäre wohl so gut.
(M. Claudius)

Vergeben, aber nicht vergessen.
(Nach Bismarck, Gedanken und Erinnerungen)

Zu schwer bezahlt man oft ein leicht **Vergehen**. *(Goethe, Eleonore)*

Vergessen und Vergessenwerden! Wer lange lebt auf Erden, der hat wohl diese beiden zu lernen und zu leiden.
(Th. Storm)

Wer fortgeht, ist bald **vergessen**.
(Sprichwort)

Aus dem Strom der **Vergessenheit** trinken. *(Nach der griechischen Sage)*

Vergib dir nichts, den andern viel.
(Sprichwort)

Man bleibt nur gut, wenn man **vergißt**.
(F. Nietzsche)

Besser ein strohener **Vergleich** als ein güldener Prozeß.
(Polnisches Sprichwort)

Kein Friede, kein **Vergleich**!
(J. G. Fichte, 1813)

Vergleiche hinken. *(Sprichwort)*

Das **Vergnügen** ist so nötig als die Arbeit. *(G. E. Lessing)*

Ein **Vergnügen** erwarten ist auch ein Vergnügen. *(G. E. Lessing, Minna von Barnhelm)*

Erst das Geschäft, dann das **Vergnügen**.
(Redensart)

Erst die Arbeit, dann das **Vergnügen**.
(Sprichwort)

Genießt der Jüngling ein **Vergnügen**, so sei er dankbar und verschwiegen.
(F. v. Hagedorn, Die Alte)

Mit allen wird von selbst **Vergnügen** sich verbinden; Vergnügen aber, das man sucht, ist nicht zu finden. *(F. Rückert)*

So laßt ihm doch das kindliche **Vergnügen**. *(E. Pohl u. D. Kalisch, Namenlos)*

Über Reisen kein **Vergnügen**.
(L. Tieck)

Vergnügen sucht der Mann sich in Gefahren. *(Goethe, Elpenor)*

Dreieckiges **Verhältnis**. *(Redensart, nach H. Ibsen, Hedda Gabler)*

Jedes brave eheliche **Verhältnis** endet mit Freundschaft. *(M. v. Ebner-Eschenbach)*

Die Liebe gibt ihren Namen für zahllose **Verhältnisse** her, die man ihr zuteilt, an denen sie jedoch keinen größeren Anteil hat als der Doge an den Vorgängen in Venedig. *(F. de La Rochefoucauld)*

Die Macht der **Verhältnisse**. *(Tragödie von L. Robert)*

Des Menschen Tun ist eine Aussaat von **Verhängnissen**, gestreuet in der Zukunft dunkles Land, den Schicksalsmächten hoffend übergeben. *(Schiller, Piccolomini)*

Das **Verhängte** muß geschehen, das Gefürchtete muß nahn. *(Schiller, Kassandra)*

Demnach, welcher (seine Jungfrau) **verheiratet**, der tut wohl; welcher (sie) aber nicht verheiratet, der tut besser. *(1. Kor. 7, 38) Meist zitiert: Heiraten ist gut, aber nicht heiraten ist besser*

Wenn man **verheiratet** ist, ist's aus und vorbei mit dem Eigenwillen. *(B. Auerbach)*

Leicht für die Götter ja ist es, die hoch obwalten im Himmel, einen sterblichen Mann zu **verherrlichen** und zu verdunkeln. *(Homer, Odyssee)*

Wer mit **Verheißungen** bezahlt, bezahlt mit Geld, das man malt. *(F. v. Logau)*

Hochherziger **Versöhnung** preisgegeben. *(Schiller, Braut von Messina)*

Wer zuviel verlangt, wer sich am Verwickelten erfreut, der ist den **Verwirrungen** ausgesetzt. *(Goethe, Maximen und Reflexionen)*

Dich zu **verjüngen**, gibt's auch ein natürlich Mittel. *(Goethe, Faust)*

Ohne Lob nicht **verkaufen**, ohne Tadel nicht einkaufen. *(Russisches Sprichwort)*

Verkaufen ist keine Kunst – aber dabei verdienen! *(Sprichwort)*

Die Welt am Ende des neunzehnten Jahrhunderts steht unter dem Zeichen des **Verkehrs**. *(Kaiser Wilhelm II., 1891)*

Ohne Bangen süß **Verlangen**. *R. Wagner, Tristan und Isolde)*

Was du erlangen kannst, das stillt nicht dein **Verlangen**; was dein Verlangen stillt, das kannst du nicht erlangen. *(F. Rückert)*

Wie freu' ich mich, wie freu' ich mich, wie treibt mich das **Verlangen**. *(H. S. Mosenthal/O. Nicolai, Die lustigen Weiber von Windsor)*

Wer nichts **verlangt**, bekommt auch nichts. *(Sprichwort)*

Verlaß alles, so findest du alles. *(Th. von Kempen)*

Eli, Eli, lama asabthani? das ist: Mein Gott, mein Gott, warum hast du mich **verlassen**? *(Matth. 27, 46)*

Wer sich auf andere **verläßt**, ist verlassen. *(Sprichwort)*

Mit **Verlaub**, ich bin so frei! *(W. Busch, Abenteuer eines Junggesellen)*

Was für den Körper der Schwindel ist, ist **Verlegenheit** für den Geist. *(L. Börne)*

Nur einen Schmerz haben die **Verleger**; es geht noch immer nicht ohne Schriftsteller. *(P. Hille, Aphorismen)*

Verletzen ist leicht, heilen schwer. *(Sprichwort)*

Will mir jemand nachfolgen, der **verleugne** sich selbst und nehme sein Kreuz auf sich und folge mir. *(Matth. 16, 24)*

Der **Verleumder** ist schlimmer als der Mörder. *(Albanisches Sprichwort)*

Verleumder lästern bald, die erst so lieblich sprechen. *(F. v. Logau)*

Wenn Freund zu Freund kommt, stirbt des **Verleumders** Macht. *(F. Rückert)*

Die Tochter des Neides ist die **Verleumdung**. *(G. Casanova)*

Verleumdung mußt du frech betreiben, es wird schon etwas haften bleiben. *(K. J. Simrock, Sprüche)*

Drei Menschen auf einmal verdirbt **Verleumdungsgift**: Den, der sie spricht, den, der sie hört, den, so sie trifft. *(F. Rückert)*

Verliebe dich oft, verlobe dich selten, heirate nie! *(Scherzhaftes Sprichwort)*

Ich bin **verliebt**, man hält mich nicht für voll. *(Goethe, Faust)*

So gar **verliebt** sind wir nicht, daß uns nicht hungerte. *(G. E. Lessing, Minna von Barnhelm)*

Verliebt wie ein Kater. *(Redensart)*

Verliebte laufen stets der Uhr voraus. *(Shakespeare, Kaufmann von Venedig)*

Verliebte sehen in der Welt nur sich; doch sie vergessen, daß die Welt sie sieht. *(A. v. Platen)*

Verliebten ist das Zusammensein darum nicht langweilig, weil sie immer von sich selbst sprechen. *(F. de La Rochefoucauld)*

Verliebtheit ist eine psychische Angina. *(J. Ortega y Gasset)*

Fürchterlich ist einer, der nichts zu **verlieren** hat. *(Goethe, Natürliche Tochter)*

Viel besser, nie besitzen, als **verlieren**. *(F. Hebbel, Nibelungen)*

Viel kann **verlieren**, wer gewinnt. *(A. W. Schlegel, Arion)*

Was man nicht zu **verlieren** fürchtet, hat man zu besitzen nie geglaubt und nie gewünscht. *(G. E. Lessing, Nathan der Weise)*

Der **Verlierer** hat immer Unrecht. *(Sprichwort)*

Verlobt ist noch nicht verheiratet. *(Sprichwort)*

Verloren ist verloren. *(G. A. Bürger, Lenore)*

Was man nicht aufgibt, hat man nie **verloren**. *(Sprichwort/ Schiller, Maria Stuart)*

Wo viel **verloren** wird, ist manches zu gewinnen. *(Goethe)*

Der **verlorene** Sohn. *(Nach Luk. 15, 11–32)*

Dem **Verlorenen** folgt die Sehnsucht. *(Horaz)*

Bei dem größten **Verlust** müssen wir sogleich umherschauen, was uns zu erhalten übrigbleibt. *(Goethe)*

Kein Weiser jammert um **Verlust**, er sucht mit freud'gem Mut ihn zu ersetzen. *(Shakespeare, Heinrich IV.)*

Meistens belehrt erst der **Verlust** uns über den Wert der Dinge.
(A. Schopenhauer, Parerga und Paralipomena)

Nur halb ist der **Verlust** des schönsten Glücks, wenn wir auf den Besitz nicht sicher zählen. *(Goethe, Tasso)*

Heute **vermählt**, morgen gequält.
(Französisches Sprichwort)

Ich schelte das an manchem Mann, was ich selber nicht **vermeiden** kann.
(Freidank, Bescheidenheit)

Vermeiden sollen sich, die nicht zusammen passen; Wahl der Gesellschaft ist jedwedem freigelassen. *(F. Rückert, Weisheit des Brahmanen)*

Ein jeder wird besteuert nach **Vermögen**. *(Schiller, Wilhelm Tell)*

Ich bin der Geist, der stets **verneint**.
(Goethe, Faust)

Der Sieg der **Vernunft** über die Sinnlichkeit ist die wahre Wiedergeburt, die den natürlichen Menschen umwandelt in den geistigen, und das Gegengift der Leidenschaft ist die Mäßigung.
(K. J. Weber, Demokritos)

Der Verständige regiert nicht, aber der Verstand; nicht der Vernünftige, sondern die **Vernunft**. *(Goethe)*

Die **Vernunft** ist des Herzens größte Feindin. *(Casanova)*

Durch **Vernunft**, nicht aber durch Gewalt soll man die Menschen zur Wahrheit führen. *(D. Diderot)*

Ein edles Herz bekennt sich gern von der **Vernunft** besiegt. *(Schiller, Jungfrau von Orleans)*

Erhabene **Vernunft**, lichthelle Tochter des göttlichen Hauptes, weise Gründerin des Weltgebäudes, Führerin der Sterne.
(Schiller, Jungfrau von Orleans)

Es gibt zwei gleich gefährliche Abwege: die **Vernunft** schlechthin zu leugnen und außer der Vernunft nichts anzuerkennen. *(B. Pascal)*

Kleine Beispiele von **Vernunft** änderten noch nie etwas am großen Narreteispiele der Zunft. *(Ch. Morgenstern)*

Verachte nur **Vernunft** und Wissenschaft, des Menschen allerhöchste Kraft.
(Goethe, Faust)

Vernunft fängt wieder an zu sprechen und Hoffnung wieder an zu blühn; man sehnt sich nach des Lebens Bächen, ach!, nach des Lebens Quelle hin.
(Goethe, Faust)

Vernunft hat jeder, und wie wenige sind vernünftig. *(E. v. Feuchtersleben, Aphorismen)*

Vernunft ist der einzige wahrhafte Despot. *(K. A. Varnhagen von Ense)*

Vernunft und Weltordnung sind konform, sie müssen gleichen Ursprungs sein. *(H. v. Moltke, 1890)*

Vernunft verhält sich zum Verstande wie ein Kochbuch zu einer Pastete.
(L. Börne)

Vernunft wird Unsinn, Wohltat Plage.
(Goethe, Faust)

Was den Menschen hindert, die **Vernunft** zu vervollkommnen und ein vernünftiges Leben zu führen, dies allein ist ein Übel. *(B. de Spinoza)*

Eine **Vernunftehe** schließen heißt in den meisten Fällen, alle seine Vernunft zusammenzunehmen, um die wahnsinnigste Handlung zu begehen, die ein Mensch begehen kann.
(M. v. Ebner-Eschenbach)

Es gibt Leute, die meinen, alles wäre **vernünftig**, was man mit einem ernsthaften Gesicht tut. *(G. Ch. Lichtenberg)*

Was **vernünftig** ist, das ist wirklich; und was wirklich ist, das ist vernünftig.
(G. W. F. Hegel)

Ich liebe den **Verrat**, hasse aber den Verräter. *(Caesar, nach Plutarch)*

Wer nicht **verrät**, was er vorhat, kann nachher leicht behaupten, er habe das Gewollte erreicht.
(Aus einem Kommentar zu russischen Weltraumflügen von T. v. Radow in der »Zeit«, 1968)

Verrat trennt alle Bande. *(Schiller, Wallensteins Tod)*

Verrat und Argwohn lauscht in allen Ecken. *(Schiller, Wilhelm Tell)*

Verraten und verkauft. *(Redensart)*

Der **Verräter** schläft nicht.
(Nach Matth. 26)

Verrätereien begeht man öfter aus Schwäche, als in der ausgesprochenen Absicht, zu verraten.
(F. de La Rochefoucauld)

Verrechnet ist nicht betrogen.
(Sprichwort)

Lieber sich den Magen **verrenken**, als dem Wirte etwas schenken.
(Scherzhaftes Sprichwort)

Du bist **verrückt** mein Kind, du mußt nach Dalldorf hin, wo die Verrückten sind, denn da gehörst du hin.
(Zum »Fatinitza-Marsch« von Suppé gesungener Berliner Gassenhauer)

Man spricht vergebens viel, um zu **versagen**; der andre hört von allem nur das Nein. *(Goethe, Iphigenie)*

Wirklich, der Friede von **Versailles** war ein Friede, in den die Tragödien der Zukunft so eingeschrieben waren, als wäre es von des Teufels Hand selbst geschrieben. *(G. F. Kennan)*

Ich wär' ein Kätzlein lieber und schrie miau als einer von den **Vers-Balladenkrämern**. *(Shakespeare, Heinrich IV.)*

Jedes **Verschen**, jedes Sprüchlein will die eigne Stimmung haben. *(A. v. Platen)*

Hier sind wir **versammelt** zu löblichem Tun … *(Goethe, Ergo bibamus)*

Verschieb nicht, was du heut besorgen sollst, auf morgen; denn morgen findet sich was Neues zu besorgen.
(F. Rückert, Weisheit des Brahmanen)

Verschiebe nicht auf morgen, was du heute kannst besorgen. *(Sprichwort)*

Was **verschmerzte** nicht der Mensch! Vom Höchsten wie vom Gemeinsten lernt er sich entwöhnen, denn ihn besiegen die gewalt'gen Stunden.
(Schiller, Wallensteins Tod)

Oft verbirgt sich der Geiz unter dem Namen der Sparsamkeit, die **Verschwendung** unter dem Namen der Freizügigkeit. *(Papst Gregor I., d. Gr.)*

Wer etwas will **verschwiegen** haben, der darf es keinem Weibe sagen.
(Alter Spruch)

Verschwiegenheit ist der Stempel eines fähigen Kopfes.
(B. Gracian, Handorakel)

Verschwiegenheit zu fordern ist nicht das Mittel, sie zu erlangen.
(Goethe, Wilhelm Meister)

Kein tolleres **Versehen** kann sein, gibst einem ein Fest und lädst ihn nicht ein.
(Goethe, Sprichwörtlich)

Versehen ist (auch) verspielt.
(Sprichwort)

Versehen ist kein Vergehen.
(Sprichwort)

Bei jedem Streit ziehe die **Versöhnung** selbst dem leichtesten Siege vor.
(G. Ch. Lichtenberg)

Kopf und Kragen **verspielen**.
(Redensart)

Versehen ist **verspielt**. *(Sprichwort)*

Versprechen machet Schuld.
(F. v. Hagedorn, Bruder Fritz)

Versprechen und halten sind zweierlei.
(Sprichwort)

Beide schaden sich selbst: der zuviel **verspricht** und der zuviel erwartet.
(G. E Lessing)

Wer schnell **verspricht**, der bald vergißt.
(Sprichwort)

Wer viel **verspricht**, hält wenig.
(Sprichwort)

Wer viel **verspricht** und hält nicht, der ist wie Wolken und Wind ohne Regen.
(Spr. Salom. 25, 14)

Leicht **versprochen**, leicht gebrochen.
(Sprichwort)

Schnell **versprochen**, bald vergessen.
(Sprichwort)

Wir wollen nicht die **Verstaatlichung** des Menschen, sondern die Vermenschlichung des Staates. *(H. Pestalozzi)*

Denn ohne **Verstand**, Weisheit und Gesetze können weder Türken noch Tataren leben und haushalten. *(M. Luther)*

Der **Verstand** und die Fähigkeit, ihn zu gebrauchen, sind zwei verschiedene Gaben. *(F. Grillparzer)*

Der **Verstand** vermöchte nicht lange die Rolle des Herzens zu spielen.
(F. de La Rochefoucauld)

Er hat mehr Glück als **Verstand**.
(Redensart)

Es trägt **Verstand** und rechter Sinn mit wenig Kunst sich selber vor; und wenn's euch ernst ist, was zu sagen, ist's nötig, Worten nachzujagen? *(Goethe, Faust)*

Ich finde diese Rede voll **Verstand**.
(Schiller)

Ist der Wein im Manne, ist sein **Verstand** in der Kanne. *(Sprichwort)*

Jedermann hat gerade soviel Eitelkeit, als es ihm an **Verstand** fehlt.
(F. Nietzsche)

Mein **Verstand** steht still. *(Schiller, Kabale und Liebe)*

Natürlicher **Verstand** kann fast jeden Grad von Bildung ersetzen, aber keine Bildung den natürlichen Verstand.
(A. Schopenhauer)

Reue ist **Verstand**, der zu spät kommt.
(E. v. Feuchtersleben, Aphorismen)

Schönheit und **Verstand** sind selten nur verwandt. *(Sprichwort)*

Seitdem bei Schiller ist zu lesen, **Verstand** ist stets bei wen'gen nur gewesen, glaubt die Menge wahnbetört, daß sie zur Minderheit gehört. *(O. Blumenthal)*

Und was kein **Verstand** der Verständigen sieht, das übet in Einfalt ein kindlich Gemüt. *(Schiller, Worte des Glaubens)*

Verstand der Verständigen. *(1. Kor. 1, 19)*

Verstand ist das größte Kapital.
(Sprichwort)

Viel **Verstand** macht alt, viel Geld jung.
(Jüdisches Sprichwort)

Viele verlieren den **Verstand** nicht, weil sie keinen haben.
(B. Gracian, Handorakel)

Wem Farb' und Kleid ein Ansehn geben, der hat **Verstand**, so dumm er ist.
(Ch. F. Gellert)

Wem Gott gibt ein Amt, dem gibt er auch **Verstand**. *(Sprichwort)*

Wer über gewisse Dinge den **Verstand** nicht verliert, der hat keinen zu verlieren. *(G. E. Lessing, Emilia Galotti)*

Wo innen kein **Verstand** ist, kann auch keiner heraus. *(Sprichwort)*

Wo **Verstand** befiehlt, ist der Gehorsam leicht. *(Th. Fontane)*

Zehntausende lassen ihren **Verstand** ungeschärft, weil sie ihn nicht üben.
(J. H. Pestalozzi)

Es gibt Menschen, die geizen mit ihrem **Verstande** wie andere mit ihrem Gelde.
(L. Börne, Fragmente und Aphorismen)

Schon wieder rennt der Zorn mit dem **Verstande** davon.
(G. E. Lessing, Emilia Galotti)

Als Hegel auf dem Totenbette lag, sagte er: »Nur einer hat mich **verstanden**«, aber gleich darauf fügte er verdrießlich hinzu: »Und der hat mich auch nicht verstanden.« *(H. Heine, Deutschland)*

Ausdauer ist eine Tochter der Kraft, Hartnäckigkeit eine Tochter der Schwäche, nämlich – der **Verstandesschwäche**.
(M. v. Ebner-Eschenbach, Aphorismen)

Der **Verständige** regiert nicht, aber der Verstand; nicht der Vernünftige, sondern die Vernunft. *(Goethe)*

Das von selbst **Verständliche** wird gemeinhin am gründlichsten vergessen und am seltensten getan.
(Ch. Morgenstern)

Es gibt in Wahrheit kein letztes **Verständnis** ohne Liebe. *(Ch. Morgenstern)*

Alles **verstehen** heißt alles verzeihen.
(Sprichwort nach Mme. de Staël)

Der Herr Redner hat selbst in dieser Nähe eine große Fertigkeit, mich nicht zu **verstehen**. *(Bismarck im Deutschen Reichstag, 1871)*

Es ist leicht zu verachten, Sohn; und **verstehen** ist viel besser. *(M. Claudius)*

Kann euch nicht eben ganz **verstehen**.
(Goethe, Faust

Verstehst du auch, was du liesest?
(Apostel. 8, 30)

Willst du dich selber erkennen, so sieh, wie die andern es treiben. Willst du die andern **verstehn**, blick in dein eigenes Herz. *(Schiller, Votivtafeln)*

Was man nicht **versteht**, besitzt man nicht. *(Goethe, Maximen und Reflexionen)*

Wenn dich jemand »vollkommen **versteht**«, sei gewiß, daß dich niemand vollkommener mißversteht.
(Ch. Morgenstern)

Wer aber nicht getrübt ist, der **versteht** wenig. *(Jes. Sir. 34, 10)*

Wer sich nicht zu **verstellen** versteht, versteht nicht zu regieren. *(Louis XI.)*

Verstellung ist der off'nen Seele fremd.
(Schiller, Piccolomini)

Verstellung, sagt man, sei ein großes Laster, doch von Verstellung leben wir. *(Goethe, Maskenzug)*

Verstimmen ist leicht, aber stimmen kann nicht jeder. *(L. Börne, Fragmente und Aphorismen)*

So fühlt man Absicht und man ist **verstimmt**. *(Goethe, Tasso)*

Gott will nicht die **Verstümmelung**, sondern die Vollendung unseres Wesens. *(P. Hille, Aphorismen)*

Versuch macht klug *(Sprichwort)*

Versuch's, so geht's. *(Sprichwort)*

Der erhabene Kopf hat andere **Versuchungen** als der gemeine. *(Schiller, Fiesco)*

Versungen und vertan. *(R. Wagner, Meistersinger)*

Versunken und vergessen! Das ist des Sängers Fluch. *(L. Uhland, Sängers Fluch)*

Wer sich **verteidigt**, klagt sich an. *(Sprichwort)*

Meine **Verteidigung** ist eure Anklage, meine Rechtfertigung ist euer Verbrechen. *(Doge Marino Falieri, 1355)*

Nichts von **Verträgen**! Nichts von Übergabe! *(Schiller, Jungfrau von Orleans)*

Auf dich selbst schau, nicht allen **vertrau**! *(J. G. Herder)*

Gibt man nicht genug **Vertrauen**, so erhält man kein Vertrauen. *(Ostasiatische Weisheit)*

Vertrauen erweckt Vertrauen. *(Sprichwort)*

Vertrauen ist für alle Unternehmungen das große Betriebskapital, ohne welches kein nützliches Werk auskommen kann. Es schafft auf allen Gebieten die Bedingungen gedeihlichen Geschehens. *(A. Schweitzer)*

Vertrauen ist gut, Vorsicht ist besser. *(Überspitzt formulierte Fassung eines von Lenin häufig verwendeten russischen Sprichwortes) Auch zitiert: Vertrauen ist gut, Kontrolle ist besser.*

Wo kein **Vertrauen**, da ist auch keine Treue. *(Sprichwort)*

Zuviel und zuwenig **Vertrauen** sind Nachbarskinder. *(W. Busch)*

Allzu große **Vertraulichkeit** erzeugt Verachtung. *(Sprichwort)*

Vertraulichkeit, der Zucker reiner Herzen. *(Hofmann von Hofmannswaldau, Gedichte)*

Wer das **Vertrauen** vergiftet, oh, der mordet das werdende Geschlecht im Leib der Mutter! *(Schiller, Wallensteins Tod)*

Und wenn ihr euch nur selbst **vertraut**, vertrauen euch die andern Seelen. *(Goethe, Faust)*

Wer nicht **vertrieben** sein will, muß vertreiben. *(Schiller, Wallensteins Tod)*

Alles muß **verungeniert** werden. *(D. Kalisch, Berlin, wie es weint und lacht)*

Diejenigen Naturen, die sich beim Zusammentreffen einander schnell ergreifen und wechselseitig bestimmen, nennen wir **verwandt**. *(Goethe, Wahlverwandtschaften)*

So recht von Herzen hundsgemein, das können nur **Verwandte** sein. *(Scherzhaftes Sprichwort)*

Die zärtlichen **Verwandten**.
(Lustspiel von R. Benedix)

Den **Verwegenen** hüte dich zu warnen! Um der Warnung willen läuft er in jeden Abgrund noch. *(F. Nietzsche)*

In des Worts **verwegenster** Bedeutung.
(Schiller, Don Carlos)

Verweile doch! Du bist so schön!
(Goethe, Faust)

Sucht nur die Menschen zu **verwirren**, sie zu befriedigen ist schwer.
(Goethe, Faust)

Babylonische **Verwirrung**.
(Redensart, nach 1. Mos. 11, 9)

Verwünschtes Volk der Weiber!
(Schiller, Wilhelm Tell)

Greuel der **Verwüstung**.
(nach Dan. 9, 27 u. a.)

Verzage nicht, du Häuflein klein.
(Kirchenlied von M. Altenburg)

Verzage nicht, mein Herz! Das Ei kann Federn kriegen und aus der engen Schal' empor zum Himmel fliegen.
(F. Rückert)

Verzage nur nicht, wenn du einmal fehlest; und deine ganze Reue sei eine schönere Tat. *(Jean Paul)*

Ich bin **verzagt**, wenn Weiber vor mir zittern. *(Schiller, Don Carlos)*

Verzeihen ist die beste Rache.
(Sprichwort)

Man **verzeiht**, solange man liebt.
(F. de La Rochefoucauld)

Der Mensch ist nie so schön, als wenn er um **Verzeihung** bittet oder selbst verzeiht. *(Jean Paul)*

Niemand hat das Recht..., eine Politik des **Verzichts** zu treiben.
(P. Loebe im Deutschen Bundestag 1950)

Das einfach Schöne soll der Kenner schätzen; **Verziertes** aber spricht der Menge zu. *(Goethe)*

Jung **verzogen**, alt verbogen; jung gebogen, wohl erzogen. *(J. H. Pestalozzi)*

Arbeiten und nicht **verzweifeln**.
(Sprichwort, nach Th. Carlyle)

Ja, schelte nur und fluche fort, es wird sich Beßres nie ergeben; denn Trost ist ein absurdes Wort: Wer nicht **verzweifeln** kann, der muß nicht leben.
(Goethe, Sprichwörtlich)

Denn wo der Mensch **verzweifelt**, lebt kein Gott. *(Goethe, Epimenides)*

Verzweifl' und stirb!
(Shakespeare, Richard III.)

Es hat **Verzweiflung** oft die Schlachten schon gewonnen. *(Voltaire)*

Nur Feigen, die sich selbst verlassen, legt die **Verzweiflung** Fesseln an.
(A. Langbein)

Gefahr im **Verzuge**. *(Redensart, nach Livius)*

Ledig aller Pflicht hört der Bursch die **Vesper** schlagen, Meister muß sich immer plagen. *(Schiller, Glocke)*

Vom Harz bis Hellas immer **Vettern**!
(Goethe, Faust)

Durch ein **Vexierglas** erscheinen verzerrte Dinge dir alle: Also ein düsteres Herz sieht eine düstere Welt.
(F. Hebbel, Blick auf die Welt)

Dieweil darin ersäufet sind all sündhaft **Vieh** und Menschenkind.
(A. Kopisch, Historie von Noah)

Hast du **viel**, so gib reichlich. *(Tob. 4, 9)*

Was zu **viel** ist, ist zu viel. *(Redensart)*

Wer mit **Vielem** umgeht, treibt einen Kleinhandel, bei dem es zwar viel zu tun, aber wenig zu erwerben gibt. *(A. v. Knigge)*

Ich meine nicht **vieles**, sondern viel; ein weniges, aber mit Fleiß. *(G. E. Lessing, Emilia Galotti)*

Wer **vieles** bringt, wird manchem etwas bringen. *(Goethe, Faust)*

Ein **Vielfraß** wird nicht geboren, sondern erzogen. *(Sprichwort)*

Das Wörtchen **vielleicht** ist das wahrste Wort unserer Sprache. *(K. J. Weber, Demokritos)*

Öffne dir ein Hinterpförtchen durch »**Vielleicht**«, das nette Wörtchen. *(W. Busch, Schein und Sein)*

Sehr verständig war der Mann, der das Wort »**vielleicht**« ersann. *(W. Busch)*

Denn wohl erkenn' ich, daß des **Vielerfahrenen** Ratschlüsse stets ein segenvolles Ende krönt. *(Sophokles, König Ödipus)*

Vielseitigkeit gefällt an zierlichen Kristallen; das Licht gebrochen spielt darin mit Wohlgefallen. *(F. Rückert, Weisheit des Brahmanen)*

Vielwisserei bildet den Geist nicht. *(Heraklit)*

Ich sollt' erst **vierzehn** Jahre sein? Nein, vierzehn Jahr und sieben Wochen! *(C. F. Gellert, Das junge Mädchen)*

Wie mancher dünkt sich **virtuos** und schlägt gewaltige Triller, der bloß als leere Phrase drischt, was Goethe sprach und Schiller. *(A. v. Platen, Verhängnisvolle Gabel)*

Da steht man machtlos **vis-à-vis**. *(Redensart)*

Friert es auf Sankt **Vital**, friert es noch fünfzehnmal. *(Bauernregel)*
Vitalis: 28. April

Alte **Vögel** lassen sich schwer rupfen. *(Sprichwort)*

An den Federn erkennt man den **Vogel**. *(Sprichwort)*

Das ist ein schlechter **Vogel**, der das eigne Nest beschmutzt. *(Sprichwort)*
Wird auch in derberer Form zitiert

Der **Vogel**, scheint mir, hat Humor. *(W. Busch, Es sitzt ein Vogel auf dem Leim)*

Die **Vögel** sind all' Philosophen, ihr oberster Grundsatz gebeut: Den Leib halt' allezeit offen und alles andre gedeiht. *(V. v. Scheffel)*

Er hat den **Vogel** abgeschossen! *(Redensart)*
Seine Leistung war die beste

Friß, **Vogel**, oder stirb! *(Redensart, wahrscheinlich aus der Lutherzeit stammend)*

Jeder **Vogel** singt, wie ihm der Schnabel gewachsen ist. *(Sprichwort)*

Jeder Mensch hat seinen **Vogel**. *(Sprichwort)*
Soviel wie: ... hat seine Eigenheiten

Kommt ein **Vogel** geflogen, setzt sich nieder auf mein' Fuß. *(Volkslied)*

Alle **Vögel** sind schon da, alle Vögel, alle. *(A. H. Hoffmann von Fallersleben, Frühlings Ankunft)*

Vögel, die morgens singen, holt abends die Katze. *(Sprichwort)*

Wenn einer, der mit Mühe kaum gekrochen ist auf einen Baum, schon meint, daß er ein **Vogel** wär, so irrt sich der.
(W. Busch, Der fliegende Frosch)

Es kamen grüne **Vögelein** geflogen her vom Himmel und setzten sich im Sonnenschein in fröhlichem Gewimmel.
(F. Rückert, Von den grünen Sommervögeln)

Feldeinwärts flog ein **Vögelein**.
(L. Tieck, Herbstlied)

Der **Vogelfänger** bin ich ja.
(E. Schikaneder/W. A. Mozart, Zauberflöte)

Wenn ich ein **Vöglein** wär' und auch zwei Flügel hätt'. *(Volkslied)*

Das auserwählte **Volk**.
(Nach Psalm 105, 43 u. a.)

Das deutsche **Volk** hat auf der ganzen Linie gesiegt. *(Ph. Scheidemann am 9. 11. 18)*

Das **Volk** der Dichter und Denker.
(Nach J. K. A. Musäus, und Jean Paul)
Gemeint ist das deutsche Volk.

Dem **Volk** kann weder Wasser bei noch Feuer. *(Schiller, Wilhelm Tell)*

Das **Volk** steht auf, der Sturm bricht los.
(Th. Körner, Männer und Buben)

Dein **Volk** ist mein Volk, und dein Gott ist mein Gott. *(Ruth 1, 16)*

Ein unterrichtetes **Volk** läßt sich leicht regieren. *(Friedrich d. Gr.)*

Ein **Volk** ist tot, wenn seine Götter tot sind. *(St. George, Das neue Reich)*

Gerne tadelt ja das **Volk** die Herren.
(Aischylos, Die Schutzflehenden)

Ich glaube und bekenne: Daß ein **Volk** nichts höher zu achten hat als die Würde und Freiheit seines Daseins …
(K. v. Clausewitz, Die drei Bekenntnisse)

Kaviar für das **Volk**. *(Shakespeare, Hamlet)*

Kein **Volk** hat Gott verlassen, das sich nicht selbst verließ. *(H. v. Treitschke, Vaterländische Gedichte)*

Kein **Volk** schlägt sein Ideal an das Kreuz. *(P. de Lagarde)*

Man freut sich, daß das **Volk** sich mehrt, nach seiner Art behaglich nährt, sogar sich bildet, sich belehrt. – Und man erzieht sich nur Rebellen. *(Goethe, Faust)*

Volk in Waffen. *(F. Josephus, Geschichte des jüdischen Krieges)*

Was liegt am **Volk**, wenn Cäsar fröhlich ist? *(F. Freiligrath, Festlied Neros)*

Was rennt das **Volk**, was wälzt sich dort die langen Gassen brausend fort?
(Schiller, Kampf mit dem Drachen)

Wir sind alle **Volk**, und die Regierungen mit. *(Bismarck im Deutschen Reichstag, 1873)*

Wir sind ein **Volk** und einig woll'n wir handeln. *(Schiller, Wilhelm Tell)*

Wir wollen sein ein einzig **Volk** von Brüdern, in keiner Not uns trennen und Gefahr … Wir wollen frei sein, wie die Väter waren, eher den Tod, als in der Knechtschaft leben … Wir wollen bauen auf den höchsten Gott und uns nicht fürchten vor der Macht der Menschen.
(Schiller, Wilhelm Tell)
Meist zitiert: … e i n i g Volk …

Wo das **Volk** keine Stimme hat, steht's auch um die Könige schlecht, und wo die Könige kein Ansehen haben, steht's schlecht um das Volk. *(J. G. Seume)*

Wehe dem **Volke**, dem die Wahrheit nicht mehr heilig ist! *(G. C. Schlosser)*

Fürsten belohnen ihre Schmeichler und verachten sie; **Völker** beten die ihrigen an. *(F. v. Gentz)*

Je jünger, einfacher und frommer die **Völker**, desto mehr Tierliebe. *(Jean Paul)*

Völker Europas, wahret eure heiligsten Güter!
(Unterschrift einer auf Veranlassung Kaiser Wilhelms II. von H. Knackfuß ausgeführten Zeichnung; damit sollte vor der »Gelben Gefahr« gewarnt werden)

Was die **Völker** groß macht, sind in erster Linie nicht ihre großen Männer, es ist die Höhe der Mittelmäßigen. *(Ortega I Gasset)*

Völker, hört die Signale: Auf zum letzten Gefecht!
(E. Pottier/E. Luckhardt/Melodie: A. de Geyter, Die Internationale – 1871)

Wenn die Regierungen krank sind, müssen die **Völker** das Bett hüten. *(L. Börne)*

Wer zählt die **Völker**, nennt die Namen. *(Schiller, Kraniche des Ibykus)*

Völkerfrühling. *(Nach L. Börne)*

Das sind ja des **Völkerfrühlings** kolossale Maienkäfer, von Berserkerwut ergriffen. *(H. Heine, Atta Troll)*

Ihr kennet kein **Völkerrecht** ohne ein Volksrecht, und kein Volksrecht ohne ein Menschenrecht. *(J. H. Pestalozzi)*

Strömt herbei, ihr **Völkerscharen**! *(Lied von C. O. Sternau/J. Peters)*

Des **Volkes** Wohlfahrt ist die höchste Pflicht. *(Schiller, Maria Stuart)*

Volkes Stimme – Gottes Stimme.
(Sprichwort, nach Hesiod, Werke und Tage, und Seneca)

Ein Volk, das mit Lust und Liebe die Ewigkeit seines **Volkstums** auffaßt, kann zu allen Zeiten sein Wiedergeburtsfest und seinen Auferstehungstag feiern. *(F. L. Jahn, Deutsches Volkstum)*

Voll macht faul. *(Sprichwort)*

Es ist **vollbracht**! *(Joh. 19, 30)*

Nichts ist **vollkommen** auf der Welt. *(Sprichwort)*

Nichts wird gut und **vollkommen** sein, bevor die Menschen selbst gut und vollkommen geworden sind. *(Th. Morus)*

Vollkommen sein heißt Gott fürchten und lieben und dem Nächsten alles Gute tun. *(M. Luther)*

Ganz in **Vollkommenheit** siehst du kein Ding erglänzen! Warum? Damit dein Geist hab' etwas zu ergänzen. *(F. Rückert, Weisheit des Brahmanen)*

Vollkommenheit muß das Ziel jeden wahren Künstlers sein. *(L. van Beethoven)*

O daß dem Menschen nichts **Vollkommnes** wird, empfind' ich nun. *(Goethe, Faust)*

Hier endigt meine **Vollmacht**. *(Schiller, Wallensteins Tod)*

Empfange meinen **Vollmachtbrief** zum Glücke! *(Schiller, Resignation)*

Wie **Vollmond** glänzte sein feistes Gesicht, drei Männer umspannten den Schmerbauch ihm nicht. *(G. A. Bürger, Kaiser und Abt)*

Wir stehen am **Vorabend** großer Ereignisse. *(Napoleon I., 1813)*

Wer nicht **voran** geht, geht zurück. *(Sprichwort/M. Claudius, Ein gülden ABC)*

Voraussicht ist ja Vorsicht, oder nicht? Die Klugheit gibt nur Rat, die Tat entscheidet. *(F. Grillparzer/ Bruderzwist im Hause Habsburg)*

Ich trotze allen **Vorbedeutungen**; es waltet eine besondre Vorsehung über den Fall eines Sperlings. *(Shakespeare, Hamlet)*

Nichts von **Vorbehalt**! *(Schiller, Piccolomini)*

Vorbei! ein dummes Wort. Warum vorbei? *(Goethe, Faust)*

Vorbeugen ist besser als Heilen. *(Sprichwort)*

Vorbilder werden geachtet, aber nicht geliebt. *(J. Flanagan)*

Im **Vorgefühl** von solchem hohen Glück genieß' ich jetzt den höchsten Augenblick. *(Goethe, Faust)*

Vorgenossen, nachempfunden waren sonst des Jahres Stunden, und die Gegenwart so leer, trübe Luft auf ödem Meer. *(A. v. Arnim, An Bettina)*

Vorgetan und nachbedacht hat manchen in groß Leid gebracht. *(Sprichwort)*

Den nenn' ich **vornehm**, der sich streng bescheiden die eigne Ehre gibt und wenig fragt, ob ihn die Nachbarn lästern oder neiden. *(P. Heyse, Salamander)*

Vornehm geht die Welt zugrunde. *(Redensart)*

Vornehmheit und Herzensgüte sind nicht alles, aber sie sind viel. *(Th. Fontane)*

Die Natürlichkeit ist nicht nur das Beste, sondern auch das **Vornehmste**. *(Th. Fontane)*

Der größte Feind des Rechts ist das **Vorrecht**. *(M. v. Ebner-Eschenbach, Aphorismen)*

Eine gute **Vorrede** muß zugleich die Wurzel und das Quadrat ihres Buchs sein. *(F. v. Schlegel, Kritische Fragmente)*

Aus **Vorsatz** hast du nie, aus Leichtsinn stets gefehlt. *(Goethe, Laune des Verliebten)*

Das beste Mittel bei verfehltem **Vorsatz** ist: ihn verfehlen. *(Shakespeare, König Johann)*

Ein **Vorsatz**, mitgeteilt, ist nicht mehr dein. *(Goethe, Natürlich Tochter)*

Der Weg zur Hölle ist mit guten **Vorsätzen** gepflastert. *(Sprichwort, nach S. Johnson)*

Beispiel nützt zehnmal mehr als **Vorschrift** *(J. Fox)*

Vorschußlorbeeren. *(Nach H. Heine, Plateniden)*

Den Zufall gibt die **Vorsehung**, zum Zwecke muß ihn der Mensch gestalten. *(Schiller, Don Carlos)*

Die **Vorsehung** hat tausend Mittel, die Gefallenen zu erheben und die Niedergebeugten aufzurichten. *(Goethe, Wilhelm Meister)*

Indem die **Vorsehung** die Schicksale der Menschen bestimmt, ist auch das innere Wesen der Menschen dabei in Einklang gebracht. *(W. v. Humboldt)*

Verehre die Wege der **Vorsehung** auch da, wo sie deinen blöden Augen ungerecht erscheinen. *(J. G. Herder)*

Das bessere Teil der Tapferkeit ist **Vorsicht**. *(Shakespeare, Heinrich IV.)*

Die **Vorsicht** geht zu sacht, die Zuversicht zu leck; Vorsicht, mit Zuversicht vereint, gelangt zum Zweck.
(F. Rückert)

Die **Vorsicht** ist einfach, die Hinterdreinsicht vielfach. *(Goethe)*

Feigherzige **Vorsicht**, fahre hin!
(Schiller, Wilhelm Tell)

Man kann **Vorsicht** Mut, man kann Mut Leichtfertigkeit nennen. *(Bismarck)*

Vorsicht ist besser als Nachsicht.
(Sprichwort)

Vorsicht ist die Mutter der Porzellankiste. *(Scherzhaftes Sprichwort)*

Vorsicht ist die Mutter der Weisheit.
(Sprichwort)

Vorsicht ist ein besserer Soldat als Übereilung. *(Shakespeare, Heinrich IV.)*

Vorsicht und Mißtrauen sind gute Dinge, nur sind auch ihnen gegenüber Vorsicht und Mißtrauen nötig.
(Ch. Morgenstern)

Besser ist furchtsame **Vorsichtigkeit** denn dummkühne Vermessenheit.
(G. Rollenhagen, Froschmeuseler)

Vorsorge verhütet Nachsorge.
(Sprichwort)

Wohn' ich denn nur in der **Vorstadt** eurer Zuneigung?
(Shakespeare, Julius Caesar)

Kein **Vorteil** ohne Nachteil.
(Sprichwort)

Nicht größern **Vorteil** wüßt' ich zu nennen, als des Feindes Verdienst erkennen.
(Goethe, Sprüche)

Schlecht weht der Wind, der keinem **Vorteil** bringt. *(Shakespeare, Heinrich VI.)*

Ein Schaden ist gut, der zwei **Vorteile** gewinnt. *(W. v. d. Vogelweide)*

Allein der **Vortrag** macht des Redners Glück. *(Goethe, Faust)*

Das begründeteste **Vorteil** wiegt auf der Waage der Gerechtigkeit soviel als nichts. *(G. E. E. Lessing, Emilia Galotti)*

Daß irgendein Mensch auf Erden ohne **Vorurteil** sein könne, ist das größte Vorurteil. *(A. v. Kotzebue)*

Die Sitte folgt dem Urteil nicht, sie folgt dem **Vorurteil**. *(K. Gutzkow)*

Man gibt leichter sein **Vorurteil** auf als seinen Geschmack.
(F. de La Rochefoucauld)

Vorurteil! Das Wort ist nicht übel, wollte nur das Urteil nachkommen.
(P. Hille, Aphorismen)

Vorurteile sind immer Zeichen von Schwäche. *(Sprichwort)*

Vorurteile und eine unglückliche Liebe sind zwei Stücke, deren eins schon hinreicht, einen Mann zu etwas ganz anderem zu machen, als er ist.
(G. E. Lessing, Freigeist)

Marschall **Vorwärts**.
Bezeichnung für den preußischen Feldmarschall G. L. von Blücher

Was deines Amtes nicht ist, da laß deinen **Vorwitz**! *(Jes. Sir. 3, 24)*

Gegen große **Vorzüge** eines anderen gibt es kein Rettungsmittel als die Liebe.
(Goethe)

Vox populi – vox Rindvieh.
(Konservativer Abgeordneter und Politiker E. von Oldenburg-Januschau)

Vulkan – Vulkanen

Wir tanzen auf einem **Vulkan**.

(N. A. Salvandy, französischer Gesandter in Neapel, 1830)

Und wie wir eben Menschen sind, wir schlafen sämtlich auf **Vulkanen**.

(Goethe, Zahme Xenien)

W

Wein und Weib und Würfel ist ein dreifach **W**. *(H. Hoffmann v. Fallersleben, Das Weh)*

Jemandem die **Waage** halten. *(Redensart)*

Sein Schwert in die **Waagschale** werfen. *(Gallierkönig Brennus, nach Livius)*

Wabernde Lohe. *(Nach R. Wagner, Walküre)*

Wach auf, mein Herz, und singe! *(Lied von P. Gerhardt)*

Allen aus dem Wege gehn, die schlecht schlafen und nachts **wachen**. *(F. Nietzsche)*

Wachet und betet, daß ihr nicht in Anfechtung fallet! *(Matth. 26, 41; Mark. 14, 38)*

Zweifel muß nichts weiter sein als **Wachsamkeit**, sonst kann er gefährlich werden. *(G. Ch. Lichtenberg)*

Es ist dafür gesorgt, daß die Bäume nicht in den Himmel **wachsen**. *(Sprichwort)*

Wo was **wächst**, gleich ist wer da, der's frißt. *(W. Busch)*

Fest steht und treu die **Wacht** am Rhein. *(M. Schneckenburger/ K. Wilhelm, Wacht am Rhein)*

Steuermann, lass die **Wacht**! *(R. Wagner, Der Fliegende Holländer)*

's ist auch wohl fein, ein **wackrer** Mann zu seiner Zeit zu sein. *(Goethe, Faust)*

Auf den Opfern und den **Waffen** ruht der Staat. *(Konfuzianischer Spruch)*

Die **Waffen** nieder! *(Titel eines Romans von B. v. Suttner)*

Die **Waffen** ruhn, des Krieges Stürme schweigen. *(Schiller, Jungfrau von Orleans)*

Durch fremde **Waffen** gründet sich kein Thron. *(Schiller, Demetrius)*

Konventionelle **Waffen**. *Herkömmliche Waffen (im Gegensatz zu Kernwaffen), nach dem 2. Weltkrieg aufgekommene Bezeichnung*

Lügen sind nur die **Waffen** der Hölle. *(Schiller, Fiesto)*

Nicht, wer zuerst die **Waffen** ergreift, ist Anstifter des Unheils, sondern wer dazu nötigt. *(N. Macchiavelli)*

O **Waffen**, Waffen her! Der letzte Tag bricht an. *(Schiller, Zerstörung von Troja)*

Sie bieten einer Welt in **Waffen** Trotz. *(Shakespeare, Heinrich IV.)*

Volk in **Waffen**. *(F. Josephus, Geschichte des jüdischen Krieges)*

Waffen sind die schlechtesten Argumente. *(Schwedisches Sprichwort)*

Wir wollen die **Waffen** auf dem Fechtboden niederlegen, aber weggeben wollen wir sie nicht. *(Bismarck, 1880)*

Und bist du kühn, und hältst du Stich, so **wage** Haus und Hof und – dich! *(Goethe, Faust)*

Ein **Wagehals** bricht leicht den Hals. *(Sprichwort)*

Ein volles Herz kann die Worte nicht **wägen**. *(G. E. Lessing, Minna von Barnhelm)*

Erst **wägen**, dann wagen. *(Sprichwort)*

Wer nichts **waget**, der darf nichts hoffen. *(Schiller, Wallensteins Lager)*

Erst **wäg's**, dann wag's! *(Wahlspruch H. v. Moltkes)*

Und viel vermag, wer überraschend **wagt**. *(E. Geibel, Sophonisbe)*

Wer nicht **wagt**, der nicht gewinnt. *(Sprichwort)*

Wer niemals **wagt**, vollbringt kein Meisterstück. *(E. Raupach, Hohenstaufen)*

Wer **wagt**, gewinnt. *(Sprichwort)*

Ach, es war nicht meine **Wahl**! *(Schiller, Jungfrau von Orleans)*

Die **Wahl** ist schwerer als das Übel selbst, die zwischen zweien Übeln schwankend lebt. *(Goethe, Natürliche Tochter)*

Ohne **Wahl** verteilt die Gaben, ohne Billigkeit das Glück. *(Schiller, Siegesfest)*

Fahret wohl, ihr feigen Lügen! Ihr wart niemals meine **Wahl**.l *(F. Grillparzer, Ahnfrau)*

Wer die **Wahl** hat, hat die Qual. *(Sprichwort)*

Die **Wahlsprüche** deuten auf das, was man nicht hat, wonach man strebt. *(Goethe, Maximen und Reflexionen)*

Wahlverwandtschaften. *(Titel eines Romans von Goethe)*

Der **Wahn** ist kurz, die Reu' ist lang. *(Schiller, Glocke)*

Die Treue, sie ist doch kein leerer **Wahn**. *(Schiller, Bürgschaft)*

Die Welt wird nur mit lauterem **Wahn** regiert. *(M. Luther)*

Einen **Wahn** verlieren macht weiser als eine Wahrheit finden. *(L. Börne)*

Ein **Wahn**, der mich beglückt, ist eine Wahrheit wert, die mich zu Boden drückt. *(Ch. M. Wieland, Idris und Zenide)*

Oh, der Magnet des **Wahns** zieht mächtig! *(K. Gutzkow, Uriel Acosta)*

Des Dichters Aug', in schönem **Wahnsinn** rollend. *(Shakespeare, Sommernachtstraum)*

Stiller **Wahnsinn**. *(Nach E. Mörike)*

Wahnsinn bei Großen darf nicht ohne Wache gehn. *(Shakespeare, Hamlet)*

Wie lieblich um meinen entfesselten Busen der holde **Wahnsinn** spielt! *(Ch. M. Wieland, Oberon)*

Wo ist der **Wahnsinn**, mit dem ihr geimpft werden müßtet? *(F. Nietzsche, Zarathustra)*

Ist's nicht **wahr**, so ist's doch gut erfunden. *(G. Bruno, Gli eroici furori)*

So **wahr** Gott lebt! *(Hiob 27, 2)*

Traurig, aber **wahr**. *(Redensart)*

Wahr ist's, 's ist schade, und schade, daß es wahr ist. *(Shakespeare, Hamlet)*

Wer gegen sich selbst und andere **wahr** bleibt, besitzt die schönste Eigenschaft der größten Talente. *(Goethe)*

Das **Wahre** ist eine Fackel. *(Goethe)*

Was kein Ohr vernahm, was die Augen nicht sahn, es ist dennoch, das Schöne, das **Wahre**! *(Schiller)*

Wahres und Gutes wird sich versöhnen, wenn sich beide vermählen im Schönen. *(F. Rückert)*

Es kann sein, daß nicht alles wahr ist, was ein Mensch dafür hält; aber in allem, was er sagt, muß er **wahrhaft** sein. *(I. Kant)*

Wahrhaft gegen Freund und Feind. *(Schiller, An die Freude)*

Wahrhaft groß sein heißt, nicht ohne großen Gegenstand sich regen. *(Shakespeare, Hamlet)*

Wahrhaftiger Mund besteht ewiglich, aber die falsche Zunge besteht nicht lange. *(Spr. Salom. 12, 19)*

Wahrhaftigkeit ist weniger ein Zweig als eine Blüte der sittlichen Mann-Stärke. *(Jean Paul, Levana)*

Wahrhaftigkeit und Politik wohnen selten unter einem Dach. *(S. Zweig, Marie Antoinette)*

Aus der **Wahrheit** Feuerspiegel lächelt sie den Forscher an. *(Schiller, An die Freude)*

Das eben ist das Unglück der Könige, daß sie die **Wahrheit** nicht hören wollen. *(J. Jacoby, 1848)*

Das Los der Menschen scheint zu sein nicht **Wahrheit**, sondern Ringen nach Wahrheit; nicht Freiheit und Gerechtigkeit, sondern Ringen danach. *(J. G. Seume)*

Wer kein Herz für die **Wahrheit** hat, dessen Kopf nimmt früher oder später der Teufel. *(J. H. Pestalozzi)*

Der Mut der **Wahrheit** ist die erste Bedingung des philosophischen Studiums. *(F. Hegel)*

Der Wein ist stark, der König stärker, die Weiber noch stärker, aber die **Wahrheit** am allerstärksten. *(M. Luther, Tischreden)*

Die halbe **Wahrheit** ist die gefährlichste Lüge. *(Jüdisches Sprichwort)*

Die nackte **Wahrheit**. *(Redensart, nach Horaz, Oden)*

Die **Wahrheit**, die die römische Kirche diktiert, ist unwandelbar! *(Papst Pius X., 1911)*

Die **Wahrheit** finden wollen ist Verdienst, wenn man auch auf dem Wege irrt. *(G. Ch. Lichtenberg)*

Die **Wahrheit** ist eine Arznei, die angreift. *(J. H. Pestalozzi)*

Die **Wahrheit** ist nie trostlos. *(L. v. Ranke)*

Die **Wahrheit** ist oft zu einfach, um Glauben zu finden. *(F. Lewald, Deutsche Lebensbilder)*

Die **Wahrheit** ist vorhanden für den Weisen, die Schönheit für ein fühlend Herz. *(Schiller, Don Carlos)*

Die **Wahrheit** liegt in der Mitte. *(Sprichwort)*

Die **Wahrheit** richtet sich nicht nach uns, lieber Sohn, sondern wir müssen uns nach ihr richten. *(M. Claudius)*

Die **Wahrheit** soll man sagen und dabei nicht viele Worte machen. *(K. J. Weber, Demokritos)*

Die **Wahrheit** wird alt, aber sie stirbt nicht. *(Sprichwort)*

Die zur **Wahrheit** wandern, wandern allein. *(Ch. Morgenstern)*

Durch Vernunft, nicht aber durch Gewalt soll man die Menschen zur **Wahrheit** führen. *(D. Diderot)*

Einer neuen **Wahrheit** ist nichts schädlicher als ein alter Irrtum. *(Goethe, Wilhelm Meister)*

Es gehört dazu ein trefflicher Mann, der ein Löwenherz habe, unerschrocken die **Wahrheit** zu schreiben. *(M. Luther)*

Es gibt keine Kraft ohne **Wahrheit**. *(E. v. Feuchtersleben)*

Es hat mir so wollen behagen, mit Lachen die **Wahrheit** zu sagen. *(H. J. Chr. v. Grimmelshausen, Simplizissimus)*

Ewig aus der **Wahrheit** Schranken schweift des Mannes wilde Kraft; unstet treiben die Gedanken auf dem Meer der Leidenschaft. *(Schiller, Würde der Frauen)*

Fälle gibt es, wo der Schein so sehr der **Wahrheit** gleicht, daß auch der Mutigste den Mut verliert, zu zweifeln. *(E. Raupach)*

Ich hätte bald vergessen, daß **Wahrheit** schweigen muß. *(Shakespeare, Antonius und Kleopatra)*

Ich nahm die **Wahrheit** mal aufs Korn und auch die Lügenfinten. Die Lüge machte sich gut von vorn, die Wahrheit mehr von hinten. *(W. Busch, Spricker)*

Ihr werdet die **Wahrheit** erkennen, und die Wahrheit wird euch frei machen. *(Joh. 8, 32)*

In der **Wahrheit** findet man das Schöne. *(Schiller, An Goethe)*

Kinder und Narren sagen die **Wahrheit**. *(Sprichwort)*

Lüge vergeht, **Wahrheit** besteht. *(Sprichwort)*

Man glaubt die **Wahrheit** nicht, wenn sie ein Armer spricht, und selbst die Lüge glaubt man einem reichen Wicht. *(F. Rückert)*

Man kann die **Wahrheit** drücken, aber nicht erdrücken. *(Sprichwort)*

Man will **Wahrheit**, man will Wirklichkeit und verdirbt dadurch die Poesie. *(J. P. Eckermann, Gespräche mit Goethe)*

Niemand hat die **Wahrheit**. Wir alle suchen sie. *(K. Jaspers)*

O wieviel neue Feinde der **Wahrheit**! Mir blutet die Seele, seh' ich das Eulengeschlecht, das zu dem Lichte sich drängt. *(Schiller, Falscher Studiertrieb)*

Ohne **Wahrheit** gibt es keine Anmut. *(E. v. Feuchtersleben)*

Schwer ist es, aus dem Geschrei erhitzter Parteien die Stimme der **Wahrheit** zu unterscheiden. *(Schiller)*

Tyrannen und Könige werden Staub, Pyramiden und Kolosse zerbröckeln, Erdbeben und Vulkane, Feuer und Schwert tun ihr Amt, das Größte verschwindet; nur eine Unsterbliche lebt ewig, die **Wahrheit**. *(E. M. Arndt)*

Um einer **Wahrheit** Dasein wird selten gestritten; gekämpft wird nur um die Grenzen einer Wahrheit. *(L. Börne)*

Unsere Feinde kommen in ihrem Urteil über uns der **Wahrheit** näher als wir selber. *(F. de La Rochefoucauld)*

Wahrheit, die du zu weit verfolgen willst und jagen, ist, eh' du dich versiehst, in Irrtum umgeschlagen. *(F. Rückert)*

Wahrheit ist ein Tuch zum Kleiden, zwar das allerbeste, aber nicht auf alle Tage, nur auf hohe Feste. *(F. v. Logau)*

Wahrheit ist eine Frucht, die nur reif gepflückt werden darf. *(Voltaire)*

Wahrheit ist eine widerliche Arznei; man bleibt lieber krank, ehe man sich entschließt, sie einzunehmen.
(A. v. Kotzebue, Lohn der Wahrheit)

Wahrheit ist, was die Nachbarn, nicht was die Mutter sagt.
(Indisches Sprichwort)

Wahrheit kann man nicht vertragen.
(G. Rollenhagen)

Wahrheit kommt mit wenig Worten aus.
(Russisches Sprichwort)

Was ist **Wahrheit**? *(Joh. 18, 38)*

Weh dem, der zu der **Wahrheit** geht durch Schuld! Sie wird ihm nimmermehr erfreulich sein. *(Schiller, Das verschleierte Bild zu Sais)*

Wehe dem Volke, dem die **Wahrheit** nicht mehr heilig ist! *(F. C. Schlosser)*

Wer die **Wahrheit** kennt und spricht sie nicht, der bleibt fürwahr ein erbärmlicher Wicht. *(A. Binzer, Stoßt an!)*

Wer die **Wahrheit** redet, findet keine Herberge. *(Sprichwort)*

Wer einmal lügt, dem glaubt man nicht, und wenn er auch die **Wahrheit** spricht.
(Sprichwort)

Wir gelangen nur selten anders als durch Extreme zur **Wahrheit**. *(Schiller)*

Wohl gibt es Fürsten, die nach **Wahrheit** dürsten; doch wenigen ward ein so gesunder Magen, sie zu vertragen.
(F. v. Bodenstedt)

Zweierlei Arten gibt es, die treffende **Wahrheit** zu sagen: Öffentlich immer dem Volk, immer dem Fürsten geheim.
(Goethe, Vier Jahreszeiten)

Zwischen uns sei **Wahrheit**!
(Goethe, Iphigenie)

Die einfachsten **Wahrheiten** sind es gerade, auf die der Mensch immer erst am spätesten kommt. *(L. Feuerbach)*

Die Utopien sind oft nur vorzeitige **Wahrheiten** *(A. de Lamartine)*

Manche **Wahrheiten** sollen nicht gesagt werden, manche brauchen nicht, manche müssen es. *(W. Busch)*

Wahrheiten verwandeln sich in Dogmen, sobald sie diskutiert werden.
(G. K. Chesterton)

Das Erste und Letzte, was vom Genie gefordert wird, ist **Wahrheitsliebe**.
(Goethe, Maximen und Reflexionen)

Sprich doch nicht von deiner **Wahrheitsliebe**, wenn du nur rücksichtslos warst.
(K. Gutzkow)

Was lange **währt**, wird endlich gut.
(Sprichwort)

Warum weinst du, junge **Waise**? »Gott! Ich wünschte mir das Grab; denn mein Vormund, leise, leise, bringt mich an den Bettelstab.« *(Goethe, Rechenschaft)*

Waisenvater. *(Nach Psalm 68, 6)*

Den **Wald** vor lauter Bäumen nicht sehen. *(Redensart, nach Ch. M. Wieland, Musarion)*

Der **Wald** hat Ohren, das Feld Augen. *(Sprichwort)*

Im **Wald** und auf der Heide, da such' ich meine Freude, ich bin ein Jägersmann. *(W. Bornemann, Jägerlied)*

Wer hat dich, du schöner **Wald**, aufgebaut so hoch da droben? *(J. v. Eichendorff, Jägers Abschied)*

Wie man in den **Wald** hineinruft, so schallt es heraus. *(Sprichwort)*

Ich ging im **Walde** so für mich hin; und nichts zu suchen, das war mein Sinn. *(Goethe, Gefunden)*

Ich kam vom **Walde** hernieder, da stand noch das alte Haus, mein Liebchen, sie schaute wieder wie sonst zum Fenster hinaus. *(J. v. Eichendorff, Der letzte Gruß)*

Von drauß' vom **Walde** komm ich her. *(Weihnachtsgedicht von Th. Storm)*

Durch die **Wälder**, durch die Auen. *(F. Kind/C. M. v. Weber, Freischütz)*

Nun ruhen alle **Wälder**, Vieh, Menschen, Städt' und Felder, es schläft die ganze Welt. *(P. Gerhardt, Abendlied)*

In des **Waldes** finstern Gründen. *(C. A. Vulpius, Rinaldo)*

Waldesruhe, Waldeslust, bunte Märchenträume, oh, wie labt ihr meine Brust, lockt ihr meine Reime! *(F. Freiligrath, Im Walde)*

Uns geht beim **Waldhornruf** der Sage das Herz in süßem Schauder auf. *(E. Geibel, Ludwig Uhland)*

O Einsamkeit, wie trink' ich gerne aus deiner frischen **Waldzisterne**. *(N. Lenau, O Einsamkeit)*

Im Schwarzen **Walfisch** zu Askalon. *(V. v. Scheffel, Altassyrisch)*

Typ **Walfisch**: dick, dumm, faul und gefräßig – und immer im Tran. *(Scherzhafte Redensart)*

Walkürenritt. *(Nach R. Wagner, Walküre)*

Und es **wallet** und siedet und brauset und zischt. *(Schiller, Raucher)*

Auf der **Walze** sein. *(Redensart)*
Auf Wanderschaft

Die **Wand** hat Ohren, Mauern sind Verräter. *(Schüler, Turandot)*

Du **Wand**, o Wand, o süß und liebenswerte Wand! Deine Spalte halte her, daß ich dadurch mag sehen. *(Shakespeare, Sommernachtstraum)*

Und dann schleich ich still und leise, immer an der **Wand** lang… *(Aus einem Berliner Lied von H. Frey/W. Kollo)*

Wände haben Ohren, Fenster Augen. *(Sprichwort)*

Wandel und Wechsel liebt, wer lebt. *(R. Wagner, Rheingold)*

Ein **Wanderbursch** mit dem Stab in der Hand kommt wieder heim aus dem fremden Land. *(J. N. Vogl, Erkennen)*

Der **Wanderer** zwischen beiden Welten. *(Titel eines Buches von W. Flex)*

Die deutsche **Wanderlust** geht zuletzt aus dem abenteuerlichen Sehnen nach einem idealen Land hervor. *(G. Freytag)*

Wer recht in Freuden **wandern** will, der geh' der Sonn' entgegen.
(E. Geibel, Morgenwanderung)

Und wir müssen **wandern**, keiner weiß vom andern.
(A. H. Hoffmann v. Fallersleben, Niemals wieder)

Wer hat euch **Wandervögeln** die Wissenschaft geschenkt, daß ihr auf Land und Meeren die Flügel sicher lenkt, daß ihr die stolze Palme im Süden nicht verfehlt, daß ihr die alte Linde im Norden wieder wählt?
(Grabsteininschrift auf dem Friedhof der Annenkirche in Berlin-Dahlem, die der Wandervogel-Bewegung ihren Namen gab)

Willst du besser sein als wir, lieber Freund, so **wandre**!
(Goethe, Perfektibilität)

Am meisten lieb' ich mir die vollen, frischen **Wangen**. *(Goethe, Faust)*

Mit züchtigen, verschämten **Wangen** sieht er die Jungfrau vor sich stehn.
(Schiller, Glocke)

Wanke weder zur Rechten noch zur Linken. *(Spr. Salom. 4, 27)*

Weder **wanken** noch weichen.
(Redensart)

Wann? wie? und wo?, das ist die leidige Frage. *(Goethe, Faust)*

Ein fetter **Wanst**. *(Redensart, nach Hiob 15, 27)*

Er brüstet sich wie ein fetter **Wanst**.
(Hiob 15, 27)

Es **war** einmal …
(Anfang vieler Märchen)

Dann sollt Ihr mir sagen, ein treuer **Wardein**, wieviel ich wohl wert bis zum Heller mag sein. *(G. A. Bürger, Kaiser und Abt)*

Angebotene **Ware** gilt nichts.
(Sprichwort)

Gute **Ware** lobt sich selber.
(Sprichwort)

Jeder Krämer lobt seine **Ware**.
(Sprichwort)

Sich jemanden **warm** halten.
(Sprichwort)
Auf gute Beziehungen bedacht sein

Gut immer ist redliche **Warnung** des Freundes. *(Homer, Ilias)*

Warte, warte nur ein Weilchen, bald kommt auch das Glück zu dir …
(Schlager von W. Kollo)

Das **Warten** soll mich nicht verdrießen.
(K. Pfeffel, Der Knabe und sein Vater)

Der Dinge **warten**, die da kommen sollen. *(Redensart, nach Luk. 21, 16)*
Meist zitiert: … harren …

Warten auf Godot.
(Deutscher Titel eines Schauspiels von S. Beckett)

Warten, bis Ostern und Pfingsten auf einen Tag fallen. *(Redensart)*
Bis zum »St. Nimmerleinstag« warten.

Wer **warten** kann, hat viel getan.
(Sprichwort)

Das Leben – das **Wartezimmer** zum Jenseits.
(H. Oswald, Sprechendes Leuchten)

Jedes **Warum** hat sein Darum.
(Sprichwort)

Das Fleckchen an der Wang ist eine Zier, das schwarze; doch wenn zu groß es wird, so ist es eine **Warze**. *(F. Rückert, Weisheit des Brahmanen)*

Das **Was** bedenke, mehr bedenke Wie. *(Goethe, Faust)*

Man fragt ums **Was** und nicht ums Wie. *(Goethe, Faust)*

Dumm aus der **Wäsche** gucken. *(Redensart)*
Ein dummes Gesicht machen

Ich finde mein Vergnügen nicht darin, wie schmutzige **Wäsche** des Königs zu waschen und mit meiner Stärke auf Hochglanz zu plätten. *(Voltaire)*

Seine Hände in Unschuld **waschen**. *(Redensart, nach Matth. 27, 24 u. a.)*

Eine Hand **wäscht** die andere. *(Sprichwort, nach Epicharmus)*

Es **wäscht** die eine Hand die andre, wie man spricht, und beide waschen dann zusammen das Gesicht. *(F. Rückert, Weisheit des Brahmanen)*

Wie oft **wäscht** nicht eine Hand die andere, und beide bleiben schmutzig. *(J. Unger, Bunte Betrachtungen …)*

Alle **Wasser** laufen ins Meer. *(Pred. Salom. 1, 7)*

Blut ist dicker als **Wasser**. *(Sprichwort)*

Das Beste ist das **Wasser**. *(Pindar, Olympische Siegeslieder)*

Das ist **Wasser** auf meine Mühle. *(Redensart)*
Das kommt mir sehr gelegen

Das **Wasser** rauscht', das Wasser schwoll. *(Goethe, Der Fischer)*

Der ist nicht wert des Weines, der ihn wie **Wasser** trinkt. *(F. v. Bodenstedt, Mirza Schaffy)*

Einem nicht das **Wasser** reichen können. *(Redensart)*
Tief unter ihm stehen

Erst wenn der Brunnen trocken ist, schätzt man das **Wasser**. *(Sprichwort)*

Es wird überall nur mit **Wasser** gekocht. *(Sprichwort)*

Ihm steckt das **Wasser** bis zum Halse. *(Redensart)*
Er steckt in großen Nöten

Lebendiges **Wasser**. *(Joh. 4, 10 u. a.)*

Sich über **Wasser** halten. *(Redensart)*

Sie konnten zusammen nicht kommen, das **Wasser** war viel zu tief. *(Westfäl. Volkslied: Die Königskinder)*

Steck deine Ungeduld in die Scheide, gieß kaltes **Wasser** auf deinen Zorn. *(Shakespeare, Die lustigen Weiber von Windsor)*

Stille **Wasser** sind tief. *(Sprichwort)*

Trinkt **Wasser** wie das liebe Vieh, und denkt, es sei Krambambuli! *(Scherzhaftes Sprichwort)*

Unsere Zukunft liegt auf dem **Wasser**. *(Nach Kaiser Wilhelm II., 1898)*

Von reinstem **Wasser**. *(Redensart)*
Von ungetrübtem Glanz

Wasser hat keine Balken. *(Sprichwort)*

Wasser in ein Sieb schöpfen. *(Redensart)*

Wasser löscht auch den Durst. *(Sprichwort)*

Wasser tut's freilich nicht.
(M. Luther, Erklärung des Katechismus)

Niemals fehlten solche **Wasserfarben** dem Aufruhr, seine Sache zu bemalen.
(Shakespeare, Heinrich IV.)

Wasserkrug macht alt und klug.
(Sprichwort)

Kein **Wässerlein** (oder Wässerchen) trüben können. *(Redensart, nach Phaedrus, Fabeln)*

In großen **Wassern** fängt man große Fische. *(Sprichwort)*

Mit allen **Wassern** gewaschen sein.
(Redensart)
Durchtrieben sein

Die stille **Wasserrose** steigt aus dem blauen See. *(E. Geibel, Lieder als Intermezzo)*

Alle bösen Menschen sind **Wassertrinker**. *(Le Comte de Segur, Chanson)*

Die meisten Menschen verdunsten einem wie ein **Wassertropfen** in der flachen Hand. *(Ch. Morgenstern)*

Es gibt keine Seele, die nicht ihr **Wattenmeer** hätte, in dem zu Zeiten der Ebbe jedermann spazierengehen kann.
(Ch. Morgenstern)

So schaff' ich am sausenden **Webstuhl** der Zeit. *(Goethe, Faust)*

Der **Wechsel** allein ist das Beständige.
(A. Schopenhauer, Parerga und Paralipomena)
Oft zitiert: Der Wechsel allein ist beständig

Der **Wechsel** sehr gefährlich ist.
(G. Rollenhagen, Froschmeuseler)

Ein jeder **Wechsel** schreckt den Glücklichen. *(Schiller, Braut von Messina)*

Nichts ist dauernd als der **Wechsel**, nichts beständig als der Tod.
(L. Börne, Denkrede auf Jean Paul)

Und ob alles in ewigem **Wechsel** kreist, es beharret im Wechsel ein ruhiger Geist. *(Schiller, Worte des Glaubens)*

Alles **wechselt**, doch nichts geht unter.
(Ovid, Metamorphosen)

Unsere Zeit ist ein großer **Wecker**.
(J. G. Herder)

Dein **Weg** ist krumm, er ist der meine nicht. *(Schiller, Wallensteins Tod)*

Den **Weg** allen Fleisches gehen.
(Redensart, nach 1. Mos. 6, 12 u. 13)
Soviel wie: sterben

Der gerade **Weg** ist der kürzeste, aber es dauert meist am längsten, bis man auf ihm zum Ziele gelangt.
(G. Ch. Lichtenberg)

Der nächste **Weg** zu Gott ist durch der Liebe Tür.
(Angelus Silesius, Cherubinischer Wandersmann)

Der **Weg** der Tugend ist keinem verschlossen. *(Sprichwort)*

Der **Weg** zur Hölle ist mit guten Vorsätzen gepflastert. *(Sprichwort, nach S. Johnson)*

Dich führt kein **Weg**.
(Ch. Morgenstern, Melancholie)

Einen **Weg** gehen, den man nicht wiederkommt. *(Nach Hiob 16, 22)*

Es führt kein **Weg** zurück.
(Redensart, nach dem Roman von Th. Wolfe)

Es ist so schwer, den falschen **Weg** zu meiden. *(Goethe, Faust)*

Geradeaus ist der nächste **Weg**.
(Sprichwort)

Jeder **Weg** zum rechten Zwecke ist auch recht in jeder Strecke.
(Goethe, Sprüche)

Kein **Weg** ist lang mit einem guten Freund als Begleiter. *(Sprichwort)*

Kein **Weg** ist zu weit, wenn die Liebe treibt. *(Sprichwort)*

Weg mit den Grillen und Sorgen!
(S. A. Mahlmann, Lebenslust)

Alle **Wege** führen nach Rom.
(Sprichwort)

Es führen viele **Wege** in die Hölle, aber keiner heraus. *(Sprichwort)*

Krumme **Wege**. *(Richter 5, 6)*

Wer auf halbem **Wege** umkehrt, irrt nur um die Hälfte. *(Sprichwort)*

Wer uns vor nutzlosen **Wegen** warnt, leistet uns einen ebenso guten Dienst wie derjenige, der uns den rechten Weg anzeigt. *(H. Heine)*

Zur **Weggenossenschaft** gehören beide Gaben, nicht bloß ein gleiches Ziel, auch gleichen Schritt zu haben. *(F. Rückert)*

Half ihm doch kein **Weh** und Ach …
(Goethe, Heideröslein)

Hinter dem U kommt gleich das **Weh**, das ist die Ordnung im Abc.
(Schiller, Wallensteins Lager)

Von einer aber tut mir's **weh**.
(L. Uhland, Abreise)

Weh dem, der lügt!
(Lustspiel von F. Grillparzer)

Weh dir, daß du ein Enkel bist!
(Goethe, Faust)

Weh mir! Ich habe die Natur verändert, wie kommt der Argwohn in die freie Seele? *(Schiller, Wallensteins Tod)*

Wehe den Besiegten!
(Gallierkönig Brennus, nach Livius)

Aber **wehe**, wehe, wehe, wenn ich auf das Ende sehe! *(W. Busch, Max und Moritz)*

Wehe der Nachkommenschaft, die dich verkennt! *(Goethe, Götz von Berlichingen)*

Wehe, weh mir. Welche Töne!
(Schiller, Jungfrau von Orleans)

Die Welt liegt in **Wehen**; wer will sagen, was geboren wird? *(Th. Fontane, Causerien über Theater)*

Jedwede Zeit hat ihre **Wehen**.
(F. Freiligrath)

Was bringt zu Ehren? Sich **wehren**.
(Goethe, Westöstlicher Diwan)

Beim wunderbaren Gott – das **Weib** ist schön! *(Schiller, Don Carlos)*

Bewundern ist und lieben eins beim **Weib**. *(K. Gutzkow)*

Böses **Weib** soll man dem Teufel zum Geburtstag schenken. *(W. Busch)*

Das ist ein **Weib** wie auserlesen zum Kuppler- und Zigeunerwesen.
(Goethe, Faust)

Das **Weib** allein kennt wahre Liebestreue. *(Schiller)*

Das **Weib** ist am schwächsten, wenn es liebt, und am stärksten, wenn es geliebt wird. *(C. Oesterheld)*

Das **Weib** ist Sonntag, der Mann Alltag.
(P. Hille)

Das **Weib** kann aus dem Haus mehr in der Schürze tragen, als je einfahren kann der Mann im Erntewagen.
(F. Rückert, Weisheit des Brahmanen)

Das **Weib** lebt nur, wenn es liebt.
(L. Börne)

Das **Weib** schweige in der Kirche.
(Nach 1. Kor. 14, 34)

Das **Weib** sieht tief, der Mann sieht weit.
(Sprichwort)

Das **Weib** soll sich nicht selber angehören, an fremdes Schicksal ist sie festgebunden. *(Schiller, Piccolomini)*

Das **Weib** soll stehn an ihres Mannes Seite. *(Th. Körner, Zriny)*

Dein **Weib**, dein Pferd, dein' Wehr, die drei leih' niemals her. *(Sprichwort)*

Denn das **Weib** ist falscher Art, und die Arge liebt das Neue.
(Schiller, Siegesfest)

Denn ein gebrechlich Wesen ist das **Weib**. *(Schiller, Maria Stuart)*

Der Erde Paradies und Hölle liegt in dem Worte **Weib**.
(J. G. Seume, Der große Mut)

Der Mann trägt Bücher, Freunde, Welterfahrung; das **Weib** vernimmt des Herzens Offenbarung. *(E. Geibel)*

Der Mann hat sein Ziel und das **Weib** seinen Sinn. *(Ch. Morgenstern)*

Der Mann macht sich das Bild des Weibes, und das **Weib** bildet sich nach diesem Bilde. *(F. Nietzsche)*

Die Geschlechter mögen einander necken, schließlich aber soll der Mann das **Weib** ehren, weil er aus Weibes Schoße stammt.
(F. Th. Vischer, Auch Einer)

Dienen lerne bezeiten das **Weib**...
(Goethe, Hermann und Dorothea)

Du sollst nicht begehren deines Nächsten **Weib**, Knecht, Magd, Vieh oder alles, was sein ist.
(M. Luther, Kl. Katechismus: Das zehnte Gebot, nach 2. Mos. 20, 17)

Ein böses **Weib** ist schlimmer als ein böser Mann. *(Griechisches Sprichwort)*

Ein einzig böses **Weib** lebt höchstens in der Welt, nur schlimm, daß jeder seins für dieses einz'ge hält. *(G. E. Lessing)*

Ein großer Geist fühlt sich im Dunkeln wohl. Das **Weib** ist dazu da, gesehn zu werden. *(F. Wedekind, Stein der Weisen)*

Ein holdselig **Weib** erlangt Ehre; aber die Tyrannen erlangen Reichtum.
(Spr. Salom. 11, 16)

Ein schönes **Weib** ohne Zucht ist wie eine Sau mit einem goldenen Halsband.
(Spr. Salom. 11, 22)

Ein Spielzeug ist das **Weib**, rein und fein, dem Edelsteine gleich, bestrahlt von den Tugenden einer Welt, welche noch nicht da ist. *(F. Nietzsche, Zarathustra)*

Ein tugendsam **Weib** ist eine Krone ihres Mannes; aber eine böse ist wie Eiter in seinem Gebein. *(Spr. Salom. 12, 4)*

Ein **Weib**, das nicht spricht, ist in der Regel dumm; beim Mann ist der Fall oft umgekehrt. *(K. J. Weber, Demokritos)*

Ein weiblicher Mann ist unendlich unerträglicher als ein männliches **Weib**.
(Th. G. v. Hippel)

Entflieh mit mir und sei mein **Weib**!
(H. Heine, Tragödie)

Es war ein großer Mann des Altertums, der das **Weib** ein Ungeheuer der Natur nannte und doch heiratete.
(Th. G. v. Hippel)

Groß ist's, der Tugend nachzustreben. Das **Weib** dient ihr im stillen Leben und in der Liebe sanftem Schoß.
(Schiller, Iphigenie in Aulis)

Haus und Güter vererben die Eltern; aber ein vernünftiges **Weib** kommt vom Herrn. *(Spr. Salom. 19, 14)*

Heirate ein schönes **Weib** – und du heiratest Verdruß.
(Afrikanisches Sprichwort)

Ist denn das **Weib** des Mannes ew'ger Fluch, seit Anbeginn der Welt ihn schon verkleinernd?
(K. Gutzkow, Uriel Acosta)

Ist's möglich, ist das **Weib** so schön? Muß ich in diesem hingestreckten Leibe den Inbegriff von allen Himmeln sehn?
(Goethe, Faust)

Lieblich und schön sein ist nichts; ein **Weib**, das den Herrn fürchtet, soll man loben. *(Spr. Salom. 31, 30)*

Mich hat das unglücksel'ge **Weib** vergiftet mit ihren Tränen.
(H. Heine, Heimkehr)

Mit dem Kleide zieht das **Weib** auch die Scham aus. *(Herodot)*

Mit gift'gem **Weib** ist lebenslang gequält, wer sich ein Weib der Mitgift wegen wählt. *(H. Hoffmann)*

Mit Qual gebiert das **Weib** und quält sich fürs Geborene.
(Schiller, Iphigenie in Aulis)

Sie ist ein **Weib**, drum darf man um sie werben; sie ist Weib, drum kann man sie gewinnen.
(Shakespeare, Titus Andronicus)

Sie ist ein **Weib**! Weiß der Teufel, was sie tut! *(W. Busch)*

Teures **Weib**, gebiete deinen Träumen.
(Schiller, Hektors Abschied)

Unsre männlichsten Gedanken, oft zerstörte sie ein **Weib**. *(J. G. Herder)*

Wähle doch das **Weib** sich einen Ältern stets! So fügt sie sich ihm an, so herrscht sie ewig gleich in seiner Brust.
(Shakespeare, Was ihr wollt)

Ward je in dieser Laun' ein **Weib** gefreit? Ward je in dieser Laun' ein Weib gewonnen? *(Shakespeare, Richard III.)*

Was schert mich **Weib**, was schert mich Kind? *(H. Heine, Grenadiere)*

Was ist so arg, das nicht, um sich genug zu tun, ein **Weib** die Stirne hat zu wagen?
(Ch. M. Wieland, Oberon)

Weib, was habe ich mit dir zu schaffen?
(Joh. 2, 4)

Wem ein tugendsam **Weib** beschert ist, die ist viel edler denn die köstlichsten Perlen. *(Spr. Salom. 31, 10)*

Wenn dich ein **Weib** verraten hat, so liebe flink eine andere.
(H. Heine, Wandern)

Wenn ein Mann ein **Weib** liebt, so ist sie ihm die Schönste und Liebste.
(M. Luther)

Wer ein holdes **Weib** errungen, mische seinen Jubel ein.
(Schiller, An die Freude)

Willkommen, **Weib**, du einzig lebenswerte Lüge! *(C. Spitteler, Olympischer Frühling)*

Wohl dem, der ein tugendsam **Weib** hat! Des lebet er noch eins so lang.
(Jes. Sir. 26, 1)

Alles am **Weibe** ist ein Rätsel, und alles am Weibe hat eine Lösung: sie heißt Schwangerschaft.
(F. Nietzsche, Zarathustra)

Das Glück des Mannes heißt: ich will. Das Glück des **Weibes** heißt: er will.
(F. Nietzsche, Zarathustra)

Dem Manne ist die Welt das Herz, dem **Weibe** ist das Herz die Welt.
(Ch. D. Grabbe, Don Juan und Faust)

Eins, das müßt ihr dem **Weibe** lassen: Daß sie zu weich ist dauernd zu hassen. Mögen sie hundert Männer betrüben, den hundertundersten wird sie noch lieben. *(G. Kinckel, Sprüche)*

Es ist besser wohnen im Winkel auf dem Dach, denn bei einem zänkischen **Weibe** in einem Hause beisammen.
(Spr. Salom. 21, 9)

Ich wollte lieber bei Löwen und Drachen wohnen denn bei einem bösen **Weibe**. *(Jes. Sir. 25, 22)*

Wer etwas will verschwiegen haben, der darf es keinem **Weibe** sagen.
(Alter Spruch)

Wie wir alle vom **Weibe** sind, so zieht es zum Weib uns stets zurück mit Allgewalt.
(E. Geibel, Brunhild)

Besonders lernt die **Weiber** führen; es ist ihr ewig Weh und Ach so tausendfach aus einem Punkte zu kurieren.
(Goethe, Faust)

Böse **Weiber** holt der Teufel auf der Mistgabel. *(W. Busch)*

Da werden **Weiber** zu Hyänen und treiben mit Entsetzen Scherz. *(Schiller, Glocke)*

Das Alter der **Weiber** ist trüber und einsamer als das der Männer. *(Jean Paul)*

Die **Weiber**, die Weiber! Man vertändelt gar zu viel Zeit mit ihnen.
(Goethe, Clavigo)

Die **Weiber** sind von Natur beredt und können die Redekunst wohl.
(M. Luther)

Durch weise **Weiber** wird das Haus erbaut; eine Närrin aber zerbricht's mit ihrem Tun. *(Spr. Salom. 14, 1)*

Ein treuer Hund, ein treues Pferd, sind mehr als tausend **Weiber** wert.
(Sprichwort)

Es ist ausgemacht, daß Gott die **Weiber** nur geschaffen hat, um die Männer zu zähmen. *(Voltaire)*

Ich bin verzagt, wenn **Weiber** vor mir zittern. *(Schiller, Don Carlos)*

Ihr Männer, liebet eure **Weiber** und seid nicht bitter gegen sie. *(Kol. 3, 19)*

Ihr **Weiber** seid untertan euren Männern in dem Herrn. *(Kol. 3, 18)*

Lächelnde **Weiber**! Plappern immer, wie Mühlenräder stets bewegt!
(H. Heine, Anno 1839)

Man wird der **Weiber** gar bald satt.
(Goethe, Clavigo)

Ob die **Weiber** so viel Vernunft haben als die Männer, mag ich nicht entscheiden, aber sie haben ganz gewiß nicht so viel Unvernunft. *(J. G. Seume, Apokryphen)*

Verwünschtes Volk der **Weiber**!
(Schiller, Wilhelm Tell)

Was die **Weiber** lieben und hassen, das wollen wir ihnen gelten lassen; wenn sie aber urteilen und meinen, da will's oft wunderlich erscheinen.
(Goethe, Sprüche)

Weiber sind die ersten Erzieherinnen des menschlichen Geschlechtes.
(Th. G. v. Hippel, Über die Ehe)

Wer die **Weiber** haßt, wie kann der leben? *(Goethe)*

Wer ohne **Weiber** könnte sein, wär' frei von viel Beschwerden. Wer ohne Weiber könnte sein, wär' aber nicht viel nütz auf Erden. *(F. v. Logau, Sinngedichte)*

Weibergedanken eilen immer ihren Handlungen voraus. *(Shakespeare, Wie es euch gefällt)*

Ach wie so trügerisch sind **Weiberherzen**. *(J. M. Piave/G. Verdi, Rigoletto)*

Weiberherzen sind so gern Kästchen zum Vexieren: Manche lockt der goldne Stern, Perlen, die nur zieren. *(Schiller, Zu Körners Hochzeit)*

Was hätt' ein **Weiberkopf** erdacht, das er nicht zu beschönen wüßte! *(G. E. Lessing, Nathan der Weise)*

Denn Pfaffentrug und **Weiberlist** gehn über alles, wie ihr wißt. *(G. A. Bürger, Weiber von Weinsberg)*

Weiberlist geht über alle List. *(Jes. Sir. 25, 18)*

Doch ist's ein alter Brauch, wer's mit den **Weibern** hält, der hat die Männer auch. *(Goethe, Jahrmarktsfest)*

Geh den **Weibern** zart entgegen, du gewinnst sie, auf mein Wort. *(Goethe, Die ungleichen Hausgenossen)*

Nach reichen **Weibern** frei'n, wird manchen noch gereu'n. *(G. A. Bürger, Gedichte)*

Vertraue keinen bösen **Weibern**, aber verlasse dich noch weniger auf gute! *(Spanisches Sprichwort)*

Weibern und dem Spiel zuliebe wurde mancher Mann zum Diebe. *(Freidank, Bescheidenheit)*

Wie fällt doch ein Geheimnis **Weibern** schwer! *(Shakespeare, Julius Caesar)*

O unermeßner Raum des **Weiberwillens**! *(Shakespeare, König Lear)*

O armer Narr, erinnre dich, die **Weiberzeit** ist fürchterlich! *(E. Roth, Liebe)*

Ach, welch ein schwaches Ding das Herz des **Weibes** ist! *(Shakespeare, Julius Caesar)*

Der Wert des Mannes mißt sich nach dem, was er tut, der Wert des **Weibes** nach dem, was es ist. *(J. Ortega y Gasset)*

Des **Weibes** Leib ist ein Gedicht, das Gott der Herr geschrieben ins große Stammbuch der Natur, als ihn der Geist getrieben. *(H. Heine, Hohelied)*

Die Welt glaubt nicht an die Gerechtigkeit des **Weibes**, sobald ein Weib das Opfer wird. *(Schiller, Maria Stuart)*

Jedes **Weibes** Fehler ist des Mannes Schuld. *(J. G. Herder, Cid)*

Männer richten nach Gründen; des **Weibes** Urteil ist seine Liebe; wo es nicht liebt, hat schon gerichtet das Weib. *(Schiller, Weibliches Urteil)*

Und etwas lebt noch in des **Weibes** Seele, das über allen Schein erhaben ist und über alle Lästerung – es heißt: Weibliche Tugend. *(Schiller, Don Carlos)*

Wie eng gebunden ist des **Weibes** Glück! *(Goethe, Iphigenie)*

Das Ewig-**Weibliche** zieht uns hinab. *(F. Nietzsche, Jenseits von Gut und Böse)*

Das Ewig-**Weibliche** zieht uns hinan. *(Goethe, Faust)*

Die beste Lunge erschöpft sich, auch sogar eine **weibliche**. *(G. E. Lessing, Emilia Galotti)*

Ich wage es, den großen Nutzen zu bezweifeln, welchen Lesenkönnen dem **weiblichen** Geschlechte zu bringen vermöchte. Den Vorteil, den es aus einer doch immerhin sehr mangelhaften Geschicklichkeit im Lesen ziehen könnte, lohnt gewiß nicht die darauf verwandte Mühe. *(Staatsrat Sack in einem für König Friedrich Wilhelm III. bestimmten Gutachten)*

Der **Weibsteufel**.
(Bühnenwerk von K. Schönherr)

Weder zur Rechten noch zur Linken **weichen**. *(Nach 4. Mos. 20, 17)*

Dem Leben rechte **Weihe** kann nur eignes Schaffen geben. *(F. v. Bodenstedt)*

Grüne **Weihnacht**, weiße Ostern.
(Bauernregel)

Ist **Weihnacht** hell und klar, so hofft man auf ein fruchtbar Jahr. *(Bauernregel)*

O **Weihnacht**! Weihnacht! höchste Feier! Wir fassen ihre Wonne nicht, sie hüllt in ihre heil'gen Schleier das seligste Geheimnis dicht. *(N. Lenau, Savonarola)*

Steckt die Krähe zu **Weihnacht** im Klee, sitzt sie Ostern oft noch im Schnee.
(Bauernregel)

Auf windige **Weihnachten** folgt ein glückliches Jahr. *(Bauernregel)*

Grüne **Weihnachten**, weiße Ostern.
(Bauernregel)

Gute Nacht, viel Glück, fröhliche **Weihnachten**, und Gott segne euch alle auf der guten Erde!
(Weihnachtsgruß des amerikanischen Astronauten William Anders an die Erde, als das Raumschiff Apollo 8 als erstes Raumfahrzeug in der Weihnachtsnacht 1968 den Mond umkreiste)

Weihnachten klar, gutes Weinjahr.
(Bauernregel)

Morgen kommt der **Weihnachtsmann**.
(A. H. Hoffmann von Fallersleben, Weihnachtsmann)

Weihrauch ist nur ein Tribut für Götter, und für die Sterblichen ein Gift.
(Goethe, Drei Palinodien)

Gut' Ding will **Weile** haben.
(Sprichwort)

In müßiger **Weile** schafft der böse Geist.
(Schiller, Maria Stuart)

Sag an, wo **weiltest** du so lang?
(R. Wagner, Tannhäuser)

Jetzt muß der Geist von **Weimar**, der Geist der großen Philosophen und Dichter, wieder unser Leben erfüllen.
(Friedrich Ebert, späterer 1. Reichspräsident, in Weimar 1919)

O **Weimar**! Dir fiel ein besonder Los! Wie Bethlehem in Juda, klein und groß.
(Goethe, Auf Miedings Tod)

Weimar – der Musenwitwensitz.
(H. Heine, Tannhäuser)

Das Faß riecht nach dem ersten **Wein**.
(Sprichwort)

Bier auf Wein, das laß sein. **Wein** auf Bier, das rat' ich dir. *(Sprichwort)*

Der **Wein** erfindet nichts, er schwatzt's nur aus. *(Schiller, Piccolomini)*

Der **Wein** erfreut des Menschen Herz.
(Nach Psalm 104, 15)

Der **Wein** ist der Stimme des Liedes zum freudigen Wunder gesellt und malt sich mit glühenden Strahlen zum ewigen Frühling der Welt.
(Th. Körner, Gedichte)

Der **Wein** ist die Milch der Alten.
(Isländisches Sprichwort)

Der **Wein** macht lose Leute, und starkes Getränk macht wild. *(Spr. Salom. 20, 1)*

Der **Wein** und die Weiber bringen manchen in Jammer und Herzeleid, machen viel zu Narren und wahnsinnige Leute.
(M. Luther)

Die Freundschaft, die der **Wein** gemacht, wirkt wie der Wein, nur eine Nacht.
(F. v. Logau)

Ein Mädchen und ein Gläschen **Wein** kurieren alle Not. *(Goethe)*

Heißer Sommer, guter **Wein**.
(Sprichwort)

Ihr **Wein** ist Drachengift. *(5. Mos. 32, 33)*

Ist der **Wein** im Manne, ist sein Verstand in der Kanne. *(Sprichwort)*

Jemandem reinen **Wein** einschenken.
(Redensart)
Jemandem offen die Wahrheit sagen

Jungen **Wein** in alte Schläuche füllen.
(Redensart, nach Matth. 9, 17)

O füllt die Pokale mit zyprischem **Wein**!
(Horaz, Oden)

Vivat Bacchus, Bacchus lebe, Bacchus, der den **Wein** erfand.
(G. Stephanie/W. A. Mozart, Entführung aus dem Serail)

Was ist das Leben, da kein **Wein** ist?
(Jes. Sir. 31, 33)

Wer nicht liebt **Wein**, Weib und Gesang, der bleibt ein Narr sein Leben lang.
(Sprichwort, auch M. Luther zugeschrieben)

Wohlauf noch getrunken den funkelnden **Wein**! *(J. Kerner/R. Schumann, Wanderlied)*

Weinberg des Herrn. *(Nach Jes. 5, 7)*

Ein echter deutscher Mann mag keine Franzen leiden, doch ihre **Weine** trinkt er gern. *(Goethe, Faust)*

Zu altem **Weine** neue Lieder.
(J. H. Voß, Sängerlohn)

Laßt mich **weinen**! das ist keine Schande: Weinende Männer sind gut. Weinte doch Achill um seine Briseis.
(Goethe, Westöstlicher Diwan)

Nichts verknüpft so sehr die Herzen als die Süßigkeiten, miteinander zu **weinen**.
(J. J. Rousseau)

O Welt, bei deinen Sachen ist **Weinen** mehr als Lachen. *(F. v. Logau)*

Wenn ihr wüßtet, was ich weiß – sagte Mohammed –, so würdet ihr viel **weinen** und wenig lachen.
(W. Raabe, Abu Telfan)

Wer wird denn **weinen**, wenn man auseinander geht, wo an der nächsten Ecke schon ein andrer steht.
(Lied aus der Operette »Die Scheidungsreise« von H. Hirsch)

Der ist nicht wert des **Weines**, der ihn wie Wasser trinkt! *(F. v. Bodenstedt, Mirza Schaffy)*

Ein kluger Mann hieraus ersicht, daß **Weins** Genuß ihm schadet nicht; und item, daß ein guter Christ in Wein niemalen Wasser gießt. *(A. Kopisch, Noah)*

Jenen Perlenschaum des **Weins** nicht nur flach zu nippen, nicht zu liebeln leis mit Augen, sondern fest sich anzusaugen an geliebte Lippen. *(Goethe, Generalbeichte)*

Voll süßen **Weins** sein. *(Apostel. 2, 13)*
Meist zitiert: Voll des süßen Weines

Du **weinst**, Amalia? *(Schiller, Räuber)*

Wer **weint**, vermindert seines Grames Tiefe. *(Shakespeare, Heinrich VI.)*

Allzu **weise** ist töricht. *(Sprichwort)*

Der Tod bläst ein, der **Weise** spricht. *(Goethe, Faust)*

Der **Weise** fragt nicht, ob man ihn auch ehrt; nur er allein bestimmt sich seinen Wert. *(J. G. Seume, Einem Kleinmütigen)*

Der **Weise** ist auf alle Ereignisse vorbereitet. *(Molière)*

Der **Weise** ist selten klug. *(M. v. Ebner-Eschenbach, Aphorismen)*

Der **Weise** kann des Mächtigen Gunst entbehren, doch nicht der Mächtige des Weisen Lehren. *(F. v. Bodenstedt)*

Der **Weise** muß zu den Toren gehn, sonst würde die Weisheit verloren gehn, da Toren nie zum Weisen kommen. *(F. v. Bodenstedt, Mirza Schaffy)*

Der **Weise** verschweigt seine Meinung, also bin ich keiner. *(W. Busch)*

Dumme Gedanken hat jeder, nur der **Weise** verschweigt sie. *(W. Busch)*

Gesellschaft braucht ein Tor, und Einsamkeit der **Weise**. *(F. Rückert)*

Leise, leise, fromme **Weise**, schwing dich auf zum Sternenkreise. *(F. Kind/C. M. v. Weber, Freischütz)*

Stets äußert sich der **Weise** leise, vorsichtig und bedingungsweise. *(W. Busch)*

Wahrlich, keiner ist **weise**, der nicht das Dunkel kennt. *(H. Hesse, Diesseits)*

Weise erdenken die neuen Gedanken, und Narren verbreiten sie. *(H. Heine)*

Weise ist, der von jedem Menschen lernen kann. *(Persisches Sprichwort)*

Wer nicht **weise** reden kann, der schweig und heiß ein weiser Mann. *(Freidank, Bescheidenheit)*

Wer tiefer irrt, der wird auch tiefer **weise**. *(G. Hauptmann)*

Dem **Weisen** genügt ein Wort. *(Sprichwort)*

Die **Weisen** werden Ehre erben; aber wenn die Narren hoch kommen, werden sie doch zu Schanden. *(Spr. Salom. 3, 35)*

Selten tritt dem **Weisen** das Schicksal in den Weg. *(Seneca)*

Vergnügt sein ohne Geld, das ist der Stein der **Weisen**. *(M. G. Lichtwer)*

Wenn dem **Weisen** zu wohl ist, heiratet er. *(Russisches Sprichwort)*

Wenn sie den Stein der **Weisen** hätten, der Weise mangelte dem Stein. *(Goethe, Faust)*

Wer mit dem **Weisen** umgeht, der wird weise. *(Spr. Salom. 13, 20)*

Besser ein weiser Tor als ein törichter **Weiser**. *(Shakespeare, Was ihr wollt)*

Ein **Weiser** schätzt kein Spiel, wo nur der Zufall regieret. *(G. E. Lessing)*

Kein **Weiser** jammert um Verlust, er sucht mit freud'gem Mut ihn zu ersetzen. *(Shakespeare, Heinrich IV.)*

Wo ein **Weiser** den Toren nicht rügt, ist zweierlei Schaden zugefügt: Sich selbst wird er sein Ansehn schmälern, und jenen bestärkt er in seinen Fehlern. *(F. Rückert, Erbauliches und Beschauliches)*

An **Weisheit**, Alter und Gnade zunehmen. *(Nach Luk. 2, 52)*

Denn der Herr gibt **Weisheit**, und aus seinem Munde kommt Erkentnnis und Verstand. *(Spr. Salom. 2, 6)*

Denn der **Weisheit** Anfang ist, wenn man sie gerne hört und die Klugheit lieber hat als alle seine Güter. *(Spr. Salom. 4, 7)*

Der **Weisheit** Anfang ist des Herrn Furcht, und den Heiligen erkennen ist Verstand. *(Spr. Salom. 9, 10)*

Die Furcht des Herrn ist der **Weisheit** Anfang. *(Psalm 111, 10)*

Die Furcht des Herrn, das ist **Weisheit**, und meiden das Böse, das ist Verstand. *(Hiob 28, 28)*

Die höchste **Weisheit** ist, nicht weise stets zu sein. *(M. Opitz, Epigramme)*

Die **Weisheit** gibt der Anmut Stärke, die Anmut gibt der Weisheit Glanz. *(F. v. Bodenstedt)*

Die **Weisheit** ist ein Quell: Je mehr man aus ihr trinkt, je mehr und mächtiger sie wieder treibt und springt. *(Angelius Silesis, Cherubinischer Wandersmann)*

Die **Weisheit** ist nur in der Wahrheit. *(Goethe, Sprüche)*

Die **Weisheit** klagt draußen und läßt sich hören auf den Gassen. *(Spr. Salom. 1, 20)*

Die **Weisheit** mit Löffeln geschluckt haben. *(Redensart)*
Sich sehr weise dünken

Durch **Weisheit** wird ein Haus gebaut, und durch Verstand erhalten. *(Spr. Salom. 24, 3)*

Ein Blick von dir, ein Wort mehr unterhält als alle **Weisheit** dieser Welt. *(Goethe, Faust)*

Ein Mensch bleibt weise, solange er die **Weisheit** sucht; sobald er sie gefunden zu haben wähnt, wird er ein Narr. *(Talmud)*

Es braucht viel **Weisheit**, aber wenig Wein, um die Menschen zufrieden zu stellen. *(J. H. Pestalozzi)*

Es ist leichter, andern mit **Weisheit** zu dienen als sich selbst. *(F. de La Rochefoucauld)*

Ihrer viele wissen viel, von der **Weisheit** sind sie weit entfernt. Andre Leute sind euch ein Spiel, sich selbst hat niemand ausgelernt. *(Goethe, Sprichwörtlich)*

In den Lippen des Verständigsten findet man **Weisheit**; aber auf den Rücken des Narren gehört eine Rute. *(Spr. Salom. 10, 13)*

In Zuversicht geht eure **Weisheit** unter. *(Shakespeare, Julius Caesar)*

Mensch, lerne dich selbst erkennen, das ist der Mittelpunkt aller **Weisheit**! *(G. E. Lessing)*

Mensch, steig nicht allzu hoch, bild dir nichts Übrigs ein! Die schönste **Weisheit** ist: nicht gar zu weise sein. *(Angelus Silesius, Cherubinischer Wandersmann)*

Mutig, unbekümmert, spöttisch, gewalttätig – so will uns die **Weisheit**; sie ist ein Weib und liebt immer nur einen Kriegsmann. *(F. Nietzsche, Zarathustra)*

Nimm an die **Weisheit**, denn sie ist besser als Gold; und Verstand haben ist edler als Silber. *(Spr. Salom. 16, 16)*

O **Weisheit**! Du redst wie eine Taube! *(Goethe, Adler und Taube)*

Philosophie ist ein liebevoller Umgang mit der **Weisheit**. *(Dante)*

Salomonische **Weisheit**. *(Redensart, nach 1. Könige 4, 29–34)*

Schmerz ist der Vater und Liebe die Mutter der **Weisheit**.
(L. Börne, Fragmente und Aphorismen)

Schön, gut und wahr, in lieblicher Verbindung, in dieses Dreiklangs einigem Zauberkreise erschöpft sich alle **Weisheit** und Erfindung. *(Shakespeare)*

Siehe, die Furcht des Herrn, das ist **Weisheit**; und meiden das Böse, das ist Verstand. *(Hiob 28, 28)*

Sprich zur **Weisheit**: »Du bist meine Schwester«, und nenne die Klugheit deine Freundin. *(Spr. Salom. 7, 4)*

Von Herzen verachte ich jene Art von **Weisheit**, zu der man nur durch Abkühlung oder Müdigkeit gelangt. *(A. Gide)*

Vorsicht ist die Mutter der **Weisheit**.
(Sprichwort)

Weisheit auf der Gasse.
(Spr. Salom. 1, 20)

Weisheit der Gasse. *(Redensart, nach Spr. Salom. 1, 20)*
Bezeichnung für Sprichwörter

Weisheit entspricht nicht so sehr aus dem Verstande als aus dem Herzen.
(P. Rosegger)

Weisheit ist besser als Perlen; und alles, was man wünschen mag, kann ihr nicht gleichen. *(Spr. Salom. 8, 11)*

Weisheit soll Klugheit zur Dienerin haben. *(K. Gutzkow)*

Weisheit mit dem Sonnenblick, große Göttin, tritt zurück, weiche vor der Liebe! *(Schiller, Triumph der Liebe)*

Weißt du nicht, mein Sohn, mit wie wenig **Weisheit** die Welt regiert wird?
(Papst Julius III. [1550–1555]/schwedischer Kanzler A. Oxenstjerna, 1648)

Wer **Weisheit** liebt, erfreut seinen Vater; wer aber mit Huren umgeht, kommt um sein Gut. *(Spr. Salom. 29, 3)*

Willst du, Freund, die erhabensten Höh'n der **Weisheit** erfliegen, wag es auf die Gefahr, daß dich die Klugheit verlacht! *(Schiller, Weisheit und Klugheit)*

Wohl dem Menschen, der **Weisheit** findet, und dem Menschen, der Verstand bekommt. *(Spr. Salom. 3, 13)*

Zweifel ist der **Weisheit** Anfang.
(R. Descartes)

Einem etwas **weismachen**. *(Redensart)*
Jemandem etwas Unwahres sagen

Ich **weiß** nicht, was soll es bedeuten…
(H. Heine, Heimkehr)

Was ich nicht **weiß**, macht mich nicht heiß. *(Sprichwort nach Ovid, Ars amandi)*

Wer nichts **weiß**, zweifelt an nichts.
(Französisches Sprichwort)

Wer was **weiß**, der schweig, wem wohl ist, der bleib, wer was hat, der behalte, Unglück das kommt balde.
(M. Luther, Schriften)

Wer **weiß**, wie nahe mir mein Ende!
(Beginn eines Kirchenliedes)

Wer wenig **weiß**, nicht wer wenig hat, ist arm. *(Sprichwort)*

Zwar **weiß** ich viel, doch möcht' ich alles wissen. *(Goethe, Faust)*

Weißer Rabe. *(Redensart, nach Juvenal, Satirae)*

Weißes kann man besser erkennen, wenn man Schwarzes dagegen hält.
(M. Luther)

Und wie wir's dann zuletzt so herrlich **weit** gebracht. *(Goethe, Faust)*

Immer **weiter**, immer weiter.
(Couplet von O. Reutter)

Dein **Weizen** soll noch blühen.
(Ovid, Heroides)

Den **Weizen** von der Spreu sondern.
(Nach Matth. 3, 12)

Ach! Die Rosen **welken** all! *(W. Hauff, Reiters Morgengesang)*

Soll ich zum **Welken** gebrochen sein?
(Goethe, Gefunden)

Neue **Welle**. *Bezeichnung für das Filmschaffen junger Regisseure, die thematisch und herstellungsmäßig vom Herkömmlichen abweichende Filme produzieren*

Uns hebt die **Welle**, verschlinget die Welle, und wir versinken.
(Goethe, Grenzen der Menschlichkeit)

Auf den **Wellen** ist alles Welle, auf dem Meer ist kein Eigentum.
(Schiller, Braut von Messina)

Bis hierher sollst du kommen und nicht weiter; hier sollen sich legen deine stolzen **Wellen**. *(Hiob 38, 11)*

Die **Welschen** alle taugen nichts.
(Schiller, Piccolomini)

Also geht es in der **Welt**; der eine steigt, der andre fällt. *(Sprichwort)*

Bis an der **Welt** Ende.
(Matth. 28, 20 u. a.)

Bleib nicht auf ebnem Feld! Steig nicht so hoch hinaus! Am schönsten sieht die **Welt** von halber Höhe aus.
(F. Nietzsche)

Das ist deine **Welt**! das heißt eine Welt!
(Goethe, Faust)

Das ist der Lauf der **Welt**.
(Goethe, Faust)

Daß ich erkenne, was die **Welt** im Innersten zusammenhält. *(Goethe, Faust)*

Daß wir uns in ihr zerstreuen, darum ist die **Welt** so groß. *(Goethe)*

Dem Mutigen gehört die **Welt**.
(Sprichwort)

Der ganzen **Welt** hat's selbst Gott nicht recht tun können.
(Jugoslawisches Sprichwort)

Die ganze **Welt** ist eitel Truggefüge!
(C. Spitteler, Olympischer Frühling)

Die ganze **Welt** ist zum Verzweifeln traurig. *(N. Lenau)*

Die ganze **Welt** liegt im argen.
(1. Joh. 5, 19)

Die ganze **Welt**, sie dreht sich drum, das Geld, das ist die Achse. *(W. Müller, Das Bankier)*

Die moderne **Welt** wird nicht von Menschen beherrscht, sondern von Ideen.
(G. Santayana)

Die neue **Welt**.
(Nach dem Wappenspruch des Columbus)
Bezeichnung für Amerika.

Die **Welt** aus den Angeln heben.
(Redensart, nach Archimedes)

Die **Welt**, in der man sich langweilt.
(Lustspiel von Pailleron)

Die **Welt** ist dumm, die Welt ist blind, und dich wird sie immer verkennen; sie weiß nicht, wie süß deine Küsse sind, und wie sie beseligend brennen.
(H. Heine, Lyrisches Intermezzo)

Die **Welt** ist ein Gefängnis. *(Goethe, Götz von Berlichingen)*

Die **Welt** ist ein Schauplatz. Du kommst, siehst und gehst vorüber. *(M. Claudius, Denksprüche)*

Die **Welt** ist nicht schlimmer und nicht besser, als sie vor tausend Jahren war und nach tausend Jahren sein wird.
(A. v. Kotzebue)

Die **Welt** ist nichts als ein Orchester, wir sind die Instrumente drin.
(A. v. Kotzebue, Fanchon)

Die **Welt** ist rund und muß sich drehn.
(W. A. Wohlbrück/H. Marschner, Templer und Jüdin)

Die **Welt** ist voll von Leuten, die Wasser predigen und Wein trinken.
(G. Guareschi)

Die **Welt** ist vollkommen überall, wo der Mensch nicht hinkommt mit seiner Qual. *(Schiller, Braut von Messina)*

Die **Welt** ist wie ein Kram, hat Ware ganze Haufen; um Arbeit stehn sie feil und sind durch Fleiß zu kaufen.
(F. v. Logau, Sinngedichte)

Die **Welt** mag untergehen, wenn ich mich nur rächen kann. *(C. de Bergerac)*

Die **Welt** mit Brettern vernageln.
(Nach J. O. Variscus, Ethnographia Mundi, 1608)

Die **Welt**, obgleich sie wunderlich, ist gut genug für dich und mich! *(W. Busch)*

Die **Welt** schändet immer, was man loben soll, und lobt, was man schänden soll. *(M. Luther)*

Die **Welt** will betrogen sein.
(Sprichwort, nach S. Franck, Paradoxa, und S. Brant, Narrenschiff)

Die **Welt** wird alt und mit zunehmendem Alter schlechter. *(Goethe, Tasso)*

Die **Welt** wird nie gut, aber sie könnte besser werden. *(C. Zuckmayer)*

Die **Welt** wird nur mit lauterem Wahn regiert. *(M. Luther)*

Die **Welt** wird schöner mit jedem Tag, man weiß nicht, was noch werden mag.
(L. Uhland, Frühlingsglaube)

Dritte-**Welt**-Laden *Bezeichnung für ein Geschäft, das Waren aus Entwicklungsländern (ehem. »Dritte Welt«) ohne Zwischenhandel zu Preisen anbietet, die vor allem den Erzeugern zugute kommen (auch als Transferhandel bekannt).*

Duldet mutig, Millionen, duldet für die beßre **Welt**! *(Schiller, An die Freude)*

Durch den Riß nur der Wolken die **Welt** erkennen. *(Schiller, Wilhelm Tell)*

Eine **Welt** zwar bist du, o Rom, doch ohne die Liebe wäre die Welt nicht die Welt, wäre denn Rom auch nicht Rom.
(Goethe, Elegien)

Einstens hinter Pyrrhus' Rücken, stimmen Dichter ein, sprang die **Welt** aus Felsenstücken, Menschen aus dem Stein.
(Schiller, Triumph der Liebe)

Eng ist die **Welt**, und das Gehirn ist weit.
(Schiller, Wallensteins Tod)

Es ist doch lange hergebracht, daß in der großen **Welt** man kleine Welten macht.
(Goethe, Faust)

Es wäre wenig in der **Welt** unternommen, wenn man nur immer auf den Ausgang gesehen hätte.
(G. E. Lessing, Miß Sara Sampson)

Geh durch die **Welt** und sprich mit jedem! *(Firdusi)*

Ich sah die **Welt** unter mir dahinfliehen, als würde ich von den Lüften fortgetragen. *(Napoleon Bonaparte, 1796)*

Ich verstehe die **Welt** nicht mehr. *(F. Hebbel, Maria Magdalena)*

In der **Welt** ein Heim, im Heim eine Welt. *(Sprichwort)*

In raschen Jahren geht's wohl an, so um und um frei durch die **Welt** zu streifen. *(Goethe, Faust)*

Mein Feld ist die **Welt**. *(Wahlspruch A. Ballins und der HAPAG)*

Mir gilt die **Welt** nur wie die Welt, Graziano, ein Schauplatz, wo man eine Rolle spielt. *(Shakespeare, Kaufmann von Venedig)*

Mit Mädeln sich vertragen, mit Männern rumgeschlagen, und mehr Credit als Geld, so kommt man durch die **Welt**. *(Goethe, Claudine...)*

Mündig gewordene **Welt**. *(Schlagwort, nach D. Bonhoeffer, 1944)*

Nehmt hin die **Welt**! rief Zeus von seinen Höhen. *(Schiller, Teilung der Erde)*

Nicht von dieser **Welt**. *(Joh. 8, 28)*

Nur für die Erbärmlichen ist die **Welt** erbärmlich, nur für die Leeren leer. *(L. Feuerbach)*

O **Welt**, bei deinen Sachen ist Weinen mehr als Lachen. *(F. v. Logau)*

Schöne **Welt**, wo bist du? Kehre wieder, holdes Blütenalter der Natur! *(Schiller, Götter Griechenlands)*

Sie bieten einer **Welt** in Waffen Trotz. *(Shakespeare, Heinrich IV.)*

Und wenn die **Welt** voll Teufel wär'! *(M. Luther, Ein' feste Burg)*

Vornehm geht die **Welt** zugrunde. *(Redensart)*

Was hülfe es dem Menschen, so er die ganze **Welt** gewöhnt, und nähme doch Schaden an seiner Seele? *(Matth. 16, 26)*

Was machst du an der **Welt**? Sie ist schon gemacht; der Herr der Schöpfung hat alles bedacht. *(Goethe, Westöstlicher Diwan)*

Wer die **Welt** will recht verstehn, muß ihr klar ins Auge sehn. *(F. v. Bodenstedt)*

Wer nicht die **Welt** in seinen Freunden sieht, verdient nicht, daß die Welt von ihm erfahre. *(Goethe, Tasso)*

Wer nur zum eignen Fenster hinausschaut, lernt nie die **Welt** kennen. *(Russisches Sprichwort)*

Wer sich an andre hält, dem wankt die **Welt**. Wer auf sich selber ruht, steht gut. *(P. Heyse)*

Wer sich auf die **Welt** verlaßt, hat den Aal beim Schwanz gefaßt. *(Sprichwort)*

Will einer in der **Welt** was erjagen, mag er sich rühren und mag sich plagen. *(Schiller)*

Wir mögen die **Welt** kennen lernen, wie wir wollen, sie wird eine Tag- und eine Nachtseite behalten. *(Goethe)*

Nur in der Jugend ist man wahrer **Weltbürger**; die besten unter den Alten sind nur Erdenbürger. *(L. Börne, Tagebuch)*

Die beste aller **Welten**. *(Nach G. W. v. Leibniz, Theodicee)*

Weltflucht. *(Nach 2. Petr. 1, 4)*

Preiset er das **Weltgebäude**, so prangt es durch die Symmetrie. *(Schiller)*

Es gibt im Menschenleben Augenblicke, wo er dem **Weltgeist** näher ist als sonst.
(Schiller, Wallensteins Tod)

Schlagt ihn tot! Das **Weltgericht** fragt euch nach den Gründen nicht!
(H. v. Kleist, Germania und ihre Kinder)

Die **Weltgeschichte**, die sich dünkt was Rechtes, ist die Zoologie des Menschengeschlechtes. *(F. Grillparzer, Sprüche und Epigramme)*

Die **Weltgeschichte** ist das Weltgericht.
(Schiller, Resignation)

Hätte die **Weltgeschichte** ein Sachregister, wie sie ein Namenregister hat, könnte man sie besser benutzen
(L. Börne, Fragmente und Aphorismen)

Nie wird der Augenblick kommen, wo der Kaiser als Sieger der Welt mit seinen Paladinen auf weißen Rossen durchs Brandenburger Tor zieht. An diesem Tage hätte die **Weltgeschichte** ihren Sinn verloren! *(W. Rathenau im Herbst 1914)*

Treppenwitz der **Weltgeschichte**.
(Redensart, nach dem gleichnamigen Buch von W. Hertslet)

Von hier und heute geht eine neue Epoche der **Weltgeschichte** aus, und ihr könnt sagen, ihr seid dabeigewesen.
(Goethe, Campagne in Frankreich)

Gerechtigkeit heißt der kunstreiche Bau des **Weltgewölbes**. *(Schiller, Demetrius)*

Die **Weltkunst** ist ein Meer: darin versinkt, was schwer; was leicht ist, schwimmt daher.
(F. v. Logau, Sinngedichte)

Ebenso verderblich wie die Einbuße nationaler Selbständigkeit ist für ein Volk auch das Streben nach grenzenloser **Weltherrschaft**.
(H. v. Sybel, Kleine historische Schriften)

Weltkind. *(Nach Luk. 16, 8)*

Ein **Weltkind**, das sich sehnt dem Himmel zu. *(E. Geibel, Ein Bild)*

Prophete rechts, Prophete links, das **Weltkind** in der Mitten.
(Goethe, Dichtung und Wahrheit)

Nur durch **weltliche** Güter kannst du erobern weltliche Gemüter. *(F. Rückert, Erbauliches und Beschauliches)*

Weltliteratur. *(Redensart, nach J. P. Eckermann, Gespräche mit Goethe)*

Der **Weltmann** steigt empor, und der Pedant bleibt sitzen: Die Sitten können mehr als die Gelahrtheit nützen.
(M. G. Lichtwer, Diamant und Bergkristall)

Drum paart, zu eurem schönste Glücke, mit Schwärmers Ernst des **Weltmanns** Blick. *(Schiller, Licht und Wärme)*

Ich glaube, eine **Weltordnung**, die der Mensch begriffe, wäre ihm unerträglicher als diese, die er nicht begreift.
(F. Hebbel)

Macht mir das einmal nach in der Politik: keinen Zoll, keine Steuern, keine Kanonen, keine Grenzen, keinen Erbfeind, keinen Krieg mehr. Macht aus den vielen Welten nur eine, wie ich aus den vielen Posten nur eine **Weltpost** gemacht habe.
(H. Stephan)

Der **Weltschmerz** ist sublime Langeweile.
(R. Hamerling, Sinnen und Minnen)

Weltstadt mit Herz.
Bezeichnung Münchens

Berlin ist mehr ein **Weltteil** als eine Stadt. *(Jean Paul, Briefe)*

Wer sich behaglich fühlt zu Haus, der rennt nicht in die Welt hinaus; **Weltunzufriedenheit** beweisen die vielen Weltentdeckungsreisen.
(F. Rückert, Unbefriedigung)

Nun muß sich alles, alles **wenden**.
(L. Uhland, Frühlingsglauben)

Welch eine **Wendung** durch Gottes Führung! *(Wilhelm I. nach der Schlacht von Sedan, 1870)*
Meist zitiert: ... Fügung

Viele **Wenig** machen ein Viel.
(Sprichwort)

Wenig, aber mit Liebe. *(Nach Tob. 4, 9)*

Wenig, aber von Herzen.
(Nach Tob. 4, 9)

Weniges tröstet uns, weil uns auch wenig schon betrübt. *(B. Pascal)*

Wenig zu wenig macht zuletzt viel.
(Sprichwort)

Der Mann, der das **Wenn** und das Aber erdacht, hat sicher aus Häckerling Gold schon gemacht. *(G. A. Bürger, Kaiser und Abt)*

Wenn das Wörtchen **wenn** nicht wär'.
(Redensart)

Wer nicht will verderben, muß **werben**.
(Sprichwort aus dem kaufmännischen Leben)

Wir wollen **werben**, nicht umworben sein. *(Shakespeare, Sommernachtstraum)*

Werde, was du noch nicht bist; bleibe, was du jetzt schon bist. *(F. Grillparzer)*

Man weiß nicht, was noch **werden** mag.
(L. Uhland, Frühlingsglaube)

So gib mir auch die Zeiten wieder, da ist selbst noch im **Werden** war.
(Goethe, Faust)

Was nicht ist, kann noch **werden**.
(Redensart, nach L. Uhland, Frühlingsglaube)

Wer fertig ist, dem ist nichts recht zu machen, ein **Werdender** wird immer dankbar sein. *(Goethe, Faust)*

Das Ende krönt das **Werk**.
(Shakespeare, Troilus und Cressida)

Das ist ein gutes **Werk**, das Andern wohlthut. *(M. Luther, Tischreden)*

Das **Werk** lobt den Meister.
(Jes. Sir. 9, 34)

Gutes **Werk** lobt sich selbst.
(Sprichwort)

Man gibt ein **Werk** nicht auf, weil man's vertagt. *(E. Raupach, Hohenstaufen)*

Von der Stirne heiß rinnen muß der Schweiß, soll das **Werk** den Meister loben. *(Schiller, Goethe)*

Am **Werke** erkennt man den Meister.
(Sprichwort/J. de La Fontaine, Fabeln)

Die unbegreiflich hohen **Werke** sind herrlich wie am ersten Tag.
(Goethe, Faust)

Gute **Werke** haben keine Namen.
(M. Luther, Tischreden)

Gute **Werke** sind des Glaubens Siegel und Probe, denn gleich wie die Briefe ein Siegel haben müssen, damit sie bekräftigt werden, also muß der Glaube auch gute Werke haben. *(M. Luther, Tischreden)*

Ihre **Werke** folgen ihnen nach.
(Off. Joh. 14, 13)

Werke des Geistes und der Kunst sind für den Pöbel nicht da.
(Goethe, Epigramme)

Werke gehören dem Nächsten, der Glaube Gott. *(M. Luther, Tischreden)*

Wenn man zugleich zwei **Werke** tut, da werden selten zweie gut.
(Freidank, Bescheidenheit)

Werke sind Briefe an die Menschheit.
(L. Feuerbach, Nachlaß)

Zum **Werke**, das wir ernst bereiten, geziemt sich wohl ein ernstes Wort.
(Schiller, Glocke)

Ein Mann, der recht zu wirken denkt, muß auf das beste **Werkzeug** halten.
(Goethe, Faust)

Durch **Wermut** wird das Bittre nicht versüßt. *(A. v. Chamisso, Die letzte Schiefertafel)*

Jede Freude enthält einen Tropfen **Wermut**. *(Sprichwort)*

Ein jeder gibt den **Wert** sich selbst.
(Schiller, Wallensteins Tod)

Meistens belehrt erst der Verlust uns über den **Wert** der Dinge.
(A. Schopenhauer, Parerga und Paralipomena)

Wie Früchte hat auch der **Wert** des Menschen seine Jahreszeit.
(F. de La Rochefoucauld)

Ein bleicher hohlwangiger **Werther**.
(G. A. Bürger, Kaiser und Abt)

Bei euch, ihr Herren, kann man das **Wesen** gewöhnlich aus dem Namen lesen.
(Goethe, Faust)

Die Zahl ist das **Wesen** aller Dinge.
(Pythagoras)

Es mag am deutschen **Wesen** einmal noch die Welt genesen. *(Nach Geibel, Heroldsrufe; bekanntgeworden durch Kaiser Wilhelm II.)*

Geselliges **Wesen**. *(Aristoteles)*
Bezeichnung fü den Menschen

Hat der Mensch Ideen und Ahnungen von Unendlichkeit, Unsterblichkeit, von höchster Weisheit, Gerechtigkeit und Güte: muß dann nicht der Keim zu allem in seinem **Wesen** liegen? *(M. Claudius)*

In die Tiefe mußt du steigen, soll sich dir das **Wesen** zeigen. *(Schiller, Sprüche des Konfuzius)*

Sie sind ein Greuel mit ihrem **Wesen**.
(Psalm 14, 1)

Mensch, werde **wesentlich**; denn wenn die Welt vergeht, so fällt der Zufall weg, das Wesen, das besteht.
(Angelus Silesius)

Die schlechtesten Früchte sind es nicht, woran die **Wespen** nagen. *(G. A. Bürger, Trost)*

Greif nicht leicht in ein **Wespennest**; doch, wenn du greifst, so stehe fest!
(M. Claudius, Ein gülden ABC, ein silbern Dito)

Eine weiße **Weste** haben. *(Redensart)*
Frei von Schuld sein

Der Zug nach dem **Westen**.
(Titel eines Romans von P. Lindau)

Im **Westen** nichts Neues.
(Titel eines Kriegsromans von E. M. Remarque)

Westwärts schweift der Blick.
(R. Wagner, Tristan und Isolde)

Blumenkränze entführt dem Menschen der leiseste **Westwind**, Dornenkronen jedoch nicht der gewaltigste Sturm.
(F. Hebbel, Blumen und Dornen)

Mir ist für meine **Werte** gar nicht bange.
(Goethe, Faust)

Wer **wetten** will, will betrügen.
(Sprichwort)

Bei gutem **Wetter** kann jeder Steuermann sein. *(Sprichwort)*

Wenn der Hahn kräht auf dem Mist, ändert sich's **Wetter** oder bleibt wie's ist. *(Sprichwort)*

Zum Abschiednehmen just das rechte **Wetter**. *(V. v. Scheffel, Trompeter von Säckingen)*

Doch wer vom **Wetterlicht** umblitzt im Donnerwagen grollend sitzt, der soll nicht mit den Zügeln spielen. *(E. Geibel, An G. Herwegh)*

Wetterwendisch. *(Redensart, nach Matth. 13, 21; Mark. 4, 17)*

Schwer und dumpfig, eine **Wetterwolke**. *(Schiller, Die Schlacht)*

Das ganze Jahrhundert ist ein **Wettrennen** nach großen Zielen mit kleinen Menschen. *(Jean Paul, Clavis Fichtiana)*

Den edlen **Wettstreit** laßt mich freundlich schlichten. *(Schiller, Wilhelm Tell)*

Was ist denn an dem ganzen **Wicht** Original zu nennen? *(Goethe, Zahme Xenien)*

Das **Wichtigste** bedenkt man nie genug. *(Goethe, Natürliche Tochter)*

In die **Wicken** gehen. *(Redensart)*
Soviel wie: entgehen, verloren gehen

Ist Gott für uns, wer mag **wider** uns sein? *(Röm. 8, 31)*

Wer nicht mit mir ist, der ist **wider** mich. *(Matth. 12, 30; Luk. 11, 23)*

Ein abgenötigter **Widerruf** bringt den Verstand in Verzweiflung. *(Goethe, Über Naturwissenschaft)*

Despotismus jeder Art reizt zur **Widersetzlichkeit**. *(M. Mendelssohn)*

Ich glaube es, weil es **widersinnig** ist. *(Tertullian, Über das Fleisch Christi)*

Die Schlange, die das Herz vergiftet, die Zwietracht und Verderben stiftet, das ist der **widerspenst'ge** Geist, der gegen Zucht sich frech empöret, der Ordnung heilig Band zerreißt; Denn er ist's, der die Welt zerstöret. *(Schiller, Kampf mit dem Drachen)*

Es ist besser, sich oft zu **widersprechen**, als sich oft zu wiederholen. *(F. Bondy)*

So seltsam **widerspricht** sich Carlos nicht. *(Schiller, Don Carlos)*

Wer einem Sieger **widerspricht**, der widerspricht mit Unbedacht. *(A. v. Platen)*

Denn ein vollkommener **Widerspruch** bleibt gleich geheimnisvoll für Kluge wie für Toren. *(Goethe, Faust)*

Es gibt kein andres Unrecht als den **Widerspruch**. *(Schiller, Wallensteins Tod)*

Man würze, wie man will, mit **Widerspruch** die Rede: Wird Würze nur nicht Kost und Widerspruch nicht Fehde. *(G. E. Lessing, Sinngedichte)*

Widerspruch und Schmeichelei machen beide ein schlechtes Gespräch. *(Goethe, Maximen und Reflexionen)*

Widerstand der stumpfen Welt. *(Goethe, Epilog zu Schillers Glocke)*

Passiver **Widerstand**. *(H. V. v. Unruh, 1848)*

Den **Widerstrebenden** besiegt weit eher ein feiner Angriff als ein starker. *(Jean Paul)*

Widerwärtigkeiten sind Pillen, die man schlucken muß und nicht kauen. *(G. Ch. Lichtenberg)*

Das Was bedenke, mehr bedenke **Wie**. *(Goethe Faust)*

Es wird mir so, ich weiß nicht **wie**.
(Goethe, Faust)

Man sieht doch, wo und **wie**.
(Goethe, Faust)

Wie du mir, so ich dir. *(Sprichwort)*

Wie ein **Wiedehopf** stinken.
(Redensart)
Äußerst unangenehm riechen

Gott befohlen, Brüder! In einer andern Welt **wieder**! *(Schiller, Die Schlacht)*

So sehen wir uns **wieder**?
(Schiller, Don Carlos)

Und muß ich so dich **wiederfinden**?
(Schiller, Kraniche des Ibykus)

Zum zehntenmal **wiederholt** wird es gefallen. *(Horaz, Ars poetica)*

Wird man wo gut aufgenommen, muß man nicht gleich **wiederkommen**.
(Nach P. A. Wolff, Preciosa)

Das war mir, ich muß gestehn, gar kein freudig **Wiedersehn**.
(A. Lortzing, Undine)

Wenn Menschen auseinandergehn, so sagen sie: Auf **Wiedersehn**!
(E. v Feuchtersleben, Es ist bestimmt in Gottes Rat)

Wiedersehn macht Freude! *(Redensart)*
Wird oft gesagt, wenn man jemandem etwas leiht

Sag ihnen, mein Handwerk ist **Wiedervergeltung**! *(Schiller, Räuber)*

Mancher sorgt für die **Wiege**, ehe das Kind geboren ist. *(Sprichwort)*

Meine **Wiege** stand am Webstuhl meines Vaters. *(V. Beckerath im Preuß. Landtag, 1847)*

Schöne **Wiege** meiner Leiden.
(H. Heine, Buch der Lieder)

Von der **Wiege** bis zur Bahre: Formulare, Formulare. *(Scherzhaftes Sprichwort)*

Von der **Wiege** bis zur Bahre sind die schönsten Lebensjahre.
(Scherzhaftes Sprichwort)

Hinter **Wien** beginnt der Balkan.
(Redensart)

's gibt nur a Kaiserstadt, 's gibt nur a **Wien**. *(Bäuerle, Aline)*

Doch das vergeben mir die **Wiener** nicht, daß ich um ein Spektakel sie betrog.
(Schiller, Piccolomini)

Laßt den **Wienern** ihren Prater; Weimar, Jena, da ist's gut. *(Goethe, Die Lustigen von Weimar)*

Der zivilisierte **Wilde** ist der schlimmste aller Wilden. *(K. J. Weber, Demokritos)*

Horch! Der **Wilde** tobt schon an den Mauern! *(Schiller, Hektors Abschied)*

Seht, wir **Wilden** sind doch bess're Menschen. *(J. G. Seume, Der Wilde)*

So **wilde** Freude nimmt ein wildes Ende.
(Shakespeare, Romeo und Julia)

Bist untreu, **Wilhelm**, oder tot?
(G. A. Bürger, Lenore)

Wat einer **will**, dat kriggt hei nich, un wat hei kriggt, dat will hei nich.
(Sprichwort/F. Reuter, Dörchläuchting)

Der Grund ist nur mein **Will**; ich will nicht kommen.
(Shakespeare, Julius Caesar)

Wer nicht **will**, der hat schon.
(Redensart)

Wer **will**, was er kann, fängt nichts vergeblich an. *(Sprichwort)*

Deine Reue sei lebendiger **Wille**, fester Vorsatz. *(A. v. Platen, Lebensregeln)*

Den Menschen macht der **Wille** groß und klein. *(Schiller, Wallensteins Tod)*

Der beste **Wille** ist der feste Wille. *(Sprichwort)*

Der gute **Wille** ist die Hauptsache. *(Shakespeare, Heinrich IV.)*

Der **Wille** lockt die Taten nicht herbei; der Mut stellt sich die Wege kürzer vor. *(Goethe, Tasso)*

Der **Wille** und nicht die Gabe macht den Geber. *(G. E. Lessing, Nathan der Weise)*

Der **Wille** zur Macht. *(Nach F. Nietzsche)*

Der **Wille** zur Tat. *(Nach F. Nietzsche)*

Des Menschen **Wille**, das ist sein Glück. *(Schiller, Wallensteins Lager)*

Des Menschen **Wille** ist sein Himmelreich. *(Sprichwort)*

Des Menschen **Wille** macht entweder Vermessenheit oder Verzweiflung. *(M. Luther)*

Reichen die Kräfte nicht aus, so ist doch der **Wille** zu loben. *(Ovid, Briefe aus Pontus)*

Wie viele Male schaut der **Wille** durchs Fenster, ehe die Tat durchs Tor geht. *(Erasmus von Rotterdam)*

Wo ein **Wille** ist, da ist auch ein Weg. *(Sprichwort)*

Willem, du bist vons Jerüste jefallen! *(L. Angely, Fest der Handwerker)*

Die Menschen schieben ihren letzten **Willen** gern solange hinaus wie ihren bessern. *(Jean Paul)*

Einen eisernen **Willen** haben. *(Redensart)*

Er kommt, er kommt mit **Willen**. *(P. Gerhardt, Wie soll ich dich empfangen)*

Gewisse Dinge will ich lieber schlecht nach andrer **Willen** machen als allein nach meinem gut. *(G. E. Lessing, Nathan der Weise)*

Ja, mit dem besten **Willen** leisten wir so wenig, weil uns tausend Willen kreuzen. *(Goethe, Natürliche Tochter)*

Willenskraft Wege schafft. *(Sprichwort)*

Der Geist ist **willig**, aber das Fleisch ist schwach. *(Matth. 26, 41; Mark. 14, 38)*

Und bist du nicht **willig**, so brauch ich Gewalt. *(Goethe, Erlkönig)*

Stets lächelt **Willkomm'**, Lebewohl geht seufzend. *(Shakespeare, Troilus und Cressida)*

Willkommen, Chevalier, auf span'schem Boden! *(Schiller, Don Carlos)*

Willkommen, edler Lord! *(Schiller, Maria Stuart)*

Willkommen im Grünen! *(J. H. Voß, Im Grünen)*

Willkommen, schöner Jüngling, du Wonne der Natur! Mit deinem Blumenkörbchen, willkommen auf der Flur. *(Schiller, An den Frühling)*

Denn immer war die **Willkür** fürchterlich. *(Schiller, Piccolomini)*

Vermessene **Willkür** hat der getreuen Natur göttlichen Frieden gestört. *(Schiller, Genius)*

Was du nicht **willst**, das man dir tu', das füg' auch keinem andern zu. *(Sprichwort, nach Tob. 4, 16)*

Das ist **Wind** in seine Segel! *(Redensart)*
Das gibt ihm neue Kraft

Den eignen **Wind** riecht jeder gern. *(Sprichwort)*

Der **Wind** bläst, wo er will. *(Joh. 3, 8)*

Der **Wind** hat mir ein Lied erzählt. *(Lied aus dem Tonfilm »La Habañera«)*

Der **Wind** zieht seine Hosen an, die weißen Wasserhosen! *(H. Heine, Heimkehr)*

In den **Wind** reden. *(Redensart, nach 1. Kor. 14, 19)*

In den **Wind** schlagen. *(Redensart)*
Unbeachtet lassen

Schlecht weht der **Wind**, der keinen Vorteil bringt. *(Shakespeare, Heinrich VI.)*

Von einer Sache **Wind** bekommen. *(Redensart)*
Rechtzeitig eine drohende Gefahr wittern

Wer **Wind** sät, wird Sturm ernten. *(Sprichwort, nach Hos. 8, 7)*

Wie der **Wind** bläst, so treibt die Spreu. *(W. Busch)*

Wind, Sand und Sterne. *(Deutscher Titel des Werkes »Terre des hommes« von A. de Saint-Exupéry)*

In alle **Winde** zerstreut. *(Redensart, nach Hesek. 17, 21)*

Vom **Winde** verweht. *(Titel eines Romans von M. Mitchell)*

Windet zum Kranze die goldenen Ähren. *(Schiller, Das eleusische Fest)*

Gegen **Windmühlen**(flügel) kämpfen. *(Redensart, nach Cervantes, Don Quijote)*
Sinn- und zwecklos kämpfen

Ein **Wink** mit dem Zaunpfahl. *(Redensart)*
Ein deutlicher Hinweis

Winkelzüge machen. *(Redensart)*
Ausflüchte machen

Dem fleißigen Hamster schadet kein **Winter**. *(Sprichwort)*

Der alte **Winter**, in seiner Schwäche, zog sich in rauhe Berge zurück. *(Goethe, Faust)*

Der nächste **Winter** kommt bestimmt. *(Werbeslogan der Rheinischen Braunkohlenbrikett-Verkauf GmbH, seit 1963)*

Der **Winter** ist ein rechter Mann, kernfest und auf die Dauer. *(M. Claudius, Ein Lied, hinterm Ofen zu singen)*

Der **Winter** unseres Mißvergnügens. *(Shakespeare, Richard III.)*

Fließt jetzt noch der Birkensaft, kriegt der **Winter** keine Kraft. *(Bauernregel)*

Im **Winter** trink' ich und singe Lieder aus Freude, daß der Frühling nah ist. Und kommt der Frühling, trink' ich wieder, aus Freude, daß er endlich da ist. *(F. Bodenstedt, Mirza Schaffy)*

Scharren die Mäuse tief sich ein, wird's ein harter **Winter** sein. *(Bauernregel)*

Wer nicht im Sommer sammelt ein, der wird im **Winter** dürftig sein. *(Sprichwort)*

Mir ist es **winterlich** im Leibe. *(Goethe, Faust)*

Tummeln sich noch die Haselmäuse, ist es weit mit des **Winters** Eise. *(Bauernregel)*

Winterstürme wichen dem Wonnemond. *(R. Wagner, Walküre)*

Heraus in eure Schatten, rege **Wipfel**.
(Goethe, Iphigenie)

Wippchen machen. *(Redensart)*
Schwindeln; Ausflüchte machen

Wirbelwind und trocknen Kot, laß sie drehn und stäuben. *(Goethe, Westöstlicher Diwan)*

Es **wird** mir so, ich weiß nicht wie.
(Goethe, Faust)

Wirke gut, so wirkst du länger, als es Menschen sonst vermögen. *(Goethe, Deutscher Parnaß)*

Was gelten soll, muß **wirken** und muß dienen. *(Goethe, Tasso)*

Was vernünftig ist, das ist wirklich; und was **wirklich** ist, das ist vernünftig.
(G. W. F. Hegel)

Wie anders **wirkt** dies Zeichen auf mich ein! *(Goethe, Faust)*

Kleine Ursachen, große **Wirkungen**.
(Sprichwort)

Wirsch, flätig und gezogen.
(Scherzhafte Redensart)
*Nicht **un**wirsch, **un**flätig, **un**gezogen*

Ich fürchte nur, der **Wirt** beschweret sich; sonst gäb' ich diesen werten Gästen aus unserm Keller was zum besten.
(Goethe, Faust)

Solang der **Wirt** nur weiter borgt, sind sie vergnügt und unbesorgt.
(Goethe, Faust)

Bei einem **Wirte** wundermild, da war ich jüngst zu Gaste. *(L. Uhland, Einkehr)*

Frau **Wirtin** hat …
(Anfangszeile der meisten »Wirtinnenverse«, einer volkserotischen Verse-Sammlung)

Aller Anfang ist schwer, am schwersten der Anfang der **Wirtschaft**. *(Goethe, Hermann und Dorothea)*

Nicht Politik ist unser Schicksal, sondern die **Wirtschaft**. *(W. Rathenau)*

Wirtschaft, Horatio! Wirtschaft! Das Gebackne vom Leichenschmaus gab kalte Hochzeitsschüsseln.
(Shakespeare, Hamlet)

Grad aus dem **Wirtshaus** nun komm' ich heraus; Straße, wie wunderlich siehst du mir aus!
(H. v. Mühler, Bedenklichkeiten)

Zuviel **Wißbegierde** ist ein Fehler, und aus einem Fehler können alle Laster entspringen, wenn man ihnen zu sehr nachhängt. *(G. E. Lessing, Doktor Faust)*

Alles **Wissen** geht aus einem Zweifel hervor und endet in einem Glauben.
(M. v. Ebner-Eschenbach)

Es gibt nur ein einziges Gut für den Menschen: das **Wissen**, und nur ein einziges Übel: die Unwissenheit.
(Sokrates)

Es ist nicht genug zu **wissen**; man muß auch anwenden; es ist nicht genug zu wollen: man muß auch tun.
(Goethe, Sprüche)

Man muß von dem Grundsatz ausgehen, daß **Wissen** und Glauben nicht dazu da sind, einander aufzuheben, sondern einander zu ergänzen. *(Goethe)*

Mit dem **Wissen** wächst der Zweifel.
(Goethe, Maximen und Reflexionen)

Nicht aus noch ein **wissen**.
(Nach 1. Könige 3, 7)

Nicht **wissen**, was rechts oder links ist.
(Nach Jona 4, 11)

Unser **Wissen** ist Stückwerk.
(1. Kor. 13, 9)

Weder aus noch ein **wissen**.
(Redensart, nach 1. Könige 3, 7)

Wir **wissen** wohl, wer wir sind; aber nicht, was wir werden können.
(Shakespeare, Hamlet)

Die **Wissenden** reden nichts, die Redenden wissen nichts.
(Chinesisches Sprichwort)

Der Baum des **Wissens** ist nicht der des Lebens. *(Byron)*

Der Endzweck der **Wissenschaft** ist Wahrheit, der Endzweck der Künste hingegen ist Vergnügen. *(G. E. Lessing, Laokoon)*

Die **Wissenschaft** fängt eigentlich erst da an interessant zu werden, wo sie aufhört.
(J. v. Liebig)

Es gibt keine trockene **Wissenschaft**; es gibt nur trockene Gelehrsamkeit und trockene Gelehrte. *(J. Unger)*

Fröhliche **Wissenschaft**.
(Titel einer Schrift von F. Nietzsche)

Ich bin nämlich gar kein Mann der **Wissenschaft**, kein Beobachter, kein Experimentator, kein Denker. Ich bin nichts als ein Conquistadorentemperament, ein Abenteurer, wenn du es übersetzt willst, mit der Neugierde, der Kühnheit und der Zähigkeit eines solchen. *(S. Freud, 1900)*

Verachte nur die Vernunft und **Wissenschaft**! *(Goethe, Faust)*

Von wannen kommt dir diese **Wissenschaft**? *(Schiller, Jungfrau von Orleans)*

Wer **Wissenschaft** und Kunst besitzt, hat auch Religion; wer jene beiden nicht besitzt, der habe Religion. *(Goethe)*

Wissenschaft ist Macht. *(R. Bacon)*

Wissenschaft ist nur eine Hälfte, Glauben ist eine andere. *(Novalis)*

So ihr solches **wisset**, selig seid ihr, so ihr es tut. *(Joh. 13, 17)*

Das Scherflein der armen **Witwe**.
(Nach Mark. 12, 42 ff.)

Die lustige **Witwe**.
(Operette von V. Leon u. L. Stein/F. Lehár)

Witwen bekümmert oft größere Not, als glückliche Menschen ermessen.
(G. A. Bürger)

Unter allen Ständen, die da werden angetroffen auf unserer Erden, ist zweifelsohne, wie bekannt, der **Witwenstand** der betrübteste Stand.
(K. A. Kortum, Jobsiade)

Ein **Witwer** findet leicht ein Weib, aber Waisen finden schwer eine Mutter.
(Sprichwort)

Auch der **Witz** muß den Segen Gottes haben. *(Sprichwort)*

Der **Witz** hat einen Bart. *(Redensart)*
Soviel wie: ist uralt

Der **Witz** ist das einzige Ding, was um so weniger erfunden wird, je eifriger man es sucht. *(F. Hebbel)*

Die lästigen Dummköpfe sind die, welche **Witz** haben.
(F. de La Rochefoucauld)

In traurigen Zeiten blüht der **Witz**.
(Jüdisches Sprichwort)

Krieg führt der **Witz** auf ewig mit dem Schönen, er glaubt nicht an den Engel und den Gott; dem Herzen will er seine Schätze rauben, den Wahn bekriegt er und verletzt den Glauben.
(Schiller, Mädchen von Orleans)

Lieber einen Freund verlieren als einen **Witz**. *(Horaz, Satirae)*

Mit wenig **Witz** und viel Behagen.
(Goethe, Faust)

Wer stets zu Hause bleibt, hat nur **Witz** fürs Haus. *(Shakespeare, Die beiden Veroneser)*

Witz auf Witz! Schlag auf Schlag!
(Nach J. W. L. Gleim)

Witz der Geschichte. *(Nach Bismarck)*

Witzbold, schlechter Charakter.
(B. Pascal, Pensées)

Blutige **Witze**. *(Nach K. Gerok, Ave Caesar)*

Kürze ist des **Witzes** Seele.
(Shakespeare, Hamlet)

Ich bin nicht bloß selbst **witzig**, sondern auch Ursache, daß andere Witz haben.
(Shakespeare, Heinrich IV.)

Wo steht das geschrieben?
(M. Luther, Katechismus)

Für den Fleißigen hat die **Woche** sieben Heute, für den Faulen sieben Morgen.
(Sprichwort)

Saure **Wochen**, frohe Feste. *(Goethe, Schatzgräber)*

Ich bin von je der Ordnung Freund gewesen, möcht' ihn auch tot im **Wochenblättchen** lesen. *(Goethe, Faust)*

Du treibst mir's gar zu toll, ich fürcht', es breche! Nicht jeden **Wochenschluß** macht Gott die Zeche.
(Goethe, Sprichwörtlich)

Et gah uns **wohl** op unse ole Daage!
(Trinkspruch der Eiderstedter Bauerntochter Martje Flohrs, um 1700)

Ein warmes Kleid, den Bauch nicht voll, so geht's gewiß dir **wohl**.
(Englisches Sprichwort)

Indem wir für das **Wohl** anderer streben, fördern wir das eigene. *(S. Smiles, Charakter)*

Wohl dem, der frei von Schuld und Fehle. *(Schiller, Kraniche des Ibykus)*

Wohl dem, der seiner Väter gern gedenkt. *(Goethe, Iphigenie)*

Wohlauf, Kameraden, aufs Pferd, aufs Pferd! *(Schiller, Wallensteins Lager)*

Wohlauf noch getrunken den funkelnden Wein! *(J. Kerner/R. Schumann, Wanderlied)*

Laßt **wohlbeleibte** Männer um mich sein, mit glatten Köpfen und die nachts gut schlafen. *(Shakespeare, Caesar)*

Des Volkes **Wohlfahrt** ist die höchste Pflicht. *(Schiller, Maria Stuart)*

Wenn sich die Völker selbst befrein, da kann die **Wohlfahrt** nicht gedeihn.
(Schiller, Glocke)

Sehr **wohlfeil** ist sehr teuer.
(G. E. Lessing, Sinngedichte)

Nicht alle, die **»Wohlgeboren«** sind, sind »Wohlgestorben«. *(G. Ch. Lichtenberg)*

Sich in **Wohlgefallen** auflösen.
(Redensart)

Dies ist mein lieber Sohn, an welchem ich **Wohlgefallen** habe. *(Matth. 3, 17)*

Den Tag seh' ich erscheinen, der mir **wohlgefallen** tut. *(R. Wagner, Meistersinger von Nürnberg)*

Alle **Wohlgerüche** Arabiens.
(Shakespeare, Macbeth)

Was Gott tut, das ist **wohlgetan**.
(Kirchenlied von S. Rodigast)

Süßer **Wohllaut** schläft in der Saiten Gold. *(Schiller, Graf von Habsburg)*

Wohlleben zehrt, Wohlreden ehrt, Wohlwollen währt, Wohltun nährt.
(Anastasius Grün, Sprüche)

Nur wer im **Wohlstand** lebt, lebt angenehm. *(B. Brecht/K. Weill, Dreigroschenoper)*

Nichts wird langsamer vergessen als eine Beleidigung und nichts eher als eine **Wohltat**. *(M. Luther)*

Wo von zwei gewissen Übeln eins ergriffen werden muß, wo sich das Herz nichts ganz zurückbringt aus dem Streit der Pflichten, da ist es **Wohltat**, keine Wahl zu haben, und eine Gunst ist die Notwendigkeit. *(Schiller, Wallensteins Tod)*

Einer, der viele **Wohltaten** empfangen, hört auf, sie zu zählen, und fängt an, sie zu wägen. *(Jean Paul)*

Geheime **Wohltaten** sind die besten.
(Sprichwort)

Wohltaten, die für morgen projektiert, geplant oder vorgesehen sind, zählen für die hungernden Menschen von heute überhaupt nicht. *(Indira Gandhi)*

Wohltaten hören auf, Wohltaten zu sein, wenn man sucht, sich für sie bezahlt zu machen. *(G. E. Lessing, Der junge Gelehrte)*

Wohltaten, still und rein gegeben, sind Tote, die im Grabe leben; sind Blumen, die im Sturm bestehn, sind Sternlein, die nicht untergehn. *(M. Claudius, Der Wandsbecker Bothe)*

Manchen **Wohltäter** verirrt das Leid der anderen derartig, daß er nicht weiß, wo er seine Taschen hat.
(G. Ch. Lichtenberg)

Wohltätig ist des Feuers Macht.
(Schiller, Glocke)

Wohltätigkeit kennt keinen Unterschied der Nation. *(H. v. Moltke)*

Wohltun beginnt zu Hause.
(Englisches Sprichwort)

Man ist nur eigentlich lebendig, wenn man sich des **Wohlwollens** anderer freut.
(Goethe, Maximen und Reflexionen)

Wohlzutun und mitzuteilen vergesset nicht. *(Hebr. 13, 16)*

Hinter den Bergen **wohnen** auch Leute.
(Sprichwort)

Wie schön sind deine Hütten, Jakob, und deine **Wohnstätten**, Israel!
(4. Mos. 24, 5)

In meines Vaters Hause sind viele **Wohnungen**. *(Joh. 14, 2)*

Der **Wolf** ändert das Haar, aber er bleibt, was er war. *(Alter Spruch)*

Wen der **Wolf** nicht zerriß, den prellte der Fuchs. *(Schiller, Fiesco)*

Wenn ich ein Lamm schenken will, laß ich's durch keinen **Wolf** überreichen.
(Schiller, Fiesco)

Wer **Wolf** ist, soll als Wolf sich geben, das ist das Sicherste im Leben.
(J. de La Fontaine)

Wolf im Schafspelz. *(Redensart, nach Matth. 7, 15)*

Mit den **Wölfen** muß man heulen.
(Sprichwort)

Wolfram von Eschenbach, beginne!
(R. Wagner, Tannhäuser)

Stürzt das Scheusal in die **Wolfsschlucht**!
(F. Kind/C. M. v. Weber, Freischütz)

Nicht jede **Wolk'** erzeugt ein Ungewitter. *(Shakespeare, Heinrich VI.)*

Aus der **Wolke** quillt der Segen, strömt der Regen. *(Schiller, Glocke)*

Aus allen **Wolken** gefallen sein.
(Redensart)
Völlig überrascht sein

Eilende **Wolken**, Segler der Lüfte! Wer mit euch wanderte, mit euch schiffte.
(Schiller, Maria Stuart)

Wie wird mir – Leichte **Wolken** heben mich! *(Schiller, Jungfrau von Orleans)*

Wolkenkuckucksheim. *(Redensart, nach Aristophanes, Die Vögel)*

Sich in die **Wolle** geraten. *(Redensart)*
Heftig miteinander streiten

Viel Geschrei und wenig **Wolle**.
(Sprichwort)

Hab' ich des Menschen Kern erst untersucht, so weiß ich auch sein **Wollen** und sein Handeln. *(Schiller, Wallensteins Tod)*

Wir **wollen** es, das sei Gesetz.
(Schiller, Wilhelm Tell)

Wollen habe ich wohl. *(Röm. 7, 18)*

Wär's möglich? Könnt' ich nicht mehr, wie ich **wollte**? *(Schiller, Wallensteins Tod)*

Es ist eine **Wollust**, einen großen Mann zu sehen. *(Goethe, Götz von Berlichingen)*

Ihrer zwei sind, die sich hassen und einander doch nicht lassen: Wo die **Wollust** kehret ein, wird nicht weit die Unlust sein. *(F. v. Logau, Sinngedichte)*

Wollust ist's den Göttern, Menschen zu beglücken; zu verderben die Menschen, ist den Göttern Schmerz.
(Schiller, Semele)

Wollust ward dem Wurm gegeben.
(Schiller, An die Freude)

Ein **Wollüstling**, der bewundert, begehrt.
(G. E. Lessing, Emilia Galotti)

Winterstürme wichen dem **Wonnemond**.
(R. Wagner, Walküre)

O **Wonnesaft** der edlen Reben! O Gegengift für jede Pein! *(E. M. Arndt)*

Das **Wort** ist frei, die Tat ist stumm, der Gehorsam blind.
(Schiller, Wallensteins Lager)

Das **Wort** ist tot, der Glaube macht lebendig. *(Schiller, Maria Stuart)*

Das **Wort** sie sollen lassen stahn.
(M. Luther, Ein' feste Burg)

Das **Wort** verwundet leichter als es heilt.
(Goethe, Natürliche Tochter)

Dem Weisen genügt ein **Wort**.
(Sprichwort)

Dein **Wort** in Gottes Ohr! *(Redensart)*
Mögest du recht behalten!

Denn eben, wo Begriffe fehlen, da stellt ein **Wort** zur rechten Zeit sich ein.
(Goethe, Faust)

Der Sprecher und das **Wort** sind zwei Personen. *(M. Luther, Tischreden)*

Du sprichst ein großes **Wort** gelassen aus. *(Goethe, Iphigenie)*

Ein ausgesprochenes **Wort** ist fürchterlich, wenn es das auf einmal ausspricht, was sich das Herz lange erlaubt hat.
(Goethe, Wahlverwandtschaften)

Ein böses **Wort** läuft bis ans Ende der Welt. *(W. Busch)*

Ein Mann – ein **Wort**. *(Sprichwort)*
Ergänzt: … eine Frau, ein Wörterbuch

Ein off'nes **Wort** hilft hier und dort.
(Sprichwort)

Ein redlich **Wort** macht Eindruck, schlicht gesagt.
(Shakespeare, Richard III.)

Ein **Wort** gleicht der Biene, es hat Honig und Stachel. *(Talmud)*

Ein **Wort** nimmt sich, ein Leben nie zurück. *(Schiller, Wallensteins Tod)*

Gib nicht zu schnell dein **Wort**, so brauchst du's nicht zu brechen. *(F. Rückert)*

Ich bitte ums **Wort**! *(Schwank von O. Blumenthal)*

Im Anfang war das **Wort**, und das Wort war bei Gott, und Gott war das Wort. *(Joh. 1, 1)*

Ist das **Wort** der Lipp' entflohn, du ergreifst es nimmermehr. *(W. Müller, Das geflügelte Wort)*

Jedes ausgesprochene **Wort** erregt den Gegensinn. *(Goethe, Maximen und Reflexionen)*

Jedes überflüssige **Wort** wirkt seinem Zweck gerade entgegen. *(A. Schopenhauer, Parerga und Paralipomena)*

Mit Klugheit sprechen – groß Geschick! Gesprochen **Wort** kehrt nicht zurück. *(Freidank, Bescheidenheit)*

Niemand holt sein **Wort** wieder ein. *(W. Busch)*

Nur **Wort'** und Worte, aus dem Herzen nichts. *(Shakespeare, Troilus und Cressida)*

Oft kommt ein nützlich **Wort** aus schlechtem Munde. *(Schiller, Wallensteins Tod)*

Und sagte kein einziges **Wort**. *(Roman von H. Böll)*

Verzeihen Sie das harte **Wort**! *(J. Stettenheim, Wippchens sämtliche Berichte)*

Verzeiht das **Wort**, das schlecht ist wie die Sache! *(F. G. Klopstock, Jakobiner)*

Von einem **Wort** läßt sich kein Jota rauben. *(Goethe, Faust)*

Wo man das **Wort** öffentlich verfolgt, da will es sein. *(M. Luther)*

Wort gehalten wird in jenen Räumen. *(Schiller, Thekla)*

Nicht mehr der **Worte** rednerisch Gepränge, nur der Natur getreues Bild gefällt. *(Schiller, Gedichte)*

Der **Worte** sind genug gewechselt, laßt mich auch endlich Taten sehn. *(Goethe, Faust)*

Die stillsten **Worte** sind es, welche den Sturm bringen. *(F. Nietzsche)*

Drei **Worte** nenn' ich euch, inhaltsschwer, sie gehen von Mund zu Mund. *(Schiller, Worte des Glaubens)*

Ein volles Herz kann die **Worte** nicht wägen. *(G. E. Lessing, Minna von Barnhelm)*

Entwischte **Worte** sind beleidigte Vertraute. *(Schiller, Don Carlos)*

Gar vieles kann, gar vieles muß geschehn, was man mit **Worten** nicht bekennen darf. *(Goethe, Natürliche Tochter)*

Geflügelte **Worte**. *(Nach Homer, bekanntgeworden durch G. Büchmann)*

Gewöhnlich glaubt der Mensch, wenn er nur **Worte** hört, es müsse sich dabei doch auch was denken lassen. *(Goethe, Faust)*

Glatte **Worte** machen. *(Nach Spr. Salom. 2, 16)*

Gute **Worte** und harte Strafen sind die beste Zucht. *(Sprichwort)*

Haltet euch an meine **Worte** und nicht an meine Werke! *(Nach Matth. 23, 3)*
Auch zitiert: ... meine Taten

Ich habe nichts als **Worte**, und es ziemt dem edlen Mann, der Frauen Wort zu achten. *(Goethe, Iphigenie)*

Im ganzen – haltet euch an **Worte**! *(Goethe, Faust)*

Lieber ein paar verkehrte **Worte** als einen verkehrten Sinn. *(G. E. Lessing)*

Tatsachen sind stärker als **Worte**. *(Sprichwort)*

Verzeih', ich kann nicht hohe **Worte** machen. *(Goethe, Faust)*

Viele **Worte** wässern, wenig Worte würzen. *(C. Spitteler, Olympischer Frühling)*

Wahre **Worte** sind nicht schön. *(Ostasiatische Wahrheit)*

Wo **Worte** selten, haben sie Gewicht. *(Shakespeare, Richard II.)*

Worte scharwenzeln um die Wahrheit herum; sie ist keusch. *(W. Busch)*

Worte sind des Dichters Waffen. *(Goethe, Deutscher Parnaß)*

Worte, Worte, nichts als Worte. *(Shakespeare, Troilus und Cressida)*

Worte zahlen keinen Zoll. *(Sprichwort)*

Mit **Worten** nicht, mit Taten laßt mich danken! *(Th. Körner, Zriny)*

Von **Worten** zu Taten ist ein weiter Weg. *(Sprichwort)*

Wörterbücher sind wie Uhren; die schlechteste ist besser als gar keine, und von der besten kann man nicht erwarten, daß sie immer ganz genau geht. *(S. Johnson)*

In ein paar Jahren steht eben das als herrschende Bedeutung in den **Wörterbüchern**, was eben noch für Mißbrauch, ja auch als bloß falsch galt. *(D. Sternberger, Aus dem Wörterbuch des Unmenschen, 1967)*

In des **Worts** verwegenster Bedeutung. *(Schiller, Don Carlos)*

Wer sagt, daß **Wucher** Sünde sei, der hat kein Geld, das glaube frei! *(M. Luther)*

Mit seinem Pfunde **wuchern**. *(Nach Luk. 19, 12–23)*

Alte **Wunde** blutet leicht. *(Sprichwort)*

Oft nach einem Tag, oft schon nach einer Stunde belächelst du den Schmerz und fühlst nicht mehr die **Wunde**. *(F. Rückert)*

O Königin, du weckst der alten **Wunde** unnennbar schmerzliches Gefühl. *(Schiller, Zerstörung von Troja)*

Wie brennt meine alte **Wunde**! *(H. Heine, Grenadiere)*

Der Narben lacht, wer **Wunden** nie gefühlt. *(Shakespeare, Romeo und Julia)*

Narben bleiben, auch wenn die **Wunden** verheilen. *(Sprichwort)*

Öl in die **Wunden** gießen. *(Nach Luk. 10, 34)*

Ach, es geschehen keine **Wunder** mehr! *(Schiller, Jungfrau von Orleans)*

Das große unzerstörbare **Wunder** ist der Menschenglaube an Wunder. *(Jean Paul, Vorschule der Ästhetik)*

Das größte **Wunder** der Liebe ist, daß sie die Gefallsucht heilt. *(F. de La Rochefoucauld)*

Das wär' kein **Wunder**, wundersüchtiges Volk? *(G. E. Lessing, Nathan der Weise)*

Das **Wunder** ist des Augenblicks Geschöpf. *(Goethe, Natürliche Tochter)*

Das **Wunder** ist des Glaubens liebstes Kind. *(Goethe, Faust)*

Der **Wunder** höchstes ist, daß uns die wahren, echten Wunder so alltäglich werden können, werden sollen.
(G. E. Lessing, Nathan der Weise)

Die **Wunder** ruhn, der Himmel ist verschlossen. *(Schiller, Jungfrau von Orleans)*

Gib acht, du sollst dein **Wunder** schaun!
(Schiller, Pegasus im Joche)

Ich weiß, es wird einmal ein **Wunder** geschehn. *(Lied aus dem Tonfilm »Die große Liebe«)*

Nun sag mir eins, man soll kein **Wunder** glauben! *(Goethe, Faust)*

Nur ein **Wunder** kann dich tragen in das schöne Wunderland. *(Schiller, Sehnsucht)*

Sein blaues **Wunder** erleben.
(Redensart)
Unangenehm überrascht werden

Welches **Wunder** begibt sich? *(Schiller, Pompeji und Herkulaneum)*

Wenn ein **Wunder** auf der Welt geschieht, geschieht's durch liebevolle, treue Herzen. *(Goethe)*

Wenn ich dies **Wunder** fassen will, so steht mein Geist vor Ehrfurcht still.
(Ch. F. Gellert, Dies ist der Tag)

Wunder erleben nur diejenigen, die daran glauben.
(Französisches Sprichwort)

Des deutschen Spießers **Wunderhorn**.
(Novellensammlung von G. Meyrink)

Des Knaben **Wunderhorn**.
(Liedersammlung von A. v. Arnim und C. Brentano)

Wunderliche Heilige. *(Nach Psalm 4)*

Man sollte sich darüber **wundern**, daß man sich überhaupt noch wundern kann.
(F. de La Rochefoucauld)

Ich kenn' ein Blümlein **Wunderschön** und trage danach Verlangen.
(Goethe, Das Blümlein Wunderschön)

O **wunderschön** ist Gottes Erde…
(L. C. H. Hölty, Aufmunterung zur Freude)

Wunderseliger Mann, welcher der Stadt entfloh! *(L. C. H. Hölty, Landleben)*

Wundertäter ohnegleichen, laß ein Wunder uns erfreun! *(E. Mörike, Herbstfeier)*

Wundertätig ist die Liebe, die sich im Gebet enthüllt. *(Goethe, Novelle)*

Ick **wundre** mir über jar nischt mehr.
(Couplet von O. Reutter)

Dein **Wunsch** ist mir Befehl!
(Redensart)

Dein **Wunsch** war des Gedankens Vater, Heinrich! *(Shakespeare, Heinrich IV.)*

Denn jeder **Wunsch**, wenn er erfüllt, kriegt augenblicklich Junge. *(W. Busch, Schein und Sein)*

Der **Wunsch** ist oft der Vater des Gedankens. *(Sprichwort)*

Das Schicksal gewährt uns unsere **Wünsche**, aber auf seine Weise, um uns etwas über unsere Wünsche geben zu können.
(Goethe)

Es gehen viele **Wünsche** in einen Sack.
(Sprichwort)

Fromme **Wünsche**!
(Titel einer Schrift des Jesuiten H. Hugo)

Wer seine **Wünsche** zähmt, ist immer reich genug. *(Voltaire)*

Es stirbt der Glücklichste **wünschend**.
(G. Ch. v. Kleist, Frühling)

Wunschkind.
(Nach Titel eines Romans von I. Seidel)

Man **wünscht** viel, was einem nicht recht wär', wenn's nachher in Erfüllung ginge.
(B. Auerbach)

Was man **wünscht**, das glaubt man gern.
(Sprichwort)

Der Menschheit **Würde** ist in Eure Hand gegeben, bewahret sie! *(Schiller, Die Künstler)*

Die **Würde** des Amtes zu üben.
(Schiller, Graf von Habsburg)

Würde bringt Bürde. *(Sprichwort)*

Das **Würdige** beschreibt sich nicht.
(Goethe, Faust)

Wem der große **Wurf** gelungen.
(Schiller, An die Freude)

Der **Würfel** ist gefallen.
(Caesar, nach Sueton)

Würfel, Weiber, Wein bringen Lust und Pein. *(F. v. Logau)*

Das wilde eiserne **Würfelspiel**.
(Schiller, Die Schlacht)

Da steckt der **Wurm** drin! *(Redensart)*
Das ist verdächtig

Der kleinste **Wurm**, getreten, windet sich. *(Shakespeare, Heinrich IV.)*

Ein jeder Mann hat seinen **Wurm**, Kopernikus den seinen.
(Goethe, Sprichwörtlich)

Wie! ist dem zertretnen **Wurm** auch das Krümmen nicht vergönnet?
(A. v. Kotzebue, Ausbruch der Verzweiflung)

Bei einem vollen Glase zieh' ich wie einen Kinderzahn, den Burschen leicht die **Würmer** aus der Nase.
(Goethe, Faust)

Jemandem die **Würmer** aus der Nase ziehen. *(Redensart)*
Jemanden geschickt aushorchen

Von den **Würmern** gefressen werden.
(Nach Hiob 4, 19; Apostel. 12, 23)

Kein **Würmlein** ist so tief verborgen in der Erden, Gott ordnet's, daß ihm da kann seine Speise werden.
(Angelus Silesius)

Jetzt geht's um die **Wurst**! *(Redensart)*
Jetzt kommt's zur Entscheidung

Mit der **Wurst** nach der Speckseite werfen. *(Redensart)*
Etwas geben, damit einem etwas noch Wertvolleres gegeben werde

Wurst wider Wurst! *(Sprichwort)*
Gleichbedeutend mit: Wie du mir, so ich dir!

Arbeit ist des Lebens **Würze**.
(Sprichwort)

In der Kürze liegt die **Würze**.
(Sprichwort)

Kürze ist der Rede **Würze**.
(Sprichwort)

Salz ist die beste **Würze**. *(Sprichwort)*

In der **Wüste** ist der Sand billig.
(Sprichwort)

Die Axt an die **Wurzel** legen.
(Nach Matth. 3, 10)

Geiz ist eine **Wurzel** alles Übels.
(1. Tim. 6, 10)

Hier sind die starken **Wurzeln** deiner Kraft. *(Schiller, Wilhelm Tell)*

Wüstenkönig ist der Löwe.
(F. Freiligrath, Löwenritt)

Spring' an, mein **Wüstenroß** aus Alexandria!
(F. Freiligrath, Alexandriner)

Denn was er sinnt, ist Schrecken, und was er blickt, ist **Wut**.
(L. Uhland, Des Sängers Fluch)

Die losgebundenen Furien der **Wut** ruft keines Herrschers Stimme mehr zurück.
(Schiller, Braut von Messina)

Gebüßt wird unter der Sonnen jeder Tat der verblendeten **Wut**.
(Schiller, Braut von Messina)

Glaubt nicht, daß bei dem größten Glücke ein **Wütrich** jemals glücklich ist.
(Ch. F. Gellert, Damokles)

X

Jemand ein **X** für ein U (vor)machen.
(Redensart)
Jemanden täuschen

Xanthippe.
Bezeichnung für ein zänkisches Weib (nach der Frau des Sokrates)

Daß der Gatte **Xanthippes** ein so großer Philosoph geworden, ist merkwürdig. Während allem Gezänk' noch denken! Aber Schreiben konnte er nicht, das war unmöglich: Sokrates hat kein einziges Buch hinterlassen.
(H. Heine, Gedanken und Einfälle)

Xenien nennt ihr euch! Ihr gebt euch für Küchenpräsente? Ißt man denn, mit Vergunst, spanischen Pfeffer bei euch?
(Goethe u. Schiller, Xenienalmanach)

Ach! hier lieg ich und strecke nach deinen Knien die Hände flehend aus. Oh, vernimm, Jupiter **Xenius**, mich!
(Goethe, Römische Elegien)

Y

Ach, armer **Yorick**!
(L. Sterne, Yoricks empfindsame Reise)

Aussehen wie der Tod von **Ypern**.
(Redensart) Sehr elend aussehen

Z

Zachäus auf allen Kirchweihen.
(Nach Luk. 19, 2–10)

Die **Zahl** ist das Wesen aller Dinge.
(Pythagoras)

Ihre **Zahl** ist Legion. *(Nach Mark. 5, 9)*
Eine sehr große Anzahl

Ich **zahle** dir in einem andern Leben.
(Schiller, Resignation)

Ach! reines Glück genießt doch nie, wer **zahlen** soll und weiß nicht wie.
(W. Busch, Maler Klecksel)

Zahlen beweisen, sagt Benzenberg.
(Redensart, nach J. F. Benzenberg)

Zahlen entscheiden.
(Nach J. F. Benzenberg)

Gute Borger – schlechte **Zahler**.
(Sprichwort)

Ein jeder **zählt** nur sicher auf sich selbst.
(Schiller, Wilhelm Tell)

Man läßt sich gern schützen, aber man **zahlt** nicht gern.
(Bismarck im Preußischen Abgeordnetenhaus, 1865)

Auge um Auge, **Zahn** um Zahn.
(Redensart, nach 2. Mos. 21, 24 u. a.)

Dem tut kein **Zahn** mehr weh!
(Redensart)
Der ist tot

Ein hohler **Zahn** ist ein Asket, der allen Lüsten widersteht. *(W. Busch)*

Ein **Zahn**, ein hohler, macht mitunter sogar die faulsten Leute munter.
(W. Busch)

Jemandem auf den **Zahn** fühlen.
(Redensart)
Soviel wie: prüfen, aushorchen, befragen

Viktoria! Viktoria! Der kleine weiße **Zahn** ist da. *(M. Claudius/L. Löwe, Als der erste Zahn durch war)*

Zahn der Zeit. *(Redensart/Shakespeare, Maß für Maß)*

Die **Zähne** zeigen. *(Redensart)*
Zeigen, daß man sich nicht einschüchtern läßt.

Die **Zähne** zusammenbeißen.
(Redensart, nach Matth. 8, 12 u. a.)

Gehege der **Zähne**. *(Homer, Ilias)*

Da wird sein Heulen und **Zähneklappen**.
(Matth. 8, 12)
Meist zitiert: … Zähneklappern.

Haare auf den **Zähnen** haben.
(Redensart)
Sich nichts bieten lassen, energisch sein

Mit fremden **Zähnen** kann man nicht kauen. *(Jüdisches Sprichwort)*

Denn noch bis jetzt gab's keinen Philosophen, der mit Geduld das **Zahnweh** konnt ertragen, ob sie der Götter Sprache gleich geredet und Schmerz und Zufall als ein Nichts verlacht.
(Shakespeare)

Zahnweh im Herzen.
(H. Heine, Buch Le Grand)

Mit **Zank** und Streit kommt man nicht weit. *(Sprichwort)*

Wer **Zank** liebt, der liebt Sünde.
(Spr. Salom. 17, 19)

Zankapfel. *(Nach Homer, Ilias)*

Zanke nicht mit einem Gewaltigen.
(Jes. Sir. 8, 1)

Zanke nicht mit einem Schwätzer, daß du nicht Holz zutragest zu seinem Feuer.
(Jes. Sir. 8, 4)

Zum **Zanken** gehören immer zwei, schweigst du, so ist der Zank vorbei.
(Sprichwort)

Zappeln lassen. *(Redensart)*
Voll Ungeduld warten lassen.

Zappelphilipp.
(H. Hoffmann, Struwwelpeter)

Der Himmel ist hoch, und der **Zar** ist weit. *(Russische Redensart)*

Nicht jeder ist **Zar**, der im Kreml wohnt.
(Russisches Sprichwort)

Also sprach **Zarathustra**.
(Titel eines Werkes von F. Nietzsche)

Allzu große **Zartheit** der Gefühle ist ein wahres Unglück.
(K. J. Weber, Demokritos)

Der fremder **Zauber** reißt die Jugend fort. *(Schiller, Wilhelm Tell)*

Nimm mit deinem **Zauberdunkel** diese Welt von hinnen mir, daß du über meinem Leben einsam schwebest für und für. *(N. Lenau, Bitte)*

Und an diesem **Zauberfädchen**, das sich nicht zerreißen läßt, hält das liebe, lose Mädchen mich so wider Willen fest.
(Goethe, Neue Liebe, neues Leben)

Wein und schöne Mädchen sind zwei **Zauberfädchen**, die auch die erfahrnen Vögel gern umgarnen.
(F. Rückert, Die zwei Mächte)

Das eben ist der Liebe **Zaubermacht**.
(F. Grillparzer, Sappho)

Ja, wäre nur ein **Zaubermantel** mein! Und träg er mich in fremde Länder.
(Goethe, Faust)

Mondbeglänzte **Zaubernacht**, die den Sinn gefangen hält, wundervolle Märchenwelt, steig' auf in der alten Pracht!
(L. Tieck, Kaiser Octavianus)

Ließe doch ein hold Geschick mich in deinen **Zaubernähen**, mich in deinem Wonneblick still verglühen und vergehen. *(N. Lenau, Stumme Liebe)*

Der Dichter steht mit dem **Zauberstab** auf wolkigem Bergesthrone.
(E. Geibel, König Dichter)

Die Natur ist eine versteinerte **Zauberstadt**. *(Novalis, Fragmente)*

Jemanden im **Zaume** halten.
(Redensart)

Was nützt der **Zaun**, wenn die Tür offen steht? *(Sprichwort)*

Wo kein **Zaun** ist, wird das Gut verwüstet. *(Jes. Sir. 36, 27)*

Zaungast sein. *(Redensart)*

Ein Wink mit dem **Zaunpfahl**. *(Redensart)*
Ein deutlicher Hinweis

Du treibst mir's gar zu toll, ich fürcht', es breche! Nicht jeden Wochenschluß macht Gott die **Zeche**. *(Goethe, Sprichwörtlich)*

Dies schwindelköpfige **Zechen** macht verrufen bei andern Völkern uns in Ost und West, man heißt uns Säufer. *(Shakespeare, Hamlet)*

Im Kreise froher, kluger **Zecher**. *(C. G. Otto)*

Obere **Zehntausend**. *(Redensart)*
Oberschicht einer Gesellschaft

Wer wenig **zehrt**, hat lang zu zehren. *(Sprichwort)*

Am Himmel geschehen **Zeichen** und Wunder. *(Schiller, Wallensteins Lager)*

Das untrüglichste **Zeichen** angeborener großer Eigenschaften ist angeborene Neidlosigkeit. *(F. de La Rochefoucauld)*

Gib mir ein **Zeichen**, Schicksal! *(Schiller, Wallensteins Tod)*

In diesem **Zeichen** wirst du siegen! *(Eusebius Pamphili, Leben Konstantins)*

Wie anders wirkt dies **Zeichen** auf mich ein. *(Goethe, Faust)*

Zeichen der Zeit. *(Redensart, nach Matth. 16, 3)*

Zeichen und Wunder. *(Nach 5. Mos. 7, 19 u. a.)*

Treu wie der **Zeiger** am Uhrwerk. *(Schiller, Genius)*

Um Lebens oder Sterbens willen bitt' ich mir ein paar **Zeilen** aus. *(Goethe, Faust)*

Zwischen den **Zeilen** lesen. *(Redensart)*
Den tieferen Sinn eines Textes erkennen.

Ach, daß es doch wie damals wär'! Doch kommt die schöne **Zeit** nicht wieder her! *(A. Kopisch, Die Heinzelmännchen)*

Alles zernagt die **Zeit**. *(Ovid)*

Alles zu seiner **Zeit**. *(Sprichwort)*

Auf den Flügeln der **Zeit** fliegt die Traurigkeit davon. *(J. de La Fontaine)*

Benutze redlich deine **Zeit**! Willst was begreifen, such's nicht weit. *(Goethe, Sprichwörtlich)*

Das Ende krönt das Werk; und jener alte, ew'ge Ritter, die **Zeit**, wird einst es enden. *(Shakespeare, Troilus und Cressida)*

Das ist die **Zeit** der schweren Not. *(A. v. Chamisso)*

Das war eine köstliche **Zeit**! *(A. Lortzing, Waffenschmied)*

Der reifste Sohn der **Zeit**. *(Schiller, Die Künstler)*

Des Menschen Engel ist die **Zeit**. *(Schiller, Wallensteins Tod)*

Die Leute, die niemals **Zeit** haben, tun am wenigsten. *(Holländisches Sprichwort)*

Die neue **Zeit** braucht nicht mehr Titel und Pergamente, sie braucht frische Tat und Kraft. *(N. v. Gneisenau)*

Die **Zeit** befiehlt's, ihr sind wir untertan. *(Shakespeare, Heinrich IV.)*

Die **Zeit** besiegt die Welt und ihren Willen. *(J. v. Auffenberg, Bartholomäusnacht)*

Die **Zeit** bringt Rat. Erwartet's in Geduld! Man muß dem Augenblick auch was vertrauen. *(Schiller, Wilhelm Tell)*

Die **Zeit** geht aufrecht unter ihrer Last. *(Shakespeare, Sturm)*

Die **Zeit** heilt alle Wunden. *(Sprichwort)*

Die **Zeit** hilft manchmal sogar dem Arzt. *(Estnisches Sprichwort)*

Die **Zeit**, in der wir leben, verlangt Licht und Aufklärung. *(Kronprinz Friedrich Wilhelm, der spätere Kaiser Friedrich III., Berlin 1885)*

Die **Zeit** ist aus den Fugen. *(Shakespeare, Hamlet)*

Die **Zeit** ist die Larve der Ewigkeit. *(Jean Paul)*

Die **Zeit** ist eine mächtige Meisterin, sie bringt vieles in Ordnung. *(P. Corneille)*

Die **Zeit** ist euer, was sie sein wird, wird sie durch euch sein. *(K. v. Clausewitz)*

Die **Zeit** ist kurz, die Kunst ist lang. *(Goethe, Faust)*

Die **Zeit** ordnet viele Dinge. *(P. Corneille)*

Die **Zeit** schlägt Falten in die reinste Stirne, entstellt die schöne Wahrheit der Natur und prägt auf alles der Vernichtung Spur. *(Shakespeare, Sonette)*

Die **Zeit** tut hierbei nichts zur Sache. *(Molière, Menschenfeind)*

Die zwei größten Tyrannen der Erde: der Zufall und die **Zeit**. *(J. G. Herder)*

Dreifach ist der Schritt der **Zeit**: zögernd kommt die Zukunft hergezogen, pfeilschnell ist das Jetzt entflohen, ewig still steht die Vergangenheit. *(Schiller, Sprüche des Konfuzius)*

Eilig entscheidet die **Zeit**, unmerklich beschleicht uns das Alter. *(Ovid)*

Ein jeder ist ein Kind der **Zeit**. *(L. Schefer, Laienbrevier)*

Ein jegliches hat seine **Zeit**. *(Pred. Salom. 3, 1)*

Ein stiller Geist ist jahrelang geschäftig; die **Zeit** nur macht die feine Gärung kräftig. *(Goethe, Faust)*

Eins-zwei-drei! Im Sauseschritt läuft die **Zeit**, wir laufen mit. *(W. Busch, Julchen)*

Es begab sich aber zu der **Zeit**… *(Luk. 2, 1)*

Es ist **Zeit**, zur Ruhe zu gehen. *(Jean Paul)*

Flüchtiger als Wind und Welle flieht die **Zeit**. *(J. G. Herder)*

Gebraucht der **Zeit**, die geht so schnell von hinnen, doch Ordnung lehrt euch Zeit gewinnen. *(Goethe, Faust)*

Gegen den Sturm der **Zeit** kann zwar der einzelne nicht schwimmen, aber wer Kraft hat, hält sich und läßt sich von demselben nicht mit fortreißen. *(J. G. Seume, Spaziergang)*

Gehorcht der **Zeit** und dem Gesetz der Stunde! *(Schiller, Maria Stuart)*

Große **Zeit** ist immer nur, wenn's beinahe schief geht, wenn man jeden Augenblick fürchten muß: Jetzt ist alles vorbei. *(Th. Fontane, Stechlin)*

In böser **Zeit** sind Freunde weit. *(Sprichwort)*

Jedwede **Zeit** hat ihre Wehen. *(F. Freiligrath)*

Jede große **Zeit** erfaßt den ganzen Menschen. *(Th. Mommsen, Römische Geschichte)*

Jugend und verlorene **Zeit** kommt nicht wieder in Ewigkeit. *(Sprichwort)*

Kaufet die **Zeit** aus! *(Ephes. 5, 16)*

Keine **Zeit** ist mit der Zeit zufrieden; das heißt, die Jünglinge halten die künftige für idealer als die gegenwärtige, die Alten die vergangene. *(Jean Paul)*

Kinder, wie die **Zeit** vergeht! *(Lied von F. Schröder)*

Kommt **Zeit**, kommt Rat. *(Sprichwort)*

Mit Geduld und **Zeit** kommt man mählich weit. *(A. a Santa Clara)*

Nicht jede **Zeit** findet ihren großen Mann, und nicht jede Fähigkeit findet ihre Zeit. *(J. Burckhardt)*

Nicht in die ferne **Zeit** verliere dich, den Augenblick ergreife, der ist dein. *(Schiller, Macbeth)*

Niemand kann vor seiner **Zeit** davonlaufen. *(A. Schweitzer)*

Oh! Mit der **Zeit** wären wir fertig! *(Schiller, Kabale und Liebe)*

Schicket euch in die **Zeit**. *(Röm. 12, 11)*

Stürzen wir uns in das Rauschen der **Zeit**, ins Rollen der Begebenheit! *(Goethe, Faust)*

Unaufhaltsam enteilet die **Zeit**. *(Schiller, Das Unwandelbare)*

Unsere **Zeit** ist ein großer Wecker. *(J. G. Herder)*

Von **Zeit** zu Zeit seh' ich den Alten gern. *(Goethe, Faust)*

Was ist das für eine **Zeit**, wo man die Begrabenen beneiden muß! *(Goethe)*

Wem **Zeit** wie Ewigkeit, und Ewigkeit wie Zeit, der ist befreit von allem Leid. *(J. Böhme)*

Wer die **Zeit** drängt, den verdrängt die Zeit. *(Sprichwort)*

Wer die **Zeit** verklagen will, daß so zeitig sie verraucht, der verklage sich nur selbst, daß er sie nicht zeitig braucht. *(F. v. Logau, Sinngedichte)*

Wer nicht kommt zur rechten **Zeit**, der muß nehmen, was übrigbleibt. *(Sprichwort)*

Wer vor der **Zeit** beginnt, der endigt früh. *(Shakespeare, Romeo und Julia)*

Willst du recht verstehn die **Zeit**: Schau sie im Lichte der Ewigkeit! *(G. C. Dieffenbach)*

Wir eilen mit dem Strom der **Zeit** stets näher hin zur Ewigkeit. *(C. F. Neander)*

Zeit bringt Rat. *(Sprichwort)*

Zeit gewonnen, viel gewonnen; Zeit verloren, viel verloren. *(Sprichwort)*

Zeit ist Geld. *(Englisches Sprichwort)*

Zeit ist Leben, und Leben ist Zeit. *(Sprichwort)*

Zeit ist wie Ewigkeit und Ewigkeit wie Zeit, so du nur selber nicht machst einen Unterschied. *(Angelus Silesius)*

Unser **Zeitalter** ist das eigentliche Zeitalter der Kritik, der sich alles unterwerfen muß. *(I. Kant, Kritik der reinen Vernunft)*

Das **Zeitalter** wird so spitzfindig, daß der Bauer dem Hofmann auf die Fersen tritt. *(Shakespeare, Hamlet)*

Goldenes **Zeitalter**. *(Nach Hesiod, Werke und Tage)*

Die **Zeiten** sind nicht mehr, wo Berta spann! *(Bismarck im Reichstag des Norddeutschen Bundes, 1870)*

Die **Zeiten** sind vorbei. *(Goethe, Götz von Berlichingen)*

Die **Zeiten** gehen hin, und für jeden kommen einmal die Jahre, wo er merkt, daß sie hingegangen sind, und er sich wundert, daß er nichts getan hat, sie aufzuhalten. *(W. Raabe)*

Du sprichst von **Zeiten**, die vergangen sind. *(Schiller, Don Carlos)*

Lieben Freunde, es gab schönre **Zeiten** als die unsern, das ist nicht zu streiten. *(Schiller, An die Freunde)*

So gib mir auch die **Zeiten** wieder, da ich selbst noch im Werden war. *(Goethe, Faust)*

Was ihr den Geist der **Zeiten** heißt, das ist im Grund der Herren eigner Geist, in dem die Zeiten sich spiegeln. *(Goethe, Faust)*

Wer weiß, was in der **Zeiten** Hintergrunde schlummert! *(Schiller, Don Carlos)*

Zeiten fordern wieder, was die Zeiten gaben: Drum ist's nur gelehnet, was wir Menschen haben. *(F. v. Logau, Sinngedichte)*

Wüßt' ich mein Herz an **zeitlich** Gut gefesselt, den Brand würf' ich hinein mit eigner Hand. *(Schiller, Wilhelm Tell)*

Das **Zeitliche** segnen. *(Redensart)*
Soviel wie: sterben

Diese **Zeitung** ist nicht für einen gebrechlichen Körper. *(Schiller, Räuber)*

Wie ist doch die **Zeitung** interessant für unser liebes Vaterland. *(A. H. Hoffmann von Fallersleben, Unpolitische Lieder)*

Du warst stets der Vater guter **Zeitungen**. *(Shakespeare, Hamlet)*

Wenn man einige Monate die **Zeitungen** nicht gelesen hat und man liest sie alsdann zusammen, so zeigt sich erst, wieviel Zeit man mit diesen Papieren verdirbt. *(Goethe, Maximen und Reflexionen)*

Ersparen Sie's uns, aus dem **Zeitungsblatt** zu melden, was wir schaudernd selbst erlebt. *(Schiller, Piccolomini)*

Zeitungsdeutsch. *(Nach A. Schopenhauer)*

Zeitungsente. *(Redensart)*
Falsche Pressemeldung

Das notwendige Übel des **Zeitungslesens**. *(H. v. Treitschke, Freiheit)*

Der **Zeitungsschreiber** ist ein Mensch, der seinen Beruf verfehlt hat. *(Nach Bismarck, 1862)*

Ich hielt, sprach Haron, dich für einen Eselstreiber; allein nun merke ich, du bist ein **Zeitungsschreiber**! *(G. K. Pfeffel, Poetische Versuche)*

Wer wußte je das Leben recht zu fassen, wer hat die Hälfte nicht davor verloren. Im Traum, im Fieber, im Gespräch mit Toren, in Liebesqual, im leeren **Zeitverprassen**? *(A. v. Platen, Sonett)*

Ist die Zeit das Kostbarste unter allem, so ist **Zeitverschwendung** die allergroßte Verschwendung. *(A. Franklin)*

Ach, wenn in unsrer engen **Zelle** die Lampe freundlich wieder brennt, dann wird's in unserm Busen helle, im Herzen, das sich selber kennt. *(Goethe, Faust)*

Manche Ehe ist ein **Zellengefängnis** der Sorge. *(P. Hille, Aphorismen)*

Ich bin dein Vater **Zephises**, und ich habe dir nichts zu sagen als dieses.
(F. Raimund, Diamant des Geisterkönigs)

Sonst spielt' ich mit **Zepter**, mit Krone und Stern. *(A. Lortzing, Zar und Zimmermann)*

Zerbrich den Kopf dir nicht zu sehr, zerbrich den Willen, das ist mehr!
(M. Claudius, Ein gülden Abc)

Das **Zeremoniell** an Höfen, im Umgange – was ist es andres als Formalienjagd und Klauberei? *(I. Kant, Werke)*

Was das für Menschen sind, deren ganze Seele auf dem **Zeremoniell** ruht!
(Goethe, Werther)

Er sterbe, doch erst soll er wissen, wer ihm sein stolzes Herz **zerfleischt**.
(L. van Beethoven, Fidelio)

Zerstören ist leichter als aufbauen.
(Sprichwort)

O welch ein edler Geist ist hier **zerstört**!
(Shakespeare, Hamlet)

Wer weinte nicht, wenn das Unsterbliche vor der **Zerstörung** selbst nicht sicher ist? *(Goethe, Tasso)*

In alle Winde **zerstreut**.
(Nach Hesek. 17, 21 u. a.)

Zerstreutes Wesen führt uns nicht zum Ziel. *(Goethe, Faust)*

Ich will mir eine fürchterliche **Zerstreuung** machen. *(Schiller, Räuber)*

Das **Zeug** zu etwas haben. *(Redensart)*
Zu etwas fähig sein

Ein falscher **Zeuge** bleibt nicht ungestraft; und wer frech Lügen redet, wird umkommen. *(Spr. Salom. 19, 9)*

Einem etwas am **Zeuge** flicken.
(Redensart)
Jemanden tadeln; ihn bekritteln

Durch zweier **Zeugen** Mund wird allerwärts die Wahrheit kund.
(Goethe, Faust)

Geh hin! Du sollst auf Erden für mich **zeugen**. *(Schiller, Jungfrau von Orleans)*

Himmel und Erde zu **Zeugen** anrufen.
(Nach 5. Mos. 4, 26 u. a.)

Einen Haufen **Zeugen** haben.
(Nach Hebr. 12, 1)

Du sollst nicht falsch **Zeugnis** reden wider deinen Nächsten.
(M. Luther, Kl. Katechismus: Das achte Gebot, 2. Mos. 20, 16)

Die echte **Zeugung** ist Entleerung des Einzelwesens von dem Weltenstoffe und geht mit ihrem Vater nicht zugrunde.
(F. Hebbel, Sonett an die Kunst)

Bedecke deinen Himmel, **Zeus**, mit Wolkendunst. *(Goethe, Prometheus)*

Du bist viel weniger ein **Zeus** als ich, o König, ein Titan! *(F. Freiligrath, Von unten auf)*

Ewig steht der Schluß des **Zeus**.
(Schiller, Klage der Ceres)

Nie mag ja ein Mann **Zeus** hindern am Ratschluß, auch der Gewaltigste nicht; denn er ist mächtig vor allen.
(Homer, Ilias)

Was tun? spricht **Zeus**.
(Schiller, Teilung der Erde)
Im Volksmund ergänzt:
... Poseidon ist besoffen

Jawohl, so sagt mancher Kaffee, der sich mit **Zichorie** begnügen muß.
(W. Raabe, Prinzessin Fisch)

Mach keine **Zicken**! *(Redensart)*
Mach keine Dummheiten

Die **Ziege** ist die Kuh des armen Mannes. *(Redensart)*

Weit vom **Ziel** ist gut vorm Schuß. *(Sprichwort)*

Beharrlichkeit führt zum **Ziel**. *(Sprichwort)*

Das **Ziel** des Rechts ist der Friede, das Mittel dazu der Kampf. *(R. v. Ihering, Kampf ums Recht)*

Die Religion ist das letzte **Ziel**, wohin alle unsre Gedanken und Handlungen gehen müssen. *(F. G. Klopstock)*

Ein glänzend **Ziel** kann man am ersten treffen. *(Shakespeare, Romeo und Julia)*

Lasset euch niemand das **Ziel** verrücken! *(Kol. 2, 18)*

Nur Beharrung führt zum **Ziel**. *(Schiller, 2. Spruch des Konfuzius)*

's ist ein **Ziel** aufs innigste zu wünschen. *(Shakespeare, Hamlet)*

Übers **Ziel** hinausschießen. *(Redensart)*
Des Guten zuviel tun

Der gerade Weg ist der kürzeste, aber es dauert meist am längsten, bis man auf ihm zum **Ziele** gelangt. *(G. Ch. Lichtenberg)*

Die Schwierigkeiten wachsen, je näher man dem **Ziele** kommt. *(Goethe)*

Noch einen Schritt vom **Ziele** oder noch gar nicht ausgelaufen sein, ist im Grunde eines. *(G. E. Lessing, Emilia Galotti)*

Zum **Ziele** führt dich diese Bahn. *(E. Schikaneder/W. A. Mozart, Zauberflöte)*

Willst du genau erfahren, was sich **ziemt**, so frage nur bei edlen Frauen an. *(Goethe, Tasso)*

Zierlich Denken und süß Erinnern ist das Leben im tiefsten Innern. *(Goethe, Sprüche in Reimen)*

Wie **Zieten** aus dem Busch. *(Th. Fontane, Der alte Zieten)*

Eine **Zigarre** bekommen. *(Redensart)*
Getadelt werden

Bei **Zigarren** darf man ja den Preis sagen. *(P. Lindau, Maria und Magdalena)*

Die Axt im Haus erspart den **Zimmermann**. *(Sprichwort/Schiller, Wilhelm Tell)*

Jemandem zeigen, wo der **Zimmermann** das Loch gelassen hat. *(Redensart)*
Jemanden hinausweisen

Mach keinen **Zimt**! *(Redensart)*
Mach keine Dummheiten!

Er stand auf seines Daches **Zinnen**. *(Schiller, Ring des Polykrates)*

Die **Zinnfiguren** sind Verbindung zwischen Kunst und Kind und uns, den alten Leuten. *(J. Ringelnatz, Zinnfiguren)*

Zins und Miete schlafen nicht. *(Sprichwort)*

Tochter **Zion**, freue dich! Jauchze laut, Jerusalem! *(J. Eschenburg/G. F. Händel, Judas Makkabäus)*

Man muß das Tuch bei allen vier **Zipfeln** nehmen. *(Sprichwort)*

Schließt den heil'gen **Zirkel** dichter! Schwört bei diesem goldnen Wein, dem Gelübde treu zu sein, schwört es bei dem Sternenrichter! *(Schiller, An die Freude)*

Im engen **Zirkeltanz**. *(Goethe, Faust)*

Kunstwörter müssen dann der Dummheit Blöße decken, und ein gelehrt **Zitat** macht Zierden selbst zu Flecken.
(G. E. Lessing, Fragmente)

Durch viele **Zitate** vermehrt man seinen Anspruch auf Gelehrsamkeit, vermindert den auf Originalität, und was ist Gelehrsamkeit gegen Originalität? Man soll Zitate also nur gebrauchen, wo man fremder Autorität wirklich bedarf.
(A. Schopenhauer, Neue Paralipomena)

So ein paar grundgelehrte **Zitate** zieren den ganzen Menschen.
(H. Heine, Buch Le Grand)

Hör auf den Klang der **Zither** und öffne mir das Gitter.
(L. Da Ponte/W. A. Mozart, Don Giovanni)

Mit **Zittern** und Zagen.
(Redensart, nach Apostel. 9, 6)

Wie Espenlaub **zittern**. *(Redensart)*

Zittre, Byzanz! *(G. Donizetti, Belisar)*

Mut auf den Schlachtfeldern ist bei uns Gemeingut. Aber Sie werden nicht selten finden, daß es ganz achtbaren Leuten an **Zivilcourage** fehlt. *(Bismarck, 1864)*

Die **Zivilisation** eines Landes erkennt man an den Männern, die Kultur erkennt man an den Frauen.
(G. Carducci)

Es gibt nur einen einzigen, mächtigen Hebel aller **Zivilisation**, die Religion.
(J. J. Bachofen, Urreligion …)

Frankreich marschiert an der Spitze der **Zivilisation**.
(Nach Guizot, Vorlesungen über die Geschichte der Zivilisation in Europa)

Die Menschen sind insgesamt, je **zivilisierter**, desto mehr Schauspieler.
(I. Kant)

Zögern bringt Gefahr.
(Shakespear, Heinrich VI.)

Unwissenheit, Armut und Aberglaube vereinigten sich mit der entsittlichenden Wirkung des im elften Jahrhundert eingeführten **Zölibats**, um die absolute Papstmacht immer stärker werden zu lassen. *(L. Büchner, Überreligiöse und wissenschaftliche Weltanschauung)*

Jeder **Zoll** ein König.
(Shakespeare, König Lear)

Wer am **Zoll** sitzt, ohne reich zu werden, ist ein Pinsel. *(Goethe, Clavido)*

Gedanken sind **zollfrei**.
(Sprichwort, nach M. Luther)

Ich danke dir, Gott, daß ich nicht bin wie die anderen Leute, Räuber, Ungerechte, Ehebrecher, oder auch wie dieser **Zöllner**. *(Luk. 18, 11)*

Der **Zopf**, der hängt ihm hinten.
(A. v. Chamisso, Tragische Geschichten)

Einen alten **Zopf** abschneiden.
(Redensart)
Überholtes, Veraltetes abschaffen

Ludwig, schick ein Donnerwetter in die **Zöpfe** dieser Zeit!
(F. Freiligrath, Prinz Ludwig)

Beherrsche deinen **Zorn**!
(Horaz, Oden)

Der **Zorn** gehört wohl zu den größten Sünden, doch ist kein Mensch, der nie gezürnt, zu finden.
(Shakespeare, Timon)

Der **Zorn** ist ein kurzer Wahnsinn.
(Horaz, Epistulae)

Nicht durch **Zorn**, sondern durch Lachen tötet man. *(F. Nietzsche, Zarathustra)*

Schon wieder rennt der **Zorn** mit dem Verstande davon. *(G. E. Lessing, Emilia Galotti)*

Sobald der Mensch in **Zorn** gerät, gerät er in Irrtum. *(Talmud)*

Wer nie im **Zorn** erglühte, kennt auch die Liebe nicht. *(E. M. Arndt)*

Zorn mit Ohnmacht wird verspottet. *(M. G. Lichtwer, Die zwei Kaninchen)*

Lasset die Sonne nicht über euerm **Zorn** untergehen. *(Eph. 4, 26)*

Einen **Zornigen** erkennt man am besten auf dem Spiel, auf der Buhlschaft und auf der Jagd. *(M. Luther, Tischreden)*

Die Schale des **Zorns** über jemand ausgießen. *(Redensart, nach Off. Joh. 15, 7; 16, 1)*

Tag des **Zorns**. *(Nach Zephanja 1, 15)*

Bildung kann die **Zucht** verfeinern, aber nicht ersetzen. *(O. Spengler, Untergang des Abendlandes)*

Deutsche **Zucht** geht über alles. *(Walther von der Vogelweide, Deutschland)*

Gute Worte und harte Strafen sind die beste **Zucht**. *(Sprichwort)*

Gute **Zucht**, gute Frucht. *(Sprichwort)*

Jugend und **Zucht** bringen im Alter reiche Frucht. *(Sprichwort)*

Zucht hat Zierde. *(Sprichwort)*

Züchtigen, aber nicht entehren. *(Sprichwort)*

Es ist nichts Lieberes auf Erden denn ein **züchtiges** Weib. *(Jes. Sir. 26, 19)*

Denn welchen der Herr liebhat, den **züchtigt** er. *(Hebr. 12, 6)*

Wer sein Kind lieb hat, der **züchtigt** es. *(Nach Spr. Salom. 13, 24; Jes. Sir. 30, 1 u. 2)*

Ohne **Züchtigung** keine Erziehung. *(Goethe)*

Mit **Zuckerbrot** und Peitsche. *(Redensart)*
Mit Milde und Strenge

Wer **zuerst** kommt, mahlt zuerst. *(Sprichwort, nach dem Sachsenspiegel)*

Auch der **Zufall** ist nicht unergründlich. *(Novalis, Fragmente)*

Das Wort **Zufall** ist Gotteslästerung. Nichts unter der Sonne ist Zufall. *(G. E. Lessing, Emilia Galotti)*

Den **Zufall** gibt die Vorsehung, zum Zwecke muß ihn der Mensch gestalten. *(Schiller, Don Carlos)*

Der **Zufall** ist ein Rätsel, welches das Schicksal dem Menschen aufgibt. *(F. Hebbel)*

Die zwei größten Tyrannen der Erde: der **Zufall** und die Zeit. *(J. G. Herder)*

Ein Weiser schätzt kein Spiel, wo nur der **Zufall** regieret. *(G. E. Lessing)*

Es gibt keinen **Zufall**; und was uns blindes Ohngefähr nur dünkt, gerade das steigt aus den tiefsten Quellen. *(Schiller, Wallensteins Tod)*

Seine Majestät der **Zufall**. *(Nach Friedrich d. Gr., 1773)*

Spielen ist experimentieren mit dem **Zufall**. *(Novalis, Fragmente)*

Zufall ist das Pseudonym Gottes, wenn er nicht persönlich unterschreiben will. *(A. France)*

Auch das **Zufälligste** ist nur ein auf entfernterem Wege herangekommenes Notwendiges. *(A. Schopenhauer)*

Unsre Taten sind nur Würfe in des **Zufalls** blinde Nacht. *(F. Grillparzer, Ahnfrau)*

Herr Gott, du bist unsere **Zuflucht** für und für. *(Psalm 90, 2)*

Gib dich **zufrieden** und sei stille in dem Gotte deines Lebens. *(P. Gerhardt, Christliche Ergebung)*

Iß und trink' und sei **zufrieden**. *(Nach Luk. 12, 19)*

Niemand ist **zufrieden** mit seinem Stande, jeder mit seinem Verstande. *(B. H. Brockes, Versuch vom Menschen)*

Was frag' ich viel nach Geld und Gut, wenn ich **zufrieden** bin. *(J. M. Miller/W. A. Mozart, Zufriedenheit)*

Zufriedene Menschen sind die ordentlichsten. *(Jean Paul)*

Zufriedenheit geht über Reichtum. *(Sprichwort)*

Was du andern **zufügst**, das fügst du dir zu! *(Ch. Morgenstern)*

Der **Zug** des Herzens ist des Schicksals Stimme. *(Schiller, Piccolomini)*

Der **Zug** nach dem Westen. *(Titel eines Romans von P. Lindau)*

Gut im **Zuge** sein. *(Redensart)* *Sich eifrig und erfolgreich mit etwas beschäftigen*

Je größer deine Flügel, so mehr halt dich im **Zügel**! *(E. Geibel, Sprüche)*

O Gott, aus diesen **Zügen** spricht kein Herz! *(Schiller, Maria Stuart)*

In den letzten **Zügen** liegen. *(Redensart, nach 2. Makk. 3, 31)* *Im Sterben liegen*

Der Saal faßte nicht die **Zuhörer**, und die Zuhörer faßten nicht den Vortrag. *(M. G. Saphir)*

Das Merkwürdigste an der **Zukunft** ist wohl die Vorstellung, daß man unsere Zeit später die gute alte Zeit nennen wird. *(J. Steinbeck)*

Des Menschen ganzes Glück besteht in zweierlei: daß ihm gewiß und ungewiß die **Zukunft** sei. *(F. Rückert, Weisheit des Brahmanen)*

Die Gegenwart ist nie unser Zweck; die Vergangenheit und die Gegenwart sind unsere Mittel; die **Zukunft** allein ist unser Zweck. *(B. Pascal)*

Die **Zukunft** hat schon begonnen. *(Titel eines Buches von R. Jungk)*

Du bist die **Zukunft**, großes Morgenrot! *(R. M. Rilke, Stundenbuch)*

Euch Sterblichen zum Glücke verbarg der Götter Schluß die **Zukunft** euerm Blicke. *(Ch. F. Gellert, Semnon)*

Gar töricht ist, wer auf die **Zukunft** baut. *(J. Racine)*

Nichts Wahres läßt sich von der **Zukunft** wissen. *(Schiller, Braut von Messina)*

So wenig als im Leben des einzelnen ist es für das Leben der Menschheit wünschenswert, die **Zukunft** zu wissen. *(J. Burckhardt)*

Unsere **Zukunft** liegt auf dem Wasser. *(Nach Kaiser Wilhelm II.)*

Vermauert ist dem Sterblichen die **Zukunft**. *(Schiller, Braut von Messina)*

Wer wünscht und hofft, der lebt schon in der **Zukunft**. *(L. Schefer, Laienbrevier)*

Wir blicken so gern in die **Zukunft**, weil wir das Ungefähre, was sich in ihr hin und her bewegt, durch stille Wünsche so gern zu unsern Gunsten heranleiten möchten. *(Goethe)*

Zukunftsmusik. *(Nach R. Wagner)*

Der brave Mann denkt an sich selbst **zuletzt**! *(Schiller, Wilhelm Tell)*

Wer **zuletzt** lacht, lacht am besten. *(Sprichwort)*

Handwerk, Kunst und Wissenschaft, alles sucht sich seine **Zunft**. Eine freie Meisterin kenn' ich noch – sie heißt Vernunft. *(W. Müller, Die Zünfte…)*

Die **Zunge** ist der Degen der Frauen, sie lassen ihn nie rosten. *(Chinesisches Sprichwort)*

Laß deine **Zunge** gleich der Zunge sein der Waage; Kind, wo sie stille steht, ist ihre beste Lage. *(F. Rückert, Weisheit des Brahmanen)*

Mit falscher **Zunge** reden. *(Nach Psalm 52, 6 u. a.)*

Seine **Zunge** im Zaum halten. *(Redensart, nach Jak. 1, 26)*

So weit die deutsche **Zunge** klingt und Gott im Himmel Lieder singt. *(E. M. Arndt, Des Deutschen Vaterland)*

Unter vielen schlimmen Dingen ist das schlimmste eine scharfe **Zunge**. *(Schiller, Iphigenie in Aulis)*

Wer recht behalten will und hat nur eine **Zunge**, behält's gewiß. *(Goethe, Faust)*

Scharfe Schwerter schneiden sehr, scharfe **Zungen** noch viel mehr. *(Sprichwort)*

Zureden hilft. *(Sprichwort)*

Wer leichthin **zürnt**, wird leicht berückt. *(M. G. Lichtwer, Der Bäcker und die Maus)*

Zurück! Du rettest den Freund nicht mehr! *(Schiller, Bürgschaft)*

Je weiter man **zurückblicken** kann, desto weiter wird man vorausschauen. *(W. Churchill)*

Mit **Zurückhaltung** muß man vorschreiten, wo tiefer Grund zu fürchten ist. *(B. Gracian, Handorakel)*

Nimm alle Kraft **zusammen**, die Lust und auch den Schmerz. *(L. Uhland, Des Sängers Fluch)*

Was nicht **zusammen** kann bestehen, tut am besten, sich zu lösen. *(Schiller, Jungfrau von Orleans)*

Was Gott **zusammengefügt** hat, das soll der Mensch nicht scheiden. *(Redensart, nach Matth. 19, 6)*

Was nicht **zusammengeht**, das soll sich meiden. *(Goethe, Den Zudringlichen)*

Verliebten ist das **Zusammensein** darum nicht langweilig, weil sie immer von sich selbst sprechen. *(F. de La Rochefoucauld)*

Jemandem etwas **zuschanzen**. *(Redensart)*
Jemandem zu einem Vorteil verhelfen

Vom **Zusehen** wird man nicht satt. *(Sprichwort)*

Zusehen ist umsonst. *(Sprichwort)*

Wer **zusieht**, sieht mehr, als wer mitspielt. *(W. Busch)*

Aller **Zustand** ist gut, der natürlich ist und vernünftig.
(Goethe, Hermann und Dorothea)

Ein Glück ist's, daß jedem nur sein eigner **Zustand** zu behagen braucht.
(Goethe)

Ein **Zustand**, der alle Tage neuen Verdruß zuzieht, ist nicht der rechte.
(Goethe)

Zutrauen bewirkt Edelmut.
(Sprichwort)

Zutraulichkeit an der Stelle der Ehrfucht ist immer lächerlich.
(Goethe, Maximen und Reflexionen)

Man kann viel, wenn man sich nur recht viel **zutraut**. *(W. v. Humboldt, Briefe an eine Freundin)*

Die Vorsicht geht zu sacht, die **Zuversicht** zu keck; Vorsicht, mit Zuversicht vereint, gelangt zum Zweck.
(F. Rückert)

Dies ist meine **Zuversicht**.
(Ch. F. Gellert, Osterlied)

Jesus, meine **Zuversicht**.
(Luise Henriette, Kurfürstin von Brandenburg)

Zuversicht und Ergebung sind die echten Grundlagen jeder bessern Religion.
(Goethe)

Wer gar **zuviel** bedenkt, wird wenig leisten. *(Schiller, Wilhelm Tell)*

Eine Seele ohne **Zwang** ist auch ohne Laster. *(P. Hille)*

Freier Mann haßt jeden **Zwang**.
(Sprichwort)

Je höher der Rang, desto stärker der **Zwang**. *(Sprichwort)*

Jeder **Zwang** ist Gift für die Seele.
(L. Börne)

Wer Weisheit übt, legt andern keinen **Zwang** auf. *(F. v. Bodenstedt, Mirza Schaffy)*

Zwang hält nicht lang'. *(Sprichwort)*

Der **Zweck** heiligt die Mittel.
(Redensart)
Gilt als Grundsatz der Jesuiten, wobei aber verwerfliche Mittel ausdrücklich ausgenommen sind!

Im Reiche der **Zwecke** hat alles entweder einen Preis oder eine Würde.
(I. Kant, Metaphysik)

Jeder Weg zum rechten **Zwecke** ist auch recht in jeder Strecke.
(Goethe, Zahme Xenien)

Es wächst der Mensch mit seinen größern **Zwecken**. *(Schiller, Wallenstein)*

Ordnung ist alles an uns, und **zwecklos** nicht das geringste.
(J. K. Lavater, Worte des Herzens)

Zween Jünger zogen nach Emmaus.
(Nach Lukas 24, 13)

Die **Zwei** ist Zweifel, Zwist, ist Zwietracht, Zwiespalt, Zwitter; die Zwei ist Zwillingsfrust am Zweige süß und bitter.
(F. Rückert, Weisheit des Brahmanen)

Zwei können wohl gleichzeitig singen, aber nicht gleichzeitig reden.
(Sprichwort)

Zwei wissen mehr als einer.
(Sprichwort)

Was sind mir Berge, Täler, Ströme, Lieder, was ist der Himmel, Mädchen, ohne dich? Allein zu sein – o Traumbild eitler Stunden! Denn nur zu **Zweien** wird das Glück gefunden.
(R. E. Prutz, Wiederkehr)

Zweierlei laß dir gesagt sein, willst du stets in Weisheit wandeln und von Torheit nie geplagt sein: Laß das Unglück deine Magd sein. *(F. v. Bodenstedt, Mirza Schaffy)*

Auf Teufel reimt der **Zweifel** nur, da bin ich recht am Platze. *(Goethe, Faust)*

Der **Zweifel** in ehrlicher Männerfaust, der sprengt die Pforten der Hölle. *(Th. Storm, Gedichte)*

Der **Zweifel** ist ein Falk mit scharfen Klauen. *(E. Geibel, Herbstblätter)*

Der **Zweifel** ist menschliches Wissens Grenze, die nur der blinde Glaube überschreitet. *(A. v. Chamisso, Faust)*

Der **Zweifel** ist's, der Gutes böse macht. *(Goethe, Iphigenie auf Tauris)*

Ins Sichere willst du dich betten! Ich liebe mir inneren Streit: Denn wenn wir die **Zweifel** nicht hätten, wo wäre denn frohe Gewißheit? *(Goethe, Zahme Xenien)*

Je quälender der **Zweifel**, desto größer die Aufforderung zu Überzeugung und fester Gewißheit. *(Schiller)*

Zweifel ist der Weisheit Anfang. *(R. Descartes)*

Zweifel ist Sünde und ewiger Tod. *(M. Luther, Tischreden)*

Zweifel muß nichts weiter sein als Wachsamkeit, sonst kann er gefährlich werden. *(G. Ch. Lichtenberg)*

Nur zu! und laß dich ins Gewebe der **Zweifelei** nicht törig ein; denn wenn es keine Hexen gäbe, wer, Teufel! möchte Teufel sein? *(Goethe, Faust)*

Des **Zweifels** Dolchgedanken. *(H. Heine, Sonettenkranz an A. W. v. Schlegel)*

Einmal **zweifeln** macht mit eins entschlossen. *(Shakespeare, Othello)*

Zweifle an der Sonne Klarheit, zweifle an der Sterne Licht, zweifl' ob lügen kann die Wahrheit, nur an meiner Liebe nicht. *(Shakespeare, Hamlet)*

Ein **Zweifler** ist unbeständig in allen seinen Wegen. *(Jak. 1, 8)*

Auf keinen grünen **Zweig** kommen. *(Redensart, nach Hiob 15, 32)* *Es zu nichts bringen*

Fallen seh ich **Zweig** auf Zweige. *(F. Grillparzer, Ahnfrau)*

Das ist Freude, das ist Leben, wenn's von allen **Zweigen** schallt. *(L. Uhland, Freie Kunst)*

Nun bricht aus allen **Zweigen** das maienfrische Grün. *(J. Rodenberg, Im Maien)*

Und nun ist mir's doch, als wäre Sünde jeder Kampf ums Leben, man nenn' ihn **Zweikampf** oder Mord. *(Ch. D. Grabbe, Don Juan und Faust)*

In unsern modernen Staaten ist der **Zweikampf** kaum für etwas anderes zu erklären als für ein gemachtes Sichzurückversetzen in die Roheit des Mittelalters. *(G. W. F. Hegel, Philosophie des Geistes)*

Es ließe sich alles trefflich schlichten, könnte man die Sachen **zweimal** verrichten. *(Goethe, Sprichwörtlich)*

Zweimal predigt der Pastor nicht. *(Sprichwort)*

Ein **zweischneidiges** Schwert. *(Redensart, nach Spr. Salom. 5, 4 u. a.)*

Ach! Die Erscheinung war so riesengroß, daß ich mich nicht recht als **Zwerg** empfinden sollte. *(Goethe, Faust)*

Ein **Zwerg** bleibt stets ein Zwerg, und stünd' er auf dem höchsten Berg.
(Sprichwort)

Steht erst der **Zwerg** auf eines Riesen Schultern frei, dann prahlt er, daß er größer als der Riese sei.
(J. v. Auffenberg, Unvergoldete Pillen)

Auf das Unrecht, da folgt das Übel, wie die Trän' auf den herben **Zwiebel**.
(Schiller, Wallensteins Lager)

Es folgt dem Nachtbankett die trübe **Zwielichtstunde**.
(E. Geibel, Auf eine Einsame)

Der deutschen **Zwietracht** mitten ins Herz. *(G. Hauptmann, Florian Geyer)*

Eintracht (er)nährt, **Zwietracht** (ver)-zehrt. *(Sprichwort)*

Wer **Zwietracht** säet, der arbeitet für des Teufels Scheune. *(Sprichwort)*

Zwietracht ist und Kampf hienieden, in der Poesie sei Frieden; darauf gründe sich ihr Reich, worin alle Menschen gleich, nicht wodurch sie sind verschieden. *(F. Rückert, Reich der Poesie)*

Jedweses Übel ist ein **Zwilling**.
(H. v. Kleist, Der zerbrochene Krug)

Ich will doch sehen, wer mich hält, – wer mich zwingt – wer der Mensch ist, der einen Menschen **zwingen** kann.
(G. E. Lessing, Emilia Galotti)

Fronvogt, wie wird die Feste denn sich nennen, die wir da baun? **Zwing Uri** soll sie heißen! *(Schiller, Wilhelm Tell)*

Über juristische **Zwirnsfäden** wird die Königliche Regierung nicht stolpern in der Ausübung ihrer Pflicht, für den Frieden des Staates zu sorgen.
(Bismarck, 1869)

Über **Zwirnsfäden** stolpern.
(Nach Schiller, Fiesco)

Zwischen uns sei Wahrheit!
(Goethe, Iphigenie)

Angeber und **Zwischenträger** sind das erbärmlichste Gesindel, das Gottes Erdboden trägt. *(R. Benedix)*

Der **Zwist** von heute, sei er, wie er sei, ist beizulegen; doch das sichert uns nicht für die Zukunft, für den Morgen nicht.
(Goethe, Tasso)

Ein gift'ger Wurm ist innerlicher **Zwist**, der nagt am Innern des gemeinen Wesens. *(Shakespeare, Heinrich VI.)*

Zwist macht Zwist. *(Sprichwort)*

Zwist unter Liebesleuten hat nicht viel zu bedeuten. *(Sprichwort)*

Natur ist Sünde, Geist ist Teufel, sie hegen zwischen sich den Zweifel, ihr mißgestaltet **Zwitterkind**. *(Goethe, Faust)*

Es **zwittert** schon im Tale grau zwischen Tag und Nacht. *(N. Lenau, der Jäger)*

Zwischen **zwölf** und Mittag kann noch viel geschehen. *(Redensart)*

Windet zum Kranze die goldenen Ähren, flechtet auch blaue **Zyanen** hinein! *(Schiller, Das eleusische Fest)*

Schön ist ein **Zylinderhut**, wenn man ihn besitzen tut. *(W. Busch, Münchner Bilderbogen)*

Dunkle **Zypressen**. Die Welt ist gar lustig; es wird doch alles vergessen.
(Th. Storm, Frauen-Ritornelle)

In lateinischer Sprache

A posteriori. [Von hinten her]
Nachträglich; aus der Erfahrung

A priori. [Von vornherein[
Aus Vernunftgründen; ohne Erfahrung

Ab ovo. [Vom Ei an]
(Horaz, Ars poetica)
Von Anfang an

Ab urbe condita. [Von der Gründung der Stadt (Rom) an]
(Titel einer Römischen Geschichte des Livius)
Grundlage der römischen Zeitrechnung

Ad absurdum. [Zum Sinnlosen]

Ad acta. [Zu den Akten]
Ad acta legen: etwas als erledigt ansehen und ablegen

Ad calendas graecas. [An den griechischen Kalenden] *Soviel wie: niemals; Am St. Nimmerleins-Tag*

Ad hoc. [Hierfür]
An diesem Zweck bestimmt

Ad infinitum. [Bis ins Unendliche]

Ad libitum. [Nach Belieben]

Ad maiorem Dei gloriam. [Zum größeren Ruhme Gottes]
(Tridentinisches Konzil 1542–1560)

Ad multos annos. [Auf viele Jahre]

Ad oculos. [Vor Augen; augenfällig]
Etwas ad oculos demonstrieren: etwas anschaulich darlegen

Ad usum proprium. [Zum eigenen Gebrauch]

Adora quod incendisti, incende quod adorasti! [Bete an, was du verbrannt hast; verbrenne, was du angebetet hast!]
(Bischof Remigius bei der Taufe Chlodwigs, 496, nach Gregor v. Tours)

Adveniat.
Vorweihnachtliche Spendensammlung deutscher Katholiken zugunsten der religiösen Betreuung Lateinamerikas

Afflavit deus et dissipati sunt.
(Schiller, Die unüberwindliche Flotte: »Gott der Allmächtige blies, und die Armada flog nach allen Winden«)

Agnus Dei. [Lamm Gottes]
(Nach Joh. 1, 29)

Alea iacta est. [Der Würfel ist gefallen]
(Caesar, nach Sueton)

Aliis si licet, tibi non licet. [Wenn es anderen erlaubt ist, so ist es dir nicht erlaubt] *(Terenz, Heautontimorumenos)*

Alma mater. [Nährende Mutter]
Hochschule, Universität

Alter ego. [Zweites Ich] *(Nach Zeno u. a.)*

Altum silentium. [Tiefes Schweigen] *(Vergil, Aeneis)*

Ama et fac quod vis! [Liebe und tu, was du willst!] *(Augustinus)*

Amantes amentes. [Liebende (sind) Verrückte] *(Nach Terenz, Andria)*

Amantis ius iurandum poenam non habet. [Für den Eid des Liebenden gibt es keine Strafe: soviel wie: Liebesschwüre darf man nicht gar zu ernst nehmen] *(Publilius Syrus)*

Amare et saprere vix deo conceditur. [Lieben und vernünftig sein, das wird kaum einem Gott zugestanden] *(Publilius Syrus)*

Amicus certus in re incerta cernitur. [Den sicheren Freund erkennt man in der Not] *(Cicero, Laelius, nach Ennius, Hecuba)*

Amor tollit timorem. [Die Liebe nimmt die Furcht hinweg] *(Bernhard von Clairvaux)*

Amoris vulnus idem sanat, qui facit. [Die Wunden der Liebe kann nur heilen, wer sie zugefügt hat] *(Publilius Syrus)*

Anathema sit! [Er sei verflucht!] *(Nach 1. Kor. 16, 22 in der Vulgata)* anathema – griechisch; sit – lateinisch

Anima naturaliter Christiana. [Die Seele (ist) von Natur aus christlich] *(Tertullian)*

Anni currentis. [Laufenden Jahres] *Abkürzung: a. c.*

Anno Domini. [Im Jahre des Herrn] *Abkürzung: A. D.*

Annuntio vobis gaudium magnum – habemus Papam! [Ich verkünde euch große Freude – wir haben einen Papst!] *Bekanntgabe einer vollzogenen Papstwahl*

Ante Christum natum. [Vor Christi Geburt] *Abkürzung: a. Chr. n.*

Antiquus amor cancer est. [Alte Liebe ist (wie) ein Krebs] *(Petronius)*

Apes debemus imitari. [Die Bienen müssen wir nachahmen] *(Seneca, Epistulae)*

Arbiter elegantiarum. [Schiedsrichter in Geschmackssachen] *(Nach Petronius Arbiter, dem Verfasser des »Satyrikon«)*

Arduum res gestas scribere. [Mühselig (ist es), Geschichte zu schreiben] *(Sallust)*

Argumentum in contrario. [Beweis aus dem Gegenteil]

Arma virumque cano. [Ich besinge die Waffen(taten) und den Helden] *(Anfangsworte von Vergil, Aeneis)*

Ars amandi. [Die Kunst zu lieben.] *(Titel einer Dichtung Ovids)*

Ars longa, vita brevis. [Die Kunst (ist) lang, das Leben kurz] *(Nach Hippokrates)*

Atra cura. [Schwarze Sorge] *(Horaz, Oden)*

Audiatur et altera pars. [Auch der andere Teil – die Gegenseite – werde gehört] *(Seneca, Medea)*

Aura popularis. [Volksgunst] *(Nach Cicero u. a.)*

Aurea mediocritas. [Goldener Mittelweg] *(Horaz, Oden)*

Auri sacra fames. [Der verfluchte Hunger nach Gold] *(Vergil, Aeneis)*

Aut Caesar, aut nihil. [Entweder Cäsar oder nichts] *(Wahlspruch des Cesare Borgia, 1475/76–1507)*

Aut prodesse volunt aut delectare poetae. [Die Dichter wollen nützen oder erfreuen] *(Horaz) Ars poetica)*

Aut regem aut fatuum nasci oportere. [Zum König oder zum Narren muß man geboren sein] *(Seneca)*

Ave, imperator, morituri te salutant! [Sei gegrüßt, Kaiser, die Todgeweihten grüßen dich!] *Gladiatorengruß*

Ave Maria! [Gegrüßt seist du, Maria!] *(Nach Luk. 1, 28) Der Englische Gruß*

Barbarus hic ego sum, quia non intelligor ulli. [Hier bin ich ein Barbar, weil mich niemand versteht] *(Ovid, Briefe vom Pontus)*

Beati possidentes. [Glücklich (sind) die Besitzenden] *(Nach Euripides)*

Beatus ille homo… [Glückselig jener Mensch…] *(J. v. Eichendorff, Taugenichts, nach Horaz)*

Beatus ille qui procul negotiis. [Glücklich jener, der fern von den Geschäften]

Bella gerant alii! tu, felix Austria, nube! [Kriege mögen die anderen führen! Du, glückliches Österreich, heirate!] *(König Matthias I. Corvinus, 1443–1490, fälschlich zugeschriebenes Zitat eines unbekannten Autors seines Jahrhunderts)*

Bellum omnium contra omnes. [Krieg aller gegen alle] *(Nach Th. Hobbes, Elementa philosophica de cive, 1642)*

Berolinum – orbi lumen. [Berlin – der Welt Licht] *(J. Kayser, 1698)*

Bis dat, qui cito dat. [Doppelt gibt, wer schnell gibt] *(Nach Publilius Syrus)*

Bona fide. [Im guten Glauben]

Bonum commune est melius quam bonum unius. [Das gemeinsame Wohl ist besser als das des einzelnen] *(Thomas von Aquin. Summa theologica)*

Caesarem vehis eiusque fortunam! [Du trägst Caesar und sein Glück!] *(Nach Plutarch, Caesar)*

Calumniare audacter, semper aliquid haeret! [Dreist verleumden! Immer bleibt etwas hängen!] *(J. O. Variscus, nach Medius, bei Plutarch)*

Carpe diem! [(Pflücke den Tag!] *(Horaz, Oden) Nutze den Tag*

Casus belli. [Kriegsfall: Kriegsgrund]

Casus foederis. [Bündnisfall]

Cave canem! [Hüte dich vor dem Hund!] *(Inschrift an römischen Häusern) Entspricht unserem »Vorsichtig! Bissiger Hund!«*

Cedo maiori. [Ich weiche dem Größeren] *(Martial, Epigrammata)*

Ceterum censeo Carthaginem esse delendam! [Übrigens bin ich der Meinung, daß Karthago zerstört werden muß!] *(Nach Cato d. Ä., der tatsächlich gesagt hatte: Carthago delenda est!)*

Circulus vitiosus. [Fehlerhafter Kreis] *(Trugschluß; das zu Beweisende wird bereits vorausgesetzt*

Civis Romanus sum. [Ich bin ein römischer Bürger.] *(Nach Apostel. 16, 37 u. a.; Cicero, De domo sua)*

Clausula rebus sic stantibus. [Vorbehalt, daß die Dinge so bleiben]

Clericus clericum non decimat. [Ein Geistlicher nimmt von einem Geistlichen keinen Zehnten] *(Aus dem »Corpus iuris canonici«)*

Cogito, ergo sum. [Ich denke, also bin ich] *(Descartes, 1596–1650)*

Communia esse amicorum inter se omnia. [Unter Freunden soll alles gemeinsam sein] *(Terenz, Adelphi)*

Concordia discors. [Zwieträchtige Eintracht] *(Horaz, Epistulae)*

Concordia domi foris pax. [Eintracht daheim, draußen Friede] *(Inschrift am Holstentor in Lübeck)*

Conditio sine qua non. [Bedingung, ohne welche nicht] *Unerläßliche Bedingung*

Confer. [Vergleiche!] *Abkürzung: cf.*

Consuetudo quasi altera natura. [Die Gewohnheit (ist) sozusagen die zweite Natur] *(Cicero, De finibus bonorum et malorum)*

Contra legem. [Gegen das Gesetz]

Contra vim mortis non est medicamen in hortis. [Gegen die Gewalt des Todes gibt es kein Heilmittel in den Gärten: »Gegen den Tod ist kein Kraut gewachsen«] *(»Flos Medicinae«)*

Contradictio in adiecto. [Widerspruch im Beiwort]

Coram publico. [Vor der Öffentlichkeit]

Corpus delicti. [Tatbestand; Beweisstück] *(Nach Farinacius, Variae Quaestiones)*

Corripe sapientem et amabit te. [Tadele den Weisen, und er wird dich lieben] *(Augustinus)*

Corvus albus. [Weißer Rabe] *(Juvenal, Satirae)*

Credat Iudaeus Apella! [Das möge der Jude Apella glauben!] *(Horaz, Satirae)*

Credo, quia absurdum. [Ich glaube es, weil es widersinnig (ist)] *(Nach Tertullian)*

Crescentem sequitur cura pecuniam. [Dem wachsenden Gelde folgt die Sorge] *(Horaz, Oden)*

Crimen laesae maiestatis. [Verbrechen der Majestätsbeleidigung]

Cui bono? [Wem zum Nutzen?] *(L. Cassius, nach Cicero, Philippica)*

Cuius regio, eius religio. [Wessen Land, dessen Religion] *Grundsatz, demzufolge der Glauben des Herrschers auch für die Untertanen maßgeblich ist*

Cum grano salis. [Mit einem Körnchen Salz] *(Plinius, Naturalis historia)* *Soviel wie: mit gewissen Einschränkungen (zu verstehen)*

Cum laude. [Mit Lob.] *(Prüfungsnote)*

Cum tacent, clamant. [Indem sie schweigen, klagen sie (sich) an] *(Cicero, In Catilinam)*

Cum tempore. [Mit Zeit] *Abkürzung: c. t.* *Soviel wie: eine Viertelstunde nach angegebener Zeit; mit »akademischem Viertel«*

Curriculum vitae. [Lebenslauf] *(Nach Cicero, Pro Rabirio)*

De civitate Dei. [Über den Gottesstaat] *(Titel des Hauptwerkes von Augustinus)*

De facto. [Tatsächlich]

De gustibus non est disputandum. [Über den Geschmack läßt sich nicht streiten]

De iure. [Von Rechts wegen]

De mortuis nil nisi bene. [Über die Toten (soll man) nur Gutes (reden)]
(Chilon, nach Diogenes Laertius)

De nihilo nihil. [Aus nichts (wird) nichts]
(Lukrez, De rerum natura)

De profundis. [Aus der Tiefe, aus tiefer Not] *(Nach Psalm 130, 1)*
Trauergesang

Dei gratia. [Von Gottes Gnade]
(1. Kor. 3, 10, nach der Vulgata)

Descende caelo! [Steige vom Himmel herab!] *(Horaz, Carmina)*

Deus ex machina. [Gott aus der Maschine] *(Plato, Kratylos)*
Retter zur rechten Zeit

Deus nobis haec otia fecit. [Gott hat uns diese Muße geschenkt]
(Vergil, Eclogae)

Diem perdidi! [Ich habe einen Tag verloren] *(Sueton, Titus)*

Dies academicus. [Akademischer Tag]
Früher: Vorlesungsfreier Tag an einer Universität; auch Tag, an welchem jedermann zugängliche Vorlesungen abgehalten wurden

Dies ater. [Schwarzer Tag] *Unglückstag*

Dies diem docet. [Ein Tag lehrt den (anderen) Tag.] *(Nach Publilius Syrus)*

Dies irae, dies illa. [Tag des Zornes, jener Tag] *(Nach Zephanja 1, 15)*

Difficile est satiram non scribere. [Es ist schwer, (hier) keine Satire zu schreiben!]
(Juvenal, Satirae)

Dira necessitas. [Harte Notwendigkeit]
(Horaz, Oden)

Discite moniti! [Lernt aus der Warnung!]
(Vergil, Aeneis)

Dis iratis natus. [Von erzürnten Göttern geschaffen] *(Seneca, Apocolocyntosis)*

Dives aut iniquus aut iniqui heres. [Der Reiche ist entweder (selbst) ein Gauner oder der Erbe eines Gauners]
(Hieronymus)

Divide et impera! [Teile und herrsche!]
(König Louis XI. von Frankreich; bereits im Altertum bekannt)

Dixi et salvavi animam meam. [Ich habe gesprochen und meine Seele gerettet]
(Nach Hes. 3, 19)

Do, ut des. [Ich gebe, damit du gibst]
(Römische Rechtsformel)

Docendo discimus. [Durch Lehren lernen wir] *(Nach Seneca d. J.)*

Donec eris felix, multos numerabis amicos. Tempora si fuerint nubila, solus eris. [Solange du glücklich bist, wirst du viele Freunde zählen. Wenn die Zeiten trübe sein werden, wirst du allein sein]
(Ovid, Tristia)

Dulce et decorum est pro patria mori. [Süß und ehrenvoll ist es, für das Vaterland zu sterben] *(Horaz, Oden)*

Dum excusare credis, accusas! [Während du dich zu entschuldigen glaubst, klagst du dich an!]
(Hieronymus, Epistulae)

Duo cum faciunt idem, non est idem. [Wenn zwei dasselbe tun, ist es nicht dasselbe] *(Terenz, Adelphi)*

Ecce homo! [Sehet, (welch) ein Mensch!] *(Joh. 14, 5, nach der Vulgata)*

Ecclesia militans. [Die streitbare Kirche]

Ecclesia triumphans. [Die triumphierende Kirche]

Eo ipso. [Von selbst] *Selbstverständlich*

Epistula enim non erubescit. [Schreibpapier nämlich errötet nicht] *(Cicero)*

Ergo bibamus! [Also laßt uns trinken!] *(Papst [1281–1285] Martin IV., auch Titel eines Liedes von Goethe)*

Errare humanum est. [Irren ist menschlich] *(Nach Hieronymus, Epistulae)*

Est deus in nobis, agitante calescimus illo. [Ein Gott ist in uns, bei dessen Wirken wir erglühen] *(Ovid, Fasti)*

Et cetera. [Und so weiter] *Abkürzung: etc.*

Et si fata volunt, bina venena iuvant. [Und wenn es das Schicksal will, hilft (sogar) doppeltes Gift] *(G. W. Leibniz, Tentamina Theodiceae)*

Etsi enim suus cuique modus est. [Einem jeden ist sein eigenes Maß] *(Cicero, De oratore)*

Et tu, Brute! [Auch du, Brutus!] *(Shakespeare, Caesar)*

Ex cathedra. [Vom Päpstlichen Stuhl (aus verkündigt)] *Soviel wie: unfehlbar*

Ex officio. [Von Amts wegen]

Ex oriente lux. [Aus dem Osten (kommt) das Licht]

Ex tunc. [Seit damals] *Seit Anbeginn; von vornherein*

Exegi monumentum aere perennius. [Ein Denkmal habe ich mir gesetzt, dauernder als Erz] *(Horaz, Oden)*

Exequatur. [Er möge ausüben!] *(Zulassung eines Konsuls zur Amtsausübung*

Exoriare aliquis nostris ex ossibus ultor! [Möge dereinst aus unseren Gebeinen ein Rächer erstehen!] *(Vergil, Aeneis) Angeblich von Friedrich Wilhelm, dem Großen Kurfürsten, bei Unterzeichnung des Friedens von St. Germain-en-Laye 1679 zitiert*

Experto credite! [Glaubt dem Erfahrenen!] *(Vergil, Aeneis)*

Expressis verbis. [Ausdrücklich]

Extra ecclesiam nulla salus. [Außerhalb der Kirche (gibt es) kein Heil] *(Cyprianus, Epistulae)*

Facies Hippocratica. [Hippokratisches Gesicht] *Vom nahenden Tode gezeichnetes Antlitz*

Faciunt favos et vespae. [Auch die Wespen erzeugen Honig] *(Tertullian)*

Felix, qui potuit rerum cognoscere causas. [Glücklich, wer die Gründe der Dinge erkennen konnte] *(Vergil, Georgica)*

Festina lente! [Eile mit Weile!] *(Kaiser Augustus, nach Sueton, Leben des Augustus)*

Fiat iustitia, et pereat mundus! [Gerechtigkeit geschehe, und sollte die Welt (darüber) zugrunde gehen!] *(J. Manlius, Loci communes)*

Filia hospitalis. [Wirtstöchterlein] *(Nach O. Kamp, O wonnevolle Jugendzeit)*

Finis Poloniae! [Das Ende Polens!] *(Angeblicher Ausspruch des polnischen Nationalhelden Th. Kosciusko, 1794)*

Florilegium. [Blütenlese] *(Nach J. Stobaeus)*

Fortes fortuna adiuvat. [Den Tapferen hilft das Glück] *(Nach Simonides von Keos)*

Fortiter in re, suaviter in modo. [Stark in der Sache, milde in der Art]
(Jesuitengeneral Aquaviva, Industriae ad curandos animae morbos)

Furor teutonicus. [Teutonisches Ungestüm] *(Lucanus, Pharsalia)*
Wird im Sinne von »Deutsche Angriffswut« zitiert

Gallia est omnis divisa in partes tres. [Gallien ist insgesamt in drei Teile geteilt…] *(Caesar, De bello Gallico)*
Anfangsworte von Caesars Gallischem Krieg

Gaudeamus igitur. [Also laßt uns fröhlich sein] *(Studentenlied)*

Gaudeo discere, ut doceam. [Ich freue mich zu lernen, damit ich lehren kann]
(Seneca, Epistulae)

Genius loci. [Geist des Ortes]
Göttliche Verkörperung des Wesens eines Ortes

Gloria in excelsis Deo et in terra pax hominibus bonae voluntatis! [Ehre seit Gott in der Höhe und Friede auf Erden allen Menschen, die guten Willens sind!]
(Luk. 2, 14, nach der Vulgata)

Gutta cavat lapidem. [Der Tropfen höhlt den Stein] *(Ovid, Briefe vom Pontus)*

Habemus Papam! [Wir haben einen (neuen) Papst!]
(Verkündigung der erfolgten Wahl eines neuen Papstes)

Habent sua fata libelli. [Bücher haben ihre Schicksale]
(Terentianus Maurus, Carmen heroicum)

Hannibal ad portas! [Hannibal an den Toren!] *(Cicero, Philippica/Livius)*
Meist zitiert: … ante portas (vor den Toren). Soviel wie: höchste Gefahr droht!

Hic Rhodus, hic salta! [Hier ist Thodus, hier springe!]
(Nach einer Fabel von Aesop)
Hier zeige, was du kannst!

Hinc illae lacrumae! [Daher diese Tränen!] *(Terenz, Andria)*

Hoc volo, sic iubeo! [Das will ich, so befehle ich es!] *(Juvenal, Satirae)*

Homines, dum docent, discunt. [Die Menschen lernen, während sie lehren]
(Seneca, Epistulae)

Homines sumus, non dei. [Wir sind Menschen, keine Götter] *(Petronius)*

Homo hominis lupus. [Der Mensch ist des Menschen Wolf]
(Th. Hobbes, nach Plautus, Asinaria)

Homo novus. [Ein neuer Mensch]
(Soviel wie: ein soeben in eine hohe Stellung gelangter Mann

Homo proponit, sed Deus disponit. [Der Mensch denkt, Gott lenkt]

Homo sapiens. [Der vernunftbegabte Mensch]

Homo sum; humani nil me alienum puto. [Ich bin ein Mensch; nichts Menschliches ist mir fremd]
(Terenz, Heautontimorumenos)

Honoris causa. [Ehrenhalber]
Abkürzung: h. c.

Honos alit artes. [Die Ehre ernährt die Künste] *(Cicero)*

Horribile dictu. [Schrecklich zu sagen]

Horror vacui. [Grauen vor dem Leeren]
(Nach F. Rabelais, Gargantua)

Hunc hominem decet auro expendi. [Dieser Mensch sollte mit Gold aufgewogen werden] *(Plautus, Baccides)*

Hypotheses non fingo. [Ich bilde keine Hypothesen] *(I. Newton)*

Ibi fas, ubi proxima merces. [Wo das Geld am nächsten (ist), da (ist auch) das Recht] *(Lucanus, Pharsalia)*

Ibidem. [Ebenda] *Abkürzung: ib.*

Id est. [Das heißt] *Abkürzung: i. e.*

Idem velle atque idem nolle, ea demum firma amicitia est. [Dasselbe wollen und dasselbe nicht wollen, das erst ist feste Freundschaft] *(Sallust)*

Ignorabimus. [Wir werden es nie wissen] *(E. Du Bois-Reymond, 1881)*

Imprimatur. [Es möge gedruckt werden!] *Abkürzung: imp.*

In absentia. [In Abwesenheit (des Beschuldigten)]

In contumaciam [Wegen Ungehorsams (gegen gerichtl. Ladung)] *Soviel wie: in Abwesenheit (des Beschuldigten)*

In corpore. [Insgesamt]

In dubio mitius. [Im Zweifelsfall das Mildere] *(Römischer Rechtssatz)*

In dubio pro reo. [Im Zweifelsfalle (ist) für den Angeklagten (zu entscheiden)] *(Corpus iuris civilis)*

In dulci iubilo. [In süßem Jubel] *(Beginn eines alten Weihnachtsliedes)* *Auch soviel wie: in Saus und Braus*

In effigie. [Im Bild] *Soviel wie: bildlich*

In extenso. [Ausführlich]

In flagranti. [Beim Brennen] *(Codex Justinianeus)* *Auf frischer Tat*

In hoc signo vinces. [In diesem Zeichen wirst du siegen] *(Eusebius Pamphili, Leben Konstantins)*

In integrum restituere. [In den früheren Zustand wiedereinsetzen] *(Cicero, Pro Cluentio)*

In magnis et voluisse sat est. [In großen Dingen ist schon das Wollen ausreichen] *(Properz)*

In medias res. [In die Mitte der Dinge hinein] *(Horaz, Ars poetica)* *Sogleich zum Kern einer Angelegenheit durchstoßen*

In memoriam. [Zum Gedächtnis]

In nuce. [In einer Nuß] *(Plinius d. Ä., Naturalis historia)* *Soviel wie: im Kern*

In partibus infidelium. [In den Gebieten der Ungläubigen] *Alter Zusatz zum Titel der Titularbischöfe*

In praxi. [In der Ausübung] *Soviel wie: tatsächlich*

In statu nascendi. [Im Zustande des Entstehens] *Gleich zu Anfang*

In tormentis pinxit. [Unter Qualen (hat er) gemalt] *Signierung der von König Friedrich Wilhelm I. von Preußen (1688–1740) verfertigten Gemälde*

In usum Delphini. [Zum Gebrauch für den Dauphin] *(Bezieht sich auf die vom Erzieher des Sohnes von König Louis XIV. von Frankreich veranlaßte Bearbeitung klassischer Schriften)* *Soviel wie: für Kinder (bearbeitet)*

In vino veritas. [Im Wein (liegt) Wahrheit] *(Alcaeus, nach Plutarch u. a.)*

Index librorum prohibitorum. [Verzeichnis der (von der katholischen Kirche) verbotenen Bücher]

Iniqua numquam regna perpetuo manent. [Ungerechte Staaten währen nicht ewig] *(Seneca)*

Inquietum cor nostrum, donec requiescat in te. [Unruhig (ist) unser Herz, bis es ruht in dir] *(Augustinus)*

INRI [Iesus Nacarenus Rex Iudaeorum: Jesus von Nazareth, König der Juden] *(Inschrift am Kreuze Christi)*

Integritati et merito. [Der Rechtschaffenheit und dem Verdienst] *(Devise des österreichischen Leopoldordens)*

Inter pocula. [Umgeben von Bechern] *(Vergil, Georgica)*
Soviel wie: beim Trinken

Intra muros peccatur et extra. [Inner- und außerhalb der Mauern wird gesündigt] *(Horaz, Epistulae)*

Ius primae noctis. [Das Recht auf die erste Nacht (der Ehe)]

Ius summum saepe summa est malitia. [Das höchste Recht ist oft die höchste Bosheit] *(Terenz, Heautontimorumenos)*

Iustitia est fundamentum regnorum. [Die Gerechtigkeit ist die Grundlage der Staaten] *(Wahlspruch Kaiser Franz' I. von Österreich)*

Iustus enim fide vivit. [Der Gerechte lebt durch den Glauben] *(M. Luther)*

Lacrimae Christi. [Tränen Christi]
Eine italienische Weinsorte

Lapsus calami. [Versehen des Schreibrohres] *Schreibfehler*

Lapsus linguae. [Versehen der Zunge]
Sprechfehler; Versprecher

Laudatio. [Lobrede]

Laudator temporis acti. [Lobredner vergangener Zeit] *(Horaz, Ars poetica)*

Lege artis. [Nach der Regel der Kunst]
Nach allen Regeln der Kunst

Legere enim et non intellegere neglegere est. [Denn Lesen und nicht verstehen ist nachlässig sein] *(Cato zugeschrieben)*

Legi, intellexi, condemnavi. [Ich habe gelesen, begriffen, verdammt] *(Julian, nach Sozomenos)*

Legibus idcirco omnes servimus it liberi esse possimus. [Den Gesetzen dienen wir alle deshalb, damit wir frei sein können] *(Cicero, Pro Cluentio)*

Lex non promulgata non obligat. [Ein nicht bekanntgemachtes Gesetz verpflichtet nicht] *(Römischer Rechtssatz)*

Licentia poetica. [Dichterische Freiheit] *(Seneca, Naturales quaestiones, u. a.)*

Litterarum radices amaras esse, fructus iucundiores. [Die Wurzeln der Wissenschaft sind bitter, (um so) süßer die Früchte] *(Cato)*

Loco citato. [Am angeführten Ort]
Abkürzung: loc. cit. (a. a. O)

Locus minoris resistentiae. [Ort geringeren Widerstandes]

Loco sigilli. [An Stelle des Siegels]
Abkürzung: L. S.
Stelle, an der in der Originalurkunde das Siegel angebracht ist

Longum iter est per praecepta, breve et efficax per exempla. [Lang ist der Weg durch Vorschriften, kurz und wirksam durch Beispiele] *(Seneca)*

Lupus in fabula. [Der Wolf in der Fabel] *(Terenz, Adelphi)* *Unerwartetes Erscheinen dessen, von dem man gerade spricht*

Lux doctrinarum. [Leuchte der Wissenschaft] *(Nach Plinius d. Ä., Naturalis historia)*

Magnum vectigal est parsimonia. [Sparen ist eine große Einnahme] *(Cicero)*

Manu propria. [Eigenhändig] *Abkürzung: m. pr.*

Manum de tabula! [Hand (weg) vom Bild!] *(Apelles, nach Plinius d. Ä.)*

Manus manum lavat. [Die Hand wäscht die Hand: Eine Hand wäscht die andere] *(Epicharmos, nach Seneca)*

Mater dolorosa. [Schmerzensreiche Mutter] *(Nach dem Marienhymnus: Stabat mater…)*

Materia medica. [Arzneimittellehre, Arzneischatz]

Maxima debetur puero reverentia. [Höchste Ehrerbietung schuldet man dem Knaben] *(Juvenal, Satirae)*

Mea culpa, mea culpa, mea maxima culpa! [Meine Schuld, meine Schuld, meine größte Schuld!] *(Schuldbekenntnis der katholischen Messe)*

Mea parvitas. [Meine Wenigkeit] *(Valerius Maximus)*

Medias in res. [Mitten in die Dinge hinein] *(Nach Horaz, Ars poetica)* *Sogleich zum Kern einer Angelegenheit durchstoßen*

Medicina soror philosophiae. [Die Mdizin ist die Schwester der Philosophie] *(Tertullian)*

Medio tutissimus ibis. [In der Mitte wirst du am sichersten gehen] *(Ovid)*

Memento mori. [Gedenke des Todes!] *Wahlspruch mehrerer Mönchsorden*

Mens sana in corpore sano. [Ein gesunder Geist in einem gesunden Körper] *(Juvenal, Satirae)*

Miles gloriosus. [Prahlerischer Krieger] *(Titel einer Komödie Plautus')* *Soviel wie: Maulheld*

Militem aut monachum facit desperatio. [Den Soldaten oder Mönch erzeugt die Verzweiflung] *(Mittelalterliches Sprichwort)*

Minima non curat praetor. [Um Kleinigkeiten sorgt sich der Prätor nicht] *(Römischer Rechtssatz nach Callistratus)*

Misera plebs. [Armseliges Volk] *(Horaz, Satirae)*

Modus vivendi. [Die Art, (miteinander) zu leben] *Erträgliches Verhältnis*

Mors certa, hora incerta. [Der Tod ist gewiß, die Stunde (des Todes) ungewiß] *Inschrift mancher Urnen*

Mors ipsa refugit saepe virum. [Der Tod selbst hielt sich oft von diesem Manne fern] *(Lucanus, Pharsalia)*

Mos maiorum. [Soviel wie: Brauch von alters her] *(Altrömische Redewendung)*

Mulier taceat in ecclesia. [Das Weib schweige in der Kirche] *Nach 1. Kor. 14, 34)*

Multum, non multa. [Viel, nicht vielerlei] *(Nach Plinius d. J., Epistulae)*

Mundus vult decipi, ergo decipiatur. [Die Welt will betrogen sein, also werde sie betrogen] *(S. Brant, Narrenschiff; S. Franck, Paradoxa, u. a.)*

Mutatis mutandis. [Nachdem man das Auszuwechselnde ausgewechselt hat]
Soviel wie: nach den in diesem Falle erforderlichen Änderungen

Nam vitiis nemo sine nascitur; optimus ille est, qui minimis urgetur [Denn kein Mensch wird ohne Fehler geboren; der beste ist der, welcher von den geringsten bedrückt wird] *(Horaz, Satirae)*

Natura non facit saltum. [Die Natur macht keinen Sprung]
(Nach Aristoteles, Comenius u. a.)

Naturalia non sunt turpia. [Natürliche Dinge sind keine Schande)
(Nach Euripides)

Navigare necesse est, vivere non est necesse. [Schiffahrt treiben ist notwendig, leben ist nicht notwendig]
(Pompejus, nach Plutarch)

Ne bis in idem. [Nicht zweimal über dasselbe (urteilen)] *(Alter Rechtssatz, nach Demosthenes)*

Ne ventis verba profundam. [Damit ich nicht in den Wind spreche] *(Lukrez)*

Nec cor nec caput habet. [Er hat weder Herz noch Kopf]
(Seneca, Apocolocyntosis)

Nec puero gladium. [Das Schwert (ist nicht) für den Knaben (bestimmt)]
(Marcus Aurelius)

Nec scire fas est omnia. [Nicht alles zu wissen ist erlaubt] *(Horaz)*

Nec tecum possum vivere nec sine te. [Weder mit dir noch ohne dich kann ich leben] *(Martial)*

Nec scire fas est omnia. [Man soll nicht alles wissen] *(Horaz, Oden)*

Nec soli cedit. [Selbst der Sonne weicht er nicht] *(Brandenburgisch-preußischer Wahlspruch)*

Nemo ante mortem beatus. [Niemand ist vor seinem Tode glücklich (zu preisen)]
(Solon, nach Herodot)

Nemo in amore videt. [Niemand sieht in der Liebe: »Liebe macht blind«]
(Properz)

Nervus rerum. [Der Nerv der Dinge]
(Nach Demosthenes; auch nach Kaiser Heinrich V.)
Soviel wie: Geld

Nihil ex nihilo. [Nichts (entsteht) aus nichts] *(Nach Boëthius)*

Nihil tam difficile est, quin quaerendo investigari possit. [Nichts ist so schwierig, als daß es nicht erforscht werden könnte] *(Terenz, Heautontimorumenos)*

Nil admirari. [Sich über nichts wundern]
(Horaz, Epistulae)

Nolens volens. [Nichtwollend (oder) wollend] *(Nach Augustinus)*

Noli me tangere! [Rühre mich nicht an!]
(Joh. 20, 17, nach der Vulgata)

Nomen est (od. atque) omen. [Name und (zugleich) Vorbedeutung]
(Nach Plautus)
Soviel wie: allein der Name sagt schon alles.

Nomina sunt odiosa. [Namen sind verpönt] *(Cicero, Pro Roscio Amerino)*

Non liquet. [Es ziemt sich nicht]
(Nach Cicero, Pro Cluentio)

Non mortem timemus, sed cogitationem mortis. [Nicht den Tod fürchten wir, sondern die Vorstellung des Todes]
(Seneca, Epistulae)

Non olet. [(Geld) stinkt nicht]
(Vespasian, nach Sueton u. Cassius Dio)

Non omnia possumus omnes. [Nicht alles können wir alle]
(A. Th. Macrobius, Saturnalium convivorum libri)

Non plus ultra. [Nicht darüber hinaus]
(Nach Pindar)
Soviel wie: Unübertreffliches

Non possumus. [Wir können('s ja) nicht]
(Apostel. 4, 20, nach der Vulgata)

Non scholae sed vitae discimus. [Nicht für die Schule, sondern für das Leben lernen wir]
(Nach Seneca d. J., Epistulae)

Non sum qualis eram. [Ich bin nicht mehr der, der ich war]
(Horaz, Oden)

Non vitae, sed scholae discimus. [Nicht für das Leben, sondern für die Schule lernen wir] *(Seneca d. J., Epistulae)*
Stets im umgekehrten Sinne zitiert!

Novarum rerum cupidus. [Neuer Dinge begierig] *(Caesar, De bello Gallico)*
Soviel wie: neuerungssüchtig, auch: revolutionär

Nuda veritas. [Nackte Wahrheit]
(Horaz, Oden)

Nulla dies sine linea. [Kein Tag ohne Ziel] *(Apelles, nach Plinius)*

Nulla fere causa est, in qua non femina litem moverit. [Kaum eine Angelegenheit gibt es, in der die Frau nicht Streit erregt]
(Juvenal)

Nulla salus bello, pacem te poscimus omnes. [Kein Heil (liegt) im Kriege, um Frieden bitten wir dich alle]
(Vergil, Aeneis)

Nullum est iam dictum, quod non sit dictum prius. [Es gibt nichts mehr, das nicht schon früher gesagt ist]
(Terenz, Eunuch)

Nullum magnum ingenium sine mixtura dementiae fuit. [Nie hat es einen großen Geist ohne eine Beimischung von Wahnsinn gegeben]
(Seneca d. J., De tranquillitate animi)

Nullus est liber tam malus, ut non aliqua parte prosit. [Kein Buch ist so schlecht, daß es nicht irgendwie nützlich sein könnte]
(Plinius d. Ä., nach Plinius d. J.«

Numerus clausus. [Geschlossene Anzahl]
Zahlenmäßig beschränkte Zulassung zu einer Ausbildung oder einem Beruf

Nunc est bibendum! [Nun soll getrunken werden!] *(Horaz)*

Nunc vino pellite curas! [Vertreibt nun mit Wein die Sorgen!] *(Horaz, Oden)*

Nutrimentum spiritus. [Nahrung des Geistes]
(Inschrift der ehem. Königlichen Bibliothek in Berlin)

O dulce nomen libertatis! [O süßer Name (Freiheit)] *(Cicero)*

O matre pulchra filia pulchrior! [O schönere Tochter einer schönen Mutter!]
(Horaz, Oden)

O sancta simplicitas! [O heilige Einfalt!]
(Wird Hus zugeschrieben, wahrscheinlich älteren Ursprungs)

O si tacuisses, philosophus mansisses! [O hättest du geschwiegen, wärst du ein Philosoph geblieben!]
(Boëtius, Trost der Philosophie)

O tempora! O mores! [O Zeiten! O Sitten!] *Nach Cicero, Catilina)*

Obsequium amicos, veritas odium parit. [Nachgiebigkeit macht Freunde, Wahrheit erzeugter Haß] *(Terenz, Andria)*

Oderint, dum metuant. [Mögen sie (mich) hassen, wenn sie (mich) nur fürchten] *(L. Accius, Atreus)*

Odi profanum vulgus et arceo. [Ich hasse das gemeine Volk und halte mich von ihm fern] *(Horaz, Oden)*

Ohe iam satis! [Halt ein, schon genug!] *(Plautus, Stichus)* *Soviel wie: Mir langt's!*

Oleum addere camino. [Öl ins Feuer gießen] *(Horaz, Satirae)*

Oleum et operam perdidi. [Öl und Mühe habe ich verschwendet] *(Plautus, Poenulus)*

Omnia mea mecum porto. [Alle meine Habe trage ich bei mir] *(Cicero, Paradoxa, nach dem griechischen Philosophen Bias)*

Omnia praeclara rara sunt. [Alles Vortreffliche ist selten] *(Cicero, Laelius)*

Omnia vincit amor. [Alles besiegt die Liebe] *(Vergil, Eclogae)*

Omnium rerum homo mensura est. [Aller Dinge Maß ist der Mensch] *(Protagoris)*

Omnium rerum principia parva sunt. [Aller Dinge Anfang ist klein] *(Cicero)*

Onus est honos. [Eine Bürde ist die Würde] *(Varro, De lingua latina)*

Opus. [Werk]

Ora et labora! [Bete und arbeite] *(Alter Leitspruch klösterlichen Lebens)*

Orbis pictus. [Gemalte Welt; Welt in Bildern]

Oscula qui sumpsit, si non et cetera sumet, haec quoque, quae data sunt, perdere dignus erit. [Wer Küsse genommen hat und sich das übrige nicht nimmt, der sollte verlieren, was ihm gegeben wurde] *(Ovid, Ars amandi)*

Otium cum dignitate. [Muße mit Würde] *(Cicero, Pro Sestio)*

Panem et circenses. [Brot und Spiele] *(Nach Juvenal, Satirae)*

Papam habemus! [Wir haben einen Papst!] *Verkündung der vollzogenen Papstwahl. Eigentlich: Habemus Papam!*

Par nobile fratrum! [Ein feines Brüderpaar!] *(Horaz, Satirae)*

Parcere subiectis et debellare superbos. [Die Unterworfenen schonen und die Übermütigen niederkämpfen] *(Vergil, Aeneis)*

Pars leonis. [Löwenanteil] *(Alte Redensart)*

Pars pro toto. [Ein Teil für das Ganze] *Begriff der Sprachlehre: z. B. »Hände« für »Mensch«, »Kiel« für »Schiff«*

Parturiunt montes, nascetur ridiculus mus. [Berge kreißen, doch geboren wird eine lächerliche Maus] *(Horaz, Ars poetica)*

Pater patriae. [Vater des Vaterlandes] *(Römischer Ehrentitel, nach Cicero u. a.)*

Pater, peccavi! [Vater, ich habe gesündigt!] *(Luk, 15, 18)*

Paternoster. [Vaterunser]

Patriae inserviendo consumor. [Ich verzehre mich im Dienste für mein Vaterland] *(Alter Spruch, bekannt geworden durch Bismarck)*

Pauperis est numerare pecus. [Nur der Arme zählt sein Vieh] *(Ovid)*

Pax et tranquillitas ordinis. [Der Friede ist die Ruhe der Ordnung] *(Augustinus, De civitate Dei)*

Pax vobiscum! [Friede sei mit euch!] *(Luk. 24, 36 u. a.)*

Per aspera ad astra. [Durch Rauhes zu den Sternen] *(Nach Seneca u. a.)* *Auf mühsamen Wegen zu den Sternen empor*

Per pedes. [Zu Fuß]

Pereant! [Sie mögen zugrunde gehen!]

Periculum in mora. [Gefahr im Verzuge] *(Livius)*

Perpetuum mobile. [Das dauernd Bewegliche] *Maschine, die im Widerspruch zu allen Naturgesetzen imstande sein soll, Arbeit ohne Energiezufuhr zu leisten)*

Persona grata. [Willkommene Person]

Persona gratissima. [Höchst willkommene Person]

Persona ingrata. [Unwillkommene Person]

Philippica. *(Nach Cicero)* *Als »Philippica« noch heute gebrauchte Bezeichnung für eine donnernde Strafpredigt*

Philippis iterum me videbis! [Bei Philippi wirst du mich wiedersehen!] *(Appianus, Bellum civile)*

Pia desideria. [Fromme Wünsche] *(Titel einer Schrift des Jesuiten H. Hugo)*

Pia fraus. [Frommer Betrug] *(Ovid, Metamorphosen)*

Placet. [Es gefällt, ist recht]

Plenus venter non studet libenter. [Ein voller Bauch studiert nicht gern]

Poeta laureatus. [Lorbeergeschmückter Dichter]

Poetis mentiri licet. [Den Dichtern ist es gestattet zu lügen] *(Nach Tertullian)*

Pontifex Maximus. [Oberster Priester (eigentlich: Brückenbauer)] *Bezeichnung für den Papst*

Post Christum natum. [Nach Christi Geburt] *Abkürzung: p. Chr. n.*

Post festum. [Nach dem Feste] *(Nach Plato, Gorgias)* *Nachträglich; zu spät*

Post mortem. [Nach dem Tode] *Abkürzung: p. m.*

Post scriptum. [Nachschrift] *Abkürzung: P. S.*

Potius sero quam nunquam. [Lieber spät als nie] *(Livius, Ab urbe condita)*

Praeceptor Germaniae. [Lehrer Deutschlands] *Ehrender Beiname für hervorragende Persönlichkeiten Deutschlands*

Praemissis praemittendis. [Vorauszusetzendes vorausgesetzt] *Besagt: Titel oder Angaben Abkürzung: p. p.*

Primo loco. [An erster Stelle]

Primus inter pares. [Der erste unter Gleichgestellten]

Principiis obsta! [Widerstehe (schon) den Anfängen!] *(Ovid, Remedia amoris)*

Pro anno. [Für das Jahr] *Aufs Jahr gerechnet. Abkürzung: p. a.*

Pro captu lectoris habent sua fata libelli. [Für die Einsicht des Lesers haben Bücher ihre Schicksale]
(Terentianus Maurus, Carmen heroicum)
Soviel wie: Je nach Auffassungsgabe…, je nachdem, wie die Leser es auffassen…

Pro domo. [Für das eigene Haus]
(Cicero, De domo sua)
In eigener Sache

Pro et contra. [Für und wider]

Pro forma. [Für die Form]
Nur der Form halber; zum Schein

Pro patria est, dum ludere videmur. [Dem Vaterland gilt es, (auch) wenn wir (nur) zu spielen scheinen]
(Theoderich der Große, nach Cassiodor)

Pro titulo. [An Stelle des Titels]
Abkürzung: p. t.

Scilicet. [Versteht sich, natürlich]
Abkürzung: scil.

Proximus sum egomet mihi [Ich bin mir selbst der Nächste] *(Terenz, Andria)*

Punctum saliens. [Der springende Punkt] *(Nach Aristoteles, Historia animalium)*
Kernpunkt

Quae medicamente non sanant, ferrum sanat; quae ferrum non sanat, ignis sanat; quae vero ignis non sanat, insanabilia reputari oportet. [Was Arzneien nicht heilen, heilt das Messer; was das Messer nicht heilt, heilt das Brennen; was das Brennen nicht heilt, das muß als unheilbar betrachtet werden]
(Hippokrates, Aphorismen, von Schiller als Motto zu »Die Räuber« verwendet)

Qualis artifex pereo! [Als welch großer Künstler sterbe ich!] *(Sueton, Nero)*

Qualis dominus, talis et servus. [Wie der Herr, so auch der Diener]
(Petronius, Satyrikon)

Quandoque bonus dormitat Homerus. [Zuweilen schläft sogar der gute Homer]
(Horaz, Ars poetica)

Qui amant, ipsi sibi somnia fingunt. [Die, die lieben, erdichten sich selbst die Träume] *(Vergil, Eclogae)*

Qui non zelat, non amat. [Wer nicht eifersüchtig ist, der liebt auch nicht]
(Augustinus)

Qui suo iure utitur, nemini facit iniuriam. [Wer sein Recht ausübt, tut niemandem unrecht] *(Römischer Rechtssatz)*

Qui tacet, consentire videtur. [Wer schweigt, scheint zuzustimmen]
(Decretalen des Corpus iuris canonici)

Quid sit futurum cras, fuge quaerere. [Was morgen sein wird, das versuche nicht zu ergründen] *(Horaz)*

Quidquid agis, prudenter agas et respice finem! [Was du tust, das tue klug und bedenke das Ende!] *(Nach Jes. Sir. 7, 40*

Quiquid id est, timeo Danaos et dona ferentes [Was es auch sei, ich fürchte die Danaer, auch wenn sie Geschenke bringen] *(Vergil, Aeneis)*
Hiernach: Danaergeschenk: unheilbringendes Geschenk

Quinctili Vare, legiones redde! [Quinctilius Varus, gib mir die Legionen wieder!]
(Kaiser Augustus nach der Schlacht im Teutoburger Wald, 9 n. Chr., nach Sueton)

Quis leget haec? [Wer liest das (schon)?]
(P. Flaccus, Satirae)

Quo vadis, Domine? – Venio Romam iterum crucifigi. [Wohin gehst du, Herr? – Ich gehe nach Rom, mich ein zweites Mal kreuzigen zu lassen]
(Nach der Legende soll Christus dem aus Rom fliehenden Petrus erschienen sein; bei diesem Anlaß seien dann obige Worte gewechselt worden)

Quod enim ab omnibus communiter dicitur, impossibile est totaliter falsum. [Was von allen gemeinsam gesagt wird, das kann unmöglich vollständig falsch sein] *(Thomas von Aquin)*

Quod erat demonstrandum. [Was zu beweisen war] *(Nach Euklid)*

Quod licet Iovi, non licet bovi. [Was dem Jupiter erlaubt ist, das ist (noch lange) nicht einem Ochsen gestattet]

Quod scripsi, scripsi. [Was ich geschrieben habe, das habe ich geschrieben]
(Joh. 19, 22)

Quod tibi fieris non vis, alteri non feceris! [Was du nicht willst, daß man dir tu', das füg' auch keinem andern zu!]

Quorum. [Von welchen]
Anzahl der zu einer Beschlußfassung erforderlichen Mitglieder einer Körperschaft

Quos Deus perdere vult, dementat prius. [Welche Gott vernichten will, beraubt er zuvor des Verstandes]
(Nach Sophokles, Antigone)

Quot capita, tot sensus. [Soviel Köpfe, soviel Meinungen]
(Nach Horaz, Satirae)

Quot homines, tot sententiae. [Soviel Menschen, soviel Ansichten]
(Terenz, Phormio)

Quousque tandem, Catilina, abutere patientia nostra? [Wie lange noch, Catilina, willst du unsere Geduld mißbrauchen?]
(Cicero, In Catilinam)

Rara avis. [Seltener Vogel]
(Flaccus, Satirae)

Recipe! [Nimm!] *(Auf Rezepten)*
Abkürzung: Rp.

Redivivus. [Wiedererstanden(er)]

Regna nisi magna latrocinia. [Staaten (sind) nichts anderes als große Räuberbanden] *(Augustinus, De civitate Dei)*

Relata refero. [Ich gebe nur wieder, was man mir berichtet hat] *(Nach Herodot)*

Rem tene, verba sequentur. [Beherrsche die Sache, die Worte werden (dann schon) folgen] *(Cato zugeschrieben)*

Requiescat in pace. [Er (sie, es) ruhe in Frieden] *(Nach der Vulgata)*
Abkürzung: R. I. P.

Rerum cognoscere causas. [Der Dinge Grund erkennen]
(Nach Vergil, Georgica)
Von der Berliner Zeitung »Der Tagesspiegel« zum Leitspruch gewählt

Reservatio mentalis. [Gedankenvorbehalt] *(Nach H. Busenbaum, Medulla theologiae moralis)*

Ridendo dicere verum. [Lachend das Wahre sagen] *(Nach Horaz, Satirae)*

Rigorosum. [Das Strenge]
Strenges Examen

Rite. [Ordnungsgemäß]
(Prüfungsnote)
Soviel wie: bestanden

Rivalem possem non ego ferre lovem. [Als Nebenbuhler kann ich selbst Jupiter nicht ertragen] *(Properz)*

Romam cuncta undique atrocia aut pudenda confluunt celebranturque. [In Rom fließen alle Schrecklichkeiten und Laster zusammen und werden verherrlicht] *(Tacitus, Annales)*

Romanus vincit sedendo. [Der Römer siegt im Sitzen] *(Nach Varro)*

Roma aeterna. [Das ewige Rom] *(Tibull)*

Roma locuta, causa finita. [Rom hat gesprochen, die Sache (ist) beendet] *(Nach Augustinus)*

Rubrum. [Das Rote] *Sachbezeichnung an Aktenstücken*

Salus populi suprema lex. [Das Wohl des Volkes (ist) das höchste Gebot] *(Nach Cicero, De legibus)*

Sapere aude! [Wage es, weise zu sein!] *(Horaz, Epistulae)*

Sapienti sat est. [Dem Verständigen genügt's] *(Terenz, Phormio)*

Sempner aliquid haeret. [Etwas bleibt immer hängen] *(Medius, nach Plutarch)*

Semper idem. [Immer derselbe] *(Xanthippe, nach Cicero, Tusculanae disputationes)*

Si Deus pro nobis, quis contra nos? [Ist Gott für uns, wer mag wider uns sein?] *(Röm. 8, 31, nach der Vulgata)*

Si moror, morior. [Wenn ich verweile, sterbe ich] *(Alter Wappenspruch)*

Si non vis intellegi, non debes legi. [Wenn du nicht verstanden werden willst, brauchst du auch nicht gelesen zu werden] *(Persius)*

Si vis pacem, para bellum! [Willst du Frieden, rüste dich zum Kriege!] *(Nach Vegetius)*

Si vis pacem, cole iustitiam. [Wenn du den Frieden wünschst, pflege die Gerechtigkeit] *(Inschrift am Friedenspalast zu Den Haag)*

Sic! [(Wirklich) so!]

Sic itur ad astra! [So steigt man empor zu den Sternen!] *(Vergil, Aeneis)*

Sic transit gloria mundi! [So vergeht der Ruhm der Welt!]

Sic vos non vobis! [So (für) euch, nicht von euch (gemacht)] *(Vergil, nach Donatus)*

Silent leges inter arma. [Unter den Waffen schweigen die Gesetze] *(Cicero, Pro milone)* *Soviel wie: im Kriege…*

Similia similibus curantur. [Ähnliches wird durch Ähnliches geheilt] *(Grundsatz der Homöopathie)*

Simplex veri sigillum. [Einfach (ist) das Siegel der Wahrheit] *(Seneca, Epistulae)*

Sine ira et studio. [Ohne Zorn und ohne Leidenschaft] *(Tacitus, Annales)* *Soviel wie: unparteiisch, unvoreingenommen*

Sine tempore. [Ohne Zeit] *Abkürzung: s. t.* *Pünktlich*

Sit tibi terra levis! [Möge dir die Erde leicht sein!] *(Euripides, Alkestis)*

Sit venia verbo. [Es sei Nachsicht dem Worte (gewährt)] *(Nach Plinius d. J.)*

Societas Jesu. [Gesellschaft Jesu] *Name des Jesuitenordens*

Spectatum veniunt, veniunt spectentur ut ipsae. [Sie sind zum Sehen gekommen, sie sind gekommen, um selbst gesehen zu werden] *(Ovid, Ars amandi)*

Spemque metumque inter dubii. [Schwankend zwischen Furcht und Hoffnung] *(Vergil, Aeneis)*

S. P. Q. R. [Abk. f.: Senatus Populusque Romanus] *(Senat und Volk Roms)*

Stabat mater. [Die Mutter (Jesu) stand (am Kreuz)]
(Anfang des ins römische Brevier und Missale aufgenommenen Marienhymnus; von zahlreichen Komponisten vertont)

Stante pede. [Stehenden Fußes]
(Redensart)
Soviel wie: sofort, auf der Stelle

Stat sua cuique dies. [Jedem ist sein Tag festgesetzt] *(Vergil, Aeneis)*

Status quo. [Der gegenwärtige Zustand]

Status quo ante. [Der vorherige Zustand]

Stimulans. [Anregend]
Anregungsmittel

Studium generale. [Allgemeinstudium]
Dem Fachstudium vorangehende bzw. dieses ergänzende grundwissenschaftliche Vorlesungen

Sub specie aeternitatis. [Unter dem Gesichtspunkt der Ewigkeit]
(B. de Spinoza, Ethica)

Sui generis. [Von eigener Art]

Summa cum laude. [Mit höchstem Lob]
(Prüfungsnote)

Summa summarum. [Die Summe der Summen] *(Plautus, Truculentus)*
Alles in allem

Summum ius summa iniuria. [Das größte Recht (ist) das größte Unrecht]
(Cicero, De officiis, u. a.)

Sursum corda! [Empor die Herzen!]
(Kath. Lobgesang, nach Klagelieder Jer. 3, 41)

Suum cuique! [Jedem das Seine!]
(Cicero, De officiis/Preußischer Wahlspruch/Inschrift des preußischen Schwarzen Adlerordens)

Tabula rasa. [Glattgestrichene Schreibtafel] *(Nach Aristoteles, De anima, u. Ovid, Ars amandi)*
Hiernach die Redensart: reinen Tisch machen (– klare Verhältnisse schaffen)

Tandem vincisti, Galilaee! [Endlich hast du gesiegt, Galiläer!] *(Julian)*

Tantae molis erat, Romanam condere gentem. [Solcher Mühe bedurfte es, das römische Volk zu gründen]
(Vergil, Aeneis)

Te Deum laudamus! [Dich, Gott, loben wir!] *(Ambrosianischer Lobgesang)*
Großer Gott, wir loben dich!

Tempora mutantur, nos et mutamur in illis. [Die Zeiten ändern sich und wir uns mit ihnen] *(Kaiser Lothar I., 795–855)*

Tempori serviendum est. [Man muß der Zeit dienen: man muß sich in die Zeit schicken] *(Cicero, Ad Atticum)*

Tene mensuram et respice finem! [Halte Maß und bedenke das Ende!]
(Wahlspruch Kaiser Maximilians I.)

Terminus technicus. [Kunst-, Fachausdruck]

Tertius gaudens. [Der dritte sich Freuende]

Timeo lectorem unius libri. [Ich fürchte den Leser (nur) eines einzigen Buches]
(Augustinus)

Tolle lege, tolle, lege! [Nimm und lies! Nimm und lies!]
(Augustinus, Bekenntnisse)

Tres faciunt collegium. [Drei bilden ein Kollegium]
(»Corpus iuris« des Justinian)

Tu es Petrus et super hanc petram aedificabo ecclesiam meam et tibi dabo claves regni coelorum. [Du bist Petrus, und auf diesen Felsen will ich bauen meine Kirche und ich werde dir geben die Schlüssel zum Himmelreich. In der Bibel – rev. Fassung: Du bist Petrus, und auf diesen Felsen will ich bauen meine Gemeinde, und die Pforten der Hölle sollen sie nicht überwältigen. Ich will dir des Himmelreichs Schlüssel geben …]

Tu si hic sis, aliter sentias. [Wärest du hier, würdest du anders denken]
(Terenz, Andria)

Tua res agitur! [Um deine Angelegenheit geht es (hier)!]
(Horaz, Epistulae)

Tunica proprios palliost. [Das Unterkleid (ist mir) näher als der Mantel]
(Plautus, Trinummus)
Das Hemd ist mir näher als der Rock

Ubi bene, ibi patria. [Wo (es einem) gut (geht), da (ist das) Vaterland!]
(Nach Aristophanes, Plutos)

Ubi defecerit ratio, ibi est fidei aedificatio. [Wo der Verstand zu Ende ist, da erhebt sich das Gebäude des Glaubens]
(Augustinus, Sermones)
Zitiert: Wo das Wissen endet, beginnt der Glaube

Ultima ratio. [Letztes Mittel]
Äußerstes Mittel; letzte Zuflucht

Ultima ratio regis. [Das letzte Mittel des Königs] *Inschrift alter Kanonenrohre*

Ultima Thule. [Das äußerste Thule]
(Vergil, Georgica)
Bezeichnung für eine sehr weit entfernte Gegend

Ultimo. [Am (Monats-)Letzten]

Ultra posse nemo obligatur. [Über das Können hinaus ist niemand verpflichtet]
(Nach Celsus)

Una salus victis nullam sperare salutem. [Einziges Heil der Besiegten (ist es), kein Heil zu erhoffen] *(Vergil, Aeneis)*

Unus pro multis. [Einer für viele]
(Nach Vergil, Aeneis)

Urbi et orbi! [Der Stadt (Rom) und dem Erdkreis!] *(Päpstlicher Segen)*

Urbs aeterna. [Ewige Stadt]
(Tibull, Elegiae)
Noch heute gebräuchliche Bezeichnung für die Stadt Rom

Ut aliquid fiat! [Damit etwas geschehe!]
(Nach Lactantius, Institutiones divinae)
Soviel wie: Nur damit überhaupt etwas getan wird …

Ut desint vires, tamen est laudanda voluntas. [Reichen die Kräfte nicht aus, so ist doch der Wille zu loben]
(Ovid, Briefe aus Pontus)

Ut sciant gentes, quoniam homines sunt. [Die Völker mögen wissen, da sie Menschen sind] *(Augustinus)*

Vademecum. [Geh mit mir!]
Leitfaden; ständiger Begleiter

Vae victis! [Wehe den Besiegten!]
(Gallierkönig Brennus bei der Einnahme Roms, nach Livius)

Variatio delectat. [Abwechslung ergötzt] *(Nach Euripides)*

Varium et mutabile semper femina. [Stets wankelmütig und launisch (ist) die Frau] *(Vergil, Aeneis)*

Veni, vidi, vici. [Ich kam, ich sah, Gott siegte] *(Kaiser Karl V.)*

Venia legendi. [Erlaubnis des Lesens]
Recht zum Halten von Vorlesungen

Veritatis simplex oratio. [Einfach (ist) die Rede der Wahrheit]
(Seneca, Epistulae)

Vestigia terrent. [Die Spuren schrecken] *(Horaz, Epistulae, nach einer Fabel des Aesop)*

Vestimentum non facit monachum. [Nicht die Kleidung macht den Mönch] *(Mittelalterliches Sprichwort)*

Veto. [Ich verbiete.] *Soviel wie: (ich erhebe) Einspruch*

Vice versa. [Umgekehrt] *Abkürzung: v. v.*

Videant consules, ne quid res publica detrimenti capiat. [Die Konsuln mögen dafür sorgen, daß der Staat keinen Schaden nehme] *(Cicero, In Catilinam, u. a.)*

Vincere scis, Hannibal, victoria uti nescis. [Du weißt zu siegen, Hannibal, den Sieg zu nutzen weißt du nicht] *(Livius)*

Vindicta bonum, vita iucundius ipsa. [Rache ist gut, süßer als das Leben selbst] *(Juvenal, Satirae)*

Viribus unitis. [Mit vereinten Kräften] *(Wahlspruch des österreichischen Kaisers Franz Joseph I., 1830–1916)*

Virtus post nummos. [Die Tugend (kommt) nach dem Geld] *(Horaz, Epistulae)*

Vita brevis, ars longa. [Kurz ist das Leben, lang währt die Kunst] *(Hippokrates, Aphorismen, nach Seneca, De brevitate vitae)*

Vitam impendere vero. [Das Leben dem Wahren weihen] *(Juvenal, Satirae)*

Vivant sequentes! [Die Nachkommen mögen leben!]

Vivat, crescat, floreat! [Er (sie, es) lebe, wachse, blühe!]

Vivos voco. Mortuos plango. Fulgura frango. [Die Lebenden rufe ich. Die Toten beklage ich. Die Blitze zerbreche ich] *(Glockeninschrift, nach Schiller, Lied von der Glocke)*

Volenti non fit iniuria. [Dem (es so) Wollenden geschieht kein Unrecht] *(Ulpian)*

Vomunt ut edant, edunt ut vomant. [Sie übergeben sich, damit sie essen können; sie essen, damit sie sich übergeben können] *(Seneca)*

Vox populi, vox Dei. [Volkes Stimme – Gottes Stimme] *(Nach Hesiod, Werke und Tage, und Seneca)*

In altgriechischer Sprache

Anathema sit! [Er sei verflucht!]
(Nach 1. Kor. 16, 22 in der Vulgata)
anathema – griechisch; sit – lateinisch

Apage Satana! [Hebe dich hinweg, Satan!] *(Nach Matth. 4, 10)*

Ei mä gar Chrysippos, ouk an än Stoa. [Wenn es nicht Chrysippos gäbe, gäbe es keine Stoa] *(Sprichwort)*

Ergois philous gignōske, mä monon logois. [An ihren Werken erkenne Freunde, nicht nur an ihren Worten] *(Sprichwort)*

Ergōn povärōn cheir' eleutheran eche. [Halte die Hand frei von mühsamer Arbeit] *(Sprichwort)*

Gynai, gynaiksi kosmon hä sigä pherei. [Ihr Frauen, den Frauen ist das Schweigen ein Schmuck] *(Sprichwort)*

Heureka! [Ich hab's gefunden!] *(Archimedes)*

Kalōs pherein chrä symphoras ton eugenä. [Der Edle muß sein Schicksal würdig tragen] *(Sprichwort)*

Lypäs hiatros estin anthròpois chronos. [Ein Arzt für die Trauer ist die Zeit für die Menschen] *(Sprichwort)*

Nomiz' adelphous tous aläthinous philous. [Halte für Brüder die wahren Freunde] *(Sprichwort)*

Oudeis met' orgäs asphalōs bouleuetai. [Niemand berät sicher im Zorn] *(Sprichwort)*

Panta rhei. [Alles fließt] *(Nach Heraklit)*

Thalatta, Thalatta! [Das Meer! Das Meer!] *(Xenophon, Anabasis)*

Ti ischuerotaton; Anankä, kratei gar pantōn. [Was ist am stärksten? Der Zwang, denn er beherrscht alles] *(Aus: Sprüche der sieben Weisen)*

Ti kalliston; Kosmos, poiäma gar theou. [Was ist am schönsten? Die Schöpfung, denn sie ist ein Werk Gottes] *(Aus: Sprüche der sieben Weisen)*

Ti megiston; Topos, hapanta gar chorei. [Was ist am größten? Der Ort, denn er umfaßt alles] *(Aus: Sprüche der sieben Weisen)*

Ti presbytaton; Theos, agenäton gar. [Was ist am ältesten? Gott, denn er ist nicht geschaffen worden] *(Aus: Sprüche der sieben Weisen)*

Ti sophōtaton; Chronos, anheuriskei gar panta. [Was ist am weisesten? Die Zeit, denn sie macht alles ausfindig]
(Aus: Sprüche der sieben Weisen)

Zoon politikon. [Politisches Geschöpft]
(Aristoteles)
Bezeichnung für den Menschen

In englischer Sprache

A horse, a horse, my kingdom for a horse! [Ein Pferd, ein Pferd, mein Königreich für ein Pferd!]
(Shakespeare, Richard III.)

A streetcar named Desire. [Ein Straßenbahnwagen namens Sehnsucht]
(Titel eines Romans von T. Williams; deutsche Übersetzung unter dem Titel: »Endstation Sehnsucht«)

Alice's adventures in wonderland. [Alice(s) (Abenteuer) im Wunderland]
(Titel eines Märchens von L. Carroll)

All the perfumes of Arabia. [Alle Wohlgerüche Arabiens] *(Shakespeare, Romeo und Julia)*

All the world's a stage. [Die ganze Welt ist Bühne]
(Shakespeare, Wie es euch gefällt)

Although the last, not least. [Du jüngste, nicht geringste]
(Shakespeare, König Lear)

Amnesty International. [Internationale Organisation zur Betreuung politischer Gefangener und Internierter in aller Welt, die sich nicht irgendwelcher Gewalttätigkeiten schuldig gemacht haben]

Angry young men. [Zornige junge Männer]
Vertreter einer in England entstandenen Richtung in Literatur und Filmkunst

Appeasement. [Beschwichtigung(spolitik)] *Bezeichnung für die 1937 u. danach vom britischen Premierminister N. Chamberlain vertretene Politik gegenüber Hitler*

Ay, every inch a king! [Ja, jeder Zoll ein König!] *(Shakespeare, König Lear)*

Balance of Power. [Gleichgewicht der Macht] *Gleichgewicht der politischen und militärischen Kräfte*

Beat Generation. [»Geschlagene Generation« (von beat – schlagen), möglicherweise auch »glückselige Generation« (von beatific – glückselig)]
Bezeichnung für eine in den 50er Jahren entstandene amerikanische Gruppe jüngerer Schriftsteller und deren Anhänger, welche der gegenwärtigen bürgerlichen Ordnung ablehnend gegenüberstehen

Better late than never. [Besser spät als nie] *(Nach Livius)*

Black Power. [Schwarze Macht]
Radikale Bewegung in den USA zur Durchsetzung der Gleichberechtigung der Farbigen

Brain Trust. [Gehirn-Trust]
Arbeitsgemeinschaft hochbegabter Persönlichkeiten zur Beratung der Staats- oder Wirtschaftsführung

Captains of Industry. [Industriekapitäne]
(Th. Carlyle)

Caviare to the general. [Kaviar für das Volk] *(Shakespeare, Hamlet)*

Comedy of errors. [Kömodie der Irrungen]
(Titel eines Lustspiels von Shakespeare)

Coming events cast their shadows before. [Künftige Ereignisse werfen ihre Schatten voraus]
(Th. Campbell, Lochiel's Warning)

Curtain-lecture. [Gardinenpredigt]
Aus dem 18. Jahrhundert stammendes Scherzwort

Displaced Person. [Verschleppte Person] *Im und nach dem 2. Weltkrieg gebrauchte Bezeichnung für von Deutschland und seinen Verbündeten verschleppte Menschen aus den von diesen Mächten besetzten Gebieten*

Do-it-yourself! [Mach es selbst!]
Soviel wie: handwerkliche Selbsthilfe

Downing Street.
Soviel wie: Britisches Außenministerium

Early to bed and early to rise makes a man healthy, wealthy, and wise. [Früh zu Bett und früh aufstehen macht den Menschen gesund, reich und klug]
(B. Franklin, Weg zum Reichtum)

England expects every man to do his duty! [England erwartet, daß jedermann seine Pflicht tun wird![
(Tagesbefehl Nelsons vor der Schlacht bei Trafalgar, 1805)

fifty – fifty. [Fünfzig – fünfzig]
Zu gleichen Teilen

First Lady. [Erste Frau]
Im 20. Jahrhundert aufgekommene Bezeichnung für die Frau des Staatsoberhauptes

Fleet in being. [Wörtlich: Flotte im Vorhandensein]
(Britischer Admiral Herbert/ Lord Torrington)
Bezeichnung für eine Flotte, die allein durch ihr Bestehen Machtwirkung ausübt

Flower Power. [Macht der Blumen]
Schlagwort der »Hippies«: Jugendliche, die alle bestehenden gesellschaftlichen Ordnungen und Bindungen ablehnen, sich vorzugsweise mit Blumen schmücken, bewußt »unbürgerlich« leben, und Liebe statt Gewalt proklamieren

Food for powder. [Futter für Pulver]
(Shakespeare, König Heinrich IV.)
Hieraus entwickelte sich später der Ausdruck: Kanonenfutter

For Brutus is an honorable man. [Denn Brutus ist ein ehrenwerter Mann]
(Shakespeare, Caesar)

Frailty, thy name is woman! [Schwachheit, dein Name ist Weib!]
(Shakespeare, Hamlet)

Gentlemen's Agreement. [Übereinkunft zwischen Gentlemen, zwischen Ehrenmännern] *Soviel wie: Übereinkunft auf Treu und Glauben*

God's own country. [Gottes eigenes Land] *Bezeichnung für die Vereinigten Staaten von Amerika*

Gone with the wind. [Vom Winde verweht[
(Titel eines Romans von M. Mitchell)

Goodwill. [Wohlwollen]
Guter Ruf, Ansehen, über das Vermögen hinausgehender Firmenwert (Ansehen, Kundenstamm, Ertragsaussichten usw.)

Grand Old Man. [Großer alter Mann]
Bedeutender alter Mann (z. B. Staatsmann o. ä.)

Have you prayed to-night, Desdemona? [Hast du zur Nacht gebetet, Desdemona?] *(Shakespeare, Othello)*

He thinks too much, such men are dangerous. [Er denkt zuviel; solche Leute sind gefährlich] *(Shakespeare, Caesar)*

He was a man, take him for all in all. I shall not look upon his like again. [Er war ein Mann, nehmt alles nur in allem. Ich werde immer seinesgleichen sehn] *(Shakespeare, Hamlet)*

Hell is paved with good intentions. [Die Hölle ist mit guten Vorsätzen gepflastert] *(Nach S. Johnson)*

Hitler has missed the bus [Hitler hat den Autobus verpaßt] *(Brit. Premierminister A. N. Chamberlain, 1940)*

Human Relations. [(Zwischen-)Menschliche Beziehungen]

I awoke one morning and found myself famous. [Ich erwachte eines Morgens und fand, ich war berühmt] *([Angebliche] Äußerung Lord Byrons)*

I have nothing to offer but blood, tears and sweat. [Ich habe nichts zu bieten als Blut, Schweiß und Tränen] *(W. L. Churchill, 1940)*

I stay here on my bond. [Ich steh' hier auf meinem Schein] *(Shakespeare, Kaufmann von Venedig)*

Jim Crow. *(Amerikanische Bezeichnung für Neger, Nigger)*

John Bull. *(Von J. Arbuthnot geprägte Bezeichnung für »den« Engländer, das englische Volk)*

Keep-smiling. [Das Lächeln bewahren] *(Zur Schau getragenes) optimistisches Lächeln*

Know-how. [Gewußt wie] *Wissen, wie eine Aufgabe angepackt und gelöst werden kann.*

Last, not least. [Zuletzt, nicht der Letzte] *(Shakespeare, König Lear)*

Learned Theban. [Kundiger Thebaner] *(Shakespeare, König Lear)*

Let me have men about me that are fat. [Laßt dickt Männer um mich sein] *(Shakespeare, Caesar)*

Love's labour's lost. [Liebes-Leid und -Lust / Verlorne Liebesmüh'] *(Titel eines Lustspiels von Shakespeare)*

Make Love, not War. [Macht Liebe, nicht Krieg!] *In den 60er Jahren aufgekommenes Schlagwort*

Measures, not men. [Maßregeln, nicht Menschen] *(O. Goldsmith, The good-natured man)*

Missing Link. [Fehlendes (Zwischen-) Glied] *Fehlendes Zwischenglied in der Entwicklungskette von Menschenaffen zum Menschen*

Mourning becomes Elektra. [Trauer muß Elektra tragenˆ« *(Titel eines Bühnenwerkes von E. O'Neill)*

Much ado about nothing. [Viel Lärm um nichts] *(Titel eines Lustspiels von Shakespeare)*

My better half. [Meine bessere Hälfte] *(Ph. Sidney, The countess of Pembroke's Arcadia)*

My house is my castle. [Mein Haus ist meine Burg] *(Nach einem alten Rechtsspruch, nach Sir E. Coke) Auch zitiert: My home…*

Nation of shopkeepers. [Krämervolk]
(A. Smith, nach Zephanja 1, 11)

New Deal. [Neuer Handel, neues Geschäft, neue Abmachung]
Wirtschafts- und Sozialpolitik des amerikanischen Präsidenten F. D. Roosevelt seit 1933

New Look. [Neues Aussehen]
Neue Moderichtung

Nobody is perfect. [Niemand ist vollkommen] *(Englische Redensart)*

Nonproliferation. [Nichtweitergabe]
Nichtweitergabe von Atomwaffen durch Atommächte an andere, keine Kernwaffen herstellende Mächte

Off Limits! [Zutritt verboten!]

Oldtimer. [Altzeitler]
Bezeichnung für eine »aus alter Zeit« stammende Person oder Sache, z. B. Kraftwagen aus der Frühzeit des Automobilbaues, Schiffe aus der Zeit der Segelschiffahrt oder frühen Dampfschiffahrt usw., auch soviel wie »altbewährter Streiter«

Paradise lost. [Das verlorene Paradies]
(Epos von S. Milton)

Prince of Wales.
Titel des englischen Kronprinzen

Public Relations. [Öffentlichkeitsbeziehungen] *(Pflege der) Beziehungen zur Öffentlichkeit*

Put money in thy purse! [Tu Geld in deinen Beutel!] *(Shakespeare, Othello)*

Readiness is all. [Bereitsein ist alles.]
(Shakespeare, Hamlet)

Right or wrong – my country! [Recht oder Unrecht – mein Vaterland!]
(Nach d. amerik. Kommodore St. Decatur, 1816)

Round-Table-Conference. [Konferenz am runden Tisch]
Beratung Gleichberechtigter am runden Tisch

Round-the-clock. [Rund um die Uhr]
Während des ganzen Tages; Tag und Nacht

Royal merchant [Königlicher Kaufmann] *(Shakespeare, Kaufmann von Venedig)*

Rule Britannia, rule the waves! [Herrsche, Britannien, beherrsche die Wogen!] *(J. Thomson, Rule Britannia)*

Science-fiction. [Wissenschafts-Erdichtung]
Naturwissenschaftlich-technische Utopie im (anglo-amerikanischen) Schrifttum

Sex-and-Crime… [Sexualität und Verbrechen…]

Sex-Appeal. *In den 20er Jahren aufgekommenes Schlagwort für: Anziehungskraft auf das andere Geschlecht*

Sherlock Holmes
(Nach einer Kriminalromanfigur von C. Doyle)
Soviel wie: Meisterdetektiv

Small Talk. [Kleines Gespräch]
Unverbindliches Geplauder, Partygespräch

Something is rotten in the state of Denmark. [Etwa ist faul im Staate Dänemark] *(Shakespeare, Hamlet)*

Splendid Isolation. [Glänzendes Alleinsein] *Soviel wie: Bündnislosigkeit*

Stars and Stripes. [Sterne und Streifen]
Bezeichnung für die Nationalflagge der USA

Struggle for life. [Kampf ums Dasein] *(Zum Schlagwort geworden durch Darwins Schrift »Origin of Species«)*

Sweet swan of Avon. [Holder Schwan vom Avon] *(Von B. Jonson geprägte Bezeichnung für Shakespeare)*

That's one small step for a man, one giant leap for mankind. [Dies ist nur ein kleiner Schritt für einen Menschen, aber ein gewaltiger Sprung für die Menschheit] *Erste Worte, die der amerikanische Astronaut Neil A. Armstrong sprach, als er als erster Mensch nach Verlassen der Mondlandefähre »Eagle« des Raumschiffes »Apollo 11« seinen Fuß auf den Boden des Mondes setzte, 21. Juli 1969, 3.57 MEZ*

The empires of the future are empires of the mind. [Die Reiche der Zukunft sind Reiche des Geistes] *(W. L. Churchill)*

The Germans to the front! [Die Deutschen an die Front!] *(Befehl des britischen Admirals Seymour, des Befehlshabers des 1900 in China eingesetzten internationalen Expeditionskorps, an die ihm unterstellte deutsche Abteilung)*

The government of the people, by the people, for the people. [Die Regierung von dem Volk, durch das Volk, für das Volk] *(A. Lincoln, 1863)*

The last of the Mohicans. [Der letzte der Mohikaner] *(Titel eines Romans von J. F. Cooper)*

The old man and the sea. [Der alte Mann und das Meer] *(Erzählung von E. Hermingway)*

The rest is silence. [Der Rest ist Schweigen] *(Shakespeare, Hamlet)*

The right man in the right place. [Der rechte Mann am rechten Platz] *(A. H. Layard im britischen Unterhaus, 1855)*

The skin of our teeth. [Die Haut unserer Zähne] *(Titel eines Bühnenstücks von Th. Wilder)* *Titel der deutschen Übertragung: »Wir sind noch einmal davongekommen«*

The undiscover'd country, from whose bourn no traveller returns. [Das unentdeckte Land, von des Bezirk kein Wandrer wiederkehrt] *(Shakespeare, Hamlet)*

There are more things in heaven and earth, Horatio, than are dreamt of in your philosophy. [Es gibt mehr Ding' im Himmel und auf Erden, als eure Schulweisheit sich träumt, Horatio] *(Shakespeare, Hamlet)*

Though this be madness, yet there's method in'. [Ist dies schon Tollheit, hat es doch Methode] *(Shakespeare, Hamlet)*

Thought is free. [Denken ist frei!] *(Shakespeare, Sturm)*

Three removes are as bad as a fire. [Drei Umzüge sind (genau) so schlimm wie ein (einziger) Brand] *(B. Franklin, The Way to Wealth…)*

Time is money. [Zeit ist Geld] *(Sprichwort)*

To be or not to be; that is the question; whether 'tis nobler in the mind to suffer the slings and arrows of outrageous fortune, or to take arms against a sea of troubles, and by opposing end them. [Übersetzung von Schlegel/Tieck: Sein oder Nichtsein, das ist hier die Frage: Ob's edler im Gemüt, die Pfeil' und Schleudern des wütenden Geschicks erdulden oder sich waffnend gegen eine See von Plagen, im Widerstand zu enden] *(Shakespeare, Hamlet)*

To err is human, to forgive divine. [Irren ist menschlich, Vergeben göttlich]
(A. Pope, Essay on criticism)

To make the best of it. [Das Beste aus einer Sache machen]
Aus der Not eine Tugend machen

Tooth of time. [Zahn der Zeit]
(Shakespeare, Maß für Maß)

Uncle Sam. [Onkel Samuel]
Bezeichnung für »den« Amerikaner

Uncle Tom's cabin. [Onkel Toms Hütte]
(Titel eines die Sklavenfrage behandelnden amerikanischen Romans von H. Beecher-Stowe, 1852)

Up to date. [Bis zum (heutigen) Datum (empor)] *Auf der Höhe; zeitgemäß*

Upper Ten (Thousand). [Obere Zehn(tausend)] *(Nach N. P. Willis)*
Oberschicht einer Gesellschaft

Vanity Fair. [Jahrmarkt der Eitelkeit]
(J. Bunyan, The Pilgrim's Progress)

Well roared, lion! [Gut gebrüllt, Löwe!]
(Shakespeare, Sommernachtstraum)

White-collar-crime. [Weißer-Kragen-Verbrechen]
Für Angehörige sogenannter gehobener Klassen typisches Verbrechen (z. B. Wirtschaftsverbrechen)

Woe to that land that's govern'd by a child! [Weh einem Lande, das ein Kind regiert!] *(Shakespeare, Richard III.)*

Work and despair not. [Arbeiten und nicht verzweifeln] *(Th. Carlyle)*

World in arms. [Welt in Waffen]
(Shakespeare, König Heinrich IV.)

You can't go home again. [Es führt kein Weg zurück]
(Titel eines Romans von Th. Wolfe)

In französischer Sprache

A discrétion. [Nach Belieben] *(Redensart)*

Ah, quel plaisir d'être soldat! [Ach, welche Lust, Soldat zu sein!] *(A. E. Scribe/F. A. Boieldieu, La dame blanche)*

Allons enfants de la patrie! [Auf, Kinder des Vaterlandes!] *(J. Rouget de Lisle, »Marseillaise«: französische Nationalhymne)*

Angoisses patriotiques. [Patriotische Beklemmungen] *(E. Rouher, im französischen Corps Législatif, 1867)*

Après nous le déluge! [Nach uns die Sintflut!] *(Marquise de Pompadour)*

Bel ami. [Schöner Freund] *(Roman von G. de Maupassant, auch Titel eines Films mit Musik von Th. Mackeben)*

Briller par son absence. [Durch seine Abwesenheit glänzen] *(M. J. de Chénier, Tibère, nach Tacitus)*

Ça ira! [Es wird schon gehen!] *(Während der Französischen Revolution populär gewordene Redewendung)*

Calomniez, calomniez, il en restera toujours quelque chose! [Verleumdet, verleumdet, es wird immer etwas hängen bleiben!] *(P. A. C. de Beaumarchais, Le barbier de Séville)*

Carte blanche. [Weiße Karte] *Soviel wie: unbeschränkte Vollmacht*

Cause célèbre. [Berühmter, aufsehenerregender Fall] *(Nach F. G. de Pitaval)*

Cela va bien, la montagne est passée! [Es geht gut, der Berg ist überschritten] *(Letztes Wort Friedrichs d. Gr., 17. 8. 1786)*

C'est la guerre! [Das ist der Krieg!] *Soviel wie: Daran läßt sich eben nichts ändern. Im Zweiten Weltkrieg in erweiterter Form von Franzosen und deutschen Soldaten oft geäußert: »C'est la guerre; grand malheur; pour nous, pour vous, pour tout le monde!«*

C'est plus qu'un crime, c'est une faute. [Das ist mehr als ein Verbrechen, das ist ein Fehler] *(Fouché (?); auch Ch. M. Talleyrand zugeschrieben)*

Chacun à son goût! [Jeder nach seinem Geschmack] *(Sprichwort)*

Chaque instant de la vie est un pas vers la mort. [Jeder Augenblick des Lebens ist ein Schritt dem Tode entgegen] *(P. Corneille, Tite et Bérénice)*

Cherchez la femme! [Sucht die Frau!] *(A. Dumas d. Ä., Les mohicans de Paris, nach Juvenol, Satirae)* *Soviel wie: Es steckt eine Frau dahinter!*

Chevalier sans peur et sans reproche. [Ritter ohne Furcht und Tadel] *(Beiname des französischen Ritters Bayard)*

Comme il faut. [Wie es sich gehört] *(Redensart)*

Contrat social. [Gesellschaftsvertrag] *(Titel eines Werkes von J. J. Rousseau)*

Corriger la fortune. [Das Glück »verbessern«] *(G. E. Lessing, Minna von Barnhelm; nach Terenz, Adelphi)* *Soviel wie: betrügen*

Chronique scandaleuse. [Skandalchronik] *(Nach J. de Roye, 15. Jhdt.)* *Klatschgeschichte*

Danse macabre. [Makabrer Tanz] *Totentanz*

De haut de ces pyramides quarante siècles vous contemplent! [Von der Spitze dieser Pyramiden blicken vierzig Jahrhunderte auf euch herab!] *(Angebliche Äußerung General Bonapartes vor der Schlacht bei den Pyramiden, 1798)*

Demi-Monde. [Halbwelt] *(Nach A. Dumas d. J.)*

Dieu est pour les gros escadrons. [Gott ist für die starken Schwadronen] *(Friedrich d. Gr., Oeuvres, 1760)*

Dieu et mon droit! [Gott und mein Recht!] *(Wappenspruch der Könige von England)*

Documents humains. [Menschliche Dokumente] *(Nach E. de Goncourt)* *Zeugnisse der Menschlichkeit*

Du sublime au ridicule il n'y a qu'un pas! [Vom Erhabenen zum Lächerlichen ist nur ein Schritt!] *(Napoleon I.)*

Écrasez l'infâme! [Zermalmt das Abscheuliche!] *(Voltaire)* *Bezieht sich auf den Aberglauben*

Embarras de richesse. [Verlegenheit des Reichtums – Verlegenheit infolge zu großer Auswahl] *(Bühnenwerk von L. J. Ch. Soulas d'Allainval)*

Enfants terribles. [Schreckliche Kinder] *(Titel einer Bildersammlung von P. Gavarni)* *Vorlaute Kinder; Kinder, die – unbewußt – mit der Wahrheit herausplatzen*

Enfin seuls! [Endlich allein!] *(Bild von E. Toffano)*

Entente cordiale. [Herzliches Einverständnis] *(F. P. Guizot, nach Metternich)*

Europe des patries [Europa der Vaterländer] *Europa-Idee des Generals Ch. de Gaulle; europäische Konföderation durch organisierte Zusammenarbeit national souveräner Staaten*

Fin de siècle. [Ende des Jahrhunderts] *(Lustspiel v. F. de Jouvenot u. H. Micard)* *Bezieht sich auf die Untergangsstimmungen Ende des 19. Jahrhunderts.*

Guerre aux châteaux! Paix aux chaumières! [Krieg den Palästen! Friede den Hütten!] *(Nach N. S. Chamfort)*

Honneur et Patrie. [Ehre und Vaterland] *(Devise des von Konsul Bonaparte 1802 gestifteten französischen Ordens der Ehrenlegion)*

Honni soit qui mal y pense! [Schande dem, der Arges dabei denkt!] *(Devise des englischen Hosenbandordens)*

Il faut bonne mémoire après qu'on a menti. [Man muß ein gutes Gedächtnis haben, wenn man gelogen hat]
(P. Corneille, Le Menteur)

Il y a des juges à Berlin! [Es gibt noch Richter in Berlin!]
(F. G. J. S. Andrieux, Le meunier de Sans-Souci, 1797)

Ils n'ont rien appris ni rien oublié. [Sie haben nichts gelernt und nichts vergessen] *(Nach Chevalier de Panat, 1796)*

J'accuse! [Ich klage an!]
(Überschrift eines 1898 von E. Zola in der französischen Presse veröffentlichten offenen Briefes zur Dreyfus-Affäre)

J'embrasse mon rival, mais c'est pour l'étouffer. [Ich umarme meinen Feind, aber um ihn zu ersticken]
(J. Racine, Britannicus)

Jeunesse dorée. [Goldene Jugend]
(Redensart; vergnügungssüchtige Jugend)

Juste milieu. [Richtige Mitte]
(B. Pascal, Pensées sur la religion)

J'y suis, et j'y reste! [Hier bin ich und hier bleibe ich!]
(Mac Mahon nach Einnahme des Fort Malakoff im Krimkrieg, 1855)

L'agresseur, c'est l'autre. [Angreifer, das ist der andere] *(G. Clemenceau, 1919)*

L'appétit vient en mangeant. [Der Appetit kommt beim Essen]
(F. Rabelais, Gargantua)

L'art pour l'art. [Die Kunst für die Kunst] *(Im 19. Jahrhundert entstandenes Schlagwort/V. Cousin)* *Bezeichnung für eine sich selbst genügende Kunst*

L'état c'est moi! [Der Staat bin ich!]
(Louis XIV. von Frankreich(?))

L'exactitude est la politesse des rois. [Pünktlichkeit ist die Höflichkeit der Könige] *(Louis XVIII.)*

L'homme est né libre, et partout il est dans les fers. [Der Mensch ist frei geboren, und liegt (doch) überall in Ketten]
(J. J. Rousseau, Contrat social)

L'homme propose et Dieu dispose. [Der Mensch denkt, Gott lenkt]

La bête humaine. [Die menschliche Bestie, d. h. Die Bestie im Menschen]
(Roman von E. Zola)

La comédie humaine. [Die menschliche Komödie] *(Titel der Gesamtausgabe der Werke von H. de Balzac)*

La dame aux camélias. [Die Kameliendame] *(Roman von A. Dumas d. J.)*

La grande nation. [Die große Nation]
(Nach Napoleon I.) *Bezeichnung für die französische Nation*

La nourriture de l'âme. [Nahrung des Geistes] *(J. Terrasson, Sethos)*

La propriété c'est le vol! [Eigentum ist Diebstahl!] *(P. J. Proudhon, Q'est-ce que c'est que la propriété?)*

La recherche de la paternité est interdite. [Die Erforschung der Vaterschaft ist untersagt] *(Code Napoléon)*

La vérité est en marche. [Die Wahrheit ist auf dem Marsch] *(E. Zola)*

Laissez-faire. *Das Dahintreibenlassen; Ungezwungenheit*

Laissez faire, laissez aller. [Laßt machen, laßt gehen] *(Schlagwort des Wirtschaftsliberalismus)*

Le congrès ne marche pas, il danse. [Der Kongreß geht nicht voran, er tanzt] *(Nach einer Äußerung des Fürsten von Ligne anläßlich des Wiener Kongresses, 1814)*

Le dernier cri. [Der letzte Schrei] *Das Neueste in der Mode*

Le droit au travail. [Das Recht auf Arbeit] *(Ch. Fourier, Théorie des quatre mouvements et des destinées générales, 1808)*

Le roi est mort; vive le roi! [Der König ist tot; es lebe der König!] *(Verkündung des Todes eines französischen Königs und des Amtsantrittes seines Nachfolgers)*

Le roi règne et ne gouverne pas. [Der König herrscht, aber er regiert nicht] *(A. Thiers, 1830, nach einem Ausspruch von J. Zamoiski im polnischen Reichstag)*

Le roi s'amuse. [Der König amüsiert sich] *(Drama von V. Hugo)*

Le style c'est l'homme. [Der Stil macht den Menschen aus] *(Nach G. L. L. de Buffon)*

Les absents ont toujours tort. [Die Abwesenden haben immer unrecht] *(P. N. Destouches, L'obstacle imprèvu)*

Les amis de mes amis sont mes amis. [Die Freunde meiner Freunde sind (auch) meine Freunde] *(Sprichwort)*

Les extrêmes se touchent. [Die Gegensätze berühren sich] *(L. S. Mercier, Tableau de Paris)*

Les héros sont fatigués. [Die Helden sind müde] *(Titel eines Films nach einer Erzählung von Ch. Garnier)*

Liberté! Egalité! Fraternité! [Freiheit! Gleichheit! Brüderlichkeit!] *(Während der Französischen Revolution entstandenes Schlagwort)*

Ma vie est un combat. [Mein Leben ist ein Kampf] *(Voltaire, Le fanatisme)*

Madame sans gêne. [Die Frau ohne Zwang] *(Drama von V. Sardou)* *Soviel wie: Frau, die sich keinen Zwang auferlegt, die frei ihre Meinung äußert und sich nicht an gesellschaftliche Regeln hält*

Malade imaginaire. [Eingebildeter Kranker] *(Nach Molière, Le malade imaginaire)*

Mieux vaut tard que jamais. [Besser spät als nie] *(Nach Livius)*

Négritude. *Von dem Präsidenten der afrikanischen Republik Senegal, Léopold Sédar Senghor, geprägte Sammelbezeichnung für alle kulturellen Werte der Negervölker (um 1960)*

Noblesse oblige. [Adel verpflichtet] *(Alter Wahlspruch mehrerer Adelsgeschlechter)*

Nouvelle vogue. [Neue Welle] *Bezeichnung für das Filmschaffen junger, vornehmlich französischer Regisseure, die thematisch und herstellungsmäßig vom Herkömmlichen abweichende Filme produzieren*

On dit. [Man sagt] *Soviel wie: Gerücht*

On revient toujours à ses premiers amours. [Man kehrt immer zu seinen ersten Lieben zurück] *(C. G. Etienne/ Isouard, Joconde)*

Opinion publique. [Öffentliche Meinung] *(J. J. Rousseau, Julie)*

Paris vaut bien une messe. [Paris ist eine Messe wert] *(Henri IV., 1589)*
Eigentlich: La couronne... (die Krone)

Pleinpouvoir. [Vollmacht]
Vollmacht, »freie Hand«

Poisson sans boisson est poison. [Fisch ohne Getränk ist Gift] *(Sprichwort)*
Entspricht der deutschen Redensart: Fisch will schwimmen

Pour le Mérite. [Für das Verdienst]
(Preußischer Orden/ursprünglich preußische, in der Bundesrepublik Deutschland in der Friedensklasse wiedererstande Ordensgemeinschaft)

Pour leurs beaux yeux. [Um ihrer schönen Augen willen]
(Molière, Précieuses ridicules)

Quai d'Orsay.
Soviel wie: Französisches Außenministerium

Quartier latin. [Lateinisches Viertel]
Pariser Universitätsviertel

Revenons à nos moutons! [Kehren wir zu unseren Hammeln zurück!]
(Nach einem Text aus dem 15. Jahrhundert)

Rien n'est beau que le vrai; le vrai seul est aimable. [Nichts ist so schön wie das Wahre; das Wahre allein ist liebenswert]
(N. Boileau-Despréaux, Epistel)

Sa sacrée Majesté le Hazard. [Seine geheiligte Majestät der Zufall]
(Friedrich d. G., 1773)

Sans phrase. [Ohne (weitere) Redensart] *(Abbé Siéyès, 1793)*

Si Dieu n'existait pas, il faudrait l'inventer. [Existierte Gott nicht, müßte man ihn erfinden] *(Voltaire)*

Si l'on a pas ce que l'on aime, il faut aimer ce que l'on a. [Wenn man nicht hat, was man liebt, muß man lieben, was man hat] *(Sprichwort)*

Tant de bruit pour une omelette! [So viel Lärm um einen Eierkuchen!]
(Desbarreaux)

Terre des Hommes. [Erde bzw. Land der Menschen]
Name eines privaten internationalen Kinderhilfswerkes; Titel eines Werkes von A. de Saint-Exupéry

Toujours en vedette. [Immer auf dem Posten] *(Friedrich d. Gr., Exposé du gouvernement prussien)*

Tout comme chez nous. [Ganz wie bei uns] *(N. de Fatouville, Arlequin)*

Tout comprendre c'est tout pardonner. [Alles verstehen, heißt alles verzeihen]
(Nach Mme. G. de Staël, De l'Allemagne)

Tout est perdu, fors l'honneur! [Alles ist verloren, nur die Ehre nicht]
(Franz I. von Frankreich, 1525)

Toute nation a le gouvernement qu'elle mérite. [Jede Nation hat die Regierung, die sie verdient] *(J. de Maistre, 1811)*

Tu l'as voulu, George Dandin, tu l'as voulu! [Du hast's gewollt, Georges Dandin, du hast's gewollt!]
(Nach Molière, Georges Dandin)

Un prince est le premier serviteur et le premier magistrat de l'Etat. [Ein Fürst ist der erste Diener und der erste Beamte des Staates]
(Friedrich d. Gr., Mémoires pour servir à l'histoire de la maison de Brandenbourg, 1751)

Voilà la Rome tatare! [Das ist das tatarische Rom!] *(Mme. G. de Staël)*
Gemeint ist: Moskau

Voilà le soleil d'Austerlitz! [Das ist die Sonne von Austerlitz!]
(Napoleon I., 1812 an der Moskwa)

Voilà un homme! [Welch ein Mann!]
(Napoleon über Goethe, 1808)

In italienischer Sprache

Cosi fan tutte. [So machen sie's alle] *(Oper von L. da Ponte/ W. A. Mozart)* *Zu ergänzen: ... die Frauen*

Dolce far niente. [Süßes Nichtstun] *(Nach Plinius d. J., Epistulae)*

Dolce vita. [Süßes Leben] *(Film, nach Drehbuch von F. Fellini)* *Ausschweifende, genußsüchtige Lebensführung*

Donna è mobile. [Das Weib ist veränderlich] *(Arie aus der Oper »Rigoletto« von F. M. Piave/G. Verdi)*

E pur si muove! [Und sie bewegt sich doch!] *(Angeblich von Galilei bei Abschwörung seiner Lehre von der Bewegung der Erde geäußert)*

In petto. [In der Brust (verborgen)] *In Bereitschaft*

La forza del destino. [Macht des Schicksals] *(Oper von G. Verdi)*

Lasciate ogni speranza, vol ch'entrate! [Laßt, die ihr eintretet, alle Hoffnung fahren!] *(Dante, Göttliche Komödie)*

Orlando furioso. [Der rasende Roland] *(Titel eines Werkes von L. Ariosto)*

Sacro egoismo. [Geheiligter Egoismus] *(ital. Min.-Präs. A. Salandra, 1914)* *Schlagwort zur Kennzeichnung einer nur von nationalen Interessen bestimmten Politik*

Se non è vero, è molto ben trovato. [Wenn es nicht wahr ist, ist es sehr gut erfunden] *(G. Bruno, Gli eroici furori)*